Rainer Geißler
Die Sozialstruktur Deutschlands

Rainer Geißler

Die Sozialstruktur Deutschlands

Zur gesellschaftlichen Entwicklung mit einer Zwischenbilanz zur Vereinigung

Mit einem Beitrag von Thomas Meyer

2., neubearbeitete und erweiterte Auflage 1996

Bundeszentrale
für politische Bildung

2., neubearbeitete und erweiterte Auflage 1996

Bonn 1996
Lizenzausgabe für die
Bundeszentrale für politische Bildung

Der Westdeutsche Verlag ist ein Unternehmen der Bertelsmann Fachinformation.

Satz: ITS Text und Satz GmbH, Herford
Druck und buchbinderische Verarbeitung: Graphischer Großbetrieb Pößneck, Pößneck
Gedruckt auf säurefreiem Papier
Printed in Germany

ISBN 3-89331-263-3

Inhaltsübersicht

Inhaltsverzeichnis

Vorwort zur ersten Auflage

Als ich im Spätsommer 1989 damit begann, ein Studienbuch über die Sozialstruktur der „Bundesrepublik Deutschland" zu schreiben, ahnte ich nicht, daß bereits ein gutes Jahr später der Gegenstand der geplanten Publikation verschwunden sein sollte. Aus der „alten Bundesrepublik" war eine „neue", erweiterte und differenziertere geworden. Der rapide und radikale Wandel der gesellschaftlichen Realität zwang mich zu einem völligen Umbau meines ursprünglichen Konzepts; die Analyse in der vorliegenden Form ist also eine Antwort auf die Umwälzungen in Deutschland seit dem Oktober 1989.

In diesem Buch **werden wesentliche sozialstrukturelle Entwicklungen in der alten Bundesrepublik und in der DDR auf empirischer Grundlage dargestellt und Perspektiven des sozialen Wandels im vereinten Deutschland aufgezeigt.** Im Zentrum stehen dabei Veränderungen im Gefüge der sozialen Ungleichheit (Entwicklung der materiellen Lebensbedingungen, Umschichtungen, Wandel der Ungleichheit zwischen Männern und Frauen), in der Familie und in der Bevölkerungsstruktur sowie deren Zusammenhänge mit den Entwicklungstendenzen im wirtschaftlichen und politischen System sowie im Bildungssystem. In der zusammenfassenden Bilanz werden die Grundlinien des sozialstrukturellen Wandels in den beiden Teilen Deutschlands als **Modernisierung bzw. Modernisierungsrückstand** interpretiert.

Die vergleichende Gegenüberstellung der sozialstrukturellen Entwicklungen in den beiden Teilen Deutschlands brachte eine Reihe von Problemen mit sich. Da die sozialwissenschaftliche Forschung in der DDR und die Publikation ihrer Ergebnisse an die Zustimmung der SED-Führung gebunden waren, wurden nur genehme Fragestellungen untersucht und lediglich unverfängliche Ergebnisse veröffentlicht, deren „kritischer Gehalt" die von der Machtelite gezogenen Grenzen nicht oder nur versteckt überschreiten durfte. Daher liegen nur wenige und ausgewählte empirische Daten zur Sozialstruktur der DDR vor; darüber hinaus werden die quantitativen Angaben häufig nur vage mitgeteilt, und oft fehlen auch begriffliche und methodische Einzelheiten, die erst eine genaue kritische Würdigung der Aussagen ermöglichen. Außerdem erschweren unterschiedliche Erkenntnisinteressen und Theorieansätze in Ost und West den direkten Vergleich. Die skizzierten Ausgangsbedingungen für diese Sozialstrukturanalyse schlagen sich in zwei Punkten nieder: 1. die westdeutschen Entwicklungen sind in der Regel umfangreicher, umfassender und genauer dargestellt als die ostdeutschen; 2. der Vergleich der beiden Teilgesellschaften ist in manchen Bereichen, wo er interessant wäre, nicht möglich, in einigen bleibt er problematisch, die Konturen seiner Ergebnisse weisen ab und zu gewisse Unschärfen auf.

Die Darstellung ist gleichzeitig als **Studienbuch** für einen größeren sozialwissenschaftlich und sozialkundlich interessierten Leserkreis verfaßt. Die Präsentation **empirischer Materialien**, die auch in vielen Schaubildern und Tabellen erfolgt, wird durch **Einführungen in wichtige soziologische Begriffe** ergänzt. Ich habe mich um eine klare, allgemein verständliche Sprache bemüht und nur die notwendigen Fachausdrücke verwendet, aber auf verkomplizierende Formulierungen verzichtet. Begriffe wie z. B. „Bundesrepublik", „BRD" bzw. „BR", „Ostdeutschland" bzw. „neue Länder" oder „Arbeiter" bzw. „ArbeiterInnen" verwende ich in undogmatischer, lockerer Beliebigkeit, um damit keine ideologischen Setzungen zu verbinden. Ein Sachregister soll die Benutzung als **Nachschlagewerk** erleichtern.

Ohne engagierte HelferInnen hätte das Buch nicht geschrieben werden können. *Christa Still* hat mit Zuverlässigkeit und unendlicher Geduld Monate vor dem Bildschirm gesessen, um Texte und Tabellen zu erstellen und immer wieder zu überarbeiten. *Birgit Berker* hat mich bei den Material- und Literaturrecherchen unterstützt und statistische Zahlen in Schaubilder umgesetzt. *Thomas Meyer*, der die Kapitel 9 und 10 allein bzw. gemeinsam mit mir verfaßt hat, verdanke ich manche Anregung bei der Überarbeitung des Textes. *Christoph Boketta, Harald Parzinski* und *Stefan Will* waren ebenfalls – zumindest zeitweise – an den Recherchen beteiligt. Ihnen allen gilt mein herzlicher Dank. Danken möchte ich auch den Kollegen, die mir unveröffentlichte oder schwer zugängliche Daten zur Verfügung gestellt haben. Ein Forschungsfreisemester im Wintersemester 1989/90 an der Universität-Gesamthochschule-Siegen ermöglichte es mir, mit der Arbeit an dem Buch zu beginnen.

Siegen, im Herbst 1991 Rainer Geißler

Vorwort zur zweiten Auflage

Seit dem Abschluß des Manuskripts der ersten Auflage sind knapp fünf Jahre vergangen. Es dürfte wohl kaum ein Jahrfünft in der deutschen Geschichte gegeben haben, in dem soziale Strukturen schneller und grundlegender umgewälzt wurden, als es in dieser kurzen Zeit in den neuen Ländern geschah. Die dramatische Dynamik auf der postsozialistischen sozialen Großbaustelle Ostdeutschland „diktierte" sozusagen den Schwerpunkt für die Ergänzungen und Aktualisierungen der zweiten Auflage: Alle Kapitel enthalten eine zusammenfassende Darstellung des bisherigen Forschungsstandes zum sozialen Umbruch in den jeweiligen Sektoren der ostdeutschen Sozialstruktur. Diese neuen Abschnitte stellen zusammengenommen den Versuch dar, eine Zwischenbilanz der deutschen Vereinigung aus der Perspektive der Sozialstrukturanalyse zu ziehen. Die wesentlichen Züge des Strukturumbruchs werden in dem zusammenfassenden Schlußkapitel modernisierungstheoretisch als „nachholende Modernisierung im Zeitraffertempo" interpretiert. Dabei wird deutlich, daß sich die sozioökonomischen und soziokulturellen Folgen von 45 Jahren deutscher Teilung nicht innerhalb weniger Jahre beseitigen lassen. Auch in den nächsten Jahren wird es ein z. T. konflikthaltiges Nebeneinander von „zwei deutschen Sozialstrukturen" mit ihren ostdeutschen bzw. westdeutschen Besonderheiten geben.

Das Grundprinzip der Erstauflage – eine Gegenüberstellung der sozialstrukturellen Entwicklungen in Ost und West mit dem Ziel, die Probleme bei der deutschen Vereinigung durch die vergleichende Darstellung zu verdeutlichen und zu verstehen – wurde beibehalten. Die Entwicklung der DDR-Sozialstruktur wurde auch deshalb nicht wesentlich gekürzt, weil nach meiner Einschätzung in Westdeutschland auch nach fünf Jahren deutscher Einheit Defizite in den Kenntnissen über die gesellschaftlichen Vorgänge im „anderen Deutschland" bestehen, das für die meisten Westdeutschen ein „fernes" und „fremdes Land" war und es für viele weiterhin ist.

Die 69 Tabellen und Grafiken sowie die Literaturverweise wurden auf den neusten Stand gebracht. Bei einigen Kapiteln – z. B. zu den deutschen Randschichten, den ethnischen Minderheiten, zur Familie oder zur Modernisierung – bot sich angesichts der neueren Forschungsaktivitäten in diesen Feldern eine besonders gründliche Überarbeitung an. Neu sind auch einige eigene

Auswertungen des repräsentativen Sozio-ökonomischen Panels zur vertikalen Mobilität, zur Einkommensschichtung im Ost-West-Vergleich und zur Entwicklung der Schichtzugehörigkeit der ethnischen Minderheiten. Gelegentlich – aus Platzgründen relativ sparsam – wurden auch einige empirischen Daten eingestreut, die den Stand und die Besonderheiten der deutschen Sozialstruktur im internationalen Vergleich kenntlich machen.

Von Kolleginnen und Kollegen, Mitarbeiterinnen und Mitarbeitern sowie Studentinnen und Studenten erhielt ich zahlreiche Hinweise für Verbesserungen und Ergänzungen. Die Bearbeitung des Textes und der Tabellen lag wieder in den bewährten zuverlässigen Händen von *Christa Still*, diesmal unterstützt von *Olav Lahme*. *Katharina Kaiser* wertete die Datenmassen des Sozioökonomischen Panels aus, *Harald Parzinski* erstellte die Grafiken und half – so wie auch *Silke Rötz* und *Stefan Wilsmann* – beim Recherchieren und Korrigieren. Ihnen allen gilt ein herzlicher Dank. Ein besonderer Dank geht an *Dr. Thomas Meyer* für die Neufassung seines Kapitels über den Wandel der Familienformen und für die Hilfe bei der Überarbeitung unseres gemeinsamen Kapitels zur Bevölkerungsentwicklung.

Siegen, im April 1996 Rainer Geißler

1. Zum Begriff der Sozialstruktur

Der allgemeine Begriff der **Struktur** ist ein Instrument, das dazu dient, den inneren Aufbau eines Phänomens zu analysieren. Er untergliedert die Gesamtheit der Erscheinung in verschiedene Elemente (Teilbereiche) und untersucht die relativ dauerhaften Beziehungen und Zusammenhänge zwischen den Elementen (vgl. *Lüdtke* 1973, 662). In diesem Sinne erforschen Chemiker die Struktur von Molekülen, Sprachwissenschaftler die Struktur der Sprache oder Psychologen die Struktur der Persönlichkeit.

Auch Soziologen wenden den Strukturbegriff auf ihren spezifischen Forschungsgegenstand an und sprechen von der „Struktur einer Gesellschaft" oder einfacher von „Sozialstruktur". Die **Sozialstrukturanalyse** zergliedert „die Gesellschaft" in ihre relevanten Elemente und Teilbereiche und untersucht die zwischen ihnen bestehenden Wechselbeziehungen und Wirkungszusammenhänge.

Der Begriff Sozialstruktur wird häufig benutzt, aber selten genauer definiert. Wenn der Versuch einer präziseren allgemeinen Bestimmung dieses Konzepts unternommen wird, so bleiben solche Definitionen notwendigerweise sehr formal und abstrakt:

- *Renate Mayntz* (1966, 2415) hebt in ihrer Begriffsbestimmung den erforderlichen **Bezug der Teile mit dem gesellschaftlichen Ganzen** hervor: „Die Sozialstruktur bezeichnet den durch das Netzwerk der Beziehungen zwischen den sozialen Elementen vermittelten bzw. bewirkten Zusammenhang des gesellschaftlichen Ganzen".

- *Friedrich Fürstenberg* (1995, 23; zuerst 1966, 441) kommt es insbesondere auf die **Wirkungszusammenhänge der sozialen Kräfte** an: „Der erkennbare, relativ kontinuierliche soziale Wirkungszusammenhang in der Gesellschaft ist ihre Sozialstruktur".

- *Bernhard Schäfers* (1995a, 302) bestimmt Sozialstruktur als „die **Gesamtheit der relativ dauerhaften Grundlagen und Wirkungszusammenhänge sozialer Beziehungen und der sozialen Gebilde** (Gruppen, Institutionen und Organisationen) in einer Gesellschaft." (Hervorhebung von R. G.).

- Die DDR-Soziologie definiert Sozialstruktur auf einer formalen Ebene ganz ähnlich: sie umfaßt danach „im weiteren Sinne die Gesamtheit der **stabilen Wechselbeziehungen zwischen Teilbereichen der Gesellschaft**" (*Aßmann u. a.* 1977, 592; Hervorhebung von R. G.).

Bei der konkreten Arbeit mit dem Begriff stellt sich dann dem Sozialstrukturanalytiker das Problem der Auswahl: Welche Teilbereiche sind für ihn relevant? Welche Wirkungszusammenhänge, welche Wechselbeziehungen sind so bedeutsam, daß sie ins Zentrum der Analyse gerückt werden?

Unterschiedliche Erkenntnisinteressen und Theorietraditionen haben zu verschiedenen Ansätzen der Sozialstrukturanalyse geführt, die unterschiedliche Bereiche der Gesellschaft in den Mittelpunkt ihrer Aufmerksamkeit stellen. Kulturanthropologen konzentrieren sich bei der Analyse einfacher Gesellschaften oft auf die **Familien- und Verwandtschaftsordnung** und setzen diese implizit mit der Sozialstruktur gleich (*Mayntz* 1966, 2416; *Fürstenberg* 1966, 442). Die Vertreter der struktur-funktionalistischen Theorie betrachten häufig das **soziale Rollengefüge** als Kernelement der Sozialstrukturanalyse und verstehen unter der Sozialstruktur den Zusammenhang von sozialen Rollen und Rollensystemen (z. B. *Nadel* 1957). Demographisch orientierte Analysen bewegen sich oft in der Nähe untheoretischer sozialstatistischer Klassifikationen und verstehen unter Sozialstruktur die Verteilung der Bevölkerung nach **sozialstatistischen Merkmalen** wie Alter, Bildung, Einkommen u. a. (z. B. *Ballerstedt/Glatzer* 1979). Schichtungssoziologen wiederum tendieren dazu, den Aspekt der sozialen Schichtung für so zentral zu halten, daß sie **Schichtung** mit Sozialstruktur begrifflich weitgehend gleichsetzen (*Mayntz* 1966, 2416ff.). Ähnliches gilt für die marxistische Sozialstrukturanalyse in Ost und West; sie richtet ihr Augenmerk vor allem auf die Struktur und Entwicklung der **Klassen** vor dem Hintergrund der Eigentumsverhältnisse an den Produktionsmitteln (z. B. *Aßmann u. a.* 1977, 592f.; *Tjaden-Steinhauer/Tjaden* 1973). Eine interessante und theoretisch anspruchsvolle Variante der Sozialstrukturanalyse als Klassenanalyse wurde in der DDR-Soziologie entwickelt. Sie wendet das Struktur-Funktions-Paradigma konsequent auf die Klassenstruktur an und bestimmt die Klassengliederung nach den **Funktionen**, die die verschiedenen Gruppen für die Gesamtgesellschaft haben (*Lötsch/Lötsch* 1989, 232ff.). In der Tradition der Schichtungs- und Klassenanalyse steht auch die neuere Ungleichheitsforschung. Sie hat lediglich ihr Blickfeld etwas erweitert und bezieht in die Sozialstrukturanalyse neben den traditionellen „vertikalen" Ungleichheiten auch jene nach Geschlecht, Region, Alter, Generation u. a. mit ein. Sozialstrukturanalyse besteht für sie in erster Linie in der Analyse der **sozialen Ungleichheit**, in der „Analyse **ungleicher** Sozialstruktur" (*Hradil* 1987, 7).

Relativ beliebig muten auch die Versuche an, Sozialstruktur umfassender, sozusagen „vieldimensionaler" zu bestimmen als die bisher skizzierten Ansätze:

- So versteht der amerikanische Soziologe *Daniel Bell* (1989, 8) unter sozialer Struktur die „Wirtschaft, Berufsgliederung und Bevölkerungsschichtung“, die er gegen die politischen und kulturellen Bereiche der Gesellschaft abgrenzt.

- *Wolfgang Zapf* (1989, 101) definiert: „Unter Sozialstruktur verstehen wir die demographische Grundgliederung der Bevölkerung, die Verteilung zentraler Ressourcen wie Bildung, Einkommen und Beruf, die Gliederung nach Klassen und Schichten, Sozialmilieus und Lebensstilen, aber auch die sozialen Prägungen des Lebenslaufs in der Abfolge der Generationen“.

- In dem sehr weiten Konzept von Sozialstruktur bei *Bernhard Schäfers* (1995) werden auch das politische System, das System der sozialen Sicherheit, die Siedlungs- und Stadtstruktur sowie Teile der Kultur (Werte, Jugendkultur, Religion) mit erfaßt. Auch dem Sammelband von *Robert Hettlage* (1990) liegt ein ähnliches „möglichst umfassendes Sozialstrukturkonzept“ (S. 22) zugrunde.

Das Verständnis von Sozialstruktur in diesem Buch liegt in der Mitte zwischen einem relativ engen, einer bestimmten Theorietradition verhafteten und einem sehr weiten, „vieldimensionalen“ Begriff. Auf einer abstrakt-formalen Ebene umfaßt die Sozialstruktur die **Wirkungszusammenhänge in einer mehrdimensionalen Gliederung der Gesamtgesellschaft in unterschiedliche Gruppen nach wichtigen sozial relevanten Merkmalen sowie in den relativ dauerhaften sozialen Beziehungen dieser Gruppen untereinander**. Mit sozial relevanten Merkmalen sind Wirkfaktoren wie z.B. Beruf, Qualifikation oder Geschlecht gemeint, die das soziale Handeln dieser Gruppen sowie deren Position in gesellschaftlichen Teilbereichen (z. B. Schichtstruktur, Bildungssystem), in Institutionen (z. B. Familie, Betrieb) und in sozialen Netzwerken beeinflussen. Dieses abstrakte Konzept wird wie folgt konkretisiert: Im Zentrum der Darstellung steht die **Entwicklung der Strukturen sozialer Ungleichheit**, insbes. zwischen verschiedenen Schichten und zwischen Frauen und Männern, mit einem Schwerpunkt beim **Wandel des Schichtgefüges**. Veränderungen im ökonomischen System, im politischen System und im Bildungssystem werden berücksichtigt, soweit sie mit den Entwicklungen in den Strukturen sozialer Ungleichheit zusammenhängen. Ich orientiere mich also stark an der von *Karl Marx* über *Theodor Geiger* bis *Pierre Bourdieu* reichenden klassen- bzw. schichttheoretischen Tradition der Sozialstrukturanalyse, die die Probleme der vertikalen sozialen Ungleichheit ins Zentrum rückt. Der Hauptgrund für diese Schwerpunktbildung liegt darin, daß auch im differenzierter gewordenen Ungleichheitsgefüge der modernen Gesellschaft die Unterschiede in den Lebenschancen in hohem Maße mit der vertikalen Verteilung wichtiger Ressourcen zusammenhängen – oder anders ausgedrückt: Die vertikale Dimension der sozialen Ungleichheit ist im Vergleich zu anderen Dimensionen dominant (vgl. *Geißler* 1994, 21ff.). Neben den vertikalen und geschlechtstypischen Ungleichheiten werden die **Familie** und die

Bevölkerung als weitere wichtige Teilbereiche der Sozialstruktur angesehen. Die Entwicklungen in den genannten sozialstrukturellen Teilbereichen werden in ihren Zusammenhängen miteinander sowie in ihren Wechselwirkungen mit Tendenzen dargestellt, die in Wirtschaft, Politik und Bildungswesen vor sich gehen. Dadurch soll das komplexe „Wirkungsfeld sozialer Kräfte" in seinen konkreten historischen Bezügen in den beiden Teilen Deutschlands und im vereinigten Deutschland sichtbar gemacht werden.

2. Die Entstehung der Industriegesellschaft: sozioökonomischer Wandel im 19. Jahrhundert

Die gegenwärtige Sozialstruktur läßt sich besser verstehen, wenn man weiß, wie sie entstanden ist. Wichtige Grundlagen der modernen Gesellschaft bildeten sich bereits im 19. Jahrhundert heraus. Daher möchte ich die Darstellung der deutschen Sozialstruktur mit einem historischen Abriß über wichtige Entwicklungslinien des sozioökonomischen Wandels im 19. Jahrhundert beginnen.

Der französische Sozialreformer und Soziologe *Henri de Saint-Simon* (1760-1825) charakterisierte zu Beginn des 19. Jahrhunderts die damals heraufziehende Gesellschaft der Zukunft als **„Industriegesellschaft"**. Auch heute noch wird die Gesellschaft der Bundesrepublik, wie auch andere Gesellschaften in einem ähnlichen Entwicklungsstadium, gern als „moderne Industriegesellschaft" bezeichnet (*Aron* 1962; *Galbraith* 1968)[1] – ein Hinweis darauf, daß wichtige Elemente der Sozialstruktur, die sich im Laufe des 19. Jahrhunderts entfalteten, weiterhin von grundlegender Bedeutung sind. Als namengebendes, wesentliches Merkmal der neuen Gesellschaftsform betrachtete *Saint-Simon* die industrielle Produktionsweise: technisches Wissen wird methodisch-systematisch auf die Güterproduktion angewendet und erhöht dadurch in hohem Maß deren Präzision und Effizienz. Der Begriff „Industriegesellschaft" bringt zum Ausdruck, daß Veränderungen in der Produktionsweise – auf der Basis von technologischen Veränderungen – den Kern des sozialen Wandels ausmachen und daß der technisch-ökonomische Wandel auch auf andere Bereiche der Gesellschaft ausstrahlt und weitere soziale, kulturelle und politische Veränderungen nach sich zieht.

Die Umwälzungen, die sich mit dem Vorgang der Industrialisierung verbanden, wurden von dem britischen Historiker *Arnold Toynbee* gegen Ende des 19. Jahrhunderts mit dem Etikett **„industrielle Revolution"** versehen. Auch dieser Begriff setzte sich schnell durch und wird heute noch gern verwendet (*Borchardt* 1972). Er soll deutlich machen, daß sich die technologischen, wirtschaftlichen und sozialen Entwicklungen, die mit dem Vordringen der industriellen Produktionsweise verkoppelt waren, mit einer besonders hohen Geschwindigkeit und Radikalität vollzogen.

Ich werde in diesem Kapitel die folgenden Entwicklungslinien bei der Entstehung der Industriegesellschaft grob skizzieren: die Veränderungen im wirtschaftlichen Bereich; die Umschichtungsprozesse im Sozialgefüge; das Bevölkerungswachstum, die zunehmende Mobilisierung der Menschen und die Verstädterung sowie schließlich den Strukturwandel des Bildungswesens und der Familie. Wenn dabei der Prozeß der Industrialisierung stärker ins Zentrum gerückt wird, so bedeutet das nicht, daß die komplexen historischen Vorgänge sozusagen monokausal auf die Veränderungen der Produktionsweise und der Produktionsverhältnisse zurückgeführt werden sollen. Der sozioökonomische Wandel im 19. Jahrhundert beruht auf einem komplexen Wirkungszusammenhang vielfältiger Ursachen. Die Industrialisierung bildet jedoch so etwas wie einen Knotenpunkt in dem vielschichtigen Wirkungsgefüge, von dem direkt oder indirekt verursachende oder zumindest beschleunigende Impulse auf die Veränderungen in allen angesprochenen Sektoren ausgehen.

2.1 Ökonomischer Wandel: Industrialisierung und die Entstehung des Industriekapitalismus

Vorformen der industriellen Produktionsweise existierten bereits im europäischen Mittelalter. Im dezentralen **Verlagssystem** wurden Waren im Auftrage eines Unternehmers („Verlegers") in Heimarbeit hergestellt. In der **Manufaktur**, der Vorläuferin der Fabrik, arbeiteten Handwerker aus verschiedenen Berufen arbeitsteilig als Lohnarbeiter in einem Großbetrieb zusammen. Beiden Vorformen fehlt jedoch ein Element, das die industrielle Produktionskraft enorm steigerte und dann der Industrie im 19. Jahrhundert zum Durchbruch verhalf: der Einsatz von Maschinen. Die „eigentliche" **Industrieproduktion** zeichnet sich durch die fünf folgenden Merkmale aus:

1. Die Technik wird systematisch zur Gütererzeugung eingesetzt: **Maschinen und Maschinensysteme** ersetzen die Produktion mit der Hand und mit einfachen Handwerkszeugen.

2. Die maschinelle Produktionsweise steigert die Produktivität und ermöglicht **Groß- und Massenproduktion**.

3. Produziert wird nicht in kleinen Gruppen wie in der Familie oder in Kleinstbetrieben, sondern in **Großgruppen bzw. Großbetrieben (Fabriken).** Dadurch wird

4. ein **höherer Grad an Arbeitsteilung** möglich.

5. Die Betriebe werden nach dem **unternehmerischen Rationalitätsprinzip** „mehr für weniger" geführt.

Industrialisierung meint also den Übergang zur maschinen-orientierten Produktion von Massengütern in arbeitsteiligen Großbetrieben unter Anwendung des unternehmerischen Rationalitätsprinzips.

Die Industrialisierung vollzog sich in Deutschland auf der Basis vorwiegend kapitalistischer Eigentums- und Produktionsverhältnisse. Die neue Industriegesellschaft wird daher mit Recht auch **„Industriekapitalismus"** genannt. *Karl Marx* (1818-1883) hat die besonderen Merkmale und Mechanismen der kapitalistischen Wirtschafts- und Gesellschaftsordnung bereits im 19. Jahrhundert in der „Kritik der politischen Ökonomie" (1859) und im „Kapital" (ab 1867) in wichtigen Punkten treffend analysiert. Wenn man den Marxschen Begriffen ihre kritisch-polemische Spitze nimmt, lassen sich die wesentlichen Charakteristika des Kapitalismus in den vier folgenden Punkten zusammenfassen:

1. **Privateigentum an Produktionsmitteln**: Eine kleine Klasse von Kapitalbesitzern verfügt privat über die Produktionsmittel und gerät dadurch zur großen Klasse der lohnabhängigen Arbeiter in einen grundsätzlichen Interessengegensatz, der die sozialen und politischen Konfliktlinien zunehmend bestimmt.

2. **Erzeugung von Mehrwert**: Stark vereinfacht besagt das Konzept des Mehrwerts, daß die Arbeiter mehr Werte schaffen, als ihnen in Form der Löhne rückerstattet wird („Ausbeutung" der Arbeiter). Der andere Teil der Wertmenge, für den die Arbeiter keinen Gegenwert in Form von Lohn erhalten – der „Mehrwert" –, geht in die Verfügungsgewalt der Kapitalbesitzer über, die ihn z. T. in ihr Unternehmen reinvestieren und dadurch ihr Kapital ständig vermehren („Akkumulation" des Kapitals).

3. **Gewinnstreben** („Profitmaximierung") ist der vorherrschende Antrieb der Wirtschaftsordnung.

4. Die **Marktkonkurrenz** ist die zentrale Steuerungsinstanz der Produktion.

Eine wichtige Voraussetzung für die industrielle Revolution war die **technische Revolution**. Der russisch-amerikanische Kultursoziologe *Pitirim A. Sorokin* (1889-1968) konnte zeigen, daß im 18. und 19. Jahrhundert sechsmal mehr Erfindungen wirksam geworden waren als in den vorangehenden 1700 Jahren abendländischer Geschichte (*Strzelewicz* 1988, 4). Der Mensch hatte „die Methode der Erfindung erfunden", wie es der Philosoph *Whitehead* formulierte. Mit neuen Formen der Energienutzung und neuen Maschinen und Apparaten schuf er neue Produktivkräfte von ungeheurer Dynamik. Natürliche Energien wurden künstlich bearbeitet und in neuen Formen – als Dampf, Elektrizität, Treibstoff – genutzt. Sie standen in fast unbegrenzten Mengen zur Verfügung und waren transportabel, so daß die bisherigen Bindungen der Industrieproduktion an bestimmte Standorte und Jahreszeiten gelockert wurden oder ganz verschwanden.

Von den neu erfundenen Apparaten und Maschinen sei hier beispielhaft die Dampfmaschine erwähnt, mit der *James Watt* im Jahre 1769 die Umsetzung der chemischen Energie der Kohle in mechanische Energie ermöglichte. Sie fand schnell Verwendung im Bergbau, in der Eisen- und Stahlindustrie, in den Spinn- und Webmaschinen der Textilindustrie und im Transport- und Verkehrswesen (Lokomotiven, Dampfschiffe). Weitere Erfindungen wie Kokshochöfen zu Beginn des 19. Jahrhunderts, in der zweiten Hälfte des Jahrhundert dann neue kostensparende Verfahren der Stahlerzeugung, der Verbrennungsmotor und später die Nutzung der Elektrizität steigerten sprunghaft Tempo, Leistungsfähigkeit und Präzision der Industrieproduktion, des Transport- und Verkehrswesen und der Kommunikation (Telefon, Telegraph, Rundfunk).[2]

Die Entwicklung neuer Techniken und Energien, der Einsatz von immer mehr Kapital, die massenhafte Nutzung bisher wenig verwendeter Rohstoffe wie Kohle und Eisen und die Erschließung neuer Märkte bildeten einen sich gegenseitig verstärkenden Wirkungszusammenhang, der den wirtschaftlichen und sozialen Wandel immer mehr beschleunigte.

Wegen der politisch-territorialen Zersplitterung und wegen der großen Entfernung von den maritimen Handelswegen setzte der **Industrialisierungsprozeß in Deutschland später** ein als in England oder Frankreich. Das Fabrikwesen entwickelte sich in der ersten Hälfte des Jahrhunderts nur sehr langsam. In der preußischen Statistik galten im Jahre 1849 nur 5,4% der Beschäftigten als Fabrikarbeiter (*Borchardt* 1972, 58). Die preußische Industrie des Jahres 1861 war eine Industrie von Kleinbetrieben, die im Durchschnitt je nach Branche 17 bis 21 Personen beschäftigten. Großunternehmen mit mehr als tausend Angehörigen waren eindrucksvolle, aber seltene Ausnahmen (*Rürup* 1984, 72). Ein kräftiger Industrialisierungsschub erfolgte dann im Kaiserreich, wo sich das industriekapitalistische System endgültig durchsetzte und etablierte. Deutschland holte den Entwicklungsvorsprung der westlichen Nachbarn auf und wurde eine industrielle Weltmacht.

Versucht man, die wirtschaftliche Dynamik in Zahlen zu fassen, so bieten sich dazu die Wachstumsziffern des eingesetzten Kapitals, des Sozialprodukts, der Industrieproduktion und des Eisenbahnbaus an. Der **Kapitalbestand** stieg von 1850 bis 1913 um das Fünffache an. Etwa im gleichen Umfang wuchs auch das **Sozialprodukt**, das die Gesamtmenge der wirtschaftlich erzeugten Leistungen wiedergibt. Eine wichtige Ursache des Wachstums war die gestiegene Arbeitsproduktivität, ausgelöst durch technischen Fortschritt, verbesserte Arbeitsorganisation und bessere Ausbildung. Die zweite wichtige Ursache bestand im erhöhten Einsatz von Kapital und in einem höheren Arbeitsvolumen. Da die wachsende Bevölkerung die Zahl der Arbeitskräfte vermehrte, lag die Zuwachsrate pro Kopf der Bevölkerung niedriger: Das Pro-

Kopf-Nettoinlandsprodukt stieg von 1850 bis 1913 nur um das 2,7fache (*Borchardt* 1972, 67; *Pohl* 1979, 16f.).

Am stärksten schnellte die **industrielle Produktion** in die Höhe. Sie verfünffachte sich zwischen 1870 und 1913, wobei die zunächst führende Konsumgüterindustrie (Textil, Bekleidung, Leder) von der Metall- und Chemieindustrie überholt wurde (*Pohl* 1979, 27; *Strzelewicz* 1988, 10).

Eine treibende Kraft bei der industriellen Revolution war der Ausbau der **Eisenbahn**. Nach dem Start der ersten Züge im Jahre 1835 auf der Strecke Nürnberg-Fürth wurde das Schienennetz in atemberaubendem Tempo erweitert. Nach 5.900 km Länge im Jahre 1850, 18.900 km im Jahr 1870 und 34.000 km im Jahr 1880 erreichte es mit 63.000 km im Jahre 1910 seine größte Ausdehnung im Reichsgebiet (*Rürup* 1984, 75; *Henning* 1989, 159ff., 240ff.). Auf die industrielle Dynamik gingen vom Eisenbahnbau mehrfache Impulse aus:

Abb. 2.1: *Wertschöpfung[1] nach Produktionssektoren 1850 – 1994 (Deutsches Reich und Bundesrepublik[2])*

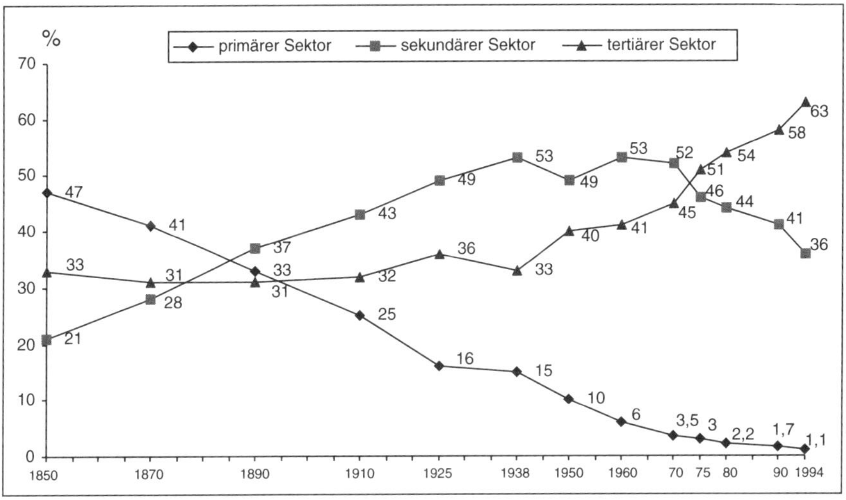

1 Gesamtsumme der wirtschaftlichen Leistungen (Güter, Dienste). Die Statistiker fassen sie in verschiedenen, leicht voneinander abweichenden Meßziffern zusammen. Die Zahlen der Abbildung beziehen sich auf das „Nettosozialprodukt" des Deutschen Reiches und die „bereinigte Bruttowertschöpfung" der Bundesrepublik (1950 und 1990 „Bruttoinlandsprodukt", 1994 „Bruttowertschöpfung").

2 1950-1990: alte Länder; 1994: Gesamtdeutschland

Quellen: berechnet nach *Kocka/Ritter* 1978-82, I 101ff., II 88ff., III 82; StatJb 1962, 553, 567; 1985, 39; 1990, 30; WiSta 1991, 19; IDW 1995, Tab. 23.

Seine hohe Nachfrage nach Eisenprodukten stimulierte den Bergbau und die Eisenindustrie; gleichzeitig erhöhte er durch die Verkürzung der Transportkosten und -zeiten die Mobilität der Massengüter und ermöglichte die Bildung industrieller Ballungszentren.
Für die Entwicklung einer Agrargesellschaft zur Industriegesellschaft gibt es zwei aussagekräftige ökonomische Indikatoren: die Anteile verschiedener Produktionssektoren an der **Wertschöpfung** und an den **Beschäftigten**. Begriffliche Grundlage ist die Einteilung der Wirtschaft nach *Colin Clark* (1940) bzw. *Jean Fourastié* (1949) in den primären (Landwirtschaft, Forstwirtschaft, Fischerei), sekundären (Industrie, Handwerk, Bergbau) und tertiären (Dienstleistungen) Sektor. Bei der Interpretation der folgenden Zahlen ist zu beachten, daß der sekundäre Sektor nicht nur die moderne Industrie umfaßt, sondern auch das traditionelle Handwerk sowie die Reste der Manufakturen und „Heimindustrien".

Im Zuge des allgemeinen Wirtschaftswachstums seit 1850 wuchs das **Sozialprodukt** in allen drei Sektoren – allerdings jeweils in unterschiedlichem Tempo: am langsamsten im agrarischen Bereich, am schnellsten in der industriellen und handwerklichen Güterproduktion (Abb. 2.1). Kurz vor 1890 hatte das produzierende Gewerbe bereits die landwirtschaftliche Produktion überholt (*Pohl* 1979, 22).

Die absolute Zahl der **Beschäftigten** stieg ebenfalls in allen drei Sektoren an. 1871 arbeiteten zwei Millionen Menschen mehr in der Landwirtschaft als 1800. Dennoch verlagerte sich der Schwerpunkt auch hier allmählich zum sekundären und industriellen Bereich (Abb. 2.2). Zu Beginn des Jahrhunderts waren noch ca. 80% der deutschen Bevölkerung teilweise und knapp Zweidrittel überwiegend in der Landwirtschaft tätig (*Pohl* 1979, 13), 1871 waren es nur noch knapp die Hälfte, zu Beginn dieses Jahrhunderts nur noch etwa ein Drittel. Der Anteil der Beschäftigten in der industriellen und handwerklichen Güterproduktion stieg dagegen kontinuierlich an – von einem Fünftel zu Beginn des Jahrhunderts auf ein Viertel um die Jahrhundertmitte und dann auf über 40% im Jahre 1907. Zu Beginn der neunziger Jahre hatte der sekundäre Bereich die Landwirtschaft zahlenmäßig überholt. Unter den Beschäftigten in Industrie und Handwerk wiederum wurden die Lohnarbeiter immer dominierender. Ihr Anteil stieg von 64% im Jahr 1882 auf 75% im Jahre 1907 (*Conze* 1976a, 616).

Gegen Ende des 19. Jahrhunderts war also der Übergang von der Agrargesellschaft zur Industriegesellschaft im wirtschaftlichen Bereich vollzogen. Die industrielle Produktion dominierte die Wertschöpfung und das Beschäftigungssystem.

In der Phase der Hochindustrialisierung im Kaiserreich bildeten sich im Industriesystem Strukturen heraus, die der sozialistische Theoretiker *Rudolf Hil-*

Abb. 2.2: *Erwerbstätige nach Produktionssektoren (Deutsches Reich und Bundesrepublik[1] 1800 – 1994)*

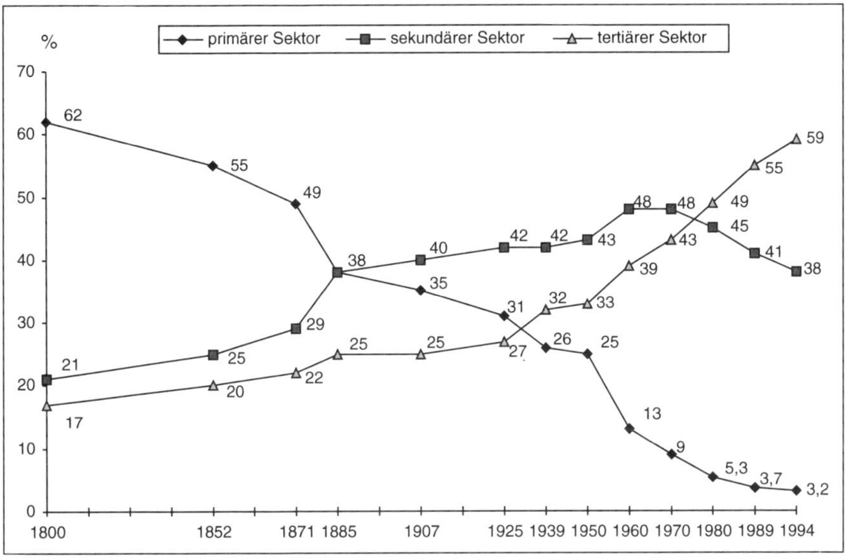

1 1950-1989 alte Länder, 1994 Gesamtdeutschland

Quellen: zusammengestellt und teilweise berechnet nach *Kocka/Ritter* 1978-82, I 52f.,II 66ff., III 54f.; StatJb 1960, 142; 1976, 149; 1990, 20; StBA.

ferding (1877-1941) als **„organisierten Kapitalismus"** bezeichnete. Dieser Begriff ist nicht unumstritten, er benennt jedoch drei wichtige Entwicklungstendenzen: Konzentration, Kartellierung und Verbandsbildung. Die von *Karl Marx* vorhergesagte Konzentration und Zentralisation des Kapitals wurde teilweise historische Wirklichkeit. **Großbetriebe und Kapitalgesellschaften**, die häufig die Rechtsform von **Aktiengesellschaften** hatten (vgl. *Pross* 1965, 45ff.), breiteten sich aus. Sie konnten billiger produzieren und besser investieren, wissenschaftliche Forschungen und technologischen Neuerungen schneller verwerten und waren daher in der Marktkonkurrenz überlegen. Von 1882 bis 1907 stieg die Zahl der Industriebetriebe mit mehr als 1000 Beschäftigten um das Vierfache auf 478; in ihnen arbeiteten 8% der Erwerbstätigen des sekundären Sektors (*Jaeger* 1988, 109). Ihre strukturelle Bedeutung läßt sich aus diesen vergleichsweise niedrigen Quantitäten nicht ablesen. Diese liegt vielmehr in ihrer Beteiligung an der **Kartellbildung**, die mit Hilfe der Großbanken seit den neunziger Jahren insbesondere im Kohlenbergbau, in der Eisen- und Stahlindustrie, in der Kaliindustrie und in der chemischen Industrie um sich griff. Die wirtschaftliche Strategie der Kartelle zielte auf Marktbeherrschung durch Preis- und Absatzregulierung. Unternehmenskonzentration und Kartellierung deuteten darauf hin, daß die liberale Konkurrenzwirtschaft von Einzelbetrieben z. T. durch ein oligopolistisches System von Konzernen mit großer Marktmacht überlagert wurde.

Etwa gleichzeitig formierten sich die wirtschaftlichen Interessengruppen in **Wirtschaftsverbänden** – z. B. im „Bund der Industriellen" (1895), die Großagrarier im „Bund der Landwirte" (1893) – und **Gewerkschaften**, um auf die politischen Entscheidungen Einfluß zu nehmen. Damit hatten sich bis zur Jahrhundertwende ein komplexes System der Interessenabstimmung und die Grundstrukturen des modernen Verbändestaates herausgebildet.

2.2 Umschichtungen: die Entstehung der Klassengesellschaft

Die Umschichtungen in der Sozialstruktur des 19. Jahrhunderts wurden von Zeitgenossen wie *Lorenz von Stein* (1815-1890) oder *Karl Marx* (1818-1883) als die allmähliche Umwandlung der Ständegesellschaft in die Klassengesellschaft beschrieben. Diese Diagnose wurde in ihren Grundzügen von späteren Soziologen, wie z. B. von *Max Weber* (1864-1920), und Sozialhistorikern bestätigt.

Soziale Ungleichheiten änderten ihre Form: aus Ständen wurden Klassen. Stände sind relativ scharf umrissene, durch Tradition, Sitte und Recht festgelegte soziale Gruppierungen. Die durch Geburt – oder auch seltener durch Verdienst – erworbene Standeszugehörigkeit ist mit bestimmten Verpflichtungen, Privilegien oder Benachteiligungen verbunden, die die gesamte Lebensführung umgreifen. Von ihr hängen Ansehen und „Ehre" ab; sie verpflichtet zu bestimmten Berufen und regelt die berufliche Tätigkeit; sie schreibt einen „standesgemäßen" Lebensstil, die Formen der Geselligkeit und die Erziehung der Kinder vor; sie greift in die Wahl des Ehepartners und in das religiöse Leben ein und bestimmt die politischen Rechte.

Die ständische Grobgliederung der deutschen Gesellschaft im 18. Jahrhundert entsprach den allgemeinen Strukturen des europäischen Feudalismus: Sie unterschied die vier Hauptstände **Adel, Geistlichkeit, Bürger** und **Bauern** und darunter die sozial schlechter gestellten **„unterbäuerlichen"** bzw. **„unterbürgerlichen" Schichten** der Armen, Nichtseßhaften und Juden. Innerhalb der Hauptstände gab es vielfach abgestufte Differenzierungen, zwischen ihnen Überlappungen.

Diese ständische Ordnung, die bereits zu Beginn des 19. Jahrhunderts aufgelockert war, wurde im Verlauf des Jahrhunderts immer weiter zurückgedrängt. Die ständischen Korporationen, die nahezu die gesamte Lebenswelt ihrer Mitglieder regelten, verloren an Gewicht. In den Städten wurden die Privilegien der Zünfte und Gilden gebrochen und schließlich aufgehoben; auf dem Lande verschwanden nach und nach die feudalen Abhängigkeiten in Grund- und Gutsherrschaften. Im Zuge der Verstädterung und Mobilisierung der Bevölkerung und im Zuge der Durchsetzung der kapitalistischen Produktionsweise in der Industrie und auf dem Lande verlor die grundlegende Unterscheidung von städtisch-bürgerlicher und ländlich-bäuerlicher Bevölkerung an Bedeutung. Räumliche und soziale Bindungen wurden abgebaut, statt dessen wurden die Menschen stärker den Kräften des Wirtschaftslebens und des Marktgeschehens ausgesetzt.

Diese Tendenzen waren die Grundlage der Entstehung von **Klassen**. Die Zugehörigkeit zu Klassen und die Stellung einer Klasse in der Sozialstruktur sind in erster Linie von ökonomischen Faktoren abhängig: von der Stellung im Produktionsprozeß, von Besitz und Einkommen. Die vorrangig ökonomisch bestimmte Klassenlage beeinflußt entscheidend die Lebenschancen der Menschen.

Wie sehen die **groben Entwicklungslinien der neuen Klassengesellschaft** aus? An der Spitze der Gesellschaft etablierte sich neben dem grundbesitzenden **Adel** das kapitalbesitzende **Großbürgertum** als zweite Führungsschicht. Auch in die Mitte der Gesellschaft kam Bewegung. In der oberen Mitte rangierten die kleinen Gruppen des akademischen **Bildungsbürgertums**, zu dem auch mit wenigen Ausnahmen die Geistlichen gezählt wurden, und des wohlhabenden **Besitzbürgertums**. In der unteren Mitte gerieten die „alten Mittelstände" der Handwerker, Händler und Bauern in ökonomische und soziale Bedrängnis und wurden teilweise proletarisiert. Der Aufschwung von Handel und Verkehr sowie die Unternehmenskonzentration hatten zur Folge, daß neben den „alten Mittelständen" ein „neuer Mittelstand" von Angestellten entstand. In den vielgestaltig zersplitterten verarmten **Unterschichten**, die die große Mehrheit der Bevölkerung ausmachten, stieg die in sich differenzierte **Industriearbeiterschaft** zur dominierenden Klasse auf.

Im folgenden soll die Herausbildung der Klassengesellschaft noch etwas genauer nachgezeichnet werden.

An der Spitze der Gesellschaftshierarchie büßte die kleine Gruppe des **Adels** – ihr Anteil an der Bevölkerung um 1800 wird auf 1% geschätzt – zwar ihre rechtlichen Privilegien ein; faktisch konnte der Adel jedoch seine Führungsrolle in Gesellschaft, Politik, Wirtschaft und Militär nahezu unangetastet bis zum Zusammenbruch des Kaiserreiches behaupten. Macht und Ansehen des Adels beruhten weiterhin in erster Linie auf Grundbesitz. Dem Industriekapitalismus öffnete sich der Adel insofern, als er seine Güter zunehmend kapitalistisch mit lohnabhängigen Landarbeitern bewirtschaftete und sich z. T. auch – wie z. B. in Oberschlesien – in Industrie und Bergbau engagierte.

Aus dem Bürgertum spaltete sich die kleine Klasse der Großindustriellen und Großbankiers ab. Sie gelangte im Zuge der Industrialisierung zu großer wirtschaftlicher und auch politischer Machtfülle und etablierte sich neben dem Adel – auf dem Lande auch zum Teil mit dem Adel zur neuen bürgerlich-adligen Gutsbesitzerklasse vermischt – als zweite Führungsschicht der Industriegesellschaft. *Marx* nannte sie polemisch „Kapitalisten“ oder „Bourgeoisie“, die meisten Soziologen und Sozialhistoriker bezeichnen sie als **Großbürgertum**. Wirtschaftlich können die Großbürger zu den bewegenden Kräften gezählt werden, sozial und politisch dagegen zu den beharrenden. Da ihr erstes Anliegen die konsequente Durchsetzung der Industrialisierung und der kapitalistischen Produktionsweise war, kann man sie in dieser Hinsicht auch als „Modernisierungsklasse“ ansehen. Andererseits übernahmen sie als soziale und politische Aufsteiger z. T. den Lebensstil des etablierten Adels. So sonderten sie sich räumlich ab und bauten Villen im feudalen Palaststil oder übernahmen alte Herrensitze. Sie gründeten Familientraditionen und Fideikommisse[3] und legten Wert auf Nobilitierung und Ratstitel. Für ihre Söhne strebten sie „adlige“ Verwaltungs- und Offizierskarrieren an und suchten durch Heiratsverbindungen die verwandtschaftliche Verschmelzung mit dem Adel. Symptome dieser „Feudalisierung“ tauchten insbesondere im industriellen Großbürgertum auf, die reiche Kaufmannschaft der Handelszentren dagegen hielt mehr an bürgerlich-städtischen Traditionen fest. Mit dem Adel verband das Großbürgertum ein wichtiges gemeinsames Interesse: die Abwehr der Ansprüche der neuen Unterschichten. Seine historische Rolle im sozialen und politischen Bereich war daher konservativ.

Der ständische Begriff des **Bürgers** wurde durch die Umschichtungen im 19. Jahrhundert zunehmend unscharf und in unterschiedlicher Weise verwendet (vgl. *Ritter/Kocka* 1974, 288f., 322ff.). In der „Mitte“ der Gesellschaft, zwischen Adel/Großbürgertum und Unterschichten, lassen sich noch drei weitere „bürgerliche“ Gruppen sinnvoll unterscheiden: Bildungsbürgertum, Besitzbürgertum und Kleinbürgertum.

Die kleine Schicht des **Bildungsbürgertums** verfügte über eine akademische Ausbildung, sie nahm zahlenmäßig gegen Ende des Jahrhunderts im Zuge der Hochschulexpansion (s. S. 33) etwas zu. Seinen Kern bildeten die höheren Beamten, weitere wichtige Gruppen waren die Geistlichen und die freien Berufe (Anwälte, Ärzte, Apotheker), später auch Manager, Ingenieure und Naturwissenschaftler. Das Bildungsbürgertum war der Träger liberaler Ideen; es stellte die Honoratioren in den Städten, erreichte aber nicht die Macht und das Ansehen des Großbürgertums.

Bei den mittleren Schichten der Unternehmer, Kaufleute und Handwerker gab es im Hinblick auf ihre ökonomische Lage und ihren Reichtum große Unterschiede. Es ist sinnvoll, die wohlhabenden, von der Industrialisierung profitierenden **Besitzbürger** von den ärmeren **Kleinbürgern** zu trennen, die teilweise durch die aufkommende industrielle Konkurrenz bedroht wurden. Um die Jahrhundertmitte wurde es üblich, die kleinbürgerlichen Berufsgruppen der kleinen Handwerker und Händler zusammen mit den Kleinbauern als **„Mittelstände“** zu bezeichnen (*Ritter/Kocka* 1974, 288). Dieser neue Begriff macht deutlich, daß sich neue Klassenformationen herausgebildet hatten, die sich nicht mehr mit den traditionellen ständischen Grenzen deckten. *Marx* und *Engels* prophezeiten diesen Schichten im „kommunistischen Manifest“ (1848) eine proletarische Zukunft:

„Die bisherigen kleinen Mittelstände, die kleinen Industriellen, Kaufleute und Rentiers, die Handwerker und Bauern, alle diese Klassen fallen ins Proletariat hinab, teils dadurch, daß ihr kleines Kapital für den Betrieb der großen Industrie nicht ausreicht und der Konkurrenz mit den größeren Kapitalisten erliegt, teils dadurch, daß ihre Geschicklichkeit von neuen Produktionsweisen entwertet wird“ (*Marx/Engels* 1953, 533).

Diese düstere Prognose hat sich nur teilweise erfüllt: die Mittelstände überlebten, aber sie wurden aus den von *Marx* und *Engels* genannten Gründen zahlenmäßig dezimiert und Teile von ihnen proletarisiert (vgl. S. 110 ff.).

Die Folgen der „Bauernbefreiung“ für die **ländliche Sozialstruktur** waren vielfältig: Einerseits entwickelte sich langfristig eine Schicht selbständiger und ökonomisch stabiler Bauern; andererseits mußten etliche Bauern ihre Höfe wegen Überschuldung aufgeben (*Rürup* 1984, 50). Gravierender war die starke Zunahme „unterbäuerlicher“ Kleinstellen, die kaum lebensfähig waren. Im ostelbischen Regierungsbezirk Magdeburg betrug der Anteil derartiger „Kümmerexistenzen“ an allen Bauernstellen im Jahre 1859 bereits 67% (*Rürup* 1984, 96).

Über die Entwicklung der Kleinkaufleute weiß man bisher wenig, gut erforscht ist dagegen das Schicksal des **Handwerks**. Bereits vor der industriellen Revolution zeigten sich in Teilen des Handwerks Verelendungserscheinungen, da mit der Aufhebung der Zunftbindungen auch die Zulassungbeschränkungen wegfielen und dadurch einige Branchen überbesetzt wurden. Um die Jahrhundertmitte betrug der Anteil der teilweise proletaroiden „Alleinmeister“ mit geringen Einkünften schätzungsweise ca. 70% (*Rürup* 1984, 94). Die Industrialisierung verschärfte dann die Krisensituation des Handwerks zusätzlich. Da die Industrie viele Produkte schneller, billiger und später auch präziser herstellen konnte als die Handwerker, wurden einige traditionelle Berufsgruppen wie Weber, Schneider, Schumacher, Schreiner oder Stellmacher verdrängt, dezimiert oder zu erheblichen Umstellungen gezwungen. Andere Berufsgruppen dagegen waren Nutznießer der Industrialisierung: So profitierten z. B. das Baugewerbe, Bäcker und Metzger vom Wachstum der Bevölkerung und der Städte. Schließlich entstand durch neue Industrieprodukte, durch Städtebau und Elektrifizierung ein zusätzlicher Bedarf an Reparaturen, Instandhaltungen und Installationen. Neue Berufe – Landmaschinenmechaniker, Elektriker, Installateure, Kfz-Schlosser – spezialisierten sich auf Dienstleistungen dieser neuen Art (*Bolte* 1970, 366ff.).

Mit den **Angestellten** tauchte in der zweiten Hälfte des 19. Jahrhunderts eine neue Gruppe im Schichtgefüge auf. Während sie um die Jahrhundertmitte noch quantitativ bedeutungslos waren (*Rürup* 1984, 97), weist die Statistik des Deutschen Reiches im Jahre 1882 4,7% aller Erwerbstätigen als Angestellte aus. Bis 1907 hatte sich dann ihr Anteil mit 10,7% mehr als verdoppelt. Dreiviertel von ihnen arbeiteten als kaufmännische Angestellte in den Handelshäusern, Warenhäusern und Banken, die übrigen waren als Techniker, Werkmeister oder Verwaltungsangestellte („Betriebsbeamte") in der Industrie tätig. Der Aufschwung von Handel und Verkehr sowie die wachsenden Unternehmensgrößen im Dienstleistungsbereich und in der Industrie hatten diese neue Schicht hervorgebracht. Ihre Soziallage war besser als die der Arbeiterklasse. Die Arbeitsplätze der Angestellten waren sicherer und ihre Arbeitsbedingungen besser; sie waren häufig besser qualifiziert, erhielten höhere Einkommen sowie Gehälter statt Löhne; sie wurden vom Unternehmer besser behandelt und hatten bessere berufliche Aufstiegschancen. Daher ist es nicht verwunderlich, daß sie sehr darauf bedacht waren, sich vom Proletariat abzugrenzen, und daß sie sich in ihrem Selbstverständnis an den bürgerlichen Mittelschichten orientierten. Selbstbezeichnungen wie „Privatbeamte" oder „neuer Mittelstand" – dieser Begriff wurde später von den Sozialwissenschaftlern aufgegriffen – legen von ihren Statusansprüchen beredt Zeugnis ab. Verschiedene Studien zeigen, daß sich die Einkommensverhältnisse und die Arbeitsbedingungen der Angestellten am Ende des 19. Jahrhunderts denen der Arbeiterschaft annäherten (*Kocka* 1981; *Engelsing* 1978; *Kaelble* 1983a, 195ff.), nicht aber ihre Mentalitäten. Im Gegenteil: die „Kragenlinie" zwischen Weiß und Blau im Hinblick auf Lebensstil, Aufstiegs- und Bildungswillen und politisches Verhalten (z. B. die Ablehnung der Gewerkschaften) trat eher noch markanter hervor (vgl. z. B. *Spree* 1981). Die Diskrepanzen zwischen ihrer „objektiven Klassenlage" und ihrem Selbstverständnis waren bereits Gegenstand der ersten größeren sozialwissenschaftlichen Analyse über diese neue Schicht von *Emil Lederer* (1912).

Die große Mehrheit der Bevölkerung gehörte zu den **Unterschichten**, für die in den vierziger Jahren des 19. Jahrhunderts der Begriff **„Proletariat"** auftauchte. Gemeinsam war allen Proletariern, daß sie über kein Eigentum verfügten und, sofern sie überhaupt einen Arbeitsplatz hatten, lebenslänglich Lohnarbeit verrichten mußten. Ansonsten war das Proletariat keine einheitliche oder unstrukturierte Masse, sondern setzte sich aus vielen Gruppen mit sehr unterschiedlichen Lebensbedingungen und Mentalitäten zusammen (vgl.

Kaelble 1983a, 188). Zu ihnen gehörten Landarbeiter und Fabrikarbeiter, das Gesinde auf den Bauernhöfen und das Dienstpersonal der feinen Bürgerhäuser, Handwerksgesellen und Heimarbeiter, Tagelöhner auf dem Bau und Gelegenheitsarbeiter, Vagabunden, Asylbewohner und Prostituierte. In Preußen machten die erwerbstätigen Gruppen des Proletariats im Jahre 1860 74% der arbeitenden Bevölkerung aus (*Rürup* 1984, 96), die Erwerbsstatistik des Deutschen Reiches weist ihren Anteil im Jahre 1907 mit 69% aus – 63% „Arbeiter" und 6% „häusliche Dienste" (*Ritter/Kocka* 1974, 243f.). Große Teile des Proletariats lebten in der ersten Hälfte des 19. Jahrhunderts verarmt und in bedrückender Not. In den Unterschichten breitete sich das Massenelend aus, der Pauperismus, der in Deutschland wie auch in den anderen europäischen Gesellschaften beim Übergang zur Industriegesellschaft wegen des Überangebots an Arbeitskräften auftauchte (*Conze* 1981, 113).

Die **Industriearbeiterschaft** war um die Jahrhundertmitte noch eine kleine erst im Entstehen begriffene Gruppe. Nur 7% der preußischen Erwerbstätigen arbeiteten im Jahre 1860 in Fabriken oder im Bergbau (*Rürup* 1984, 96). Im Zuge der Hochindustrialisierung schwoll diese Schicht stark an. Sie bildete im Jahre 1907 mit 22% der deutschen Erwerbstätigen (*Conze* 1976, 618) nicht nur den Kern der Arbeiterklasse, sondern war auch die quantitativ wichtigsten Gruppe im Berufssystem. Die Industriearbeiterschaft hatte – zusammen mit den anderen Unterschichten – relativ einseitig die Kosten der Industrialisierung und der damit zusammenhängenden Steigerung des Wohlstands zu tragen. Harte Arbeitsbedingungen in lärmigen Fabrikhallen mit kasernenmäßiger Disziplin, niedrige Löhne, Arbeitszeiten von täglich 13 und mehr Stunden, schlecht bezahlte Frauen- und Kinderarbeit, enge und total überbelegte Wohnungen in schmutzigen Mietskasernen – das sind einige Stichworte zu ihrer Lebenslage (vgl. z. B. *Langewiesche/Schönhoven* 1981), die von den Sozialkritikern mit Recht als „Verelendung", „Entfremdung" oder „Ausbeutung" des Proletariats gebrandmarkt wurde. Andererseits brachte die Durchsetzung des Industriekapitalismus eine allgemeine Verbesserung der Lebensbedingungen mit sich, die auch der Arbeiterschaft zugute kam. Auch dazu einige Stichworte:

- Die Reallöhne der Arbeiter in Industrie, Handel und Verkehr verdoppelten sich nahezu in der Zeit von 1871 – 1913 (*Schäfer* 1979, 159).

- Die tägliche Arbeitszeit ging auf durchschnittlich ca. 9,5 Stunden in den Jahren vor Ausbruch des Ersten Weltkrieges zurück (*Schäfer* 1979, 157).

- Die Arbeitslosenquote blieb im Kaiserreich in der Regel unter 3%; Dauerarbeitslosigkeit war selten (*Schäfer* 1979, 148).

- Gewerkschaften, Vereine und die *Bismarcksche* Sozialgesetzgebung milderten die Not bei Erwerbsunfähigkeit; die Anfänge eines „sozialen Netzes" wurden sichtbar.
- Schließlich führten verbesserte Produktionsbedingungen in der Landwirtschaft dazu, daß die vorher üblichen witterungs- und erntebedingten Hungerkrisen nach der Jahrhundertmitte ausblieben.

Innerhalb der Arbeiterschaft gab es erhebliche **soziale Unterschiede**. So verdiente z. B. ein Facharbeiter das zwei- bis dreifache eines Ungelernten, während Landarbeiter wiederum in der Regel ca. 20% weniger Einkommen hatten als ungelernte Fabrikarbeiter (*Rürup* 1984, 97). Nach *Marx* sollten Unterschiede zwischen den verschiedenen Arbeitergruppen durch den nivellierenden Einfluß der Fabrikarbeit verschwinden und allmählich eine sozial homogene Arbeiterklasse mit gleichgerichteten Interessen entstehen. Sozialhistorische Studien zeigen, daß sich dieser Prozeß der Klassenbildung nur mit Einschränkungen vollzog. In einigen Bereichen – Einkommen, Vermögen, Bildung, Arbeitsplatzsicherheit, soziale Sicherheit, räumliche Mobilität, soziale Kontakte – wurden die Ungleichheiten zwischen ungelernten und gelernten Arbeitern verringert; in anderen Bereichen dagegen – Wohnsituation, Gesundheit, Lebenserwartungen – wurden sie jedoch größer. Die politisch-soziale Mentalität der Arbeiterschaft blieb aufgrund sozialer, regionaler und konfessioneller Unterschiede „fragmentiert" (*Zwahr* 1978; *Kaelble* 1983a, 176, 189; *Moser* 1984, 100f., 180f.).

2.3 Wachstum, Mobilisierung und Verstädterung der Bevölkerung

Die Industrialisierung wurde im 19. Jahrhundert vom größten **Bevölkerungszuwachs** in der deutschen Geschichte begleitet. Die Zahl der Einwohner auf dem Gebiet des Deutschen Reiches nahm zwischen 1816 und 1850 von 24,8 Millionen auf 35,5 Millionen um mehr als 40% zu und schnellte dann nochmals auf knapp 65 Millionen im Jahre 1910 in die Höhe (*Borchardt* 1972, 38; *Köllmann* 1976, 18). Ursachen und Verlauf der Bevölkerungsentwicklung waren in verschiedenen Perioden unterschiedlich. In der ersten Hälfte des 19. Jahrhunderts stiegen die Geburtenziffern stark an, weil die ständischen Schranken für Eheschließungen fielen. In der Phase der Hochindustrialisierung wurde die Bevölkerungsbewegung dann stärker von den Folgen des medizinischen Fortschritts und des Industrialisierungsprozesses beeinflußt. Bessere Ernährung, bessere Kanalisation und Trinkwasserversorgung sowie bessere medizinische Betreuung ließen die Säuglings- und Kindersterblichkeit rapide sinken und erhöhten die Lebenserwartungen erheblich: das durchschnittliche Lebensalter der Männer stieg von 36 Jahren (1871/80) auf 45 Jahre

(1901/10), das der Frauen von 39 auf 48 Jahre (*Hohorst u. a.* 1975, 18, 33). Andererseits wurde die Bereitschaft der Familien, viele Kinder zur Welt zu bringen, im Zuge der Hochindustrialisierung gebremst. 1912 wurden von den verheirateten Frauen im Durchschnitt ein Drittel weniger Kinder geboren als 1880/81 (*Hohorst* u. a. 1975, 56). Vermutlich spielte auch die Sozialgesetzgebung der achtziger Jahre bei der Veränderung des generativen Verhaltens eine Rolle. Kinder verloren an Bedeutung für das Überleben der Familienmitglieder bei Erwerbsunfähigkeit, weil die Gesellschaft als Ganzes zunehmend für die soziale Sicherheit der Familien sorgte. Nach zwei Jahrzehnten der Stagnation sanken die Geburtenziffern seit der Jahrhundertwende – zunächst langsam, später immer schneller. Der Geburtenüberschuß, der für das gesamte 19. Jahrhundert kennzeichnend war, verschwand schließlich während des Ersten Weltkrieges.

Im Wilhelminischen Reich fanden in der Zeit der Hochindustrialisierung die größten **Massenwanderungen** der deutschen Geschichte statt. Ausgelöst wurden sie einerseits durch die Push-Impulse der übervölkerten Agrarregionen, die ihren verarmten Bewohnern kein Auskommen auf Dauer ermöglichen konnten. Gleichzeitig wirkten jedoch auch die Pull-Impulse der neuen Industriezentren: Die industrielle Revolution verlangte, daß sich die Menschen aus ihren räumlichen und sozialen Bindungen lösten und dorthin zogen, wo die Industrie sie benötigte.

Von der zunehmenden Mobilisierung waren insbesondere die Unterschichten betroffen, die vom Elend bedrohten unterbäuerlichen Gruppen – Tagelöhner, Instleute (gemietete Landarbeiter, Kleinpächter) und Nachgeborene, dazu überschuldete Kleinbauern – zogen in die Städte und nahmen dort die neuentstehenden Arbeitsplätze in der Industrie ein. Soziale Sicherheit und sozialer Aufstieg waren mit diesen Wanderungen nur in Ausnahmefällen verbunden; die **Armut verlagerte sich lediglich vom Lande in die industriellen Standorte.**

Die Massenwanderungen setzten sich aus zwei Hauptbewegungen zusammen; aus der **Nahwanderung** vom Land in die naheliegenden Städte und aus der **Ost-West-Fernwanderung** von den östlichen Agrarregionen in die westlichen Industriezentren. Die Industriestandorte deckten ihren Arbeitskräftebedarf zunächst aus den Bevölkerungsüberschüssen des ländlichen Hinterlandes (Nahwanderung). In der Phase der Hochindustrialisierung machten sich dann die Menschenmassen zur Fernwanderung aus den Agrargebieten des Ostens – aus West- und Ostpreußen, aus Pommern, Posen und Schlesien – in die Industriegebiete des Westens auf – nach Berlin, nach Sachsen, ins Rhein-Main-Gebiet und später insbesondere ins Ruhrgebiet.

Es ist heute kaum noch vorstellbar, wie **nomadenhaft** sich die Bevölkerung, insbesondere die unteren Schichten, am Ende des 19. Jahrhunderts verhalten mußte. Etwa jeder zweite verließ seine Heimatstadt (*Köllmann* 1976, 20). Auf der Suche nach einem Arbeitsplatz zogen die Menschen dann von Stadt zu Stadt, von Betrieb zu Betrieb. Von den Neuankömmlingen des Jahres 1891 in Frankfurt am Main wanderten zwei Drittel innerhalb eines Jahres weiter. In manchen Ruhrgebietsstädten betrug die durchschnittliche Betriebszugehörigkeit zu Beginn dieses Jahrhunderts oft weniger als ein Jahr.[4]

Die Ungewißheiten und Strapazen der Fernwanderung nahmen überdurchschnittlich häufig jüngere, meist ledige Männer auf sich. Bei der Nahwanderung überwogen dagegen häufig die jüngeren Frauen, die sich als Dienstmädchen in den Städten bessere Heiratschancen versprachen (*Köllmann* 1976, 20f.).

Die Vorstellungen des älteren Schrifttums, daß die Mobilisierung der Bevölkerung zu Entwurzelung, Verunsicherung und chaotischen Verhältnissen geführt habe, ist zwar inzwischen etwas relativiert worden (vgl. *Reulecke* 1985, 76); dennoch hatte der mobile Teil der Bevölkerung mit erheblichen Integrationsschwierigkeiten zu kämpfen. Auf besondere Probleme stießen dabei die vielen Zuwanderer mit slawischer Muttersprache – die Polen, Masuren und Kaschuben.

Die Industrialisierung machte die Menschen nicht nur mobil, sie ballte sie auch an den industriellen Standorten zusammen. Die Mobilisierung der Menschen ging einher mit der **Verstädterung** der Siedlungsstruktur. „Die Industrie wurde zum ‚Städtebildner der Neuzeit' und die Städte umgekehrt zu Schwerpunkten der Industrieansiedlung und der Industriegesellschaft" (*Pohl* 1979, 35). Jeder neugeschaffene Arbeitsplatz in der Produktion zog einen weiteren Arbeitsplatz für die Folgeleistungen in Bau, Dienstleistungen, Handel, Verkehr oder Verwaltung nach sich („Gesetz des doppelten Stellenwertes").

In Deutschland setzte das Anwachsen der Städte etwa um die Jahrhundertmitte ein, das **Großstadtwachstum** erst mit dem Industrialisierungsschub nach 1870. Zwischen 1871 und 1910 stieg im Deutschen Reich die Zahl der Großstädte mit mehr als 100 000 Einwohnern von 8 auf 48 an.

Aus einer Bevölkerungsmehrheit auf dem Lande wurde allmählich eine mehrheitlich städtisch siedelnde Bevölkerung: das **Landvolk wurde zum Stadtvolk**. 1871 wohnten 64% der Reichsdeutschen in Gemeinden mit weniger als 2000 Einwohnern, 1910 nur noch eine Minderheit von 40%. Weitere 40% lebten in diesem Jahr in kleineren oder mittleren Städten und etwas mehr als ein Fünftel in Großstädten (*Reulecke* 1985, 202). Die ländlich-dörfliche Gesellschaft hatte sich nach und nach in eine städtische Industriegesellschaft verwandelt. Das Leben in den neu entstehenden Industriestädten wurde durch erhebliche schichtspezifische Unterschiede und durch eine zunehmende räumliche und soziale Trennung von Arbeiterklasse und bürgerlichen Schichten geprägt. Auf der einen Seite entstanden schnell aus dem Boden gestampfte Arbeiterquartiere mit schlecht ausgestatteten, überfüllten Mietskasernen, erschreckenden hygienischen Zuständen und erdrückenden Lebensverhältnissen. Auf der andere Seite konnte sich in den gehobenen Wohngebieten der Mittelschichten und in den Villenvierteln der Oberschichten ein urbaner Lebensstil entwickeln, dessen Kennzeichen kulturelles Raffinement und hohe Lebensintensität in Arbeit und Genuß waren (vgl. *Reulecke* 1985, 91ff, 147ff.).

2.4 Wandel im Bildungssystem

Das Bildungswesen wurde im Laufe des 19. Jahrhunderts von zwei wichtigen Veränderungen erfaßt: 1. Das Bildungsniveau der Bevölkerung stieg weiter an, oder genauer: die Masse der Bevölkerung kam in den Genuß einer elementaren Grundausbildung, und die kleine Minderheit mit höheren Bildungsabschlüssen wurde etwas umfangreicher. 2. Das System der Bildungseinrichtungen wurde differenzierter; dabei orientierten sich viele der neu entstehenden Lerninhalte an den veränderten Bedürfnissen der gewerblichen und industriellen Arbeitswelt.

Unter der preußischen Gesamtbevölkerung gab es im Jahre 1864 noch 6% Analphabeten, unter den damals Sechzigjährigen sogar noch fast 20%. Bis zum Jahre 1911 ist der **Analphabetismus** dann fast völlig **verschwunden** (*Lundgreen* 1973, 95).

Die institutionelle Seite dieses Vorgangs ist der staatlich geförderte **Ausbau des Volksschulwesens** und die Entstehung einer professionalisierten, besser ausgebildeten und sozial abgesicherten **Volksschullehrerschaft**. Insbesondere in den wachsenden Städten entstanden immer mehr schulgeldfreie vielklassige Volksschulen, z. T. sog. „Proletarierschulen“, so daß immer mehr Kinder ihrer **Schulpflicht** nachkommen konnten. Im Jahre 1814 besuchten erst 60% der schulpflichtigen Kinder Preußens eine Schule, im Jahre 1846 waren es bereits 82% (*Conze* 1976, 490). Einbrüche in diese Tendenz durch die Kinderarbeit und durch die Fabrikschulen waren eine vorübergehende Erscheinung in der Frühphase des Industriekapitalismus.

Das System der Bildungseinrichtungen **differenzierte** sich im Zuge der Industrialisierung weiter aus und wurde im weiterführenden Bildungsbereich zunehmend vom **Dualismus neuhumanistischer und „realistischer“ Bildungsziele** geprägt. Die wissenschaftsorientierten neuhumanistischen Bildungseinrichtungen erhielten immer stärkere Konkurrenz durch „realistische“ Bildungseinrichtungen, deren Lerninhalte an der Berufswelt, insbesondere an Gewerbe, Handel und Industrie orientiert waren. Neben den neuhumanistischen Gymnasien entwickelten sich **Realgymnasien** und **Oberrealschulen**.

Gegen Ende des Jahrhunderts etablierten sich zwischen den Volksschulen und Gymnasien sogenannte „Mittelschulen" für die Kinder mittelständischer Familien, die sich allerdings nur zögernd durchsetzten. 1911 wurden nur 3,5% der Schüler an diesen Schulen unterrichtet (*Conze* 1976a, 671, 674f.).

In der Phase der Hochindustrialisierung vergrößerte sich auch die kleine Gruppe derer, die über das Privileg einer **höheren Schulbildung** oder einer **akademischen Ausbildung** verfügten. Die Zahl der Gymnasiasten und Oberschüler wuchs im Kaiserreich dreimal so schnell wie die Bevölkerung (*Conze* 1976, 674). Ähnliches gilt für die Studenten, deren Anzahl nach einer vierzigjährigen Stagnation ebenfalls wieder kontinuierlich zunahm – zwischen 1870 und 1914 um das 5fache von ca. 15 000 auf ca. 75 000 (*Windolf* 1990, 27).

Trotz dieser Expansion im mittleren und höheren Bildungswesen zeigte die Bildungsstruktur der Gesamtbevölkerung ein relativ stabiles Muster: Der großen Masse der Bevölkerung mit elementarer Volksbildung steht eine kleine Bildungselite mit höheren oder höchsten Bildungsabschlüssen gegenüber, die 1911 nur etwa 3% der Bevölkerung umfaßte. Diese Schicht war offen zur Mitte der Gesellschaft: die Söhne des Kleinbürgertums und der Mittel- und Kleinbauern stellten 1911 28% der Studenten, die Söhne der mittleren Beamten 24%. Der Aufstieg aus den Unterschichten ins Bildungsbürgertum dagegen war nur in Ausnahmefällen möglich: aus der Arbeiterschaft stammten nur 3% der Studenten (*Kaelble* 1975, 124; vgl. auch *Windolf* 1990, 58). Diese Strukturen – **Polarisierung** der Bevölkerung in die große Masse mit Minimalabschlüssen und in eine sehr kleine Schicht mit höherer Bildung sowie starke **Aufstiegsbarrieren** für Unterschichten – erwiesen sich auch im 20. Jahrhundert als sehr stabil. Sie gerieten erst nach dem 2. Weltkrieg durch die Bildungsreformen in der DDR und der Bundesrepublik in Bewegung.

2.5 Strukturwandel der Familie: auf dem Weg zur privaten bürgerlichen Kleinfamilie

Ein weiteres Symptom des Übergangs von der ständischen Gesellschaft zur Industriegesellschaft sind die starken Veränderungen in den Strukturen und Funktionen der Familie. Die Familie war ein tragendes Bauelement des vorindustriellen Sozialgefüges. Sie bildete nicht nur eine soziale Einheit, sondern auch eine rechtliche, politische und insbesondere wirtschaftliche Einheit. Die vorindustrielle Wirtschaft war überwiegend Familienwirtschaft, die Hausgemeinschaft bildete die Basis der Arbeitsorganisation, und umgekehrt waren viele vorindustrielle Familien in erster Linie Produktionsstätten.

Die Familie war patriarchalisch strukturiert: Dem „Hausvater" unterstanden nicht nur die verwandten Familienmitglieder, sondern häufig auch nichtverwandte Angehörige des Hauses – die Knechte und Mägde auf den Bauernhöfen, die Gesellen und Lehrlinge bei den Handwerkern, die Dienstboten und Dienstmädchen in den Häusern des Adels und des gehobenen Bürgertums. Einige Sozialhistoriker ziehen es daher vor, diese kleine wirtschaftende Hausgemeinschaft nicht als „Familie", sondern als „Haus" zu bezeichnen (*Rosenbaum* 1982, 116), weil der moderne Familienbegriff an die blutsverwandte Kleingruppe denken läßt. Mit der Auflösung der ständischen Ordnung gingen der Familie ihre rechtlichen und politischen Funktionen weitgehend verloren, und die Industrialisierung veränderte die Zusammenhänge von Familienleben und Produktionsweise.

Der Struktur- und Funktionswandel der Familie war ein langfristiger und vielschichtiger Vorgang. Die stark vereinfachenden Thesen der Familiensoziologie – die Schrumpfung der Großfamilie zur Kleinfamilie oder der Wandel der „erweiterten" Familie zur Kernfamilie von Eltern und Kindern – sind durch sozialgeschichtliche Studien differenziert und teilweise auch revidiert worden.[5]

Bereits vor dem Beginn der Industrialisierung gab es ein **Nebeneinander von unterschiedlichen Familienformen**. Struktur und Funktion der Familie waren stark mit der Produktionsweise und Erwerbstätigkeit der verschiedenen Bevölkerungsgruppen verknüpft. Die Vielfalt der Arbeitsbedingungen und der damit zusammenhängenden materiellen Lebenslagen verhinderten, daß sich ein einheitlicher Typ der vorindustriellen Familie herausbilden konnte. Die erweiterte Drei-Generationen-Familie, bei der Großeltern, Eltern und Kinder zusammen mit dem Dienstpersonal oder den Gesellen und Lehrlingen unter einem Dach wohnten, entwickelte sich nur dort, wo es die ökonomischen Bedingungen zuließen oder sinnvoll machten: bei ertragskräftigen Bauern, Handwerkern und Kaufleuten sowie – mit Einschränkungen – im Adel. Bei den verarmten Kleinbauern, proletaroiden Handwerkern und Kleinhändlern sowie bei den unteren Schichten der Landarbeiter, Heimarbeiter und Tagelöhner fehlten dazu die materiellen Voraussetzungen. Große Teile der Bevölkerung waren gezwungen, ohne eigene Familie zu leben; dem Gesinde, den Lehrlingen und Gesellen war die Heirat rechtlich untersagt, anderen verelendeten Gruppen mangelte es an den erforderlichen finanziellen Mitteln zum Aufbau einer Familie.

Die Vielfalt der Familienformen der vorindustriellen Zeit spiegelte sich auch in den Entwicklungen im Zuge der Industrialisierung wieder. Auf dem Lande war die **erweiterte bäuerliche Großfamilie** verbreitet. Kinder sowie Mägde und Knechte, in Erntezeiten auch die „Altenteiler" der älteren Generation, wurden als Arbeitskräfte benötigt. Die steigende Lebenserwartung erhöhte die Zahl der Drei-Generationen-Familien. Der Alltag auf dem Bauernhof kreiste um die harte Landarbeit und ließ – so jedenfalls die Annahme der

Familienforschung (z. B. *Rosenbaum* 1982, 88, 93) – tiefere emotional-affektive Beziehungen zwischen den Mitgliedern des Hauses nicht zu. Dieser Typ der bäuerlichen Familie überlebte die Industrialisierung (vgl. S. 125, 128), verlor aber an strukturell prägendem Gewicht. In den wachsenden Städten breiteten sich andere Familienformen aus, und auf dem Lande wurde durch die „Kapitalisierung" der Agrarwirtschaft – durch Mechanisierung und durch den Einsatz von lohnabhängigen Landarbeitern – das Gesinde zum Teil aus dem Bauernhof ausgegliedert.

Auch im gutgehenden **städtischen Handwerk** hatten sich vorindustrielle Familienbetriebe herausgebildet, die mit ihrer Einheit von Werkstatt und Wohnung und mit der Aufnahme von Gesellen und Lehrlingen in den Familienverband dem skizzierten Typ der Bauernfamilie strukturell ähnlich waren. Die Strukturkrise des Handwerks, ausgelöst durch die Gewerbefreiheit und später durch die Industrialisierung, ließ vermehrt ökonomisch schwache Klein- und Kleinstbetriebe und später auch gewerbliche Großbetriebe entstehen. Beide Tendenzen drängten den Typ der erweiterten wirtschaftenden Familie zurück. Den proletaroiden Alleinmeistern fehlte die ökonomische Basis zur Einstellung von Gesellen, und in den Großbetrieben wuchs die Produktionsstätte aus dem Familienzusammenhang heraus.

In den Städten reifte im 19. Jahrhundert ein Typ der **bürgerlichen Familie** heran, der historisch Karriere machen sollte. Er unterschied sich in einem zentralen, sozial folgenreichen Strukturmerkmal von der Bauern- und Handwerkerfamilie: Wohnung und Arbeitsstätte waren getrennt; die Produktion fand nicht in der Familie, sondern außerhalb statt. Der Ursprung dieser Familienform hat mit der Industrialisierung zunächst nichts zu tun. Das Prinzip der „strengen Trennung von Dienstlichem und Privatem", von Arbeit und Familie hatte sich bereits in vorindustrieller Zeit im Dienstleistungsbereich entwickelt und prägte den Dienst und das Familienleben der Beamten. In gut situierten Schichten, wo Frauen und Kinder von der Erwerbsarbeit freigestellt waren und wo man sich „gut bürgerliche" Wohnverhältnisse leistete, konnte sich in Ansätzen ein privates, nach außen abgeschirmtes und emotional getöntes Familienleben entwickeln. Die Produktionsfunktion der Familie war ersetzt durch die Erholungs-(Rekreations-) und Entlastungsfunktion; die häusliche Geborgenheit diente als Zufluchtsstätte nach den Mühen des Arbeitstages. Die Familie war keine Produktionsgemeinschaft, sondern eine Gemeinschaft für Konsum, Freizeit und Entspannung.

Das bürgerliche Familienideal verschärfte die Ungleichheit zwischen den Geschlechtern. Dem Mann wurde die Rolle des Ernährers zugeschrieben, er war zuständig für die „Außenwelt". Der Frau fiel die dienende Rolle in der „Innenwelt" der Familie zu: sie war für die häusliche Gemütlichkeit verantwortlich, hatte die Kinder zu erziehen und – möglichst liebevoll – für den Ehemann zu sorgen.

Bürgerliche Familien dieses geschilderten Typs waren im 19. Jahrhundert zahlenmäßig nur gering vertreten. Ihre historische Bedeutung erlangten sie in erster Linie durch ihre Leitbildfunktion. Sie übten starke Anziehungskraft auf die alten und insbesondere die neu entstehenden Mittelschichten, aber auch auf die Unterschichten aus. Ihre große Zeit kam jedoch erst im 20. Jahrhundert, insbesondere nach dem 2. Weltkrieg, als wachsender Wohlstand und wachsende Freizeit bessere Voraussetzungen für ihre Verbreitung schufen (vgl. S. 307 f.).

Im Proletariat war es vor allem die wachsende Zahl der **Industriearbeiterfamilien**, die eine wichtige Gemeinsamkeit mit der bürgerlichen Familie aufwiesen: Fabrik und Wohnung waren zwei getrennte Bereiche. Heimarbeiterfamilien, wo der mühsame Broterwerb im Hause erfolgte, waren lediglich eine historische Übergangserscheinung. Bei den Industriearbeiterfamilien des 19. Jahrhunderts fehlten allerdings die materiellen Voraussetzungen zur Durchsetzung bürgerlicher Familienverhältnisse. Ihre ökonomische Mangellage zwang dazu, alle Kräfte zur Sicherung des Lebensunterhalts einzusetzen. Lange Arbeitszeiten, erschöpfende Frauen- und Kinderarbeit, äußerst beengte Wohnverhältnisse – Kinder und Eltern mußten häufig mit sog. „Schlafburschen" und „Bettgehern" in einem Zimmer schlafen – ließen für eine bürgerliche Familienidylle weder Zeit noch Raum.

Erwähnenswert sind noch zwei weitere Entwicklungstendenzen: die **steigende Zahl der Familien** im allgemeinen und das Auftauchen **„unvollständiger" Familien** in den Städten. Da für Knechte und Mägde, Gesellen und Dienstboten die Heiratsbeschränkungen zunächst vorübergehend, später endgültig aufgehoben wurden, wurde häufiger und früher geheiratet. Mit dem Rückgang der Familienbetriebe ließ auch der ökonomische Zwang nach, verstorbene Ehepartner durch Wiederheirat zu ersetzen. Sogenannte „unvollständige" Familien bereichern daher das Spektrum der Familienformen.

Der Soziologe *Theodor Geiger* (1891 – 1952) deutet den Strukturwandel der Familie auf einer allgemeineren Ebene als die **Aufspaltung** des gesellschaftlichen Lebens in eine **unpersönliche öffentliche Sphäre** mit Zügen eines Massendaseins und in eine **intime individualisierte Privatsphäre**:

„Seither haben private und öffentliche Lebensphäre sich so auseinandergespalten, daß jeder ein besonderes gesellschaftliches Milieu entspricht ... Der Dualismus der gesellschaftlichen Sphären ist das Sondermerkmal neuzeitlichen Daseins" (*Geiger* o.J., 61, 65).

2.6 Die verspätete Demokratie

Ich möchte die wirtschafts- und sozialgeschichtliche Skizze mit einem kurzen Hinweis auf die Entwicklung der politischen Strukturen abschließen. Die Industrialisierung setzte in Deutschland vergleichsweise spät ein, noch stärker verzögerte sich jedoch die Demokratisierung. Deutschland ist nicht nur eine „verspätete Nation" und eine verspätete Industriegesellschaft, sondern erst recht eine verspätete Demokratie. Die überkommenen obrigkeitsstaatlichen politischen Strukturen erwiesen sich als noch zählebiger als die überkommenen ökonomischen und sozialen Strukturen, die industrielle Revolution wurde in Deutschland nicht gleichzeitig von einer erfolgreichen politischen Revolution begleitet. Zu Beginn des Jahrhunderts hatte sich ein „Industrievolk im Kleide des Agrarstaates" entwickelt – wie es der liberale Publizist und Politiker *Friedrich Naumann* (1860 – 1919) treffend beklagte (zit. nach *Ritter/Kocka* 1974, 69). Es bedurfte erst der Erschütterungen durch zwei militärische Niederlagen, ehe sich dann im zweiten Anlauf – unter anfänglicher Mithilfe der Siegermächte – demokratische Strukturen in Westdeutschland langfristig stabilisieren konnten. Und den Ostdeutschen gelang es erst in der jüngsten Vergangenheit, sich von den autoritären politischen Institutionen des sozialistischen Systems zu befreien.

Anmerkungen

1 Vgl. auch *Bellebaum* 1978, 22ff.; *Ballerstedt/Glatzer* 1979, 103; *Erd/Jaccobi/Schumm* 1986; *Feist u. a.* 1989; *Schröder u. a.* 1989; *Bundeszentrale für politische Bildung* 1990.

2 Eine Übersicht über Entdeckungen und Erfindungen bei *Lahner/Ulrich* 1969; vgl. auch *Henning* 1989, 114-119.

3 rechtliche Vermögensform zur Erhaltung eines Familiengutes; z.B. Unteilbarkeit, bestimmte Erbfolge.

4 *Bahrdt* 1966, 47; *Schäfer* 1979, 167; *Reulecke* 1985, 74.

5 Vgl. dazu insbes. die Arbeiten von *Mitterauer* (1977, 1979), *Rosenbaum* (1982), *Weber-Kellermann* (1981) und *Sieder* (1987) sowie die Aufsatzsammlungen von *Mitterauer/Sieder* (1977) und *Rosenbaum* (1978).

3. Die Entwicklung der materiellen Lebensbedingungen

3.1 Wohlstandsexplosion und Wohlstandsschere

Auf das „goldene Zeitalter“ der Hochindustrialisierung im Kaiserreich mit der Verdoppelung der Realeinkommen und anderen grundlegenden Verbesserungen der Lebensverhältnisse folgten drei Jahrzehnte der Einbrüche und des Stillstands. Der 1. Weltkrieg, die Wirtschaftskrisen der Weimarer Republik mit Inflation und Massenarbeitslosigkeit und der 2. Weltkrieg mit seinen Folgen führten zu krassen, krisenhaften Veränderungen in den Lebensumständen vieler Menschen. Die Entwicklung der Einkommen, der Vermögen und des Lebensniveaus brachten im Durchschnitt keine nennenswerten Fortschritte; die beiden Weltkriege markierten eine Periode des Auf und Ab und der Stagnation. Nach dem 2. Weltkrieg entwickelten sich dann die materiellen Lebensbedingungen in den beiden Teilen Deutschlands sehr unterschiedlich.

In **Westdeutschland** setzte, nachdem die schlimmsten Folgen des 2. Weltkriegs überwunden waren, eine dramatische Aufwärtsentwicklung ein. Das „Wirtschaftswunder“ ließ die Einkommen und Vermögen und in ihrem Gefolge den Lebensstandard steil in die Höhe schnellen. *Miegel* (1983) bezeichnet diesen historisch einmaligen Boom als „verkannte Revolution“; die Dramatik seiner Geschwindigkeit und seiner Folgen – die schnelle Ausbreitung von Massenwohlstand und Massenkonsum – rechtfertigen auch die Bezeichnung **„Wohlstandsexplosion“**. Diese Entwicklung kam erst zu Beginn der 80er Jahre auf hohem Niveau zum Stillstand.

Nach *Merkel/Wahl* (1991, 54f.) stieg das **Volkseinkommen pro Kopf** der Bevölkerung in den vier Jahrzehnten zwischen 1950 und 1989 real um mehr als das Vierfache an. Es „explodierte“ in diesem Zeitraum in Preisen von 1989 von gut 8.600 DM auf fast 36.000 DM.

Das ungeheure Tempo dieses Wachstums wird durch den **historischen Vergleich** deutlich (Abb. 3.1). Von 1800 bis 1950 stieg das reale Volkseinkommen pro Kopf um das Dreifache an, in der ersten Hälfte dieses Jahrhunderts lediglich um ein Drittel; d.h. zwischen 1950 und 1989 wuchs das Volkseinkommen ca. 13mal mehr als in den fünfzig Jahren vorher und erheblich stärker als in den vorangehenden eineinhalb Jahrhunderten. In absoluten Zah-

Abb. 3.1: *Entwicklung des Volkseinkommens 1800 bis 2000*

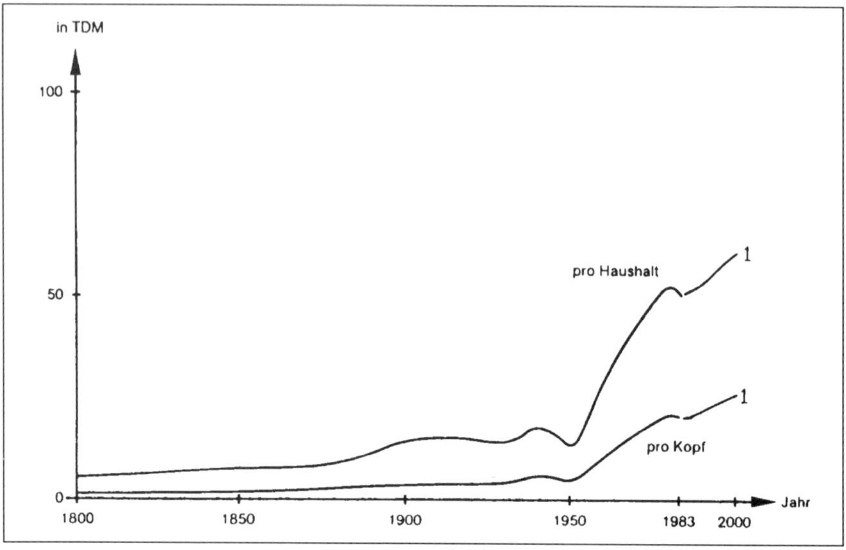

1 1983-2000: Prognose bei einem jährlichen Wirtschaftswachstum von 1 Prozent

Quelle: *Miegel* 1983, 177.

len ist allein der Anstieg in den 50er Jahren doppelt so groß wie zwischen 1800 und 1950 (*Miegel* 1983, 176ff.).[1]

Die Steigerung des Volkseinkommens hat sich nicht voll in den Löhnen und Gehältern niedergeschlagen, aber auch das **verfügbare Einkommen** ist erheblich angewachsen. Die folgenden Beispiele beziehen sich auf die **reale** Erhöhung der Einkommen, d.h. sie sind um die Teuerungsrate bzw. den Preisanstieg bereinigt.

- Die **Bruttoreallöhne (Wochenlöhne) der Industriearbeiter** steigen seit mehr als vier Jahrzehnten nahezu kontinuierlich an; nur 1967, 1975, 1980 bis 1985 sowie 1993 waren sie rückläufig oder stagnierend. Sie kletterten zwischen 1950 und 1994 um das 3,9-fache, seit 1960 um das 2,4-fache. Ganz ähnlich verläuft die Wachstumskurve für die **Realgehälter der Angestellten** in Industrie und im Dienstleistungsbereich – Anstieg zwischen 1960 und 1994 um das 2,5-fache, rückläufig oder stagnierend lediglich zwischen 1981 und 1984 sowie im Jahr 1994. Zwischen 1980 und 1994 sind die Reallöhne nur noch um 12%, die Realgehälter um 17% gestiegen – ein Hinweis auf das Abflachen des Wachstums auf hohem Einkommensniveau in den letzten eineinhalb Jahrzehnten (BMAS 1990 und 1995, Tab. 5.4).

- Die **Nettoreallöhne und -gehälter** aller Arbeitnehmer wuchsen von 1955 bis 1985 um das 2,3fache (StBA 1987a, 37). Angesichts des bereits erreichten hohen Niveaus resultierte aus den leichten Einkommenseinbußen anfang der 80er und 90er Jahre keine kritische Situation; Massenwohlstand und Massenkonsum wurden nicht nenneswert beeinträchtigt.
- Das **reale Nettoeinkommen der Haushalte** pro Kopf stieg in den 70er Jahren nur noch um etwa ein Drittel an. Wegen der rückläufigen Lohn- und Gehaltsentwicklung zu Beginn der 80er Jahre erhöhte es sich im vergangenen Jahrzehnt bei den verschiedenen Arbeitnehmergruppen und Ruheständlern nur noch geringfügig. Lediglich die Selbständigen außerhalb der Landwirtschaft konnten in den 80er Jahren ihre Einkommen weiterhin erheblich verbessern (Einzelheiten in Abb. 3.2).
- Die Wohlstandsexplosion kam auch dem Lebensstandard der **wirtschaftlich schwachen Schichten** zugute (vgl. *Miegel* 1983, 179).

Abb. 3.2: *Anstieg des realen Haushaltseinkommens pro Kopf*[1] *(Bundesrepublik 1970 – 1989, in Prozent)*

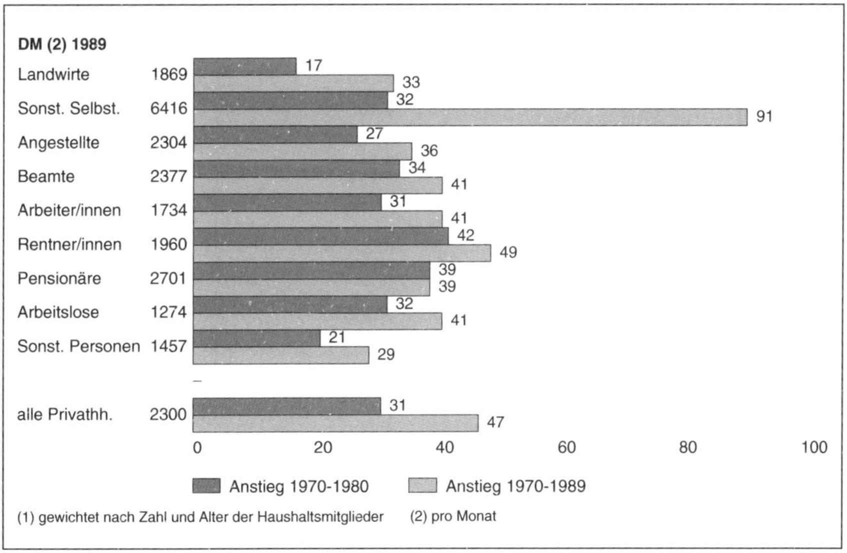

Quelle: *Bedau* 1990, 307.

DDR. Ein Vergleich der gesamtwirtschaftlichen Leistungsentwicklung in den beiden deutschen Gesellschaften ist mit erheblichen Methodenproblemen verbunden und z. T. auf Schätzungen angewiesen, die zu von einander abweichenden Ergebnissen führen.[2] Ich werde mich daher auf die **Einkommensentwicklung** beschränken. Die Situation in der **DDR** läßt sich am besten als **Wohlstandssteigerung**, nicht aber als Wohlstandsexplosion charakterisieren. Die Nettoeinkommen der Arbeitnehmerhaushalte stiegen auch in der DDR in den letzten Jahrzehnten kontinuierlich an, allerdings nicht so steil wie in der Bundesrepublik. Abb. 3.3 macht deutlich, daß die Einkommensdifferenz zwischen Ost- und Westdeutschland in den 60er und 70er Jahren immer stärker zugenommen hat.

Abb. 3.3: *Nettodurchschnittseinkommen der Arbeitnehmerhaushalte 1960 – 1982*

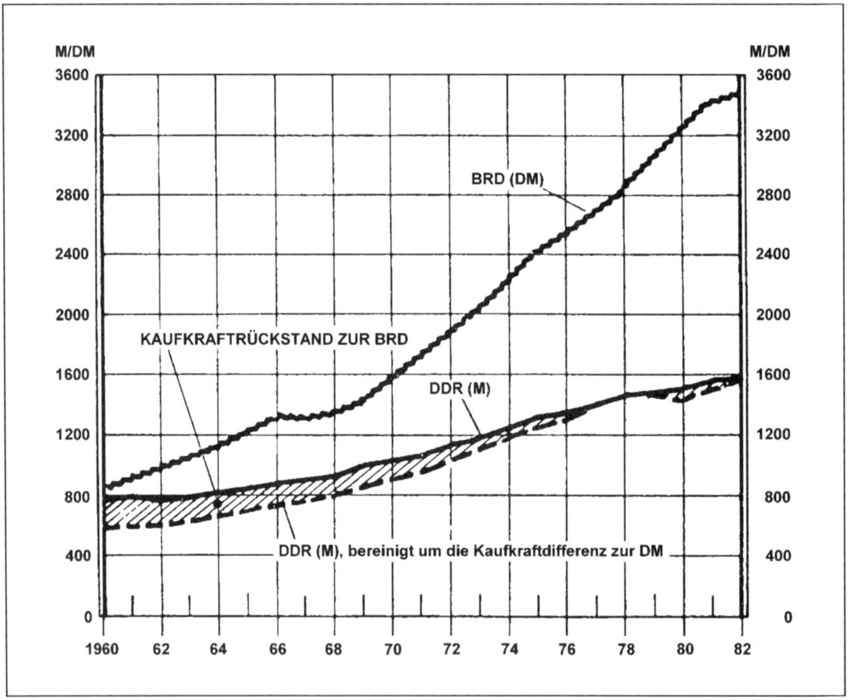

Quelle: DIW 1985, 280.

1960 lag das reale, um die Kaufkraftunterschiede bereinigte Durchschnittseinkommen in der DDR um 30% hinter dem westdeutschen zurück, 1970 um mehr als 40% und zu Beginn der 80er Jahre bereits um 55%. Die **Ost-West-Einkommensschere** hat sich also bis Anfang der 80er Jahre zunehmend geöffnet. In den 80er Jahren ist dann die Kluft etwas kleiner geworden, u. a. deshalb, weil die DDR über ihre Verhältnisse gelebt hat. „Es wurde mehr verbraucht als aus eigener Produktion erwirtschaftet wurde" – so die bittere Bilanz des *Schürer*-Berichts für die SED-Führung kurz nach dem Sturz Honneckers (*Schürer* u. a. 1992, 1114). Im Jahr vor der Wende bestand also die folgende Situation: alle Privathaushalte der DDR lagen 1988 mit ihrem verfügbaren Einkommen um 53% unter dem westdeutschen Niveau, die Arbeitnehmerhaushalte um 46% (berechnet nach *Bedau/Vortmann* 1990, 656, 659). Dabei ist zu beachten, daß es in der DDR mehr Doppelverdiener-Haushalte gab und daß daher der Abstand bei den Individualeinkommen noch erheblich größer war: Arbeitnehmer bezogen 1988 nur 31% der westlichen Bruttoeinkommen (*Gornig/Schwarze* 1990, 1622); der Rückstand bei den individuellen Einkommen entsprach also in etwa dem Produktivitätsrückstand (vgl. S. 53).

Mit dem Einkommen stiegen auch die **Vermögen** steil an. Die Geldvermögen in Abb. 3.4 stellen einen kleinen Ausschnitt aus dieser Entwicklung dar. Sie nahmen in der Bundesrepublik zwischen 1970 und 1990 um das 4,3-fache zu. Durch rasche Vermögenszuwächse in den neuen Ländern nach der Währungsunion wurden die großen Ost-West-Unterschiede (vgl. *Geißler* 1992, 42)

Abb. 3.4: *Geldvermögen[1] der privaten Haushalte 1970 – 1993*

	West 1970	West 1983	West 1990	West 1993	Ost 1993
Nettogeldvermögen[2] (nach Deutsche Bundesbank[3])	22 050	67 331	95 432		
Nettogeldvermögen[2] (nach EVS[3])		32 773	40 600		
Bruttogeldvermögen (nach EVS)				65 300	23 400

1 im Wesentlichen: Sparguthaben (1990 23% des Nettogeldvermögens), Versicherungsguthaben (22%), Wertpapiere (17%), Termingelder (11%), Bargeld (8%), Aktien (6%), Bausparguthaben (4%)
2 Bruttogeldvermögen abzüglich Kreditverpflichtungen (ohne Hypotheken und Bauspardarlehen)
3 Zu den unterschiedlichen Angaben der Deutschen Bundesbank und der Einkommens- und Verbrauchs Stichprobe (EVS) vgl. den methodischen Hinweis auf S. 65.

Quellen: *Schlomann* 1993, 62ff. (1970-1990); *Guttmann* 1995, 393 (1993).

deutlich abgebaut, aber auch 1993 hatten Westdeutsche im Zuge der langen Wohlstandsperiode knapp dreimal so viel Geldvermögen angehäuft wie Ostdeutsche. Bei diesen Daten ist zu beachten, daß sich hinter den Durchschnittswerten gravierende Unterschiede in der Vermögensverteilung verbergen (vgl. S. 65 f.).

Mit der Steigerung der Einkommen haben sich die **Lebensbedingungen** der Bevölkerung in vielen Bereichen verbessert. Beispielhaft möchte ich dies an den Wohnverhältnissen und an der Ausstattung der Haushalte mit hochwertigen langlebigen Konsumgütern illustrieren.

Größe und Qualität der **Wohnungen** beeinflussen den Lebensstandard in erheblichem Maße. Wohnungen bilden ein wichtiges Refugium für die wachsende Freizeit und für die Erholung von der Arbeit; ein großer Teil des Lebens von Kindern und nichterwerbstätigen Menschen spielt sich in der Wohnung ab. Wohnverhältnisse sind nicht zuletzt ein elementarer Faktor für die Qualität des Familienlebens und eine persönlichkeitsorientierte Kindererziehung.

Nach der kriegsbedingten Wohnungsnot der 50er Jahre haben sich die Wohnverhältnisse – die Belegung, Größe und Ausstattung der Wohnungen – in der **BR** erheblich verbessert (Abb. 3.5). Auch in der **DDR** spiegelte sich der zunehmende Wohlstand in einer verbesserten Versorgung mit Wohnraum wider, aber die Bevölkerung der DDR wohnte im Vergleich zur Bundesrepublik deutlich beengter und weniger komfortabel. Größe und Ausstattung der Wohnungen hinkten ca. zwei Jahrzehnte hinter der bundesdeutschen Entwicklung

Abb. 3.5: *Wohnungsversorgung 1950 – 1994*

	Wohnfläche je Person qm		Personen je Raum		Wohnungen ohne Bad %		Wohnungen ohne Innnen-WC %		Wohnungen ohne moderne Heizung %		Wohnungen ohne moderne Ausstattung[1] %	
	West	Ost	West	Ost	West	Ost	West	Ost	West	Ost	West	Ost
1950	15		1,2		80							
1960/61	20	16	0,9		53	78		67				
1970	24	21	0,7[5]		28	61	21	61				
1981/82[2]	34	24	0,6		8	32		40				
1989	35	28		0,9	4	18	2	24	19[3]	53	21[3]	51[4]
1993	41	30	0,6	0,8	2	11	1	15	10	45	11	48
1994						4		6		29		

1 nicht mit Bad/WC/Zentralheizung 2 West 1982, Ost 1981
3 1988 4 1990 5 1972

Quellen: *Glatzer* 1989, 287; StatJb BRD 1989, 128 und 1990, 494; *Schröder* 1991, 7 ff.; Sozialreport '90, 157f. und 1994, 215f.; *Schröder* 1994, 13.

Abb. 3.6: *Haushaltsausstattung mit Konsumgütern 1962 – 1993 (in Prozent)*

	West					Ost				
	1962	1973	1983	1988	1993	1960	1970	1983	1988	1993
PKW	27	55	65	68	74	3	16	42	52	66
Waschmaschine[1]	34	75	83	86	88	6	54[1]	87[1]	66	91
Gefrierschrank	3	28	65	70	80	0	91	29[3]	43	70
Geschirrspülmaschine	0	7	24	29	38					3
Telefon[2]	14	51	88	93	97		6	12	16	49
Fernsehgerät	37	89	94	95	95	1	70	91	96	96
Farbfernsehgerät	0	15	73	87	95	0	0	38[3]	52	92
Stereoanlage	0	0	38	42	75					62

1 West – Waschvollautomat. Ost 1970 und 1983 auch andere Waschmaschinen.
2 DDR – Anzahl der Hauptanschlüsse in Wohnungen je 100 Haushalte
3 1985

Quellen: West – Datenreport 1987, 115 (1962–1983); *Euler* 1989, 309 (1988); Ost – StatJb 1984, 281 und 1990, 325 (1960–1988); StBA 1993b.

her. In der BR waren ca. Dreiviertel der Wohnungen des Jahres 1989 nach dem Krieg gebaut worden, in der DDR stammten dagegen mehr als die Hälfte aus der Vorkriegszeit (Sozialreport '90, 161; zur Wohnungsnot in der DDR vgl. S. 203 f.).

Die Deutschen leben nicht nur in geräumigeren und komfortableren Wohnungen und Häusern, sie haben auch die technischen **Konsumgüter** der Industrie genutzt, um ihr Leben leichter und angenehmer zu gestalten. Abb. 3.6 zeigt, wie sich Pkws, Kommunikationsmedien und moderne Haushaltsgeräte in beiden deutschen Gesellschaften nach und nach ausgebreitet haben. Auch in diesem Bereich lag die DDR um 15 und mehr Jahre zurück. So zeigen z. B. die quantitativen Daten, daß der Pkw-Bestand in den ostdeutschen Familien vor dem Umbruch der westdeutschen Situation zu Beginn der 70er Jahre entsprach. Dazu kommen dann noch erhebliche qualitative Unterschiede, wie sie etwa beim Vergleich eines „Trabi" mit einem VW-Golf augenfällig werden. Bei der Ausstattung mit Telefongeräten hinkte die DDR sogar drei Jahrzehnte hinterher.

Das westdeutsche Wohlstandsniveau ist nicht nur historisch einmalig, sondern kann sich auch im **internationalen Vergleich** sehen lassen. Die (alte) Bundesrepublik ist eine der reichsten Gesellschaften der Erde; nur in wenigen Ländern werden pro Kopf mehr Werte erwirtschaftet als hier. Die westlichen Gesellschaften gehören – zusammen mit Japan und einigen „neureichen" arabischen Erdölproduzenten – zu den Reichen der Welt, und unter den Wohlhabenden nimmt die Bundesrepublik wiederum eine Spitzenposition ein. Gemessen am Bruttoinlandsprodukt je Einwohner in US-Dollar lag sie 1993 – nach den Ländern Schweiz, Luxemburg, Japan, Dänemark, Norwegen, Schweden, USA und Island (in dieser Reihenfolge) – auf Platz 9 der „Weltrangliste“ (StatJb Ausland 1995, 356).

Interessant ist die Reaktion der Westdeutschen auf die Wohlstandsexplosion. In den 50er und 60er Jahren steigt mit der Verbesserung der materiellen Lebensbedingungen auch das **subjektive Wohlbefinden** der Bevölkerung deutlich an. Immer mehr Menschen geben auf entsprechende Fragen an, sie seien „zufrieden“ oder „glücklich“.

In den 70er und 80er Jahren dagegen zeigt dieses grobe Meßinstrument der Umfrageforschung keine weiteren langfristigen Verbesserungen an, aber auch keinen rückläufigen Trend (*Bös/Glatzer* 1991). Seit 1978 schwankt der Anteil der „Unzufriedenen“ um die 10%-Marke (*Landua/Spellerberg/Habich* 1991, 10).

Wo liegen die **Ursachen für das Wohlstandsgefälle** von West nach Ost? Es ist einseitig, die Wohlstandsschere ausschließlich den Funktionsschwächen des sozialistischen Wirtschaftssystems anzulasten. Zu den Systemmängeln kommen drei weitere Ursachenkomplexe hinzu: ungleiche Startbedingungen in den Nachkriegsjahren, ungünstige außenwirtschaftliche Verflechtungen sowie demographische Engpässe.

Ostdeutschland hatte erheblich schwerer an den **Kriegsfolgen** zu tragen als Westdeutschland. Während es sich die wirtschaftlich entwickelten und z. T. auch wohlhabenden Westalliierten leisten konnten, die Reparationsfragen in den Westzonen großzügig zu regeln und mit dem Marshallplan wirtschaftliche Starthilfe zu geben, war die ausgeblutete Sowjetunion in starkem Maße auf Kriegsentschädigungen aus ihrer Besatzungszone angewiesen. Nach den neuesten, sehr differenzierten Berechnungen von *Karlsch* (1993, 236) mußten die Ostdeutschen bis 1953 Reparationen (Demontagen, Warenlieferungen, Geldzahlungen u. a.) in Höhe von 1349 Reichsmark pro Kopf in Preisen von 1944 tragen, die Westdeutschen kamen mit 23 Reichsmark davon. Die Belastungen lagen also in der SBZ um fast das 60-fache höher. Dazu kamen zusätzliche Schwierigkeiten durch die erzwungene Einbindung der DDR-Wirtschaft in den **osteuropäischen Wirtschafts- und Handelsraum**. Ostdeutschland wurde von wichtigen Zulieferern und Absatzmärkten im Westen abgeschnitten und mußte sich auf neue Partner im Osten umstellen, die auf niedrigerem technischen und wirtschaftlichen Niveau standen. Diese ungünstige Ausgangsposition hatte bereits in den ersten Nachkriegsjahren einen erheblichen wirtschaftlichen Rückstand zur Folge. In den 50er Jahren wurde die wirtschaftliche Dynamik zusätzlich durch die **revolutionäre Umgestaltung** von Wirtschaft und Gesellschaft gehemmt. Diese schwächte die traditionellen Motivationskräfte und löste eine über Jahre anhaltende **Ost-West-Wanderung** aus. Dadurch wurden nicht nur die täglichen Arbeitsabläufe ständig gestört, sondern die ostdeutsche Wirtschaft verlor insbesondere junge, gut qualifizierte und vermutlich auch besonders dynamische Arbeitskräfte, die dann auf der anderen Seite einen wichtigen Beitrag zum wirtschaftlichen Aufschwung in Westdeutschland leisteten (vgl. S. 351).

Die zentrale Planwirtschaft der DDR war nicht in der Lage, den Startrückstand aufzuholen. Im Gegenteil: die **mangelnde Effizienz** und die **Wachstumsschwäche** des sozialistischen Wirtschafts- und Gesellschaftssystems sowie dessen Abschirmung gegenüber dem Konkurrenzdruck des Weltmarktes im osteuropäischen Rat für gegenseitige Wirtschaftshilfe (RGW) vergrößerten das Wohlstandsgefälle. Planungs- und Organisationsmängel, ein niedriges Innovationspotential, alternde technische Anlagen, Arbeitsmotivationsprobleme (vgl. S. 118, 158 f., 176), die z. T. mit überzogenen sozialen Nivellierungen zusammenhingen, der übermäßige Einfluß politischer Kriterien bei der Besetzung von Leitungspositionen sowie die Quasi-Vernichtung des Mittelstandes der Selbständigen bremsten die Entwicklung der Produktivität. Kurz: Ein ostdeutscher Erwerbstätiger „produzierte“ im Durchschnitt erheblich weniger Waren und Dienste als ein westdeutscher. Wegen der bereits erwähnten Methodenprobleme bei der Quantifizierung der wirtschaftlichen Leistungen beruhen Produktivitätsvergleiche auf sehr unterschiedlichen Schätzungen. Es sieht aber so aus, als sei der **Produktivitätsrückstand** der DDR in den letzten Jahrzehnten gewachsen (DIW 1985, 141; *Merkel/Wahl* 1991, 78). Nach den Berechnungen des Deutschen Instituts für Wirtschaftsforschung lag die Produktivität pro Beschäftigten in der DDR in den Jahren 1970 und 1983 bei 46% bzw. 49% der westdeutschen (BMIB 1987, 478); für das Jahr 1989 wird sie nur noch auf ca. 30-40% des Westniveaus eingestuft, einige Schätzungen liegen noch niedriger (vgl. *Paraskewopoulos* 1990, 14; *Merkel/Wahl* 1991, 78).

Die **Wohlstandsschere**, die der DDR-Bevölkerung wegen des Westreiseverbots lange Zeit nicht in ihrem ganzen Ausmaß bewußt wurde, dürfte neben den Defiziten an Freiheit, politischer Teilnahme und Arbeitsqualität die zentrale Ursache für die wachsende Unzufriedenheit, die Massenflucht und schließlich für den Zusammenbruch des Sozialismus gewesen sein, der möglich wurde, nachdem der außenpolitische Druck zur Erhaltung des Systems gewichen war.

Die **Angleichung der Lebensverhältnisse** in den neuen und alten Ländern stellt seit der Wende die **größte Herausforderung** an die deutsche Gesellschaft und ihre Machteliten dar und bildet gleichzeitig einen **zentralen Konfliktherd** im Verhältnis von Ost- und Westdeutschen. Der verständliche Wunsch der Ostdeutschen nach einer möglichst raschen Anhebung ihres Lebensstandards auf das westdeutsche Niveau kollidiert mit der ökonomischen Notwendigkeit, daß Wohlstandsverbesserungen an Produktivitätsfortschritte gebunden sind und daß sich der enorme Produktivitätsrückstand nicht kurzfristig aufholen läßt. Das ostdeutsche Bruttoinlandsprodukt je Erwerbstätigen lag Anfang 1996 erst bei 54% des Westniveaus (FAZ vom 16.2.1996). Dennoch ist das Ost-West-Wohlstandsgefälle innerhalb weniger Jahre ein erhebliches Stück verringert worden, wenn auch nicht alle Blütenträume, die in der Anfangseuphorie nach dem Zusammenbruch der DDR reiften, in Erfüllung gingen.

Der sehr schnelle **Anstieg der Löhne und Gehälter** von etwa einem Drittel (1989) auf – je nach Branche – 68% bis über 90% (Anfang 1996) des Westniveaus (WSI) überzeichnet die Verbesserung der materiellen Situation der Familien. Aber auch die Ost-West-Lücke im verfügbaren Haushaltseinkommen (bedarfsgewichtet) hat sich mehr als halbiert: 1991 lagen die ostdeutschen Haushalte bei 45% des Westniveaus, 1994 bereits bei 74% (*Weick* 1995, 6). Die Einkommenssprünge in den neuen Ländern, die die deutsche Vereinigung in den ersten Jahren begleiteten, sind in der Geschichte der Bonner Republik unbekannt. Selbst in den „goldenen 60er Jahren" des Wirtschaftswunders verharrten die höchsten Steigerungen der Reallöhne und -gehälter bei maximal 5 – 6,5% jährlich, mit einem Gipfel von 9,4% im Jahr 1970.

Der deutliche **Anstieg des Lebensstandards** läßt sich auch an einer Reihe anderer Indikatoren ablesen, wie etwa am Qualitätssprung im Konsum- und Dienstleistungsangebot, am Reiseboom, an der spürbaren Verringerung der Umweltbelastungen (dazu *Hillenbrand* 1993; *Noll* 1994) oder an der Verbesserung der Infrastruktur (Straßen- und Schienennetz u. a.). Die Abbildungen 3.5 und 3.6 enthalten präzise Angaben zum Motorisierungsboom, zum Ausstattungsschub der Haushalte mit modernen Geräten und neuer Unterhaltungselektronik sowie zur raschen Erhöhung der Wohnqualität durch viele Um- und Einbaumaßnahmen.

Das Tempo der Annäherung wäre ohne **Leistungstransfers von West nach Ost** in weltweit einmaliger Größenordnung nicht möglich gewesen. In den ersten fünf Jahren nach der Vereinigung beliefen sich die Nettotransfers (abzüglich zurückfließender Steuern und Verwaltungseinnahmen) auf durchschnittlich 157 Milliarden DM pro Jahr (*Fels* 1995, 3), d. h. pro Einwohner der alten Länder auf ca. 2400 DM jährlich. Die Folge dieser Transfers ist ein **zusätzlicher regionaler Verteilungskonflikt** in der Sozialstruktur des vereinten Deutschlands, der z. T. die Züge eines klassischen antagonistischen Interessengegensatzes annimmt. Von unterschiedlichen Soziallagen – *Marx* würde sagen „Klassenlagen" – in Ost und West rühren unterschiedliche Interessen mit unterschiedlichen politischen Zielen her: die Ostdeutschen sind an einem möglichst schnellen Abbau des Ost-West-Wohlstandsgefälles und damit an möglichst hohen Transfers interessiert; die Westdeutschen dagegen an möglichst niedrigen Transfers, die dann einen langsameren Abbau des Gefälles zur Folge hätten. Der Ost-West-Interessenkonflikt verläuft „quer“ zu den traditionellen vertikalen Konfliktlinien und hat in den Augen der Westdeutschen inzwischen dieselbe Intensität angenommen wie der traditionelle Konflikt zwischen Arbeitgebern und Arbeitnehmern, nach Meinung der Ostdeutschen ist er sogar noch stärker (*Landua* u. a. 1993, 88). Er wird durch eine Reihe weiterer Spannungsfelder – insbes. durch die **Dialektik von westdeutscher Dominanz und ostdeutscher Deklassierung** – verschärft, aber durch andere Besonderheiten in den Beziehungen zwischen Ost- und Westdeutschen auch gemildert (dazu *Geißler* 1995a, 131-139 sowie S. 373).

Das vereinte Deutschland ist von einer Angleichung der Lebensbedingungen in Ost und West noch ein erhebliches Stück entfernt, und es ist absehbar, daß die soziale Einheit im Sinne der Herstellung gleicher Lebensverhältnisse ein langwieriger Prozeß ist. Die Folgen von fast einem halben Jahrhundert ungleicher Entwicklungen sind nicht innerhalb weniger Jahre zu beseitigen. Die Deutschen – insbes. ihre wichtigen Entscheidungsträger und Meinungsführer – stehen dabei vor der Aufgabe, beim Abbau der Ost-West-Kluft ein **mittleres „goldenes Tempo“** zu finden, das weder die Geduld der Ostdeutschen noch die Solidaritätsbereitschaft der Westdeutschen überfordert.

3.2 Einkommensunterschiede

3.2.1 Westdeutschland

Die Wohlstandsexplosion hat die sozialen Unterschiede in der Bundesrepublik in vielen Bereichen nicht eingeebnet. Die Kluft zwischen Arm und Reich wird dem sozial sensiblen Beobachter immer wieder in drastischer Form vor Augen geführt:

In großstädtischen Ladenpassagen finden Pelzmäntel für 15.000 DM oder brillantbesetzte Uhren für 11.000 DM ihre Käufer, während vor den Schaufenstern derselben exklusiven Boutiquen Menschen neben leeren Weinflaschen und neben Plastiktüten schlafen, in denen sie ihr ganzes Hab und Gut mit sich führen. Auch die folgende Anzeige aus einem kleinstädtischen Stadtanzeiger macht deutliche Unterschiede des Lebensstandards auf hohem Niveau sichtbar:

„Deutsche Großbank sucht für

Bankkauffrau	1 – 2 ZW
Chefsekretärin	2 – 3 ZW
Diplom-Kauffrau	3 – 4 ZW
Devisenhändler	4 – 5 ZW
Dr. rer. pol.	RH od. DHH
Direktor	1-2-Fam.-Haus
Vorstandsmitglied	Villa“

Methodische Vorbemerkung. Einkommen sind ein relativ guter Indikator für Lebensstandard. Die folgenden Aussagen beziehen sich auf **Netto**einkommen, d. h. auf das Geld, das den Familien oder Einzelpersonen nach Abzug der Steuern und Sozialabgaben tatsächlich zur Verfügung steht. Sie beziehen sich des weiteren in der Regel auf **Haushalts**einkommen; diese sind für den Lebensstandard erheblich aussagekräftiger als Individualeinkommen, die keine Auskunft darüber geben, ob eine Familie von lediglich einem Verdienst leben muß oder ob mehrere Verdiener für ihre Auskommen sorgen. Haushaltseinkommen enthalten keine Informationen darüber, wieviele Personen vom Familienverdienst leben müssen. Daher werden sie oft **„pro Kopf"** angegeben, d. h. nach Zahl der im Haushalt lebenden Personen gewichtet. Wenn dabei auch noch das Alter der Haushaltsmitglieder berücksichtigt wird, erhält man das **„bedarfsgewichtete** Haushaltsnettoeinkommen", auch **Äquivalenz**einkommen genannt. Dieses ist der beste Einkommensindikator für den Lebensstandard.

Die Einkommensstatistiken sind auch noch in weiteren Punkten ungenau. Einkommen stammen aus verschiedenen Quellen: relativ klar und übersichtlich sind Löhne, Gehälter, Einkommen aus unselbständiger Erwerbsarbeit oder Renten bzw. Pensionen; bei Zinsen aus Sparguthaben oder bei Renditen aus Wertpapieren ist es schon weniger sicher, ob diese beim Finanzamt oder bei Umfragen auch in ihrer wirklichen Höhe angegeben werden. Auch die sogenannten „invisibles", die „unsichtbaren Einkommen", sind nur mit Schwierigkeiten zu ermitteln; so z. B. die betrieblichen Zuschüsse zu den Kantinenessen der Werksangehörigen, der Dienstwagen des Direktors, das verbilligte Darlehen des Arbeitgebers, die kostengünstige Dienstwohnung der Soldaten, die staatliche Krankenbeihilfe des Beamten oder die Billigfahrten des Eisenbahners. Auch die nicht unerheblichen Einkünfte aus Schwarzarbeit dürften sich in den Einkommensstatistiken kaum wiederfinden. Außerdem ist vielen Personen und Familien nicht daran gelegen, ihr Gesamteinkommen offenzulegen; andere wiederum sind gar nicht in der Lage, die Summe ihrer Einkommensströme aus den verschiedenen Quellen exakt anzugeben. Hinzu kommen noch Steuervergünstigungen für verschiedene Berufsgruppen, die den Lebensstandard beeinflussen, ohne sich in der Einkommensstatistik niederzuschlagen. So kann z. B. der Arzt oder der selbständige Geschäftsmann seinen Pkw aus steuerlichen Gründen billiger fahren als der Lehrer oder Arbeiter. Insgesamt dürften die Ungenauigkeiten und Verzerrungen der Einkommensstatistik dazu führen, daß die hohen Einkünfte in ihrem Ausmaß unterschätzt werden. Trotz dieser Unzulänglichkeiten können die Angaben zu den Haushaltseinkommen ein ungefähres Bild der großen Einkommensunterschiede und ihrer Entwicklungen vermitteln.

Das durchschnittliche **Nettohaushaltseinkommen** pro Monat in der Bundesrepublik liegt 1992 bei 4617 DM (vgl. Abb. 3.8). Hinter diesem Durchschnittswert verbergen sich große Unterschiede. 1% der Haushalte darben mit weniger als 1000 DM und 10% mit weniger als 2000 DM dahin. Eine Minderheit – laut Statistik 6% der Familien – gehört zu denjenigen, die mit mehr als 10.000 DM einen großzügigen und z. T. auch luxuriösen Lebensstil pflegen können. In Wirklichkeit dürfte der Anteil der Großverdiener aus den angeführten Gründen größer sein. Knapp die Hälfte der Haushalte (48%) bewegt sich im Bereich von 2000 bis 4000 DM. Aus dem „Durchschnittsbauch" der Graphik ragt eine Pyramide von überdurchschnittlichen Verdienern heraus, die sich nach oben hin zunehmend verjüngt und schließlich bei den Spitzeneinkommen die Form einer ausgezogenen Autoantenne annimmt (Abb. 3.7). Nach der Steuerstatistik gab es 1989 in der BR knapp 18 000 Einkommensmillionäre und 106 000 Vermögensmillionäre.[3]

Abb. 3.7: *Verteilung der Haushaltsnettoeinkommen (Westdeutschland 1993)*

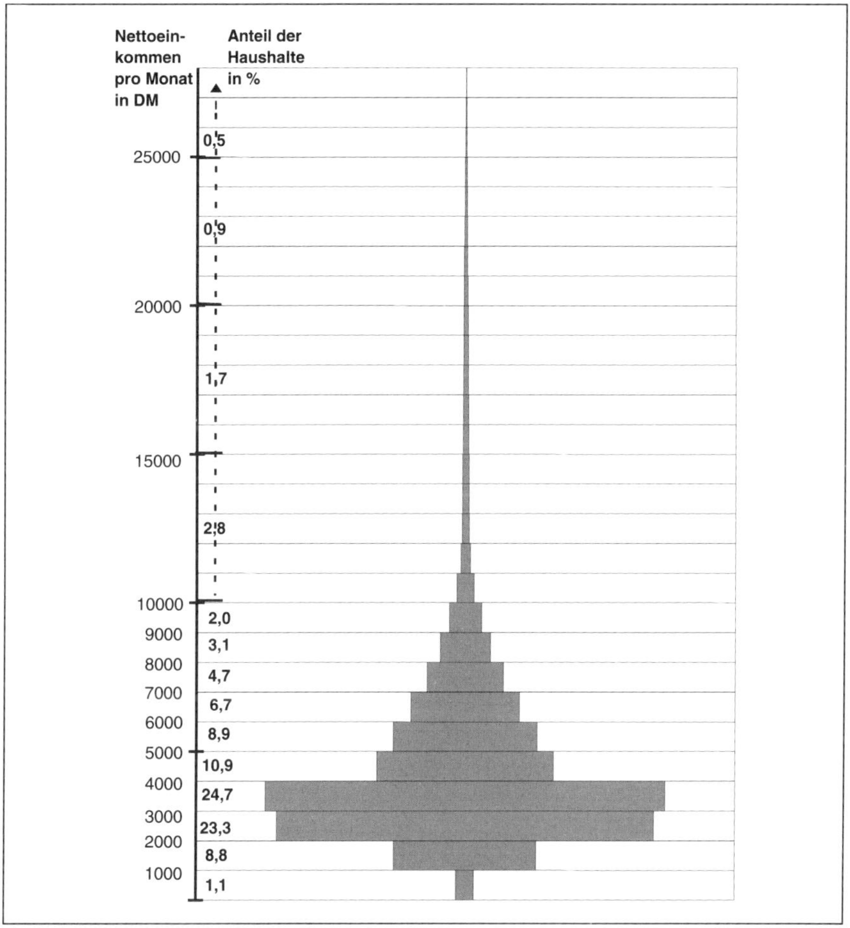

100% = 28 670 000 Haushalte

Quelle: erstellt nach DIW-Wochenbericht 61/1994, 777.

Gliedert man die Einkommensstatistik grob nach **Berufsgruppen** (Abb. 3.8; vgl. auch Abb. 3.2), dann hebt sich eine Gruppe deutlich aus der Masse ab: die Selbständigen (ohne Landwirte). In der Bundesrepublik zahlt es sich in der Regel aus, ein Unternehmen, ein Geschäft oder eine Praxis zu betreiben; das verfügbare Einkommen in den Familien der Selbständigen ist 1992 mehr als zweieinhalbmal so hoch wie der Durchschnitt. Ihr Vorsprung ist beträchtlich,

Abb. 3.8: *Haushaltsnettoeinkommen nach Stellung im Beruf (Westdeutschland 1962/63 – 1992)*

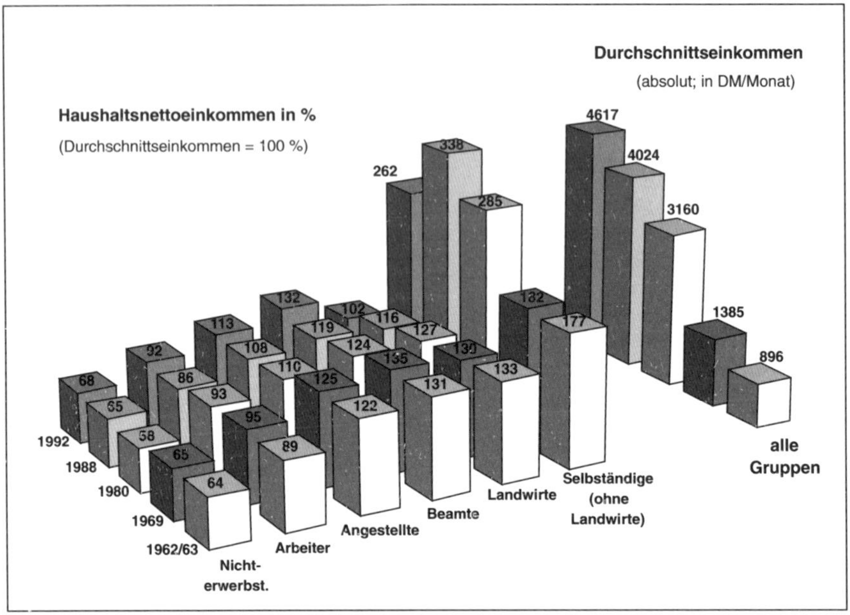

Quellen: Berechnungen nach *Ballerstedt/Glatzer* 1979, 261; *Schmid* 1990; Datenreport 1994, 106.

selbst wenn man dabei berücksichtigen muß, daß Selbständige – wie auch die Landwirte – aus den angegebenen Einkommen einen Teil ihrer Alterssicherung bestreiten müssen.

Die Einkommen der Beamtenfamilien liegen um ein knappes Drittel über dem Durchschnitt, die der Angestelltenfamilien um 12%. Arbeiterfamilien bilden bei dieser Grobeinteilung mit 92% der Durchschnittseinkommen das Schlußlicht unter den Erwerbstätigen. Die Rentner sind mit den anderen erwerbstätigen Gruppen nicht direkt vergleichbar, da lediglich ein bis maximal zwei Personen von einem Rentnerhaushaltseinkommen leben müssen. Berücksichtigt man die Haushaltsgröße, so sind Rentner im Durchschnitt nicht schlechter gestellt als normale Arbeitnehmer.

Die Einteilung in derart grobe Berufsgruppen ebnet die de facto bestehenden Einkommensdifferenzen erheblich ein, denn innerhalb der Gruppen bestehen enorme Unterschiede. So ist z. B. der Einkommensmillionär unter den Großunternehmern genauso bei den Selbständigen erfaßt wie der kurz vor dem

Abb. 3.9: *Haushaltsnettoeinkommen pro Kopf und Schicht*

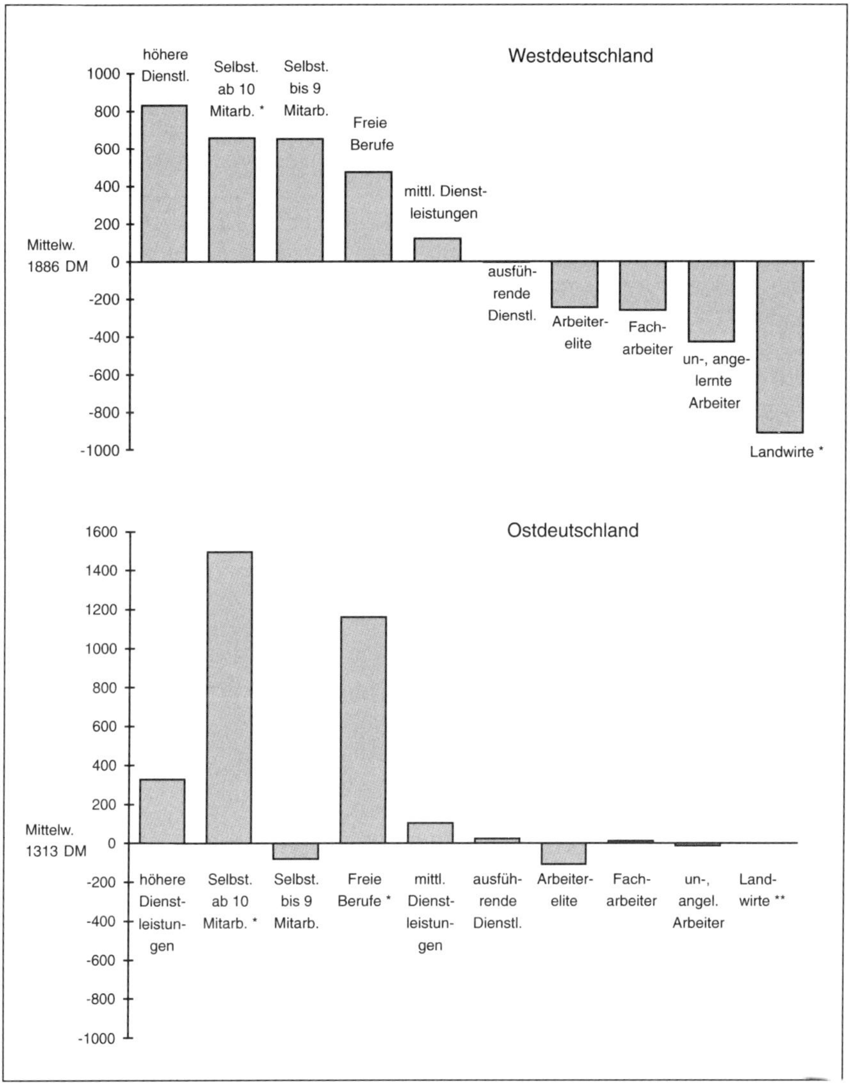

* N < 50

** Landwirte fehlen in der ostdeutschen Stichprobe wegen zu kleiner Fallzahl

Datenbasis: SOEP 1994 (eigene Berechnungen)

Ruin stehende Besitzer eines Tante-Emma-Ladens, und die Skala der Beamtengehälter reicht vom bescheidenen Gehalt des einfachen Gefreiten bis zum üppigen Entgelt des Staatssekretärs.

In Abb. 3.9 sind die Unterschiede im Haushaltsnettoeinkommen pro Kopf mit einem etwas differenzierteren Schichtmodell erfaßt. Alle Arbeiterschichten – auch die „Arbeiterelite“ der Vorarbeiter und Meister – müssen, wie die Landwirte auch, mit einem unterdurchschnittlichen Einkommen auskommen. Die Dienstleistungsschichten dagegen, deren finanzielle Lage deutlich gestaffelt ist, setzen sich klar gegen die Arbeiterschichten ab. Erhebliche Privilegien genießen die höheren Dienstleistungsberufe (gehobene und höhere Beamte, hochqualifizierte und leitende Angestellte); ihre Einkommen liegen um 44% über dem Durchschnitt und in dieser Stichprobe (SOEP) höher als die der Selbständigen.[4]

Entwicklungen. Werden in den alten Bundesländern die Armen immer ärmer und die Reichen immer reicher, wie 71% der Westdeutschen glauben (iwd 51/1991, 2)? Findet eine „Umverteilung von unten nach oben“ statt, wie es manche Kritiker der sozialen Entwicklung behaupten? Die empirischen Daten erhellen lediglich einige Aspekte des Problems und lassen nur Teilantworten zu. Präzise empirische Aussagen erhält man durch den **Vergleich von Fünfteln bzw. Quintilen.** Dabei wird die Bevölkerung nach der Höhe der Einkommen in fünf gleich große Gruppen unterteilt und danach gefragt, wie groß der Anteil jedes Fünftels am Gesamteinkommen ist. Abb. 3.10 zeigt die Entwicklung von 1950 bis 1988.[5] Sie macht deutlich, daß es erhebliche Unterschiede zwischen den Gruppen gibt und daß diese **ungleiche Verteilung** in erstaunlichem Maße **stabil** geblieben ist.

Geringfügige Verlagerungen hat es durchaus gegeben – im Sinne einer leichten Umverteilung von oben nach unten: die beiden unteren Fünftel haben 2,5 bzw. 2,1 Prozentpunkte hinzugewonnen, die beiden oberen Fünftel haben 3,0 bzw. 2,3 Prozentpunkte eingebüßt. Da die Kluft zwischen Arm und Reich so groß ist, schlagen sich diese kleinen Veränderungen recht beachtlich auf das Gesamtmaß der Kluft nieder: 1950 verdiente das oberste Fünftel noch das 8,4fache des unteren Fünftels, 1988 war der Abstand zwischen diesen Extremgruppen auf das 5,4fache geschrumpft. Auch der Rückgang des Gini-Koeffizienten[6] von .465 in den frühen 60er Jahren auf .304 in den frühen 80er Jahren zeigt eine Verringerung der Einkommensungleichheit an (*Hamm* u. a. 1993, 220).

Andere Statistiken erhellen die Entwicklung der Einkommensverteilung aus einer anderen Sicht. Sie zeigen, daß die Zahl der Haushalte mit hohem und höchstem Einkommen erheblich zugenommen hat und daß sich immer mehr Familien immer weiter vom Durchschnitt entfernen. So hat sich der Anteil der Haushalte mit einem monatlichen Nettoeinkommen über 10 000 DM zwi-

Abb. 3.10: *Verteilung der Haushaltsnettoeinkommen nach Fünfteln (Westdeutschland 1950 – 1988)*

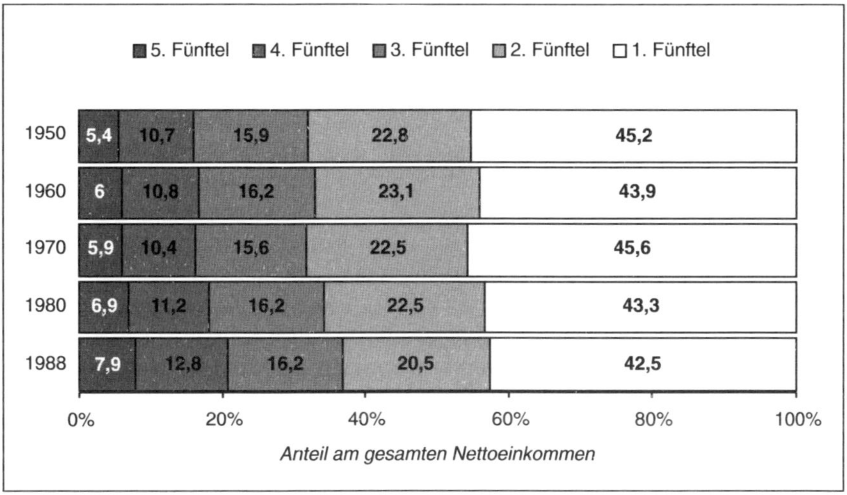

Quellen: DIW; *Ballerstedt/Glatzer* 1979, 259; *Schmid* 1987 und 1990.

schen 1972 (1,2%) und 1992 (5,9%) fast verfünffacht.[7] Die **Wohlhabenden und Reichen** in der Bundesrepublik sind also **immer zahlreicher** und gleichzeitig **immer wohlhabender und reicher** geworden. Die Reichen werden immer reicher – diese Tendenz läßt sich also durchaus belegen.

Die Unterteilung nach **Berufsgruppen** in Abb. 3.8 gibt grobe Hinweise auf die Gewinner und Verlierer dieser Entwicklung. Das Ziel der 60er Jahre – „Wohlstand für alle" – konnte z. T. realisiert werden. Der Anstieg der Einkommen kam allen Berufsgruppen zugute. Eindeutiger Hauptnutznießer waren allerdings die Selbständigen außerhalb der Landwirtschaft; sie konnten ihren Abstand zum Durchschnitt auf das 2,6-fache im Jahr 1992 ausbauen, obwohl ihr Vorsprung in den letzten Jahren wieder kleiner geworden ist. Die Unterschiede zwischen drei anderen Berufsgruppen wurden stärker eingeebnet. Landwirte und Angestellte rückten näher an den Durchschnitt und an die Arbeiterschaft heran. Der Einkommensvorsprung der Beamten hat 1992 – nach einer vorübergehenden Annäherung an den Durchschnitt – wieder denselben Umfang wie vor drei Jahrzehnten (vgl. auch Abb. 3.2).

3.2.2 DDR und neue Bundesländer

Die **DDR** verstand sich einerseits als „sozialistische Leistungsgesellschaft“, in der „gleicher Lohn für gleiche Leistung“ gezahlt werden sollte. Die staatlich festgesetzten Löhne und Gehälter sollten also nach Leistung gestaffelt sein. Andererseits war jedoch die Einkommenspolitik auch dem grundlegenden sozialistisch-egalitären Prinzip der „Annäherung aller Klassen und Schichten“ verpflichtet und sollte die materielle Lage der verschiedenen Bevölkerungsgruppen immer mehr angleichen. Im Spannungsfeld dieser beiden Prinzipien wurden in den vergangenen Jahrzehnten **Einkommensunterschiede** zwischen den Arbeitern und Angestellten, Genossenschaftsmitgliedern und Selbständigen (Abb. 3.11), aber auch innerhalb der Arbeitnehmer selbst **nivelliert**.

Der Vergleich mit der Bundesrepublik in Abb. 3.11 macht deutlich, daß die Arbeiter durch die Nivellierung eine vergleichsweise günstige Position erhielten; sie erzielten 64% der Einkommen westdeutscher Arbeiter und wiesen damit das geringste Defizit aller Schichten gegenüber der BR auf. Ähnlich gut standen die Genossenschaftsbauern da, deren erhebliche Zuverdienste aus ihren privaten Hauswirtschaften (vgl. *Augustin* 1994, 345) in diesen Daten nicht

Abb. 3.11: *Einkommensschichtung in der DDR (1962 – 1988)*

	Nettoeinkommen pro Monat je Einkommensbezieher				Nettoeinkommen pro Monat je Haushaltsmitglied		
	Mark 1962	1972	Index 1962	1972	DM 1988	Index[8] 1988	Im Vergleich zur BRD (BRD = 100) 1988
Arbeiter	475	715	100	100	805	100	64
Angestellte					840	104	47[1]
Mitgl. von PGH[6]	516	852	108	120	814	101	
Mitgl. von LPG[7]					755	94	53[2]
Selbständige	1590	2050	335	287	1137	141	23[3]
Renter	143	221	30	31	600	75	30[4]
alle Gruppen insges.	447	621			793		45[5]

Die Individualeinkommen von 1962/1972 sind nicht direkt mit den Haushaltseinkommen von 1988 vergleichbar!

1 BRD einschl. Beamte
2 BRD selbständige Landwirte
3 BRD ohne Landwirte
4 BRD einschl. Pensionäre
5 BRD Privathaushalte insgesamt einschl. Arbeitslose
6 Produktionsgenossenschaften Handwerk
7 landwirtschaftliche Produktionsgenossenschaften
8 Arbeiterhaushalte = 100

Quellen: zusammengestellt nach *Vortmann* 1975, 67 und *Bedau/Vortmann* 1990, 658f.

berücksichtigt sind. Selbständige dagegen, aber auch die Rentner und die Angestellten waren die Opfer dieser „Annäherungspolitik" (vgl. dazu Kap. 6.2 und 7.5).

Die Nettolöhne und -gehälter zwischen Fach- und Hochschulabsolventen, Facharbeitern/Meistern und Arbeitnehmern ohne abgeschlossene Berufsausbildung wurden auch im Laufe der 80er Jahre weiter eingeebnet.

„Die bereits 1984 als nicht mehr vertretbar angesehene Entlohnungsrelation zwischen Produktionsarbeitern, Meistern und Hoch- und Fachschulkadern haben sich nicht verbessert, sondern zum Teil noch verschlechtert. Insbesondere hat sich der Nettolohnabstand der Hoch- und Fachschulkader zu den Produktionsarbeitern von 122% im Jahre 1984 auf 115% im Jahre 1988 verringert" (Sozialreport '90, 120).

Ein Vergleich der Bruttomonatslöhne der verschiedenen Bildungsgruppen in den beiden deutschen Gesellschaften des Jahres 1988 ergibt folgendes Bild (Daten bei *Geißler* 1992, 56): Im unteren Bereich war die Einkommensstruktur in der DDR nur ganz geringfügig stärker nivelliert als in der Bundesrepublik: Personen ohne Berufsausbildung verdienten in der Bundesrepublik 75% des Durchschnitts, in der DDR mit 78% nur wenig mehr. Erheblich stärker war dagegen in der DDR die Spitze der Einkommenshierarchie „eingedrückt": Hochschulabsolventen lagen in der DDR nur um 35%, in der Bundesrepublik dagegen um 50% über dem Durchschnitt. Der Abstand der Akademiker zum Durchschnitt war in der Bundesrepublik um fast die Hälfte größer, bei einigen Berufsgruppen, z. B. im Bereich Forschung, betrug er das Doppelte.

Wohlstandsdefizit, soziale Nivellierung und die relativ günstige Soziallage von Arbeitern und Bauern rechtfertigen es, die DDR als eine **nach unten** – nicht zur Mitte hin – **nivellierte Arbeiter- und Bauerngesellschaft** zu charakterisieren.

Der Nivellierungseffekt wurde noch dadurch verstärkt, daß Geld wegen der Mängel im Waren- und Dienstleistungsangebot relativ „wertlos" war. Dazu kommen weitere **egalitäre Tendenzen**, die *Adler* (1991, 169) wie folgt beschreibt:

„Zusätzlich eingeebnet werden Differenzierungen durch den Umstand, daß zum einen wesentliche soziale Bedingungen fast für alle nahezu gleich geregelt waren (soziale Sicherheit). Zum zweiten betrafen die am meisten Unzufriedenheit auslösenden Lebensbedingungen (Warenangebot, Dienstleistungen, Infrastruktur, Umwelt, Reisemöglichkeiten, medizinische Versorgung etc.) die Mehrzahl der Individuen unabhängig vom Niveau ihrer Qualifikation und Arbeitsleistung".

Der Abbau der Einkommensungleichheit war in der DDR nicht unumstritten. Auf der Suche nach den „sozialen Triebkräften" des wirtschaftlichen Wachstums distanzierten sich der Sozialstrukturforscher *Manfred Lötsch* und andere von traditionellen kommunistischen Gleichheitsvorstellungen und von einem starren „gleichmacherischen" (*Lötsch* 1981a, 66) Gehaltssystem. Sie kritisierten die Mißachtung des Leistungsprinzips und entwickelten die **These von der Triebkraftfunktion sozialer Unterschiede**, die stark an die Argumente der funktionalistischen Schichtungstheorie erinnert. Nach dieser These, die seit dem DDR-Soziologen-Kongreß des Jahres 1980 öffentlich diskutiert wurde und auch in andere Wissenschaften ausstrahlte, wirkt eine übertriebene Nivellierung leistungsfeindlich; sie bremse die sozioökonomische Entwicklung, da bestimmte Unterschiede im Einkommen und in den Lebensbedingungen als Leistungsanreize erforderlich seien und einen wichtigen Beitrag zum wissenschaftlich-technischen Fortschritt, zur Steigerung der Leistungsfähigkeit der DDR im internationalen Wettbewerb und damit auch zum wirtschaftlichen und sozialen Fortschritt leisteten.[8]

Mit der Einführung marktwirtschaftlicher und sozialstaatlicher Verteilungsprinzipien geht in **den neuen Ländern** ein (Neu-)Aufbau sozialer Ungleichheiten einher. Nivellierung wird abgelöst durch Differenzierung. Im Zusammenhang mit dem skizzierten Wohlstandsschub und der damit verbundenen Verbesserung der Lebenschancen bedeutet dies **Differenzierung und Polarisierung nach oben**, d. h. die sozialen Abstände zwischen Oben und Unten werden – im Hinblick auf Einkommen und damit verknüpfte Lebensbedingungen und Lebenschancen – auf einem insgesamt höheren Niveau größer. Die nach unten nivellierte „Gesellschaft der kleinen Leute" verwandelt sich allmählich in eine **Mittelschichtengesellschaft mit stärkeren sozialen Abstufungen**.

Der Gini-Koeffizient, der die Ungleichheit der Einkommen in einer sehr allgemeinen und abstrakten Form mißt, ist zwischen 1990 und 1994 kontinuierlich von .184 auf .217 gestiegen, hat aber das westdeutsche Niveau dieser Jahre, das sich zwischen .259 und .270 bewegt, noch längst nicht erreicht.[9] Hinter dieser Durchschnittsentwicklung verbergen sich komplizierte, z. T. auch gegenläufige Nivellierungs- und Differenzierungsvorgänge und auch einige langfristig vorübergehende Verwerfungen der Ungleichheitsstruktur während des Umbruchs. Zu den sich inzwischen abschwächenden Verwerfungen gehören die guten Einkommen der Westpendler (dazu *Hauser* 1996, 173f.) sowie das sektoral sehr unterschiedliche Tempo der Einkommenssteigerungen. So wurden Anfang 1996 in krisengeschüttelten Industriebranchen (Bekleidung, Textil, Süßwaren, Chemie) erst zwischen 68% und 76% der westlichen Tariflöhne gezahlt, im öffentlichen Dienst bereits 84%, bei den Banken und Versicherungen sowie im boomenden Baugewerbe 92%, und die gefragten Gebäudereiniger verdienten dasselbe wie ihre Westkollegen (WSI). Abb. 3.9 (S. 59) macht deutlich, daß die schichtspezifischen Einkommensunterschiede in der ostdeutschen Bevölkerung – sieht man einmal von den gut verdienenden Teilen der neuen Selbständigen ab – 1994 noch erheblich stärker eingeebnet sind als in den alten Ländern und auch einige Verwerfungen aufweisen – besonders hohe Vorsprünge bei Freiberuflern und größeren Unternehmern, Defizite bei kleinen Selbständigen und der Arbeiterelite. Die Spreizung der Lohn- und Gehaltsstruktur wird jedoch höchstwahrscheinlich über kurz oder lang westliche Dimensionen annehmen; in den neu gegründeten oder privatisierten Unternehmen entsprach sie bereits im Frühjahr 1992 in etwa dem allgemeinen westdeutschen Muster (*Schwarze/Wagner* 1992).

Zu den materiellen **Gewinnern** der Einheit zählen – neben der großen Mehrheit der Rentner (vgl. S. 208) – insbes. die Freiberufler und die größeren Unternehmer, aber auch bereits die Dienstleistungsschichten; auf der Seite der **relativen Verlierer** finden sich – neben den Risikogruppen am gesellschaftlichen Rand (Langzeitarbeitslose, Teile der Alleinerziehenden und der Kinderreichen – vgl. S. 206–208) – die Arbeiterschichten wieder. Auch die neuen kleinen Selbständigen müssen sich in der schwierigen Startphase mit unterdurchschnittlichen Einkommen begnügen.[10]

Die Konturen der sozialen Ungleichheit treten auch deshalb schärfer hervor, weil die nivellierenden Rahmenbedingungen des sozialistischen Alltags verschwunden sind – Reiseeinschränkungen, staatliche Wohnungsbewirtschaftung sowie Mängel im Waren- und Dienstleistungsangebot, von denen nahezu alle in ähnlicher Weise betroffen waren, aber auch das Maß an sozialer Sicherheit, das fast allen garantiert wurde. Unterschiede in der Verfügung über Geld ermöglichen stärker als vorher eine verschiedenartige Lebensgestaltung, unterschiedliche Konsum- und Freizeitchancen.

3.3 Vermögensunterschiede

Methodischer Hinweis. Vermögensstatistiken stellen den Sozialwissenschaftler vor noch größere Interpretationsprobleme als Einkommensstatistiken. Sie weisen u. a. deshalb Verzerrungen auf, weil z. T. die Höchstverdiener nicht erfaßt werden und weil es gerade unter den Vermögenden viele gibt, die an der Transparenz ihrer Vermögensverhältnisse nicht interessiert sind oder die Schwierigkeiten haben, den Wert ihres Vermögens richtig einzuschätzen. Die Geldvermögensbestände nach der Finanzierungsrechnung der Deutschen Bundesbank liegen stets erheblich höher (vgl. Abb. 3.4 auf S. 49) als die Geldvermögen nach der alle fünf Jahre durchgeführten EVS (Einkommens- und Verbrauchsstichprobe), u. a. weil die EVS auf freiwilligen Angaben der Befragten beruht und verschiedene Gruppen nicht erfaßt, darunter auch solche mit besonders großen Vermögen (Haushalte mit mehr als 25 000 DM (1993: 35 000 DM) Nettoeinkommen pro Monat; Vermögen von Kirchen, Gewerkschaften u. a.).

Vermögen taucht in vielen Formen auf und ist in unterschiedlichem Maße über die Bevölkerung verstreut. Anfang 1994 verfügten fast alle Familien (West 90% – Ost 87%) über ein Sparbuch; ca. zwei Drittel (68% bzw. 65%) hatten Lebensversicherungen abgeschlossen, und 46% (West) bzw. 37% (Ost) hatten ihre Ersparnisse auch in Wertpapieren angelegt (EVS).

Die Vermögensunterschiede sind in **Westdeutschland** erheblich krasser als die Einkommensunterschiede; die Vermögenskonzentration ist etwa doppelt so stark ausgeprägt wie die Einkommenskonzentration.[11] Die letzten genauen Berechnungen liegen für 1983 vor – auf der Basis der EVS, die das wirkliche Ausmaß der Ungleichheit unterschätzt. In diesem Jahr hatte das reichste Zehntel der Westdeutschen, das 23% der Nettoeinkommen verdiente, fast die Hälfte des Vermögens angehäuft. Die ärmere Hälfte der Bevölkerung, die 27% der Einkommen nach Hause brachte, hatte dagegen keine echte Chance zu einer Vermögensbildung. Bei ihr waren lediglich 2,4% (!) des Gesamtvermögens hängengeblieben, und das ärmste Zehntel stand nicht nur ohne Besitz da, sondern mit einer Minusbilanz – seine Schulden waren höher als sein Vermögen. Innerhalb der Reichen ist der Besitz nochmals stark auf wenige Superreiche konzentriert: 1% der Haushalte hatten 1980 fast ein Viertel (23%) des Gesamtvermögens auf sich vereint (*Schlomann* 1993, 71, 73).

Zwei Drittel der Westdeutschen wünschen sich, im **eigenen Haus** oder in der **eigenen Wohnung** zu leben (*Glatzer* 1989, 286); die meisten von ihnen haben sich diesen Wunsch inzwischen erfüllen können. Anfang 1994 verfügte jeder zweite westdeutsche Haushalt über Haus- und Grundbesitz, am häufigsten die Landwirte (88%), die übrigen Selbständigen (71%) und die Beamten (64%). Zwischen Angestellten (51%), Arbeitern (49%) und Rentnern/Nichterwerbstätigen (47%) bestehen nur geringfügige Unterschiede. 1963 waren erst 31% der Beamten, 32% der Arbeiter und 29% der Angestellten Haus- und Grundbesitzer (EVS). Von den Ostdeutschen gehörten Anfang 1994 nur noch 28% zu den Immobilienbesitzern – eine Folge der eigentumsfeindlichen sozialistischen Wohnungs- und Immobilienpolitik.

Daß die unteren Schichten nicht in der Lage sind, in nennenswertem Umfang an der Vermögensbildung teilzunehmen, ist auf Grund ihrer knappen finanziellen Situation nicht weiter verwunderlich. Nur wer ausreichend oder gut verdient, kann auch einen Teil seines Einkommens „auf die hohe Kante legen“. Für 1994 wurden die **Sparleistungen** von drei Haushaltstypen errechnet – für 2-Personenhaushalte mit einem niedrigen ausgabefähigen Einkommen von durchschnittlich 2614 DM pro Monat, für 4-Personen-Haushalte mit 5214 DM Einkommen und für die Wohlhabenden, denen 8395 DM zur Verfügung standen. Bezieher von niedrigen Einkommen konnten nur 227 DM pro Monat (= 9% ihres Einkommens) sparen, die Durchschnittsfamilie kam auf 634 DM (= 12%) und die wohlhabende Familie auf 1150 DM (= 14%) (StBA).

Es läge in der Logik dieser ungleichen Sparchancen, daß die Einkommensunterschiede langfristig zu immer krasseren Vermögensunterschieden führen würden. Dies ist jedoch offensichtlich nicht durchgängig der Fall. Die starke Vermögenskonzentration in den 50er Jahren war im folgenden Jahrzehnt wieder rückläufig. So verfügt z.B. die kleine Spitzengruppe der Superreichen (1% der Haushalte) 1980 mit 23% über denselben Anteil am Gesamtvermögen wie 1953, 1960 war ihr Anteil vorübergehend auf 30% gestiegen.[12] Die Ungleichverteilung der Geldvermögen – im wesentlichen Sparguthaben, Wertpapiere, Lebensversicherungen und Bargeld – hat sich dagegen zwischen 1973 und 1988 leicht verschärft (*Euler* 1985 und 1991).

Umstritten ist die gesellschaftspolitisch brisante Frage, ob sich der hohe Konzentrationsgrad im Bereich des **Produktivvermögens** bzw. **Kapitals** noch weiter erhöht hat. Mit der Verfügungsgewalt über das Produktivvermögen verbindet sich besondere wirtschaftliche, soziale und auch politische Macht, da die Kapitaleigentümer erhebliche Einflüsse auf Arbeitsplätze und Investitionen sowie auf die wirtschaftliche Entwicklung im allgemeinen ausüben. 1966 waren 45% des Produktivvermögens in der Hand von 1,7% der bundesdeutschen Privathaushalte konzentriert. Ein Teil des Produktivvermögens gehört dem Staat und ausländischen Eigentümern; läßt man diesen Teil unberücksichtigt, dann verfügten 1,7% der Privathaushalte über 74% des privaten inländischen Kapitals. Für die 70er Jahre liegen Berechnungen mit ähnlichen Ergebnissen vor.[13] Die vom Statistischen Bundesamt veröffentlichten Daten lassen keinen Einblick in die Entwicklung während der beiden letzten Jahrzehnte zu. Experten gehen jedoch davon aus, daß sich an der hohen Konzentration des Produktivvermögens nichts verändert haben dürfte (*Krelle* 1993, 37; *Euler* 1986, 838).

In der **DDR** waren Vermögensunterschiede durch die sozialistische Nivellierungspolitik – Enteignungen (Großgrundbesitzer, Großbauern und Bergwerke; Großunternehmer in Industrie und Handel; Banken und Versicherungen; Flüchtlinge), Verstaatlichung und Kollektivierung, Restriktionen für den kleinen Rest der Selbständigen, Entwertung des Immobilienbesitzes – **stark eingeebnet** worden. So war z. B. das übriggebliebene Wohneigentum kein Privileg der Besserverdienenden mehr (*Ulbrich* 1993, 31).

Nach der Währungsunion sind auch in der Vermögensstruktur die Nivellierungstendenzen durch Prozesse einer **erneuten Differenzierung** abgelöst worden. So verfügen Arbeiter Anfang 1994 nur über 83% des durchschnittlichen Bruttogeldvermögens (West: 74%), Angestellte über 132% (West: 106%) und Selbständige über 188% (West: 245%).[14] Zwischen den groben Berufsgruppen bestehen also – auf einem insgesamt niedrigeren Niveau – deutliche Unterschiede, aber die Spreizung hat bisher weder nach unten noch nach oben die westdeutschen Dimensionen erreicht.

Die Besitzverhältnisse beim **Produktivvermögen** in den neuen Ländern wurden im Zuge der umstrittenen Privatisierungsaktion der Treuhandanstalt radikal verändert. Beim Verkauf von ca. 14.000 ehemaligen volkseigenen Unternehmen hatten betriebswirtschaftliche Gesichtspunkte absolute Priorität – mit problematischen Folgen für die Vermögensverteilung. Über den Anteil ostdeutscher Käufer existieren keine präzisen Angaben; es ist aber davon auszugehen, daß – wegen des Mangels an ostdeutschem Kapital – „nahezu alle mittleren und größeren Unternehmen" (*Priewe* 1994, 23) an westdeutsche oder ausländische (ca. 10% der verkauften Betriebe) Firmen und Eigentümer veräußert wurden. Von den 50 größten Unternehmen, die bis Anfang 1994 privatisiert wurden, waren 45 in westdeutscher, zwei in französischer und eins in österreichischer Hand, und je einen Betrieb hatten die Länder Sachsen und Thüringen erworben (*Offermann* 1994, 112). Ostdeutsche kamen hauptsächlich beim sog. Management-Buy-Out zum Zuge, d. h. wenn Unternehmen von leitenden Mitarbeitern oder Teilen der Belegschaft übernommen wurden. Ca. ein Drittel der (re-)privatisierten[15] Betriebe haben diese Form, meist handelt es sich dabei um kleine mittelständische Unternehmen im tertiären Sektor. Am konzentrierten Produktivvermögen in den neuen Ländern sind die Ostdeutschen also so gut wie nicht beteiligt, Ostdeutschland ist **„westdeutsch kapitalisiert"**.

Anmerkungen

1 Das Pro-Kopf-Vermögen stieg noch stärker an als das Pro-Kopf-Einkommen (*Miegel* 1983, 183).
2 So schätzt z. B. das Deutsche Institut für Wirtschaftsforschung die wirtschaftliche Gesamtleistung der DDR pro Einwohner auf 56% (1970) bzw. 76% (1983) des westdeutschen Niveaus (BMIB 1987, 480); *Merkel/Wahl* (1991, 59) dagegen kommen nur auf jeweils 36% in den Jahren 1970 und 1985.
3 StBA 1995a, 24 und 1993a, 23.
4 Ganz ähnliche schichtspezifische Einkommensmuster in West- und Ostdeutschland ergibt die Auswertung der ALLBUS-Daten (*Müller* 1995, 46, 54, 103, 106).
5 Neuere vergleichbare Quintilsberechnungen liegen nicht vor.
6 Der Gini-Koeffizient mißt die Ungleichverteilung und nimmt Werte zwischen 0 (völlige Gleichverteilung) und 1 (völlige Ungleichverteilung) an.
7 Berechnet nach *Schmid* 1990 und DIW-Wochenbericht 61/1994, 777.
8 Vgl. insbes. *Lötsch* 1981, 1982, 1984 und *Lötsch/Lötsch* 1985a; eine zusammenfassende Darstellung und Kritik der Triebkraftthese bei *Geißler*1996a.
9 DIW-Wochenbericht 61/1994, 868ff.; vgl. auch *Hauser* 1996, 180; zum Gini-Koeffizienten vgl. Anm. 6.
10 Die schichtspezifischen Einkommensunterschiede der ALLBUS-Stichprobe haben ganz ähnliche Konturen wie die des SOEP (*Müller* 1995, 54).
11 Der Gini-Koeffizient (dazu Anm. 6) betrug 1983 für die Nettovermögen 0.701, für die Nettoeinkommen 0.323 (Schlomann 1993, 74).
12 *Schlomann* 1993, 71; vgl. auch *Mierheim/Wicke* 1978, 256ff. und 269 zum Rückgang der Ungleichverteilung zwischen den Berufsgruppen zwischen 1960 und 1973.
13 Für die 60er Jahre *Krelle/Schunck/Siebke* 1968, 381; *Adam* 1977, 4; vgl. auch *Bolte/Hradil* 1988, 132. Für die 70er Jahre *Mierheim/Wicke* 1978, 72, 250f.
14 Berechnet nach *Guttmann* 1995, 393, 395; vgl. auch *Zimmermann* 1995, 14f.
15 Unter Reprivatisierung i. e. S. wird die Rückübertragung enteigneter Betriebe an Alteigentümer verstanden. Etwa jeder fünfte überlebende Betrieb wurde reprivatisiert (*Priewe* 1994, 23).

4. Klassen und Schichten im Schmelztiegel? Kontroversen um Begriffe, Theorien und Modelle

4.1 Die Begriffe Klasse und Schicht

Die Soziologie hat zur Analyse wichtiger Bereiche der sozialen Ungleichheit in modernen Gesellschaften zwei zentrale Konzepte entwickelt: den älteren Begriff der **Klasse** und den jüngeren Begriff der **Schicht**. *Karl Marx* erhob das Klassenkonzept bereits in der Mitte des vorigen Jahrhunderts zu einer soziologischen Grundkategorie; Schicht dagegen wurde erst in der Auseinandersetzung mit *Marx* von *Theodor Geiger* (1891-1952) in den dreißiger Jahren zum soziologischen Grundbegriff präzisiert (insbes. *Geiger* 1955; vgl. *Geißler* 1985 und 1995b). Die komplexe und sich wandelnde Struktur der sozialen Ungleichheit hat dazu geführt, daß eine Vielzahl von unterschiedlichen Verwendungen dieser Begriffe existiert, die nicht nur den Laien und Studenten, sondern auch den Experten verwirrt. Als gemeinsamer Kern aller Klassenbegriffe und auch vieler Schichtbegriffe – sofern diese etwas anspruchsvoller und komplexer definiert sind – lassen sich drei Vorstellungen festhalten:

1. Die Vorstellung der **Klassen- bzw. Soziallagen**: eine Bevölkerung läßt sich in verschiedene Gruppen untergliedern, die sich in jeweils ähnlichen Klassenlagen bzw. Soziallagen befinden. Klassen- und Soziallagen können insbesondere durch eines oder mehrere der folgenden Bestimmungsmerkmale – *Geiger* (1955, 191) nennt sie „Schichtdeterminanten" – identifiziert werden: durch die Stellung zu den Produktionsmitteln, durch ähnliche Besitz- oder Einkommensverhältnisse, durch ähnliche Berufe oder ähnliche Qualifikationen.

2. Durch die Vorstellung von **klassen- bzw. schichttypischen Prägungen und Subkulturen (Sozialisationsannahme)**: Menschen in ähnlichen Klassen- und Soziallagen leben unter ähnlichen Bedingungen und machen daher ähnliche Erfahrungen. Die Klassen- bzw. Soziallage beeinflußt deshalb ihr Denken, ihre Vorstellungswelt, ihre Mentalitäten, Werte, Interessen, Ideologien und Verhaltensweisen; es entsteht so etwas wie „Klassen-

bewußtsein“ (*Karl Marx*), „Schichtmentalität“ (*Theodor Geiger*), „Klassenhabitus“ (*Pierre Bourdieu*), schichtspezifische Einstellungs- und Verhaltensmuster, klassen- bzw. schichtspezifische Subkulturen. Der Zusammenhang von Klassen- und Soziallagen mit den Subkulturen wird in der Regel nicht vulgärmarxistisch-deterministisch gedeutet nach der Formel „Das Sein bestimmt das Bewußtsein“; den Lagen entsprechen vielmehr „typische“ (*Geiger* 1932, 5) Subkulturen nach dem Muster der Wahrscheinlichkeit, d. h. nicht alle Menschen mit der Soziallage X entwickeln auch eine x-typische Mentalität, aber unter ihnen ist die x-typische Mentalität wahrscheinlicher bzw. häufiger als eine andere Mentalität.

3. Aus den Klassen- und Soziallagen mit ihren Ressourcen und Prägungen resultieren **klassen- bzw. schichttypische Lebenschancen** (vgl. *Geißler* 1994, 3f.). Für den Zusammenhang von Klassen- bzw. Soziallagen und Lebenschancen gilt dasselbe wie unter Punkt 2: er ist nicht deterministisch, sondern typisch.

Neben den Gemeinsamkeiten von Klasse und Schicht bestehen aber auch Unterschiede. Klassenanalysen unterscheiden sich in der Regel in vier Punkten von den Schichtanalysen:

1. Durch ihre **ökonomische** Orientierung: Die Einteilung einer Gesellschaft in Klassen orientiert sich stärker an ökonomischen Kriterien der Klassenlage – z. B. am Produktionsmittelbesitz in Anlehnung an den Klassenbegriff von *Karl Marx* oder an den Erwerbs- und Marktchancen in Anlehnung an den Klassenbegriff von *Max Weber* (1976).

2. Durch ihre **Konflikt- und Macht**orientierung: Klassenanalyse heißt immer auch Analyse von Konflikten und Machtbeziehungen zwischen den Klassen.

3. Durch ihre **historische** Orientierung: Klassen werden stets historisch-dynamisch in ihrer Entwicklung erfaßt.

4. Durch ihre **theoretische** Orientierung: Klassenanalysen begnügen sich nicht mit der Beschreibung von Klassenstrukturen, sondern spüren den Ursachen der Konflikte und Machtbeziehungen und ihren Entwicklungen im gesellschaftlichen Gesamtzusammenhang nach.

Auch Schichtanalysen können ökonomische Kriterien zur Schichteinteilung heranziehen, Konflikte zwischen den Schichten sowie Zusammenhänge von sozialer Schichtung und Machtstruktur berücksichtigen, Schichten in ihrer Veränderung erfassen (**Umschichtungen**) und den Ursachen dieser Entwicklungen nachgehen. Die Arbeiten *Geigers* zur sozialen Schichtung der deutschen Gesellschaft in der Weimarer Republik sind ein gutes Beispiel für eine anspruchsvolle Schichtanalyse dieser Art (insbes. *Geiger* 1932; vgl. *Geißler* 1995b). Studien zur sozialen Schichtung in der Bundesrepublik beschränken sich jedoch häufig auf eine beschreibende, statische Bestandsaufnahme von Soziallagen und – eventuell – ihren Zusammenhängen mit Teilen der Subkultur bzw. mit den Lebenschancen.

4.2 Kontroversen zur Entwicklung der Sozialstruktur

Es ist Mode geworden, die bundesdeutsche Sozialstruktur der 80er und 90er Jahre in Anlehnung an *Jürgen Habermas* (1985) mit dem Etikett „neue Unübersichtlichkeit" zu versehen. Aber auch fünfzig Jahre vorher klagten die Sozialstrukturforscher bereits darüber, daß sich klare Konturen einer Schicht- oder Klassengliederung kaum erkennen ließen (z. B. *Geiger* 1932, 127f., 137f.). Die Vielschichtigkeit und Unübersichtlichkeit komplexer Gesellschaften ist wohl auch eine der Hauptursachen dafür, daß sich die Soziologen über die „wirklichen" Strukturen des Ungleichheitsgefüges in der Bundesrepublik nie einigen konnten und daß verschiedene Deutungsversuche miteinander konkurrierten oder einander ablösten. Ich werde im folgenden vier wichtige Konzepte und Kontroversen im Streit um die Sozialstruktur der deutschen Gesellschaft grob skizzieren.

1. Das Konzept der **Klassengesellschaft im Schmelztiegel**. Bereits 1948/49 – also ca. zwei Jahrzehnte vor der westdeutschen Kontroverse zwischen neomarxistischen und nichtmarxistischen „bürgerlichen" Ungleichheitsforschern – verfaßte *Geiger* eine Streitschrift mit dem programmatischen Titel „Die Klassengesellschaft im Schmelztiegel". Darin konfrontierte er die marxistische Klassentheorie mit den sozialstrukturellen Entwicklungen der letzten Jahrzehnte und unterzog sie einer umfassenden Kritik. Seine These von der Einschmelzung der Klassengesellschaft untermauerte er im wesentlichen mit den folgenden Tendenzen des sozialstrukturellen Wandels:
   - Die Schichtstruktur wird nicht homogener und einfacher, sondern zunehmend differenzierter. Der alte Mittelstand verschwindet nicht, sondern bleibt – verkleinert – erhalten und übernimmt neue Funktionen im Wirtschaftsprozeß. Der Anteil der Lohnabhängigen wächst zwar, aber innerhalb dieser Gruppe entstehen neue soziale Unterschiede, deren

trennende Wirkung stärker ist als die einende Kraft des Produktionsverhältnisses. Von diesem Differenzierungsprozeß wird auch die Arbeiterschaft erfaßt, da der technische Fortschritt die Arbeitsprozesse auffächert, was wiederum Unterschiede in den Qualifikationen und Entlohnungen nach sich zieht.
- Die Klassenkonflikte gewinnen nicht an Schärfe, sondern flauen ab. Ursachen dafür sind das Auftauchen des neuen, z. T. nicht-sozialistischen Mittelstandes der Angestellten und Beamten und die Abkühlung des proletarischen Klassenbewußtseins bei den Arbeitern – eine Folge der zunehmenden Differenzierung innerhalb der Arbeiterschicht und ihres wachsenden Wohlstandes.
- Quer zu den Klassenstrukturen verlaufen neue Linien der Differenzierung: Stadt-Land-Unterschiede und der Interessengegensatz von Produzierenden und Gruppen außerhalb der materiellen Produktion.

Geiger schrieb diese Linien der Umschichtungsprozesse in der industriellen Gesellschaft, die bereits im Kaiserreich sichtbar wurden (vgl. Kap. 2.2), bis in die Mitte des 20. Jahrhunderts fort und deutete sie mit Recht als einen Abbau der Klassengesellschaft in ihrer marxistischen Version. Allerdings gelang es ihm nicht, die neuen komplexeren Formen der sozialen Ungleichheit auf den Begriff zu bringen. „Alles scheint im Gleiten zu sein, eine klar sich abzeichnende Struktur ist kaum zu finden“ (*Geiger* 1949, 147).

2. Das Konzept der **„nivellierten Mittelstandsgesellschaft“**. In den 50er Jahren unternahm der konservative Soziologe *Helmut Schelsky* (1912-1984) das Wagnis, die neu entstandenen Strukturen auf eine griffige Formel zu bringen. Sein stark vereinfachendes idealtypisches Konzept der „nivellierten Mittelstandsgesellschaft“ (*Schelsky* 1979, 328, 336) schießt weit über die *Geigersche* Kritik an den marxistischen Prognosen der Klassenentwicklung hinaus. Es geht von einer hochmobilen Sozialstruktur aus, in der kollektive Auf- und Abstiegsprozesse zur Einebnung der sozialen Klassen und Schichten führen und „damit zu einer sozialen Nivellierung in einer verhältnismäßig einheitlichen Gesellschaftsschicht, die ebensowenig proletarisch wie bürgerlich ist, d.h. durch den Verlust der Klassenspannung und sozialen Hierarchie gekennzeichnet wird“ (*Schelsky* 1979, 327). Kollektiv aufgestiegen seien die Industriearbeiterschaft und die technischen Angestellten und Verwaltungsangestellten, von kollektiver Deklassierung seien vor allem Schichten des ehemaligen Besitz- und Bildungsbürgertums betroffen. In dieser breiten Mittelschicht mit gleichen politischen Rechten, ähnlichen materiellen Lebensbedingungen und weitgehender Chancengleichheit sollten auch die „ehemals schichttypischen Verhaltensstruktu-

ren" im kulturellen, sozialen und politischen Bereich eingeebnet worden sein. Der Massenkonsum von materiellen und geistigen Gütern sei eine Ursache dafür, daß sich ein „verhältnismäßig einheitliche(r) Lebensstil" herausbilde, den man als „kleinbürgerlich-mittelständisch bezeichnen könnte" (*Schelsky* 1979, 327). Lediglich die sozialen Leitbilder und das soziale Selbstverständnis entzögen sich diesen Nivellierungstendenzen. Insgesamt deutete *Schelsky* diese Prozesse nicht als Umschichtungen, sondern „als Entschichtungsvorgang, als ein(en) Abbau der Bedeutung gesellschaftlicher Schichten überhaupt" (*Schelsky* 1979, 328).

Die plakative Formel der „nivellierten Mittelstandsgesellschaft" beeinflußte in den 50er und 60er Jahren in hohem Maß das Selbstverständnis der westdeutschen Bevölkerung in ihrer neu geschaffenen Gesellschaft; Breitenwirkung erzielte es insbesondere unter den Führungsschichten, konnte doch die Theorie einer klassenlosen, ja schichtenlosen Gesellschaft als „ideologischer Schirm" (*Dahrendorf* 1965, 148) benutzt werden, hinter dem sich soziale und politische Privilegien gut verbergen ließen.

Das Konzept der „nivellierten Mittelstandsgesellschaft" hat eine wichtige Entwicklungstendenz richtig erfaßt: die zahlenmäßige **Ausdehnung der Mittellagen** in der Schichtungshierarchie mit dem dort typischen angestiegenen Wohlstandsniveau, verbesserten Konsumchancen und mittelschichtspezifischen Einstellungs- und Verhaltensmustern. In seiner Überspitzung verstellt es jedoch den Blick für ein anderes zentrales Element der bundesdeutschen Sozialstruktur – für die **Fortdauer von erheblichen sozialen Unterschieden**. Die Kritik an *Schelsky* arbeitete mit Recht heraus,

- daß in der Bundesrepublik in den 60er Jahren weiterhin deutliche Mobilitätsbarrieren existierten;
- daß Lebenschancen und wichtige Ressourcen wie Besitz, Einkommen, Bildung und Macht weiterhin sehr ungleich verteilt waren;
- daß schichttypische Mentalitäten und Verhaltensdifferenzierungen fortlebten (vgl. z. B. *Dahrendorf* 1965, 94-115; *Bolte* u. a. 1967, 284-343).

3. **Klassengesellschaft versus soziale Schichtung.** Mit der kurzen Renaissance der neomarxistischen Soziologie am Ende der 60er und in den 70er Jahren entzündeten sich hitzige Debatten an einer Frage, auf die *Geiger* und *Schelsky*, aber auch die schichtsoziologischen Kritiker *Schelskys* längst eine Antwort gefunden hatten: Ist die Bundesrepublik weiterhin in erster Linie eine Klassengesellschaft im *Marxschen* Sinne? Es wurde wiederholt versucht, die Sozialstruktur der Bundesrepublik in das enge Korsett der klassischen oder leicht revidierten Konzepte der *Marxschen* Klassentheorie

zu zwängen. Die folgenden Gesichtspunkte wurden als angeblich strukturprägend hervorgehoben:

- die herausragende Bedeutung der Produktionsverhältnisse, insbesondere die vorrangige Relevanz des Produktionsmittelbesitzes und der Kapitalverwertung für die sozialen und politischen Strukturen;
- die zentrale strukturelle Bedeutung des Widerspruchs von Arbeit und Kapital, des Interessengegensatzes von Lohnarbeitern und Kapitalisten für die Lebensbedingungen des Einzelnen;
- die Vertiefung und Zuspitzung des „Antagonismus von Lohnarbeiter- und Kapitalverwerterklasse" (*Tjaden-Steinhauer/Tjaden* 1973, 187)[1].

Die hinter *Geiger* zurückfallenden Kernaussagen der Neomarxisten blieben wenig überzeugend und werden heute kaum noch vertreten. Dennoch war die Kontroverse zwischen neomarxistischen Klassentheoretikern und nichtmarxistischen Schichttheoretikern für die Sozialstrukturanalyse ertragreich: Sie lenkte die Aufmerksamkeit der Schichtungssoziologen auf die Zusammenhänge sozialer Ungleichheit mit ökonomischen Faktoren sowie auf die Einflüsse von Marktchancen und tariflichen Machtkämpfen auf die Verteilung begehrter Güter. Sie veranlaßte die Schichtungstheoretiker dazu, sich stärker von der Nivellierungsvorstellung *Schelskys* zu distanzieren und die weiterhin bestehenden markanten Unterschiede in den Lebensbedingungen – in den Besitz- und Einkommensverhältnissen, in den Einfluß- und Bildungsmöglichkeiten – und die ebenfalls nachweisbaren schichttypischen Denk- und Verhaltensweisen hervorzuheben.[2]

4. **Fortdauer oder Auflösung der Klassen und Schichten?** In den 80er Jahren zeichnen sich neue Konfliktlinien in der Diskussion um die Struktur der sozialen Ungleichheit in der Bundesrepublik ab. Die Debatte kreist nicht mehr um das Problem Klassengesellschaft oder soziale Schichten, sondern um die Frage: Lösen sich soziale Klassen und Schichten allmählich auf oder dauern sie fort? Die These *Schelskys* von der Entschichtung der Wohlstandsgesellschaft feiert ihre Wiederauferstehung in teilweise neuen Kleidern: neben den Nivellierungstendenzen (bei gleichzeitiger Fortdauer sozialer Ungleichheiten!) werden insbesondere die Pluralisierung und die Individualisierung der Soziallagen und Lebensstile als Symptome und Ergebnisse der Entstrukturierungsvorgänge angesehen. Die Vorstellung einer allmählichen Auflösung der Klassen und Schichten, die Herausbildung einer „entstrukturierten Klassengesellschaft" (*Berger* 1986), die Entwicklung zu einer „Ungleichheit ohne Schichtung", wie es der amerikanische Soziologe *Wrong* breits im Jahre 1969 formulierte (vgl. *Wrong* 1976 nach *Kreckel* 1990, 54) wird in der westdeutschen Ungleichheitsforschung in verschie-

denen Facetten dargeboten, die hier nicht im Detail nachgezeichnet werden können.[3] Ich möchte lediglich einige wichtige Argumente gedrängt vorstellen, die den main stream der westdeutschen Sozialstrukturanalyse seit etwa Mitte der 80er Jahre dominieren:

a. Vereinheitlichung der Lebensbedingungen: Der steigende Wohlstand läßt auch die unteren Schichten zunehmend an den Privilegien der mittleren und oberen Schichten teilhaben – an komfortablen Wohnungen, an Eisschränken, Farbfernsehern, Autos, Urlaubsreisen, Bildung etc. In den Städten entstehen neue sozial durchmischte Wohnbezirke. Auch die Risiken der hochtechnisierten Gesellschaft – Massenarbeitslosigkeit, Umweltgefährdungen, atomare Bedrohung – kennen danach keine Klassengrenzen; von ihnen seien alle Gruppen der Gesellschaft betroffen (vgl. dazu insbes. *Beck* 1983, 52; *Beck* 1986, 30, 123, 149ff.; *Berge*r 1990).

b. Differenzierung und Diversifizierung der Soziallagen, „horizontale" bzw. „neue" Ungleichheiten: Bereits *Geiger* (1949, 176ff.) hatte darauf aufmerksam gemacht, daß die „vertikalen" Schichtstrukturen durch „quer" dazu verlaufenden Differenzierungen nach Stadt und Land bzw. nach Teilnahme und Nichtteilnahme an der materiellen Produktion gekreuzt werden und daß dadurch die Strukturen der sozialen Ungleichheit an Komplexität zunehmen. Die neue Ungleichheitsforschung nennt Erscheinungen dieser Art „horizontale Disparitäten" (*Bergmann* u. a. 1969), „neue Ungleichheiten" (*Kreckel* 1983a, 7) oder auch „neue Zuweisungskriterien" (*Hradil* 1987, 40). Sie weist in diesem Zusammenhang insbes. auf die folgenden Faktoren hin, die Lebensverhältnisse differenzieren und diversifizieren: Geschlecht, Alter, Region, Familienverhältnisse (z. B. Kinderzahl, Doppelverdiener, Alleinerziehende, Scheidungen), Generation (z. B. Zugehörigkeit zu den benachteiligten geburtenstarken Jahrgängen), aber auch Teilhabe an den wohlfahrtsstaatlichen Umverteilungen bzw. Betroffenheit von sozialen Lasten. Die meisten der „neuen" Ungleichheiten sind jedoch keine neuen Erscheinungen in der Sozialstruktur, sie sind keine Produkte sozialen Wandels. Das Prädikat „neu" verdienen die meisten unter ihnen lediglich deshalb, weil sie bislang von der Schichtungs- bzw. Klassenanalyse kaum oder gar nicht beachtet wurden. Neu ist in der Regel nicht ihr Vorkommen, neu ist lediglich die Aufmerksamkeit, die ihnen zuteil wird. Sie geraten auch deshalb mehr ins Blickfeld, weil die vertikalen Ungleichheiten etwas an Schärfe und Brisanz verloren haben.

c. Auflösung schichttypischer Subkulturen: Traditionelle klassen- und schichttypische Milieus mit entsprechenden Mentalitäten, Einstellungen und Verhaltensweisen lösen sich zunehmend auf. Ursachen dieser Vorgänge sind einerseits die bereits erwähnten Tendenzen zur Homogenisierung und Diversifizierung der Lebensbedingungen; andererseits hat der sozioökonomische Wandel einen „Individualisierungsschub“ verursacht, menschliches Verhalten aus bisherigen Bindungen gelöst und die Handlungsspielräume erweitert. Steigender Wohlstand lockert die materiellen Bindungen, der moderne Sozialstaat traditionelle Solidaritäten, zunehmende Freizeit die zeitlichen Bindungen, zunehmende Mobilität die sozialen und räumlichen Bindungen und das höhere Bildungsniveau schließlich die psycho-sozialen Bindungen, da es mehr Nachdenklichkeit und Selbstfindung ermöglicht und erfordert (*Beck* 1983, 38ff.; *Beck* 1986, 116f.).

d. Pluralisierung bzw. Individualisierung von Lebensmilieus, Lebensstilen und Lebenslagen: Die Auflösung der schichtspezifischen Subkulturen hat zu einer Vielfalt der sozialen Milieus und Lebensstile geführt, die nicht deutlich mit der klassischen vertikalen Gliederung der Gesellschaft zusammenhängen[4]. *Beck* meint nicht nur eine Pluralisierung, sondern sogar eine Individualisierung der Lebensbedingungen zu erkennen: „individualisierte Existenzformen und Existenzlagen“, die „Ausdifferenzierung von Individuallagen“ seien das Ergebnis der Entschichtung (*Beck* 1986, 116, 119).

e. Entschichtung der Lebenswelt: Klassen und Schichten verschwinden immer mehr aus der Lebenswelt des Menschen, sie werden im Alltag immer weniger wahrgenommen. Im Bewußtsein, in den konkreten Interaktionen, Kommunikationen und Sozialbeziehungen lassen sie sich nicht mehr ausmachen, sie sind nicht mehr Objekt bewußter Identifikation (*Kreckel* 1983a, 5, 139; *Beck* 1986, 121, 140, 156ff.; *Bolte* 1990, 41ff.).

f. Pluralisierung der Konfliktlinien: Die sozialen und politischen Konflikte sind immer weniger Konflikte zwischen Klassen und Schichten. Stattdessen schließen sich Gruppen aus verschiedenen Soziallagen zu wechselnden situations- und themenspezifischen Interessenkoalitionen zusammen, die sich relativ schnell wieder auflösen. Dauerhafte Konfliktlinien bilden sich an anderen Grenzen heraus – zwischen Männern und Frauen, zwischen Altersgruppen und Nationalitäten (*Beck* 1986, 159).

Zusammenfassend soll nochmals *Ulrich Beck* zu Wort kommen, der die Entschichtungsthese am pointiertesten forumuliert hat:

„Wir leben trotz fortbestehender und neu entstehender Ungleichheiten heute in der Bundesrepublik bereits in Verhältnissen jenseits der Klassengesellschaft, in denen das Bild der Klassengesellschaft nur noch mangels einer besseren Alternative am Leben erhalten wird ... In der Konsequenz werden subkulturelle Klassenidentitäten und -bindungen ausgedünnt oder aufgelöst.

Gleichzeitig wird ein Prozeß der Individualisierung und Diversifizierung von Lebenslagen und Lebensstilen in Gang gesetzt, der das Hierarchiemodell sozialer Klassen und Schichten unterläuft und in seinem Wirklichkeitsgehalt in Frage stellt" (*Beck* 1986, 121f.).

Die skizzierten „neueren Ansätze" dominieren die westdeutsche Sozialstrukturanalyse seit etwa Mitte der 80er Jahre. Zu ihren Verdiensten gehört, daß sie die sozialen Akteure und deren Orientierungs- und Handlungsmuster wieder stärker ins Blickfeld gerückt haben. Mit Recht heben sie in diesem Zusammenhang auch die Erweiterung der Freiräume menschlichen Verhaltens (Individualisierung) und die größere Vielfalt von „objektiven" Lebensumständen und „subjektiven" Lebensstilen und Lebensformen (Differenzierung, Diversifizierung, Pluralisierung) hervor. Zunehmende individuelle Freiräume und zunehmende Differenzierung und Vielfalt der Strukturen sind Kennzeichen der allgemeinen sozialstrukturellen Entwicklung, die bereits Klassiker der Differenzierungstheorie wie *Georg Simmel* (1890) oder *Emile Durkheim* (1893) herausgearbeitet hatten und die im Zuge der Ausbreitung von Wohlstand, Bildung und Freizeit eine besondere Dynamik entfalten.

Einige der radikalen Kritiker der Klassen- und Schichtungstheorie sind auch sozialkritischer als die Nivellierungsideologie *Schelskys*. Sie weisen darauf hin, daß – trotz aller Tendenzen zur Vereinheitlichung der Lebensbedingungen – soziale Unterschiede fortbestehen. Mit *Schelsky* haben sie jedoch auch Gemeinsamkeiten: Die **Tendenzen zur Entstrukturierung** der vertikalen sozialen Ungleichheit, zur Auflösung der Klassen und Schichten werden **erheblich überzeichnet**. Dadurch geht der Blick dafür verloren, daß soziale Ungleichheiten und Lebenschancen in der Bundesrepublik weiterhin in erheblichem Ausmaß um traditionelle Schichtkriterien wie Berufsposition und Bildungsniveau gruppiert sind und daß Modernisierungsprozesse wie Individualisierung und Pluralisierung auch mit den vertikal ungleich verteilten Handlungsressourcen zusammenhängen und daher schichttypisch unterschiedlich verlaufen, „schichttypisch gebrochen" werden.

Mit der radikalen Abwendung des main stream von den Konzepten Klasse und Schicht – man kann diese Neuorientierung der Sozialstrukturanalyse durchaus als Versuch einer „Paradigma-Revolution"[5] bezeichnen – verstrikken sich die Analytiker in neuen Einseitigkeiten. Erkenntnisinteressen, Begriffe und theoretische Zugänge haben sich inzwischen in dreifacher Hinsicht in eine problematische Richtung verschoben (ausführlich dazu *Geißler* 1996):

Die **Ungleichheitsforschung** ufert zur **Vielfaltsforschung** aus. Im Zentrum des Erkenntnisinteresses steht nicht mehr die gesellschaftspolitisch problematische Ungleichheit der Lebensbedingungen, sondern die erfreuliche Vielfalt der Handlungsmöglichkeiten, Lebensformen, Lebensführung und Lebensstile.

Sozialstrukturelle Lebenschancenforschung verengt sich zu **kultursoziologischer Lebensstil**forschung, die den Zusammenhang der „pluralisierten" Lebensstile mit den „objektiven", ungleich verteilten Handlungsressourcen aus dem Auge verliert – ein Zusammenhang, der bei der kultursoziologischen, aber auch gleichzeitig klassentheoretischen Sozialstrukturanlayse von *Pierre Bourdieu* (1987) im Zentrum steht.[6]

Die Kritik an den sozialen Ungleichheiten in Form von Privilegien und Benachteiligungen weicht immer mehr der Freude über die bunte Vielfalt der „individualisierten" und „pluralisierten" Lebensformen. Aus den zentralen Begriffen des main stream – Differenzierung, Diversifizierung, Individualisierung, Pluralisierung, Dynamik, Lebensstile, Erlebnisgesellschaft, Erlebnismilieus[7] – ist der gesellschaftskritische Gehalt entwichen. **Sozialkritische Ungleichheitsforschung** verwandelt sich unter der Hand in **„postmoderne", normativ unverbindliche und beliebige Vielfaltsforschung**.

Eine Fülle von empirischen Materialien belegt,[8] daß schichttypische Soziallagen, Subkulturen und Lebenschancen trotz der Tendenzen zur Vereinheitlichung, Pluralisierung, Individualisierung, Differenzierung und Diversifizierung fortbestehen. Sie erhärten auch die **These von der Dominanz der vertikalen Dimensionen** der sozialen Ungleichheit; diese These besagt, daß die traditionelle vertikale Hierarchie, die mit den Zuweisungskriterien Beruf und Bildung verknüpft ist, in der komplexen Struktur der sozialen Ungleichheit weiterhin dominiert.[9] Andere Zuweisungskriterien wie insbesondere Geschlecht (dazu Kap. 13) oder auch Alter, Generation, Familienverhältnisse oder Region spielen für die Unterschiede in den Lebensverhältnissen eine durchaus bedeutsame, aber im Vergleich zu Beruf und Bildung lediglich eine untergeordnete Rolle (vgl. *Geißler* 1994d, 19ff. und 1990a, 91ff.). Auch die empirischen Daten zu den Umschichtungsvorgängen, die in den Kap. 5-10 präsentiert werden, machen deutlich, daß die durchaus nachweisbaren Entschichtungstendenzen nicht zu einer Auflösung der Schichten geführt haben. **Nicht der Abschied von Klasse und Schicht**, sondern die **Herausbildung einer dynamischeren, pluraleren und auch stärker latenten Schichtstruktur** ist das Ergebnis des Modernisierungsprozesses.[10] Wer die fortbestehenden schichttypischen Strukturen hinter einem Nebel von Prozessen der Individualisierung, Pluralisierung, Differenzierung, Diversifizierung und Dynamik verhüllt, begibt sich in Gefahr, gesellschaftspolitisch bedeutsame soziale Ungleichheiten zu vernachlässigen, zu ignorieren oder auch **ideologisch zu verschleiern**.

4.3 Soziale Lagen und „soziale Milieus“

Im folgenden sollen zwei neuere Versuche, die komplexe Sozialstruktur der alten Bundesrepublik gesamthaft auf empirischer Grundlage zu erfassen, kurz skizziert werden. Die beiden Ansätze unterscheiden sich erheblich in der Art ihres Vorgehens und in ihrem Informationsgehalt.

Das Modell der **sozialen Lagen**, das im Rahmen der Wohlfahrtsforschung entwickelt wurde, untergliedert die erwachsene Bevölkerung nach sozial bedeutsamen Merkmalen in verschiedene „soziale Lagen“ und untersucht, welche materiellen Ressourcen (Indikatoren für „objektive Wohlfahrt“) und welche Lebenszufriedenheit (Indikatoren für „subjektive Wohlfahrt“) an die verschiedenen Soziallagen geknüpft sind. Traditionell ist bei dieser Art der Analyse die Zuordnung von Ressourcen und subjektiven Befindlichkeiten zu verschiedenen Soziallagen, „modern“ ist die Mehrdimensionalität, die Kombination von mehreren sozial relevanten Merkmalen bei der Ermittlung der Soziallagen. Zur Untergliederung der Bevölkerung werden neben dem traditionellen „vertikalen“ Schichtkriterium des Berufsstatus noch die beiden „horizontalen“ Kriterien Geschlecht und Alter (unter/über 60 Jahre) herangezogen. Aus der Kombination der drei Merkmale entstehen 40 Soziallagen, die einen relativ differenzierten Einblick in die Verteilung der materiellen Ressourcen und die Unterschiede im subjektiven Wohlbefinden der westdeutschen Bevölkerung eröffnen (Abb. 4.1).

Einen völlig anderen analytischen Zugang stellt der anwendungsbezogene Versuch des SINUS-Instituts dar, die Wertorientierungen und Lebensstile der westdeutschen Bevölkerung nach verschiedenen **„sozialen Milieus“** zu gruppieren. Ausgangspunkt der Untergliederung ist nicht die „objektive“ Soziallage der Menschen, sondern deren Bewußtsein und Lebensweise. Die klassische Fragestellung der Sozialstrukturanalyse wird genau umgekehrt. Die traditionelle Sozialstrukturforschung untergliedert die Bevölkerung zunächst nach „objektiven“ Soziallagen und fragt dann danach, welche Mentalitäten, Einstellungen und Verhaltensweisen mit diesen Lagen typischerweise verknüpft sind. SINUS dagegen untergliedert die Bevölkerung zunächst nach verschiedenen Wertorientierungen und Lebensstilen, den sogenannten „sozialen Milieus“, und fragt anschließend danach, in welchen Schichten diese „Milieus“ auftauchen. Der Begriff „soziales Milieu“ ist ein mißverständliches Etikett und paßt eigentlich nicht genau zu dem, was hier damit gemeint ist. In der klassischen ökologisch orientierten Soziologie sind „Milieus“ soziale Umwelten und ihre Zusammenhänge mit Einstellungen und Verhaltensweisen. Das SINUS-Institut dagegen arbeitet mit einem „subkulturell verkürzten“ Milieukonzept: „Soziale Milieus fassen, um es vereinfacht auszudrücken, Menschen zusammen, die sich in Lebensauffassung und Lebensweise ähneln, die also

Abb. 4.1: *Soziale Lagen in Westdeutschland 1994*

Fälle: 8759	%	%		Ausländeranteil in %		Haushaltsnetto-einkommen, be-darfsgewichtet pro Kopf in DM		Haushaltsnetto-einkommen in DM		Lebens-zufriedenheit (Skala 0-10)		Anteil pessi-mistischer Er-wartungen für die persönliche Zukunft	
		Männer	Frauen	Männer	Frauen	Männer	Frauen	Männer	Frauen	Männer	Frauen	Männer	Frauen
Führende Angestellte	0,7	1,2	0,3	–	–	3440	4290	7540	7030	7,4	7,2	28	21
Höhere Beamte	1,0	1,6	0,5	–	–	3320	3420	6870	6020	7,6	7,8	18	0
Hochqualifizierte Angestellte	5,6	9,6	2,1	(0,8)	(2,0)	2970	2760	5490	4720	7,4	7,1	13	19
Gehobene Beamte	1,7	2,2	1,2	–	–	3000	3050	5500	6140	7,2	7,6	12	26
Qualifizierte Angestellte	11,2	8,4	13,6	1,7	1,5	2280	2510	4660	4780	7,3	7,2	15	21
Einfache, mittlere Beamte	1,9	3,2	0,8	–	–	2300	1950	4300	3980	7,6	6,9	16	19
Einfache Angestellte	6,3	1,7	4,6	4,2	4,5	2110	2170	4230	4400	7,3	7,1	27	20
Vorarbeiter / Meister	1,6	3,2	0,2	(3,7)	–	1950	2480	4310	4700	7,0	7,6	14	1
Facharbeiter	7,1	13,9	1,2	8,7	(8,0)	1940	2050	4100	3910	7,1	7,2	20	15
Un-, angelernte Arbeiter	7,5	7,9	7,1	25,9	17,9	1710	1780	3750	3790	6,8	7,0	25	31
Freie Berufe	1,5	2,0	1,1	–	–	2810	2470	5300	5130	7,0	7,0	17	6
Sonstige Selbständige	2,7	4,4	1,3	7,4	(4,7)	2680	2200	5260	4970	7,0	7,1	22	24
Landwirte	(0,4)	(0,6)	–	–	–	(1130)	–	(3140)	–	(6,6)	–	(58)	–
Mithelfende Familienangehörige	0,4	–	(0,4)	–	–	–	(2810)	–	(6570)	–	(7,5)	–	(47)
Azubis/Studenten/Bundeswehr	2,5	3,4	1,7	(4,3)	(7,3)	2120	1870	4440	3730	6,9	7,1	11	8
Arbeitslose	5,0	6,0	4,1	10,4	(10,1)	1520	1510	3000	3070	5,8	6,1	30	30
Sonstige Nicht-Erwerbstätige	15,1	6,4	22,6	8,8	8,1	1780	1710	3810	4010	6,5	7,2	35	23
über 60 Jahre													
Noch-Erwerbstätige	1,7	1,9	1,6	(6,4)	–	2540	3050	4910	3850	7,0	7,6	25	14
Nicht-Erwerbstätige (Rente aus früherer Erwerbstätigkeit)	19,4	18,4	20,2	1,2	(0,4)	1920	1960	3120	2670	7,2	7,0	36	37
Sonstige Nicht-Erwerbstätige	6,6	1,7	10,9	(2,6)	1,4	1720	1740	3550	2660	6,6	6,5	46	33
Gesamt	100	100	100	6,0	4,8	2160	2020	4220	3790	7,0	7,0	24	26

Datenbasis: Das Sozio-ökonomische Panel 1994, Wohnbevölkerung über 20 Jahre, Hochrechnung, ausgewiesen ab 10 Fälle, Angaben in Klammern 10-30 Fälle.
Quelle: berechnet von *Steffen Mau* (WZB) nach dem modifizierten Lagenmodell von *Zapf* 1989, 113.
(*Steffen Mau* und *Wolfgang Zapf* gilt ein herzlicher Dank für die Aktualisierung des Lagenmodells!)

Abb. 4.2: *„Soziale Milieus“ in der Bundesrepublik (90er Jahre)*

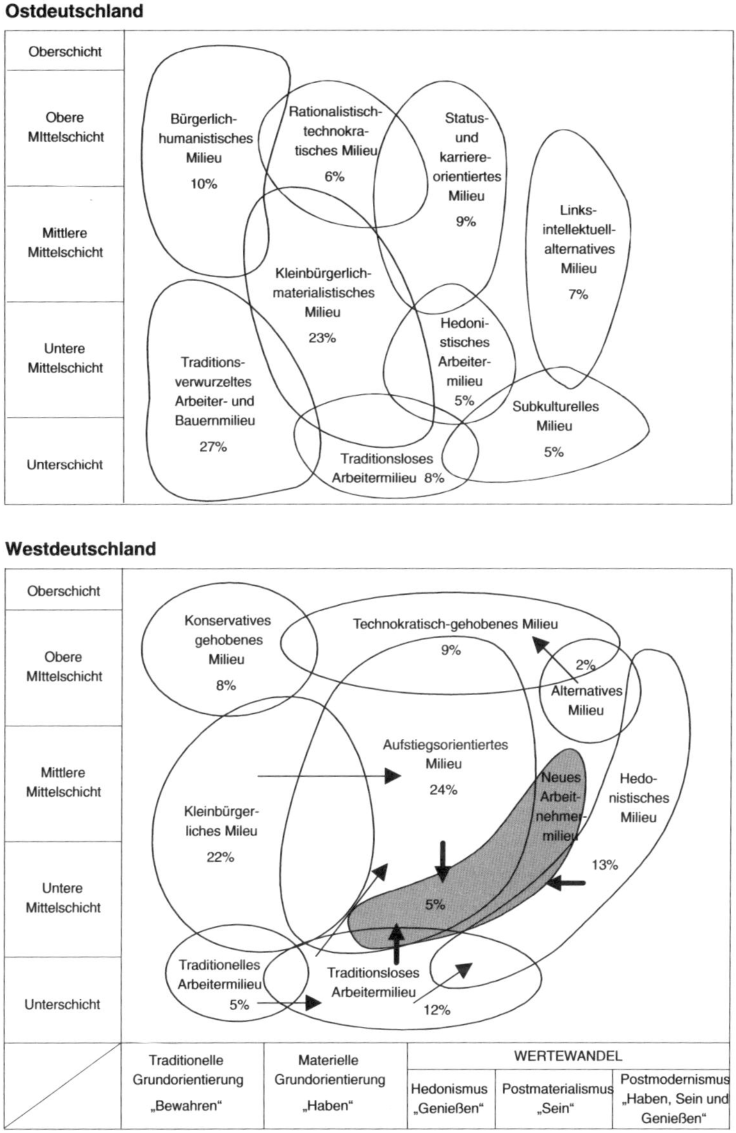

Milieustruktur der deutschen Wohnbevölkerung ab 14 Jahre
Die Pfeile zeigen quantitative Veränderungen des Milieuumfangs seit den 80er Jahren an.
Kurzbeschreibungen der Milieus bei *Becker/Becker/Ruhland* 1992, 90-98, 105-113.
Quelle: *Ueltzhöffer/Flaig* 1992, 66, 72.

gleichsam ‚subkulturelle' Einheiten innerhalb der Gesellschaft bilden" (*Ueltzhöffer/Flaig* 1992, 64; zuerst *Nowak/Becker* 1985). Die westdeutsche Bevölkerung wird also nach Unterschieden in „Lebensauffassung und Lebensweise", nach **„Subkulturen"** untergliedert; dazu gehören Unterschiede in ihren Wertorientierungen und Lebenszielen, in ihren Einstellungen zu Arbeit, Freizeit und Konsum, zu Familie und Partnerschaft, in ihren Zukunftsperspektiven, politischen Grundüberzeugungen und Lebensstilen. Repräsentatives Interviewmaterial wurde mit Hilfe von Ähnlichkeitsmessungen, insbesondere mit Cluster-Analysen, systematisch ausgewertet. Dabei ergaben sich neun idealtypische „Milieus", deren Charakteristika und Umfang in Ost- und Westdeutschland nicht identisch sind (Abb. 4.2). Sie sind auf der waagerechten Achse des Schaubildes nach traditionell-materiellen und postmateriellen Grundorientierungen geordnet, einer in der Werteforschung geläufigen Unterscheidung. Der Zusammenhang mit der Sozialstrukturanalyse im eigentlichen Sinn wird durch die senkrechte Anordnung der Milieus hergestellt; diese macht deutlich, in welchen Schichten die verschiedenen Milieus verankert sind. Das Milieu-Konzept hat sich in der Markt-, Jugend- und Wahlforschung bewährt. Interessante Einblicke in den sozialstrukturellen Wandel in West- und Ostdeutschland eröffnen auch die Arbeiten der Hannoveraner Arbeitsgruppe Interdisziplinäre Sozialstrukturforschung, die – in Anlehnung an den französischen Soziologen *Pierre Bourdieu* – Milieuanalyse und Klassenanalyse miteinander verknüpft (*Vester* u. a. 1993; *Vester/Hofmann/Zierke* 1995).

Die Konzepte der sozialen Lagen und „sozialen Milieus"[11] sind gut geeignet für empirische Einzelstudien, für **Momentaufnahmen** von den Feinheiten der Sozialstruktur oder auch für die Analyse des **kulturellen** Wandels. Eine gesamtgesellschaftliche Darstellung der **sozialstrukturellen Entwicklung** muß jedoch auf eine ungeheure Vielzahl von Statistiken und empirischen Daten zurückgreifen, die zum Teil zu verschiedenen Zeiten, mit unterschiedlichen Kategorien, zu unterschiedlichen Zwecken erhoben wurden. Diese lassen sich nur nach einem gröberen Raster gruppieren; am zweckmäßigsten erscheint mir dabei die Orientierung an einem der traditionellen Schichtmodelle zu sein.

4.4 Modelle sozialer Schichtung

Schicht- und Klassenmodelle[12] sind Versuche, in das unübersichtliche Durcheinander der sozialen Ungleichheiten eine gewisse Ordnung zu bringen. Ihnen haften die Vor- und Nachteile aller Modellkonstruktionen an: Sie vereinfachen die komplexe Wirklichkeit, indem sie bewußt „unwichtig" Erscheinendes übersehen bzw. ausklammern und die vielfältige Wirklichkeit auf „We-

Abb. 4.3: *Statusaufbau und Schichtung der westdeutschen Bevölkerung (60er Jahre)*

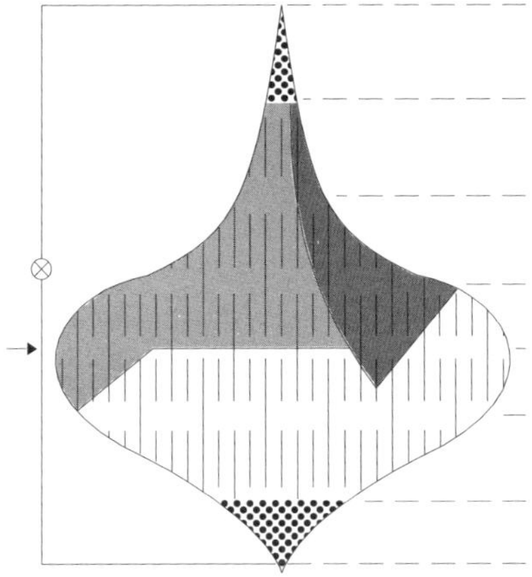

Bezeichnung der Statuszone	Anteil	
Oberschicht	ca. 2 v.H.	
obere Mitte	ca. 5 v.H.	
mittlere Mitte	ca. 14 v.H.	
untere Mitte	ca. (29)	58 v.H.
unterste Mitte/ oberes Unten	ca. (29)	
Unten	ca. 17 v.H.	
Sozial Verachtete	ca. 4 v.H.	

Die Markierungen in der breiten Mitte bedeuten:

Angehörige des sogenannten neuen Mittelstands

Angehörige des sogenannten alten Mittelstands

Angehörige der sogenannten Arbeiterschaft

Punkte zeigen an, daß ein bestimmter gesellschaftlicher Status fixiert werden kann.

Senkrechte Striche weisen darauf hin, daß nur eine Zone bezeichnet werden kann, innerhalb derer jemand etwa im Statusaufbau liegt

⊗ Mittlere Mitte nach den Vorstellungen der Bevölkerung

→ Mitte nach der Verteilung der Bevölkerung. 50 v.H. liegen oberhalb bzw. unterhalb im Statusaufbau

Quelle: *Bolte/Kappe/Neidhardt* 1967, 316.

sentliches" reduzieren. Bei diesem notwendigen Vorgang der Vereinfachung ist es wichtig, daß die Vielfalt der Wirklichkeit im Modell nicht zur Einfalt verkommt und daß das Modell nicht „reifiziert", d. h. mit „der Sache", mit der Wirklichkeit verwechselt wird. Modelle können Wirklichkeit nicht abbilden; in diesem Sinne sind sie stets einseitig und unvollständig. Sie sind lediglich ein Hilfsmittel des Analytikers, um nach dem Prinzip der „informierten Willkür" (*Dahrendorf*) die wesentlichen Strukturen der Wirklichkeit genauer zu erkennen.

In Schichtmodellen wird versucht, die Gesamtbevölkerung so zu gliedern, daß Gruppierungen mit ähnlicher Soziallage und damit verknüpften typischen

Abb. 4.4: *Soziale Schichtung der westdeutschen Bevölkerung (60er Jahre)*

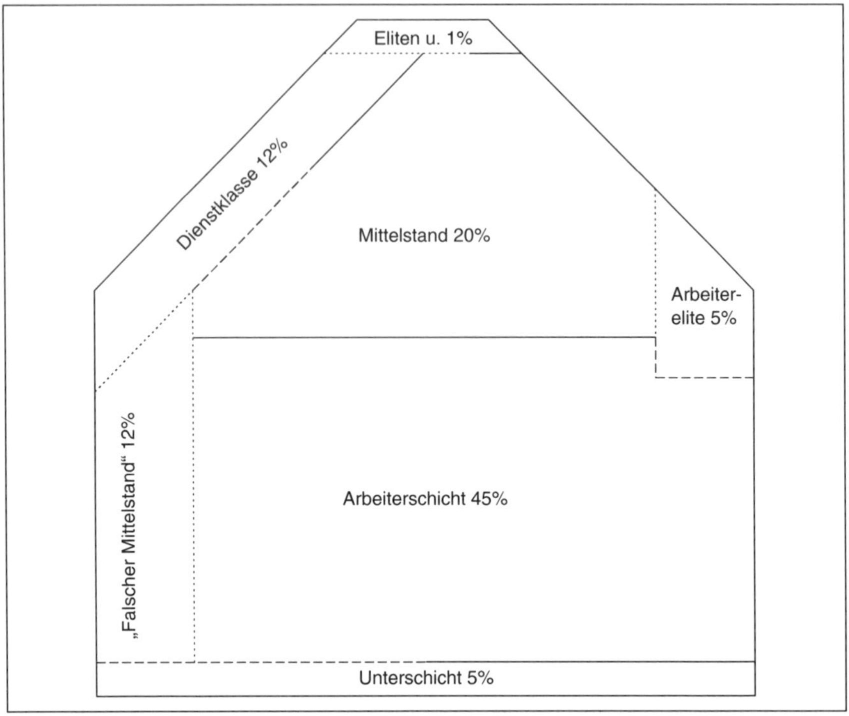

Quelle: *Dahrendorf* 1965, 105.

Subkulturen und Lebenschancen entstehen. Die komplizierte, im wahrsten Sinne des Wortes „vielschichtige" Sozialstruktur der Bundesrepublik hat dazu geführt, daß eine große und verwirrende Fülle von Schichtmodellen entwikkelt wurde. Sie unterscheiden sich u. a. danach, welche und wieviele Merkmale zur Soziallage, zur Subkultur und zu den Lebenschancen berücksichtigt wurden, wie viele Schichten unterschieden und wo die Schichtgrenzen gezogen wurden. Große Bedeutung und Verbreitung fand das sog. „Zwiebel-Modell", das *Karl Martin Bolte* und seine Mitarbeiter für die bundesdeutsche Gesellschaft der 60er Jahre entwarfen (Abb. 4.3). Es taucht in modifizierter Form als Modell einer „pluraldifferenzierten Wohlstandsgesellschaft" der 80er Jahre wieder auf (*Bolte* 1990, 46).

Als Ausgangspunkt meiner Darstellung der Umschichtungsprozesse werde ich jedoch auf ein anderes griffiges Modell der 60er Jahre zurückgreifen: auf das **Haus-Modell** von *Ralf Dahrendorf* (Abb. 4.4).

Dahrendorf (1965) hat sein Haus in starker Anlehnung an das Mentalitätsmodell sozialer Schichtung von *Geiger* (1932) konstruiert. Die Gliederung der Bevölkerung in verschiedene Schichten beruht einerseits auf den verschiedenen Funktionen der Gruppen im Herrschafts- und Wirtschaftssystem, andererseits fußt die Unterteilung auch auf soziopolitischen und soziokulturellen Mentalitäten, die typischerweise mit den verschiedenen Soziallagen zusammenhängen.

Insgesamt unterscheidet *Dahrendorf* sieben Schichten. Die Spitze der Gesellschaft bilden die **Eliten**. Im Obergeschoß residieren nebeneinander die bürokratischen Helfer der Eliten, die **Dienstklasse**, „insbesondere nichttechnische Verwaltungsangestellte aller Ränge" (106), sowie der **alte Mittelstand** der Selbständigen. Im Hauptgeschoß wohnen die große **Arbeiterschicht** und der **falsche Mittelstand** der einfachen Dienstleistungsberufe, dessen soziale Stellung sich nicht von derjenigen der Arbeiter unterscheidet, der sich jedoch seinem Selbstverständnis nach „fälschlicherweise" zur Mittelschicht zählt. Die **Arbeiterelite** hat sich dagegen nach oben hin vom Rest der Arbeiterschaft abgesetzt. Der Keller des Hauses ist bevölkert von der **Unterschicht** der „Dauererwerbslosen, Unsteten, Rückfallkriminellen, Halbalphabeten und anderen", die zuweilen als „Bodensatz der Gesellschaft", als „sozial Verachtete" oder auch als „Lumpenproletariat" bezeichnet werden (113).

Das Modell in Abb. 4.5 ist das Ergebnis eines Versuches, das *Dahrendorf-sche* Haus aus den 60er Jahren etwas umzubauen und zu modernisieren. Umschichtungen – quantitative Verlagerungen und qualitative Veränderungen –, die sich in den letzten Jahrzehnten vollzogen haben und die in den folgenden Kapiteln differenzierter beschrieben und erklärt werden, haben dabei Berücksichtigung gefunden.

Der **Schichteinteilung** liegen – ähnlich wie bei *Dahrendorf* – mehrere **Kriterien** zugrunde. Eine wichtige Rolle spielt dabei der Beruf, der verschiedene Faktoren wie Funktion in der wirtschaftlich-gesellschaftlichen Arbeitsteilung, Qualifikation, Einkommen, Prestige und Einfluß bündelt. Die materielle Lage und die ethnische Zugehörigkeit sind ausschlaggebend bei der Abgrenzung der Randschichten, die Position im Herrschaftsgefüge bei der Abgrenzung der Eliten. Herangezogen werden auch „typische" „Mentalitäten", Subkulturen und Lebenschancen.

Die **Prozentanteile** der Schichten beziehen sich auf die erwachsene Bevölkerung der alten Bundesrepublik (Deutsche und Ausländer ab 16 Jahre). Die Personen wurden nach dem Status ihrer Familie den Schichten zugeordnet. Ausschlaggebend für den Familienstatus war der Status des Haushaltsvorstandes (vgl. *Noll/Habich* 1990, 163). Die empirische Grundlage der Quantifizierung bilden die zusammengefaßten Daten des Sozio-ökonomischen Panels der Jahre 1984 bis 1986.[13]

Die **Armutsgrenze** bezieht sich auf den Anteil der Sozialhilfeberechtigten unter der Gesamtbevölkerung der BR (HLU, einschl. verdeckte Armut, vgl. S. 184). Ihre Markierung in diesem Modell ist mit Ungenauigkeiten verbunden; denn Un- und Angelernte, ausführende Dienstleistungsschicht und Ausländer stellen zwar die Mehrheit der Armen, aber auch Angehörige anderer Schichten sind – zumindest vorübergehend – von Armut betroffen.

Abb. 4.5: *Soziale Schichtung der westdeutschen Bevölkerung (80er Jahre)*

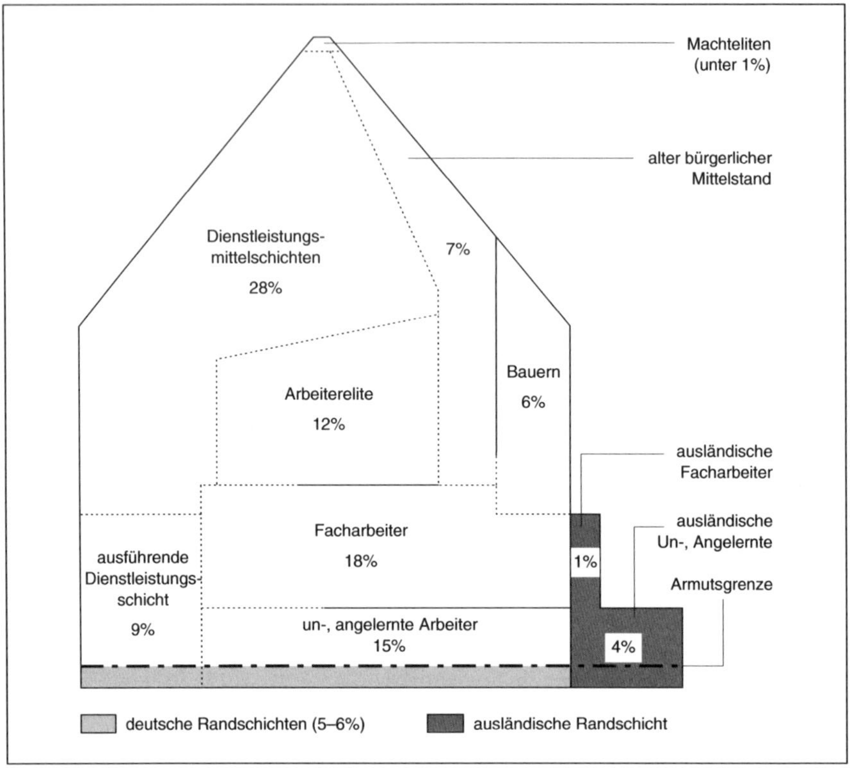

Zahl und Bezeichnung der Schichten weichen in einigen Punkten von *Dahrendorfs* Modell ab. Einzelheiten zu ihrer Abgrenzung und Benennung enthalten die jeweiligen Abschnitte der folgenden Kapitel.

Zwei wichtige qualitative Veränderungen werden im Schaubild nicht sichtbar. Zum einen hat sich das vergleichsweise einfache Wohnhaus der 60er Jahre inzwischen in eine ansehnliche Residenz mit Komfortapartements verwandelt; selbst im Kellergeschoß ist es – von einigen Ecken abgesehen – inzwischen etwas wohnlicher. Zum anderen sind die **Decken und Wände noch durchlässiger** geworden. An diesem Punkt muß auf ein leicht entstehendes und weit verbreitetes Mißverständnis von Schichten und Schichtmodellen hingewiesen werden. Die eingezeichneten Linien in dem Modell könnten die Vorstellung suggerieren, es handle sich bei Schichten um „scharf gegeneinander abgesetzte Gruppierungen von Menschen in jeweils eindeutig besserer oder schlechterer Soziallage" – so z. B. die Definition von Schicht bei *Bolte/Hradil* (1988, 348). Scharfe Abstufungen dieser Art existieren in ständischen Gesellschaften oder Kastengesellschaften, in modernen, differenzierten Gesellschaften dagegen weisen Schichten keine klaren Grenzen auf; sie gehen vielmehr ineinander über und überlappen sich zunehmend (**Überlappungshypothese**). Bereits vor mehr als einem halben Jahrhundert stellte *Geiger* (1932, 82) dazu fest, daß man als Schichtungssoziologe „das Handgelenk lockerer halten muß" als der Statistiker: „das Leben zieht keine klaren Grenzen, sondern verspielt sich in tausend Zwischenformen". Die historisch langfristige Tendenz zur „Entschichtung" der Sozialstruktur (vgl. *Geißler* 1990a, 93ff.) hat sich in der Bundesrepublik in den letzten Jahrzehnten fortgesetzt. Die Zusammenhänge von Soziallagen einerseits, Mentalitäten und Verhaltensweisen andererseits haben sich weiter gelockert. Außerdem sind schichttypische Unterschiede an der lebensweltlichen Oberfläche auf den ersten Blick schwerer wahrnehmbar geworden; sie haben sich stärker in die „Tiefenstruktur" der Gesellschaft verlagert, und es bedarf häufig der theoretischen und empirischen Analyse, um sie sichtbar zu machen (**Latenzhypothese** – Beispiele dazu bei *Geißler* 1990a, 96ff.). Um im Bild des Hauses zu bleiben: die Stockwerke und Zimmer der Residenz sind nicht durch durchgehende Decken und Wände gegeneinander abgeschottet, sondern verstellbare Wände, Raumteiler und halboffene Etagen zeigen viele Durch- und Übergänge an. Die Binnenarchitektur des Hauses ermöglicht heute noch stärker als in den 60er Jahren „offenes Wohnen" in nicht deutlich voneinander getrennten Etagen und Räumen. Dennoch sind die Menschen weiterhin genötigt oder gewollt, sich vornehmlich in bestimmten Wohnbereichen aufzuhalten.

4.5 Umschichtungen und Probleme des Ost-West-Vergleichs

Die folgenden Kapitel über Eliten, Selbständige, Dienstleistungs-, Arbeiter- und Randschichten sind nach der Schichteinteilung des Hausmodells gegliedert. Im Zentrum der Darstellung stehen sozialstrukturelle Veränderungen bzw. – in der Terminologie der Schichttheorie – Prozesse der **Umschichtung**. Im Anschluß an *Geiger* verstehe ich unter Umschichtungen die **Veränderungen im Schichtgefüge** einer Gesellschaft bzw. den **Wandel des Schichtgefüges** selbst (vgl. *Geißler* 1985, 396). Dabei können sich verschiedene, miteinander verschränkte Vorgänge vollziehen: 1. rein quantitative Verschiebungen – Schichten schrumpfen oder dehnen sich aus; 2. qualitative Veränderungen in zwei Varianten – Schichten (Soziallagen, schichttypische Subkulturen und Lebenschancen) wandeln sich oder: alte Schichten verschwinden, neue Schichten entstehen; 3. schließlich ein grundlegender Strukturwandel:

Schichtdeterminanten (*Geiger* 1955, 191) verändern sich, gewinnen oder verlieren an Gewicht, d.h. die Bevölkerung gruppiert sich nach anderen Merkmalen. Umschichtungen sind der eine zentrale – sozusagen der „strukturelle" – Aspekt bei der Analyse der **„doppelten Dynamik"** (dazu *Geiger* 1962) der Sozialstruktur; den anderen zentralen Aspekt bilden die **Fluktuationen**, die Bewegungen von Individuen und Gruppen innerhalb dieser sich verändernden Struktur (vgl. dazu Kap. 11 über soziale Mobilität).

Der **Vergleich** der Umschichtungen in den beiden deutschen Gesellschaften wirft eine Reihe von Problemen auf. Die empirische **Sozialstrukturforschung der DDR**, die seit dem Ende der 60er Jahre betrieben wurde, sollte den Umbau der sozialistischen Gesellschaft wissenschaftlich begleiten und mußte sich dabei „unter fixierte Formeln, festgeschriebene Denkschemata und ideologische Vorgaben" (*Lötsch* 1990a, 553) unterordnen. So war die Gesellschaft der DDR offiziell in die beiden „Hauptklassen" Arbeiterklasse und Genossenschaftsbauern und die „soziale Schicht" der Intelligenz gegliedert. Die DDR-Soziologen haben immer wieder gezeigt, daß dieses dogmatisch-starre „Zwei-Klassen-eine-Schicht-Schema", das aus der Sowjetunion der *Stalin*-Ära stammt und im Staatswappen der DDR durch Hammer, Ährenkranz und Zirkel symbolisch präsent war, die Differenzierungen in der Sozialstruktur der DDR nicht angemessen erfaßt, daß die Unterschiede innerhalb der Klassen und Schichten z. T. stärker ausgeprägt sind als zwischen ihnen und daß die wesentliche „Differenzierungsdominante innerhalb der sozialistischen Gesellschaft ... nicht mehr die Achse ‚Eigentum und Klassen', sondern die Achse ‚Arbeitsteilung (vertikal und horinzontal), geistiges Niveau der Arbeit, Bildung und Qualifikation'" (*Lötsch* 1988a, 17) ist.[14] Dennoch weichen die Begriffe der DDR-Sozialstrukturanalyse z. T. von den westdeutschen ab, und die damit erhobenen Daten lassen sich häufig nicht direkt den westdeutschen Materialien gegenüberstellen. Dies gilt insbes. für die Dienstleistungsschichten und für die Extremlagen im Schichtgefüge; die Analyse der Machteliten und Randschichten war in der DDR ein Tabu. Die Gegenüberstellung der Umschichtungen in West und Ost[15] weist daher aus Gründen der Datenlage unumgängliche Unschärfen auf.

Anmerkungen

1 Vgl. *Tjaden-Steinhauer/Tjaden* 1973; IMSF 1972-1974; Projekt Klassenanalyse 1973-1974; *Leisewitz* 1977; *Herkommer* 1983; *Krysmanski* 1989.

2 Vgl. z. B. die völlig überarbeitete Neuauflage des Buches von *Bolte/Kappe/Neidhardt* 1975 im Vergleich zur Erstfassung von 1967.

3 Vgl. *Beck* 1983, 1986; *Berger* 1986, 1987; *Hradil* 1983, 1985, 1987, 1990; *Kreckel* 1983a, 1987.

4 *Hradil* 1983, 101; *Hradil* 1987, 51-55, 165f.; *Bolte* 1990, 42f.; vgl. auch *Lüdtke* 1989, 40.

5 Paradigma: griechisch „Beispiel", „Muster". Begriff der Wissenschaftstheorie für einen bestimmten Forschungsansatz – ähnliche Fragestellungen werden mit ähnlichem Vorverständnis und Erkenntnisinteresse, mit ähnlichen Begriffen, Theorien und Methoden untersucht.

6 Von einigen Lebensstilforschern werden die vertikalen Schranken von Pluralität und Individualisierung inzwischen auch beachtet und analysiert (*Herlyn* u. a. 1994; *Georg* 1995 und 1995a; *Spellerberg* 1995; auch bereits *Lüdtke* 1992).

7 Vgl. auch *Schulze* 1993; *Müller-Schneider* 1994; *Müller* 1992.

8 In folgenden Studien werden z. B. implizit oder explizit empirische oder theoretische Einwände gegen die Entschichtungsthese vorgetragen: *Dangschat* 1995; *Eder* 1989; *Erbslöh* u. a. 1990; *Franz u. a.* 1986; *Geißler* 1990a, 1994 (zuerst 1987), 1996; *Greiffenhagen* 1993; *Haller* 1986; *Holtmann* 1992; *Kappelhoff/Teckenberg* 1987; *Mayer* 1989; *Mayer/Blossfeld* 1990; *W. Müller* 1986; *Noll/Habich* 1990; *Rothenbacher* 1989; *Schäfers* 1995; *Strasser* 1987; *Thien/Wienhold* 1986; *Vester* u. a. 1993 und 1995.

9 Die Dominanzhypothese erstmals bei *Geißler* 1987a, 14ff.; weitere Einzelheiten und empirische Belege bei *Geißler* 1994d, 21ff.; ähnlich auch *Noll/Habich* 1990 mit empirischen Belegen.

10 Zu diesen und weiteren Besonderheiten der Schichtstruktur einer modernen Gesellschaft vgl. *Geißler* 1996, 332-335.

11 Vgl. dazu auch die begrifflichen und theoretischen Überlegungen bei *Hradil* 1987, 139ff. und 1992a.

12 Der sprachlichen Einfachheit halber verwende ich den Schichtbegriff im Sinne *Geigers* (1932, 5) als allgemeinen Oberbegriff. Klassen sind danach eine historische Sonderform der Schichtung; Schichtmodell meint also auch stets Klassenmodell.

13 Die Prozentwerte wurden nach der Tabelle 1 bei *Noll/Habich* 1989 berechnet. Die von *Noll/Habich* verwendete Klassengliederung wurde z. T. mit anderen Bezeichnungen versehen und in drei Punkten inhaltlich verändert. 1. „Nicht-manuell Ausführende" und „Persönliche Dienste" wurden zur „Ausführenden Dienstleistungsschicht" zusammengefaßt. 2. „Untere" und „Obere Dienstklasse" (ohne Freie Berufe und große Selbständige) wurden zu „Dienstleistungsmittelschichten" zusammengefaßt. 3. Freie Berufe und Selbständige ab 10 Beschäftigte wurden aus der „Oberen Dienstklasse" herausgenommen und dem „alten bürgerlichen Mittelstand" zugerechnet. Dabei wurde angenommen, daß diese beiden Gruppen zusammen knapp 2% der erwachsenen Bevölkerung ausmachen. – Der Indikator „Status des Haushaltsvorstands" wird häufig als „männerzentriert" kritisiert; er mißt jedoch die Unterschiede in der sozioökonomischen Lage der Familien nachweislich besser als andere Indikatoren (vgl. *Noll/Habich* 1990, 163f.).

14 z. B. *Grundmann* u. a. 1976, 132f.; *Lötsch/Lötsch* 1985, 71; *Kretzschmar* 1985, 24f.; *Lötsch/Meier* 1988, 186.

15 Überblicke zur Entwicklung der Sozialstruktur der DDR aus DDR-Sicht bei *Weidig* 1988, aus westdeutscher Sicht bei *Thomas* 1988 und *Belwe* 1989.

5. Eliten

5.1 Begriffe der Eliteforschung

„Zur Elite gehören alle Mitglieder eines sozialen Systems, die aus einem Selektionsprozeß als den übrigen Mitgliedern überlegen hervorgehen.“ Auf diese trockene und abstrakte Formel bringt *Endruweit* (1979, 34) den gemeinsamen begrifflichen Nenner der sozialwissenschaftlichen Elitetheorien. Er übersetzt damit in die dürre Wissenschaftssprache, was mit der Idee der „Auslese“ oder des „Auserwähltseins“ – Elite kommt von dem französischen Wort „élire“ = auswählen oder auslesen – gemeint ist. Der folgende Versuch eines Biologen, die Elite begrifflich zu bestimmen, ist farbiger und anschaulicher, aber wegen seines idealisierenden Charakters auch anfechtbarer: „Zu Eliten zählen jene Menschen, die durch besondere Fähigkeiten Anerkennung und damit verbundene Vorteile genießen und daher durch Macht, Überzeugungskraft oder als Vorbild Einfluß auf gesellschaftliche Entwicklungen nehmen, für die sie deshalb auch verantwortlich sind“ (*Markl* 1989).

Nach allgemeiner Vorstellung gehören Mächtige, Reiche oder auch Prominente zur Spitze der gesellschaftlichen Hierarchie; die Sozialwissenschaft kennt u. a. Werteliten, Leistungseliten oder Bildungseliten. Die meisten theoretischen und empirischen Studien zur Elite rücken jedoch die **Machtelite** ins Zentrum ihrer Aufmerksamkeit.[1] Die Machtelite umfaßt die Träger der gesellschaftlichen Macht, diejenigen Personen, die den größten Einfluß auf wichtige Entscheidungen ausüben; Menschen, die – um soziale Macht mit einer Definition von *Geiger* (1964, 341) zu umschreiben – die größten Chancen haben, „andermenschliches Verhalten steuern zu können“. Wenn ich mich in diesem Kapitel auf die Darstellung von Struktur und Wandel der Machtelite beschränke, so entspricht dies dem Stand der sozialwissenschaftlichen Forschung, die andere Gruppierungen an der Spitze der gesellschaftlichen Hierarchie bisher stark vernachlässigt hat.

Die Ausdifferenzierung der Gesellschaft in wichtige Funktionsbereiche macht es sinnvoll, innerhalb der Machtelite verschiedene **Funktionseliten** zu unterscheiden, die in den jeweiligen Sektoren (sektorale Eliten oder Teileliten) die wichtigsten Entscheidungsträger umfassen. *Dahrendorf* (1965, 277ff.) unterscheidet in seiner umstrittenen, aber brillanten und auch heute noch lesenswerten Analyse „Vielfalt oder Eliten zwischen Monopol und Kartell" acht Funktionseliten in den Sektoren Politik, Verwaltung, Justiz, Militär, Wirtschaft, Kommunikation, Kultur und Kirche – eine Unterteilung, die auch in anderen Untersuchungen in einer ähnlichen Form wieder auftaucht, so in den wichtigen empirischen Elitestudien einer Mannheimer Forschungsgruppe aus den Jahren 1968, 1972 und 1981.[2]

Zur **Struktur** der Elite hat die Sozialforschung eine Reihe von Begriffen und Typologien entwickelt. Als einflußreich und heuristisch wertvoll hat sich eine Gegenüberstellung von zwei idealtypisch übersteigerten Konzepten erwiesen, die bereits in den 50er Jahren von den bekannten amerikanischen Soziologen *David Riesman* und *Charles Wright Mills* bei der Analyse der Machtstruktur der Vereinigten Staaten erarbeitet wurden. Nach *Riesman* und seinen Mitarbeitern (1958) ist die einstmals herrschende Klasse der amerikanischen Gesellschaft durch ein pluralistisches Gegeneinander von **„Veto-Gruppen"** (veto groups) mit sehr vielfältigen Interessen abgelöst worden. Wirtschaftsverbände, Gewerkschaften und Berufsvertretungen, Massenmedien und Militärs, ethnische Minderheiten und Regionalgruppen hätten sich in ihren Machtpositionen „wohlverschanzt" (237) und hielten sich gegenseitig in Schach, weil sie in der Lage seien, ihr Veto gegen wichtige Entscheidungen einzulegen, die ihren Gruppeninteressen schaden könnten. Die Folge sei „eine uneinheitliche amorphe Machtstruktur" (229).

Für *Mills* (1962) dagegen, dessen Analyse stark von der *Marx*'schen Klassentheorie beeinflußt ist, sind Pluralismus und Demokratie lediglich formale Oberfläche, hinter der sich hochzentralisierte Machtstrukturen verbergen. Eine „Machtelite" (**power elite**) aus den Führern in Wirtschaft, Militär und Politik sitze an den Schalthebeln der Herrschaft und steuere die Gesellschaft über bürokratische Großapparate und moderne Mittel der Massenbeeinflussung. Konzernherren, hohe Militärs und Spitzenpolitiker sind nach *Mills* zu einer kohärenten politischen Klasse mit „gemeinsamen Interessen" (321) und einem „ausgeprägten Klassenbewußtsein" (316) verschmolzen. „Gemeinsame Ideale, gleichartige gesellschaftliche Herkunft" (321), ähnliche Bildungswege, die Zugehörigkeit zu den gleichen Clubs und Religionsgemeinschaften sowie enge soziale Kontakte, Kooperation und der „Austausch von Führungspersonal" (321) zwischen den drei genannten Sektoren bilden das soziale und psychische Band, das diese relativ geschlossene Gruppe von Mächtigen zusammenhalte.

Veto Groups und Power Elite stellen die idealtypisch übersteigerten Extrempole einer Vielzahl von Vorstellungen über die Struktur der Eliten dar und können auch als pluralistische bzw. monopolistische Elite bezeichnet werden. Das Konzept einer **pluralistischen Elite** geht von einer dezentralen Verteilung der Macht auf verschiedene Machtzentren und von einer sozial und ideologisch stark differenzierten Elite aus, die sich aus einer Vielzahl von Teileliten mit unterschiedlichen Interessenlagen zusammensetzt. Das Konzept der **monopolistischen Elite** setzt eine zentralisierte Machtstruktur und eine sozial homogene Elite voraus, die die soziale Gestalt einer Klasse mit einheitlichen Interessen und einheitlicher Ideologie angenommen hat.[3]

Die skizzierten Idealtypen sind gut geeignet, die unterschiedlichen Elitestrukturen zu charakterisieren, die sich in den beiden deutschen Gesellschaften nach dem Zusammenbruch des NS-Regimes herausgebildet haben. In den beiden folgenden Kapiteln werde ich zeigen, daß die Elite der Bundesrepublik eher dem pluralistischen Typ und die DDR-Elite eher dem monopolistischen Typ entspricht.

5.2 Die Machteliten der Bundesrepublik

Nach dem Untergang der NS-Diktatur wurden die politischen Führungsgruppen – der Kern der NS-Bewegung bestand aus „Plebejern" (*Daniel Lerner* 1951), aus einer Clique von Aktivisten, vorwiegend aus dem Kleinbürgertum mit mäßiger Bildung und unauffälligen oder auch gescheiterten Berufskarrieren – radikal ausgewechselt. Andere Teileliten überstanden den Systemwechsel besser, da man beim Aufbau der Bundesrepublik auf erfahrene Experten aus Wirtschaft, Verwaltung, Justiz und Militär zurückgriff – trotz ihrer vielfältigen Verstrickungen in den Nationalsozialismus. Nach einer Studie des Amerikaners *Louis Edinger* waren von den ersten Generalen der Bundeswehr alle, von den 66 höchsten Verwaltungsbeamten des Jahres 1956 jeder zweite und von den 47 Wirtschaftsführern jeder dritte bereits in der NS-Zeit in führenden Positionen tätig (*Edinger* 1960).[4] Die Personen an der Spitze der gesellschaftlichen Hierarchie blieben also z. T. dieselben, aber die Strukturen der Eliten änderten sich.

5.2.1 Die soziale Gestalt: Sozialprofil, Ausbildung und Soziallage

Aus welchen Schichten stammen die Mächtigen der Bundesrepublik, wo liegt die **soziale Rekrutierungsbasis** für die Eliten?

Die dominante Stellung des **Adels** war bereits durch den Zusammenbruch des Kaiserreiches nachhaltig erschüttert worden. Nach dem 2. Weltkrieg verlor der Adel nicht nur seinen Grundbesitz und damit seine ökonomische Basis im Osten und in der DDR, sondern auch endgültig seinen Charakter als bedeutende Führungsschicht. Ein Abglanz seiner ehemaligen Macht besteht heute darin, daß die wenigen Adligen – ihre Zahl wird in der Bundesrepublik auf

60-70 000 geschätzt (*Dornheim* 1990, 49) – in der Elite überproportional vertreten sind, am stärksten noch im diplomatischen Dienst und in der Generalität. Unter den Bonner Staatssekretären der Jahre 1949-1984 waren 7% Angehörige des Adels (*Derlien/Pippig* 1990, 33), und unter den Generalen war der Adelsanteil in der zweiten Hälfte der 80er Jahre auf 5% und damit auf den niedrigsten Stand in der deutschen Geschichte gesunken, 1956 hatte er noch 18% betragen (*Jung* 1990, 39).

Abb. 5.1 gibt Auskunft über den Beruf des Vaters der „oberen Dreitausend" in den Führungspositionen der politisch bedeutsamen Funktionsbereiche. Sie macht deutlich, daß die westdeutsche Elite weder eine in sich geschlossene Kaste ist, noch ein einigermaßen repräsentatives Spiegelbild der Bevölkerungsstruktur darstellt. Nur eine kleine Minderheit der Führungspositionen wurde vererbt, die Elite der BR ist also im wesentlichen eine „Aufsteigerelite"; allerdings wird das Vordringen ganz nach oben um so schwieriger, je tiefer die Herkunftsgruppe in der Schichtungshierarchie angesiedelt ist. 42% der Inhaber von Führungspositionen stammen aus den drei „benachbarten" oberen Berufsgruppen, die insgesamt nur etwa 4% der männlichen Bevölkerung des entsprechenden Alters ausmachen. An der **Dominanz der oberen Mittelschicht bzw. Oberschicht**, die bereits für die Eliten der Weimarer Republik und der Nachkriegszeit kennzeichnend war[5], hat sich also kaum etwas verändert. Weitere 43% kommen aus mittleren Berufsgruppen, die geringfügig überproportional vertreten sind. Den Kindern der unteren Gruppen der Arbeiter und der einfachen Angestellten ist der Zugang zur Spitze zwar nicht verschlossen, aber sie sind kraß unterproportional vertreten. Arbeiter machen 47% der entsprechenden Bevölkerungsgruppe aus, ihre Söhne besetzen jedoch nur 11% der Führungspositionen. Vergleicht man die Ergebnisse einer neueren Elitestudie mit früheren Untersuchungen,[6] so gewinnt man den Eindruck, als hätten sich die Eliten den unteren Schichten geringfügig geöffnet. Einige Funktionseliten sind jedoch gegenüber Kindern von Arbeitern und einfachen Angestellten nach wie vor so gut wie abgeschottet. Dazu gehören die Generalsränge des Militärs genauso wie die Führungspositionen der Wirtschaftverbände oder der FDP, einer Partei von ausgeprägt großbürgerlichem Zuschnitt. Die Unterschichten haben in den Entscheidungszentren im wesentlichen drei traditionelle Bastionen halten können: 41% der führenden Gewerkschaftsfunktionäre von DGB und DAG sowie 42% der SPD-Spitzenpolitiker stammen aus den Kreisen der Arbeiterschaft und der einfachen Angestellten. Aus Spezialstudien über die DGB-Gewerkschaftsführer geht hervor, daß die Arbeitnehmerorganisationen nicht nur den Arbeiterkindern, sondern auch den Arbeitern selbst Aufstiegsmöglichkeiten bieten, allerdings mit rückläufiger Tendenz. Von den Funktionären, die bis 1976 ein Vorstandsamt in den Gewerkschaften des DGB innehatten, haben 62% ihre berufliche Laufbahn als

Abb. 5.1: *Soziale Herkunft und Ausbildung der westdeutschen Eliten 1981*

Eliten[1]	Beruf des Vaters							Ausbildung		
	Großunternehmer (mindest. 10 Beschäftigte)	Spitzenbeamte u. -angestellte	höhere Beamte u. leitende Angestellte	mittlere u. kleine Selbständige (0-9 Beschäft.)	mittlere Beamte und Angestellte	Arbeiter u. kleine Angestellte	Arbeiter	Abitur	Hochschulabschluß	Frauenanteil
	%	%	%	%	%	%	%	%	%	%
Politik (SPD)	0	5	20	11	22	42	32	65	55	5
Politik (CDU/CSU)	7	3	14	32	25	19	15	81	74	6
Politik (FDP)	17	21	25	21	13	4	–	84	68	12
Verwaltung	3	4	31	21	32	9	–	97	94	1
Wirtschaft	17	10	23	16	23	12	–	87	75	1
Wirtschaftsverbände	21	12	24	25	16	3	–	86	68	1
Gewerkschaften	0	1	7	13	18	61	46	20	8	7
Massenmedien	7	7	32	18	25	10	–	94	47	2
Wissenschaft	5	5	35	22	21	12	–	100	96	1
Militär	5	7	49	7	29	2	–	93	33	0
Kultur	8	11	30	22	20	10	–	89	62	7
Sonstige	5	3	32	22	25	14	–	83	71	7
Eliten insgesamt	9	7	27	20	24	15	11	85	69	3,4
Bevölkerung[2]	–[3]	–[3]	4	22	14	60	57	12	6	

1 Der Fragebogen wurde an 3165 Inhaber von Spitzenpositionen in verschiedenen Funktionsbereichen verschickt, von denen 1744 ausgewertet werden konnten.
2 Diese Stichprobe umfaßt 444 Männer ab 40 Jahren. Sie ist also im Hinblick auf Alter und Geschlecht den Eliten vergleichbar. Ihr Sozialprofil weicht deutlich von der Berufsgruppenstruktur der Gesamtbevölkerung ab.
3 Wegen zu niedriger Zahlen wurden die Großunternehmer der Gruppe der Selbständigen und die Spitzenbeamten und -angestellten der Gruppe der höheren Beamten und leitenden Angestellten zugeschlagen.

Quelle: Zusammengestellt nach *Hoffmann-Lange* 1985, 53 und 57; *Wildenmann* u. a. 1982, 22.

Facharbeiter begonnen; von den Vorstandsmitgliedern des Jahres 1993 waren es noch 47%. Ungelernte haben allerdings auch in den DGB-Gewerkschaften keine Chance.[7]

Vergleiche mit dem Sozialprofil von Funktionsträgern auf niedrigeren Ebenen der Machtstruktur machen den schichtspezischen Filter deutlich, der die Teilnahme an Herrschaft reguliert: Der Aufstieg in der Hierarchie des Macht- und Herrschaftsgefüges wird durch das **Gesetz der zunehmenden sozialen Selektivität** – oder auch: das **Gesetz der zunehmenden Dominanz der oberen Schichten** – geregelt, das man wie folgt formulieren kann: je näher eine politische Führungsposition dem Entscheidungszentrum steht, um so besser kommen die oberen Schichten zum Zuge und um so stärker werden die unteren Schichten an den Rand gedrängt. Für **Frauen** ist der Aufstieg in die Machteliten allerdings noch schwieriger als für die Kinder aus den unteren Schichten (vgl. Abb. 5.1).[8]

Eine wichtige Ursache dafür, daß nur so wenige Unterschichtenkinder in die Entscheidungszentren der Gesellschaft vordringen können, wird ebenfalls aus Abb. 5.1 deutlich. Der **Weg in die Eliten** führt in der Regel über das Abitur und meistens auch noch **über die Universität**. Immer seltener gelingt Menschen ohne Hochschulabschluß der Aufstieg in oberste Führungspositionen; 1968 waren es noch 40%, 1981 nur noch 31% (*Wildenmann* 1982, 9). Die ungleichen Bildungschancen der Kinder aus verschiedenen Schichten (vgl. dazu S. 259 ff.) sind also ein wichtiger Grund für die Disproportionen im Sozialprofil der Eliten.

Spezifische Ausbildungsstätten für die zukünftigen Angehörigen der Machteliten kennt das deutsche Bildungssystem nicht. Eine gewisse Sonderstellung in der **Elitensozialisation** haben die juristischen Fakultäten, denn etwa jeder dritte Spitzenpositionsinhaber ist Jurist, von den Studierten ist es jeder zweite, wobei sich Juristen insbesondere im politisch-administrativen Bereich sammeln (*Wildenmann* 1982, 10). Der Juristenanteil ist allerdings seit den 60er Jahren rückläufig.[9]

Über den **Lebensstil** der bundesdeutschen Machteliten gibt es keine repräsentativen Untersuchungen. Lediglich über die Arbeitszeit und das Einkommen liegen aus einer Allensbacher Umfrage unter 546 Führungskräften aus Wirtschaft, Politik und Verwaltung, die 1987 nach „statistischen Prinzipien ausgewählt" wurden (IfD 1987, 1), einige magere Informationen vor. Die Machteliten der Bundesrepublik sind keine „Leisure Class der feinen Leute" (*Thorstein Veblen*), sondern Machtausübung ist mit viel Arbeit verbunden. 47% der Spitzenpolitiker, 27% der hohen Beamten und 20% der Wirtschaftsführer gaben an, in der letzten Woche vor dem Interview mehr als 70 Stunden gearbeitet zu haben (*Joest* 1987, 112). Die Spitzenkräfte werden aber für ihre Arbeit zumeist sehr gut bezahlt, wobei zwischen den Sektoren deutliche Unterschiede bestehen. 75% der Wirtschaftsführer, aber nur 20% der Spitzenpolitiker und 6% der hohen Beamten gaben ein Jahreseinkommen von mehr als 200.000 DM an (IfD 1987, 5). Extreme Machtpositionen sind also nur bei einigen mit extremen Spitzeneinkommen verbunden, und umgekehrt gehört nur eine kleine Minderheit der Reichen zur Machtelite. Denn immerhin kamen im Jahre 1988 276.000 Haushalte auf ein Nettoeinkommen von über 240.000 DM (*Bedau* 1990a, 311; vgl. auch Abb. 3.7), und die Spitzenverdiener unter den Freiberuflern stehen sich im Durchschnitt zum Teil besser als große Teile der Machtelite; Zahnärzte versteuerten 1986 ein durchschnittliches Bruttojahreseinkommen von 238.000 DM, Wirtschaftsprüfer von 202.000 DM und Ärzte von 192.000 DM (Deutscher Bundestag 1991, 31).

5.2.2 Die politische Gestalt: Einflußstruktur und politische Orientierungen

Das politische Institutionensystem der Bundesrepublik sichert einen gewissen Pluralismus der Führungsgruppen. Die Konkurrenz der Parteien, Verbände und Interessenverbände, eine föderalistische Bundesverfassung, eine unabhängige Justiz, die relative Autonomie der Massenmedien und von Teilen der Wissenschaft und Kultur schaffen Raum für ein Gegeneinander verschiedener Teileliten beim Kampf um Einfluß. Aber dieser **Pluralismus hat Struktur**. Zwei Versuche, den Machtverflechtungen empirisch auf die Spur zu kommen, führten zu ähnlichen Ergebnissen.

1972 wurden über 1.800 Inhaber von Führungspositionen danach gefragt, wie hoch sie den Einfluß von 26 vorgegebenen Gruppen und Institutionen einschätzten. Dabei ergab sich die folgende Reihenfolge: Bundesregierung – Bundestag – SPD – Parteien allgemein – CDU – Fernsehen – Gewerkschaften – CSU – Presse – Verwaltung/Ministerialbürokratie – Landesregierungen – Bundesrat – FDP – Arbeitgeberverbände/Industrieverbände – Bundesbank – Bundesverfassungsgericht – Hörfunk – Großunternehmen – Wähler – Banken – Bauernverband – Kath. Kirche – Ev. Kirche – Wissenschaft – Bundespräsident – Bundeswehr (*Hoffmann-Lange u. a.* 1980, 59f.).

Diese Ergebnisse wurden durch eine Analyse anderer Art im Jahre 1981 ergänzt. Ca. 4.800 Personen, die nach Angaben der Positionselite Einfluß auf wichtige Entscheidungen ausgeübt hatten, wurden einer Netzwerkanalyse unterzogen. Neben zahlreichen kleineren Cliquen schälten sich dabei verschiedene größere Einflußzirkel heraus. Der Kern der Einflußstruktur wurde jedoch von einem zentralen Zirkel – und nicht von mehreren – gebildet, der 559 Personen umfaßt; 37% seiner Mitglieder gehören zur politischen Elite, 19% sind Wirtschaftsführer, 14% stammen aus der Staatsverwaltung; die Gewerkschaften, die Massenmedien und die Wissenschaft stellen jeweils 8%. Andere kulturelle Eliten sowie das Militär spielen nur eine marginale Rolle (*Hoffmann-Lange* 1992, 387f.).

Insgesamt ergibt sich das folgende Bild: Macht ist in der Bundesrepublik auf verschiedene Funktionseliten verteilt, die jedoch mit unterschiedlichem Gewicht an den wichtigen Entscheidungen teilnehmen. Auffällig ist die Dominanz der politischen Eliten. Großen Einfluß üben auch die Wirtschaftseliten aus, deren Struktur weiterhin vom traditionellen Gegensatz zwischen Arbeit und Kapital geprägt ist. Dieses politisch-wirtschaftliche Machtzentrum wird durch einflußreiche Kommunikations- und Verwaltungseliten zu einem **„politisch-wirtschaftlich-administrativ-kommunikativen Komplex“** ergänzt. Andere Funktionseliten – u. a. die militärische Elite, die in *Mills* Konzept der „power elite“ eine zentrale Rolle spielt – sind nur an der Peripherie der Machtstruktur angesiedelt.

Die Daten über Ämterkumulation, Rotation des Führungspersonals und den personellen Austausch zwischen den Sektoren deuten auf eine relativ dezentrale und dynamische Elitenstruktur hin. **Ämterkumulation** kommt relativ selten vor, nur 12% der Spitzenpositionen waren 1981 von Personen besetzt, die gleichzeitig mindestens eine weitere Spitzenposition einnahmen. Die Zugehörigkeit zur Positionselite ist mit 4 bis 8 Jahren relativ kurz; in der Wirtschaft, in den Verbänden oder in den Massenmedien dauert sie länger als im zentralen politischen Bereich, wo die Wähler für eine beschleunigte **Rotation** des Führungspersonals sorgen (*Wildenmann* 1982, 9). Auch die Verwaltungselite ist dieser Dynamik ausgesetzt. Bonner Spitzenbeamte scheiden im Durchschnitt bereits nach 5 Jahren wieder aus ihrem Amt aus (*Derlien/Pippig* 1990, 35). Das Verlassen einer Spitzenposition ist in der Regel gleichbedeutend mit dem Ausscheiden aus der Positionselite; nur in Ausnahmefällen findet **Elitenzirkulation**, ein Wechsel zwischen den verschiedenen Teileliten statt.[10]

„Strukturierter Pluralismus“ kennzeichnet auch die **politischen Orientierungen** der Mächtigen. Während das System der Weimarer Republik bei großen Teilen der Machtelite auf große Distanz oder Ablehnung stieß, verbindet die Führungsschicht der Bundesrepublik eine breite grundsätzliche Zustimmung zur bestehenden politischen, wirtschaftlichen und sozialen Ordnung. Die Bereitschaft zu Kompromissen, die Anerkennung von Mitbestimmung und Reformen in gewissen Grenzen haben einen hohen Stellenwert in ihren politischen Grundüberzeugungen. Auf der Basis dieses **Grundkonsens** existiert innerhalb der Machtelite ein **Pluralismus** von politischen Einstellungen.

Die Einstellungsstrukturen der verschiedenen Teileliten unterscheiden sich, insgesamt ist jedoch der Pluralismus innerhalb der Elite kein genaues Spiegelbild der Einstellungs- und Meinungsvielfalt der Gesamtgesellschaft. Im Ver-

Abb. 5.2: *Parteineigung der westdeutschen Eliten 1981 (in %)*

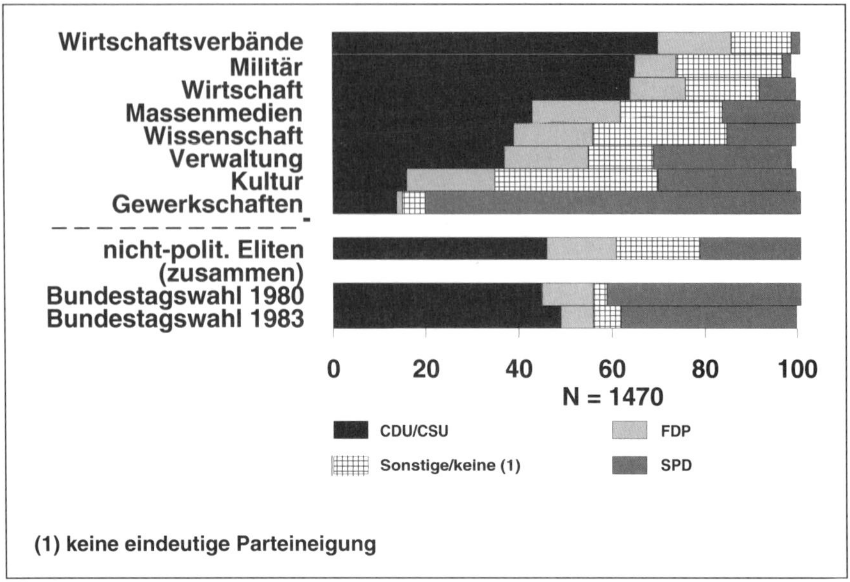

Quelle: zusammengestellt nach *Hoffmann-Lange* 1983, 18.

gleich zur Bevölkerung ist die Machtelite liberaler eingestellt; schwächer ausgeprägt sind dagegen soziale, ökologische und demokratische (Machtkontrolle) Orientierungen.[11] Die **liberal-konservative Tendenz** spiegelt sich auch in den Parteineigungen wider (vgl. Abb. 5.2). CDU/CSU-Bastionen sind neben dem unbedeutenden Militär insbesondere die mächtige Wirtschaft, aber auch – mit Einschränkungen wegen des relativ hohen Anteils an „Parteiunabhängigen" – die einflußreichen Massenmedien und die Wissenschaft. Sieht man einmal von sozialdemokratisch orientierten Gewerkschaftsführern ab, dann sind in allen Teileliten auch die Anhänger der FDP überproportional vertreten.

Wenn man versucht, diese sehr lückenhaften empirischen Daten zu einem Gesamtbild zusammenzusetzen, dann entspricht die Machtelite der Bundesrepublik am ehesten dem Typ einer **pluralistischen Elite „mit Struktur"**. Die Macht ist auf verschiedene Funktionseliten verteilt, die in sich wiederum mehr oder weniger pluralistisch sind. Die verschiedenen sektoralen Eliten und die unterschiedlichen Interessen und Orientierungen sind jedoch im Zentrum der Einflußstruktur ungleichgewichtig vertreten. Es existiert eine Asymetrie zuungunsten der sozial Schwachen bzw. zugunsten der sozial und ökonomisch Privilegierten. Von ihrer sozialen Gestalt her bildet die Elite eine privilegierte, aber in sich differenzierte, zur Mitte hin relativ offene, nach unten jedoch weitgehend abgeschlossene Schicht.

5.3 Die Machtelite der DDR

In der sowjetischen Besatzungszone packte man den personellen Austausch der alten Führungsschicht erheblich radikaler an als in Westdeutschland. In einer konsequenten Entnazifizierungskampagne wurden nahezu alle Personen aus ihren leitenden Positionen in Politik und Verwaltung, in Justiz und Wirtschaft, in den Massenmedien, im Bildungswesen und im kulturellen Bereich entfernt, die das NS-Regime mitgetragen hatten. Zusätzlich wurde den „Junkern" und der „Bourgeoisie" durch Enteignung die ökonomische Basis ihrer früheren Macht entzogen. Eine fast ausnahmslos aus neuen Leuten bestehende, politisch zuverlässige Führungsschicht rückte nach, angeführt von der Garde der kommunistischen Altfunktionäre, die die nationalsozialistischen Verfolgungen und die stalinistischen Säuberungen im sowjetischen Exil überlebt hatten (*Staritz* 1985, 54f.; *Sontheimer/Bleek* 1979, 150ff.).

5.3.1 Die politische Gestalt: Einflußstruktur und politische Orientierungen

Mit dem schnellen personellen Austausch nahm die politische Gestalt der Machtelite Strukturen an, die grundlegend von den westdeutschen abwichen. Die neue Führung knüpfte an zentralistische Elemente der Machtstruktur aus der NS-Zeit an und beseitigte gleichzeitig nach und nach die Ansätze von Vielfalt zwischen Institutionen, Sektoren oder Gruppen, die sich in der Nachkriegszeit herausgebildet hatten. Die Machtstruktur wurde zentralisiert, eine **Monopolelite** entstand.

Dieser Prozeß vollzog sich in mehreren Schritten. Nach der Zwangsvereinigung von KPD und SPD zur SED wurde die neue Einheitspartei in eine leninistische Kaderpartei umgeformt, die von einer kleinen Parteielite straff geführt wurde. Über das grundlegende Verfassungsprinzip der „führenden Rolle der SED" erhob die Spitze der Parteibürokratie einen allgemeinen Führungsanspruch in Politik, Wirtschaft, Gesellschaft und Kultur und setzte ihn durch, indem sie sich alle konkurrierenden Kräfte und Institutionen unterordnete. Lediglich die Kirchen bildeten eine gewisse Ausnahme.

Die Vielfalt der Parteien und Verbände wurde durch ein SED-gelenktes Blocksystem ersetzt, in das die gesäuberten oder neu gegründeten Parteien und Massenorganisationen eingebunden waren. Staatliche Institutionen und

Staatsverwaltung wurden zu Herrschaftsinstrumenten der Parteiführung umfunktioniert. Die Verstaatlichung der Wirtschaft und SED-gesteuerte Massenmedien ermöglichten die zentrale Lenkung dieser wichtigen Sektoren; Justiz und Wissenschaft erhielten keine Unabhängigkeit, das Bildungssystem keine relative Autonomie. Der Unterdrückungsapparat des Staatssicherheitsdienstes wurde aufgebaut, um die wichtigen Sektoren des gesellschaftlichen Lebens zu kontrollieren und Widerstand gegen die Lenkung von oben im Keim zu ersticken. In diesem zentralisierten Institutionensystem besetzte die SED-Elite die wichtigen Kommandostellen, einige wenige blieben für die abhängige „Subelite" aus den Blockparteien reserviert. Lediglich die Kirchenführer konnten sich dem Monopolanspruch teilweise entziehen.

Wer gehörte zur sozialistischen Machtelite? Die folgenden Ausführungen beziehen sich in der Regel auf einen sehr kleinen Kreis von Personen, die die zentralen Positionen im politisch-administrativen Bereich innehatten. Der Politikwissenschaftler *Gerd Meyer* rechnet ca. 520 Personen zur **politischen Elite**, die ca. 660 Positionen besetzt hatten – in der SED (neben dem Führungskern insbesondere das Zentralkomitee), in den Massenorganisationen und Blockparteien, im Staat (Staatsrat, Ministerrat, Bezirksratsvorsitzende und Verwaltungsspitzen) sowie in Militär und Justiz. Den eigentlichen **Führungskern** machten insbesondere das SED-Politbüro, dem in der DDR auch alle ZK-Sekretäre angehörten, sowie die Ersten SED-Sekretäre der Bezirke aus (*Meyer* 1991, 76ff.), im Jahre 1989 insgesamt 40 Personen in 64 Positionen. Die Konzentration der Darstellung auf die kleine politische Elite ist zwar durch die Datenlage erzwungen, aber sie ist auch dadurch gerechtfertigt, daß diese Gruppe den zentralen Zirkel einer weiter gefaßten Machtelite in der DDR bildete.

Machtfülle und Machtkonzentration kennzeichneten die politische Gestalt der DDR-Elite. Als Gruppe steuerte sie gleichzeitig alle wichtigen Bereiche des politischen, wirtschaftlichen, gesellschaftlichen und kulturellen Lebens und war dadurch mit einer ungeheuren Machtfülle ausgestattet. Aber auch innerhalb der Elite war die Macht wieder in hohem Maße hierarchisch konzentriert. Das Machtzentrum bildete das Politbüro des ZK der SED, in dem alle politischen Grundsatzfragen und alle wichtigen Probleme der Tagespolitik entschieden wurden. Ihm gehörten im September 1989 24 Männer und 2 Frauen an. Nach dem Zusammenbruch des politischen Systems wurde offenbar, daß selbst diese kleine Gruppe zumindest in der Schlußphase des Systems wiederum von einer kleinen Clique beherrscht wurde, zu der neben dem Generalsekretär *Honecker*, der Wirtschaftsexperte *Mittag* und der Stasi-Chef *Mielke* gehörten (vgl. *Adler* 1991a, 179; *Schnibben* 1990).

Die übermäßige Zusammenballung von Macht war nicht nur demokratietheoretisch, sondern auch modernisierungstheoretisch problematisch: sie verhinderte eine effizienzsteigernde Differenzierung der Sozialstruktur. Die Überkonzentration der Macht führte teilweise zu ihrer Paralysierung – zu „substantiellen Defiziten“ und zur „faktischen Inkompetenz der Spitze“ (*Lötsch* 1993, 34).

Auf die hohe Machtkonzentration weisen auch die zahlreichen **Ämterhäufungen** hin. So waren z. B. im Jahre 1989 von den zentralen Führungspositionen 70% in Personalunion besetzt (berechnet nach *Walter* 1990, 161; vgl. auch *Meyer* 1991, 50ff.). Der Aufstieg über den Parteiapparat und fehlende Ablösungsmechanismen hatten extrem lange Amtszeiten und eine erhebliche **Überalterung** („Vergreisung“) zur Folge. Die 26 Mitglieder des von *Honekker* geleiteten Politbüros brachten es im Oktober 1989 auf ein Durchschnittsalter von 66 Jahren, die acht Altfunktionäre unter ihnen sogar auf durchschnittlich 77 Jahre. Alle gehörten diesem engsten Führungszirkel im Durchschnitt schon 19,5 Jahre an, dem Zentralkomitee bereits durchschnittlich 27 Jahre (berechnet nach Angaben zu den einzelnen Personen bei *Buch* 1987). Die fehlende Elitenrotation dürfte eine wichtige Ursache für die Erstarrung und die mangelnde Anpassungsfähigkeit des Herrschaftssystems gewesen sein.[12]

Es ist umstritten, welche **ideologisch-politischen Differenzierungen** innerhalb der DDR-Machtelite existierten, wie stark diese waren, wo ihre Linien verliefen. Nach *Ludz* bildete sich in den 60er Jahren durch die nachrückende jüngere Generation ein zweites Machtzentrum, eine „institutionalisierte Gegenelite“ heraus. Es sei ein Gegensatz entstanden zwischen den konservativ-dogmatischen, ideologisch orientierten Altfunktionären einerseits und den nachgerückten jüngeren, hochqualifizierten, stärker sachlich-pragmatisch ausgerichteten Fachleuten andererseits; Macht sei „entideologisiert“ und stärker auf jüngere Facheliten verteilt worden (*Ludz* 1968, 324ff.).[13] Auch *Gerd Meyer* sieht Wandlungstendenzen im Einstellungsprofil der nachwachsenden Führungsgeneration, die er skizzenhaft folgendermaßen beschreibt: mehr „Wissenschaftlichkeit“, stärkere Orientierung an Leistung und Effizienz, mehr Pragmatismus und Zurückhaltung gegenüber ideologischen Begründungen und Formeln; größere Offenheit gegenüber Wünschen nach Diskussion und Partizipation, größere persönliche Selbstsicherheit im Bewußtsein eigener Leistungen. Haltungen dieser Art seien am ehesten bei Wirtschaftsfachleuten, Wissenschaftlern oder Funktionären mit Westkontakten anzutreffen. Im Gegensatz zu *Ludz* sieht er in den Generationsunterschieden lediglich Differenzierungen, aber keine Konflikte: „Die jüngeren Elitemitglieder folgen der im wesentlichen vom Politbüro festgelegten Politik der Partei ohne erkennbare größere Widerstände“ (*Meyer* 1984, 21). Insgesamt geht *Meyer* (1991, 208) von einer „weitgehenden politischen Homogenität der Machtelite und ihrer

Kaderreserve“ aus, womit er die tatsächlichen Verhältnisse besser getroffen haben dürfte als *Ludz*.

Eine genauere Analyse der Entwicklung in den letzten Jahren vor dem Umbruch steht noch aus. Erkennbar sind die folgenden groben Linien:[14] Unter dem Einfluß der Reformbewegung in der Sowjetunion wurde aus den Unterschieden zwischen „Pragmatikern“ und „Dogmatikern“ ein ideologischer Gegensatz zwischen Perestroika-Anhängern und Verfechtern des alten autoritären Systems, der z. T. antagonistische, unversöhnbare Züge annahm. Der Grundkonsens über den Charakter der sozialistischen Ordnung zerbrach. Insider sprechen von „zwei Parteien“, die innerhalb der SED bestanden, von den Reformanhängern und den Reformgegnern. Unklar ist, wann dieser prinzipielle Gegensatz, der zunächst eher ein Konflikt zwischen Parteiführung und Teilen der Basis war, zu einer Spaltung der Machtelite führte. Offensichtlich haben die autoritären Integrationsmechanismen die Homogenität der Führungsschicht bis ins Jahr 1989 hinein erhalten können; erst unter dem Eindruck der Massenflucht im Sommer 1989 entstand ein konkurrierendes Machtzentrum. Mit dem Sturz *Honeckers* wurde das Zerbrechen des Monopols nach außen hin sichtbar; er war gleichzeitig der Auftakt zum rapiden Machtverlust der sozialistischen Führungsschicht insgesamt.

5.3.2 Die soziale Gestalt: Sozialprofil, Ausbildung, Rekrutierung, Soziallage

Offizielles Ziel der sozialistischen Gesellschaftspolitik war es, die bürgerliche Machtelite durch eine sozialistische zu ersetzen, die nicht nur in ihrer politischen Ideologie, sondern auch in ihrem **Sozialprofil** grundlegend erneuert war. Sie sollte sich proportional aus allen Klassen und Schichten rekrutieren und in ihrer sozialen Zusammensetzung ein Spiegelbild der Bevölkerung sein. Über die soziale Herkunft der politischen Klasse in der DDR und über mögliche Verschiebungen in ihrem Sozialprofil liegen nur sehr spärliche Informationen vor.[15]

Abb. 5.3 gibt einen groben Einblick in die soziale Herkunft der Parteielite, die durch die friedliche Revolution entmachtet wurde.

Bei der Interpretation dieser Daten sind zwei Gesichtspunkte zu beachten. 1. Die meisten Mitglieder der Machtelite haben im Laufe ihrer politischen Karriere zusätzliche Qualifikationen erworben, so daß der Erstberuf nur wenig über Interessenlagen aussagt. 2. Die Berufsangaben in den Quellen, auf die sich die Analyse stützt, sind z. T. unscharf, und häufig ist auch der Versuch erkennbar, die Bezeichnungen so zu manipulieren, daß die Führungsschicht in

Abb. 5.3: *Sozialprofil der DDR-Machtelite 1989 (in Prozent)*

	Beruf des Vaters		erlernter Beruf	
	ZK	Führungskern[1]	ZK	Führungskern[1]
	N=213	N=40	N=213	N=40
Fach-, Hochschulberufe	2	0	27	23
Angestellte	4	5	19	30
Handwerker	5	5	10	18
Land-, forstwirtsch. Berufe	4	3	6	0
Industriearbeiter	22	45	36	30
Funktionär (Partei, Politik)	4	8	–	–
Andere	–	–	2	0
Nicht identifizierbar	60	35	0	0
	101	101	100	101

	höchster Bildungsabschluß	
	ZK	Führungskern[1]
	N=213	N=40
Fach-, Hochschulausbildung	83	85
davon		
– Gesellschafts-, Staatswissenschaftler	24[2]	36[3]
– Juristen	3	0
– Wirtschafts-, Agrarwissenschaftler	24	31
– Naturwiss., Ingenieure, Mediziner	18	7
– Geisteswissenschafler, Pädagogen	13	7
– Journalisten, Schriftsteller, Künstler	14	18
– Militärwissenschaftler	4	2
	101[2]	101[3]
Promotionen	28	18
Professoren	14	3

Die Tabelle wurde nach den Angaben bei *Buch* 1987 erstellt.

1 Zum Führungskern werden im Anschluß an *Meyer* 1991, 77 gezählt: Mitglieder und Kandidaten des Politbüros, Sekretäre des ZK, Erste Sekretäre der SED-Bezirksleitung, SED-Mitglieder des Präsidiums des Ministerrats, die Vorsitzenden des Nationalen Verteidigungsrats und des Staatsrats, der Präsident der Volkskammer – im Juni 1989 insgesamt 64 Positionen, die von 40 Personen besetzt waren.

2 Für 177 ZK-Mitglieder mit Fach- oder Hochschulabschluß wurden 209 Abschlußqualifikationen gezählt (Mehrfachqualifikationen!). Die Prozentwerte für die Gesellschaftswissenschaften etc. beziehen sich auf dieses N von 209.

3 34 Mitglieder des Führungskerns hatten eine Fach- oder Hochschulausbildung absolviert. Für diese 34 Mitglieder wurden 45 Qualifikationen gezählt (Mehrfachqualifikationen). Die Prozentwerte für die Gesellschaftswissenschaften etc. beziehen sich auf dieses N von 45.

ihrer Zusammensetzung möglichst den ideologischen Vorgaben entspricht und die verschiedenen Gruppen der Bevölkerung angemessen repräsentiert.

Trotz dieser Vorbehalte ist deutlich erkennbar, daß die Machtelite nicht nur zur Mitte, sondern auch **nach unten hin offen** ist; viele Mitglieder haben ihre berufliche Laufbahn in einfachen oder mittleren Berufen begonnen.

Die Machtelite in der DDR war in den 80er Jahren formal ähnlich **gut qualifiziert** wie die westdeutsche (Abb. 5.3).[16] In den letzten Jahrzehnten war neben der politischen Zuverlässigkeit auch eine ausreichende fachliche Qualifikation zum Kriterium für den Aufstieg in die Spitze geworden. Die überwiegende Mehrheit der Mächtigen hatte zumindest eine Fachschulausbildung und häufig auch eine Hochschulausbildung abgeschlossen. Die Juristen stellten nur eine kleine Minderheit, statt dessen dominierten Absolventen von Disziplinen, die (ebenfalls) in hohem Maße ideologisch durchdrungen waren; dazu gehören neben den Gesellschafts- und Staatswissenschaftlern insbesondere die Pädagogen und Journalisten, aber auch die Ökonomen. Nicht das Recht, sondern die Ideologie prägte die Elitensozialisation.

Rekrutierung und **Sozialisation** der Elite wurden im Rahmen der sog. Kaderpolitik und Kaderschulung – unter Beteiligung des Staatssicherheitsdienstes – zentral gelenkt. Über die Besetzung der zentralen Machtpositionen entschied die SED-Spitze, in vielen Fälle das Politbüro selbst. Die Mitglieder der Machtelite wurden also kooptiert, wobei die politisch-ideologische Zuverlässigkeit eine unabdingbare Voraussetzung der Aufnahme war. Ein differenziertes System von Parteischulen, an dessen Spitze die Parteihochschule und die Akademie für Gesellschaftswissenschaften beim ZK der SED standen, wurde jährlich von mehr als 100.000 Menschen besucht. Es sorgte für die politisch-ideologische Aus- und Weiterbildung der Kader, wie die Führungskräfte und Spezialisten der DDR genannt wurden. Aus diesem Reservoir von ideologisch geschulten Menschen wurde schließlich die Elite rekrutiert.[17] Wer bis zur Spitze vordringen wollte, mußte die Normen des Systems verinnerlicht und seine Fügsamkeit gegenüber den Entscheidungen des Politbüros über lange Jahre unter Beweis gestellt haben, ebenso seine Bereitschaft, die Beschlüsse der Zentrale durchzusetzen und in der Einheitssprache des Systems zu legitimieren und offensiv zu vertreten. Die allgegenwärtige **Kontrolle durch den Staatssicherheitsdienst** sowie seine Mitwirkung bei der Kaderpolitik und Elitenrekrutierung waren weitere wichtige Sicherungen gegen Abweichungen von der offiziellen Parteilinie. Die skizzierten Sozialisations-, Auswahl- und Kontrollverfahren formten aus Menschen mit unterschiedlichen Berufen und unterschiedlicher sozialer Herkunft eine politisch und ideologisch relativ homogene soziale Gruppe.

Nach marxistisch-leninistischer Auffassung war die Parteiführung die **Avantgarde** („Vorhut") des gesamten Volkes. Damit verbindet sich die Vorstellung, die Machtelite habe die Fähigkeit, die Gesetzmäßigkeiten der gesellschaftlichen Entwicklungen auf wissenschaftlicher Grundlage (gemäß den Lehren des Marxismus-Leninismus) richtig zu erkennen. Ihre Einsichten seien „objektiv" und damit allen anderen überlegen. Das Machtmonopol wird also mit einem Monopol auf Wahrheit verbunden und gerechtfertigt. Es liegen keine Studien zum „avantgardistischen" Selbstverständnis der sozialistischen Führungsschicht vor, aber es wäre verwunderlich, wenn diese elitäre Ideologie des „Auserwähltseins" keinen Niederschlag in der Psyche der Mächtigen gefunden hätte. Sie dürfte ein weiterer Faktor für ihre psychosoziale Distanz zu anderen Gruppen und für ihre relative Homogenität gewesen sein.

Die **materiellen Privilegien** und der Lebensstil der DDR-Machtelite heben sich, sieht man einmal von den Einzelfällen krimineller Bereicherung ab, nur vor dem Hintergrund des kargen sozialistischen Alltags als „exklusiv" oder „fürstlich" (*Meier* 1990, 12) ab. Im Vergleich zu manchem „Fürsten des Kapitalismus" führten die „sozialistischen Fürsten" ein bescheidenes, ja geradezu ärmliches Dasein.[18] Das Dilemma der DDR-Führung bestand eher darin, daß die Gleichheitsideologie die Mächtigen dazu zwang, selbst ihre vergleichsweise bescheidenen Privilegien zu tarnen. Um es in den satirischen Worten von *George Orwell* zu formulieren: Die sozialistische Machtelite bestand aus „Gleichen, die gleicher waren als die anderen."

Insgesamt kann man die Machtelite der DDR als **monopolistische Elite** bezeichnen. Machtfülle und eine hierarchische Machtstruktur waren ihre Kennzeichen, die Gemeinsamkeiten in der politischen Ausrichtung waren dominant gegenüber internen generations- und sektorspezifischen Differenzierungen. Sie war keine geschlossene Kaste, sondern offen für alle Schichten, vermutlich mit Tendenzen zur sozialen Schließung und zur stärkeren Rekrutierung aus der „neuen sozialistischen Intelligenz". Doktrinäre Parteischulung, gesteuerte Kooptation, strikte Kontrolle und Avantgarde-Ideologie vereinigte Menschen unterschiedlicher Herkunft zu einer relativ homogenen Gruppe, auf die der Begriff „herrschende Klasse" gut paßt.

5.4 Elitenwandel in den neuen Ländern

Der Zusammenbruch des sozialistischen Herrschaftssystems hatte für die ostdeutsche Machtelite zwei wichtige Folgen: zum einen wandelte sich ihre Struktur grundlegend, und zum anderen wurde sie gleichzeitig personell weitgehend ausgetauscht.

Die wesentlichen Linien des **grundlegenden Strukturwandels** lassen sich idealtypisch als die **Transformation einer monopolistischen in eine pluralistische Elite** beschreiben. Die zentralistisch-hierarchisch strukturierte und politisch-ideologisch relativ homogene Machtelite hat sich aufgelöst, entstanden sind – nach westlichem Muster – pluralere, teilautonome Funktionseliten mit einer größeren Bandbreite politischer und weltanschaulicher Orientierungen. Betrachtet man den neu entstandenen Pluralismus aus gesamtdeutscher Sicht, dann wird der vielschichtigen Struktur – zumindest vorübergehend – eine weitere regionale Dimension, eine konflikthaltige Ost-West-Dimension, hinzugefügt (dazu *Geißler* 1995, 131ff.).

Mit dem Strukturwandel geht ein relativ **radikaler** personeller **Elitenaustausch** einher: Die Angehörigen des zentralen Zirkels sowie das Gros der weiteren Machtelite verloren Ämter und Einfluß. Die politischen Eliten in Parteien, Regierungen und Parlamenten wurden fast vollständig ausgewechselt, die Generäle wurden entlassen, die Spitzenpositionen in Justiz und Massenmedien neu besetzt. Ob und in welchem Umfang sich alte Kader in einigen wirtschaftlichen, administrativen und kulturellen Spitzenpositionen behaupten konnten, ist bisher nicht genau geklärt. Lediglich die politisch kaum kompromittierte Kirchenelite hat den Umbruch nahezu unbeschadet überlebt.

Genauere Analysen liegen nur für die neuen Landesparlamentarier und einige Kommunaleliten vor. 77% der ostdeutschen Landtagsabgeordneten sind „politische Neulinge“, sie haben sich erst nach 1989 politisch engagiert; und auch die Parlamentarier mit politischen „Altkarrieren“ sind – von wenigen Ausnahmen abgesehen – politische Aufsteiger, sie waren zu DDR-Zeiten noch nicht in politischen Führungspositionen aktiv (*Derlien/Lock* 1994). Auch die kommunalen Verwaltungseliten wurden – so eine Fallstudie zu einigen Städten und Kreisen Sachsens und Brandenburgs – fast vollständig ausgetauscht. Mehr als die Hälfte der untersuchten 77 Dezernenten und Amtsleiter war vorher in der Wirtschaft beschäftigt, 40% stammen aus dem alten Staatsapparat, allerdings überwiegend aus nachgeordneten Positionen, sie sind also in der Regel ebenfalls Aufsteiger (*Berg* 1994, 278).[19] „Verwaltungs-Neulinge“ stammen häufig aus Familien mit religiösen Bindungen – ein Hinweis darauf, daß sie vor der Wende in kritischer Distanz zum sozialistischen System gelebt haben und daß beim Elitenaustausch auch oppositionelle Gruppen zum Zuge gekommen sind (so auch *Berking/Neckel* 1992, 156). Das Sozialprofil der neuen ostdeutschen Kommunaleliten weicht in einem interessanten Punkt von dem der westdeutschen ab: sie stammen überwiegend aus der unteren Hälfte der Schichtungshierarchie, aus Familien von Arbeitern und kleinen Angestellten (*Berg* 1994, 278). Auch in der Fallstudie zu einer Industriestadt Brandenburgs ist die neue politische Kommunalelite (Regierung, Verwaltungsspitze, Lokalparlament) eine Gruppe von „newcomern“, oft aus ehemals politikfernem und religiösem Milieu, aus „den Randschichten der DDR-Gesellschaft“ (*Berking/Neckel* 1992, 159). 1991 stand diese neue politische Machtgruppe in einem politischen, ideologischen und moralischen Gegensatz zur ökonomischen Elite der Altkader, die ihre Führungspositionen in den Industriebetrieben dieser Stadt behauptet hatten. Ob dieser Gegensatz noch fortbesteht, ob die Altkader die Privatisierung und die Industriekrise überstanden haben, müßte überprüft werden.

Ein Kennzeichen der neuen Eliten ist ihre Durchmischung mit westdeutschem Personal oder anders ausgedrückt: die **partielle westdeutsche Überschichtung Ostdeutschlands.** Zwei der fünf neuen Länder sowie Ostberlin werden von westdeutschen Politikern regiert, ebenso zahlreiche Großstädte; die Kabinette und Verwaltungsspitzen sind z. T. mit „West-Importen" besetzt, vom Personal der untersuchten Kommunaleliten kommen 9% aus den alten Ländern (*Berg* 1994, 278). Die ostdeutsche Justiz wird von westdeutschen Richtern gelenkt; in Brandenburg – ähnlich dürfte es in den anderen Ländern aussehen – sind die Präsidenten des Oberlandesgerichts, der Landes-, Oberverwaltungs- und Verwaltungsgerichte sowie der Generalstaatsanwalt Westdeutsche (FAZ vom 1.12.1993). Ostdeutsche Soldaten unterstehen dem Kommando von West-Generälen. Westdeutsche Intendanten leiten die beiden neuen öffentlich-rechtlichen Rundfunkanstalten, beim MDR ist von acht Direktoren nur der publizistisch belanglose technische Direktor ein Ostdeutscher. Die Rundfunkanstalten von Mecklenburg-Vorpommern und Ostberlin unterstellten sich westdeutscher Leitung. Die Gewerkschaften wurden z. T. mit westdeutschem Führungspersonal neu aufgebaut. Die Auswirkungen dieser Überschichtung sind ambivalent. Einerseits profitieren die neuen Länder von den Sachkenntnissen und Erfahrungen der Westdeutschen, andererseits wird der Umbau von Konflikten zwischen Ostdeutschen und Westlern belastet, und das weit verbreitete Gefühl der „Überfremdung" oder „Kolonialisierung" (vgl. *Greiffenhagen* 1993, 372) wird weiter genährt.[20]

Im Anschluß an verschiedene Ansätze der Elitentheorie wurde die Frage aufgeworfen (*Crome* 1994, 257), ob der Systemwechsel in Ostdeutschland mit einem hohen Elitenaustausch – so die **Zirkulationsthese** *Paretos* (1968) – oder eher mit Elitenkontinuität – so die **Reproduktionsthese** *Bourdieus* (1989) – verbunden ist. Die Antwort für die Machtelite ist eindeutig: Der personelle Aspekt des Elitenwandels läßt sich mit der Zirkulationsthese treffend erfassen; die ostdeutschen Eliten wurden nach dem Zusammenbruch des SED-Regimes radikaler ausgewechselt als die westdeutschen nach dem Zusammenbruch des NS-Regimes. Das dürfte nicht nur damit zusammenhängen, daß sich in der DDR kaum Gegeneliten entwickeln konnten (vgl. *Greiffenhagen* 1993, 123ff.), sondern auch damit, daß mit dem Systemwechsel gleichzeitig die deutsche Vereinigung vollzogen wurde. Dadurch stand ein Reservoir an westdeutschem Personal und „kulturellem Kapital" (im Sinne *Bourdieus*)[21] bereit, mit dem das „Elitenvakuum" teilweise aufgefüllt werden konnte.

Anmerkungen

1 Vgl. *Hoffmann-Lange* 1992, 19ff. *Endruweit* 1979, 42; *Felber* 1986, 21ff.

2 Die Ergebnisse dieser drei wichtigsten empirischen Studien zur Machtelite der Bundesrepublik sind in mehreren Publikationen veröffentlicht; u. a. *Enke* 1974 für die Studie von 1968; *Hoffmann-Lange* u. a. 1980 für die Studie von 1972; *Wildenmann u. a.* 1982, *Hoffmann-Lange u. a.* 1982 sowie *Hoffmann-Lange* 1990a und 1992 für die Studie von 1981. Zu den Me-

thodenproblemen bei der Messung von Macht (Positionsmethode, Reputationsmethode, Entscheidungsmethode) vgl. *Drewe* 1974.

3 Vgl. auch die Elitentypologien bei *Dahrendorf* 1965, 259 und bei *Hoffmann-Lange* 1990, 9.

4 Vgl. auch *Zapf* 1965, 58; *Derlien* 1991, 264ff.

5 *Zapf* 1965, 179ff.; *Dahrendorf* 1965, 179; *Scheuch* 1966, 362.

6 vgl. Anm. 5 sowie *Enke* 1974, 76; *Hoffmann-Lange u. a.* 1980, 24.

7 *Jühe* 1977, 12, 15f.; iwd 51/1993, 7; vgl. auch *Schmid/Tiemann* 1992, 333 zu den Hauptamtlichen der IG Metall.

8 Weitere Einzelheiten zum „Machtmonopol der Männer" und seinen Ursachen werden in Kap. 13 behandelt.

9 *Hoffmann-Lange* 1992, 141ff.; *Derlien* 1991, 260f.; *Hartmann* 1991, 396.

10 Zur Elitenzirkulation vgl. *Derlien* 1991, 254ff.; *Derlien/Pippig*, 1990, 34; *Herzog* 1990, 13; *Hoffmann-Lange u. a.* 1980, 42.

11 Die Interpretation bezieht sich insbesondere auf Daten bei *Hoffmann-Lange* 1992, Kap. 6 und 7; *Fälker* 1991, 78ff.; *Mayer* 1980, 189f.; *Hoffmann-Lange u. a.* 1980, 52ff.

12 Zu Vergreisung und niedriger Fluktuationsrate vgl. auch *Schneider* 1994, 77ff., 145, 150; *Meyer* 1991, 186.

13 *Sontheimer/Bleek* 1979, 151 kommen zu einer ähnlichen Einschätzung.

14 Vgl. *Schneider* 1994, 9; *Mitter/Wolle* 1993, 508ff.; *Krämer/Wallraf* 1993, 334; *Geißler* 1990d, 297; *Pollack* 1990, 299.

15 Vgl. *Meyer* 1991, 124ff.; *Schneider* 1994, 38.

16 Zur Entwicklung der Qualifikationsstruktur vgl. auch *Schneider* 1994, 39ff., 81ff.; *Meyer* 1991, 134ff.

17 Zur Kaderpolitik und Kaderschulung vgl. insbes. die Arbeiten von *Glaeßner* (1977 und 1989, 144ff.) sowie BMIB 1985, 968f. und *Fricke* 1989. Zu den Mechanismen der Elitenrekrutierung vgl. *Adler/Kretzschmar* 1993, 103ff. und *Zimmermann* 1994, 335ff.

18 Zu Einkommen und Privilegien der Spitzenkader vgl. *Zimmermann* 1994, 341ff.

19 Detaillierte Angaben zu einer der Städte lassen erkennen, daß 4 von 18 Führungspositionen von ehemaligen NVA-Offizieren besetzt sind (*Berg* 1994a, 208) – ein Hinweis auf „Seilschaften"?

20 Vgl. auch *Berking/Neckel* 1992, 165ff.

21 Als („inkorporiertes") „kulturelles Kapital" bezeichnet der französische Soziologe *Pierre Bourdieu* (1983, 1987) die vielfältigen Kompetenzen, Kenntnisse und Fähigkeiten, die durch Sozialisation in der Familie, in Bildungseinrichtungen oder durch andere sozialstrukturelle Einflüsse entstanden sind.

6. Selbständige, bürgerlicher Mittelstand, Bauern

6.1 Entwicklung und Situation der Selbständigen in Westdeutschland

6.1.1 Die Begriffe „Selbständige“ und „alter Mittelstand“

Die amtliche Statistik definiert Selbständige als „Personen, die einen Betrieb oder eine Arbeitsstätte gewerblicher oder landwirtschaftlicher Art wirtschaftlich und organisatorisch als Eigentümer/-innen oder Pächter/-innen leiten (einschließlich selbständige Handwerker/-innen) sowie alle freiberuflich Tätigen, Hausgewerbetreibenden und Zwischenmeister“ (StatJb 1995, 102). Das Gemeinsame aller Selbständigen ist also ein Element ihrer Arbeitssituation: Sie arbeiten nicht in einem abhängigen Beschäftigungsverhältnis, sondern verfügen über eigene Betriebsmittel und stellen auf eigene Rechnung Produkte oder Dienstleistungen her. Dabei können sie lediglich ihre eigene Arbeitskraft einsetzen („Ein-Mann-Betriebe“, „Eine-Frau-Betriebe“) oder zusätzlich die von Familienangehörigen (Familienbetriebe) oder als Arbeitgeber weitere Lohn- bzw. Gehaltsempfänger beschäftigen.

Selbständige sind schichtungssoziologisch eine sehr heterogene Gruppe. Hinter dem gemeinsamen Nenner der Selbständigkeit verbirgt sich eine große Bandbreite von Tätigkeiten, Marktsituationen, Soziallagen, Einkommenschancen, Qualifikationen, Prestigestufen und Lebenschancen. Zu den Selbständigen gehören der Kleinstbauer genauso wie der Großgrundbesitzer, der Tankstellenpächter und die Änderungsschneiderin genauso wie der Eigentümer eines Großunternehmens mit hoher Kapitalausstattung und Hunderten von Beschäftigten, der Besitzer eines kleinen Fischkutters genauso wie der Großreeder, der erfolglose freischaffende Künstler genauso wie die Ärztin oder der Wirtschaftsprüfer mit gutgehender Praxis.

In Wirtschaft und Politik werden die Selbständigen – mit Ausnahme der Großunternehmer – als „Mittelstand“ bezeichnet, sie sind die Zielgruppe von politischen Förderungsmaßnahmen, der sog. „Mittelstandspolitik“. Die Soziologie ist etwas genauer und unterscheidet seit Beginn dieses Jahrhunderts den „alten Mittelstand“ der Unternehmer, Handwerker, Händler und Bauern vom „neuen Mittelstand“ der Angestellten und Beamten. Der Begriff „alter Mittelstand“ wird dabei etwas vage als Synonym für Selbständige verwendet (vgl.

Dahrendorf 1965, 108 oder *Bolte/Hradil* 1988, 97ff.). Er geht davon aus, daß diese Gruppe in „der Mitte“ der Schichtungshierarchie, zwischen „oben“ und „unten“ plaziert ist. Sinnvoll kann er daher nur auf einen Teil der Selbständigen angewendet werden: auf die überdurchschnittlich gut oder zumindest durchschnittlich verdienenden „mittleren“ Unternehmer, Handwerker, Geschäftsleute, Bauern und Freiberufler. Sie liegen von ihrer materiellen Situation und ihren Lebenschancen her – vage formuliert – in der „oberen und mittleren Mitte“, unter der Spitze der Hierarchie, aber die Mehrheit über dem Durchschnitt, ein Teil auch im Bereich des Durchschnitts. Zum alten Mittelstand in diesem Sinne kann man die große Mehrheit der Selbständigen zählen – etwa zwei Drittel bis drei Viertel. Eine Minderheit der Selbständigen rangiert eher im unteren Bereich, und eine kleine Minderheit ist marginalisiert und gehört zu den Randschichten. Anfang der 80er Jahre lebten ca. 7% der Selbständigen in Haushalten an oder unter der Armutsgrenze (*Schulz* 1989, 204).

6.1.2 Quantitative Entwicklungen

Marx und *Engels* hatten den „kleinen Mittelständen“ den Untergang vorhergesagt: Sie sollten im Konkurrenzkampf der Großunternehmen zerrieben werden und „als selbständiger Teil der modernen Gesellschaft gänzlich verschwinden“ (*Marx/Engels* 1953, 550; vgl. auch S. 33). Die Abbildung 6.1 macht deutlich, daß sich für etwa zwei Drittel der Selbständigen in den letzten hundert Jahren die *Marx-Engels*-Prognose im kapitalistischen Deutschland erfüllt hat. Etwa ein Drittel hat dagegen die düsteren Prophezeiungen bisher überleben können; und seit den 70er Jahren deutet die Entwicklung darauf hin, daß sich die Selbständigen in dem reduzierten Umfang von knapp 10% der Erwerbstätigen behaupten können. Mit dieser Quote gehört Deutschland international zu den Schlußlichtern; in der EG lag der Durchschnitt 1991 bei 16% (Frankreich und Großbritannien je 16%, Spanien 20%, Griechenland 35%) (iwd 45/1993, 1).

Der Schrumpfungsprozeß vollzog sich in zwei Schüben. Dem ersten Schub während der Industrialisierung im Kaiserreich folgte in der Zwischenkriegszeit eine längere Phase der Stabilisierung. In den 50er und 60er Jahren setzte dann ein zweiter Schrumpfungsschub ein, der seit etwa zweieinhalb Jahrzehnten wiederum zum Stillstand gekommen ist.

Die Zahl der mithelfenden Familienangehörigen ist noch drastischer gesunken. 1970 gab es fast genauso viele mithelfende Familienangehörige wie Selbständige, 1995 kam nur noch auf jeden sechsten Selbständigen ein mithelfendes Familienmitglied. Diese Entwicklung signalisiert einen weiteren Aspekt

Abb. 6.1: *Selbständige 1882 – 1994*

	insgesamt		prim. Sektor		sek. Sektor		ter. Sektor		insgesamt		prim. Sektor		sek. Sektor		ter. Sektor	
	S	SM	S	SM	S	SM	S	SM	S	SM	S	SM	S	SM	S	SM
in 1000																
	Deutsches Reich															
1882	4359	6051														
1925	5129	10606														
1939	4804	10455														
	West								Ost							
1950[1]	3200	6325	1270	3970	900	1065	1030	1290		1579		1030		305		245
1960	3240	5800	1175	3070	830	1070	1235	1660		424		35		221		168
1970	2690	4422	767	1967	653	798	1270	1657		268		9		154		106
1980	2360	3319	513	1193	563	650	1284	1476		180		6		102		72
1989	2463	3024	387	782	583	633	1494	1610		185		6		103		76
1994	2823	3297	354	640	669	729	1800	1928	465	478	17	35*	125	125*	323	323*
in Prozent aller Erwerbstätigen																
	Deutsches Reich															
1882	25,6	35,6														
1925	15,8	32,7														
1939	13,4	29,2														
	West								Ost							
1950[1]	16,0	31,6	6,4	19,9	4,5	5,3	5,2	5,6		20,4		13,3		3,9		3,2
1960	12,8	22,9	4,6	12,1	3,3	4,2	4,9	6,5		5,5		0,5		2,9		2,2
1970	10,1	16,6	2,9	7,4	2,4	3,0	4,8	5,8		3,5		0,1		2,0		1,4
1980	9,0	12,6	1,9	4,5	2,1	2,5	4,9	5,6		2,2		0,1		1,2		0,9
1989	8,8	10,9	1,4	2,8	2,1	2,3	5,4	5,8		2,2		0,1		1,2		0,9
1994	9,6	11,2	1,2	2,2	2,3	2,5	6,1	6,6	7,0	7,2*	0,3	0,5*	1,9	1,9*	4,8	4,8*

S = Selbständige SM = Selbständige und mithelfende Familienangehörige
* statistisch unsicher wegen der niedrigen Zahlen für mithelfende Familienangehörige
1 Ost = 1955
Quellen: berechnet nach *Bolte* 1970, 346, 371 (Deutsches Reich); *Bögenhold* 1987, 14 (West 1950-1980); StatJb DDR (1955-1989); StatJb BRD (1989); StBA 1994 und StatJb 1995 (1994)

des Strukturwandels: Am stärksten betroffen vom Schrumpfungsprozeß sind die Familienbetriebe; ihr Anteil ist kontinuierlich gesunken und auf einen kleinen Rest von weniger als 500.000 zurückgegangen, die insbesondere im landwirtschaftlichen Bereich weiterleben.[1] Die Entwicklung verlief in den drei sozioökonomischen Sektoren unterschiedlich. Am stärksten ging die Zahl der selbständigen Bauern zurück (vgl. S. 122f.). Im sekundären Sektor ist der Dezimierungsvorgang in den 80er Jahren zum Stillstand gekommen und seitdem wieder in ein leichtes Wachstum übergegangen. Und die Dienstleistungsunternehmen wurden in ihrer Gesamtheit überhaupt nicht vom Schrumpfungsprozeß erfaßt. Ganz im Gegenteil: Ihre Zahl steigt seit vier Jahrzehnten kontinuierlich und seit den 80er Jahren sogar verstärkt an. Mit 1,8 Millionen Betrieben machen sie im Jahre 1994 fast zwei Drittel aller Selbständigen aus. Der moderne „alte Mittelstand" ist also überwiegend ein **Dienstleistungsmittelstand**.

Die Tendenzen verlaufen im Handel anders als in anderen tertiären Bereichen. Während die kleinen „Tante-Emma-Läden" zunehmend von den Filialketten und Lebensmittelgroßmärkten verdrängt werden, etablieren sich viele neue Dienstleistungsbetriebe im Kredit-, Versicherungs- und Immobiliengeschäft, bei Gebäudereinigung und Abfallbeseitigung, in Bildung und Kultur, Sport und Unterhaltung (iwd 13/1990, 4f.).

Die aufgezeigten Entwicklungstendenzen bei den Selbständigen in den alten Bundesländern entsprechen dem allgemeinen Trend in vergleichbaren Gesellschaften. In fast allen EU-Ländern ist die Dezimierung dieser Gruppe zum Stillstand gekommen, und in den USA sowie in Kanada hat sich ihr Umfang wieder ausgedehnt (*Bögenhold* 1988, 391f. und 1992, 260).

6.1.3 Funktionen, Soziallage, Mentalität

Die Kleinunternehmer im sekundären und tertiären Sektor und die freien Berufe erfüllen wichtige **wirtschaftliche Funktionen** in der sozialen Marktwirtschaft.

- In den gut 2,5 Millionen Praxen und kleinen Betrieben und Unternehmen (bis 49 Beschäftigte) arbeiteten Anfang der 90er Jahre fast zwei Drittel aller Arbeitnehmer außerhalb der Landwirtschaft; sie stellten 80% aller Lehrstellen bereit (*Quinting* 1994, 7).
- Durch rasche **Anpassungsfähigkeit** am Markt sichert der Mittelstand große Produktionsvielfalt und kundennahe Versorgung der Verbraucher. Er spürt häufig besondere „lokale" oder „individuelle" Bedürfnisse der Kunden auf und erschließt Marktlücken, die für Großunternehmen zu klein

sind. Er tritt dort auf, wo sich die Produktion von Gütern oder Dienstleistungen nur schlecht massenhaft standardisieren läßt.

- Sein hohes **Innovationspotential** sorgt dafür, daß neue Ideen auftauchen und schnell in Produkte und technische Kombinationen umgesetzt werden; 80% aller Erfindungen und technischen Neuerungen kommen aus mittelständischen Unternehmen (*Quinting* 1994, 8).
- Kleinere Betriebseinheiten arbeiten in einigen Bereichen **effizienter** als Großunternehmen; Reparaturen und Wartungen können sie vergleichsweise kostengünstig und rasch ausführen.
- Im letzten Jahrzehnt wurde häufig auf die positiven **beschäftigungspolitischen Effekte** hingewiesen. Viele neu gegründete Betriebe und Praxen stellen zusätzliche Arbeitskräfte ein und entlasten dadurch den Arbeitsmarkt. Die Kehrseite der Medaille sind jedoch auch zahlreiche Pleiten und Betriebsschließungen, die den Arbeitsmarkt belasten (StatJb 1995, 138ff.).

Zur **Soziallage** und **Mentalität** der Selbständigen möchte ich sechs Punkte hervorheben:

1. **Ein hohes Maß an Autonomie im Arbeitsleben:** Selbständige sind am Arbeitsplatz – zumindest formal – ihr „eigener Chef". Sie verfügen „selbständig" über den Einsatz von Kapital. Arbeitszeit, Arbeitsabläufe und Arbeitsbedingungen, Urlaubszeiten und den Eintritt ins Rentenalter bestimmen sie in eigener Verantwortung. Auch für die Absicherung gegen Krankheit, Invalidität, Arbeitslosigkeit und Alter haben sie selbst zu sorgen. Hohe formale Autonomie schließt jedoch häufig drückende Abhängigkeiten vom Marktgeschehen, von Kunden und Auftraggebern nicht aus. Die Vorteile der Autonomie sind verknüpft mit ihren Risiken. So sind „große Sorgen" um die Zukunft unter Selbständigen deutlich weiter verbreitet als unter allen Arbeitnehmergruppen einschließlich der un- und angelernten Arbeiter (s. Abb. 4.1 auf S. 80 sowie *Geißler* 1992, 70).
2. **Hohe Einkommen:** Selbständigkeit zahlt sich bei vielen aus. Die Selbständigen außerhalb der Landwirtschaft sind die Berufsgruppe mit dem höchsten durchschnittlichen Netto-Haushaltseinkommen. Im Jahre 1992 erzielte ein Selbständigenhaushalt immerhin netto ca. 12.000 DM pro Monat, das ist das 2,6-fache des Durchschnitts (vgl. Abb. 3.8 auf S. 58).
3. **Heterogenität der Soziallagen:** Wie bereits erwähnt, zeichnen sich die Soziallagen der Selbständigen durch eine außerordentliche Vielfalt aus. Dies trifft auch auf die finanzielle Situation zu. Hinter dem hohen Durchschnittseinkommen verbergen sich krasse Unterschiede. Aus Abb. 6.2 geht hervor, daß ca. die Hälfte der Selbständigen vom Individualeinkommen her zu den Wohlhabenden oder auch zu den Reichen gehört. Ein gutes Drittel

Abb. 6.2: *Nettoeinkommen von Selbständigen (Vollerwerbstätige) Westdeutschland 1993*

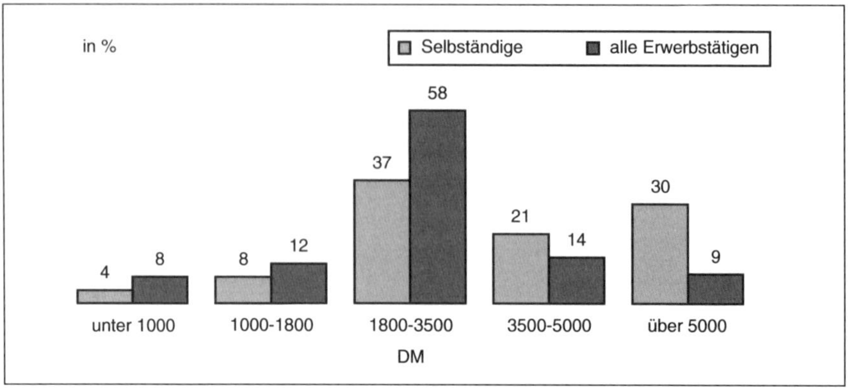

Quelle: StatJb 1995, 111.

rangiert in der Mitte und ca. 12% im unteren Fünftel, ein Teil davon in der Armutszone. Zu den Selbständigen mit schlechter finanzieller Lage gehören nicht nur Kleinbauern (vgl. S. 124) oder in Bedrängnis geratene Kleingewerbetreibende, sondern auch eine Minderheit der hochqualifizierten Freiberufler mit akademischer Ausbildung, z. B. Rechtsanwälte oder Architekten, die im überfüllten Berufsmarkt nicht so recht Fuß fassen können (vgl. Dt. Bundestag 1991, 82).

4. **Hohe Fluktuation:** Seit den 80er Jahren werden jährlich etwa 10% der Selbständigen „personell ausgetauscht". Zwischen 1984 und 1993 gründeten jedes Jahr zwischen 300.000 und 400.000 Menschen eine selbständige wirtschaftliche Existenz und zwischen 250.000 und 300.000 gaben ihre Selbständigkeit auf (iwd 10/1995, 1). Die Motive und die qualifikatorischen, wirtschaftlichen und sozialen Voraussetzungen zum Aufbau einer selbständigen Existenz sind sehr unterschiedlich. Nur eine Minderheit der neuen Selbständigen – in den 80er Jahren maximal ein Viertel – übernimmt einen elterlichen Betrieb, die große Mehrheit kann nicht auf einem Familienerbe dieser Art aufbauen (*Bögenhold* 1987, 20f.).
5. **Hohe Leistungsbereitschaft:** Zahlreiche Selbständige verdienen nicht nur viel, sondern sie arbeiten auch viel. Während 1993 nur 11% der abhängig beschäftigten Männer auf eine Wochenarbeitszeit von mehr als 40 Stunden kamen, waren es unter den Selbständigen 68% (StatJb 1995, 110). Bei Krankheit oder Unfall gehen 60% der Selbständigen weiter ihrer Arbeit nach, von den Arbeitern oder Azubis verhält sich jeder Vierte so (Mikro-

zensus nach iwd 3/1992, 2). Selbständige stellen somit ein sozialstrukturelles Zentrum hoher Leistungsbereitschaft dar. Die hohen Arbeitszeiten und Leistungen sind mit den Besonderheiten ihrer sozioökonomischen Lage verknüpft. Z. T. werden sie durch den Konkurrenzdruck des Marktgeschehens erzwungen; aber auch eine andere Besonderheit ihrer Situation wirkt leistungsstimulierend: Ein Mehr an Leistung setzt sich bei vielen Selbständigen vergleichsweise direkt in ein Mehr an Belohnung um.

6. **Flexibilität, Risikobereitschaft, Experimentierfreude:** Der Zwang, sich permanent in einem dynamischen, häufig schwer kalkulierbaren Marktgeschehen behaupten zu müssen, setzt Risikobereitschaft, hohe Flexibilität und eine gewisse Experimentierfreude voraus. *Eder* (1989, 358) charakterisiert das „alte Kleinbürgertum" als „experimentelle Klasse par excellence" – eine Kennzeichnung, die auch auf die heutigen Selbständigen zutrifft.

Bögenhold (1987, 22ff.) unterscheidet zwei idealtypische Wege in die Selbständigkeit und entsprechend zwei Idealtypen der neuen Selbständigen. Für die einen ist Selbständigkeit das Ergebnis einer **Notsituation**, die Folge fehlender beruflicher Alternativen, z. B. ein Versuch, der Arbeitslosigkeit zu entgehen. Existenzgründungsversuche dieser Art vollziehen sich häufig unter problematischen Voraussetzungen – mit niedriger Qualifikation und geringer Kapitalausstattung. In den 80er Jahren haben die „Notzugänge" in die Selbständigkeit zugenommen. So stieg der Anteil ehemaliger Arbeitsloser an den neuen Selbständigen von 9% im Jahr 1981 auf 18% im Jahre 1983, im Handwerk sogar von 10% auf 24%. Etwa zwei Drittel aller Neugründungen waren „Ein-Mann-" bzw. „Eine-Frau-Betriebe", Kleinstunternehmen eines Typs, der dann auch von den Stillegungen überproportional betroffen ist. Auch Hochschulabsolventen weichen angesichts schlechter Anstellungschancen notgedrungen in die Selbständigkeit aus.[2]

Den anderen Idealtyp bilden die Selbständigen aus **Überzeugung**. Sie werden nicht in die Selbständigkeit gedrängt, sondern von deren Reizen angezogen – von der Aussicht auf größere Handlungs- und Entscheidungsfreiheit, auf größere individuellere Dispositionsspielräume, auf ein Mehr an Kreativität und Selbstverwirklichung. Auch die größeren Einkommenschancen spielen eine Rolle, allerdings rangieren nach einer Studie aus Nordrhein-Westfalen finanzielle Motive hinter Wünschen nach größerer Autonomie und Unabhängigkeit (*Szyperski/Nathusius* 1977, 305).

6.2 Entwicklung und Situation der Selbständigen in der DDR

6.2.1 Die Selbständigen als Opfer der Sozialisierung und Kollektivierung

Im sozialistischen Deutschland hat sich die düstere *Marx-Engels*-Prognose für die Selbständigen in weitaus höherem Maße erfüllt als im kapitalistischen – allerdings unter ganz anderen Voraussetzungen, als es die Klassiker des Marxismus vorgesehen hatten. Nicht die zerstörerischen Marktkräfte des Kapitalismus vernichteten den „alten Mittelstand" weitgehend, sondern die Politik der sozialistischen Machtelite. Die Selbständigen gehörten zu den Opfern der revolutionären Umgestaltung der Produktionsverhältnisse.

Das Privateigentum an Produktionsmitteln wurde sukzessive in „Volkseigentum" (**Sozialisierung**) oder in Gruppeneigentum (**Kollektivierung**) umgewandelt. Die Industrie wurde sozialisiert, die Landwirtschaft überwiegend und das Handwerk teilweise kollektiviert, der Handel teils sozialisiert und teils kollektiviert. Die Sozialisierung bzw. Verstaatlichung machte aus Privatbetrieben volkseigene Industriebetriebe (VEB), Verkaufsstellen und Gaststätten der staatlichen Handelsorganisation (HO) oder volkseigene Güter (VEG). Durch die Kollektivierung wurden selbständige Handwerker und Bauern veranlaßt oder gezwungen, sich zu Produktionsgenossenschaften im Handwerk (PGH) oder in der Landwirtschaft (LPG) zusammenzuschließen. Bereits 1945/46 wurden die industriellen Großunternehmer, die Banken sowie die Großgrundbesitzer und Großbauern mit mehr als 100 Hektar Landbesitz entschädigungslos enteignet. Damit verschwanden die „Großbourgeoisie" und das „Junkertum", die als wesentliche sozioökonomische Grundpfeiler des kapitalistischen Herrschaftssystems angesehen wurden. In den folgenden zwei Jahrzehnten wurde dann auch die große Mehrheit der mittleren und kleinen Selbständigen zur Aufgabe ihrer privaten wirtschaftlichen Existenz veranlaßt oder gezwungen.

1950 existierten noch etwa 23.400 private **Industriebetriebe** (*Busch* u. a. 1990, 17). Sie wurden schrittweise in „Volkseigene Betriebe" umgewandelt, z. T. über die halbstaatliche Zwischenform der „Betriebe mit staatlicher Beteiligung" (BSB). Die Sozialisierung der Industrie fand 1972 mit der endgültigen Enteignung der mehr als 6.600 BSB und mit der Verstaatlichung der restlichen etwa 3.000 Privatbetriebe ihren Abschluß.

Der **Großhandel** wurde bereits in den 50er Jahren verstaatlicht. Im **Kleinhandel** – 1948 wurden noch 86% aller Verkaufsstellen privat betrieben (*Hümmler* 1988, 163f.) – wurde der Anteil der staatlichen HO-Verkaufsstellen und -Gaststätten am Umsatz bis in die 70er Jahre hinein ständig ausgebaut. Etwa ein Drittel des Umsatzes fiel den Konsumgenossenschaften zu. Private Einzelhändler und Gastwirte gerieten zunehmend ins Abseits. Der Anteil der privaten Gaststätten am Gesamtumsatz der Branche war im Jahr 1975 auf 18% (1989: 16%) zurückgedrängt worden, der Anteil privater Einzelhändler auf 14% (1989: 11%), wobei die Hälfte davon auf sog. „Kommissionshändler" entfiel (StatJb 1990, 271f.). Die „Selbständigkeit" dieser Geschäftsleute, die im staatlichen Auftrag arbeiteten, war stark eingeschränkt. Sie erhielten Waren nach der staatlichen Planung zugeteilt und mußten diese bei festen Preisen und Provisionen im eigenen Laden, für den der Staat Miete zahlte, verkaufen.

Das selbständige **Bauerntum** war seit 1960 so gut wie verschwunden (vgl. S. 127), und auch die sog. **Freiberufler** schmolzen bis auf einen kleinen Rest – ca. 16.000 im Jahr 1989 – zusammen (Sozialreport '90, 72, 204).

Die stärkste Bastion der Selbständigen in der DDR blieb das **Handwerk**. Auch in diesem Bereich mußten die Privatbetriebe z. T. dem Kollektivierungsdruck des Staates weichen. Steuererleichterungen und eine bevorzugte Versorgung mit Maschinen und Material begünstigten in den 50er und 60er Jahren die Ausdehnung der Produktionsgenossenschaften Handwerk. Allerdings konnten sich die privaten Handwerker trotz der Benachteiligungen besser im Umfeld der sozialistischen Planwirtschaft behaupten als die privaten Bauern, Einzelhändler und Gastwirte. Den 2.718 Handwerksgenossenschaften mit 164.000 Beschäftigten standen im Jahre 1989 83.000 private Handwerksbetriebe mit 263.000 Beschäftigten gegenüber. Diese erbrachten 68% aller Handwerksleistungen (StatJb 1990, 35, 207f.).

Die systematische Vernichtung des „alten Mittelstandes" wurde erst in der zweiten Hälfte der 70er Jahre verlangsamt und dann schließlich Mitte der 80er Jahre gestoppt, nachdem eine **Kurskorrektur** in der sozialistischen Politik gegenüber dem kleinen Rest der privaten Handwerker, Händler und Gastwirte erfolgt war. Seit 1976 sollten verschiedene Maßnahmen – Erleichterungen bei Gewerbegenehmigungen, Zuweisung von Lehrlingen, günstige Kredite – den völligen Untergang des privaten Gewerbes verhindern. Es war erkannt worden, daß die Selbständigen auch in einer Planwirtschaft wichtige wirtschaftliche und soziale Funktionen – insbes. bei der Versorgung mit Reparaturen und anderen Diensten – erfüllten (vgl. *Hümmler* 1988, 168).

Dennoch hatte die Sozialisierungs- und Kollektivierungspolitik der SED für die Privaten verheerende Folgen: Von den ca. 1,6 Millionen Selbständigen und mithelfenden Familienangehörigen im Jahre 1955 haben bis 1980 nur 180.000 oder 11% überlebt. In den letzten Jahren der DDR stieg ihre Zahl wieder geringfügig auf 185.000 (1989) an (vgl. Abb. 6.1 auf S. 111). Sie machten 2,2% aller Erwerbstätigen aus und erreichten damit nur ein Fünftel des Anteils, auf den die Selbständigen in der Bundesrepublik geschrumpft sind (StatJb 1990, 127).

6.2.2 Soziallage und Mentalität

Das sozialistische System hat die Selbständigen nicht nur quantitativ, sondern auch qualitativ zusammengedrückt und zu einer Art **Kümmerdasein** verurteilt. Im Vergleich zur Soziallage und Mentalität der bundesdeutschen Selbständigen lassen sich drei Punkte hervorheben:

- **Starke Einschränkung ihres wirtschaftlichen Bewegungsspielraumes:** Die Selbständigen der DDR lassen sich nur mit Vorbehalt als „kleinkapitalistische Inseln" in einer sozialistischen Planwirtschaft bezeichnen. Staatliche Vorgaben engten ihren wirtschaftlichen Dispositionsspielraum stark ein. So war z. B. die Betriebsgröße auf maximal 10 Beschäftigte festgelegt, die faktische Größe der Betriebe war erheblich kleiner. 1989 waren z. B. 41% der Handwerksbetriebe „Ein-Mann-Unternehmen" und weitere 20% bezahlten nur einen zusätzlichen Beschäftigten (StatJb 1990, 209; zum staatlich stark gesteuerten Kommissionshandel vgl. S. 116 f.)
- Weitgehende **Beseitigung der Einkommensprivilegien:** In den 50er und 60er Jahren verfügten die Selbständigen in der DDR über ähnliche materielle Privilegien wie in der Bundesrepublik. 1960 verdienten sie das 3,3-fache des durchschnittlichen Arbeitnehmers, 1972 noch das 2,9-fache (vgl. Abb. 3.11 auf S. 62). In den 70er und 80er Jahren wurden diese Privilegien weitgehend beseitigt. 1988 lag das verfügbare Haushaltseinkommen von Selbständigen nur noch um 41% über dem von Arbeitern (DIW-Wochenbericht Nr. 47 (1990), 658). Einzelbeobachtungen lassen darauf schließen, daß auch in der DDR die Soziallagen der Selbständigen heterogen waren. Neben kleinen gerade noch überlebensfähigen Ladenbesitzern gab es gutgehende Handwerksbetriebe, deren Eigentümer z. B. schon zu einer Zeit einen neuen Mercedes fuhren, als ein VW-Golf in der DDR noch Seltenheitswert hatte. Manche Handwerker konnten es sich leisten, ihre knappen Dienstleistungen z. T. nur gegen harte DM anzubieten und gehörten damit zum privilegierten Kreis derjenigen, die über West-Devisen verfügten.
- **Gebremste Leistungsbereitschaft:** Die staatlichen Fesseln für das wirtschaftliche Verhalten und eine extrem hohe Progressivsteuer auf die Einkommen – sie näherte sich bei hohen Einkünften der 90%-Marke (vgl. DIW 1985, 264ff.) – verhinderten Spitzeneinkommen von westlichem Zuschnitt, bremsten aber gleichzeitig auch die Leistungsbereitschaft und damit die Dynamik der Produktion von Gütern und Dienstleistungen.

Da zu dieser Problematik keine empirischen Daten vorliegen, soll sie an einem beobachteten Einzelfall illustriert werden. Ein Eigentümer einer als Familienbetrieb geführten Gaststätte schloß sein Lokal häufig – angeblich „wegen Krankheit" – für einige Tage pro Woche, weil sein Verdienst für seinen vergleichsweise guten Lebensstandard mit Pkw und „Datsche" ausreichte. Höherer Umsatz und höherer Gewinn wären so stark besteuert worden, daß Einsatz und Verdienst nicht mehr in einem für ihn akzeptablen Verhältnis standen.

6.3 Der Neuaufbau des Mittelstandes in den neuen Ländern

Nach der Wende traten die Selbständigen mit staatlicher Unterstützung aus ihrem sozialistischen Schatten- und Kümmerdasein heraus. In einem wahren **Gründerboom** entstand eine Vielzahl neuer selbständiger Existenzen: Zwischen 1989 und 1991 verdoppelte sich ihre Zahl, danach flauen die Zuwachsraten ab (Abb. 6.3), und die zunehmenden Abmeldequoten und Fluktuationen nähern sich den westdeutschen Verhältnissen an. 1994 lag der Anteil von Insolvenzen in den neuen Ländern mit 10% höher als in den alten (7%) (*Angele* 1995, 225f.).

Abb. 6.3: *Selbständige in Ostdeutschland 1989 – 1995*[1]

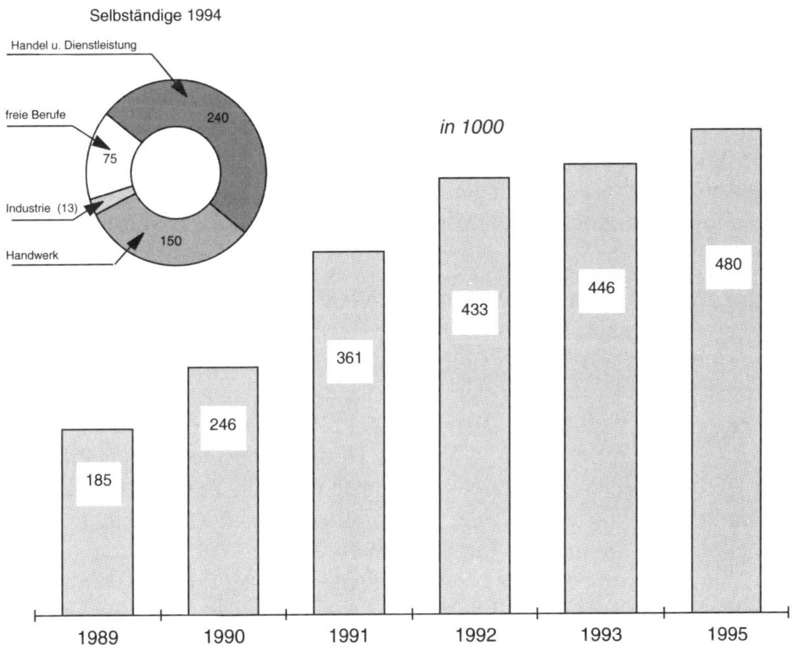

[1] 1989, 1990, 1992, 1993: jeweils 4. Quartal; 1991: 2. Quartal; 1995: 1. Quartal

Quellen: *Koch/Thomas* 1996, 218 (1989-1995); iwd 38/1995, 8 (1994).

Die Entwicklungen verlaufen in den verschiedenen Sektoren sehr unterschiedlich. Vergleichsweise stabil vollzog sich die Expansion im **Handwerk**: die Zahl der Betriebe – „wahre Inseln der Beständigkeit“ (*Hinz* 1996, 124) – verdoppelte sich und erreichte Ende 1994 den westdeutschen Sättigungsgrad. Im erheblich dynamischeren **Dienstleistungs**sektor, wo die finanziellen und qualifikatorischen Eintrittsschwellen ein ganzes Stück niedriger liegen und dadurch ein erheblich stärkerer Konkurrenzdruck sowie größere Unsicherheiten und Instabilitäten herrschen, vervierfachte sich die Zahl der Betriebe, dennoch wurde die Tertiärisierungslücke gegenüber dem Westen noch nicht ganz geschlossen. Noch stürmischer verlief die sprunghafte Expansion der **Freiberufler**: ihre Zahl hatte sich bereits im Juni 1992 vervierfacht (*Schwenn* 1992) und bis Ende 1994 verfünffacht. Auch hier besteht bei einigen Berufen, deren Qualifikationsprofil erheblich von der früheren Qualifikationsstruktur in der DDR abweicht (Rechtsanwälte, Steuerberater, Wirtschaftsprüfer, Architekten), noch weiterer Nachholbedarf. Die größten Konsolidierungsprobleme bestehen in der krisengeschüttelten **Industrie**, und in der **Landwirtschaft** haben sich ganz spezifische ostdeutsche Besonderheiten herausgebildet (dazu Kap. 6.3.3).[3]

Mit 6,7% liegt der Anteil der Selbständigen außerhalb der Landwirtschaft 1994 noch um gut ein Viertel unter dem westdeutschen Anteil von 9,1%. Der neue ostdeutsche Mittelstand weicht des weiteren bisher in einer ganzen Reihe von Merkmalen von seinem westdeutschen Pendant ab.

Seine Struktur ist noch **vielgestaltiger** und bunter. Die neuen Selbständigen sind eine im Hinblick auf Herkunft und Soziallage äußerst heterogene Gruppe mit einer „enorme(n) Vielfalt individueller Handlungsstrategien und Motive“ (*Lindig/Valerius* 1993, 181). Einige Survey-Daten sowie regional repräsentative Studien über Neugründungen im Land Brandenburg[4], im Raum Leipzig[5] sowie in Sachsen-Anhalt[6] vermitteln genauere Einblicke in diese Vielgestaltigkeit.

Sozialprofil. Von den 185.000 **alten Selbständigen** aus DDR-Zeiten, über deren Schicksal bisher wissenschaftliche Analysen fehlen, haben nur 100.000 das Jahr 1992 überlebt, viele waren der neuen Marktkonkurrenz, der Industriekrise oder dem „Vormarsch der Handelsketten“ (*Koch/Thomas* 1996, 225) nicht gewachsen (vgl. auch *Dietrich* 1993, 216). Die **neuen Selbständigen** stammen aus allen Schichten, wobei die Herkunft aus den gut qualifizierten, in der DDR beruflich erfolgreichen Gruppen deutlich überwiegt. In Brandenburg waren 39% von ihnen vorher als Arbeiter und Angestellte tätig, 14% als Ingenieure, 14% in anderen Intelligenzberufen, und 8% gehörten der DDR-Machtelite an.[7] Von den neuen Selbständigen Sachsen-Anhalts kommen 70% aus technischen oder kaufmännischen Führungspositionen der früheren volkseigenen Betriebe (*Heuberger/Tänzler* 1996, 41). Die Frauen stellen rund ein Drittel aller Selbständigen (iwd 38/95, 8), in den alten Ländern nur ein Fünftel.

Stark überrepräsentiert sind im Vergleich zu Westdeutschland **Klein**- und **Kleinstbetriebe** mit wenig Eigenkapital, deren Aktionsradius auf lokale und regionale Märkte beschränkt ist. Überrepräsentiert sind auch „Notgründungen“ aus der tatsächlichen oder drohenden **Arbeitslosigkeit** heraus – von den

NeugründerInnen in Sachsen-Anhalt gehören 36% der Männer, von den Frauen sogar 55% zu diesem Typ (*Claus* 1996, 14), in der Region Leipzig insgesamt 28%. Sie entwickeln sich weniger dynamisch und wursteln sich oft eher schlecht als recht durch, gleichwohl scheitern sie nicht häufiger als andere (*Hinz* 1996). Die Motivation zur Selbständigkeit ist bei der Mehrheit ähnlich wie in Westdeutschland: Es überwiegt der Wunsch nach Eigenverantwortlichkeit und Selbstverwirklichung, materielle Motive sind nur zweitrangig.[8]

Kulturelles und soziales Kapital. Viele bringen ihr in der DDR erworbenes kulturelles und soziales Kapital (*Bourdieu* 1983) in ihren neuen Berufsstatus mit ein. Frühere Kenntnisse, Erfahrungen, Orientierungen und Handlungsmuster (kulturelles Kapital) sind – obwohl z. T. entwertet (z. B. bei der ehemaligen Machtelite) – in den neuen marktwirtschaftlichen Strukturen „anschlußfähig" (*Valerius* 1994, 160), und alte soziale Netzwerke (soziales Kapital) – Verwandte, Freunde, frühere Kollegen – unterstützen die neuen Unternehmen – etwa als Mitarbeiter, bei der Kundenakquisition u. a.[9] Einige wenige reaktivieren auch alte Familientraditionen der Selbständigkeit, die über Jahrzehnte unterdrückt und verschüttet waren (*Liebernickel* u. a. 1993, 135). Während die ostdeutschen SoziologInnen die „Konvertierbarkeit" der früheren Fähigkeiten und Qualifikationen in der neuen marktwirtschaftlichen Situation herausarbeiten, diagnostizieren westdeutsche Autoren auch Defizite im unternehmerischen Habitus der neuen Selbständigen: Diese schätzen z.B. typische Unternehmertugenden wie Risikobereitschaft, Kreativität und Durchsetzungswille für unternehmerisches Handeln niedriger ein als klassische Pflichtwerte wie Fleiß, Zuverlässigkeit und Pflichtbewußtsein.[10] Bei einigen Neugründern aus Brandenburg wurden noch weitere Reste des DDR-Sozialisationserbes aufgespürt: eine partielle Infragestellung des Gewinnmotivs, eine Scheu vor Kündigungen und dem Eintreiben von Rechnungen, ein Bedürfnis nach Teamwork und nach kollegialer Abstimmung von Entscheidungen mit den Angestellten (*Liebernickel* u. a. 1993, 155; *Koch/Thomas* 1996, 231).

Einkommens- und Arbeitssituation. Die materielle Situation der neuen Selbständigen stellt sich sehr unterschiedlich dar (dazu Abb. 3.9 auf S. 59). Freiberufler und größere Unternehmer (ab 10 Mitarbeiter) erwirtschaften inzwischen ausgesprochen hohe Einkommen. Die Betreiber kleinerer Betriebe dagegen hinken hinter der allgemeinen Einkommensentwicklung her und liegen im Durchschnitt unter den Einkommen der Facharbeiter und der ausführenden Dienstleistungsschicht. Von den Einkommensprivilegien der westdeutschen Selbständigen ist die Mehrheit der neuen Selbständigen noch weit entfernt. Ihre Arbeit ist anspruchsvoller und intensiver, der Zeitaufwand erheblich größer geworden.[11] Jungunternehmer arbeiten im Durchschnitt 67

Stunden pro Woche und leisten sich nur 12 Tage Jahresurlaub (iwd 5/1995, 4).

Das **Gesamturteil** der Selbständigen über ihre Lage fällt unterschiedlich, insgesamt aber positiv aus. Wer erfolgreich ist, verzeichnet einen hohen Grad an Lebenszufriedenheit (Sozialreport 1994, 95). 90% der Neugründer aus Sachsen-Anhalt bereuen ihre Entscheidung für die neue Existenzform nicht (*Heuberger/Tänzler* 1996, 40). In Brandenburg schätzt nur etwa jeder Zehnte den Schritt in die Selbständigkeit als sozialen Abstieg ein, aber – je nach Herkunftsgruppe – zwischen ca. 30 und 45% empfinden diese Statuspassage als sozialen Aufstieg (*Valerius* 1994, 159).

Der neu entstehende Mittelstand hat nicht alle euphorischen Hoffnungen, die in ihn als Motor eines sozioökonomischen Modernisierungsschubs gesetzt wurden, erfüllt; aber es ist erstaunlich, daß er sich trotz der vielen Startprobleme (Mangel an Kapital, Immobilienbesitz sowie betriebs- und marktwirtschaftlichem Know-How, unsicheres und unstabiles ökonomisches Umfeld, unzureichende wirtschaftliche Verflechtungen, Industriekrise, unklare Rechts- und Eigentumsverhältnisse, unbefriedigende Behördenarbeit, schlechte Zahlungsmoral der Kunden u. a.) und unter den Bedingungen eines durchgreifenden radikalen Umbruchs aller Lebensumstände in der skizzierten Form entfalten konnte. Offensichtlich schlummern in der ostdeutschen Bevölkerung „endogene Potentiale" (*Koch/Thomas* 1996) an innovativem, flexiblem, experimentierfreudigem „Selbst-Unternehmertum" (*Koch* 1992), an das bei dem Neuaufbau angeknüpft werden kann.

6.4 Bauern

Die Bauern waren über Jahrhunderte die prägende Schicht der Sozialstruktur in den europäischen Gesellschaften, und auch heute noch existieren am südöstlichen Rand Europas Agrargesellschaften. So sind z. B. in der Türkei 1993 noch 40% der Erwerbstätigen in der Landwirtschaft tätig. Auch Deutschland war bis in die zweite Hälfte des 19. Jahrhunderts eine bäuerlich geprägte Gesellschaft. Erst im Zuge der Industrialisierung wurden die Bauern allmählich als dominante Schicht verdrängt; zu Beginn dieses Jahrhunderts machten sie noch etwa ein Drittel der Erwerbstätigen aus, 1950 nur noch etwa ein Viertel. In den letzten vier Jahrzehnten schrumpften sie dann schnell zu einer kleinen Minderheit zusammen.

Bauern werden in der Regel zu den „Mittelständen" bzw. zu den „Selbständigen" gezählt. Ihre historische Bedeutung und die Besonderheiten ihrer heutigen sozioökonomischen Lage und Mentalität rechtfertigen es jedoch, sie als eine besondere, in sich durchaus differenzierte Schicht zu betrachten und ihnen ein eigenes Unterkapitel zu widmen.

6.4.1 Umschichtungen in Westdeutschland

Die Mechanisierung der Landwirtschaft, die Intensivierung von Ackerbau und Viehhaltung (Einsatz chemischer Mittel zur Bekämpfung von Krankheiten, Schädlingen und Unkräutern; intensivere Nutzung von Dünger und Futtermitteln) sowie die Anwendung rationellerer Methoden der Betriebsführung hatten einen ungeheuren Produktivitätszuwachs zur Folge. Seit den 50er Jahren verdoppelte sich der Ertrag pro Hektar, die Produktion je Arbeitskraft stieg sogar um das Achtfache an (*Priebe* 1986, 43). Dadurch ging die Zahl der Erwerbstätigen in der Landwirtschaft von ca. 5 Millionen im Jahre 1950 auf ca. 1,4 Millionen (knapp 5% aller Erwerbstätigen) im Jahre 1993 zurück (Agrarbericht 1996, Tab. 3). Allerdings arbeitet nur gut die Hälfte davon – 1989 waren es 54% (StatJb 1990, 151) – in Haupterwerbsbetrieben ; die andere Hälfte betreibt Landwirtschaft nur als Nebenerwerb in Kleinstbetrieben. Die Zahl der Vollbeschäftigten war 1995 auf 323.000 zusammengeschrumpft (Agrarbericht 1996, 9). Eine ehemals strukturprägende Schicht ist auf einen kleinen Rest von gut 2% zusammengeschmolzen, die selbst in ländlichen Regionen nur noch eine kleine Minderheit darstellen.

Nur in Großbritannien ist 1993 der Anteil der Erwerbstätigen im primären Sektor mit 2,1% noch kleiner; wenige Länder – z. B. USA (2,7%), Schweden (3,2%) oder Niederlande (3,6%) – liegen nur geringfügig über dem niedrigen deutschen Niveau. Die Gesellschaften in Ost- und Südosteuropa sind, wie erwähnt, noch erheblich stärker agrarisch geprägt – z. B. Türkei (40%), Polen (23%), Rumänien (23%), Griechenland (22%); abgeschwächt gilt dies auch für viele westeuropäische Länder – für Portugal (11%), Spanien (9%), Italien (7%), Österreich (7%) oder die Schweiz (6%) (StatJb Ausland 1995, 243ff.).

Der Schrumpfungsvorgang vollzog sich insbesondere im Generationenwechsel und nicht so sehr durch die Abwanderung von Landwirten in andere Berufszweige. Die Zahl der landwirtschaftlichen Betriebe sank von 1.644.000 im Jahre 1949 (*Pongratz* 1987, 524) auf 523.000 im Jahre 1995; ihre Betriebsgröße, die regional stark variiert, verdoppelte sich in etwa. Allerdings gab es 1995 nur noch 254.000 Vollerwerbsbetriebe mit durchschnittlich 36 ha Land; 41.000 Kleinbetriebe mit durchschnittlich 23 ha Land waren auf zusätzliche außerbetriebliche Einkommen angewiesen, und weitere 228.000 Kleinstbetriebe (Durchschnittsgröße 7 ha) dienten lediglich zum Nebenerwerb. Im Zuge des Strukturwandels halbierte sich der Anteil familienfremder Arbeitskräfte von 22% im Jahre 1950 auf 12% im Jahr 1995, oder mit anderen Worten: der reine Familienbetrieb, der traditionellerweise in der Landwirtschaft dominierte, setzte sich noch weiter durch. Die typische Form des bäuerlichen Betriebes in Westdeutschland ist heute der kleine oder mittlere Bauernhof, der vom Besitzer mit ein bis zwei Familienmitgliedern bewirtschaftet wird. 1988 arbeiteten 76% der Ehefrauen der Landwirte auf dem eigenen Hof mit.[12]

Die **materielle Lage** der bäuerlichen Bevölkerung stellt sich vielschichtig dar. Bauern verfügen über erhebliche Vermögenswerte; sie sind meist Eigentümer des Betriebsvermögens und der von ihnen bewohnten Häuser, und sie nehmen auch Spitzenpositionen bei Wertanlagen wie Sparkonten, Lebensversicherungen oder Bausparverträgen ein (*Zeddies* 1995, 3; *Noll/Habich* 1990, 173), die bei ihnen einen Teil der Alterssicherung ausmachen. Dennoch ist ihre finanzielle Situation häufig angespannt. Ihre Einkommensentwicklung ist großen Schwankungen unterworfen und hinkt seit Mitte der 70er Jahre unter dem Preisdruck der Agrarüberschüsse hinter den Steigerungen bei vergleichbaren Löhnen im gewerblichen Bereich her (*Golter* 1986, 34). 1992 lag das durchschnittliche verfügbare Haushaltseinkommen der Landwirte erheblich niedriger als bei anderen Selbständigen und bei 92% des Einkommens der Arbeitnehmerhaushalte. Bei diesem Vergleich ist zudem zweierlei zu beachten: Landwirte arbeiten erheblich länger als Arbeitnehmer und müssen größere Familien ernähren. Pro Haushaltsmitglied lag ihr verfügbares Einkommen 1992 lediglich bei 62% der Arbeitnehmereinkommen (Agrarbericht 1995, 59).[13]

Die Bauernschaft ist keine sozial völlig homogene Schicht, sondern im Hinblick auf ihre sozioökonomische Lage deutlich differenziert. Problematisch sind die **großen Einkommensunterschiede** zwischen wirtschaftlich starken und schwachen Höfen. 23% der Vollerwerbsbetriebe erwirtschafteten 1994/95 weniger als 10.000 DM und weitere 13% weniger als 20.000 DM (Agrarbericht 1996, 59). 1986 bezeichneten nur 24% aller Haupt- und Nebenerwerbsbetriebe ihre wirtschaftliche Lage als „gut“, 39% dagegen als „schlecht oder sehr schlecht“ (*Uttitz* 1987, 249). In den letzten Jahren mußten zwischen 25% und 45% der Vollerwerbsbetriebe Eigenkapitalverluste hinnehmen, sie lebten also von der Substanz (Agrarberichte 1990, 31 und 1995, 31). Immer mehr Bauern gehen dazu über, ihre Einkommenssituation durch Direktvermarktung (z. B. Bauernhofläden) und durch Dienstleistungen wie „Urlaub auf dem Bauernhof“ oder andere Freizeitangebote zu verbessern (Agrarbericht 1996, 59f.).

Ambivalent ist auch die **Arbeitssituation** der Bauern. Ihre Position als selbständige Kleinunternehmer garantiert ihnen ein hohes Maß an Selbstgestaltung, zudem ist ihre Arbeit sehr abwechslungsreich. Andererseits sind sie erheblich stärker schweren körperlichen Anstrengungen und belastenden Umwelteinflüssen ausgesetzt als andere Berufsgruppen (*Jansen* 1995, 37; *Noll/Habich* 1990, 178). Das Vordringen moderner Technologie in die bäuerliche Arbeitswelt hat die Qualifikationsanforderungen erhöht. Unter den jüngeren Jahrgängen ist der frühere Bildungsrückstand gegenüber der Gesamtbevölkerung so gut wie verschwunden; 1980 hatten bereits 15% der hauptberuflichen Landwirte eine Fachschule besucht oder das Abitur gemacht und weitere 2,3% eine Hochschulausbildung absolviert (*Mrohs* 1983, 62). Kennzeichnend ist das Fortbestehen von vorindustriellen Elementen in der Arbeitssituation der Bauern. Arbeit und Freizeit sowie Arbeitsstätte und Wohnstätte sind keine deutlich voneinander abgegrenzten Sphären, sondern gehen ineinander über. Die Arbeit ist im bäuerlichen Leben räumlich und zeitlich allgegenwärtig, Arbeit ist ein zentraler Lebenswert. Ablesbar ist diese Situation u. a. an den unregelmäßigen und langen Arbeitszeiten: Nach den Ergebnissen des Mikrozensus war 1989 die Arbeitswoche eines selbständigen Landwirts mit 61,5 Stunden um mehr als die Hälfte länger als die eines durchschnittlichen Arbeitnehmers mit 39,1 Stunden (sonstige Selbständige: 51,8 Stunden). Von den mithelfenden Bäuerinnen mußten im Jahre 1987 85% auch Wochenendarbeit leisten (Agrarbericht 1990, 52). Verreisen im Urlaub bleibt für die große Mehrheit weiterhin ein unerfüllter Wunschtraum: Nur 7% der 1980 befragten Vollerwerbslandwirte konnten sich regelmäßig eine Urlaubsreise leisten (*Mrohs* 1983, 72).

Mit den vorindustriellen Arbeitselementen dürften auch die Eigenheiten der bäuerlichen **Familienstruktur** zusammenhängen. Fast jede dritte Bauernfamilie hat mindestens drei Kinder, aber nur jede zehnte Familie außerhalb der Landwirtschaft; in jeder fünften Bauernfamilie leben drei Generationen unter einem Dach, außerhalb der Landwirtschaft nur noch in jeder 36. Familie (Agrarbericht 1988, 52). Die durchschnittliche bäuerliche Haushaltsgröße im Jahre 1980 – 4,55 Personen – entsprach fast genau dem Durchschnittshaushalt im Deutschen Reich um die Jahrhundertwende mit 4,49 Personen (*Mrohs* 1983, 31f.).

Die Besonderheiten des bäuerlichen Lebens hinterlassen ihren Reflex in den **Wertorientierungen**. Arbeit und Familie, dazu auch noch die Religion, haben für die bäuerliche Bevölkerung eine überdurchschnittliche Bedeutung (*Mrohs* 1983, 76; *Pongratz* 1996).

Harte, lange und unregelmäßige Arbeit auf der einen Seite, vergleichsweise niedrige Einkommen und wirtschaftliche Sorgen auf der anderen Seite – diese Lage macht ein weiteres Ergebnis älterer und neuster empirischer Analysen verständlich: die meisten Bauern sind in hohem Maße **unzufrieden**. Das weit verbreitete kollektive Unbehagen, das bereits für die 60er und 70er Jahre nachweisbar ist, wird nicht nur in einer großen Unzufriedenheit mit dem Einkommen und dem Freizeitmangel sichtbar, sondern zeigt sich auch in einem erschreckend starken **Gefühl allgemeiner Benachteiligung**. 1980 fühlten sich 87% der Landwirte von der Gesellschaft ungerecht behandelt, unter der nichtlandwirtschaftlichen Bevölkerung waren es nur 26% (*Mrohs* 1983, 124).

Auch neueste Umfragen zeigen, daß unter Landwirten Sorgen und Zukunftspessimismus mit großem Abstand am weitesten verbreitet sind (Vgl. Abb. 4.1 auf S. 80).[14] Die Bauern betrachten sich als Opfer der Industrialisierung, aber auch als benachteiligte Gruppe, die durch wirtschaftliche und politische Fehlentwicklungen in Not geraten ist.

Zusammenfassend kann man festhalten, daß der sozioökonomische Wandel die Bauern nicht nur zahlenmäßig zu einer kleinen Minderheit zusammengedrückt, sondern auch in eine gewisse **Randlage** abgedrängt hat. Die Entwicklung zur Wohlstands- und Freizeitgesellschaft ist an vielen von ihnen vorübergegangen; wirtschaftlicher Druck hat eine Mehrzahl der kleinen Betriebe zur Aufgabe gezwungen; sinkendes Sozialprestige begleitet den Schrumpfungsprozeß (*Mrohs* 1983, 122). Zudem mußten die Bauern in den Medien ab und zu als Sündenbock herhalten – als Produzenten teurer Überschüsse, die gleichzeitig auch noch für Umweltschäden und schadstoffbelastete Lebensmittel verantwortlich gemacht werden (*Ziche/Kromka* 1982). Die Landwirte selbst nehmen diese Vorwürfe als „Bauernfeindlichkeit" der Öffentlichkeit wahr. Auf die skizzierten Marginalisierungstendenzen reagieren sie mit berufsständischer Distanzierung von der Gesellschaft und mit einem Bewußtsein sozialer Randständigkeit (*Pongratz* 1987, 532f. und 1996, 7X). Ihre prekäre Soziallage hat keinen **politischen** Extremismus zur Folge. In den 50er Jahren waren anti-demokratische Einstellungen unter den Bauern noch stark verbreitet, heute herrschen konservativ-ordnungsstaatliche Orientierungen vor. Parteipolitisch tendiert die überwiegende Mehrheit zur CDU/CSU; 87% von ihnen gaben 1986 eine entsprechende Parteipräferenz an (*Uttitz* 1987, 247; vgl. auch *Herz* 1990, 240, 243). Nach einer (nicht repräsentativen) Studie über bayrische Landwirte ist „passive Resignation" das Kennzeichen ihrer Grundhaltung, die gelegentliche Proteste, „sporadische Widersetzlichkeit" (*Pongratz* 1996, 346) nicht ausschließt. Sie haben das „Bewußtsein einer untergehenden Kultur" (*Pongratz* 1987, 540) entwickelt. Verunsichert und ratlos sehen sie sich einem übermächtigen gesellschaftlichen Wandel ausgeliefert, der ihnen keine Zukunft bietet.

6.4.2 Umschichtungen in der DDR

Im Sozialismus führten die Umschichtungsprozesse innerhalb der Bauernschaft zu völlig anderen quantitativen und qualitativen Ergebnissen. Die niedrigeren Raten der Produktivitätssteigerung legten dem quantitativen Schrumpfungsprozeß Bremsen an. 1989 arbeiteten noch knapp 800 000 Personen – das waren ca. 9% der Erwerbstätigen – in der Landwirtschaft,[15] also fast so viele wie in den westdeutschen Haupterwerbsbetrieben; der bäuerliche Anteil unter der Erwerbsbevölkerung war etwa dreimal so hoch wie in der Bundesrepublik.

Die Lebensbedingungen in der Landwirtschaft wurden durch die Revolutionierung der Produktionsverhältnisse einschneidend verändert. Die **Agrarrevolution** in der DDR durchlief drei Phasen: Auf die Zerschlagung des Großgrundbesitzes (Phase 1) folgte die Kollektivierung (Phase 2), der sich dann die Industrialisierung (Phase 3) anschloß.

In der ersten Phase wurde durch die „Bodenreform", die in den Jahren 1945/46 unter dem Motto „Junkerland in Bauernhand" durchgeführt wurde, ca. 7.000 Großgrundbesitzer und Großbauern mit Gütern über 100 ha sowie ca. 4.500 Betriebe von „Kriegsverbrechern und aktiven Faschisten" entschädigungslos enteignet. Aus dem konfiszierten Boden wurden für Landarbeiter, Umsiedler oder landlose Bauern ca. 210.000 kleine Neubauernstellen geschaffen, ein Teil wurde an landarme Kleinbauern verteilt und rund ein Drittel in sog. „volkseigene Güter" (VEG) verwandelt. Ab 1952 wurde die Kollektivierung zunehmend forciert. Phase 2 erreichte mit der groß angelegten Kampagne des Jahres 1960 gegen die beitrittsunwilligen Altbauern einen Höhepunkt: bis zum Ende dieses Jahres waren 84% der selbständigen Bauern veranlaßt oder gezwungen worden, sich zu ca. 19.000 landwirtschaftlichen Produktionsgenossenschaften (LPG) verschiedener Typen zusammenzuschließen. Ende der 60er Jahre begann dann schließlich die dritte Phase – die Annäherung der landwirtschaftlichen Produktion an industrielle Verhältnisse. Kleinere Genossenschaften wurden zu landwirtschaftlichen Großbetrieben zusammengefaßt, die sich auf Pflanzenanbau oder Massenviehhaltung spezialisierten.[16]

1989 existierte die folgende **Produktionsstruktur:** 3.844 landwirtschaftliche Produktionsgenossenschaften und 465 volkseigene Güter bewirtschafteten 87% bzw. 7% der Nutzfläche. Eine Pflanzenbaugenossenschaft bewirtschaftete im Durchschnitt gut 4.500 ha Land, ein entsprechendes Staatsgut ca. 5.000 ha. In einer auf Pflanzenbau spezialisierten Genossenschaft arbeiteten im Durchschnitt 360 Personen, in einer auf Viehzucht spezialisierten etwa 170 (StatJb 1990, 36, 211ff.). Die ostdeutsche bäuerliche Bevölkerung war also in riesigen landwirtschaftlichen Betrieben tätig, die mit Recht als **„Agrarfabriken"** bezeichnet werden. Von den ca. 740.000 privaten Bauern des Jahres 1951 (*Krambach* 1988, 95) war nur noch ein verschwindend kleiner Rest von ca. 3.000 (*Krause* 1990, 15) übriggeblieben.

Die **materielle Situation** der bäuerlichen Bevölkerung entsprach in etwa dem DDR-Durchschnitt. Die sozialistische Agrarpolitik subventionierte die Erzeugerpreise höher als die EG und hat ihr Ziel, die Einkommensunterschiede zwischen Stadt und Land bzw. zwischen Industrie und Landwirtschaft einzuebnen, im Großen und Ganzen erreicht. Die Bruttoarbeitslöhne für Beschäftigte in Staatsgütern lagen seit 1975 bei 95% der Durchschnittslöhne (*Groschoff* 1984, 180; Sozialreport '90, 114). Die Genossenschaftsbauern verdienten mehr; ihr verfügbares Haushaltseinkommen lag 1988 um 17% über dem eines Arbeiterhaushalts; da jedoch ihre Familien überdurchschnittlich groß waren, betrug ihr Pro-Kopf-Haushaltseinkommen nur 94% von dem eines Arbeiterhaushalts (*Bedau/Vortmann* 1990, 658). Allerdings ist dabei ein Teil ihres guten Zuverdienstes aus der persönlichen Hauswirtschaft – jede Familie durfte bis zu einem halben Hektar Land privat bewirtschaften – nicht berücksichtigt.

Die ehemals selbständigen Bauern bleiben auch als Genossenschaftsmitglieder weiterhin Eigentümer ihres eingebrachten Besitzes. Da sie das Nutzungsrecht an die Genossenschaft abtreten mußten und für ihren Anteil jährlich nur ein geringes Entgelt erhielten, spielten die Besitzverhältnisse für die materielle Situation nur eine untergeordnete Rolle. Zudem war der Anteil von Eigentümern unter den Genossenschaftsmitgliedern von über 70% im Jahre 1960 (*Krambach* 1988, 95) auf schätzungsweise ein Fünftel im Jahre 1990 (iwd 25/1991, 7) zurückgegangen. Unterschiede in Bodengüte und Klima sowie in der Produktionsstruktur hatten dagegen erhebliche Einkommensunterschiede zwischen den Genossenschaften zur Folge (*Groschoff* 1984, 182).

Die Kollektivierung bzw. Sozialisierung und die Industrialisierung der Landwirtschaft haben in der DDR eine bäuerliche Schicht entstehen lassen, deren Soziallage und Mentalität nur noch wenig mit der westdeutschen Bauernschaft gemein hatte. Der Genossenschaftsbauer und der Beschäftigte auf den Staatsgütern unterschieden sich erheblich vom selbständigen Landwirt der Bundesrepublik. Sie waren keine „Bauern" im traditionellen Sinne mehr, sondern **„landwirtschaftliche Arbeitnehmer"** – viele von ihnen **Landarbeiter** – in genossenschaftlichen oder staatlichen Großbetrieben. Ihre Arbeitsbedingungen – geringes Anspruchsniveau, wenig Entscheidungsspielräume, vergleichsweise schwere körperliche und gesundheitsgefährdende Tätigkeiten – waren nahezu identisch mit denjenigen von Arbeitern (*Adler* 1991, 173). Arbeit und Freizeit waren getrennte Lebensbereiche. Die Arbeitszeiten waren wegen der Witterungsabhängigkeit etwas unregelmäßiger, aber vom Gesamtumfang her lagen sie auf Staatsgütern im Durchschnitt (StatJb 1990, 143; Sozialreport '90, 104) und in den LPG's nur geringfügig höher (*Groschoff* 1984, 181; 224). Der normale Jahresurlaub war für beide Gruppen eine Selbstverständlichkeit. Auch Familienleben und Arbeit waren nicht mehr so eng miteinander verzahnt wie in den Familienbetrieben.

Reste der bäuerlichen Traditionen lebten jedoch in drei Bereichen fort. 1. Die Familien waren überdurchschnittlich groß (*Groschoff* 1984, 207), wenn auch die Abweichungen vom Durchschnitt nicht so hoch waren wie in der Bundesrepublik. 2. Ein großer Teil der Freizeit wurde der „bäuerlichen Arbeit" auf dem kleinen Zipfel Privatland gewidmet. 3. Die „Einheit von Arbeit und Leben" wurde insbesondere auf der Ebene des dörflichen Lebens sichtbar, das stark vom Rhythmus und von den Strukturen der landwirtschaftlichen Produktion geprägt war (vgl. *Kretzschmar* 1985, 85).

Die Arbeitsteilung in den Betrieben hatte eine **interne Differenzierung** der bäuerlichen Schicht in drei Gruppen mit unterschiedlichen Arbeits- und Qualifikationsprofilen zur Folge (*Groschoff* 1984, 165; *Krambach* 1988, 114ff.):

- die „Handarbeitskräfte", die vorwiegend manuelle und einfache Arbeiten verrichten; sie machten mehr als die Hälfte der Beschäftigten aus, Frauen waren unter ihnen besonders häufig anzutreffen;
- die wachsende Zahl von Facharbeitern, die mit moderner Technik umgehen konnten – im DDR-Jargon „Agro- und Zootechniker" genannt;
- die „landwirtschaftliche Intelligenz" mit Fach- oder Hochschulabschluß, das Management der „Agrarfabriken", das die Leitungs- und Organisationsfunktionen oder kompliziertere technische Aufgaben wahrnahm. Vom Qualifikationsniveau her unterscheiden sich ost- und westdeutsche Landwirte kaum: 1989 hatten 2,9% der landwirtschaftlich Berufstätigen eine Hochschulausbildung abgeschlossen und jeweils 7% eine Fachschul- bzw. Meisterausbildung (StatJb 1990, 217; zur Bundesrepublik vgl. S. 125).

Empirische Untersuchungen lassen einige typische **Besonderheiten in den Einstellungs- und Verhaltensmustern** der Genossenschaftsbauern und VEG-Beschäftigten deutlich werden:

- Ein historisch überkommener „‚bäuerlicher' Konservatismus" (*Kretzschmar* 1985, 85) hatte sich trotz aller Veränderungen in den Arbeits- und Lebensbedingungen erhalten.
- Eine gewisse „traditionelle Bodenständigkeit" prägte ihr Freizeitverhalten. Sie verbrachten einen beträchtlichen Teil ihrer freien Zeit mit Arbeiten in Haus, Hof, Garten und in der privaten Hauswirtschaft. Dafür war ihr Interesse an Kultur und Büchern, an Sport und Geselligkeit weniger ausgeprägt. Wochenenden und Urlaub nutzten sie nur selten zum Verreisen; 38% der Genossenschaftsbauern hatten ihren Jahresurlaub noch nie außerhalb ihres Wohnorts verbracht (*Groschoff* 1984, 234).
- Gegenüber gesellschaftlichen und politischen Aktivitäten – Übernahme ehrenamtlicher Funktionen, Mitarbeit in Parteien und Gewerkschaften, Teilnahme an politischer Schulung und an der Neuererbewegung – waren sie überdurchschnittlich zurückhaltend (*Groschoff* 1984, 227; *Kretzschmar* 1985, 101ff.).
- In der DDR-Literatur wurde auch auf ihre hohe „Identifikation mit der Genossenschaft" (*Kretzschmar* 1985, 83), auf „genossenschaftliches Denken", den geistigen „Schritt vom ‚Ich' zum ‚Wir'" (*Groschoff* 1984, 221) hingewiesen – eine Einschätzung, die Untersuchungen nach der Wende bestätigten.[17] Sie dürfte u. a. von den skizzierten Annehmlichkeiten des Lebens der Genossenschaftsbauern, insbes. aber der Bäuerinnen, herrühren.

Zusammenfassend läßt sich festhalten: Die Agrarrevolution sowie eine Einkommens- und Agrarpolitik, die auf den Abbau sozialer Unterschiede zwischen Stadt und Land zielte, hatte eine vergleichsweise umfangreich gebliebene Schicht „landwirtschaftlicher Arbeitnehmer" hervorgebracht. Von Marginalisierungstendenzen, wie sie in der Bundesrepublik zu beobachten sind, war sie verschont geblieben. Ihre **gute Integration in die sozialistische Industriegesellschaft**, der Schonraum, den ihr die schützende Hand der SED gewährte, hatte allerdings seinen Preis: die Ineffizienz der landwirtschaftlichen Produktion mit ihren nachteiligen Folgen für die Versorgung und den Lebensstandard der Bevölkerung.

6.4.3 Dramatische Umbrüche in den neuen Ländern und postsozialistische Besonderheiten

Auf dem Lande vollzieht sich der Strukturumbruch in den neuen Ländern mit besonderer Dramatik und Radikalität, denn die bäuerliche Bevölkerung dürfte zu denjenigen Gruppen gehören, deren Lebensbedingungen sich am weitesten von ihrem westdeutschen Pendant wegentwickelt hatten. Mit der Wende wurde eine vierte Phase der Agrarrevolution in Ostdeutschland eingeleitet, in der sich die Produktions-, Sozial- und Konfliktstrukturen erneut grundlegend veränderten.

Dem Zusammenschrumpfen der enormen personellen Überkapazitäten im primären Sektor, wo betriebliche Überbesetzungen mit sektoralen Überhängen kumulierten, auf westdeutsche Größenverhältnisse sind ca. **80%** (!) **der Arbeitsplätze** zum Opfer gefallen – von den knapp 800.000 des Jahres 1989 überlebten bis 1994 lediglich 157.000 (Agrarbericht 1996, 10), ein historisch einmaliger Einbruch.[18] Die industriemäßige Produktionsstruktur des Agrarsektors differenziert sich gleichzeitig zu einer großen Vielfalt von Betriebsgrößen und -formen aus.

Obwohl die Agrar- und Subventionspolitik der Bundesregierung am westdeutschen Leitbild des bäuerlichen Familienbetriebs orientiert ist, entstehen **nur wenige neue selbständige Höfe**. Bis 1993 hatten nur ca. 8.000 der ehemaligen Genossenschaftsbauern den Schritt in die Selbständigkeit (Vollerwerb) gewagt, dazu kommen noch ca. 10.000 mit neuen selbstständigen Nebenerwerbsbetrieben.[19] 1995 bewirtschafteten 22.600 Einzelbetriebe (Voll- und Nebenerwerb – Westdeutschland: 523.000!) ca. ein Fünftel der Nutzfläche; ein weiteres Fünftel wurde von ca. 2.400 Personengesellschaften bewirtschaftet, zu denen sich zwei oder mehr Einzelbetriebe aus ökonomischen Gründen zusammengeschlossen haben (Abb. 6.4). Die Neubauern sind sog. Wiedereinrichter (Altbauern) oder Neueinrichter, d. h. ehemalige LPG-Mit-

Abb. 6.4: *Landwirtschaftliche Betriebe in den neuen Ländern (1995)*

	Anzahl	Anteil LF[1]	Betriebs-größe	Arbeitskräfte pro Betrieb	Gewinn pro Arbeitskraft[2]
Einzelunternehmen					
Voll- und Nebenerwerb[3]	22601	20%			
Vollerwerb		ca. 17%	161 ha	2	41.314 DM
Personengesellschaften[4]	2388	21%	415 ha	5	55.542 DM
LPG-Nachfolgegesellschaften[5]	2824	59%	1721 ha	46	34.484 DM

Betriebsgrößen, Arbeitskräfte und Gewinne nach einer nicht repräsentativen Stichprobe von 1482 Betrieben aller Rechtsformen mit relativ stabiler wirtschaftlicher Basis.

1 Landwirtschaftliche Nutzfläche
2 alte Länder: 32.132 DM (Bei einem Ost-West-Vergleich ist zu beachten, daß die höheren Gewinne in den neuen Ländern z. T. auf höhere Subventionen zurückzuführen sind.)
3 Mehr als ein Drittel der Betriebe wurde im Nebenerwerb geführt. Die 57 Nebenerwerbsbetriebe der Stichprobe von 1995 (s. o.) bewirtschafteten durchschnittlich 32 ha (insgesamt ca. 3% der LF) und erzielten pro Inhaberehepaar einen Gewinn von 5.356 DM.
4 Zusammenschlüsse von zwei oder mehr Einzelunternehmen zu Offenen Handelsgesellschaften u. ä.
5 Juristische Personen (1335 Genossenschaften, 1338 GmbH, 64 AG, 87 Sonstige)

Quelle: Agrarbericht 1996, 9, 13, 22, 39f., 42-46.

glieder mit oder ohne Landbesitz; zu ihren Konkurrenten gehören auch einige Westdeutsche, darunter wenige sog. Alteigentümer (frühere Großgrundbesitzer, „Bodenreformopfer“).[20]

Die Scheu der Ostdeutschen vor einer selbständigen bäuerlichen Existenz hat komplexe **Ursachen**: Zum sozialistischen Erbe der „Genossenschaftsorientierung“ kommt eine Vielzahl von Problemen wie hohes Alter der Altbauern, Landflucht ihrer Erben, Mangel an Kapital und betriebswirtschaftlichen Erfahrungen, fehlende Bereitschaft zum Risiko und zur Verschuldung, ungeklärte Eigentums- und Vermögensverhältnisse und Streit mit dem Management der LPG-Nachfolgeunternehmen um die Ansprüche und Abfindungen beim Austritt aus einem Kollektiv, das häufig mit hohen Altschulden belastet ist, die allgemeinen ökonomischen Unsicherheiten im Agrarsektor (z. B. westeuropäische Produktionsüberschüsse) u. a. m.

Im Vergleich zu den westdeutschen Familienbetrieben wirtschaften die ostdeutschen Neubauern wie **moderne Großagrarier**: Mit etwa derselben Anzahl von Familienarbeitskräften bestellen sie Flächen, die mit ca. 160 ha pro Hof um mehr als das Vierfache größer sind als im Westen. Die unsicheren Daten über die Gewinne und Einkommen zeigen an, daß die Personengesellschaften am effizientesten wirtschaften (Abb. 6.4). Aber auch die Einzelbetriebe liegen inzwischen in etwa im Brutto-Einkommensbereich der großen westdeutschen Höfe, ihre Nettoeinkommen liegen wegen der niedrigeren Steuern und Sozialabgaben sogar deutlich höher (Agrarbericht 1996, 22, 40, 59).

Von den **LPGs** hat sich etwa ein Viertel aufgelöst, ca. 2.800 haben als **Nachfolgegesellschaften** mit veränderter Rechtsform überlebt – etwa je zur Hälfte als GmbHs bzw. als Genossenschaften westdeutschen Rechts (Abb. 6.4). Die alten Führungskader haben dabei – anders als in der Industrie und in vielen Dienstleistungssektoren – in der Regel ihre Positionen halten können und stellen die neuen Agrarmanager. Mit drastisch reduziertem Personal – 1995 mit durchschnittlich 46 Arbeitskräften – bewirtschaften die LPG-Nachfolger jeweils kleinere Flächen als die früheren LPGs, insgesamt knapp 60% der Nutzfläche von 1995 (Abb. 6.4). Ihre innere Konsolidierung verläuft sehr unterschiedlich; nach einer Studie des Raiffeisenverbandes von 1995 konnten die untersuchten Genossenschaften ihre Verluste reduzieren und die Gewinnschwelle fast erreichen (*Mittelbach* 1995, 22; vgl. auch Abb. 6.4).[21] Fallstudien[22] zeigen, daß sich die **Arbeitsbedingungen** erheblich verändert haben. Durch die Aufhebung der engen Spezialisierung ist die Arbeit komplexer, vielseitiger und damit auch interessanter geworden; positiv wird auch die höhere Eigenverantwortlichkeit verbucht. Der Konkurrenzdruck zwingt aber auch zu höherer Arbeitsdisziplin, zu höheren Arbeitsbelastungen und zu längeren Arbeitszeiten. Beklagt werden „ein unerwarteter und viel zu hoher Leistungsdruck und Erfolgszwang" (*Krambach/Müller* 1993, 56). Die **Einkommen** in den LPG-Nachfolgebetrieben dürften wegen der niedrigeren Gewinne (Abb. 6.4) deutlich unter denjenigen der Neubauern liegen.

Die **Einkommenssituation** der ostdeutschen Landwirte insgesamt ist – so wie im Westen auch – erheblichen jährlichen Schwankungen unterworfen. 1994 lagen ihre individuellen Nettoeinkommen bei 80%, ihre Haushalts-Nettoeinkommen bei 103% des Durchschnitts (Sozialreport 1994, 165, 178).

Der Umbruch hat die Dörfer mit zwei großen Problemen konfrontiert. Zum einen mit den **Folgeproblemen des drastischen Arbeitsplatzschwunds**: hohe Arbeitslosigkeit, von der die Landfrauen in besonderem Maße betroffen sind, Enttäuschungen, Gereiztheiten, gedrückte Stimmung, Abwanderungen jüngerer und mobiler Menschen (vgl. S. 355), Entleerung und „Vergreisung" der Dörfer u. a.[23] Zum anderen löste die Reprivatisierung einen **heftigen Kampf** zwischen verschiedenen Interessengruppen **um die Nutzung des Bodens** aus, der die sozialen Beziehungen in vielen Dörfern spürbar störte. Die wichtigste Konfliktlinie verläuft zwischen den LPG-Nachfolgern auf der einen Seite und den austrittswilligen bzw. ausgetretenen ehemaligen Genossenschaftsbauern auf der anderen Seite. Beide Gruppen streiten häufig um Rückgabe bzw. Abfindungsansprüche, um staatliches Pachtland aus dem Bestand der früheren VEGs u. a.[24] Diese Spaltung der ostdeutschen Bauernschaft in selbständige Neubauern und LPG-Nachfolger spiegelt sich im Schisma der landwirtschaftlichen Interessenorganisationen wider. Während sich die LPG-Nachfolger den westdeutschen Verbänden (Raiffeisenverband, Deutscher Bauernverband) angeschlossen haben, gründeten die Neubauern mit dem Deutschen Landbund einen eigenständigen ostdeutschen Dachverband – eine Ausnahmeerscheinung im Verbändepluralismus des vereinten Deutschland.

Obwohl auch der Umbruch auf dem Land unter dem Vorzeichen der Reprivatisierung stattfand, ist inzwischen absehbar, daß gewisse Elemente des realsozialistischen Erbes in „westlich angepaßter" Form erhalten bleiben. Die ostdeutsche Besonderheit besteht insbes. in einer im Vergleich zum Westen erheblich vielfältigeren Produktions- und Sozialstruktur der bäuerlichen Bevölkerung. Eine Mischung aus ungewöhnlich großen Einzelhöfen und arbeitsteiligen landwirtschaftlichen Großbetrieben hat große Unterschiede in den Arbeits- und Lebensbedingungen sowie in den Interessenlagen mit den entsprechenden Konflikten zur Folge. Die Ost-West-Unterschiede erinnern an die deutsche Agrarvergangenheit: große Güter im Osten – kleine Höfe im Westen. Und viele Experten vermuten, daß sich in den ostdeutschen Großbetrieben die „moderneren", zukunftsträchtigeren und konkurrenzfähigeren Produktionsstrukturen herausbilden werden. Es sieht so aus, als ließe sich die gute Integration der ostdeutschen Bauern in die sozialistische Industriegesellschaft für die wenigen Überlebenden in die neue industrielle Dienstleistungsgesellschaft hinüberretten.

Anmerkungen

1 1994 gab es 474 000 mithelfende Familienangehörige, davon arbeiteten allein 286 000 im primären Sektor (StBA 1994). Die Zahl der Familienbetriebe liegt niedriger, weil in einigen Betrieben mehr als ein Familienmitglied mitarbeitet.
2 Die quantitativen Angaben nach *Bögenhold* 1985, 241; 1987, 41, 49; 1987a, 324f.
3 Quantitative Angaben im wesentlichen nach iwd 3/1995, 8.
4 Zu dieser BISS-Studie liegen zahlreiche Publikationen vor, z. B. *Koch* 1992, *Thomas* 1993, *Lindig/Valerius* 1993, *Liebernickel* u. a. 1993, *Valerius* 1994, *Koch/Thomas* 1996.
5 *Hinz* u. a. 1995, *Hinz* 1996.
6 *Claus* 1996, *Heuberger/Tänzler* 1996.
7 *Koch/Thomas* 1996, 236; zu Herkunft und Bildungsniveau vgl. auch *Büchel/Pannenberg* 1992, 547f.; *Lindig/Valerius* 1993, 187ff.; *Valerius* 1994, 156; *Hinz* 1996, 128.
8 *Claus* 1996, 14; *Heuberger/Tänzler* 1996, 35, 41.
9 *Thomas* 1993, 237; *Hinz* u. a. 1995, 294; *Koch/Thomas* 1996, 236f.; *Thomas* 1996, 29ff.
10 *Claus* 1996, 15f.; vgl. auch *Heuberger/Tänzler* 1996, 33, 46.
11 *Adler/Kretzschmar* 1995, 14; *Liebernickel* u. a. 1993, 138; *Lindig/Valerius* 1993, 193.
12 Daten nach StatJb 1954, 94 (1950) und Argrarberichte 1990, 52 und 1996, 1, 9.

13 Nach dem Situationsbericht des Deutschen Bauernverbandes lag 1994/95 der Lohn pro bäuerlicher Familienarbeitskraft weiterhin um 40% hinter dem Vergleichslohn eines gewerblichen Arbeitnehmers zurück (FAZ vom 19.12.95, 14).

14 Zur Unzufriedenheit vgl. auch *Pongratz* 1987, 522f. und 1995, 6f.; *Noll/Habich* 1990, 182 und Abb. 4.1 auf S. 80; *Geißler* 1992, 70.

15 Es wird geschätzt, daß von den 889 000 Personen, die laut StatJb DDR (1990, 36) in den LPGs und VEGs arbeiteten, ca. 100 – 150 000 nicht direkt landwirtschaftlich tätig waren (Maschinenschlosser, Maurer, Küchenpersonal, Kindergärtnerinnen u. a.).

16 Zur Agrarrevolution vgl. *Staritz* 1984, 111; *Weber* 1985, 110f. und 314ff.; *Hohmann* 1985, 14ff.; *Krambach* 1988, 94f.; *Winters* 1990, 15.

17 *Hubatsch/Krambach* 1991; *Meyer/Uttitz* 1993, 237f.; *Krambach/Müller* 1993, 58.

18 Vgl. Anm. 15. Zum Verbleib der „Freigesetzten" vgl. die Fallstudie aus Neubrandenburg bei *Augustin* 1994, 347.

19 Institut für Wirtschaftsforschung Halle, nach FAZ vom 16.11.1993, 18.

20 Laut FAZ vom 2.4.1996, 5 sind etwa 200 als Pächter nach Ostdeutschland zurückgekehrt.

21 Nach dem Situationsbericht des Deutschen Bauernverbandes konnten die LPG-Nachfolger 1994/95 im Durchschnitt ausgeglichene Ergebnisse erzielen (FAZ vom 19.12.1995, 14).

22 insbes. *Krambach/Müller* 1993, 54ff.; auch *Meyer/Uttitz* 1993, 228 und *Schunter-Kleemann* 1995.

23 Zur Stimmungslage auf dem Land *Augustin* 1994, *Blumberg* u. a. 1995; zur Situation der Landfrauen *Seyfarth* 1993.

24 Diese politisch und rechtlich komplizierten Auseinandersetzungen sind ab und zu Gegenstand einer hitzigen Medienberichterstattung. Vgl. z. B. verschiedene Berichte in der FAZ (11.9.1993, 13.1.1994, 7.1.1995, 20.3.1995, 14.7.1995, 22.7.1995) sowie die Titelgeschichte „Bauernland in Bonzenhand" in DER SPIEGEL 24 (1995) und die Replik von *Lieser* (1995) im Deutschland-Archiv.

7. Dienstleistungsschichten und industrielle Dienstleistungsgesellschaft

7.1 Sozioökonomischer Strukturwandel: Von der Industriegesellschaft zur industriellen Dienstleistungsgesellschaft

Im Jahr 1949 entwickelte der französische Ökonom und Soziologe *Jean Fourastié* die berühmte **Drei-Sektoren-Hypothese** des sozioökonomischen Wandels, mit der grundlegende langfristige Veränderungen in Wirtschaft und Gesellschaft beschrieben und erklärt werden. Ausgangspunkt dieser Theorie ist die Einteilung der Produktionsstruktur in drei Sektoren, wie sie bereits einige Jahre vorher *Colin Clark* (1940) vorgenommen hatte:

- in einen **primären** Sektor der Produktgewinnung (insbesondere Landwirtschaft, auch Forstwirtschaft, Fischerei)
- in einen **sekundären** Sektor der Produktverarbeitung (Industrie und Handwerk, meist einschl. Bergbau und Baugewerbe) und
- in einen **tertiären** Sektor der Dienstleistungen (Handel, Verkehr, Kommunikation, Verwaltung, Bildung, Wissenschaft, Beratung, Sozial- und Gesundheitswesen u. a.).

Die Drei-Sektoren-Hypothese besagt, daß sich der Schwerpunkt der wirtschaftlichen Tätigkeit in allen Gesellschaften zunächst vom primären auf den sekundären Sektor und anschließend vom sekundären auf den tertiären Sektor verlagert, oder mit anderen stark vereinfachenden Worten: **Agrargesellschaften** verwandeln sich zunächst in **Industriegesellschaften** und Industriegesellschaften schließlich in **Dienstleistungsgesellschaften**. Der französische Soziologe *Alain Touraine* (1969) nennt den neuen Gesellschaftstyp **„société postindustrielle"** und der amerikanische Soziologe *Daniel Bell* (1973) „postindustrial society". Die Schwerpunktverlagerung hin zum tertiären Sektor ist mit wichtigen Veränderungen in der Sozialstruktur, im Schichtgefüge und in den Lebens- und Arbeitsbedingungen verknüpft. Der Titel des Buches von *Fourastié* – „Die große Hoffnung des 20. Jahrhunderts" (1949) – bringt die optimistischen Erwartungen zum Ausdruck, die gelegentlich mit diesem

Strukturwandel verbunden wurden – dazu gehören steigender Wohlstand und soziale Sicherheit, Aufblühen von Bildung und Kultur, höheres Qualifikationsniveau, Humanisierung der Arbeit, Vermeidung von Arbeitslosigkeit – eine „große Hoffnung“, die allerdings nur z. T. in Erfüllung ging.[1]

In der Regel wird der Strukturwandel an den groben statistischen Eckdaten zur Entwicklung der volkswirtschaftlichen Wertschöpfung (Bruttosozialprodukt) und der Erwerbstätigen in den drei Sektoren aufgezeigt. Die Abb. 2.1 und 2.2 (S. 27 und 29) enthalten die entsprechenden Angaben für die deutsche Gesellschaft. Sie machen deutlich, daß Deutschland im 20. Jahrhundert bis in die 70er Jahre hinein eine Industriegesellschaft war; die Güterproduktion dominierte bei der Wertschöpfung und bei den Beschäftigtenzahlen. Das Gewicht des sekundären Sektors nahm auf Kosten des primären Sektors bis in die 60er Jahre hinein ständig zu, allerdings waren die Wachstumsraten des stark expandierenden Dienstleistungssektors noch größer. In der Bundesrepublik verlagerte sich dann in den 70er Jahren der Schwerpunkt der Wertschöpfung und Beschäftigung in den tertiären Bereich, so daß man als vorläufiges Ergebnis der ökonomischen Grobanalyse festhalten kann: Von der Produktionsstruktur her hat sich die Bundesrepublik in den 70er Jahren von einer Industriegesellschaft in eine Dienstleistungsgesellschaft verwandelt.

Die Entwicklung der Beschäftigtenanteile verlief in den beiden deutschen Gesellschaften unterschiedlich (Abb. 7.1). In den 50er und 60er Jahren bildeten sich in beiden Teilen Deutschlands typische industriegesellschaftliche Strukturen heraus: sekundärer und tertiärer Sektor dehnten sich zu Lasten des primären Sektors aus, in der BR prononcierter als in der DDR. In den beiden folgenden Jahrzehnten klafften die Entwicklungen dann zunehmend auseinander. Die Bundesrepublik unterliegt einem kräftigen Tertiärisierungsschub bei gleichzeitigem Schrumpfen der beiden anderen Sektoren.

In der DDR dagegen stagnierten die drei Sektoren nahezu. Das Ergebnis war ein erheblicher **Tertiärisierungsrückstand der DDR**. Ihre sozioökonomische Struktur des Jahres 1990 glich in etwa derjenigen der Bundesrepublik aus dem Jahr 1965 (vgl. iwd 35/1990, 5; *Scharpf* 1986, 8); die Weiterentwicklung zur Dienstleistungsgesellschaft war in der DDR ausgeblieben. Defizite bestanden insbes. im Kredit- und Versicherungsgewerbe, im Rechtswesen, im Gastgewerbe sowie in der Rechts- und Wirtschaftsberatung (iwd 27/1991, 4f.).

Ein zweites Charakteristikum der **deformierten Dienstleistungsstruktur** der DDR waren ihre **Personalüberhänge**. Wo es Dienstleister gab, gab es ihrer zu viele; aus westlicher Sicht verrichteten sie ihren Dienst „ineffizient“. In den Funktionen des „öffentlichen Dienstes“ (vgl. S. 149f.) arbeitete in der DDR ein Beschäftigter für schätzungsweise 6 bis 8 Einwohner, in der BR für 14 Einwohner. So waren z. B. an den Universitäten der DDR pro Student fast

Abb. 7.1: *Erwerbstätige nach Produktionssektoren (1950 – 1993)*

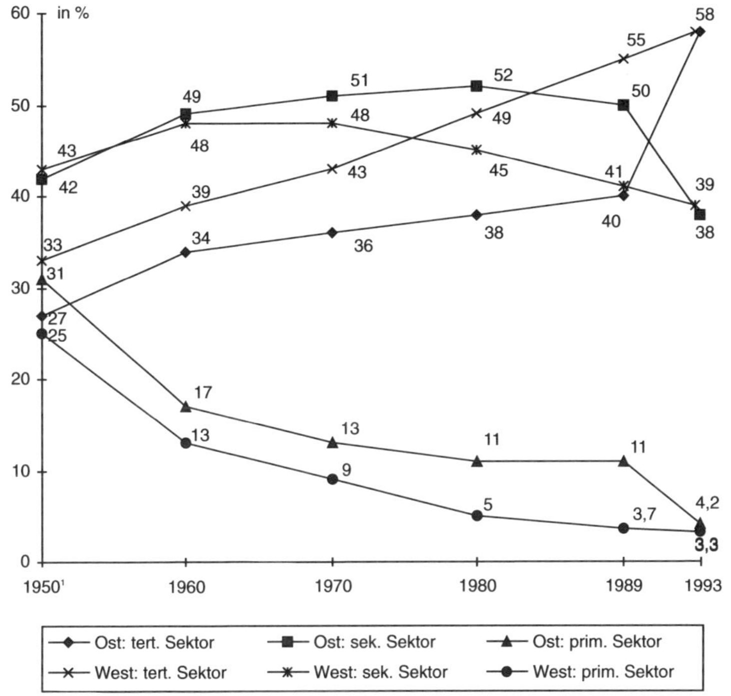

[1] DDR 1949; tert. Sektor nur Handel, Verkehr u.a., ohne „sonstige nichtproduzierende Bereiche"

Quellen: StatJb BRD 1960, 142; 1990, 20; 1995, 18; StatJb DDR 1990, 19, 125, 128; Datenreport 1994, 83.

dreimal so viele hauptberufliche WissenschaftlerInnen tätig wie in der BR (Einzelheiten bei *Geißler* 1991, 184). Personelle Überbesetzungen der Dienstleistungsfunktionen gab es auch in der Wirtschaft – bei Reparatur und Instandhaltung (überalterte Maschinen und Apparate), im Material- und Transportwesen und insbes. in den aufgeblähten Verwaltungsapparaten der planwirtschaftlichen Betriebe, wo in einigen Fällen bis zu 50% aller Betriebsangehörigen arbeiteten, um u. a. durch eine Flut von Berichten Pläne zu begründen und die zentralen Steuerungsinstanzen über die Planerfüllung zu informieren (vgl. *Klinger* 1990, 78).

Im Vergleich zur DDR war in der alten Bundesrepublik die Tertiärisierung weiter fortgeschritten, im Vergleich zu anderen hochentwickelten Gesellschaften des Westens dagegen ist die Bundesrepublik noch „überindustrialisiert" und weist „Dienstleistungsdefizite" auf. So waren 1992 in Kanada und den USA (je 73%), in den Niederlanden und Großbritannien (je 71%), in Schweden und Belgien (je 70%), aber auch in Dänemark (68%) und Frankreich (66%) erheblich mehr Erwerbstätige im tertiären Sektor tätig als in der BR (OECD nach iwd 18/1995,1).[2]

Der empirische Nachweis des Strukturwandels ist mit einer Reihe von **Definitions- und Meßproblemen** verbunden. Die Zahlen für die Entwicklungen variieren, je nach dem, ob man den drei Sektoren Tätigkeiten, Arbeitsplätze oder Berufe, Arbeitende oder Arbeitsorganisationen zuordnet. So haben die Daten der Abb. 2.2 und 7.1 den Nachteil, daß die Klassifikation nach Betrieben erfolgt. Dadurch werden die Dienstleister eines Industrieunternehmens – z. B. die Betriebsärztin, der Marketingleiter oder der Pförtner – als Erwerbstätige in der Güterproduktion erfaßt. Die Daten verdecken also die sog. **Tertiärisierung des sekundären Sektors**. Mit diesem Begriff wird die Tendenz bezeichnet, daß sich innerhalb der güterproduzierenden Betriebe immer mehr Dienstleistungstätigkeiten ansiedeln. Die Verwissenschaftlichung der Produktion, die Internationalisierung der Wirtschaft, die zunehmende organisationsinterne Arbeitsteilung, der wachsende Informations- und Planungsbedarf haben zur Folge, daß die Tätigkeiten in Management und Organisation, Rechnungswesen und Datenverarbeitung, Forschung und Entwicklung, Transport und Nachrichtenübermittlung, Marktforschung und Werbung ständig ihren Anteil erweitern.[3]

Berücksichtigt man auch diese Entwicklung und gruppiert die Erwerbstätigen nach Berufen, die den drei Sektoren zugeordnet werden (Abb. 7.2), so wurde in der Bundesrepublik bereits in den 60er Jahren die Schwelle zur Dienstleistungsgesellschaft überschritten.[4] Wenn man die konkreten Tätigkeiten der Erwerbstätigen selbst betrachtet – und nicht nur ihre Berufsbezeichnungen –, dann verrichteten 1991 81% (!) Dienstleistungen im weiteren Sinne, nur noch 19% waren mit der Herstellung von Gütern und Nahrungsmitteln oder mit dem Bauen befaßt (Datenreport 1994, 85).

Bei genauerem Hinsehen sind die Dienstleistungen – sie werden in der Regel als Restkategorie definiert: alle Arbeiten, die nicht in der Produktgewinnung oder Produktverarbeitung stattfinden – vielfach in sich gegliedert. Aus der Vielzahl der Typologien[5] sei die interessante Unterteilung von *Scharpf* kurz skizziert, die auf den britischen Ökonomen *Gershuny* (1978) zurückgeht. *Scharpf* (1986, 7) unterscheidet **produktionsbezogene** Dienste, die zur Planung und Durchführung der Güterproduktion und zur Verteilung der Güter erforderlich sind, und **verbraucherbezogene** Dienste, „die unmittelbar vom Letztverbraucher in Anspruch genommen werden" (z. B. Bildung, Information, Unterhaltung, Gesundheitsversorgung, Beherbergung, Beratung u. a.). Diese Zweiteilung macht die Problematik der Begriffe „Industriegesellschaft" und „Dienstleistungsgesellschaft" bzw. „nachindustrielle Gesellschaft" sichtbar: Vernachlässigt man die direkten funktionalen und ökonomischen Zusammenhänge vieler Dienste mit der Güterproduktion, so ist die überwiegende Mehrheit der Erwerbstätigen mit „tertiären" Arbeiten befaßt und der Begriff „Dienstleistungsgesellschaft" wäre eine zutreffende Bezeichnung. Berücksichtigt man dagegen nur die direkt verbraucherbezogenen Dienste, dann verrichtet nur eine Minderheit der Erwerbstätigen – im Jahr 1981 waren es in der Bundesrepublik 39% (berechnet nach *Scharpf* 1986, 8) – Dienstleistungen i.e.S.; die Bundesrepublik wäre also auch weiterhin eine „Industriegesellschaft" – ein Etikett, daß noch immer sehr häufig benutzt wird (vgl. S. 23). Ein Ausweg aus diesem Dilemma scheint mir der Begriff **industrielle Dienstleistungsgesellschaft**

Abb. 7.2: *Erwerbstätige in Westdeutschland nach sektoralen Berufsgruppen 1970 – 1993*

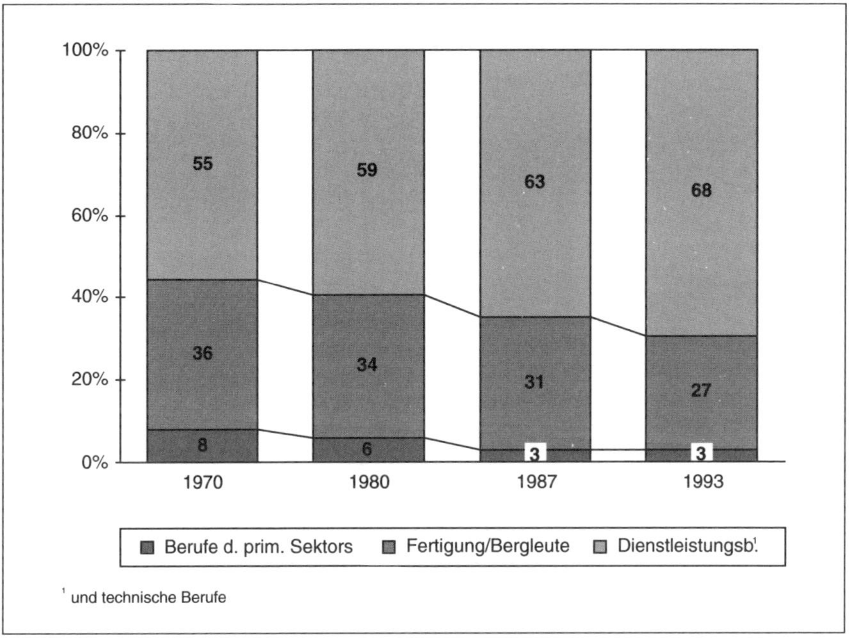

Quelle: StatJb 1974, 139f.; 1981, 100; 1990, 103f.; 1995, 113.

zu sein, da er das Gewicht sowohl der Güterproduktion als auch der Dienstleistungen sowie die Verzahnung beider Bereiche angemessen zum Ausdruck bringt.

Abb. 7.3 macht deutlich, wie sich der Wandel zur industriellen Dienstleistungsgesellschaft in einer anderen geläufigen groben Berufsstatistik widerspiegelt. Die quantitativ überwiegende Schicht der Industriegesellschaft waren die ArbeiterInnen; ihr seit über einem Jahrhundert andauernder Schrumpfungsprozeß hat sich in den beiden letzten Jahrzehnten beschleunigt. In den 70er Jahren stiegen dann die Angestellten und Beamten als typische DienstleisterInnen, deren Umfang in den letzten 100 Jahren ständig zugenommen hat, zu quantitativ dominierenden Schichten auf.

Dem Wandel zur industriellen Dienstleistungsgesellschaft liegt ein vielschichtiges Geflecht von **Ursachen** zugrunde, für das bisher eine zusammenhängende Theorie fehlt.

Der erste Ursachenkomplex, auf den die Klassiker der Drei-Sektoren-Hypothese bereits hingewiesen haben, liegt primär im **ökonomischen** Bereich. Er stellt die Zusammenhänge von technischem Fortschritt, Produktivitätssteigerung, Arbeitskräfteverlagerung und privater Nachfrageverschiebung ins

Abb. 7.3: *Erwerbspersonen/Erwerbstätige*[1] *nach ihrer Stellung im Beruf 1882 – 1993*

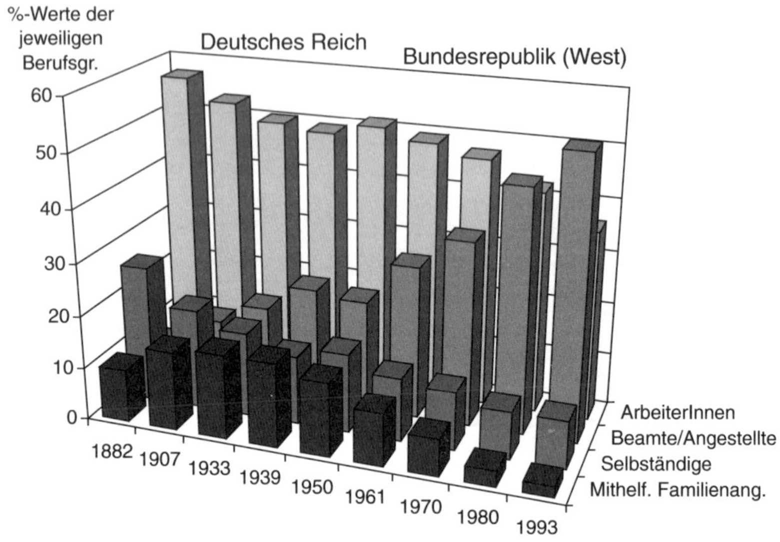

	1882	1907	1933	1939	1950	1961	1970	1980	1993
ArbeiterInnen	57	53	50	49	51	49	47	42	36
Beamte/Angestellte	7	13	17	22	21	29	35	46	53
Selbständige	26	19	16	13	15	12	11	9	9
Mithelf. Familienangeh.	10	15	16	16	14	10	7	3	2

1 bis 1961 Erwerbspersonen, ab 1970 Erwerbstätige (Erwerbspersonen = Erwerbstätige + Erwerbslose)

Quelle: StatJb 1967, 1971, 1981, 1995.

Zentrum. Die ungeheuren Produktivitätsfortschritte in der Agrarproduktion und Güterherstellung setzen Arbeitskräfte frei, die in den Dienstleistungssektor verlagert werden. Der Dienstleistungsbereich kann als Auffangbecken für die „überflüssig" gewordenen Arbeitskräfte dienen, weil dort die Rationalisierung und die Produktivitätszuwächse zumindest teilweise stärkeren Einschränkungen unterliegen und weil sich mit dem Anstieg der Realeinkommen auch die private Nachfrage nach Dienstleistungen erhöht; der Anteil von Aufwendungen, die der private Verbraucher für Dienste ausgibt, steigt nachweislich stetig an.[6] In die Verschiebungen bei der privaten Nachfrage spielen auch weitere Veränderungen in den Lebensbedingungen, im Wertesystem oder in der Bevölkerungsstruktur hinein. Die folgenden ausgewählten Beispiele können diese Zusammenhänge illustrieren (vgl. *Hönekopp/Ullmann* 1980, 267):

- die sinkende Arbeitszeit steigert die Nachfrage nach Freizeitangeboten;
- die Alterung der Bevölkerung (vgl. S. 344f.) erhöht den Bedarf an Unterhaltung, medizinischer Versorgung und Versorgung mit warmen Mahlzeiten;
- die Technisierung des Alltags und der Haushalte erfordert vermehrt Reparatur- und Wartungsdienste;
- die schnelle Veränderung der beruflichen Anforderungen macht Weiterbildung und Umschulung erforderlich;
- die wachsende Erwerbsbeteiligung der Frau (vgl. S. 281f.) erhöht die Nachfrage nach Serviceleistungen für Haushalt und Kinderbetreuung.

Auf den steigenden Bedarf nach Dienstleistungen innerhalb der produzierenden Unternehmen, der von den Drei-Sektoren-Theoretikern übersehen wurde, habe ich im Zusammenhang mit der Tertiärisierung des sekundären Sektors bereits hingewiesen. Auch außerhalb der Unternehmen wächst mit der Expansion der Güterproduktion die Nachfrage nach Dienstleistungen in der Warenzirkulation (Handel, Transport, Kommunikation) sowie im Geldverkehr und Versicherungsbereich. Desweiteren nehmen die „Generalunkosten des sekundären Sektors" (*Aron* 1962, 160) zu – der Bedarf an Ausbildung, öffentlicher Verwaltung, Recht und Rechtsschutz.

Systemtheoretische Überlegungen führen zu einem zweiten, **systemisch-soziologischen** Ursachenkomplex: Mit der wachsenden Komplexität der ökonomischen und sozialen Systeme steigt ihr Regelungs-, Vermittlungs- und Steuerungsbedarf. Nach *Offe* (1984, 299) erfordern komplexe Systeme ein Mehr an „Planung, Koordination, Steuerung und Kontrolle". Man kann hinzufügen: sie machen auch ein Mehr an Sozialisation und Ausbildung nötig (vgl. S. 255ff.).

Die **Ursachen** für den **Tertiärisierungsrückstand in der DDR** lagen in der niedrigen Produktivität und in der Vernachlässigung des Dienstleistungssektors durch die sozialistische Wirtschaftsplanung. Der **Produktivitätsrückstand** der DDR-Wirtschaft band zu viele Arbeitskräfte in Landwirtschaft und Industrie. Und die planwirtschaftliche Ideologie hemmte den Ausbau der Dienstleistungen noch zusätzlich, weil diese schwerer quantifizierbar und damit schwerer planbar waren und weil der tertiäre Sektor bis in die 80er Jahre hinein als ein Bereich angesehen wurde, der Volkseinkommen „verzehrt" im Gegensatz zu den beiden anderen Bereichen, die Volkseinkommen „schaffen" (vgl. *Klinger* 1988, 159; *Steinitz* 1988, 180).

7.2 Angestellte

Wer die Auswirkungen des sozioökonomischen Wandels zur industriellen Dienstleistungsgesellschaft auf die Schichtstruktur nachzeichnen will, steht zunächst vor dem Problem, Dienstleistungsschichten abzugrenzen und zu benennen. Die „Mitte" der Gesellschaft hat den Sozialstrukturanalytikern der Industriegesellschaft schon immer besonderes Kopfzerbrechen bereitet. Die folgende Darstellung der Entwicklung von Soziallage und Mentalität der Dienstleistungsschichten geht von den arbeitsrechtlich abgrenzbaren Gruppen der Angestellten und Beamten aus. Dahinter stecken einerseits pragmatische Gründe: Die Statistiken und die Angestelltensoziologie liefern empirische Materialien, die sich kaum anders strukturieren lassen. Andererseits sind Angestellte und Beamte auch schichtungssoziologisch ergiebige Begriffe, wenn man sie mit den erforderlichen Differenzierungen versieht.

Die zahlenmäßig bedeutendste Gruppe in der Mitte der Gesellschaft sind die **Angestellten**. Als sozialstrukturelle Folgeerscheinung der Industrialisierung betraten sie die „Bühne der Gesellschaft" (*Bahrdt* 1973, 13) erst um die Jahrhundertwende. Nach einer raschen Ausdehnung auf 12% der Erwerbstätigen bis 1925 folgte dann ein Vierteljahrhundert relativ langsamen Wachstums. Im Zuge der schnellen „Tertiärisierung" der sozioökonomischen Struktur in den 50er und 60er Jahren entwickelten sie sich dann zu einem Massenphänomen. Ihr Anteil an den Erwerbstätigen schnellte von 16% im Jahre 1950 um mehr als das Doppelte auf 33% im Jahre 1974 hoch und wächst bis heute kontinuierlich an. In der 2. Hälfte der 80er Jahre lösten sie die Arbeiter als **quantitativ dominierende Gruppe** der Erwerbstätigenstatistik ab. 1989 gab es unter den Erwerbstätigen in der Bundesrepublik mehr Angestellte (42%) als Arbeiter (38,5%) (vgl. auch Abb. 7.3).

Angestellte verrichten Tätigkeiten in den drei klassischen Dienstleistungsbereichen:

- als **kaufmännische** Angestellte im Handel und in Warenhäusern, bei Banken und Versicherungen oder auch in den Ein- und Verkaufsabteilungen der Industriebetriebe;
- als **technische** Angestellte – als Werkmeister, Techniker, Ingenieure, Laboranten, Wissenschaftler u. a. – in Betrieben, die mit zunehmender Technisierung auf immer mehr Spezialisten angewiesen sind;

- als **Büro- und Verwaltungsangestellte** zur Bewältigung der „bürokratischen" Aufgaben in den wachsenden Verwaltungsstäben insbes. der Großorganisationen.

Aber auch in anderen Aufgabenbereichen tauchen Angestellte auf: in den Sektoren von Verkehr, Kommunikation, Information und Massenkommunikation oder im Erziehungs-, Sozial-, Rechts-, Beratungs- und Gesundheitswesen.

1994 waren 74% aller Angestellten im **tertiären Sektor** tätig, aber auch in der gütererzeugenden Industrie werden sie zunehmend in den Bereichen Leitung/Verwaltung, Technik und Ankauf/Absatz beschäftigt. Die **Tertiärisierung des sekundären Sektors** (vgl. S. 138) läßt sich gut daran ablesen, daß der Angestelltenanteil in Industrie und Handwerk von 12% im Jahre 1950 auf 33% im Jahr 1994 angestiegen ist.[7] Die große Masse der Angestellten (1993: 86%) arbeitet im privaten Bereich, aber auch in staatlichen Behörden, Einrichtungen und Unternehmen treten zunehmend **Angestellte im öffentlichen Dienst** neben die traditionellen Beamten. 1950 waren 27% aller Beschäftigten im Staatsdienst Angestellte, 1993 bereits 35% (Abb. 7.4).

Sind Angestelle angesichts der **Vielfalft ihrer Funktionen, Qualifikationen und Arbeitssituationen** überhaupt sinnvoll als Schicht zu begreifen? *Konrad Adenauer* wußte auf diese Frage eine klare Antwort: „ Die Angestellten sind eine eigenwüchsige soziale Schicht in unserem Volk. Hiermit verbindet sich die Vorstellung, daß hier die geistige Regsamkeit, Sinn für Verantwortung und kulturelle Aufgeschlossenheit eine Heimstätte hat." (zit. nach *Bolte* 1970, 327). Die Soziologie ist in ihrem Urteil zurückhaltender. Seit es die Angestellten als zahlenmäßig ernstzunehmende Gruppe gibt, tun sich die Soziologen schwer, ihre Besonderheit als Berufsgruppe oder gar als Schicht bzw. Klasse präziser zu bestimmen. *Berger* und *Offe* (1984, 272) erklären ihre gesellschaftliche und politische Unbestimmheit, ihre „Wesenlosigkeit" zum Spezifikum der Angestellten. Sie reihen sich damit in die Tradition der Angestellten- und Schichtungssoziologie ein, die durch inhaltsleere oder negative Formeln einen Ausweg aus ihrem Dilemma suchte, den unscharfen Begriff der Angestellten genauer zu fassen.[8]

Die Vielgestaltigkeit und Buntheit der Angestellten führte auch zu einer immer wieder auftauchenden Kontroverse darüber, an welcher Stelle der Schichtungs- oder Klassenstruktur sie zu verorten sind: Bilden sie einen **eigenständigen „neuen Mittelstand"** oder – so *Marx* und die Marxisten in der Weimarer Republik, in der BR und in der DDR – sind sie lediglich „unproduktive" oder „kommerzielle Lohnarbeiter", „Stehkragenproletarier", ein besonderer **Teil der „lohnabhängigen Arbeiterklasse"**?[9] *Dahrendorf* (1965, 106ff.) löst diesen Streit mit einem Sowohl-als-auch, indem er die Angestellten, zusammen mit den Beamten, in zwei Schichten untergliedert – in den „falschen Mittelstand", der statusmäßig auf einer Ebene mit der Arbeiterschaft angesiedelt ist, und in die „Dienstklasse" in der oberen Hälfte der Hierarchie.

Die Entwicklung der Angestellten in den letzten Jahrzehnten, die man als **Differenzierung** und auch als eine **gewisse Polarisierung** (vgl. *Baethge/Overbeck* 1986, 20) deuten kann, hat diese grobe Zweiteilung im großen und ganzen bestätigt, wenn sie auch inhaltlich mit anderen Akzenten versehen werden muß. Die Aufspaltung der Angestellten (und Beamten) in zwei Schichten ist zwar in gewisser Weise willkürlich, sie ist jedoch das kleinere Übel im Vergleich zum Konzept einer Dienstleistungsschicht, das außerordentlich unterschiedliche Qualifikationen, Arbeitssituationen, Prestigeniveaus, Einkommensverhältnisse und Mentalitäten in einer einzigen Gruppe zusammenzwängt.

7.3 Die ausführende Dienstleistungsschicht

Die **ausführende Dienstleistungsschicht,** so soll der statusmäßig untere Teil der Dienstleistungsberufe genannt werden, umfaßt neben den Angestellten mit einfachen Tätigkeiten auch die Beamten des einfachen Dienstes, die knapp 8% aller Beamten ausmachen. Von den Erwerbstätigen des Jahres 1994 gehören 13% dieser Schicht an.[10] Einfache Angestellte und Beamte – dazu gehören, um einige Beispiele zu nennen, die Kellnerin und der Briefträger, der Tankwart und die Verkäuferin, die Putzfrau und die Schreibkraft am PC – verrichten zwar vorwiegend „nicht-manuelle Dienste" am Kunden oder in einer Organisation und unterscheiden sich dadurch von den vorwiegend „manuell" tätigen Arbeitern in der Güterproduktion, die zu größeren Teilen körperlich schwere und belastende Arbeit verrichten müssen. Aber ansonsten befinden sie sich im Hinblick auf ihre Arbeits- und Lebensbedingungen ganz in der Nähe der Arbeiterschaft, wobei die Grenzen zwischen diesen beiden Schichten bisweilen verschwimmen.

Ausführende Angestellte und Beamte verrichten – wie die Mehrzahl der Arbeiter – hauptsächlich **ausführende Tätigkeiten**. Rationalisierungsmaßnahmen und die Einführung neuer Technologien im Dienstleistungssektor haben nachweislich bei einem Teil der im unteren Bereich Tätigen zur Verarmung der Arbeitsqualität, zur Entleerung der Arbeitsinhalte, zur Entwertung alter Qualifikationen, zu höheren Belastungen durch die Umstellung auf elektronische Datenverarbeitung und auch zur Verringerung der Aufstiegsmöglichkeiten und zu größeren Arbeitsplatzunsicherheiten geführt (*Seltz* 1983, 296; *Kudera u. a.* 1983, 201). Diese **Verschlechterung der Arbeitsbedingungen** hat insbesondere **Angestellte im Büro** betroffen, wo wichtige Inhalte der Korrespondenz, der Dokumentation sowie des Prüf- und Berechnungswesen vom EDV-System übernommen wurden (*Baethge/Overbeck* 1986, 20).

Bei einigen Berufen steht die reale Arbeitssituation in deutlichem Widerspruch zur rechtlichen Definition der Angestellten, die eine „überwiegend geistige" Arbeit voraussetzt. So ist der „geistige Gehalt" der Tätigkeit bei einer Telefonistin offensichtlich nicht höher als bei einem Meßwartenfahrer, der von seinem Steuerpult millionenschwere Anlagen bedient. Dennoch wird die Telefonistin rechtlich zu den Angestellten und der Meßwartenfahrer zu den Arbeitern gezählt.

Dem vergleichsweise niedrigen Qualifikations- und Arbeitsniveau der ausführenden Dienstleistungsschicht entspricht auch ihr **soziales Ansehen und Prestige**: Berufe wie Busfahrer, Zahnarzthelferin, Bundesbahnschaffner, Briefbote, Friseur oder Schuhverkäuferin rangieren hinter den Prestigeberufen der Arbeiterschaft (*Bolte/Hradil* 1988, 213).

In den ersten Nachkriegsjahrzehnten genossen alle Angestellten – einschließlich der ausführenden Angestellten – einige traditionelle arbeits- und sozialrechtliche Privilegien: längeren Urlaub, längerfristigen Kündigungsschutz, Gehaltsfortzahlungen im Krankheitsfall, bessere Alters- und Invalidenversorgung, dazu die Zahlung eines Monatsgehalts, bei dem der ständische Gedanke einer verläßlichen und angemessenen Sicherung des Lebensunterhalts mitschwingt, im Gegensatz zum Stunden- oder Akkordlohn der Arbeiter nach dem reinen Leistungsprinzip. Diese Sonderrechte der Angestellten sind gegen Ende der 50er und in den 60er Jahren weitgehend verschwunden, weil die Arbeiter den Angestellten nahezu oder teilweise auch völlig gleichgestellt wurden. Aus Arbeitern und Angestellten sind **rechtlich nahezu gleichgestellte „Arbeitnehmer“** geworden.

Die Mehrheit dieser Gruppe rechnet sich nach wie vor zur Mittelschicht, wenn auch die traditionellen ständisch eingefärbten Abgrenzungsbemühungen der Männer und Frauen im weißen Kittel zu den Arbeitern und Arbeiterinnen im blauen Kittel, die *Siegfried Kracauer* (1930) in seinem Essay über die Angestellten der Weimarer Zeit anschaulich schildert, an Schärfe verloren haben. Eine gewisse Berechtigung dieses Selbstverständnisses läßt sich aus der materiellen Situation herleiten. Einfache Angestellte verdienen zwar weniger als Facharbeiter. Dennoch lag 1994 das **Nettohaushaltseinkommen pro Kopf** der ausführenden Dienstleistungsschicht im Durchschnitt um 16% über dem der Facharbeiter (SOEP 1994). Vermutlich hängt dieser Vorsprung im Einkommens- und Lebensstandard damit zusammen, daß Frauen in ausführenden Dienstleistungsberufen mit besser verdienenden Männern verheiratet sind. Die **Selbstzuordnung zur Mittelschicht** schlägt sich auch in einem entsprechenden **Heiratsverhalten** dieser Gruppe nieder. Nur ein kleiner Teil dieser Schicht zählt sich seinem Selbstverständnis nach zu den Arbeitern – von den einfachen und mittleren Angestellten waren es im Jahr 1993 etwa 11%.[11]

7.4 Dienstleistungsmittelschichten

Etwa zwei Drittel der Angestellten und die große Mehrheit der Beamten lassen sich Schichten zuordnen, die ich – abweichend von bisherigen Konventionen – weder neuen Mittelstand noch Dienstklasse sondern **Dienstleistungsmittelschichten** nenne. Der Begriff neuer Mittelstand war zu Beginn dieses Jahrhunderts durchaus zutreffend für eine damals „neue" Schicht mit ständischen Zügen. Inzwischen sind die Angestellten nicht mehr neu, und ihre ständischen Traditionen sind stark verblaßt. Der von dem österreichischen Sozialisten und Politiker *Karl Renner* (1870-1950) geprägte Begriff der **Dienstklasse** (*Renner* 1953, 211ff.), den auch *Dahrendorf* (1965, 106f.) aufgriff, erlebt derzeit eine gewisse Renaissance, weil ihn der britische Soziologe *John Goldthorpe* (1980) in einer erweiterten Form in einem Klassenmodell verwendet, das auch in der deutschen Sozialstrukturanalyse eingesetzt wird.[12] Die Bezeichnung „Dienstklasse" greift jedoch zu kurz, weil sie von der Herrschaftstheorie herkommt und nur auf eine Minderheit der Angestellten und Beamten – auf den bürokratisch tätigen Teil mit Verwaltungs- bzw. Herrschaftsaufgaben – paßt (s. S. 73, 139), nicht aber auf den größeren Teil dieser Gruppen mit anderen Dienstleistungsfunktionen.

7.4.1 Mittlere und leitende Angestellte

Obwohl alle Angestellten von den geschilderten arbeits- und sozialrechtlichen Einebnungen betroffen sind, haben sich die Dienstleistungsmittelschichten ihre im Vergleich zu den Arbeitern privilegierte Soziallage erhalten können. Die Ausdehnung des Dienstleistungssektors hat nicht nur zu der geschilderten Zunahme von Routinearbeiten geführt, sondern auch zu gegenläufigen Entwicklungen. Es entstanden **qualifizierte Arbeitsplätze** mit relativ hohen Ansprüchen an die berufsfachlichen und kommunikativen Fähigkeiten, mit einem relativ hohen Grad an Spezialisierung, Komplexität, Autonomie und Arbeitszufriedenheit – so z. B. im Erziehungs- und Sozialwesen, in den Planungs-, Entwicklungs- und Marketingabteilungen der Industriebetriebe oder im Kundendienst bzw. bei der Sachbearbeitung in Kreditinstituten und Versicherungsgesellschaften. Im Vergleich zu den Facharbeitern ist ein erheblich größerer Teil der Dienstleistungsmittelschichten an abwechslungsreichen, weniger stark kontrollierten Arbeitsplätzen tätig, die mehr Lernanregungen und mehr Möglichkeiten zur Selbstgestaltung und Mitentscheidung bieten. Die höhere Arbeitsqualität und die Entlastung von körperlicher Anstrengung wird häufig erkauft mit einem hohen Maß an **psychischen Belastungen:** fast jede/r Zweite klagt über nervliche Anspannungen im Beruf – unter den FacharbeiterInnen sind es nur 22%. Die anspruchsvollere Arbeit setzt höhere Qualifikationen voraus und wird mit einem **höheren Verdienst** und mit **höherem Ansehen** belohnt. Das Sozialprestige der Kindergärtnerinnen und der Sekretärinnen, des Bankangestellten und des Finanzbuchhalters und erst recht des Programmierers und Bauingenieurs sind höher, z. T. erheblich höher als das der Arbeiterberufe. Obwohl sich die Wohnbedingungen, die Haushaltsausstattungen und die Ausgabenstrukturen der Familien von Arbeitern und Angestellten in vielen Bereichen angenähert haben, können sich die Dienstleistungsmittelschichten einen höheren **Lebensstandard** leisten als die Arbeiterschaft.[13] So lag 1994 das Haushaltsnettoeinkommen (pro Kopf) von mittleren Angestellten um 23% über dem der Facharbeiter und um 38% über dem von Un- und Angelernten; höhere Angestellte lagen um 61% bzw. 80% über den beiden Arbeiterschichten (SOEP 1994).

Die Besonderheiten der Soziallage schlagen sich auch im Selbstverständnis und in der **Sozialmentalität** der Dienstleistungsmittelschichten nieder. Die große Masse der Angestellten gehört ihrem **Selbstverständnis** nach zur Mitte der Gesellschaft, eine Minderheit zur oberen Mitte bzw. zur „Oberschicht" (Datenreport 1994, 580). Der pointiert antiproletarische Habitus, der für große Teile der deutschen Angestellten in der ersten Hälfte dieses Jahrhunderts charakteristisch war, ist subtileren, weniger kämpferischen Formen der Abgrenzung gewichen. Das Selbstverständnis der verschiedenen Gruppen von Angestellten weist durchaus unterschiedliche Akzente auf. So hat sich das Angestelltenbewußtsein bei den **„arbeiternahen" Technikern** am stärksten mit Elementen eines „allgemeinen Arbeitnehmerbewußtseins" vermischt, ohne daß dabei das Gefühl für den besonderen Sozialstatus völlig verschwunden ist. Selbst einfache technische Angestellte, die ihre berufliche Karriere als Maschinenschlosser begannen, entwickeln durchaus ein Bewußtsein von ihrer Sonderstellung als Angestellte.[14] Dies gilt erst recht für Ingenieure und kaufmännische Angestellte. Im **„arbeiterfernen" kaufmännischen Bereich** haben sich berufsständische, auf Abgrenzung bedachte Traditionen am stärksten erhalten; dort ist das Bewußtsein von den Besonderheiten der Qualifikation, Leistung und geistigen Arbeit am stärksten lebendig geblieben.

Studien aus den 60er und 70er Jahren sowie einige neuere Untersuchungen heben das professionelle Berufsverständnis, die starke Identifikation mit den Inhalten ihrer Arbeit und die vergleichsweise hohe Arbeitsmoral und Betriebsloyalität der Dienstleistungsmittelschichten hervor. Ein weiteres Kennzeichen ihrer Mentalität ist ein Hang zu individualistischem Leistungs- und Karrieredenken; in dem abgestuften System beruflicher Positionen sehen die Angestellten tatsächliche oder vermeintliche Chancen des sozialen Aufstiegs innerhalb ihrer Arbeitswelt.[15]

Dieser Individualismus hat **ideologisch-politische Konsequenzen**: Alle Angestelltengruppen weisen zu den politisch-ideologischen Einstellungen der Arbeitgeber durchweg eine geringere Distanz auf als die ArbeiterInnen. Dabei existieren deutliche Unterschiede nach der Höhe der Berufsposition: leitende Angestellte stehen der Unternehmerideologie am nächsten, einfache Angestellte am fernsten (*Holtmann/Strasser* 1990, 93ff.). Die Angestellten neigen eher zu individualistischen als zu politisch-solidarischen Formen der Interessendurchsetzung und verlassen sich bei Auseinandersetzungen mit dem Arbeitgeber eher auf Individualstrategien. Nur 18% der höheren und 29% der mittleren und einfachen Angestellten ziehen Kollektivstrategien vor, unter den ArbeiterInnen sind es dagegen 54-55% (*Bertl* u. a. 1989, 115). Angestellte versuchen, ihre Interessen auf eigene Faust durchzusetzen, individuelle Konkurrenz verdrängt kollektive Solidaritäten. Entsprechend niedrig ist auch ihre Bereitschaft, sich gewerkschaftlich zu organisieren: Während 1992 51% der ArbeiterInnen ihre Interessen kollektiv durch Gewerkschaften vertreten ließen, waren nur 25% der Angestellten Mitglieder einer Gewerkschaft.[16] Im öffentlichen Dienst sind mit 33% erheblich mehr Angestellte gewerkschaftlich organisiert als im privaten Dienstleistungssektor (13%). Die Unterschiede nach Betriebsgröße sind noch deutlicher: in kleinen Betrieben mit bis zu zehn MitarbeiterInnen liegt der Organisationsgrad nur bei 4%, in Großbetrieben mit über 500 Angehörigen dagegen bei 35%.[17]

Die oben skizzierten Varianten in der soziopolitischen Mentalität zwischen **„arbeiternahen" und „arbeiterfernen" Angestelltengruppen** kommen auch in zwei unterschiedlichen **Gewerkschaften** für Angestellte zum Ausdruck. Die Mehrheit der organisierten Angestellten – insbesondere Werkmeister, Angestellte aus dem technischen Bereich und aus der öffentlichen Verwaltung – hat sich dem **DGB** zugewendet, der unter den Dienstleistungsschichten immer besser Fuß fassen konnte und im Jahre 1987 73% der organisierten Angestellten auf sich vereinigte. Eine Minderheit – im Jahre 1987 waren es 20% der organisierten Angestellten, insbesondere kaufmännische und Verwaltungsangestellte in Privatunternehmen und Banken – sahen ihre Interessen besser in der **Deutschen Angestelltengewerkschaft (DAG)** aufgehoben (berechnet nach *Müller-Jentsch* 1989, 72f., 130f.). Deren Politik hebt stärker auf besondere Statusbedürfnisse der Mittelschicht ab und schlägt gemäßigt mittelständische Töne an. Ein mittelständisch-rechtsgerichtetes Protestpotential, das für die antisozialistische Angestelltenbewegung der Weimarer Republik charakteristisch war, fehlt dagegen in der Bundesrepublik.

7.4.2 Mittlere und höhere Beamte

Die Beamtenschaft hat in Deutschland als sozialer Stand eine lange historische Tradition. Sie ist erheblich älter als die Schicht der Angestellten oder die Klasse der Industriearbeiter. Ihre geschichtlichen Wurzeln reichen bis zu den Ministerialen der mittelalterlichen Feudalherren zurück. Als wichtige Helfer bei der Durchsetzung staatlicher Herrschaft haben die Beamten die Ablösungen der sehr unterschiedlichen politischen Systeme überlebt: aus den Dienern von Feudalherren, Monarchen und Nazi-Diktatur sind schließlich die Staatsdiener einer pluralistischen Demokratie geworden.[18] Im Staatssozialismus der DDR wurde das Berufsbeamtentum allerdings abgeschafft; es ging in der neuen sozialistischen Dienstklasse auf (vgl. S. 159).

Heutige Kritiker des Berufsbeamtentums bezeichnen die Beamten als „die Vertreter der letzten eigentlichen Kaste in der Bundesrepublik" (*Schueler* 1987, 1), als „Fremdkörper in einer modernen Demokratie" (*Greiffenhagen* 1993, 76); ihre Befürworter rechtfertigen ihren „Sonderstatus in der Gleichheitsgesellschaft" (*Isensee* 1988) mit ihren besonderen Aufgaben und Funktionen. Während sich die politischen Gegner und Befürworter des Berufsbeamtentums über die soziale Sonderstellung dieser Gruppe in der heutigen Gesellschaft der Bundesrepublik einig sind, hat die Schichtungssoziologie bereits in der Weimarer Republik gezögert, die Beamten als eine besondere Schicht abzugrenzen. Die „Tendenzen zur Einebnung des Beamtentums", die *Geiger* (1932, 98f.) bereits vor 60 Jahren diagnostizierte, haben sich auch in der Bundesrepublik weiter fortgesetzt. Dennoch sind die Beamten nicht völlig in den Dienstleistungsmittelschichten der Angestellten aufgegangen. Nicht nur ihr rechtlicher Status, sondern auch ihre Soziallage und ihre Mentalität weisen einige spezifische Konturen auf, die es rechtfertigen, sie als besondere Gruppe innerhalb der Dienstleistungsmittelschichten zu behandeln.

Auffällig ist zunächst ihr **quantitatives Wachstum** (Abb. 7.4). Seit 1950 wird das Heer der Staatsdiener ständig größer. Ihre absolute Zahl stieg von 791 000 im Jahre 1950 auf 2 022 000 im Jahre 1993 an, ihr Anteil an den Erwerbstätigen kletterte in diesem Zeitraum von 3,8% auf 7,1%. Ein besonderer Schub erfolgte in der ersten Hälfte der 70er Jahre; in den 80er Jahren flachte die Wachstumskurve ab. In ähnlichem Umfang nahm auch die absolute und relative Zahl der Angestellten im öffentlichen Dienst zu. Der Anteil der beim Staat Beschäftigten in der Erwerbsbevölkerung stieg von 11% im Jahre 1950 auf 16% im Jahre 1993.

Struktureller Hintergrund dieses Wachstums ist der **Funktionswandel bzw. die Funktionserweiterung des Staates**. Die Weiterentwicklung des liberalen Rechtsstaates zum Interventionsstaat und zum sozialen Wohlfahrtsstaat erweiterte die Palette der staatlichen Aufgaben erheblich: Der Staat be-

Abb. 7.4: *Personal des öffentlichen Dienstes*[1] *in Westdeutschland 1950 – 1993*

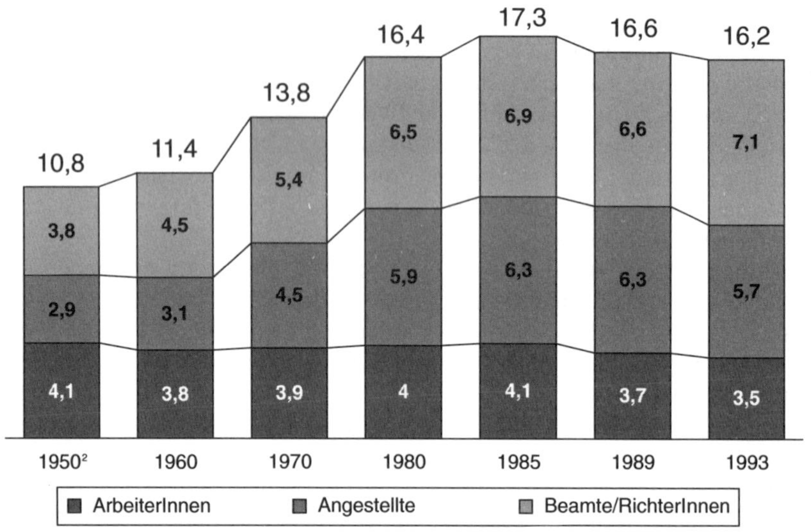

[1] Vollzeit- u. Teilzeitbesch., bis 1980 ohne Beurlaubte
[2] teilweise geschätzt

Quellen: eigene Berechnungen nach Datenreport 1985, 81; StatJb 1990, 20, 457 und 1995, 105, 518.

schränkte sich immer weniger auf die traditionellen Sicherungs- und Ordnungsfunktionen, sondern er griff planend und steuernd in immer mehr Bereiche des gesellschaftlichen Lebens ein; er übernahm immer mehr soziale Vor- und Fürsorgeaufgaben; unter seiner Regie vollzog sich die Expansion von Bildung und Wissenschaft (vgl. S. 252ff.). Eine notwendige Folge dieses Funktionszuwachses ist die Erweiterung des Staatspersonals – der Beamten und der öffentlichen Angestellten.

Der Funktionswandel des Staates hatte nicht nur quantitative, sondern auch qualitative Folgen für die Gruppe der Beamten: auch die Palette ihrer **Aufgaben wurde erweitert und differenzierte** sich. Neben den traditionellen Kern der „hoheitlichen Funktionen“ – Ordnungsaufgaben nach innen (Polizei) und außen (Militär), Justiz und Finanz- und Zentralverwaltung – traten immer mehr „moderne“ Aufgaben von Bildung und Forschung, von öffentlichen

Abb. 7.5: *Aufgabenbereiche der Beamten 1993*

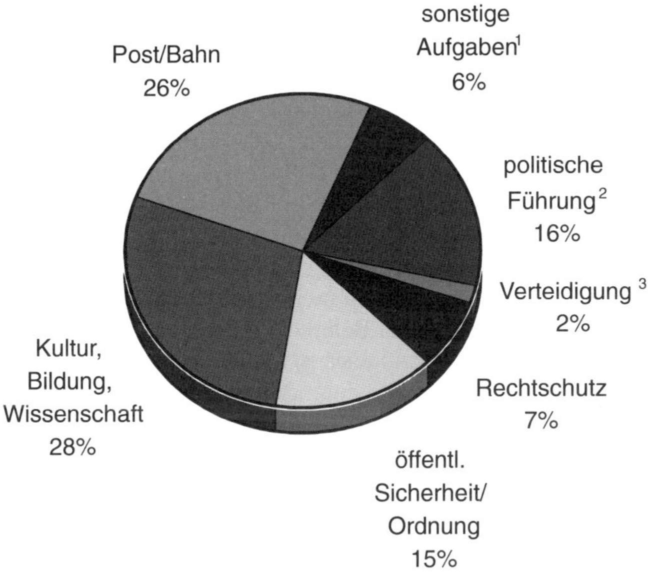

[1] Wirtschaft, Verkehr, soziale Sicherung, Wohnungswesen, Gesundheit, Sport u.a.
[2] einschl. zentrale Verwaltung, auswärtige Angelegenheiten
[3] ohne Soldaten

Quelle: eigene Berechnungen nach StatJb 1995, 176f.

Dienstleistungen, von sozialer Für- und Vorsorge. Abb. 7.5 macht deutlich, daß lediglich zwei Fünftel der Beamten mit den klassischen hoheitlichen Aufgaben bei der Ausübung von Herrschaft betraut ist: sie helfen der politischen Elite bei der Führung und Verwaltung, bei der Aufrechterhaltung der Rechtsordnung und der öffentlichen Sicherheit sowie bei der Organisation des Militärs. 28% sind im Sektor Bildung, Wissenschaft und Kultur tätig. Diese Gruppe ist in den letzten beiden Jahrzehnten am stärksten angewachsen. Weitere 26% verrichten (derzeit noch) Dienstleistungsaufgaben bei Post und Bahn.

Quantitative Expansion sowie Funktionserweiterung und -differenzierung der Beamtenschaft hatten **Verluste an Exklusivität und Homogenität** zur Folge. Unter dem einheitlichen Dach des Beamtenrechts sind Personengruppen mit recht unterschiedlichen Aufgaben, Qualifikationen und Lebenswelten untergebracht. Auch ihre Nähe bzw. Distanz zum Herrschaftssystem variiert erheblich. Zur „Dienstklasse“ im Sinne *Renners* (1953, 211ff.), den bürokratischen Helfern der politischen Machtelite, gehört nur eine Minderheit der Beamten: lediglich Polizisten sowie Verwaltungsbeamte und Justiz bilden wichtige Bestandteile des unmittelbaren Herrschaftsapparates. Die große Gruppe der Lehrer, Dozenten und Wissenschaftler dagegen arbeitet in gehörigem Abstand zum politischen System; die beamteten Sozialisationsagenten sind lediglich indirekt über den politischen Aspekt der Sozialisation, über die Erziehung zum Staatsbürger und zur Systemloyalität mit den Mechanismen der Herrschaft verbunden; und Bahn- und Postbeamte als Mitglieder von Dienstleistungsunternehmen, die inzwischen weitgehend privatisiert wurden, haben mit der politischen Herrschaftsausübung nichts mehr zu tun.

Die **rechtliche Sonderstellung** der Beamten ist auch in der Bundesrepublik weiter abgebröckelt, weil sich öffentliches Beamtenrecht und privates Arbeitnehmerrecht zunehmend wechselseitig durchdringen. Durch die Verbesserung des Kündigungsschutzes und der Alters- und Krankenversorgung der Angestellten des öffentlichen Dienstes haben vorteilhafte beamtenrechtliche Regelungen Eingang in das Arbeiternehmerrecht gefunden und die soziale Sicherung der öffentlichen Angestellten verbessert. Und umgekehrt ist das Beamtenrecht mit einigen Elementen des Tarifrechts angereichert worden; dazu gehören z. B. die gewerkschaftliche Beteiligung bei der Festsetzung der Gehälter und anderer beamtenrechtlicher Regelungen sowie die Einführung der Mehrarbeitsvergütung und Teilzeitarbeit (vgl. *Becker* 1988, 114ff.). Die Einflüsse des Tarifrechts auf das Beamtenrecht haben den Beamten keine Nachteile, sondern Vorteile gebracht, aber sie haben die Besonderheiten des Beamtenstatus weiter abgeschwächt und den Unterschied zum Status des „normalen Arbeitnehmers“ verringert.

Neben einer **günstigen Sozialversicherung** haben sich die Beamten bei allen Angleichungstendenzen ein weiteres wichtiges Privileg erhalten können: die **absolute Arbeitsplatzgarantie** und damit die weitgehende Absicherung gegenüber Schicksalsrisiken, die aus den Krisenerscheinungen der Marktwirtschaft herrühren. Beamte können in dem beruhigenden Gefühl von Sicherheit leben, das die sozialistischen Gesellschaften allen Arbeitenden garantiert hatten.

Überdurchschnittliche Qualifikationen und **überdurchschnittliche Einkommen** sind zwei weitere Besonderheiten ihrer sozioökonomischen Lage. Die Qualifikationsstruktur der Beamtenschaft hat sich in den letzten Jahrzehnten nach oben verschoben. 1960 waren erst ein Drittel im gehobenen oder höheren Dienst tätig, 1993 bereits 55%.[19] Mit dem Qualifikationsvorsprung der Beamten hängt auch ihr höheres Nettohaushaltseinkommen zusammen: im

Jahre 1992 lag es monatlich um 1833 DM oder 43% über dem eines durchschnittlichen Arbeiterhaushalts und um 858 DM oder 16% über dem eines durchschnittlichen Angestelltenhaushaltes (vgl. Abb. 3.8 auf S. 58). Im Ruhestand nimmt der finanzielle Vorsprung noch weiter zu: die Haushaltsnettoeinkommen lagen in den 80er Jahren bei pensionierten Beamten um 55% höher als bei Arbeitern im Ruhestand, um 40% höher als bei Selbständigen im Ruhestand und um 20% über den Renten der Angestellten (*Geißler* 1992, 70; vgl. auch *Woll-Schumacher* 1994, 227). Die Einkommen der Beamten sind nicht nur höher, sondern auch sicherer und besser kalkulierbar als die anderer Berufsgruppen, da Gehaltszuwächse rechtlich geregelt und vorhersehbar sind und z. T. unabhängig von der Arbeitsleistung garantiert werden.

Die privilegierte Soziallage ermöglicht den Beamten ein vergleichweise **zufriedenes und von großen Sorgen freies Leben**. In den 80er Jahren gaben unter den Beamten und Beamtinnen nur zwischen 0 und 4% an, sich „große Sorgen" um die Zukunft zu machen; in den anderen Berufsgruppen waren diese Anteile erheblich höher. Und die pensionierten Beamten waren unter den Männern mit Abstand die Gruppe mit der höchsten allgemeinen Lebenszufriedenheit (*Zapf* 1989, 113) – Befunde, die in ähnlicher Form in Abb. 4.1 (S. 80) für 1994 bestätigt werden.

Die Annäherung des rechtlichen Status und der Soziallage von Beamten und Angestellten ist nicht ohne Auswirkungen auf die **Mentalität** der Beamten geblieben. Einige Bestandteile des klassischen „Beamtenethos", die sich mit Formulierungen wie Hingabe an den Beruf, Beruf als „Dienst", Treue gegenüber dem Dienstherrn oder Identifikation mit dem Staat umschreiben lassen, sind zurückgedrängt worden. Für eine größere Distanz der Beamten zum Staat gibt es auch empirische Belege: So ist das Selbstverständnis der Vollzugsbeamten mit Dienstleistungsaufgaben durch eine zunehmende Publikumsorientierung – Bürgeranwalt statt Staatsdiener – gekennzeichnet; und Ministerialbeamte orientieren sich stärker als früher am Gemeinwohl und am öffentlichen Interesse und fühlen sich weniger als Sachwalter einer bestimmten Regierung (*Greiffenhagen* 1993, 81ff.; *Mayntz* 1985, 174f.). Für eine andere Tendenz, die von Beobachtern häufiger erwähnt wird, fehlen bisher empirische Untersuchungen: für die Annahme, das Pflichtethos der Beamten gerate zunehmend unter Druck durch die Ausbreitung von Anspruchshaltungen, von Job-Mentalität ohne größere innere Verpflichtungen gegenüber dem Amt und durch ein kalkuliertes Leistungsverhalten, das auf persönliche Vorteile bedacht ist.[20] In diesen Zusammenhang paßt auch die Beobachtung, daß das Streikverbot von vielen Beamten eher als Zumutung und nicht als legitime Einschränkung empfunden wird.

Die sich andeutende partielle Erosion des traditionellen Beamtenethos ist nicht gleichbedeutend mit seinem völligen Verschwinden. Eine Hamburger

Studie aus den 80er Jahren zeigt, daß eine Mehrheit der Beschäftigten im öffentlichen Dienst weiterhin von der spezifischen Art ihrer Aufgaben, insbesondere von den besonderen Verpflichtungen gegenüber der Allgemeinheit, überzeugt ist.[23]

Studien zu schichtspezifischen Lebenschancen lassen zwei weitere vorteilhafte Besonderheiten der Beamten hervortreten: Sie sind in der Lage, ihren Kindern besonders **gute Bildungschancen** zu vermitteln und die **Chancen auf politische Teilnahme** besonders gut zu nutzen. Von der Expansion der Gymnasien und Universitäten haben die Beamtenkinder am meisten profitiert (Einzelheiten S. 260 ff.).

Beamte sind gesetzlich zu einer gewissen politischen Askese verpflichtet: Sie haben ihr Amt politisch neutral auszuüben und sich auch außerhalb des Dienstes eine gewisse Zurückhaltung und Mäßigung aufzuerlegen. Diese Normen hindern sie jedoch nicht daran, ihre politischen Teilnahmerechte als Staatsbürger besonders intensiv zu nutzen. Dies gilt sowohl für „konventionelle“ als auch für „nichtkonventionelle“ Formen der politischen Partizipation. Sie engagieren sich erheblich intensiver in Parteien als andere Berufsgruppen; zwei Drittel von ihnen sind in Gewerkschaften oder im Beamtenbund organisiert, unter den Angestellten nur ein Viertel (iwd 6/1994, 1); die „Verbeamtung“ der Parlamente – von den Abgeordneten des 13. Bundestages waren 1995 35% BeamtInnen, das Sozialprofil der Landtagsabgeordneten sieht ganz ähnlich aus (*Geißler* 1996, 329) – bietet häufig Anlaß zur Kritik. Auch die neueren „unkonventionellen“ Formen der Teilnahme sind für Beamte attraktiv. So hatte im Jahre 1988 jeder vierte Beamte bereits in einer Bürgerinitiative mitgearbeitet, aber nur jeder siebente Arbeiter (*Geißler* 1994, 81, 84f., 87). Die Ursachen für den **politischen Aktivismus** der Beamten dürften nicht nur in ihrem hohen Bildungsniveau und in günstigen beruflichen Freistellungsregelungen zu suchen sein, sondern auch darin, daß die Mehrheit von ihnen ihre berufliche Tätigkeit in einer gewissen Nähe zum politischen System ausübt und daß eine Minderheit direkt mit dem Herrschaftssystem verquickt ist bzw. Bestandteil dieses Systems ist. Ihre im Dienst gewonnenen Einsichten motivieren zur politischen Teilnahme, ihr Dienstwissen vermittelt ihnen gleichzeitig politische Kompetenz.

7.5 Dienstleistungsschichten in der DDR

Über die Dienstleistungsschichten der DDR in ihrer Gesamtheit ist nur wenig bekannt, da lediglich die „oberen Gruppen“ als sogenannte „soziale Schicht der Intelligenz“ im offiziellen Selbstverständnis und damit auch in der Sozialstrukturanalyse präsent waren. Die Mehrheit dagegen wurde – der Tradition der marxistischen Soziologie entsprechend – als „Abteilung der Arbeiterklasse“ (*Grundmann u. a.* 1976, 164) angesehen und in der offiziellen Statistik seit 1963 nicht mehr und in empirischen Untersuchungen nur noch selten gesondert ausgewiesen. Sicher ist, daß sich die Dienstleistungsschichten in der DDR in den letzten Jahren ebenfalls erheblich ausgedehnt haben;[22] die verschiedenen empirischen Studien aus dem Jahre 1990 stimmen darin überein, daß sich etwa die Hälfte der Erwerbstätigen (47%-50%) als Angestellte einstuften (Abb. 8.1 auf S. 174).[23] Sie lassen sich grob in drei Gruppen untergliedern, die sich z. T. überschneiden: in die unteren und mittleren Angestellten, die sozialistische Intelligenz und die sozialistische Dienstklasse.

7.5.1 Untere und mittlere Angestellte

Angestellte ohne Fach- und Hochschulabschluß – sie machen etwa die Hälfte der Dienstleistungsschichten aus – unterscheiden sich in der **Qualität ihrer Arbeitsplätze** deutlich von den FacharbeiterInnen: Ihre Tätigkeiten sind geistig anspruchsvoller, gewähren etwas größere Entscheidungsspielräume, sind erheblich weniger körperlich anstrengend und gesundheitsgefährdend, dafür aber nervlich belastender. Ihrer eigenen Wahrnehmung nach sind die beruflichen Ansprüche und Qualifikationsanforderungen an die unteren und mittleren Angestellten angestiegen. Die „arbeiterorientierte“ und damit „angestelltenfeindliche“ Einkommens- und Steuerpolitik der DDR hat diese gegenüber den ArbeiterInnen deutlich schlechter gestellt als westdeutsche Angestellte gegenüber westdeutschen Arbeitern. Lediglich die **Nettoeinkommen** der unteren und mittleren Funktionäre in Staat, Parteien und Massenorganisationen lagen 1990 knapp – um 3% – über den Facharbeiterlöhnen, andere Angestellte erzielten dagegen lediglich 88% der Nettoverdienste von Facharbeitern, in der Industrie 1988 nur 70%. Die finanzielle Benachteiligung hat sich allerdings nicht auf die **Wohnsituation** ausgewirkt; Angestellte leben in etwas größeren und etwas komfortableren Wohnungen als FacharbeiterInnen.[24]

Interessant sind die Ergebnisse der sozialstrukturellen Persönlichkeitsforschung zu den Angestellten. Die Einebnung der materiellen Unterschiede – in diesem Fall sogar die Umkehrung der Verhältnisse – hat nicht zum Verschwinden der traditionellen **Mentalitätsunterschiede** geführt. Die kulturellen und politischen Interessen und Aktivitäten sind bei unteren und mittleren Angestellten stärker ausgeprägt als bei ArbeiterInnen. Die Besonderheiten der Ausbildung und der Arbeit prägen offenbar die Einstellungen und Verhaltensweisen nachhaltiger als die finanzielle Lage. *Albrecht Kretzschmar* hat aus den empirischen Studien die allgemeine Hypothese abgeleitet,

„daß sich hinsichtlich vieler Existenzbedingungen, Denk- und Verhaltensweisen die stärksten Differenzierungen ... zwischen ... den vorwiegend körperlich Tätigen einerseits und ... den vorwiegend geistig Tätigen andererseits ergeben“ (*Kretzschmar* 1985, 125; vgl. auch *Lötsch* 1988a, 17).

Die sozialistischen Bemühungen um die „Annäherung aller Klassen und Schichten“ haben also die klassische „Kragenlinie“ zwischen Arbeitern und Angestellten nicht beseitigt.

7.5.2 Die sozialistische Intelligenz

Die „soziale Schicht der Intelligenz“ ist eine der drei Hauptschichten bzw. -klassen der offiziellen Grundgliederung der sozialistischen Gesellschaft – ein Konzept, das nicht zum üblichen begrifflichen Repertoire der westdeutschen Sozialstrukturanalyse zählt. Nach der traditionellen weiten Definition gehören ihr diejenigen Menschen an, die „vorwiegend geistige, eine hohe Qualifikation erfordernde Arbeit leisten“ (*Aßmann u. a.* 1977, 307); statistisch werden dazu in der Regel alle Personen mit Hoch- oder Fachschulabschluß gezählt – im Jahr 1989 22% der Erwerbstätigen (StatJb DDR 1990, 138) bzw. die Hälfte der Angestellten.[25] Die Intelligenz untergliedert sich in eine Vielfalt von Gruppen mit unterschiedlichen Funktionen, Qualifikationen, Arbeitsinhalten, Mentalitäten und Lebenweisen, im Vergleich zu anderen Schichten ist sie „die sozial heterogenste Gruppierung“ (*Kretzschmar* 1985, 119). Daher wurde seit Anfang der 80er Jahre unter DDR-Soziologen über die Zweckmäßigkeit dieses Konzepts diskutiert und die Forderung erhoben, „über eine soziologisch differenziertere Fassung des Begriffs ‚Intelligenz‘ nachzudenken“ (*Lötsch* 1980a, 34).

Unterteilt man diese Schicht vertikal, so rangiert im oberen Bereich ein kleiner **„innovativer Kern“** (*I. Lötsch* 1990, 8) von hochqualifizierten Wissenschaftlern und Ingenieuren. Für den sozialen und wirtschaftlichen Fortschritt sind diese Kerngruppen von herausragender Bedeutung, besteht doch ihre Funktion „vor allem darin, zukunftsbestimmte, schöpferische Leistungen zu vollbringen“ (*Lötsch* 1981a, 67). Im unteren Bereich befinden sich Berufstätige mit Fachschulabschlüssen mittleren Niveaus – z. B. Erzieherinnen, medizinisch-technische Assistentinnen –, deren Tätigkeiten sich vom Anspruchsniveau her nicht wesentlich von gut qualifizierten FacharbeiterInnen oder mittleren Angestellten unterscheiden, aber auch Teile der „produktionsnahen“ wissenschaftlich-technischen Intelligenz, deren Qualifikationsanforderungen am Arbeitsplatz unter ihrem Ausbildungsniveau liegen.[26] Etwa jeder dritte Hochschulabsolvent – unter den Hochschulingenieuren sogar bis zu 40% – war in den 70er und 80er Jahren unterqualifiziert eingesetzt (*Lötsch*

1988, 144; *Autorenkollektiv* 1988, 103). Mitte 1990 arbeiteten noch 20% der ostdeutschen AkademikerInnen auf Positionen mit niedrigeren Anforderungen, von den westdeutschen waren es sogar 22% (*Wagner/Schupp* 1991, 181; vgl. auch iwd 48/1992, 2).

Die drei folgenden Entwicklungstendenzen bzw. Besonderheiten von Soziallage und Mentalität verdienen eine besondere Erwähnung.

1. Nivellierung. Ihr quantitatives Wachstum – der Anteil der Fach- und Hochschulabsolventen unter der erwerbstätigen Bevölkerung stieg von 6% im Jahre 1961 auf die bereits erwähnten 22% im Jahre 1989 an – führte ähnlich wie bei den westdeutschen Akademikern (vgl. S. 258) zu Einbußen an Exklusivität, Privilegien und Besonderheiten des Sozialprofils. Durch die egalitäre Politik der „Annäherung aller Klassen und Schichten" wurde dieser Nivellierungsprozeß, der insbesondere bei den Einkommen gut quantitativ greifbar ist (Einzelheiten S. 62), in der DDR weiter vorangetrieben als in der Bundesrepublik. *Lötsch* (1981a, 67) stellte auch bei der Qualität der Arbeit „eine Art Annäherung durch Nivellierung nach unten" fest. Gegenläufige Tendenzen vollzogen sich im Bildungswesen: Man hatte der sozialistischen Intelligenz zwar ihre materiellen Privilegien z. T. genommen, dafür konnte sie sich aber zunehmend Bildungsprivilegien für ihre Kinder sichern (Einzelheiten S. 264 ff.).

2. SED-Loyalität. Die Intelligenz war der Forderung nach SED-Loyalität ausgesetzt und kam ihr auch weitgehend nach.[27] Dazu einige empirische Belege:

- Anders als in Ungarn und Polen waren nahezu alle UniversitätsstudentInnen Mitglieder der SED-gelenkten Jugendorganisation FDJ.

- 1986 identifizierten sich 45% aller Studierenden an Universitäten „stark" und weitere 48% „mit Einschränkungen" mit der SED; nur eine kleine Minderheit von 7% gab an, sich „kaum" oder „nicht" mit der „führenden Partei" zu identifizieren (*Friedrich* 1990, 29).

- Viele Intelligenzler traten der SED bei, die einen aus politischer Überzeugung, die anderen, weil die SED-Mitgliedschaft die berufliche Karriere erleichterte oder auch erst ermöglichte. Zwischen 50 und 64% der Männer – die Anteile schwankten in den verschiedenen Geburtsjahrgängen – und zwischen 18 und 46% der Frauen aus den mittleren und höheren Führungsschichten[28] bekundeten offen ihre Systemloyalität durch die Mitgliedschaft in der SED oder in einer Blockpartei oder durch die Übernahme hoher Funktionen in einer Massenorganisation (*Solga* 1994, 220). 1979 kamen knapp die Hälfte (49%) der Studierenden aus SED-Familien, wobei der Organisationsgrad mit dem Bildungsabschluß der Eltern deutlich anstieg. Von den Eltern ohne Fach- oder Hochschulabschluß waren 22% der Väter und 8% der Mütter Mitglieder der SED, von den Eltern mit Hochschulabschluß dagegen 56% bzw. 34% (*Bathke* 1985, 34f.).

- Unter den Hochschullehrern wird der Anteil der SED-Mitglieder auf mindestens 80% geschätzt.[29] Unter den neu berufenen Professoren waren zwischen 1966 und 1971 in der Regel mehr als 70% Mitglieder der führenden Partei, 1971 lag der Anteil bei 84% (*Jessen* 1994, 243).

Der Anpassungsdruck konnte nicht verhindern, daß sich in einigen Nischen, insbes. im Umfeld der künstlerischen und literarischen Intelligenz und in der Nähe der Kirchen, kleine marginalisierte Minderheiten mit systemkritischen Einstellungen erhielten, aus denen schließlich die ostdeutsche Bürgerrechtsbewegung hervorging (vgl. *Land/Possekiel* 1992). Und auch innerhalb der wissenschaftlichen Intelligenz gab es neben einem dogmatisch-konformen Flügel Ansätze von „kritischer Loyalität" zum bestehenden System. Insgesamt war die Intelligenz jedoch durch ihre starke politisch-ideologische Einbindung in die zentralistisch gesteuerte Herrschaftsstruktur daran gehindert, eine wesentliche Aufgabe wahrzunehmen, die ihr bzw. ihrem „Kern" in einer liberal-demokratischen Gesellschaft zukommt: *Geiger* (1949a, 52 ff.) brachte diese zentrale Funktion auf die Formel „Kritik und Mäßigung der Macht". Und an anderer Stelle warnt er: „Ihre kulturpolitische Funktion ist es, das schlechte Gewissen der Macht zu sein. Und weh der Gesellschaft, wo die Macht ihr schlechtes Gewissen totgeschlagen hat" (*Geiger* 1962b, 459).

3. Mangel an Effizienz. Die „Tendenzen falscher Nivellierungen in der Intelligenzentwicklung" (*Lötsch* 1982, 730) und ihre politisch-ideologische Gängelung gehören zu den Ursachen ihrer dritten Besonderheit: dem Mangel an Effizienz. Das Problem, wie man diesen Mangel beheben kann, wie man die Einsatz- und Leistungsbereitschaft der Intelligenz und ihr innovatorisches Potential besser entwickeln kann, wurde unter den Sozialwissenschaftlern der DDR in den 80er Jahren intensiv diskutiert.[30]

Zu den wichtigen Faktoren in dem komplexen Bündel von strukturellen Ursachen für den Effizienzmangel gehören: unzureichende materielle Belohnungen und gesellschaftliche Anerkennung für besondere Leistungen; das Fehlen eines geistigen Klimas, in dem nicht der Angepaßte, sondern der „Querdenker", der Individualist, der Unbequeme eine Leitfigur ist; Nivellierungen in der Persönlichkeitsentwicklung als Folge struktureller Nivellierungen; Belastung mit „intelligenzunspezifischen" Verwaltungs- und Routineaufgaben; Unterforderung durch unterqualifizierten Einsatz; Einbindung in Arbeitskollektive, wo Bequeme meist in Ruhe gelassen und Hochmotivierte häufig gebremst werden; fehlende internationale Kontakte; Belastung durch Versorgungsmängel im Alltag, die eine „kreative" Nutzung von Teilen der „Freizeit" verhindern.[33]

Ostdeutsche Historiker formulieren nach der Wende die deprimierenden Folgen des autoritären Regimes ungeschminkter als die DDR-Sozialwissenschaftler: „Phantasie, Kreativität, Risikobereitschaft, Intelligenz wurden den Menschen ausgetrieben und statt dessen wurden Untertanengeist, geistiger

Provinzialismus, Duckmäusertum und intellektuelle Mittelmäßigkeit gezüchtet" (*Mitter/Wolle* 1993, 480).

7.5.3 Die sozialistische Dienstklasse

Das Beamtentum war in der DDR abgeschafft worden; statt dessen entstand eine Schicht, auf die *Karl Renners* (1953, 211ff.) Begriff der Dienstklasse gut paßt (vgl. S. 146). Sie besteht aus einer Vielzahl von leitenden, mittleren und unteren Funktionären in den großen bürokratischen Apparaten der sozialistischen Gesellschaft – in den Parteien und Massenorganisationen, in Staat und Wirtschaft, in Medien, Kultur und Wissenschaft; ein Teil von ihnen gehört auch der Intelligenz an. Ihre Funktion besteht darin, **der Monopolelite bei der Durchsetzung ihrer Herrschaftsansprüche zu helfen**; gleichzeitig nimmt die hierarchisch gegliederte Dienstklasse in einer rangmäßig abgestuften Form an der Ausübung von Herrschaft teil. Der sowjetische Systemkritiker *Michael S. Voslensky* (1980) hat den oberen Teil dieser Schicht in seinem bekannten gleichnamigen Buch als **„Nomenklatura"** bezeichnet, wobei die Nomenklatur ihrem ursprünglichen Sinn nach kein Schichtbegriff ist. In der DDR war sie ein „Verzeichnis von Positionen und Funktionen auf allen gesellschaftlichen Gebieten, über deren Besetzung die SED entweder direkt entscheidet oder für die sie ... sich eine Kontrolle vorbehält" (*Glaeßner* 1983, 87). Die SED-Führung kooptierte also den oberen Teil der Dienstklasse und wachte auch – zumindest indirekt – über den Zugang zu den mittleren und unteren Ebenen der Apparate. Die zentral kontrollierte Rekrutierung der Dienstklasse sowie ihre politisch-ideologische Sozialisation in einem gut ausgebauten, differenzierten System der „Kaderschulung" (s. S. 104) sollten ihre bedingungslose Loyalität gegenüber den Entscheidungen der Monopolelite sichern.

Der **zahlenmäßige Umfang** der Dienstklasse läßt sich aus den offiziellen Statistiken nicht genau bestimmen. In einer repräsentativen Umfrage des Berliner Instituts für Sozialwissenschaftliche Studien (BISS) im Juni 1990, als sich die sozialistische Sozialstruktur quantitativ noch kaum verändert hatte, gaben 17% der Erwerbstätigen an, als Angestellte in den Apparaten von Staat, Parteien oder Massenorganisationen tätig zu sein – 6% mit Fachschul- und Hochschulqualifikation im oberen Bereich, 11% ohne die genannten Abschlüsse im mittleren bzw. unteren Bereich. Etwa jeder dritte Angestellte war Angehöriger dieser Bürokratien (*Adler* 1991, 173ff.). De facto war die Dienstklasse größer, da ihr noch weitere Amtsträger, insbes. solche in leitenden Funktionen in den zentral gesteuerten Bereichen von Wirtschaft, Gesellschaft und Kultur zuzurechnen sind.

Materiell zahlte sich der Dienst an den Herrschenden für die große Mehrheit nur in bescheidenem Maße aus. Am ehesten wohl noch durch eine vergleichsweise gute Altersversorgung für einige Berufsgruppen.[32] Man mußte schon in die oberen Ränge der Dienstklasse aufsteigen, um sich im **Einkommen** deutlicher vom Durchschnitt abzusetzen. Leitende Angestellte der mittleren Ebene – sie machen 5% aller Erwerbstätigen und 10% aller Angestellten aus – verdienten 1990 netto 44% mehr als Facharbeiter, leitende Angestellte der oberen Ebene (2% aller Erwerbstätigen, 4% aller Angestellten) kamen auf ein Plus von 53% – also etwa in den Einkommensbereich der Selbständigen (berechnet nach *Adler* 1991, 173f.). Die Spitze der Dienstklasse wohnte auch im Durchschnitt etwas komfortabler und hatte überdurchschnittlich häufig Anteil am seltenen Wohneigentum (ibid.). Ein kleiner Teil – u. a. ein Teil der Professoren – bildete den „Reisekader" mit dem (abgestuften) Privileg von Westreisen.

7.6 Entwicklungen in den neuen Ländern: Schließung der Tertiärisierungslücke – soziale Differenzierungen – Auflösung der sozialistischen Dienstklasse

Der Zusammenbruch der ostdeutschen Industrie und der Strukturwandel der Landwirtschaft hat die **Tertiärisierungslücke** in Ostdeutschland **ruckartig geschlossen** und die Verteilung der Beschäftigten auf die drei Produktionssektoren innerhalb von zwei Jahren nach der Währungsunion nahezu vollständig an die westdeutschen Proportionen angeglichen. Der Beschäftigungsanteil in der Land- und Forstwirtschaft schrumpfte drastisch von 11% im Jahr 1989 auf 4,1% im dritten Quartal 1992 zusammen (alte Länder 1992 3,1%) und im produzierenden Sektor von 50% auf 36% (alte Länder 38,5%); im Dienstleistungsbereich dehnte er sich genauso explosionsartig von 40% auf 59% (alte Länder 58%) aus (vgl. auch Abb. 7.1 auf S. 137). Eine industriell geprägte Arbeitergesellschaft hat sich in der Beschäftigungskrise sozusagen über Nacht in eine Dienstleistungsgesellschaft verwandelt.

Die **Deformierungen** des tertiären Bereichs wurden dabei noch **nicht ganz beseitigt**. Neue Arbeitsplätze entstanden zwar insbes. bei den defizitären privaten Diensten (Banken, Versicherungen, Beratung); deren Anteil an der Wertschöpfung lag jedoch 1994 mit 28% noch deutlich hinter dem westdeutschen Niveau von 36% zurück (iwd 8/1995, 8f.). Auf der anderen Seite konnten die bürokratischen Wasserköpfe, insbes. bei den kommunalen Verwaltungen, noch nicht beseitigt werden. In den neuen Ländern waren 1993/94 immer noch fast doppelt so viele Staatsbedienstete pro Bürger beschäftigt wie in den alten.[33]

Der Wandel von der Arbeiter- zur Dienstleistungsgesellschaft ist mit einem Umbau des Ungleichheitsgefüges und mit einer „Spreizung nach oben" verbunden – mit **zunehmenden sozialen Abstufungen** (empirisch belegbar beim Einkommen und bei den Arbeitsbedingungen) **zugunsten der Dienstleistungsschichten** und zu Lasten der Arbeiterschichten. Das Einkommensdefizit der Angestellten gegenüber den Arbeitern hat sich inzwischen in einen leichten Einkommensvorsprung verwandelt. Die ausführende Dienstleistungsschicht liegt im Nettohaushaltseinkommen pro Kopf 1994 mit den Facharbeitern gleichauf, mittlere Dienstleistungsschichten erzielen 7% mehr, höhere 23%. Die Abstände sind allerdings noch erheblich kleiner als in Westdeutschland, wo die Einkommen der drei Dienstleistungsschichten um 16%, 23% und 67% über denjenigen der Facharbeiter liegen (Abb. 3.9 auf S. 59). In der Arbeitswelt haben die Anforderungen auf allen Ebenen zugenommen, gleichzeitig bilden sich auch hier stärker hierarchisierte Strukturen heraus: Auf den mittleren und insbes. auf den höheren Ebenen nehmen Weisungsbefugnisse und Autonomie zu, Facharbeiter dagegen klagen über die steigende Kontrolle ihrer Arbeit (*Diewald/Sørensen* 1996, 76f.).

Die **sozialistische Dienstklasse** hat sich mit dem grundlegenden Wandel des Herrschaftssystems **aufgelöst**. Einige Teile sind gänzlich oder fast verschwunden – so die umfangreichen Apparate der Staatssicherheit (1989 91.000 hauptamtliche Mitarbeiter) und der SED (44.000 hauptamtliche Funktionäre), ebenso das Offiziers- und Unteroffizierskorps der NVA – von den 50.000 Berufs- und Zeitsoldaten (darunter 24.000 Offiziere und 23.000 Unteroffiziere) im Oktober 1990 wurden nur ca. 3.000 Offiziere und gut 1.600 Unteroffiziere endgültig in die Bundeswehr übernommen. Andere Segmente der Dienstklasse – in Bildung, Wissenschaft, Massenmedien – wurden und werden auf westdeutsche „Normalgröße" zurechtgestutzt. Die Zahl der LehrerInnen an allgemeinbildenden Schulen wurde um etwa ein Fünftel reduziert. Auch die Lehrkörper an den Hochschulen – in der DDR waren pro Student etwa dreimal so viele Wissenschaftler beschäftigt wie in der Bundesrepublik – schrumpften, in Sachsen z. B. ebenfalls um ca. ein Fünftel. Von den etwa 14.500 Mitarbeitern des Fernsehens und Hörfunks der DDR wurde nur ein Drittel in öffentlich-rechtlichen oder privaten Medien weiterbeschäftigt. Stark erweitert wird dagegen der Justizapparat; denn in der DDR war – wegen des Defizits an Rechtsstaatlichkeit – pro Kopf der Bevölkerung nur weniger als halb so viel Justizpersonal beschäftigt. Und von den 2.720 Richtern und Staatsanwälten aus der DDR wurden nur 36% (603 Richter, 365 Staatsanwälte) übernommen.[34] Soweit die alte Dienstklasse im Erwerbsleben geblieben ist, hat sie sich überwiegend in pluralisierte Dienstleistungsschichten verwandelt, die als private oder öffentliche Angestellte unterschiedlichen Herren dienen. Nur ein kleiner Teil wurde bisher in den privilegierten Status von Beamten erhoben.

Interessante Einblicke in das **Wendeschicksal der höheren sozialistischen Dienstklasse** vermittelt die Fallstudie von *Adler/Kretzschmar* (1995a) über 460 Inhaber von DDR-Führungspositionen in Kommunalverwaltung, Großindustrie und FDJ-Apparat. Hiernach haben über die Hälfte (52%) ihren hohen Status in das neue System hinüberretten können. Das gilt insbes. für das Führungspersonal auf der höchsten Leitungsebene sowie für die Spitzen der fortbestehenden Kommunalverwaltungen (in 57% der Fälle Statuskontinuität). Statuserhalt ist allerdings häufig mit einem Wechsel in andere Berufsfelder oder in die Selbständigkeit verbunden. Zwei weitere Mobilitätsstudien (*Diewald/Sørensen* 1996; *Solga* 1996) zeigen, daß hohe Chancen auf Statuskontinuität bestehen, wenn gute Qualifikationen im öffentlichen Dienstleistungsbereich (z. B. LehrerInnen) oder bei den expandierenden privaten Diensten bestehen sowie bei Ingenieuren und Baufachleuten (vgl. Abb. 11.5 auf S. 247). Die Abstiegsprozesse verlaufen in der Regel relativ sanft. Neben dem „Abstieg in den Vorruhestand" taucht die Rückversetzung ins zweite Glied oder vom zweiten ins dritte Glied am häufigsten auf. Der Abstieg von oben in die Mitte ist seltener, der Absturz ganz nach unten die Ausnahme. Abstiegsgefährdet sind insbes. politisch belastete Personen, Leiter aus politisch sensiblen Bereichen (Volksbildung, Kader, Inneres) sowie FDJ-Funktionäre ohne höhere fachliche Qualifikationen.[35] Bei Männern mit hoher Systemloyalität zu DDR-Zeiten sind die Chancen, ihre Position in der höheren Dienstleistungsschicht zu halten, nur halb so groß wie bei politisch unbelasteten (*Solga* 1996, 101). Das sozialistische Aufstiegskriterium Systemloyalität hat sich in ein postsozialistisches Abstiegskriterium verkehrt, stark politisierte und loyalitätsabhängige DDR-Karrieren werden rückgängig gemacht, insbes. wenn sie von fachlicher Kompetenz abgekoppelt waren.

In der Mentalitätsforschung ist bisher ungeklärt, wie nachhaltig die **Einstellungen und Verhaltensmuster** der Dienstklasse durch das hierarchische, disziplinorientierte und innovationsfeindliche sozialistische System geprägt wurden.[36] Welche Belebungen von den pluralisierten, „auf schlanke Linie" gebrachten und sozial (nach oben) differenzierten Dienstleistungsschichten auf die sozioökonomische Dynamik ausgehen, wird wesentlich davon abhängen, ob von der veränderten Soziallage neue Impulse zu „aktivem Realismus" (*Helmut Klages*), zu kritischer Eigenständigkeit, zu Risikobereitschaft und individueller Initiative ausgehen. Bisherige Studien kommen zu ähnlich unterschiedlichen Ergebnissen wie die Arbeiten zum „Unternehmerhabitus" der neuen ostdeutschen Selbständigen (vgl. S. 121): *Myritz* (1992) beurteilt die Fähigkeiten der ostdeutschen Wirtschaftmanager eher skeptisch; auch *Schrö-*

ter (1994) diagnostiziert beim Vergleich des Führungspersonals in den Verwaltungen Ost- und Westberlins eine spezifisch ostdeutsche „Verwaltungskultur“: eine stärkere Fixierung auf Vorgesetzte und Vorgaben sowie Defizite im Hinblick auf Führungswillen, Mut zum Risiko und Verantwortungsbereitschaft. *Gillwald* (1992) und *Adler/Kretzschmar* (1995a) dagegen schätzen das Leistungspotential der ostdeutschen Führungskräfte in Verwaltung, Betrieben und anderen Organisationen optimistisch ein.

Wie die Eliten, so ist auch der neue Dienstleistungssektor **partiell westdeutsch überschichtet**. Die Durchmischung der höheren Dienstleistungsschicht mit westdeutschem Personal ist bisher nur in einigen Segmenten quantifizierbar:

- Verwaltung: In den Spitzen der Kommunalverwaltungen in einigen sächsischen und brandenburgischen Städten und Gemeinden machen Westbeamte einen Anteil von 9% aus (*Berg* 1994, 278). Der höhere Staatsdienst im Land Brandenburg ist Ende 1991 zu 52% mit westdeutschen Leihbeamten besetzt (*Grundmann* 1994, 34).
- Justiz: Von den Richtern, Staatsanwälten und anderen Beamten im höheren Justizdienst waren Anfang 1995 25% aus den alten Ländern versetzt oder abgeordnet worden. Auch von den Neueinstellungen – sie machen 52% des höheren Personals aus – dürfte der überwiegende Teil aus dem Westen kommen (*Bundesministerium der Justiz*).
- Hochschulen: Die nicht „abgewickelten“ regimefernen Fachbereiche wie Natur- und Ingenieurwissenschaften oder Mathematik sind westdeutsch durchmischt. *Schluchter* (1994, 21) schätzt den Anteil westdeutscher Professoren in diesen Fächern in Sachsen auf ein Drittel. Westlich dominiert sind dagegen die ehemals regimenahen und daher „abgewickelten“ Fachbereiche (Rechts-, Sozial- und Wirtschaftswissenschaften oder auch Teile der Geisteswissenschaften). Beispielhaft sei hier das Fach Soziologie angeführt: Die 26 bis Ende 1993 neu berufenen C4-ProfessorInnen kamen ohne Ausnahme aus Westdeutschland, lediglich unter den 12 C3-ProfessorInnen waren 5 Ostdeutsche (*Kreckel* 1995, 236).
- Wirtschaft: Die „westdeutsche Kapitalisierung“ (vgl. S. 67f.) der ostdeutschen Wirtschaft schlägt sich auch im Management nieder: Vom Führungspersonal der durch die Treuhand privatisierten Betriebe stammten 1992 80% aus dem Westen (nach *Solga* 1996, 104).

Anmerkungen

1 Vgl. *Zinn* 1993; *Gross* 1983; *Berger* 1986, 32ff.
2 Zu den Problemen des internationalen Vergleichs und zu den Ursachen der Unterschiede zwischen den Gesellschaften vgl. *Noll* 1990, 3; vgl. auch Anm. 4.
3 Vgl. *Scharpf* 1986, 7; *Berger* 1986, 36f.; *Schedl/Vogler-Ludwig* 1987, 7 und 154; zum Anteil der Angestellten im sekundären Sektor vgl. S. 138.
4 Ein Teil des erwähnten „Dienstleistungsdefizites" der alten Bundesrepublik gegenüber anderen westlichen Gesellschaften hängt auch mit diesen statistischen Problemen zusammen.
5 Unterschiedliche pragmatische oder theoretisch orientierte Typologien z. B. bei *Müller* 1983, 146ff.; *Berger, J./Offe* 1984, 244ff.; *Schröder* u. a. 1989, 19; iwd 47 (1990), 7.
6 Unterschiedliche Belege bei *Scharpf* 1986, 3; *Schedl/Vogler-Ludwig* 1987, 2; *Hofmeier* 1988, 16.
7 1950 nach *Berger* 1986, 47; 1994 berechnet nach StatJb 1995, 115.
8 Aus der Fülle der soziologischen oder sozialhistorischen Studien zu den deutschen Angestellten seien genannt: *Lederer* 1912; *Lederer/Marschak* 1926; *Kracauer* 1930; *Croner* 1962; *Braun* 1964; *Steiner* 1967; *Braun/Fuhrmann* 1970; *Kocka* 1981; *Kocka/Prinz* 1983; *Baethge/Overbeck* 1986. Gute Überblicke zur Soziologie der Angestellten bei *Bolte* 1970 und *Seltz* 1983.
9 Angestellte als „neuer Mittelstand" oder Teil des „neuen Mitteldstandes" z. B. bei *Lederer* 1912, 300; *Schmoller* 1918, 617ff.; *Geiger* 1932, 101ff. Die (neo-)marxistische Position bei *Marx* 1973, 310ff.; *Lederer/Marschack* 1926, 141; *Steiner* 1967; *Kadritzke* 1982. Zu dieser Kontroverse vgl. *Bolte* 1970, 316f., 321-325 und *Seltz* 1983, 280-290 und 294f.
10 Eigene Berechnungen nach SOEP 1994.
11 *Mayer* 1977, 215 (Heiratsabsicht); Datenreport 1994, 580 (Schichteinstufung); vgl. auch *Holtmann/Strasser* 1990, 100 (politisch-ideologische Einstellungen).
12 Z. B. bei *Müller* 1986, *Herz* 1990 und *Noll/Habich* 1990; vgl. auch *Geißler* 1991.
13 Empirische Belege bei *Seltz* 1983, 291; *Kocka/Prinz* 1983, 233f.; *Bolte/Hradil* 1988, 213; *Noll/Habich* 1989, Tabellen 4, 8 und 9; *Kudera* u. a. 1983, 203f.; *Baethge/Oberbeck* 1986, 20ff. *Holtmann/Strasser* 1990, 93; *Schüler* 1990, 118; *Jansen* 1995, 43.
14 *Lempert/Thomssen* 1974, 202.
15 *Salowsky* 1991, 50ff.; *Schmidt* 1988; *Kudera u. a.* 1983; *Kudera u. a.* 1979; *Saurien* 1979; *Braun/Fuhrmann* 1970; *Jaeggi/Wiedemann* 1966.
16 iwd 6/1994, 1. Die Prozentwerte beziehen sich auf das vereinte Deutschland.
17 *Prinz/Kocka* 1983, 249; *Pege* 1985, 11; *Stück* 1988, 40; *Bertl* u. a. 1989, 64; *Müller-Jentsch* 1989, 72f., 130f., 135.
18 Vgl. den kurzen Abriß zur Entwicklung des öffentlichen Dienstes im 19. und 20 Jahrhundert bei *Ellwein* 1992.
19 Berechnet nach StatJb 1995, 519.
20 Vgl. *Koch* 1982, 360; *Isensee* 1984, 599; *Becker* 1988, 279ff.
21 *Isensee* 1988, 11; zu den Berufseinstellungen im öffentlichen Dienst vgl. auch *Bolte* 1970, 342f.; *Luhmann/Mayntz* 1973, 347; *Ellwein/Zoll* 1973, 157ff.
22 *Grundmann u. a.* 1976, 163; *I. Lötsch* 1987, 29; *Weidig* 1988a, 92.
23 Berechnet nach *Adler* 1991, 173ff.; *Landua/Zapf* 1991, 12; *Schupp/Wagner* 1991, 325.
24 Die empirischen Belege überwiegend nach dem BISS-Survey (*Adler* 1991, 173ff.; zur Repräsentativität *Kretzschmar/Lindig* 1991, 78f.); einige auch nach *Kretzschmar* 1985, 98, *Stephan/Wiedemann* 1990, 261 und *Landua/Zapf* 1991, 12.
25 Überblicke zur Intelligenz aus DDR-Sicht bei *Lötsch* 1988; aus westdeutscher Sicht bei *Erbe* 1982 für die 60er und 70er Jahre und bei *Belwe* 1990a für die 80er Jahre.
26 *Lötsch* 1980a, 34; 1981a, 67; 1982, 730; 1988, 155; *I. Lötsch* 1990, 4f.

27 Zu den Mechanismen sozialen Aufstiegs in der DDR vgl. *Adler/Kretzschmar* 1993, 103ff.

28 *Solga* (1994, 84f., 291) nennt diese Gruppen „sozialistische Dienstklasse"; ihr gehören 12% der Elterngeneration und 23% der Kindergeneration an. Zur Rolle der Systemloyalität bei der Berufskarriere vgl. *Solga* 1994, 217-234.

29 Nach Aussage des Präsidenten der Deutschen Akademie der Naturforscher Leopoldina (Halle), *Bethge*. Vgl. auch *Sahner* 1995, 12.

30 Ein guter Überblick dazu bei *Belwe* 1990a, 17-33. Empirische Belege zum Mangel an Leistungsbereitschaft bei *Geißler* 1992, 138. Zu den Mängeln des Hochschulbetriebs vgl. *Jessen* 1994, 229, 240.

31 *Lötsch* wies wiederholt auf die meisten dieser Faktoren hin (z. B. 1981a, 66f.; 1985, 40; 1986, 7f., 12; 1988, 144f., 157f.; 1988a, 23); Beispiele für Hinweise durch andere Wissenschaftler bei *Belwe* 1990a, 17-33.

32 Einige Daten bei *Adler* 1991, 173ff.

33 Die Angaben zur Überbesetzung im öffentlichen Dienst schwanken zwischen 80% (*Sahner* 1994, 536 für den öffentlichen Dienst im allgemeinen) und 127% (iwd 22/1995, 5 für die Kommunalverwaltungen).

34 Zahlen nach folgenden Quellen: MfS-Gauck-Behörde nach FAZ vom 25.2.1995; NVA – *Lapp* 1992, 11, *von Bredow* 1995, 116 und *Melder* 1996, 12; LehrerInnen – StatJb DDR 1990, 57 und BMBWFT 1995, 96f.; Hochschulen – StatJb DDR 1990, 342f.; BMBW 1989, 91, 149, 226; FAZ vom 9.6.1992; Medien – *Weber* 1991, 4; Justiz – StatJb DDR 1990, 484; StatJb BRD 1990, 336; Bundesministerium der Justiz.

35 Vgl. insbes. *Adler/Kretzschmar* 1995a, 9f., 21-26, 314-320, Tab. 1. Zur Rolle der Systemloyalität vgl. auch *Diewald/Sørensen* 1996, 75f.

36 *Geißler* 1993c; *Parzinski* 1994.

8. Arbeiterschichten: Entproletarisierung und Differenzierung

Seit den 50er Jahren, seit der Nivellierungsthese *Schelskys*, wird in der Soziologie und in der Öffentlichkeit häufig bezweifelt, daß es in der Bundesrepublik noch eine Arbeiterschicht gebe. Arbeitertypische Lebensbedingungen, Milieus und Lebensstile hätten sich allmählich aufgelöst, die Arbeiterschaft als soziale Schicht hätte sich verflüchtigt. *Dahrendorf* (1965, 111) wendet sich im Jahre 1965 dezidiert gegen Vorstellungen dieser Art:

„Die Verflüchtigung der Arbeiterschicht im Bewußtsein der anderen ist auch ein Zeugnis für die deutsche Ideologie sozialer Harmonie, die es erlaubt, demjenigen, der von Arbeiterproblemen spricht, als hoffnungslos antiquiert zu belächeln oder als kommunistisch infiziert zu verketzern".

Und auch zwei Jahrzehnte später erweist es sich, daß die Verflüchtigungsthese bestimmte Entwicklungen sehr einseitig übersteigert.[1] In einer gründlichen und differenzierten Analyse kommt der Sozialhistoriker *Josef Mooser* (1984, 102) zu folgendem Ergebnis:

„In wichtigen Hinsichten läßt sich mithin durchaus noch in historisch-soziologisch gehaltvoller Weise von einer Arbeiterschaft sprechen, auch wenn grundlegende Merkmale und Probleme der Lohnarbeit heute nicht mehr in dem Maße arbeiterspezifisch sind wie im späten 19. Jahrhundert".

Welchen Veränderungen war diese Schicht in den letzten Jahrzehnten unterworfen?

Bis 1960 waren die ArbeiterInnen die zahlenmäßig dominierende Gruppe in der Erwerbstätigenstatistik. Ihre historisch größte Ausdehnung erreichte die Arbeiterschaft in der Phase der Hochindustrialisierung am Ende des 19. Jahrhunderts mit 58% der Erwerbstätigen. Seit den 20er Jahren dieses Jahrhunderts pendelt sich dann ihr Volumen um die 50%-Marke ein; bis zum Jahre 1960 waren etwa die Hälfte aller Erwerbstätigen Arbeiter. Seit 1961 schrumpft dann ihr Anteil kontinuierlich – bis 1993 um mehr als ein Viertel auf 36%. Seit Mitte der 70er Jahre gibt es inzwischen mehr Angestellte und Beamte als Arbeiter (vgl. Abb. 7.3 auf S. 140).

Die große Mehrheit der ArbeiterInnen ist in der Industrie und im Handwerk beschäftigt – 1994 waren es 65%; nur eine kleine Minderheit von knapp 2%

arbeitet noch in der Landwirtschaft (StatJb 1995, 115). Die moderne Arbeiterschaft ist eine vorwiegend städtische, im industriell-handwerklichen Sektor tätige Arbeiterschaft.

8.1 Entproletarisierung

Der markanteste Zug ihres Wandels ist ihr **kollektiver sozialer Aufstieg – ihre Entproletarisierung**. Die Verbesserung der Lebensbedingungen, die bereits in der Phase der Hochindustrialisierung im Kaiserreich begann, beschleunigte sich in der Bundesrepublik in dramatischer Weise und erhielt einen im historischen Vergleich einmaligen Schub. Die Wohlstandsexplosion und die Entwicklung des Sozialstaates machten es möglich, daß große Teile der Arbeiterschicht die „proletarischen Elemente" ihrer Lebenslage – materielle Not, ungesicherte Berufs- und Existenzbedingungen – abstreifen konnten und am steigenden Lebensstandard, an der immer besseren Absicherung der sozialen Risiken und an der wachsenden Freizeit teilnahmen.

Auf den enormen Anstieg der Bruttoreallöhne der Industriearbeiter habe ich bereits an anderer Stelle verwiesen (S. 46). Die Gewerkschaften, die Sozialpolitik des Staates bzw. der Parteien sowie die Sozialleistungen der Betriebe sorgten für eine Verbesserung der arbeitsrechtlichen Stellung und für größere soziale Sicherheit. Die Dynamisierung der Renten im Jahre 1957, die Gleichstellung von ArbeiterInnen und Angestellten bei der Lohnfortzahlung im Krankheitsfall im Jahre 1969, die Einführung der flexiblen Altersgrenze im Rentenrecht im Jahre 1972 sowie die zusätzlichen betrieblichen Altersversicherungen in vielen Unternehmen sind nur einige Marksteine, die diese Entwicklung illustrieren können. Aber nicht nur die höheren Einkommen und die größeren Sicherheiten, auch die Verkürzung der Arbeitszeit erweiterte die Lebenschancen der Arbeiterschicht. Die tarifliche Wochenarbeitszeit sank von 48 Stunden über 45 Stunden im Jahre 1957 auf die 40-Stunden-Woche bei 5 Arbeitstagen in den 70er Jahren und unter die 40-Stunden-Woche in den 80er Jahren. 1994 leisteten vollbeschäftigte Industriearbeiterinnen durchschnittlich 37,1 Wochenstunden bezahlte Arbeit, Industriearbeiter 38,6 Wochenstunden. (StatJb 1995, 571). Obwohl es schwierig ist, angesichts von Schwarzarbeit und Überstunden die Entwicklung der „tatsächlichen" Arbeitszeit bzw. arbeitsfreien Zeit zu ermitteln, steht es fest, daß die Arbeiter freie Zeit hinzugewonnen haben mit der Chance, die Früchte ihrer Arbeitsleistung im Privatleben zu genießen.

Die Entproletarisierung der Soziallage wird begleitet von der Entproletarisierung wichtiger Elemente des **Lebensstils** und der **Arbeiterkultur**. Der Anstieg des Lebensstandards läßt sich auch daran ablesen, daß die ArbeiterInnen

Zugang zu Gütern erhalten, die „mittelständischen“ Wohlstand und Prestige symbolisieren: Autos und Urlaubsreisen, Fernsehgeräte, Telefone und Fotoapparate breiten sich auch in die Arbeiterschicht hinein aus. In den 60er Jahren befreite sich der große Teil der Arbeiter aus der traditionellen Enge ihrer Wohnkultur: größere und komfortablere Wohnungen (*Osterland u. a.* 1973, 168ff.) erhöhen die Qualität des Privatlebens. Als Symbol für den „entproletarisierten“ Wohnstil mag das Wohnzimmer als herausgehobener Lebensraum von Privatsphäre und Freizeit gelten, das nicht in der Arbeitskluft, sondern in sauberer Kleidung betreten wird. Die Politik des sozialen Wohnungsbaus zielte auf eine „soziale Mischung“ der Bewohner von Neubausiedlungen und verhinderte die Wiederentstehung von Arbeitervierteln mit räumlicher Enge, schlechter Bausubstanz und sozialer Abschottung (vgl. *Häußermann* 1984, 652f.). In den 80er Jahren wohnten 29% der Un- und Angelernten sowie 43% der Facharbeiter in Eigenheimen oder Eigentumswohnungen (*Noll/Habich* 1990, 170). Die Befreiung von existenzieller Not, der Zugewinn an Freizeit und ein behagliches Heim schaffen die Voraussetzungen dafür, daß sich das Familienleben der Arbeiter stärker am bürgerlichen Leitbild der privatisierten und emotionsgeprägten Familie orientieren kann.[2]

Zur Entwicklung des **Selbstverständnisses** und Selbstbewußtseins der Arbeiterschaft gibt es kaum empirischen Belege. Aber es wäre verwunderlich, wenn die Teilhabe an „mittelständischen Privilegien“ – das bessere Essen, die bessere Kleidung, das komfortablere Heim, das Auto, die Urlaubsreise u. a. – nicht auch die erlebte soziale Distanz zur Mitte der Gesellschaft verringert hätten. Daher erscheint die Annahme *Moosers* (1984, 227) plausibel, daß alte „proletarische Minderwertigkeitsgefühle“ abgebaut wurden und daß die Respektabilität und das Selbstwertgefühl der Arbeiter im Zuge der Entproletarisierung angestiegen sind.

8.2 Fortdauer schichttypischer Besonderheiten

Es wäre ein Mißverständnis, wenn man aus der Entproletarisierung von Soziallage und Subkultur schließen würde, alle schichttypischen Eigenheiten der Arbeiterschaft hätten sich aufgelöst. Die ArbeiterInnen sind nicht in einer diffusen konturlosen „Mitte“ der Gesellschaft aufgegangen, sondern ein großer Teil von ihnen ist ArbeiterIn geblieben, auch wenn es zunehmend Überlappungen mit benachbarten Gruppen der alten und neuen Mittelschichten gibt. Die typischen Unterschiede zu benachbarten Schichten sind zwar weniger augenfällig und markant geworden, aber die empirische Sozialforschung kann sie durchaus sichtbar machen.

Zunächst ist die These *Moosers* (1984, 227) von „der Selbstzurechnung zur Mittelschicht" nur die halbe Wahrheit. Der Anteil der Arbeiter, die sich als Angehörige der „Mittelschicht" fühlen, ist zwar in den letzten 25 Jahren deutlich angestiegen: von 21% im Jahre 1955 über 33% im Jahre 1980 (jeweils alle ArbeiterInnen) auf ca. 41% unter den Facharbeitern bzw. auf 22% unter den Un- und Angelernten im Jahre 1993. Aber auch heute rechnen sich fast 60% der Facharbeiter und mehr als Dreiviertel der Un- und Angelernten zur „Arbeiterschicht".[3]

Auch die häufig behauptete „Verschmelzung" der ArbeiterInnen mit den Angestellten hat in wichtigen Bereichen nicht stattgefunden. Selbst wenn man die Arbeiter nicht mit der Gesamtheit aller Angestellten und Beamten vergleicht, sondern nur mit dem „unteren Viertel" der neuen Mittelschicht, mit der ausführenden Dienstleistungsschicht, zeigen sich deutliche Unterschiede. Recht markant treten diese Differenzen zwischen blue collar- und white collar-Arbeitsplätzen hervor: ein erheblich größerer Teil der Arbeiter hat körperlich schwere Arbeit zu verrichten und arbeitet unter belastenden Umwelteinflüssen (*Jansen* 1995, 40; *Noll/Habich* 1990, 178). Arbeiter sind dabei auch größeren gesundheitlichen Risiken ausgesetzt: In den 80er Jahren wurde fast jeder fünfte Arbeiter, aber nur jeder zehnte Angestellte vor dem 50. Lebensjahr berufsunfähig (*Hradil* 1994, 56). Im Vergleich zu den „nicht-manuell Ausführenden" unterlagen ArbeiterInnen häufiger einer strengen Kontrolle am Arbeitsplatz und hatten seltener die Möglichkeit zur Selbstgestaltung, Mitentscheidung oder zum Dazulernen (*Noll/Habich* 1990, 178).

Das **Pro-Kopf-Nettohaushaltseinkommen** aller Arbeitergruppen lag 1994 deutlich niedriger als das der einfachen Angestellten und Beamten. Die ausführende Dienstleistungsschicht erzielte durchschnittliche Verdienste, die Arbeiterelite und die Facharbeiter kamen nur auf 87 bzw. 86% des Durchschnitts, die Un- und Angelernten lediglich auf 77% (SOEP 1994).

Die in Kap. 12.4.1 ausgebreiteten Daten (vgl. insbes. S. 260ff.) zeigen, daß die Bildungschancen der Arbeiterkinder nicht nur deutlich hinter den **Bildungschancen** der Angestelltenkinder im allgemeinen zurückbleiben, sondern auch hinter denen der einfachen und mittleren Angestellten und Beamten. So ist es auch nicht verwunderlich, daß die **Selbstrekrutierungsquote** der Arbeiterschaft hoch ist (Einzelheiten S. 235ff.).

Arbeiterkinder bleiben nicht nur mehrheitlich in ihrer Herkunftsschicht, sie suchen auch ihre EhepartnerInnen im Arbeitermilieu. In den 70er Jahren waren zwei Drittel der Arbeiter mit Arbeitertöchtern verheiratet (*Mayer* 1977, 175f.). **Schichthomogene Heiratskreise** dieser Art – man spricht hier auch von Endogamie – existieren auch heute noch: Unter den jungen Ehepaaren des Jahres 1989 waren zwei Drittel der Männer und drei Viertel der Frauen, die die Hauptschule abgeschlossen und einen Beruf erlernt hatten, mit HauptschulabsolventInnen verheiratet, nur 1% dieser Männer und 2% der Frauen hatten AkademikerInnen geehelicht (*Frenzel* 1995, 81).

Die Besonderheiten der konkreten Soziallage haben auch zur Folge, daß die immer wieder erwähnten **Individualisierungsprozesse** und die sog. „Pluralisierung" der **Lebensstile** arbeiterspezifische Charakteristika aufweisen (vgl. z. B. *Spellerberg* 1995, 150; *Georg* 1995a, 206ff.). So sind 70% von 370 befragten ArbeiterInnen der Ansicht, das es Lebensstildifferenzen zwischen der Arbeiterschaft und den Angestellten gibt (*Herlyn u. a.* 1994, 235).

Begriffe wie „Kragenlinie" oder „Trennlinie" zwischen blue collar und white collar suggerieren scharf gezogene Grenzen zwischen Arbeitern und Angestellten, die es in dieser Form sicherlich nie gab und die es heute infolge der Entproletarisierung noch weniger gibt. Was jedoch auch heute noch nachweisbar ist, sind arbeitertypische Arbeitsbedingungen mit typischen Begrenzungen der Lebenschancen: durchschnittlich stärkere körperliche und gesundheitliche Belastungen am Arbeitsplatz gehen einher mit durchschnittlich geringeren Einkommens-, Bildungs- und Mobilitätschancen, mit einer Tendenz zur schichtinternen Ehepartnerwahl und mit arbeitertypischen Lebensstilen. Und auch aus der Vorstellungswelt der ArbeiterInnen ist die Arbeiterschicht nicht verschwunden: die Mehrheit rechnet sich ihr nach wie vor zu.

8.3 Innere Differenzierung: Arbeiterelite – Facharbeiter – Un-/Angelernte

Die Arbeiterschaft der Bundesrepublik ist nicht die sozial homogene Klasse, die nach den Prognosen von *Karl Marx* entstehen sollte, sondern eine in sich **vielfältig differenzierte** Gruppe: Unterschiede im Einkommen und in den Arbeits- und Lebensbedingungen sind kennzeichnend für ihre Struktur. Sie hängen zusammen mit unterschiedlichen Arbeits- und Qualifikationsniveaus, aber auch damit, ob ein Arbeiter in der quasi-patriarchalischen Atmosphäre eines Kleinbetriebes arbeitet oder in einem Großbetrieb, wo Gewerkschaften und Mitbestimmung stärker verankert sind, wo häufiger Nacht- und Schichtarbeit gefordert wird, wo aber auch zusätzliche Belohnungen in Form betrieblicher Sozialleistungen gewährt werden.

Wichtige Impulse für den Wandel der Arbeitsbedingungen gehen von technischen Veränderungen aus. Verschiedene Vorstellungen über den Einfluß der zunehmenden **Technisierung und Automatisierung** der Arbeitswelt erwiesen sich als offensichtlich falsch: Die Einführung neuer Technologien führte weder zu einer allgemeinen Dequalifizierung der Arbeiterschaft, noch zu einer allgemeinen Höherqualifizierung und auch nicht zu einer zunehmenden Polarisierung in höhere und niedere Qualifikationsgruppen. Da technische Neuerungen je nach Branche und Betriebsgröße in sehr unterschiedlichem Tempo eingeführt wurden, lassen sich ihre Auswirkungen auf die Struktur der Arbeiterschicht im allgemeinen noch am besten als „Heterogenisierung" oder „Differenzierung" charakterisieren (vgl. *Mooser* 1984, 66; *Klinger* 1990, 66).

Vertikal läßt sich die Arbeiterschicht sinnvoll in drei Gruppen gliedern: in die Arbeiterelite der Meister und Vorarbeiter, die Facharbeiter und die Un- und Angelernten. In den 80er Jahren lebten von der deutschen Bevölkerung (ab 16 Jahre) des Bundesgebietes 12% in Familien der Arbeiterelite, 19% in Facharbeiterfamilien und 16% in Familien von Un- und Angelernten (*Noll/Habich* 1989, A1).

Die **Arbeiterelite** hebt sich durch ihre bessere Qualifikation vom Durchschnitt der Facharbeiter ab; sie verdient daher etwas mehr Geld und hat sicherere Arbeitsplätze. In ihren Arbeitsbedingungen ähnelt sie – was körperliche Belastung, Abwechslung, Selbstgestaltung, Mitentscheidung und Kontrolle angeht – stärker den Dienstleistungsmittelschichten als anderen Arbeitergruppen (*Noll/Habich* 1990, 178). Ihre starke Mittelschichtorientierung zeigt sich insbesondere in den guten Bildungs- und Aufstiegschancen ihrer Kinder. Der Anteil der Gymnasiasten unter ihnen ist deutlich höher als unter Facharbeitern (*Geißler* 1992, 223), und lediglich ein Drittel der Söhne (s. S. 235f.) und ein Fünftel der Töchter (*Ballerstedt/Glatzer* 1979, 311) bleiben in der Arbeiterschicht.

Die schichttypischen Unterschiede in den Arbeitsbedingungen und Lebenschancen zwischen Facharbeitern und Un- und Angelernten sind so deutlich ausgeprägt, daß es berechtigt ist, auch die **Un- und Angelernten** als eine besondere Schicht zu unterscheiden. Sie unterliegen der Gefahr sozialer Ausgrenzung, weil sie im Zuge der Höherqualifizierung der Erwerbstätigen zahlenmäßig zu einer Minderheit geschrumpft sind, die immer kleiner wird. Noch in den 60er Jahren gehörte die Mehrheit der deutschen erwerbstätigen Bevölkerung zu den Un- und Angelernten. Der Arbeitende ohne voll abgeschlossene Berufsausbildung war der typische Erwerbstätige (*Geißler* 1990, 100). Für die Arbeiterschaft gilt dies auch noch im Jahre 1970: 57% waren Un- und Angelernte, unter den Männern bildeten die Facharbeiter allerdings bereits eine Mehrheit von 55%. In den 70er und 80er Jahren findet nochmals eine erhebliche Höherqualifizierung der (männlichen) Arbeiterschaft statt. 1994 machen die Un- und Angelernten nur noch ein knappes Drittel der deutschen Arbeiter aus. An den Arbeiterinnen ist diese Entwicklung allerdings vorbeigegangen: 84% von ihnen sind weiterhin als Un- bzw. Angelernte tätig (vgl. Abb. 4.1 auf S. 80).

Große Teile der Un und Angelernten verrichten schwerste, gefährliche und schmutzige Arbeiten. Die überwiegende Zahl ihrer Arbeitsplätze unterliegt hoher Kontrolle und bietet wenig Abwechslung und kaum Möglichkeiten, etwas dazuzulernen. Nur wenige der Un- und Angelernten haben berufliche Aufstiegschancen – in den 80er Jahren werteten nur ein Fünftel dieser Gruppe, aber die Hälfte der Facharbeiter den bisherigen beruflichen Werdegang als Aufstieg (*Mooser* 1984, 256; vgl. auch S. 235). Der technischen und sozialen Dynamik der industriekapitalistischen Produktion sind die Un- und Angelernten in besonderem Maße ausgesetzt. Sie müssen besonders häufig ihre Stelle und ihren Beruf wechseln und sind stärker von Arbeitslosigkeit bedroht als andere: die Arbeitslosenquote unter Personen ohne beruflichen Ausbildungsabschluß lag 1994 mit 20% fast dreimal so hoch wie unter Personen mit einer abgeschlossenen Berufsausbildung mit knapp 7% (iwd 32/1995, 6). Das soziale Ansehen der Un- und Angelernten ist sehr niedrig. Selbst die Facharbeiter zeigen häufig Überlegenheitsgefühle und soziale Distanz zu den Hilfsarbeitern, um sich sozial nach unten hin abzugrenzen.

Nicht nur in der Arbeitswelt, auch in anderen Lebensbereichen sind die Un- und Angelernten überdurchschnittlich benachteiligt. So sind sie nicht in der Lage, politische Teilnahmerechte wahrzunehmen, die über die Minimalformen wie Wahlbeteiligung und Mitgliedschaft in den Gewerkschaften hinausgehen. Vom Aufstieg in Machteliten sind sie ausgeschlossen, auch die traditionellen Aufstiegskanäle der Arbeiterschaft über Gewerkschaften und politische Parteien sind für sie verriegelt (*Geißler* 1994a, 95ff.). Kriminologische Studien zeigen, daß die Un- und Angelernten am häufigsten mit dem Strafgesetz in Konflikt geraten und am stärksten dem Zugriff der Strafverfolgungsbehörden ausgesetzt sind, und in Gerichtsprozessen sind sie weniger als andere in der Lage, ihre Ansprüche und Interessen zur Geltung zu bringen (*Geißler* 1994c, 162ff.). Von der Erweiterung der Bildungschancen haben sie kaum profitiert. Ihre Distanz zu den höheren Bildungseinrichtungen, wo ihre Kinder auf größere Vorurteile stoßen als andere, ist nach wie vor besonders ausgeprägt (vgl. S. 260 und *Geißler* 1994b, 118ff.). Ca. 60% ihrer Söhne bleiben in den Arbeiterschichten, nur jedem Zehnten gelingt ein Aufstieg ins „obere Viertel" der Gesellschaft (vgl. S. 236). Die Nachteile ihrer Soziallage schlagen sich auch auf ihren Gesundheitszustand nieder: sie sind besonders anfällig gegenüber physischen und psychischen Erkrankungen. So weisen z. B. 56% der Ungelernten, 21% der Angelernten und 15% der qualifizierten Arbeiter behandlungsbedürftige psychische Störungen auf; die Kindersterblichkeit, aber auch die Sterblichkeit von Erwachsenen liegt bei den Un- und Angelernten besonders hoch (*Weber* 1994, 200ff.).

Wegen der schlechten Bildungs- und Mobilitätschancen setzen sich die Benachteiligungen z. T. von Generation zu Generation fort, so daß sich Mentalitätsunterschiede und Schichtdifferenzierungen verfestigen.

8.4 Arbeiterschichten in der DDR

Unter ostdeutschen und neuerdings auch unter westdeutschen Sozialstrukturforschern wird die These vertreten, die Gesellschaft der DDR sei eine **Facharbeitergesellschaft** gewesen. „Der Facharbeiter wurde zur absolut dominierenden Kategorie" – so *Ingrid* und *Manfred Lötsch* (1985, 69) aus Ostberlin.[4] „Die DDR war eine Arbeitergesellschaft, präziser: eine Facharbeitergesellschaft ..." – so die Soziologen *Landua* und *Zapf* (1991, 10) aus Westberlin. Die Diskussion dieser These bedarf zunächst einer terminologischen Klarstellung, da die Begriffe des Arbeiters und Facharbeiters in Ost und West mit sehr unterschiedlichen Bedeutungen versehen werden.

Aus politisch-ideologischen Gründen wurde das Konzept der **Arbeiterklasse** in der DDR nie präzise definiert und häufig in einer sehr weiten Fassung verwendet, war doch die Arbeiterklasse nach dem offiziellen Selbstverständnis der DDR „jene politische und soziale Kraft, die im Bündnis mit anderen Werktätigen den Sozialismus durch ihre revolutionäre Tat gestaltet" (*Weidig* 1988a, 41). Sie umfaßte sowohl Arbeiter im engeren Sinne als auch Angestellte, zahlenmäßig insgesamt etwa drei Viertel der Erwerbstätigen, wobei offen gelassen wurde, wo die Grenze zur Intelligenz verlief.

Der Begriff des **Facharbeiters** war dagegen eindeutig definiert. Auch er beschränkt sich jedoch nicht nur auf Arbeiterberufe nach westlichem Verständnis, sondern umfaßt das gesamte Spektrum von Ausbildungsberufen unterhalb der Fachschulebene – dazu gehören auch die Berufe im Dienstleistungsbereich, so z. B. „Facharbeiter" im Einzelhandel, für Schreibtechnik u. a. *Lötsch/Lötsch* und *Landua/Zapf* meinen also nicht dasselbe, wenn sie die DDR als Facharbeitergesellschaft bezeichnen.

Legt man das DDR-Konzept des Facharbeiters zugrunde, so dominieren infolge der Höherqualifizierung der Bevölkerung seit Mitte der 70er Jahre die „FacharbeiterInnen" die Struktur der erwerbstätigen Bevölkerung (s. Abb. 12.1 auf S. 251). Anders sieht die quantitative Entwicklung aus, wenn man von dem engeren Begriff des blue-collar-workers ausgeht; ihr Anteil war bereits in den 60er Jahren leicht rückläufig (*Grundmann u. a.* 1976, 163) und ist auch in den letzten beiden Jahrzehnten weiter gesunken. 1990 stuften sich noch knapp die Hälfte (47-48%) der berufstätigen Bevölkerung als ArbeiterInnen ein; läßt man die Arbeitnehmer in der Landwirtschaft unberücksichtigt, dann waren es nur 39% (Abb. 8.1). Da die andere Hälfte der Beschäftigten aus Angestellten besteht, befand sich Ostdeutschland zur Zeit der Wende also genau im **Stadium des Übergangs von einer Arbeiter- in eine Dienstleistungsgesellschaft** – eine Situation, die auf die BR etwa Mitte der 70er Jahre zutraf und somit das Modernitätsgefälle gut veranschaulicht.

Abb. 8.1: *Erwerbstätige nach beruflicher Stellung*

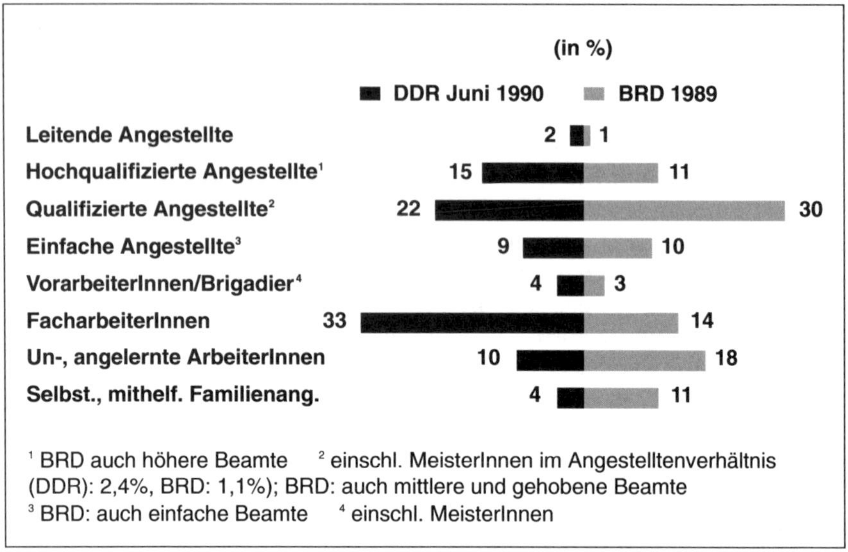

Quelle: berechnet nach *Schupp/Wagner* 1991, 325; Datenbasis: Sozio-ökonomisches Panel

Entproletarisierung ist auch für die DDR der treffende Begriff, um die Veränderung der Soziallage der ArbeiterInnen im engeren Sinne zu charakterisieren. Dazu gehören die Verbesserung der materiellen Lebensbedingungen und der Arbeitsbedingungen, die erhebliche Erhöhung des Ausbildungsniveaus und – anders als in der BR – die absolute Arbeitsplatzsicherheit.

Die Verbesserung der **materiellen Lage** der Arbeiterschaft verlief im Sozialismus nach einem anderen Muster: innergesellschaftlich – im Vergleich zu anderen Schichten – wurde sie weiter vorangetrieben als in der BR; im deutsch-deutschen Vergleich dagegen hinkte sie hinterher. So lagen z. B. die Produktionsarbeiter in der Industrie 1988 mit ihren Nettoverdiensten um 43% über den Angestellten mit vergleichbarer Qualifikation und ganz in der Nähe der sog. wissenschaftlich-technischen Intelligenz; Industrieangestellte mit Fach- oder Hochschulabschluß verdienten lediglich 15% mehr als Produktionsarbeiter (*Stephan/Wiedemann* 1990, 561). Die „Hofierung der Arbeiterklasse“ (*Lötsch* 1993, 33) gehörte zu den Herrschaftsstrategien der DDR-Machtelite. Auf der anderen Seite verhinderte die Wohlstandsschere, daß die ostdeutschen ArbeiterInnen mit den Einkommens- und Lebensstandarderhöhungen in der Bundesrepublik Schritt halten konnten (vgl. S. 48f.). Es spricht vieles für die These von *Lötsch*, daß die demotivierende Nivellierung der Einkommen eine der Ursachen für die mangelnde Effizienz des ökonomischen Systems darstellt (vgl. S. 63ff.). Daher kann man formulieren: **Die relative Besserstellung der ArbeiterInnen wurde erkauft mit Einbußen in der absoluten Höhe ihres Lebensstandards.**

Die Entwicklung der **Arbeitsbedingungen** in einem System, das mit der Abschaffung des Privatkapitals auch die „entfremdete Arbeit" beseitigen wollte, stellt sich ambivalent dar. Die DDR war in stärkerem Maße eine **Arbeitsgesellschaft** geblieben als Westdeutschland, das sich im Zuge der Modernisierung sowohl in der Sozialstruktur als auch in den Wertorientierungen und Einstellungen weiter in Richtung Freizeitgesellschaft entwickelt hatte. Der ideologischen „Heroisierung der Arbeit" (*Kohli* 1994, 42) entsprach die höhere Bedeutung und Zentralität der Arbeit im alltäglichen Leben der DDR-Bevölkerung. Es arbeiteten mehr Menschen (höhere Frauenerwerbsquoten, keine Arbeitslosen), und es wurde länger gearbeitet. Die normale tarifliche Arbeitszeit lag mit 43 3/4 Stunden um 5 1/4 Stunden pro Woche höher als in der Bundesrepublik. Geistig anspruchslose sowie körperlich belastende und gesundheitsgefährdende Arbeit wurde zurückgedrängt, letztere allerdings offensichtlich weniger erfolgreich als in der westdeutschen Privatwirtschaft.[5] In den 80er Jahren hat sich dann die Qualität der Arbeitsbedingungen „geradezu dramatisch verschlechtert" (*Marz* 1992, 9). Ein weiteres Spezifikum der DDR-ArbeiterInnen (und -Angestellten) war die starke Einbindung in das soziale Netz am Arbeitsplatz, in das sog. „Arbeitskollektiv". Empirische Studien zeigen wiederholt, daß sich mehr als 90% der ArbeiterInnen in ihren Kollektiven wohlfühlten (*Jetzschmann* 1988, 249). Als „kommunikatives Zentrum" (*Rösler* 1994, 162) sowie als Hort emotional-sozialer Geborgenheit bei der Arbeit – für viele auch darüber hinaus in der Freizeit – diente das Arbeitskollektiv auch als Schutzschirm gegen Leistungsanforderungen an den einzelnen und als soziale Nische, die systembedingte Einschränkungen des Lebens erträglicher machte. Die Bindung an die Arbeitsstätte wurde für viele zusätzlich noch dadurch erhöht, daß die Betriebe eine ganze Reihe sozialer Aufgaben wahrnahmen – wie Kinderbetreuung, medizinische Versorgung, Wohnungszuteilung, Weiterbildung, die Organisation von gesellschaftlich-politischen Aktivitäten sowie von Freizeit, Sport, Urlaub und Erholung.

Die ArbeiterInnen reagierten auf die Arbeitssituation zwiespältig. Auf der einen Seite räumen sie der **Arbeit einen höheren Stellenwert** in ihrem Leben ein als die ArbeiterInnen in der westdeutschen „Freizeitgesellschaft", wie verschiedene Studien übereinstimmend belegen (Belege bei *Geißler* 1993, 45f.). Auf der anderen Seite zeigen empirische arbeitswissenschaftliche Analysen, daß die DDR die **Mängel in der Arbeitsmotivation und Arbeitsdisziplin**, die *Walter Ulbricht* bereits in den 50er Jahren als „Arbeitsbummelei, Vortäuschung von Krankheit, achtloses Umgehen mit volkseigenen Maschinen, Geräten und Werkzeugen, ja sogar Vergeudung von Volkseigentum" (zit. nach *Belwe/Klinger* 1986, 66) anprangerte, nie beseitigen konnte.[6]

Zu den vielfältigen **Ursachen der Leistungszurückhaltung** gehören u. a. Mängel in der zentralen oder betrieblichen Planung und Organisation der Arbeit (z. B. fehlerhafte oder ausbleibende Lieferungen, Herstellung von „überflüssigen" Produkten), Unterforderung durch personelle Überbesetzung oder durch Arbeitseinsatz unterhalb des Ausbildungsniveaus, geringes Durchsetzungsvermögen der Vorgesetzten, insbes. der Meister (*Schmidt* 1995, 462), eine hohe, den Leistungsdruck mindernde „Verantwortungsdiffusion" (*Parzinski* 1994, 41) sowie nicht zuletzt die Bindung der beruflichen Karriere an politische Loyalitäten. So meinten 60% von 911 befragten Montagearbeitern, es sei in erster Linie „politische Aktivität" nötig, „wenn man hier vorwärtskommen will", nur 22% führten „berufliches Können" an (*Voigt* 1973, 109). Die DDR war zwar eine Arbeitsgesellschaft, aber eine **defizitäre Arbeitsgesellschaft mit gebremster Leistungsbereitschaft und lockerer Arbeitsdisziplin**.

Besonderheiten der Lebensbedingungen brachten auch in der DDR eine spezifische **„Arbeitermentalität"** hervor. Nach *Kretzschmar* (1985, 44ff.), der die empirischen Studien zu dieser Problematik zusammenfaßt, zeichnet sie sich durch die folgenden Merkmale aus: stärkere Orientierung der Arbeitsmotivation an Geld und Vorwärtskommen; stärkeres Bedürfnis nach Verbesserung der Arbeits- und Lebensbedingungen und nach Ruhe und Erholung in der Freizeit; passivere, weniger anspruchsvolle Formen der Freizeitgestaltung; weniger geistige, kulturelle und politische Interessen, statt dessen stärkere Unterhaltungsorientierung.

Differenzierungen. Die technischen Veränderungen in der Arbeitswelt haben auch in der DDR die Vielfalt der Arbeitsbedingungen und Qualifikationsanforderungen erweitert und die Arbeiter in Untergruppen aufgefächert.[7] Die Spitze der Arbeiterschaft bilden neben den Meistern und Brigadiers die **„Rationalisierungsmittelbauer"** (*Weidig* 1988a, 89) in den fortgeschritteneren Industrien, wo die sog. „modernen Schlüsseltechnologien" zur Anwendung kommen.

Die Benachteiligten unter den ArbeiterInnen bilden die **Un- und Angelernten**. Intensive Bemühungen um die Weiterbildung von Erwachsenen (vgl. *Thomas* 1982, 106; *Waterkamp* 1987, 227ff.) haben diese untere Schicht schneller und stärker verkleinert als in der Bundesrepublik, aber der verbleibende Rest wies ein „beachtliches Beharrungsvermögen" (*Lötsch/Lötsch* 1985, 36) auf. Unter allen Erwerbstätigen gab es 1989 noch 13% Un- und Angelernte (BR: 23% Ungelernte, vgl. S. 251), unter der Arbeiterschaft 1990 noch 23%. Von den Arbeiterinnen waren noch 37% ohne abgeschlossene Berufsausbildung, von den Arbeitern nur noch 15%.[8] Das „Kernproblem" (*I. Lötsch* 1984, 54) für den unerwünschten Fortbestand dieser unteren Schicht lag darin, daß es nicht möglich war, die Zahl der Arbeitsplätze mit niedrigen Qualifikationsanforderungen in größerem Umfang zu verringern. Die Anforderungen in der Arbeitswelt lagen deutlich unter dem Ausbildungsstand der Bevölkerung (*Weidig* 1985, 171; *Lötsch/Lötsch* 1985, 43).

Anders als in der Bundesrepublik waren die Un- und Angelernten gegen Lebensrisiken wie Arbeitslosigkeit, Wohnungslosigkeit oder Armut – von Altersarmut abgesehen – abgeschirmt. Die Gefahren materieller und psychischer Verelendung waren im Sozialismus beseitigt worden. Andererseits hat die empirische Sozialstrukturforschung der DDR wiederholt darauf hingewiesen, daß auch bei den ostdeutschen Un- und Angelernten **Benachteiligungen vielfältiger Art** zusammentreffen. Arbeit mit niedrigen Qualifikationsanforderungen weist in den Worten von *Lötsch* (1985, 36)

> „eine hochgradige strukturelle Konsistenz auf, einen hohen Grad der Bündelung: mit tendenziell schwerer körperlicher Arbeit einschließlich eines höheren Anteils physisch schädigender oder zumindest problematischer Arbeit; mit tendenziell ungünstigeren Arbeitsbedingungen in ihrer Gesamtheit; mit einem niedrigeren Niveau der allgemeinen Bildung; mit weitaus geringerer gesellschaftlicher Aktivität; oft außerhalb der Arbeit mit weniger günstigen Wohnbedingungen etc."

Die ersten Untersuchungen über die Situation in den neuen Ländern haben diese Ergebnisse untermauert und durch weitere Einzelheiten ergänzt.[9]

8.5 Neue Länder: das Ende der „Hofierung der Arbeiterklasse" – Statuseinbußen und Nachwirkungen der Arbeiterideologie

Mit dem Untergang der „Arbeiter- und Bauerngesellschaft" verschwindet auch die offizielle Hofierung der Arbeiterschaft und ihre damit verbundene relativ günstige Position im Schichtgefüge. Arbeiter haben beim Umbau der Ungleichheitsstruktur – trotz des Wohlstandsanstiegs – relative Statuseinbußen im Vergleich zu anderen Mittelschichten hinzunehmen, sie gehören zu den relativ Leidtragenden bei der Transformation einer nach unten nivellierten Arbeitergesellschaft in eine wohlhabende, sozial stärker abgestufte Dienstleistungsgesellschaft.

Ihre DDR-Steuerprivilegien gegenüber den Angestellten wurden bereits mit der Einführung des westdeutschen Steuersystems im Jahre 1990 beseitigt. 1994 liegen Arbeiter mit ihrem **Nettohaushaltseinkommen** pro Kopf zwar noch im ostdeutschen Durchschnitt und gleichauf mit den unteren Angestellten, aber gegenüber den mittleren und höheren Angestellten haben sie bereits an Boden verloren, und es ist absehbar, daß sie im Zuge der zunehmenden Spreizung der Einkommen weiter an Boden verlieren werden (vgl. Abb. 3.9 auf S. 59).[10] Ihre **Arbeitsbedingungen** haben sich „verwestlicht“: schwere körperliche und gesundheitsschädigende Tätigkeiten wurden reduziert, die Arbeitszeiten (fast) dem niedrigeren westlichen Niveau angeglichen. Die Anforderungen, der Leistungsdruck und individuelle Konkurrenz am Arbeitsplatz sind dagegen gestiegen, hierarchische Strukturen wie Abstufung der Weisungsbefugnisse, Kontrolle der Arbeitsabläufe oder soziale Distanz zu Vorgesetzten wurden akzentuiert.[11]

Die sozialistische **„Arbeiterideologie“** hat deutliche Spuren im Selbstverständnis der Ostdeutschen hinterlassen: Während 1993 nur 42% der Erwerbstätigen von ihren konkreten Tätigkeiten her als ArbeiterInnen einzustufen sind (StatJb 1995, 110), fühlen sich 59% der ostdeutschen Bevölkerung der Unter- und Arbeiterschicht zugehörig (*Habich/Noll/Zapf* 1994, 579). In Westdeutschland sind 36% als ArbeiterInnen tätig, aber nur 29% rechnen sich auch der Unter- und Arbeiterschicht zu.[12] In den neuen Ländern hinkt also das soziale Selbstverständnis der Bevölkerung hinter der „objektiven“ sozialstrukturellen Entwicklung zur Dienstleistungsgesellschaft her, in den alten Ländern eilt es dieser Entwicklung etwas voraus. Vermutlich hängen diese Ost-West-Unterschiede in der subjektiven Schichteinstufung auch mit dem West-Ost-Wohlstandsgefälle und mit dem ostdeutschen Gefühl der ökonomischen, sozialen, kulturellen und politischen Deklassierung (dazu *Geißler* 1995, 133ff.) zusammen.

Un- und **Angelernte** sind diejenige Schicht, die **besonders hart von den Krisenerscheinungen des Umbruchs betroffen** ist. In den Turbulenzen des Arbeitsmarktes werden Un- und Angelernte kraß überproportional an den Rand gedrückt; 1994 waren genauso viele arbeitslos wie „echt“, d. h. ohne Unterstützung durch arbeitsmarktpolitische Maßnahmen, erwerbstätig – jeweils 35% (Sozialreport 1994, 94). In den Altindustrien Ostdeutschlands gehören die Arbeiter mit niedrigen Qualifikationen zu demjenigen Teil einer „enttraditionalisierten“ Arbeiterschaft, der auf die Probleme des Umbruchs mit Lähmungserscheinungen und Handlungsschwäche reagiert und in paternalistischer Manier auf Lösungen von oben wartet (*Hofmann/Rink* 1993, 173ff.). Anomische Symptome (Orientierungslosigkeit, Ängste und Sorgen) sowie Unzufriedenheit mit der Entwicklung nach 1990 sind unter ihnen erheblich weiter verbreitet als in anderen Gruppen.[13]

Anmerkungen

1 Zur Diskussion um das Verschwinden der Arbeiterklasse vgl. auch *Giddens* 1985; *Gorz* 1980; *Bahrdt* 1973.

2 *T. Meyer* 1992, 41-54; vgl. auch *Mooser* 1984, S. 289; *Häußermann* 1984, 652f. u. 657ff.; *Rosenbaum* 1982, 474f. sowie S. 308.

3 *Klingemann* 1984, 608; *Noll* 1984, 103; *Habich/Noll/Zapf* 1994, 580 (Wohlfahrtssurvey). Die Selbsteinschätzung der Westdeutschen in die Unter- und Arbeiterschicht lag mit insgesamt 29% im Wohlfahrtssurvey, aus dem auch die im Text genannten Prozentwerte für 1993 stammen, relativ niedrig. Ein Panel der Konrad-Adenauer-Stiftung kommt zu deutlich höheren Werten. Danach sind die Anteile derjenigen, die sich diesen Schichten zuordnen, nur in den 60er Jahren rückläufig, zwischen 1972 (38%) und 1991 (36%) sind sie dagegen fast stabil (*Dittrich* 1992, 28).

4 Vgl. auch *Lötsch* 1990.

5 Vgl. *Dippmann* 1983, 47ff.; *Naumann/Welskopf* 1983, 57; zusammenfassend *Erbe* 1982, 163ff.; *Kuhnert* 1983, 506f.; *Belwe/Klinger* 1986, 73ff.; *Lötsch/Lötsch* 1985, 49.

6 Vgl. z. B. *Kroh/Schmollack/Thieme* 1983, 105; s. auch *Klinger* 1984, 25ff.; *Voigt u. a.* 1987, 144ff.

7 Vgl. z. B. *Grundmann/Lötsch/Weidig* 1976, 136ff.; *Lötsch* 1985, 15; *Weidig* 1988a, 92.

8 Berechnet nach *Landua* u. a. 1991, 29.

9 *Adler* 1991, 159, 173ff.; *Frick u. a.* 1991, 339; *Landua u. a.* 1991, 29; *Landua/Zapf* 1991, 12; vgl. auch *Lötsch/Meier* 1988, 181ff.

10 Vgl. dazu auch *Adler/Kretzschmar* 1995, 14ff.; *Priller* 1994, 455.

11 *Diewald/Sørensen* 1996, 76f.; *Schmidt* 1995, 459ff.; Sozialreport 1994, 102ff.

12 Zur Problematik des westdeutschen Prozentwertes vgl. Anm. 4.

13 *Habich* 1994, 588; *Landua* u. a. 1993, 119; *Habich* u. a. 1991, 40; *Landua/Zapf* 1991, 12.

9. Deutsche Randschichten: Arme – Obdachlose – Langzeitarbeitslose

Für Bevölkerungsgruppen, die aufgrund gravierender Benachteiligungen unterschiedlicher Art teilweise vom „normalen“ Leben der Gesellschaft ausgeschlossen sind, hat sich die unscharfe Bezeichnung **„Randgruppen“** eingebürgert (vgl. z. B. *Karstedt* 1975, 182; *Markefka* 1982, 24ff.). Mit diesem Etikett werden so unterschiedliche Gruppen bzw. soziologisch genauer: Quasi-Gruppen wie Ausländer und Spätaussiedler, Vorbestrafte und Homosexuelle, Sozialhilfeempfänger und Obdachlose, Behinderte und alte Menschen, Drogenabhängige und Arbeitslose versehen. Ich werde im folgenden etwas näher auf diejenigen Gruppen eingehen, deren Soziallage u. a. durch eine **extreme sozio-ökonomische Unterversorgung** gekennzeichnet ist. Sie sind im untersten Bereich der Schichtungshierarchie angesiedelt und werden im folgenden als **Randschichten** bezeichnet. In der Bundesrepublik gehören dazu in erster Linie **Arme**, **Obdachlose** und **Langzeitarbeitslose** – Gruppen, die sich teilweise überlappen; in der DDR zählten dazu auch große Teile der **alten Menschen**. Wer vorübergehend – das ist in Deutschland die Regel – oder auch auf Dauer zu einer Randschicht gehört, muß „randständig“ leben, ist „an den Rand der Gesellschaft gedrängt“, weil sich in seiner Soziallage erhebliche Benachteiligungen in verschiedenen Bereichen häufen. Starke ökonomische Defizite gehen in der Regel einher mit Tendenzen zur sozialen Isolation und sozialen Diskriminierung. Dadurch werden die Lebenschancen der Randschichten und ihre Teilnahme am gesellschaftlichen, kulturellen und politischen Leben erheblich beeinträchtigt. Randschichten sind in diesem Sinne „marginalisiert“; sie sind Problemgruppen der Sozialpolitik und nur mangelhaft in die Kerngesellschaft integriert.

9.1 Arme

9.1.1 Was ist Armut?

Armut in einem der reichsten Länder der Welt – das klingt paradox, entspricht aber der Situation in der Bundesrepublik: Die armen Bevölkerungsgruppen stellen neben den Ausländern die zweite wichtige Randschicht in der Sozialstruktur der Bundesrepublik dar. Die Armut im heutigen Deutschland ist nicht vergleichbar mit dem Massenelend, das die Industrialisierung begleitete (vgl. *Zapf* 1983, 52), oder mit der kümmerlichen Lebenssituation breiter Bevölkerungskreise in der Zwischen- und Nachkriegszeit; das Wirtschaftswunder, die Wohlstandsexplosion und der Sozialstaat haben die Armut quantitativ und qualitativ verändert, aber sie haben sie nicht beseitigen können. Als Randschicht der Armen werden im folgenden diejenigen Menschen bezeichnet, die **an oder unterhalb der Armutsgrenze** leben.

Das Problem, was Armut ist, wer zu den Armen gehört, welche Lebensumstände als Leben in Armut bezeichnet werden sollen, ist unter Sozialwissenschaftlern, Sozialarbeitern und Politikern umstritten. Einig ist sich die Armutsforschung über drei Aspekte der Armut:

1. Armut in der Bundesrepublik ist keine **absolute**, sondern **relative** Armut. In anderen Worten: Armut ist in entwickelten Gesellschaften keine Frage des **physischen Überlebens** mehr – wie noch in vielen Ländern der Dritten oder Vierten Welt –, sondern eine Frage eines **menschenwürdigen Lebens**; die Armutsgrenze wird nicht durch ein **physisches**, sondern durch ein **soziokulturelles** Existenzminimum markiert.
2. Armut wird als interkulturell und historisch **relative** Erscheinung begriffen: Was Armut ist, variiert interkulturell von Gesellschaft zu Gesellschaft und historisch von Zeitabschnitt zu Zeitabschnitt. So definiert der Rat der Europäischen Union verarmte Personen als „Einzelpersonen, Familien oder Personengruppen, die über so geringe (materielle, kulturelle und soziale) Mittel verfügen, daß sie von der Lebensweise ausgeschlossen sind, die in dem Mitgliedstaat, in dem sie leben, als Minimum annehmbar ist" (*Onur/Orth* 1995,99). Was in einer Gesellschaft als „annehmbares Minimum" angesehen wird, verändert sich im Laufe der Zeit mit dem Wandel der Lebensverhältnisse in der Gesamtgesellschaft.[1] Festlegungen dieser Art beruhen auf gesellschaftlichen bzw. politischen Mehrheitsmeinungen und werden nicht von allen Parteien, Wissenschaftlern oder Gesellschaftsmitgliedern geteilt.
3. Armut ist **mehrdimensional**: Sie ist nicht nur ein **ökonomisch-materielles**, sondern gleichzeitig auch ein **soziales, kulturelles und psychisches**

Phänomen. Ökonomische und materielle Unterversorgung ist gekoppelt mit der Versagung von allgemein anerkannten Lebenschancen in wesentlichen Bereichen der menschlichen Existenz, mit dem weitgehenden Ausschluß von der Teilnahme am wirtschaftlichen, gesellschaftlichen, politischen und kulturellem Leben.[2]

9.1.2 Entwicklungen: Rückgang – erneute Ausbreitung – Stagnation

Nachdem die Armutsforschung in Deutschland über lange Zeit ein Schattendasein geführt hatte, sind in den 90er Jahren eine ganze Reihe interessanter Studien erschienen, die – z. T. auf der Basis von Längsschnittdaten – neue und relativ differenzierte Einblicke in diese Randzone der Gesellschaft ermöglichen.[3]

Wenn Sozialwissenschaftler versuchen, das Ausmaß und die Entwicklung von Armut zu quantifizieren, arbeiten sie meist mit dem vergleichsweise einfachen **Ressourcenansatz**, seltener mit dem komplexeren Lebenslagenkonzept (wie z. B. *Andreß/Lipsmeier* 1995). Der Ressourcenansatz greift auf ökonomische Kriterien – in der Regel auf vergleichsweise einfache Indikatoren für die Einkommenssituation – zurück. Zwei in der Armutsforschung gebräuchliche Arten der Messung machen verschiedene Facetten von Armut in der Bundesrepublik sichtbar: 1. die **„bekämpfte“** und **„verdeckte“** Armut nach der **„offiziellen“ Armutsgrenze des Bundessozialhilfegesetzes**; 2. verschiedene Varianten der relativen Armut, wobei verschiedene Armutsgrenzen nach dem **relativen Abstand zum Durchschnittseinkommen** von Haushalten mit gleicher Personenzahl gezogen werden – die 60%-Grenze, die 50%-Grenze (sie wird in der Regel in internationalen vergleichenden Studien, z. B. innerhalb der EU, benutzt) und die 40%-Grenze, die häufig auch als **strenge Armut** bezeichnet wird.

Da eine kontinuierliche nationale Armutsberichterstattung fehlt, liefert die problematische Statistik der **Sozialhilfe** die längsten Datenreihen zur Armutsentwicklung über große Zeiträume. Das komplexe System von Sozialhilfeleistungen soll den soziokulturellen Mindestbedarf für ein menschenwürdiges Leben sicherstellen und greift ein, wenn Personen oder Familien nicht mehr in der Lage sind, das gesellschaftlich zuerkannte Existenzminimum aus eigener Kraft oder durch andere soziale Versorgungsleistungen zu sichern. Der Mindestbedarf, der durch die Sozialhilfe garantiert wird, läßt sich also als die politisch festgesetzte Armutsgrenze ansehen. Er errechnet sich nach einem komplizierten Verfahren und liegt etwas über der 40%-Grenze. Haushalte von SozialhilfeempfängerInnen mußten 1988 mit monatlich 769 DM pro Person

Abb. 9.1: *Armut nach der Sozialhilfegrenze – West 1963 – 1993 (ohne AusländerInnen)*

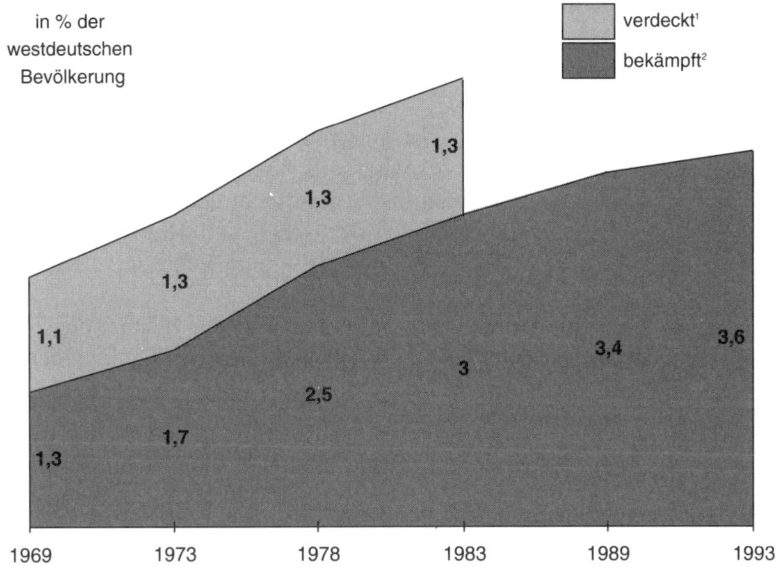

in 1000

	1963	1969	1973	1978	1983	1989	1993
verdeckt		615	668	673	708		
bekämpft	761	707	861	1275	1659	1961	2143

1 Personen in Haushalten mit einem Nettoeinkommen unterhalb der haushaltsspezifischen Sozialhilfegrenze, die keine Leistungen nach dem BSHG erhalten (Schätzungen auf Basis der EVS)

2 Empfänger von laufender Hilfe zum Lebensunterhalt (HLU) nach dem Bundessozialhilfegesetz (BSHG)

Quellen: *Semrau* 1990, 118 (1963-1983); StBA 1993 (1989); StatJb 1995, 475 (1993).

auskommen, das waren 43% der Summe, die in einem Durchschnittshaushalt zur Verfügung stand (berechnet nach *Schüler* 1990, 188).[4]

Wirtschaftswachstum, Verbesserung der Beschäftigungssituation und Wohlstandsentwicklung führten dazu, daß die Zahl der Fürsorgeempfänger (bis 1962) bzw. Empfänger von „laufender Hilfe zum Lebensunterhalt“

(HLU) von 1,6 Millionen im Jahre 1950 auf den Tiefststand von 749.000 im Jahre 1970 sank (*Glatzer* 1989, 279). Seit 1971 kehrte sich der Trend entgegen den ursprünglichen Erwartungen um: in den 70er und 80er Jahren rutschten kontinuierlich immer mehr Menschen unter die Sozialhilfegrenze. 1975 war die Millionengrenze überschritten, 1985 die Zweimillionengrenze, 1992 die Dreimillionengrenze und 1993 wurde der bisherige Höchststand von 3.331.000 Sozialhilfeempfängern (HLU) erreicht – 2 143 000 Deutsche und 1.188.000 Ausländer (StatJb 1995, 475). Die Anzahl der Personen, die vorübergehend staatliche Hilfe zur Sicherung ihres soziokulturellen Existenzminimums in Anspruch nehmen, ist also dramatisch angestiegen (vgl. Abb. 9.1): sie hat sich in den letzten 25 Jahren fast verfünffacht und machte 1993 5,1% der Gesamtbevölkerung aus: 3,6% der Deutschen und 18% der Ausländer (einschl. Asylbewerber) sind auf laufende Hilfe zum Lebensunterhalt angewiesen.

Bei der Interpretation dieser Daten müssen die vielen Mängel der Sozialhilfestatistik beachtet werden: diese gibt Auskunft über den Umfang der **„bekämpften Armut"**, sie schweigt sich jedoch aus über die **„verdeckte Armut"**, über die große Zahl von Personen und Familien, die unterhalb des soziokulturellen Existenzminimums leben, ohne Sozialhilfe zu beziehen.[5] Viele Menschen, deren Einkünfte unterhalb der Sozialhilfegrenze liegen, nutzen ihre Ansprüche auf staatliche Unterstützung nicht aus – z. T. aus Unkenntnis über Ansprüche und Zuständigkeiten; z. T. aus mangelndem Selbstbewußtsein im Umgang mit Behörden; z. T. aus Stolz und Scham, aus Furcht vor Stigmatisierung als Almosenempfänger. Manche/r möchte auch verhindern, daß – wie es das Sozialhilfegesetz gemäß dem Subsidiaritätsprinzip vorsieht – Kinder oder andere Verwandte zu finanzieller Hilfe verpflichtet werden, bevor der Staat eingreift (vgl. *Hartmann* 1981, 117ff.; *Schulz* 1989, 197ff.). Insbesondere ältere Menschen scheuen den Gang zum Sozialamt.

Der Umfang der **verdeckten Armut** läßt sich lediglich schätzen und enthält Unsicherheitsspielräume. In den 70er Jahren hat vermutlich nur etwa die Hälfte der Sozialhilfeberechtigten ihre Ansprüche geltend gemacht, in den 80er Jahren lag der „Ausschöpfungsgrad" bei einer Schätzung auf einem ähnlichen Niveau (47-50%), bei einer zweiten lag er etwas höher bei 62%.[6] Die Sozialhilfestatistik verharmlost also den Umfang der Armut. Man muß davon ausgehen, daß 1993 nicht nur 2,14 Millionen Westdeutsche an oder unter der Sozialhilfegrenze leben mußten, sondern vermutlich zwischen 3,5 und 4,3 Millionen.

Auch die Daten zur **relativen Armut** zeichnen ein dramatischeres Bild vom Umfang der Armut und ein weniger dramatischeres von ihrem Anstieg. Zwischen 1963 und 1973 schrumpfen die Bevölkerungsteile, die mit 40%, 50% oder 60% des durchschnittlichen Einkommens leben müssen, stark zu-

Abb. 9.2: *Relative Armut (1) in der Bundesrepublik 1963 – 1983 (ohne AusländerInnen)*

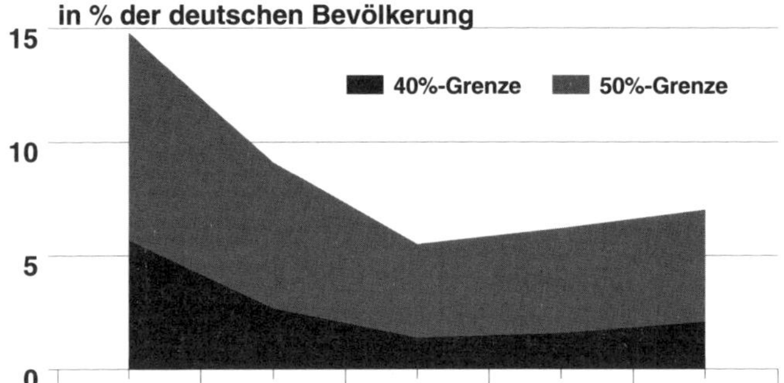

	1963	1969	1973	1978	1983
50%-Grenze	14.8	9.1	5.5	6.2	7
40%-Grenze	5.7	2.7	1.4	1.6	2.1

in %

	1963	1969	1973	1978	1983
50%-Grenze	8.449	5.092	3.093	3.393	3.678
40%-Grenze	3.252	1.481	0.881	0.876	1.093

in 1000

(1) gewichtetes verfügbares Haushaltseinkommen pro Person, das 40% bzw. 50% unterhalb des Durchschnitts liegt.

Quelle: *Hauser/Semrau* 1990, 2f. (Datenbasis EVS)

sammen, seit 1973 dehnen sie sich wieder aus, liegen jedoch 1983 noch deutlich unter dem Niveau von 1963 (Abb. 9.2). Nach den Daten des Sozio-ökonomischen Panels in Abb. 9.3, die mit den Zeitreihen in Abb. 9.2 nicht direkt verglichen werden können, sind die Armutsquoten in den 80er Jahren in etwa konstant geblieben und seit 1989 leicht rückläufig. 1992 mußten in der BR 4,5% der Bevölkerung oder 2,9 Millionen mit maximal 40% des Durchschnittseinkommens auskommen und 9,9% oder 6,4 Millionen mit maximal 50%.

Abb. 9.3: *Relative Armut in Westdeutschland 1984 – 1992*

		arme Personen						Dauer der Armut	
		in Prozent					in 1000[1]	in Prozent[2]	
		1984	1986	1988	1990	1992	1992	mindestens 7 von 9 Jahren	mindestens 4 von 9 Jahren
40%-Grenze	Gesamt	5,2	5,0	5,3	3,9	4,5	2919	5	21
50%-Grenze	Gesamt	12,6	11,9	11,0	10,3	9,9	6421	13	32
	Deutsche	11,8	11,0	10,4	9,1	8,9	5211	12	31
	Ausländer[3]	25,0	27,1	20,8	27,3	24,5	1547[4]	20	44
60%-Grenze	Gesamt	21,0	20,1	20,4	18,4	18,5	12000	21	45

1 Stichprobe des SOEP auf die Gesamtbevölkerung hochgerechnet.
2 in Prozent derjenigen Personen, die zwischen 1984 und 1992 mindestens einmal unter die jeweilige Armutsgrenze gerutscht waren.
3 Türken, Ex-Jugoslawen, Italiener, Griechen, Spanier.
4 Hochrechnung auf alle Angehörigen der Nationalitäten in Anm. 3.

Quelle: zusammengestellt und berechnet nach *Krause* 1994a, 192f. (Datenbasis: SOEP 1984-1992).

9.1.3 Besondere Risikogruppen

Als Risikogruppen werden Bevölkerungsgruppen mit einem besonders hohen Anteil von Armen bezeichnet; die Zugehörigkeit zu ihnen ist also mit einem besonders hohen Risiko verknüpft, an oder unter der Armutsgrenze leben zu müssen. Mit dem Wandel der Armut hat sich auch die Struktur der Risikogruppen teilweise verändert, heute sind z. T. andere Menschen besonders von Armut betroffen als früher.

In den 60er und 70er Jahren waren **alte Menschen** und **Frauen** – insbes. die **älteren Frauen** – besonders hohen Armutsrisiken ausgesetzt. Die Altersarmut wurde jedoch durch die Verbesserung der Alterssicherung, vor allem durch die Dynamisierung der Renten, eingedämmt; ältere Menschen sind heute seltener arm als andere. Und auch die Unterschiede zwischen den Geschlechtern sind – sieht man einmal von der überwiegend weiblichen Risikogruppe der Alleinerziehenden ab – weitgehend verschwunden. **Moderne Armut ist nicht mehr Altersarmut oder Frauenarmut.**[7] Besonderen Schwierigkeiten sehen sich allerdings auch heute noch diejenigen älteren Menschen und auch diejenigen Frauen ausgesetzt, die in die Armutszone geraten sind: ihr Anteil unter den Langzeitarmen ist besonders hoch, d. h. ihnen gelingt es nicht so schnell wie anderen, sich wieder aus der Randlage zu befreien (*Krause* 1994a, 198; *Buhr* 1995, 143f., 160).

Heute sind fünf Bevölkerungsgruppen in besonderem Maße vom Abgleiten in die Armut bedroht: Die drei traditionellen Risikogruppen der alleinerziehenden Mütter und der kinderreichen Familien sowie – damit zusammenhängend – die Kinder und Jugendlichen, dazu die beiden „neuen" Risikogruppen der Arbeitslosen und AusländerInnen.

Zu den Gruppen mit dem höchsten Armutsrisiko gehören die Alleinerziehenden; etwa neun von zehn sind **alleinerziehende Mütter**. Ihre Zahl hat durch den Anstieg der Scheidungsraten und der unehelichen Geburten stark zugenommen; in Westdeutschland lag 1992 der Anteil Alleinerziehender an allen Familien mit Kindern unter 18 Jahren bei 14%, in Ostdeutschland sogar bei 22% (Datenreport 1994, 32). Im letzten Jahrzehnt mußten etwa ein Drittel der westdeutschen Alleinerziehenden unter der 50%-Grenze (*Habich/Krause* 1994, 606) leben. Wichtige Ursachen dafür sind die unzureichende Versorgung durch die Väter sowie die Arbeitsmarktprobleme und die niedrigen Einkommen der Mütter. Auch **Kinderreichtum** führt nach wie vor häufig zur sozialen Deklassierung. Mit zunehmender Kinderzahl verzichten immer mehr Mütter auf eine Erwerbstätigkeit. Insbesondere das dritte Kind spielt dabei eine wichtige Rolle; es ist häufig Anlaß für den Verlust des zweiten Erwerbseinkommens der Familie. Daher war das Armutsrisiko von kinderreichen Familien schon früher hoch, in der ersten Hälfte der 80er Jahre hat es sich weiter erhöht (Inst. f. Bev.forschung 1987, 65). Im letzten Jahrzehnt war der Anteil der Haushalte mit mindestens fünf Personen, die unter der 50%-Grenze leben mußten, leicht rückläufig; er lag aber in Westdeutschland 1992 immer noch bei etwa einem Viertel (*Habich/Krause* 1994, 606).

Die beiden letztgenannten Risikogruppen – kinderreiche Familien und alleinerziehende Mütter – weisen darauf hin, daß auch **Kinder** und **Jugendliche** überdurchschnittlich häufig in Not geraten. Von der zunehmenden Sozialhilfeabhängigkeit in den 70er und 80er Jahren sind junge Menschen unter 18 besonders stark betroffen. 1992 sind sie mit 8,7% fast doppelt so häufig auf diese staatliche Unterstützung angewiesen wie alle Westdeutschen (4,7%). *Hauser* (1995, 9) spricht daher von einer „Infantilisierung" der Armut. Nach der 50%-Grenze sind die Altersunterschiede nicht so kraß und seit 1984 leicht rückläufig. Aber auch danach ist die Armutsquote bei Kindern und Jugendlichen unter 16 Jahren mit 14% deutlich höher als in anderen Altersgruppen.[8]

Arbeitslose sind eine Risikogruppe, deren Umfang in den 80er Jahren erheblich zugenommen hat. Immer häufiger reicht die Arbeitslosenunterstützung nicht aus, um das soziokulturelle Existenzminimum zu sichern. Die Zahl der Arbeitslosenhaushalte, die laufende Unterstützung durch Sozialhilfe beziehen, ist in den letzten eineinhalb Jahrzehnten um mehr als das 8-fache angestiegen – von 80.000 im Jahre 1980 auf 684.000 im Jahre 1993. Ein Drittel aller Haushalte, die von laufender Sozialhilfe leben, in den neuen Ländern sogar 57%, ist inzwischen Opfer der angespannten Arbeitsmarktsituation.

Auch unter **Ausländern** ist Armut weit verbreitet. Im letzten Jahrzehnt lebte etwa ein Fünftel der Angehörigen von „Gastarbeiterfamilien“ unter der 50%-Grenze (*Habich/Krause* 1994, 604). Unter den Sozialhilfeempfängern sind Ausländer ebenfalls stark vertreten, weil auch die meisten Asylbewerber auf staatliche Hilfe angewiesen sind. 18% der Sozialhilfeempfänger des Jahres 1993 waren AusländerInnen (StatJb 1995, 475).

Durch die Verlagerung des Risikos auf andere Gruppen hat sich das soziodemographische Profil der Armen erheblich verändert. Die Prozentanteile von älteren Menschen und Frauen sind zurückgegangen, dafür dringt Armut zunehmend in die erwerbstätige Bevölkerung vor – auch unter die Männer und unter die jüngeren Jahrgänge. Zwischen 1970 und 1993 ist unter den Empfängern von laufender Sozialhilfe zum Lebensunterhalt der Männeranteil von 34% auf 48% gestiegen, der Anteil von Personen im erwerbsfähigen Alter von 36% auf 59%. Der Anteil junger Menschen (18-25 Jahre) hat sich in diesem Zeitraum von 2,8% auf 4,5% erhöht (StBA 1972, 44f.; StBA 1995, 42f.).

9.1.4 Wachsende Armutskluft

Haben die Armen in der Wohlstandsgesellschaft vom steigenden Lebensstandard profitiert, oder sind die Reichen immer reicher und die Armen immer ärmer geworden, wie es eine gebräuchliche Formel sagt? Die Entwicklung der Sozialhilfeleistungen kann diese Frage wenigstens für einen Teil der Randschicht grob beantworten. Der Regelsatz für die laufende Hilfe zum Lebensunterhalt ist in etwa prozentual („dynamisch“) an die allgemeine Lohn- und Gehaltsentwicklung angepaßt worden – zeitweise unterdurchschnittlich, zeitweise überdurchschnittlich (vgl. *Hauser* 1995, 6). Reallöhne und -gehälter stiegen zwischen 1965 und 1993 um 65%, der Realwert der Sozialhilfe-Eckregelsätze um 62%; d.h.: die offizielle Armutsgrenze ist kontinuierlich nach oben verschoben worden. Allerdings verbergen sich hinter diesen prozentual fast identischen Steigerungsraten erhebliche absolute Unterschiede (Abb. 9.4). Legt man die Kaufkraft von 1993 zugrunde, dann stieg der Eckregelsatz seit 1965 um 197 DM, die Löhne und Gehälter dagegen um 1310 DM.[9] Die Armen haben also in bescheidenem Maß an der Wohlstandsentwicklung teilgenommen; sie leben 1993 in etwas weniger kümmerlichen Verhältnissen als 1965. Gleichzeitig hat sich jedoch die Schere zwischen Armutsgrenze und Durchschnittseinkommen weiter geöffnet. Der Abstand zwischen Armen und Normalverdienern ist größer geworden. Die „Dynamisierung“ der Sozialhilfeleistungen kann nicht verhindern, daß Arme weniger am Anstieg des Lebens-

Abb. 9.4: *Sozialhilfeleistungen und Einkommensentwicklung (West 1965 – 1993)*

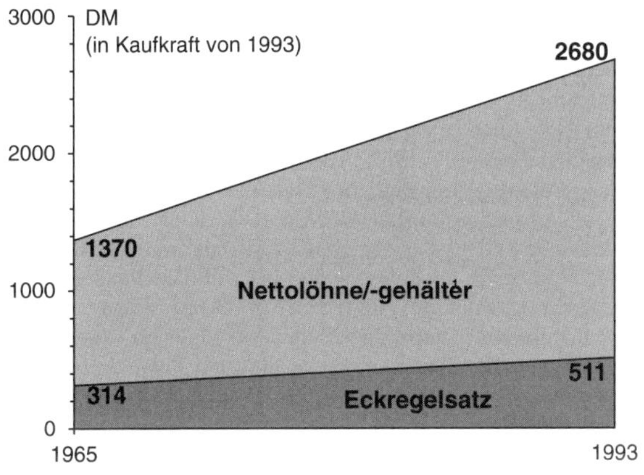

[1] Nettolohn- und -gehaltssumme je beschäftigtem Arbeitnehmer

Quelle: berechnet nach BMAS 1994, Tab. 1.14, 6.9, 6.12, 8.16a.

standards teilnehmen als andere. Arme werden zwar nicht immer ärmer, wie manchmal behauptet wird (z. B. *Schulz* 1989, 241), aber die **Armutskluft**, der Abstand im Lebensstandard zwischen Armen und dem Durchschnitt der Bevölkerung, **wird kontinuierlich größer**.

9.2 Obdachlose und Wohnungslose

Materielle Not hat häufig Wohnungsnot, Obdachlosigkeit und in Extremfällen auch Wohnungslosigkeit zur Folge. Die Mehrheit der Obdachlosen gehört zu den Ärmsten unter den Armen, und Wohnungslose wiederum sind die Ärmsten unter den Ärmsten. Beide Gruppen markieren die untersten Stufen der sozialen Deklassierung.

Die Begriffe Obdachlosigkeit und Wohnungslosigkeit. Der Begriff **Obdachlosigkeit** ist mißverständlich. In der Verwaltungssprache und entsprechenden amtlichen Statistiken wird der Terminus „Obdachlose" auf Personen oder Familien angewendet, die von den Behörden vorübergehend in eine provisorische Notunterkunft – meist Schlichtwohnungen in kommunalen Obdachlosensiedlungen oder -heimen, aber auch beschlagnahmte Privatwohnungen oder Normalwohnungen, selten private Billigpensionen – eingewiesen wurden, weil sie nicht in der Lage waren, aus eigener Kraft eine Wohnung zu finanzieren. In den mietfreien Notunterkünften leben sie ohne Mietvertrag mit minderem Status und eingeschränkter Privatsphäre, weil die Behörde jederzeit das Recht auf Zutritt und Kontrolle hat. Vom amtlichen Obdachlosenbegriff nicht erfaßt werden diejenigen Menschen, die über keine eigene Wohnung verfügen, aber vorübergehend bei Verwandten, Freunden oder Bekannten Unterschlupf gefunden haben. Auch sie sind – zusätzlich zu den behördlich registrierten Personen – zu den **manifest** (offen) Obdachlosen zu zählen. Daneben wird von Sozialwissenschaftlern noch die größere Gruppe der **latent** (verdeckt) Obdachlosen unterschieden. Diese haben zwar einen Mietvertrag, leben aber in ähnlichen unzureichenden Wohnverhältnissen. Obdachlose – ob manifest oder verdeckt – sind also nicht ohne Obdach und nicht im eigentlichen Sinne obdachlos. Kein dauerhaftes Dach über dem Kopf haben dagegen die **Wohnungslosen**: sie leben im Freien, in Parks oder auf der Straße, in nicht genutzten Wohnungen oder an anderen öffentlich zugänglichen Stellen; einige übernachten in sogenannten „Obdachlosenasylen". Die Nationalsozialisten haben diese Gruppe mit dem Etikett „nichtseßhaft" versehen, um in diskriminierender Absicht auf das „Asoziale" ihres Verhaltens anzuspielen. Dieser Begriff wird auch heute noch im Behördendeutsch und manchmal auch noch in den Sozialwissenschaften verwendet, obwohl die „Stadtstreicher" häufig „seßhafter" sind als die Normalbürger und obwohl „nichtseßhaft" einseitig falsche Vorstellungen über die Ursachen dieser extremen Notlage suggeriert (zu den Begriffen vgl. ausführlich *Steinack* 1987, 122ff.; *Angele* 1989, 19ff.). Neuerdings wird der Begriff Wohnunglose z. T. auch mit einem weiteren Bedeutungsgehalt verwendet und umfaßt neben den Wohnungslosen im skizzierten engeren Sinne auch die manifest Obdachlosen (BAG 1995a).

9.2.1 Obdachlose: Entwicklung – Ursachen – Risikogruppen

Da in der Bundesstatistik zwar nachzulesen ist, wie viele Schling- und Kletterpflanzen in bundesdeutschen Baumschulen gezüchtet werden (StatJb 1995, 174), aber nicht, wie viele Menschen in unwürdigen Verhältnissen wohnen müssen, läßt sich die Zahl der Obdach- und Wohnungslosen nur schätzen. Der Rückgang der Wohnungsnot in den 60er Jahren ist in den 70er Jahren zum Stillstand gekommen (*Vaskovics/Weins* 1979, 18f.). Ob im Verlauf der 80er Jahre wieder mehr Menschen obdach- und wohnungslos geworden sind, wie es für einzelne Städte nachweisbar ist (vgl. z. B. *Bolte/Hradil* 1988, 248) und wie es vielfach auch generell behauptet wird (z. B. *Steinack* 1987, 122; *Angele* 1988, 31), ist nicht genau zu belegen. Die Schätzungen zur Obdach- und Wohnungslosigkeit sind in den letzten Jahren immer zuverlässiger geworden. Die Bundesarbeitsgemeinschaft Wohnungslosenhilfe rechnet in den alten Ländern für 1995 mit 580.000 Menschen, darunter ca. 180.000 Alleinstehenden, die nicht über eine mietvertraglich abgesicherte Wohnung verfügen. Dazu kommen weitere 335.000 Aussiedler und eine unbekannte Zahl von Asylbewerbern, die noch in Notunterkünften untergebracht sind (BAG 1995a). Da sich die Situation auf dem Wohnungsmarkt seit Ende der 80er Jahre durch die 3 Millionen Aus- und Übersiedler (vgl. S. 349ff., 352ff.) krisenhaft zugespitzt hat, ist die Zahl der manifesten Obdachlosen seit 1985 deutlich angestiegen. Zum Umfang der latenten Obdachlosigkeit liegen keine zuverlässigen Angaben vor. Angesichts des Anstiegs der durchschnittlichen Wohnqualität zeigt sich im Wohnumfeld ein ähnliches Muster wie bei der Einkommensarmut: Die Kluft zwischen dem Bevölkerungsdurchschnitt und denjenigen, die in manifester oder latenter Wohnungsnot leben, hat zugenommen.[10]

Die vordergründigen **Ursachen** der Obdachlosigkeit sind in der Regel Mietschulden. Obwohl die Mehrheit der deutschen Bevölkerung meint, Obdachlose hätten ihre Situation selbst verschuldet, ist Obdachlosigkeit nur selten ein ausschließlich selbstverschuldeter Zustand. Strukturelle Hintergründe der Notlage, die in Mietschulden offenbar wird, sind Armut und Arbeitslosigkeit in Zusammenhang mit einer angespannten Situation am Wohnungsmarkt. Die Belastung armer Familien durch die Mieten liegt extrem hoch: 1 Million Haushalte mit einem Niedrigeinkommen von weniger als 800 DM müssen davon im Durchschnitt 44% für die Miete aufbringen, bei Normalfamilien ist dieser Anteil nicht einmal halb so groß. Arbeitslosigkeit und unverschuldete Notlagen, z. B. durch Krankheit, haben bei der Entstehung von Obdachlosigkeit eine große Bedeutung, familiäre Ereignisse wie Scheidung oder Geburten spielen ebenfalls eine Rolle, sind aber von minderem Gewicht.[11]

Von Wohnungsnot betroffen sind dieselben Gruppen, die bereits als Risikogruppen für Einkommensarmut bekannt sind: insbesondere **kinderreiche Familien, alleinerziehende Mütter** sowie **Kinder und Jugendliche**. In den 70er Jahren machten die Familien mit mindestens drei Kindern 40-50% der Bewohner von Obdachlosensiedlungen aus, in der Gesamtbevölkerung aber nur 7% (*Vaskovics/Weins* 1979, 57). Obwohl der Anteil der Kinder und Jugendlichen unter den Obdachlosen rückläufig ist, lag er 1993 mit ca. 31% (BAG 1995a) immer noch erheblich höher als in der Gesamtbevölkerung.

9.2.2 Wohnungslose

Die letzte Stufe der sozialen Deklassierung ist mit der **Wohnungslosigkeit** erreicht. Wer seine Wohnung verliert, dem wird eine elementare Grundlage für ein gesichertes, menschenwürdiges Leben entzogen. Die Wohnung ist nicht nur materielle Basis für Wärme, Schutz und Geborgenheit, sondern unabdingbare Voraussetzung für Arbeit, Familie, Privatleben, Hygiene, für bestimmte Formen der Kommunikation (z. B. Postzustellung) und für ein Mindestmaß an sozialer Anerkennung. Ein Leben auf der Straße bedeutet ein Leben außerhalb vieler, ja nahezu aller Normen, „Ausschluß aus der Welt derer ..., die sich gegenseitig als Menschen wiedererkennen und anerkennen" (*Drude* 1987, 42). Die Belastungen, die mit dem ungesicherten und entwürdigenden Leben eines „Landfahrers" oder „Stadtstreichers" verbunden sind, haben bei längerer Dauer körperliche und psychische Schäden sowie vorzeitige Alterung zur Folge und verringern die Lebenserwartung um etwa 10 Jahre.[12]

Die Zahl der Wohnungslosen wurde lange Zeit auf etwa 130.000 bis 150.000 geschätzt.[13] Diese Angabe enthält auch solche Menschen, die nicht ausschließlich auf der Straße leben, sondern phasenweise auch in Heimen, Asylen oder bei Verwandten bzw. Freunden eine Notunterkunft erhalten. Nach den neusten genaueren Schätzungen umfaßt der harte Kern derjenigen, die über längere Perioden „Platte machen", in den alten Ländern 30.000 bis 35.000 Personen.

Betroffen von Wohnungslosigkeit sind hauptsächlich alleinstehende Männer im Alter zwischen 20 und 50 Jahren. Der Frauenanteil ist in den letzten Jahren von 3-5% auf ca. 15% gestiegen. Etwa ein Fünftel der Wohnungslosen sind ehemalige Strafgefangene, die nach ihrer Haftentlassung nicht oder noch nicht wieder Fuß fassen konnten.[14]

Nach der letzten (nicht repräsentativen) Caritas-Studie waren 1991 knapp die Hälfte vor dem Abgleiten in die Wohnungslosigkeit als un- oder angelernte Arbeiter und ein gutes Fünftel als Facharbeiter beschäftigt. Fast die Hälfte hatte ihre Jugendzeit in unvollständigen Familien oder Heimen verbracht, aber etwa ein Drittel stammte auch aus finanziell sehr gut oder gut gestellten Familien, 4% verfügten über einen höheren und weitere 15% über einen mittleren (Realschule) Bildungsabschluß. Der Ausländeranteil unter ihnen war mit 9% etwa so hoch wie in der Gesamtbevölkerung, und 7% waren Übersiedler aus der Ex-DDR (*Hauser/Kinstler* 1993, 415ff.).

Das Abgleiten in die Extremsituation der Armut wird z. T. durch persönliche Schicksalsschläge ausgelöst, wie durch den Verlust eines Ehepartners oder durch Arbeitsunfähigkeit, durch die Entlassung aus Strafvollzugsanstalten, aber auch durch gesellschaftliche Krisenerscheinungen. Das Auf und Ab in den Arbeitslosenquoten spiegelt sich relativ schnell und genau in steigenden bzw. rückläufigen Zahlen von Wohnungslosen wider (*Drude* 1987, 40).

9.3 Langzeitarbeitslose: Entwicklung – Ursachen – Soziallage

Seit fast zwei Jahrzehnten ist in der Bundesrepublik die **kurzfristige Arbeitslosigkeit** kein „Randgruppenschicksal" mehr, sondern eine **Massenerfahrung**. Es wäre aus zwei Gründen falsch, die Arbeitslosen insgesamt als „Randgruppe" oder gar als „Randschicht" zu bezeichnen: Zum einen werden nicht nur eine kleine Minderheit, sondern immer breitere Kreise der erwerbstätigen Bevölkerung vorübergehend von Arbeitslosigkeit erfaßt, und zum anderen ist die Arbeitslosigkeit bei der großen Masse der davon Betroffenen nur von kurzer Dauer. Durch die Veränderungen der Nachfrage nach Gütern und

Diensten sowie durch technische Neuerungen und Rationalisierung verlieren schätzungweise 5 Millionen Erwerbstätige jährlich ihre Arbeitsplätze (*Woll* 1989, 13), das ist ungefähr jeder 6. Erwerbstätige. Etwa drei Viertel davon sind vorübergehend ohne Arbeit; 3,5 – 3,7 Millionen bzw. 15 – 19% der abhängig Beschäftigten wurden in den 80er Jahren in jedem Jahr arbeitslos, etwa dieselbe Zahl kehrte jedes Jahr in das Arbeitsleben zurück. Im Durchschnitt dauerte die Arbeitslosigkeit in den letzten Jahren ungefähr ein halbes Jahr (IDW 1995, Tab. 21). Zwischen 1974 und 1985 war bereits etwa jeder dritte Erwerbstätige mindestens einmal von Arbeitslosigkeit betroffen (*Welzer* u. a. 1988, 18). Für die ganz überwiegende Mehrheit ist die Arbeitslosigkeit eine harte, aber relativ schnell vorübergehende Erfahrung. Problematisch wird die Situation für eine große Minderheit, die über längere Zeit arbeitslos ist. Ihre soziale Mangellage verfestigt sich und gerinnt zu einem Element der Sozial-

Abb. 9.5: *Arbeitslosigkeit und Langzeitarbeitslose (Westdeutschland 1980 – 1995)*

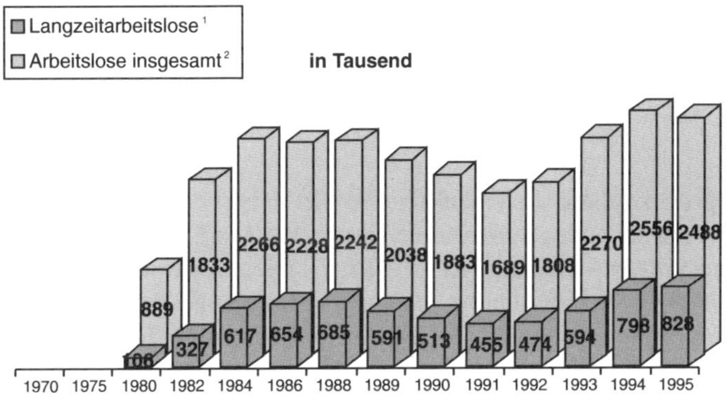

0,7	4,7	3,8	7,5	9,1	8,7	7,9	7,2	6,3	6,6	8,2	9,2	9,0	Arbeitslosenquote[3]
		11,9	17,8	27,2	29,4	30,6	29,0	27,2	26,9	26,2	31,2	33,3	%-Anteil Langzeit-AL an allen Arbeitslosen

1 Jahresdurchschnitt, 1995 Angabe von Ende September
2 länger als 1 Jahr erwerbslos, Angaben jeweils Ende September
3 Arbeitslose in % der abhängigen Erwerbspersonen (ohne Soldaten)

Quellen: BMAS 1995, Tab. 2.10; BfA 1995, 36; eigene Berechnungen nach BfA.

struktur; in den 80er Jahren tauchen **Langzeitarbeitslose als neue Randschicht** auf.

Der **Umfang** dieser Schicht ist nur annäherungsweise zu bestimmen. Mit der anhaltend hohen Arbeitslosenquote in den 80er Jahren hat sich auch die Zahl der Langzeitarbeitslosen erheblich ausgedehnt (Abb. 9.5), und 1995 wurde mit einem Jahresschnitt von 840 000 eine neue Rekordmarke in den alten Ländern erreicht (BfA nach FAZ vom 11.1.1996). Die differenzierten Daten des Mikrozensus und von Infratest über die Langzeitarbeitslosigkeit liegen deutlich höher als die der offiziellen Arbeitslosenstatistik. 1989 waren 26% der Erwerbslosen auch nach zwei Jahren noch nicht wieder in den Arbeitsmarkt integriert, und 13% waren länger als vier Jahre ohne Arbeit (*Rudolph* 1993, 161).

Besonders betroffen sind vier **Risisikogruppen**: Niedrigqualifizierte, Frauen, Ältere und Menschen mit gesundheitlichen Problemen. Von denjenigen Personen, die im September 1990 länger als 4 Jahre vergeblich nach Arbeit gesucht hatten, verfügten 61% nicht über eine abgeschlossene Berufsausbildung, fast zwei Drittel von ihnen war mindestens 50 Jahre alt und 55% waren gesundheitlich beeinträchtigt (*Rudolph* 1993, 155f.).

Die **strukturellen Ursachen** dafür, daß „der Arbeitsgesellschaft teilweise die Arbeit ausgeht", sind zu zwei Komplexen zu bündeln: demographische Faktoren bestimmen wesentlich die Nachfrage nach bezahlter Arbeit, und technologische Faktoren beeinflussen wesentlich das Angebot an bezahlter Arbeit.

- **Zum demographischen** Ursachenkomplex: In den 80er Jahren nahm die Zahl der Arbeitssuchenden stark zu, zwischen 1983 und 1988 um 683 000 Deutsche und 81 000 Ausländer (*Kühl* 1988, 7). Dieser Anstieg hängt damit zusammen, daß die zahlenmäßig schwachen Jahrgänge der dezimierten Kriegsgeneration aus dem Arbeitsmarkt ausschieden und gleichzeitig die geburtenstarken Jahrgänge nachrückten. Dazu kamen Einwanderungsüberschüsse durch Ausländer und seit Ende der 80er Jahre auch durch deutschstämmige Aussiedler aus Osteuropa und durch Übersiedler aus Ostdeutschland (vgl. S. 349ff., 352ff.). Der demographische Druck auf den Arbeitsmarkt wurde und wird noch dadurch verstärkt, daß Frauen zunehmend einer Erwerbstätigkeit nachgehen wollen (vgl. S. 381f.).
- Zum **technologischen Ursachenkomplex**: Da Maschinen und Automaten in vielen Bereichen billiger produzieren als menschliche Arbeitskraft, unterliegt die Arbeitswelt einem ständigen Rationalisierungsdruck. Durch den Preisvorteil der Technik werden ständig Arbeitsplätze vernichtet, und das Bemühen, die Folgen des technischen Fortschritts für das Arbeitsvolumen durch Produktionsausweitung aufzufangen, stößt auf Grenzen. Die ständige

Steigerung der Arbeitsproduktivität hat zur Folge, daß jährlich ca. 2,5 – 3% Wirtschaftswachstum nötig sind, um die rationalisierungsbedingte „Arbeitsvernichtung“ auszugleichen.

Soziallage. Langzeitarbeitslosigkeit hat häufig **materielle Verarmung** zur Folge. Da die Unterstützung durch Arbeitslosengeld, das maximal 67% der letzten Nettobezüge umfaßt, zeitlich auf etwa ein bis maximal gut zwei Jahre befristet ist, sind Langzeitarbeitslose vor allem auf Arbeitslosenhilfe, die höchstens 57% des letzten Nettoeinkommens beträgt, und in wachsendem Maße auch auf Sozialhilfe angewiesen (vgl. 187f.).

Zur materiellen Lage von Langzeitarbeitslosen liegen lediglich empirische Daten aus einer Umfrage vom Sommer 1983 vor (*Brinkmann* 1984); an ihrer Notlage dürfte sich jedoch bis heute nichts Wesentliches geändert haben. Wer seit eineinhalb Jahren noch oder erneut arbeitslos war – befragt wurden nur Deutsche ab 25 Jahre –, erzielte 1983 im Durchschnitt nur 40% des Haushaltseinkommens eines Erwerbstätigen. Der durchschnittliche Haushalt eines Langzeitarbeitslosen liegt damit an der Grenze zur strengen Armut. Daher ist es nicht verwunderlich, daß 44% von sehr großen finanziellen Schwierigkeiten berichten, 39% mit ihren Zahlungsverpflichtungen – u. a. mit der Miete – in Verzug gekommen sind und 23% bereits in die Verschuldung getrieben wurden. Die materielle Not zwingt die Langzeitarbeitslosen, ihren **Lebensstandard massiv einzuschränken** und auf die Annehmlichkeiten der Wohlstandsgesellschaft zu verzichten (vgl. *Brinkmann* 1984, 458).

9.4 Randständigkeit auf Zeit – Fluktuation am Rand der Gesellschaft

Armut, Obdachlosigkeit, Wohnungslosigkeit und Arbeitslosigkeit sind für den Einzelnen und für die Gesellschaft um so folgenschwerer, je länger sie andauern. Wenn Menschen über lange Zeit oder auf Dauer in Mangellagen leben müssen, verschlimmern und verfestigen sich die psychischen und sozialen Folgen. Es kann dazu kommen, daß extreme Benachteiligungen von Generation zu Generation weitergegeben werden. Obwohl die Dauer der Randständigkeit sozialstrukturell und sozialpolitisch von großer Bedeutung ist, lagen dazu bis zum Ende der 80er Jahre nur sehr lückenhafte Informationen vor. Erst seit wenigen Jahren ermöglicht die sog. **dynamische Armutsforschung** (vgl. *Buhr* 1995) genauere Einblicke in die Bewegungen über die Armutsgrenzen hinweg.

Genauer untersucht ist inzwischen die Fluktuation unter den **Sozialhilfeempfängern**. Die Dauer der Hilfegewährung war in den 80er und 90er Jahren rückläufig.[15] Nach einer neuen Bremer Langzeitstudie bezogen Sozialhilfeempfänger in den 80er Jahren in Bremen durchschnittlich 19 Monate lang diese staatliche Unterstützung. In den 90er Jahren stand jede/r Zweite bereits nach spätestens einem Jahr wieder auf eigenen Füßen, nur 22% (in den 80er Jahren 30%) waren länger als vier Jahre und ein kleiner Kern von 11% (in den 80er Jahren 13%) länger als fünf Jahre auf HLU angewiesen (*Buhr* 1995, 106; *Ludwig* u. a. 1995, 26). Mit der Zunahme der Sozialhilfeempfänger geht also eine Verkürzung der Bezugsdauer einher – insbes. deshalb, weil Arbeitslose nur vergleichsweise kurz von Sozialhilfe abhängig sind.[16] Eine Auswertung der Dynamik im Sozialhilfebezug auf der Basis des Sozio-ökonomischen Panels kommt zu nahezu identischen Ergebnissen für die 80er Jahre (*Berger* 1990, 327f.), so daß man davon ausgehen kann, daß die Bremer Daten für die alten Länder repräsentativ sind.

Auch die hohe Fluktuation über die **relativen Armutsgrenzen** hinweg, die in Tab. 9.3 (S. 186) sichtbar wird, macht deutlich, daß nur ein kleiner Kern aller Menschen, die in den Jahren 1984 und 1992 in die Armutszone abgeglitten sind, in mindestens vier Jahren des neunjährigen Erhebungszeitraums arm waren – ein Fünftel bei strenger Armut und ein Drittel bei 50%-Armut.

Die Fluktuationen unter Wohnungslosen und Obdachlosen sind erheblich schlechter erforscht. In den 70er Jahren wurden schätzungsweise jährlich etwa 25 000 Menschen **wohnungslos** (*Vaskovics/Weins* 1979, 18), und etwa genausovielen dürfte es jedes Jahr gelungen sein, diesen Zustand zu beenden. Informationen darüber, wie umfangreich der stabile, langfristige Kern dieser Gruppe ist, liegen nicht vor.

Zur manifesten **Obdachlosigkeit** ist die Datenlage etwas besser. Für einige Großstädte ist der durchschnittliche Verbleib von Familien in den öffentlichen Obdachlosensiedlungen in den 70er Jahren untersucht worden; er betrug damals 5,4 bis 6,4 Jahre (*Vaskovics/Weins* 1979, 67). In kleineren Städten liegt er offenbar niedriger. 1984 gaben 45% von 177 befragten Kommunen (20-50 000 Einwohner) an, daß die durchschnittliche Verweildauer in ihren Notunterkünften weniger als zwei Jahre betrage (*Angele* 1988, 91). In Nordrhein-Westfalen waren im Landesdurchschnitt im Jahre 1985 65% der Obdachlosen länger als zwei Jahre in dieser Notsituation (*Steinack* 1987, 126). Der harte Kern von langfristig Obdachlosen umfaßt ca. ein Viertel bis ein Drittel dieser Randschicht: In München lebte 1975 etwa jede dritte Familie bereits mindestens zehn Jahre in kommunalen Notunterkünften, und Untersuchungen aus den 80er Jahren aus Hessen und Köln kamen auf Anteile von 22% bzw. 23% (*Vaskovics/Weins* 1979, 67; *Angele* 1989, 50).

Repräsentative Daten liegen für die alleinstehenden Obdach- und Wohnungslosen des Jahres 1993 vor: bundesweit lebten mindestens ein Drittel drei Jahre oder länger und mindestens ein Fünftel fünf Jahre oder länger in Notunterkünften bzw. auf der Straße (BAG 1995, 23). Ob sich im letzten Jahrzehnt auch unter Wohnungs- und Obdachlosen – so wie unter den Armen allgemein – die Dauer der Notlage verkürzt hat, ist unbekannt.

Insgesamt ergeben die vorliegenden Informationen das folgende Bild: **Die Fluktuation über die Grenzen der Armut und der Obdachlosigkeit hinweg ist relativ hoch.** Einer überwiegenden Mehrheit gelingt es, sich kurz- oder mittelfristig wieder aus der Randlage zu befreien. Eine Minderheit – sie umfaßt je nach Art und Grad der Randständigkeit etwa zwischen einem Zehntel und einem Drittel der Betroffenen – ist dazu verurteilt, mindestens fünf Jahre oder auch noch länger in extremer Wohnungsnot oder an bzw. unterhalb der Grenze des soziokulturellen Existenzminimums zu leben.

Für die Einkommensarmut läßt sich aus den Daten in Abb. 9.3 (S. 186) die allgemeine Regel ableiten: **Je extremer die Mangellage ist, um so schneller gelingt es den Menschen, dieser wieder zu entkommen.** Die deutsche Wohlstandsgesellschaft kann es also bisher nicht verhindern, daß Teile der Bevölkerung an den Rand gedrückt werden; aber sie erleichtert den meisten Betroffenen ihr Schicksal dadurch, daß sie ihnen die reale Chance gibt, sich relativ schnell wieder aus der Randlage zu befreien. Armut und Obdachlosigkeit sind in der Regel kein Dauerschicksal, wie heute noch häufig gemutmaßt wird; in den sprichwörtlichen „Teufelskreis" von Armut und Obdachlosigkeit, aus dem es dann keine Entrinnen mehr gibt, geraten nur wenige. Moderne Armut und Obdachlosigkeit sind hauptsächlich **fluktuierende Armut** und **fluktuierende Obdachlosigkeit**. Die bisherige Antwort der deutschen Wohlstandsgesellschaft auf das Problem der Armut ist nicht ihre Beseitigung, sondern ihre Befristung – die **Armut auf Zeit.**

Diese Problemlösung hat auch ihre Kehrseite: das befristete Schicksal der Randständigkeit wird auf viele Schultern verteilt. Zwischen 1984 und 1992 gerieten immerhin fast ein Drittel (30%) der Deutschen zumindest kurzfristig unter die 50%-Armutsgrenze (*Habich/Krause* 1994, 602). Auch Angehörige der mittleren und sogar auch der höheren Schichten sind gewissen Armutsrisiken ausgesetzt. Allerdings führt die Vorstellung von einer „Demokratisierung der Risiken" im Sinne von „Gemeinsamkeiten der Risiken, über unterschiedliche Einkommenshöhen, Bildungsabschlüsse hinweg" (*Beck* 1986, 154) schnell in die Irre, wenn dabei die **deutlichen schichtspezifischen Risikounterschiede** nicht beachtet werden.[17] Die Gefahr, an den Rand der Gesellschaft zu geraten, ist z. B. unter Un- und Angelernten um ein Vielfaches höher als unter Hochschulabsolventen, und längere Armutsperioden tauchen bei Menschen ohne Ausbildungsabschluß relativ häufig, bei Abiturienten und insbes. bei Akademikern nur noch in Ausnahmefällen auf.[18]

9.5 Soziale und psychische Auswirkungen

Die Grundsituation der Randständigkeit wird – auch bei längerer Dauer – von den Betroffenen unterschiedlich bewältigt. Das gilt für Armut, Obdachlosigkeit und Langzeitarbeitslosigkeit gleichermaßen. Die individuellen Reaktionen auf die extreme Mangellage hängen von vielen Faktoren ab: von Alter und Geschlecht der Betroffenen, von ihrer Qualifikation und ihrem Gesundheitszustand, von ihrer familiären Situation und ihrer sonstigen sozialen Einbettung, von ihren Arbeits- und Berufsorientierungen sowie ganz allgemein von ihren spezifischen Biographien und den jeweiligen Lebensabschnitten, in denen Randständigkeit auftritt. Unter bestimmten Umständen – insbes. bei längerer Dauer der Not – treten jedoch bei einem Teil der Betroffenen erhebliche psychosoziale Belastungen in ähnlicher Form auf.

9.5.1 Armut

Ein Teil der Sozialhilfebezieher (HLU) betrachtet die Abhängigkeit von staatlicher Hilfe als Überbrückung einer vorübergehenden Krisensituation, die z. B. durch Krankheit, Scheidung, Probleme im Beruf u. a. ausgelöst wurde. In Bremen gelang es der überwiegenden Mehrheit (mehr als 75%), ihre Mangellage aktiv zu bewältigen und zu überwinden (*Ludwig* u. a. 1995, 28). Dazu gehören auch viele alleinerziehende Mütter. Diese entscheiden sich z. T. sogar bewußt für die Sozialhilfe; sie sehen sie als befristete und vorübergehende Alternative zur Versorgung über eine Ehe oder zur Erwerbsarbeit an, die es ihnen erlaubt, sich besser der Erziehung ihrer kleinen Kinder widmen zu können.[19]

Die Hauptproblemgruppen sind die Minderheiten der „resignierten oder alternativlosen Langzeitbezieher“, die mangels Alternativen wider Willen in eine langfristige Abhängigkeit geraten sind sowie der „mißglückten Überbrücker“, deren Versuche, die Notlage aktiv zu bewältigen, gescheitert sind. Bei ihnen führt materielle Not zur psychosozialen Not; sie leiden unter psychischen Krisen und geraten in soziale Isolation; unter ihnen breiten sich Scham und Hoffnungslosigkeit aus.[20]

Eine Studie (*Klocke/Hurrelmann* 1995) über 11-15jährige Kinder und Jugendliche aus dem Jahr 1994 belegt, daß sich ein Leben in Armut[21] sehr nachteilig auf das Wohlbefinden, das Selbstvertrauen und den Gesundheitszustand der jungen Menschen auswirkt. So klagen z. B. 26% der Randschichtenkinder über häufige (täglich/öfters die Woche) Schlafstörungen (alle Befragten: 17%), 22% über häufige Kopfschmerzen (alle: 12%), 22% über häufige Nervosität (alle: 13%) und 16% geht es häufig „allgemein schlecht“ (alle: 7%).

9.5.2 Obdachlosigkeit

Am Extremfall der Obdachlosen lassen sich weitere Einzelheiten zu den psychosozialen Auswirkungen materieller Not erkennen. Nach einer Studie in Nordrhein-Westfalen aus dem Jahre 1984 wird bei manifest Obdachlosen 60% des Einkommens für Miete und andere Zahlungsverpflichtungen aufgezehrt, so daß es ihnen kaum noch möglich ist, aus eigener Kraft den notwendigsten Lebensbedarf zu decken. Nur jede vierte Familie hatte ein Auto zur Verfügung; häufig fehlten im Haushalt elementare Einrichtungsgegenstände und Geräte wie Kleiderschrank, Polstermöbel oder Staubsauger. Mehr als die Hälfte der Kinder und Erwachsenen hatten sich noch nie in ihrem Leben eine Urlaubsreise leisten können (*Chassé* 1988, 55). Die materielle Not wird begleitet von sozialer Mißachtung: Obdachlose werden in hohem Maße diskriminiert und stigmatisiert, negative Eigenschaften werden stark überschätzt. Die räumliche Ausgrenzung mit Tendenzen zur Gettoisierung – ihr Wohnen in überbelegten Siedlungen und Heimen, häufig in verrufenen Gegenden, z. T. am Rande der Städte neben Gleisanlagen, Kläranlagen oder Schrottplätzen – verstärkt die sozialen Vorurteile (vgl. *Vaskovics/Weins* 1979, 22).

Studien zu den Folgen der Obdachlosigkeit für Einstellungen und Verhaltensweisen machen sichtbar, daß die stark benachteiligte Soziallage tendenziell mit folgenden Erscheinungen verbunden ist:

- Tendenzen zur sozialen Isolation: Rückzug aus Vereinen und Organisationen sowie Abnahme von Sozialkontakten außerhalb der Siedlungen;
- überdurchschnittlich häufige körperliche und psychische Erkrankungen, in Kombination mit ärztlicher Unterversorgung;
- Zunahme von Orientierungsunsicherheiten, von negativen Selbsteinschätzungen und niedrigem Selbstvertrauen, von Inaktivität, Apathie, Resignation und Hoffnungslosigkeit;
- Zunahme von Aggressivität, Verhaltensauffälligkeiten und Kriminalität.[22]

Auch die Lebens- und Zukunftschancen der Kinder werden durch die Mangellage in hohem Maße beeinträchtigt. Erziehungs- und Sozialisationdefizite hemmen die sprachliche, kognitive und motivationale Entwicklung der Kinder so stark (vgl. *Gerstenmaier/Hamburger* 1978, 170ff.), daß am Ende der 60er Jahre 40-80% auf Sonderschulen überwiesen wurden, in den 80er Jahren waren es in Nürnberg und Darmstadt „nur“ noch 44% bzw. 25% (*Angele* 1989, 54; *Iben* 1989, 318). In den 70er Jahren erlernten nur ca. 20% der Jugendlichen einen Beruf (*Vaskovics/Weins* 1979, 61).

9.5.3 Langzeitarbeitslose

Bereits die klassische Untersuchung über die Arbeitslosen von Marienthal (*Jahoda/Lazarsfeld/Zeisel* 1975 – zuerst 1933) hat die möglichen schädlichen Folgen des Arbeitsverlustes deutlich gemacht: Der erzwungene Ausschluß von der Arbeit reißt den einzelnen aus dem gewohnten „normalen“ Tagesablauf heraus, aus dem üblichen Rhythmus von Arbeit und Freizeit. Obwohl auch Arbeitslose ihre Situation – entsprechend ihren unterschiedlichen materiellen, sozialen und psychischen Ressourcen – sehr unterschiedlich bewältigen, zeigen die Untersuchungen, daß bei Langzeitarbeitslosen tendenziell die folgenden **psychosozialen Belastungen** auftreten:[23]

- die Verkümmmerung sozialer Kontakte und Tendenzen zur sozialen Marginalisierung;
- die Belastung der Familie und der Kinder („Ärger“ in der Familie, häufig Streit um knappes Geld);
- psychische Belastungen (Identitätsprobleme, Gefühl des „Überflüssigseins“, ungesicherte Lebensperspektive, Gefühle der Ohmacht und Ausgrenzung, auch Hoffnungslosigkeit, Depressionen, Apathie);
- Verschlechterung des Gesundheitszustandes (bei einem knappen Drittel).

„Für den, der noch nicht die Erfahrung der Arbeitslosigkeit gemacht hat, ist es schwer nachzuempfinden, was es bedeutet, aus allen Routinen gerissen zu werden, Zukunftsplanungen zu verlieren, gegenüber seiner Familie die Rolle als Ernährer nicht mehr wahrzunehmen, sich nutzlos und ausgestoßen zu fühlen, stigmatisiert zu werden, Faulheit und mangelnde Fähigkeit unterstellt zu bekommen, kein Geld mehr zu haben, um Freunde und Bekannte einladen zu können oder die Kinder mit auf eine Ferienzeit schicken zu können“ (*Schneider* 1989, 297).

9.5.4 „Subkultur der Randständigkeit“ – lediglich in Ansätzen

Die hohe Fluktuation am Rand der Gesellschaft hat offensichtlich zur Folge, daß tiefergehende psychische Prägungen durch extreme Not nur bei Minderheiten der Armen, Obdachlosen und Arbeitslosen stattfinden. Vermutlich bilden sich im wesentlichen beim stabilen Kern der **Langzeitrandständigen** Wahrnehmungs-, Einstellungs- und Verhaltensmuster heraus, auf die der Begriff Subkultur der Armut paßt, den der amerikanische Anthropologe *Oscar Lewis* (1961) bei seinen Beobachtungen in den Armenvierteln von Mexico entwickelt hat. Die Dynamik des gesellschaftlichen Randes **hemmt** die Entstehung einer ausgedehnten **„Subkultur der Randständigkeit“**.

9.6 Die 80 – 90%-Gesellschaft

Das Konzept der „Zwei-Drittel-Gesellschaft“ ist zu einem gängigen Schlagwort in der deutschen und internationalen Diskussion unter Sozialwissenschaftlern und Sozialpolitikern geworden. Es soll kritisch darauf hinweisen, daß ein Drittel der Bevölkerung sozial ausgegrenzt werde oder zumindest akut von sozialer Ausgrenzung bedroht sei (so z. B. Sozialreport 1994, 343; *Perik u. a.* 1995, 54). Trifft es die Situation in der Bundesrepublik?

Wer sich auf die Quantifizierung des gesellschaftlichen Randes einläßt, ist mit empirischen Ungenauigkeiten konfrontiert und muß sich mit begrifflichen Festlegungen auseinandersetzen, in die eine gewisse „informierte Willkür“ einfließt. Drei Probleme müssen dabei gelöst werden:

1. Wie soll der „Rand“ der Gesellschaft präzisiert werden? Welche Schichten leben am Rande? In Abb. 9.6 gehe ich davon aus, daß Arme und die Mehrheit der Ausländer die quantitativ zentralen Randschichten in Westdeutschland darstellen.[24] Das Armutskonzept weist neben den bereits skizzierten Definitionsproblemen – Sozialhilfegrenze, verschiedene relative Armutsgrenzen – weitere Schwächen auf: Es schließt Teile der Studierenden ein, die sinnvollerweise nicht am Rand der Gesellschaft anzusiedeln sind; andererseits werden die typischen Randschichten der Obdachlosen und Langzeitarbeitslosen vermutlich nicht vollumfänglich erfaßt. Es wäre natürlich auch falsch, alle Ausländer als randständig einzustufen. Ich nehme in Abb. 9.6 an, daß 20% der ausländischen Bevölkerung nicht zu den Randschichten zählen; das sind insbesondere die mitteleuropäischen und nordamerikanischen „Gäste“ sowie diejenigen Ausländer, die den Dienstleistungsmittelschichten angehören.
2. Unterschiedliche Stichproben und Erhebungsmethoden führen zu leicht voneinander abweichenden Ergebnissen über den Umfang der Armut. Die Zahl der Sozialhilfeberechtigten läßt sich nur schätzen, da die „Dunkelziffer der Armut“ (Berechtigte, die nicht zum Sozialamt gehen) für das letzte Jahrzehnt unbekannt ist. In Abb. 9.6 lege ich die Zahl der Empfänger von laufender Hilfe zum Lebensunterhalt im Dezember 1992 zugrunde und gehe von einem „Ausschöpfungsgrad“ von 50% bzw. 62% (vgl. S. 184) aus, d. h. ich nehme an, daß nur 50% bzw. 62% der Berechtigten die staatliche Unterstützung auch wirklich in Anspruch nehmen.
3. Wie soll die Fluktuation am Rand der Gesellschaft bewertet und in die Überlegungen zum Umfang der Randschichten einbezogen werden? In Abb. 9.6 arbeite ich – im Hinblick auf Armut – mit einem engeren, einem mittleren und einem weiteren Begriff der Randschicht. Der mittlere Begriff ist eine **Momentaufnahme** zur Armut und enthält den Anteil der Armen zu einem bestimmten Zeitpunkt (1992). Er entspricht dem üblichen statistischen Konzept, mit dem z. B. Arbeitslosenziffern bzw. Arbeitslosenquoten erhoben werden. Das **engere** Konzept der **langfristigen** Armut berücksichtigt nur den stabileren Kern der Armen, also Menschen, die über längere Zeit von Armut betroffen sind. Dazu zähle ich Personen, die in einem Zeitraum von neun Jahren (1984-1992) mindestens fünf Jahre lang in relativer Armut leben mußten. Ihr Anteil liegt unter den Armutsquoten der Momentaufnahme. Das **weitere** Konzept der **lang- und kurzfristigen** Armut erfaßt auch Menschen, die nur für kürzere Zeit an die Armutsgrenze gedrückt wurden. Dazu zähle ich Personen, die in dem genannten Zeitraum mindestens dreimal als arm registriert wurden. Sie waren also von Armut so akut bedroht, daß sie auch de facto zumindest kurzfristig in Armut leben mußten. Ihr Anteil ist größer als die Armutsquoten der Momentaufnahme.

Abb. 9.6: *Randschichten in Westdeutschland 1984 – 1992*

		deutsche Randschichten		Randschichten einschl. Ausländer[3]	
		in Mio.[1]	in %[2]	in Mio.	in %[4]
Sozialhilfeberechtigte (Dez. 1992)[5]		2,2 – 2,7	3,8 – 4,7	7,3 – 7,8	11,1 – 12,0
40%-Grenze	langfristig (mind. 5 Jahre)[6]	(1,9)	(2,9)	6,3	9,7
	Momentaufnahme (1992)	(2,9)	(4,5)	7,3	11,3
	lang- und kurzfristig (mind. 3 Jahre)	(3,3)	(5,1)	7,7	11,9
50%-Grenze	langfristig (mind. 5 Jahre)[6]	4,0	6,8	9,0	13,9
	Momentaufnahme (1992)	5,2	8,9	10,3	15,8
	lang- und kurzfristig (mind. 3 Jahre)	7,1	12,2	12,2	18,8

1 hochgerechnet auf die deutsche Bevölkerung der alten Länder 1992.
2 in Prozent der deutschen Bevölkerung der alten Länder (Ausnahme: Werte zur 40%-Grenze, vgl. Anm. 6).
3 Annahme: 80% der Ausländer (=1992: 5,04 Mio.) gehören zu den Randschichten (Ausnahme: Werte zur 40%-Grenze, vgl. Anm. 6).
4 in Prozent der Gesamtbevölkerung in den alten Ländern.
5 Schätzung auf Basis der HLU-Empfänger am Jahresende 1992 und eines Ausschöpfungsgrades von 62% bzw. 50% (vgl. dazu Seite 184). Die Jahreswerte für HLU-Empfänger in Abb. 9.1 liegen etwa um die Hälfte höher als die hier zugrunde gelegte Momentaufnahme am Jahresende (vgl. dazu Anm. 5 auf S. 211f.).
6 Die Werte in Klammern beziehen sich auf die Gesamtbevölkerung Westdeutschlands (einschl. Ausländer). Die Berechnung des Gesamtumfangs der Randschichten in den beiden rechten Spalten geht davon aus, daß 10% der Ausländer in strenger Armut leben (vgl. zu dieser Annahme die Werte bei *Geißler* 1992, 171).

Eigene Berechnungen nach: *Krause* 1994a, 192f. (40%- und 50%-Grenze; Datenbasis: SOEP 1984-1992); StatJb 1994, 499 (HLU); Datenreport 1994, 21, 37 (Bevölkerung).

Angesichts der Unzulänglichkeiten eines derartigen Quantifizierungsversuchs ist es sinnvoll, die Aussagen zur Größe der Randschichten nicht als „Berechnungen“, sondern als „informierte Schätzungen“ zu bezeichnen.

Aus Abb. 9.6 läßt sich der Umfang der westdeutschen Randschichten wie folgt bestimmen: Sieht man die 40%-Grenze als den Rand der Gesellschaft an, dann leben 6,3 bis 7,7 Millionen bzw. 10-12% der Bevölkerung randständig. Auf diese Größenordnung kommt man auch, wenn man die deutschen Sozialhilfeberechtigten (2,2 bis 2,7 Millionen) und 5 Millionen Ausländer zusammenzählt; sie machen zusammen 11-12% der Bevölkerung aus. Danach wäre Westdeutschland eine **90%-Gesellschaft**.

Legt man die 50%-Grenze zugrunde, dann nimmt der Umfang der Randschichten erheblich zu. Danach leben 9 bis 12 Millionen oder 14 bis 19% der Bevölkerung am Rand der Gesellschaft – 4 bis 7 Millionen Deutsche, dazu

5 Millionen Ausländer. Bei einer weiteren Fassung des Randschichtenkonzeptes – 50%-Grenze und mindestens kurzfristige Randständigkeit – läßt sich der Umfang der Randschichten auf maximal 20% schätzen. Das Schlagwort der Zwei-Drittel-Gesellschaft dramatisiert also die Situation in den alten Bundesländern; selbst wenn man die Randschichten großzügig definiert, ist Westdeutschland eher eine **80%-Gesellschaft** (was jedoch der sozialpolitischen Brisanz dieser Problematik keinen Abbruch tut).

9.7 Randschichten in Ostdeutschland

9.7.1 Randschichten in der DDR

Drei für die Bundesrepublik typische Randschichten spielten in der Sozialstruktur der DDR keine Rolle: Langzeitarbeitslose und manifest Obdachlose gab es nicht; Sozialfürsorgeempfänger existierten, aber nur in einer verschwindend geringen Zahl.

Das verfassungsmäßig garantierte Recht auf Arbeit, das gleichzeitig auch eine Pflicht zur Arbeit enthielt, verhinderte in der DDR 40 Jahre lang eine nennenswerte **Arbeitslosigkeit**. Die DDR kannte – von politisch bedingten Einzelfällen abgesehen – keine arbeitsfähigen Menschen ohne Arbeitsplatz. Die sog. „verdeckte Arbeitslosigkeit" – die personelle Überbesetzung des Produktionsprozesses bzw. die „Vergeudung von Arbeitskraft" durch unproduktive und deshalb wirtschaftlich entbehrliche Arbeitnehmer – ist ein wichtiges ökonomisches Problem, aber schichtungssoziologisch ohne Bedeutung.

Auch in der DDR gab es die **Sozialfürsorge**, ein letztes soziales Sicherungssystem für Menschen, die nicht in der Lage waren, ihren Lebensunterhalt durch eigenes Einkommen, durch Renten oder ähnliche Sozialleistungen oder durch Hilfe ihrer nächsten Angehörigen zu bestreiten. Die schon immer sehr kleine Zahl der Empfänger von laufender Unterstützung durch die Sozialfürsorge ging in den letzten 15 Jahren der DDR kontinuierlich zurück – auf ca. 5 500 im Jahre 1989 (StatJb 1990, 383). Die der Sozialfürsorge vorgelagerten Systeme der sozialen Sicherung wie Mindestlöhne und Mindestrenten griffen also in der DDR besser als in der Bundesrepublik; allerdings waren diese nicht in der Lage, die Herausbildung von Randschichten zu verhindern.

Die staatlich hoch subventionierten und daher sehr niedrigen Mieten in der DDR verhinderten, daß Menschen aus ihren Wohnungen vertrieben wurden. Armut führte in der DDR nicht zu manifester **Obdachlosigkeit** oder **Wohnungslosigkeit**. Die sozialistische Wohnungspolitik hatte allerdings auch ihre Kehrseite: Die niedrigen Mieten hinderten die Privateigentümer älterer Mietwohnungen daran, die Bausubstanz ihrer Häuser zu erhalten und die Wohnungen zu modernisieren. Insbesondere die Altstadtquartiere der Großstädte verfielen zusehends. Nach einer Erhebung der DDR-Bauakademie waren 1990 ca. 10% der Wohnungen „unbewohnbar" geworden oder wiesen „schwerwiegende Schäden" auf. Betroffen waren 1990 ca. 2 bis 2,2 Millionen Menschen, die in abbruchreifen oder grundlegend sanierungsbedürftigen Häusern wohnen oder sich unfreiwillig mit anderen eine Unterkunft teilen mußten. Wohnungsnot in Form von latenter Obdachlosigkeit existierte also in der DDR durchaus in erheblichem Umfang.[25]

Armut gehörte in der DDR zu den Tabuzonen der öffentlichen und wissenschaftlichen Diskussion. Dennoch gab es eine sozioökonomische Forschung zu dieser Thematik unter anderen sprachlichen Etiketten. Man definierte und errechnete sog. „notwendige Bedürfnisse" bzw. ein „soziales Minimum" im Hinblick auf Ernährung, Kleidung, Wohnung, Kultur und Bildung, Gesunderhaltung und Körperpflege sowie Kommunikation (*Manz* 1992, 61ff.). Erst nach der Wende erblickten diese Forschungsergebnisse das Licht der Öffentlichkeit. Sie erlauben genauere Einblicke in die Armutszonen der realsozialistischen Gesellschaft, sind allerdings mit den Daten für Westdeutschland nicht direkt vergleichbar.

Abb. 9.7: *DDR-Haushalte im Bereich der Armutsgrenze*

Personen pro Haushalt	1970	1980	1988
1	5%	5%	4%
2	30%	10%	10%
3	20%	9%	7,5%
4	34%	10%	6,5%
5 und mehr	45%	18%	4%
Insgesamt	30%	12%	10%
Rentnerhaushalte	65%	50%	45%

Quelle: *Manz* 1992, 88.

Abb. 9.7 macht deutlich, daß es auch in der DDR einen erheblichen Anteil von Menschen gab, die am Rande des „sozialen Minimums" oder auch darunter leben mußten.[26] In den 70er Jahren wurde der Anteil der Armen deutlich verringert.

Auffällig sind vier Abweichungen von der Struktur der westdeutschen Armutsbevölkerung. Erstens: anders als in der Bundesrepublik verschwindet in der DDR die Risikogruppe der **kinderreichen Familien** nach und nach in den 70er und 80er Jahren. Die Zahlen bestätigen zweitens ein Phänomen, das bereits vor der Wende sichtbar war (vgl. *Geißler* 1992, 188ff.): die eigentliche soziale Problemgruppe der DDR waren die alten Menschen. Armut in der

DDR war in erster Linie **Altersarmut**. Die sozialistische Sozialpolitik verteilte ihre Leistungen stark „produktionsorientiert", d.h.: staatliche Hilfen erhielten in der „Arbeitsgesellschaft der DDR" insbesondere erwerbstätige Menschen, die am Produktionsprozeß teilnahmen; vernachlässigt wurden dagegen die „Unproduktiven", die aus Altersgründen oder wegen Krankheit aus dem Erwerbsleben ausgeschieden waren. Die Rentner durften am steigenden Lebensstandard in der DDR am wenigsten teilhaben, sie waren die **Stiefkinder der sozialistischen Sozialpolitik**. Die Versorgung der alten Menschen wurde bis zum Beginn der 80er Jahre zusätzlich durch eine ungünstige Altersstruktur der Bevölkerung erschwert (s. S. 345). Armut im Alter – und das ist die dritte Besonderheit – hat schlimme Folgen für die Betroffenen: Im Gegensatz zu den erheblich fluktuierenden westdeutschen Randschichten war das Armutsschicksal der DDR-Rentner auf **Dauer** angelegt, da sich alte Menschen nicht mehr aus eigener Kraft aus ihrer Randlage befreien konnten.

Betroffen waren vor allem die betagten Jahrgänge der älteren Rentner und Rentnerinnen. Sie hatten keine oder nur wenig Chancen, in den Genuß der erst 1971 eingeführten Zusatzrente zu kommen. Desweiteren bezogen hauptsächlich Frauen sehr niedrige Renten, weil deren Arbeitseinkommen vergleichsweise niedrig waren und auch weil die Witwenrenten am Ende der Rentenskala lagen. 1989 waren 88% der alten Menschen mit Mindestrente Frauen (Frauenreport '90, 182); Altersarmut war in der DDR hauptsächlich **Frauenarmut** – das vierte Spezifikum der DDR-Randschicht im Vergleich zur Bundesrepublik. Ein Teil der älteren Generation der Rentnerinnen, die den Zweiten Weltkrieg mit seinen Wirren durchlitten hat und die die Entbehrungen der Nachkriegszeit und die Lasten des Wiederaufbaus tragen mußte, wurde um einen Lebensabend gebracht, der sie für die Mühsal eines harten Daseins angemessen entschädigt. Mehr als eine Million der alten Menschen gehörten zu einer „betrogenen Generation", die sich nach einem entbehrungsreichen Arbeitsleben am Rande materieller Armut wiederfanden.[27]

9.7.2 Umschichtungen am gesellschaftlichen Rand der neuen Länder

Mit der Umformung der zentral gelenkten Planwirtschaft in eine soziale Marktwirtschaft, mit dem Abbau der Mietsubventionen und der Teilprivatisierung des Wohnungsmarktes und mit der stufenweisen Anpassung der sozialen Sicherung an das westdeutsche Muster sind die neuen Länder gezwungen, mit den Vorteilen auch die Nachteile dieser Systeme in Kauf zu nehmen. Eine Bevölkerung, die über vier Jahrzehnte von einem „vormundschaftlichen Staat" (*Henrich* 1989) betreut worden war, hat sich in kurzer Zeit aus dieser Vormundschaft befreit und sich dabei – mehr oder weniger ungewollt – quasi über Nacht den Boden einer ungewöhnlich hohen, selbstverständlichen Sicherheit unter den Füßen weggezogen. Dabei erhält der gesellschaftliche Rand neue Konturen.

Zu den gravierendsten Erscheinungen der **„neuen großen Unsicherheit“** (*Geißler* 1995a, 126ff.) gehören die Turbulenzen auf dem Arbeitsmarkt. In einer **Arbeitsmarktkrise** von historisch einmaligen Dimensionen verschwand bis zum Sommer 1992 innerhalb von zwei Jahren ca. ein Drittel aller Arbeitsplätze. Von dem verbliebenen Rest konnte 1993 etwa jeder vierte Arbeitsplatz nur durch arbeitsmarktpolitische Maßnahmen erhalten werden. Daher lag die Unterbeschäftigungsquote in Ostdeutschland in diesem Jahr mit ca. 34% um fast das Vierfache höher als in Westdeutschland mit 9,2%.[28] Zwischen 1989 und 1991 waren nur 36% der Erwerbstätigen durchgehend vollbeschäftigt – 44% der Männer und lediglich 29% der Frauen (*Berger/Bulmahn/Hinrichs* 1996, 38). 1994 waren im Jahresdurchschnitt 1,14 Mio. oder 16,0% aller abhängig Beschäftigten (West: 9,2%, vgl. S. 193) als arbeitslos registriert

Abb. 9.8: *Arbeitslosigkeit und Langzeitarbeitslose (Ostdeutschland 1990 – 1995)*[1]

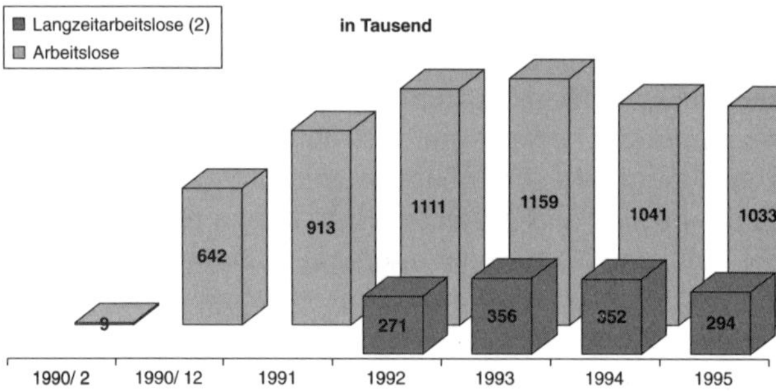

	1990/ 12	1991	1992	1993	1994	1995	
	7,3	10,3	16,1	15,8	16,0	14,7	Arbeitslosenquote[3]
			24,4	30,7	33,8	28,5	Anteil Langzeit-AL an allen Arbeitslosen in %

1 1991-1995: Angaben jeweils für September
2 länger als 1 Jahr erwerbslos, z. T. Schätzungen
3 Arbeitslose in % der abhängigen Erwerbspersonen

Quellen: BMAS 1995, Tab. 2.10 und BfA.

(vgl. auch Abb. 9.8). Weitere 1,32 Mio. Menschen (West: 0,59 Mio.) wurden durch arbeitsmarktpolitische Maßnahmen – Kurzarbeit, Arbeitsbeschaffungsmaßnahmen, berufliche Fortbildung und Umschulung, Altersübergangsgeld, Vorruhestand – vor dem Abgleiten in die offene Arbeitslosigkeit bewahrt (*Becker* 1995, 6). Diese Stützmaßnahmen verhinderten zusammen mit einer Ost-West-Wanderung der Arbeitskräfte (knapp 1 Million Umsiedler und Pendler[29]) eine Massenarbeitslosigkeit in den dramatischen Ausmaßen der Weimarer Republik, wo die Arbeitslosenquoten auf 22% (1930) bzw. 30% (1932) emporgeschnellt waren. Der Anteil der Langzeitarbeitslosen (mehr als ein Jahr ohne Arbeit) stieg in den neuen Ländern seit 1992 rasch an und lag 1995 bei 30% (West 33%). Die sog. „perforierte" Langzeitarbeitslosigkeit – die längeren Perioden ohne Arbeit werden nur von kurzfristigen Beschäftigungen unterbrochen – ist im Osten deutlich höher als im Westen. Die Struktur der ostdeutschen Langzeitarbeitslosen weicht in 4 Punkten vom westdeutschen Muster ab: Der Frauenanteil war 1993 mit 74% (West 46%) besonders hoch, der Anteil von Menschen mit gesundheitlichen Einschränkungen mit 14% (West 40%) vergleichsweise niedrig. Ostdeutsche Langzeitarbeitslose sind durchschnittlich höher qualifiziert und insgesamt sozial heterogener zusammengesetzt (Sozialreport 1994, 129f.; *Hahn/Schön* 1995, 79ff.).

„Das Leiden aller Leiden ist die Arbeitslosigkeit" – dieser Satz *Martin Walsers* gilt für die Menschen in den neuen Ländern in besonderem Maße. Zwar war bisher das Armutsrisiko für Arbeitslose in den neuen Ländern niedriger als in den alten (*Müller/Frick/Hauser* 1995); dennoch war und ist der Verlust des Arbeitsplatzes für Ostdeutsche noch einschneidender und psychisch belastender als für Westdeutsche, war doch die DDR in stärkerem Maße eine „Arbeitsgesellschaft" geblieben als die Bundesrepublik. Arbeit und Arbeitsstätte prägten den ostdeutschen Alltag stärker, ragten weiter in verschiedene Bereiche des täglichen Lebens hinein. So existierten die bereits erwähnten (S. 175) Besonderheiten der sozialistischen Arbeitsbedingungen – längere Arbeitszeiten, stärkere Einbindung in Arbeitskollektive und Betriebe, höherer subjektiver Stellenwert der Arbeit. Mit dem Verlust der Arbeit ging im Osten ein größerer Ausschnitt des lebensweltlichen Alltags, des sozialen Beziehungsnetzes und damit auch der Identität verloren, als dies im Westen der Fall ist.

Zahlreiche Untersuchungen belegen, daß nicht nur die offene und langfristige Arbeitslosigkeit, sondern auch die drohende und latente Arbeitslosigkeit in Form von Kurzarbeit, Arbeitsbeschaffungsmaßnahmen oder Vorruhestand das Lebensgefühl und die Lebenszufriedenheit erheblich beeinträchtigen. Viele ostdeutsche Betroffene klagen über ähnliche schädliche Auswirkungen, die aus westdeutschen Studien bekannt sind (vgl. S. 200) – über psychosozialen Streß, Verschärfung gesundheitlicher Probleme, Störungen in Partnerschaft und Familie, Schäden für die Kinder.[30] Die längere Dauer der Arbeitslosigkeit erhöht die erwähnten Belastungen. Es gibt jedoch auch Hinweise darauf, daß Arbeitslosigkeit im Osten wegen ihrer plötzlichen weiten Verbreitung weniger stark stigmatisiert ist als im Westen und durch Familie und Freundeskreise besser abgefangen wird.[31]

Die **Obdachlosigkeit** hat teilweise ihren vorherigen latenten Charakter verloren. Der starke Anstieg der Mieten hat bei Teilen der armen Bevölkerung zur manifesten Obdachlosigkeit geführt, und auch **Wohnungslose** gehören inzwischen zum alltäglichen Straßenbild der ostdeutschen Großstädte. Genauere Zahlen dazu liegen bisher nicht vor.

Der Versuch, die Entwicklung der **Armut** im Umbruch quantitativ zu erfassen und mit der Situation in den alten Ländern zu vergleichen, ist mit erheblichen Problemen verknüpft. Mißt man die Osteinkommen am westdeutschen Einkommensdurchschnitt, dann wurde der Anteil der Menschen, die in „relativer Armut“ (50%-Grenze) lebten, zwischen 1990 und 1993 wegen der zunehmenden Schließung der West-Ost-Einkommensschere von 27% auf 16% der Bevölkerung reduziert – eine offensichtlich schiefe Sicht der Entwicklung am gesellschaftlichen Rand. Nimmt man dagegen den ostdeutschen Einkommensdurchschnitt als Ausgangspunkt für die 50%-Grenze, so stieg der Anteil der armen Bevölkerung in demselben Zeitraum von 3,5 auf 6,3% an, lag jedoch noch deutlich unter dem Westniveau des Jahres 1993 von 11,1% (*Habich/Krause* 1994, 601f.). Diese Zahlen spiegeln die realen Veränderungen schon besser wider.

Recht deutlich zeichnen sich inzwischen die **neuen Konturen** der **ostdeutschen Armutszone** im Vergleich zu DDR-Zeiten ab; sie haben im wesentlichen die Züge des westdeutschen Musters angenommen – eine Folge der Einführung des westdeutschen Systems sozialer Sicherung. Das Armutsrisiko trifft insbes. drei neue Gruppen, die in der DDR nicht zu den Risikogruppen zählten: alleinerziehende Mütter und kinderreiche Familien sowie, damit zusammenhängend, Kinder und Jugendliche. Allein 42% der Sozialhilfebezieher (HLU) von 1992 waren Alleinerziehende; diese Gruppe ist auch in besonderem Maße von Arbeitslosigkeit betroffen.[32] Andererseits wurde mit der Übernahme der erheblich besseren westdeutschen Altersversorgung der überwiegende Teil der alten Menschen aus ihrer vorherigen Randlage befreit. Die ostdeutschen RentnerInnen gehören in der Regel zu den materiellen Gewinnern der Einheit. Ihr Anteil unter den Sozialhilfeempfängern und im untersten Einkommensbereich liegt inzwischen sogar niedriger als in den alten Ländern[33] – insbes. wegen der höheren Rentenansprüche der ostdeutschen Frauen, die mit ihren günstigeren Erwerbsbiographien längere Beitragszeiten haben als westdeutsche.

Die Turbulenzen des sozialen Umbruchs in den neuen Ländern haben zwei Spezifika hervorgebracht: Arbeitslosigkeit ist die zentrale Ursache für das Abrutschen in die Armutszone. 57% der ostdeutschen Sozialhilfeempfänger gaben 1993 an, der Verlust des Arbeitsplatzes sei die Hauptursache für den Sozialhilfebezug, in der Stadt Brandenburg waren es 1994 sogar 86%; in Westdeutschland lag dieser Anteil nur bei ca. 34% (StBA 1995, 73, 89; *Bothin/Wunsch* 1994). Mit dem ersten hängt auch das zweite Spezifikum zusammen: Die Fluktuation über die Armutsgrenzen hinweg ist in den neuen Ländern noch höher als in den alten;[34] Armut ist im Osten noch beweglicher und dynamischer als im Westen. War die sozialistische Armut in erster Linie auf Dauer angelegte Altersarmut (insbes. von Frauen), so ist die **postsozialistische Armut** hauptsächlich **kurzfristige, insbes. von der dramatischen Arbeitsmarktkrise ausgelöste** Armut.

Insgesamt lassen sich die Veränderungen im wesentlichen als eine **Umstrukturierung des gesellschaftlichen Randes nach dem westdeutschen Muster** charakterisieren. Die erwähnten Abweichungen von der westdeutschen Struktur rühren insbes. vom krisengeschüttelten Umbau der ostdeutschen „Arbeitsgesellschaft" her und dürften langfristig verschwinden.

9.8 Randschichten in der modernen Wohlstandsgesellschaft – eine zusammenfassende Skizze ihrer Besonderheiten

Die deutsche Gesellschaft hat es trotz ihres hohen Wohlstandsniveaus nicht verhindert, daß 10-20% ihrer Bevölkerung meist kurzfristig, ein kleiner Teil auch längerfristig, mit hohen sozioökonomischen Defiziten an den gesellschaftlichen Rand gedrängt werden und nicht angemessen am sozialen Leben teilnehmen können. Der Umfang der Randschichten hat in den 70er Jahren bis Mitte der 80er Jahre zugenommen und stagniert offensichtlich seit etwa einem Jahrzehnt.

Die **Randständigkeitsrisiken** haben sich **verlagert**: Frauen und alte Menschen sind nicht mehr überdurchschnittlich gefährdet, weiterhin aber Alleinerziehende und kinderreiche Familien sowie – damit zusammenhängend – Kinder und Jugendliche, dazu Arbeitslose und AusländerInnen; betroffen sind auch immer mehr Personen im erwerbsfähigen Alter, unabhängig von ihrem Geschlecht.

Die Verlagerung des Risikos gibt Hinweise auf drei wichtige strukturelle **Ursachenkomplexe** der „modernen" Randständigkeit: Eine zentrale Ursache stellt die **Massenarbeitslosigkeit** als Folge der Krisenerscheinungen eines dynamischen Arbeitsmarktes dar. Ein zweites Ursachenfeld hängt mit dem **Monopolverlust der bürgerlichen Familie** (vgl. S. 318ff.) zusammen: Durch die

Zunahme von Scheidungen und Trennungen sowie durch den Anstieg nichtehelicher Geburten ist die Risikogruppe der alleinerziehenden Mütter größer geworden. Als dritter wichtiger Ursachenkomplex lassen sich **Lücken im System der sozialen Sicherung** ausmachen, das dem Sozialhilfesystem vorgelagert ist: so z. B. die ungenügende familienpolitische Unterstützung kinderreicher Familien und Alleinerziehender, die befristete Zahlung des Arbeitslosengeldes oder die starke Orientierung der sozialen Sicherung am Arbeitsleben der abhängig Beschäftigten, die Berufsanfänger, von Jugend an Erwerbsunfähige und bestimmte Gruppen von Selbständigen nur ungenügend schützt.

Randständigkeit im Wohlstand ist für die Betroffenen ambivalent: Zwar leben auch Randschichten heute etwas weniger ärmlich als in früheren Jahrzehnten, aber ihr Rückstand zum Lebensstandard des Bevölkerungsdurchschnitts – die Armutskluft – wird kontinuierlich größer. **Das absolute Defizit nimmt ab, während das relative zunimmt.**

Nur eine Minderheit der Betroffenen erlebt das Randschichtendasein als „unentrinnbaren Teufelskreis" bzw. als „Dauerschicksal". Moderne Randständigkeit ist meist **Randständigkeit auf Zeit**. Der Beitrag der Wohlstandsgesellschaft zur Bewältigung des Problems der Randständigkeit besteht **nicht** in deren **Abschaffung**, **sondern** in deren **Befristung**. Das befristete und daher verminderte Risiko zieht allerdings größere Kreise: Es ist zwar nicht „demokratisiert", wie bisweilen behauptet wird, aber es ist – mit deutlichen schichtspezifischen Abstufungen – auf viele Schultern verteilt.

Der gesellschaftliche Rand ist **vielgestaltig zersplittert**. Die verschiedenartigen Ursachen drängen unterschiedliche Gruppen (Arbeitslose, Kinderreiche, Alleinerziehende) in die Randständigkeit, die von ihrer sonstigen Soziallage her nur wenig miteinander gemein haben. Und auch die Randschicht der Ausländer ist vielfach fraktioniert – nach Nationalitäten, ökonomischer Lage, Aufenthaltsdauer, Grad der Integration u. a.

Die hohe Fluktuation und die starke Zersplitterung des Randes haben soziokulturelle und politische Konsequenzen. Trotz der skizzierten negativen psychosozialen Schäden durch langfristige Obdachlosigkeit oder Arbeitslosigkeit bei einer Minderheit entsteht keine ausgedehnte „Subkultur der Armut" oder allgemeiner: **keine ausgedehnte „Subkultur der Randständigkeit"**.

Fluktuation und Zersplitterung am gesellschaftlichen Rand **verhindern** in gewisser Weise eine **klare Spaltung**, eine **Zerklüftung** zwischen Kerngesellschaft und Randzone. Dieser wichtige Aspekt der extremen defizitären Lagen wird durch die Metaphorik des „Randes" nicht angemessen eingefangen. Die modernen, mehr oder weniger dauerhaften Nischen der Not sind – fast versteckt und der öffentlichen Aufmerksamkeit teilweise entrückt – asymetrisch in die Kerngesellschaft „eingestreut": zahlenmäßig nehmen sie nach unten hin zu, und sie sind überwiegend „beweglich", „wandern umher".

Auch **politisch** sind die Randschichten ein **Leichtgewicht** geblieben, politische Sprengkraft haben sie nicht entwickelt. Die Vielfalt der Soziallagen, der geringe Verfestigungsgrad und nicht zuletzt die Tendenzen zu Isolation, Rückzug und Apathie bei den wenigen Dauerrandständigen machen es unwahrscheinlich, daß sich Randschichten gegen ihr Schicksal auflehnen und zu einer politischen Größe werden. Sie sind vielmehr auf die Hilfe der Kerngesellschaft angewiesen und stellen eine Herausforderung an die soziale Sensibilität all derjenigen dar, denen das Randschichtenschicksal erspart blieb.

Anmerkungen

1 *Georg Simmel*, der als einer der ersten Soziologen Armut analysierte, hat den Relativismus des Armutsbegriffs noch weiter getrieben und auch innerhalb einer Gesellschaft derselben Zeit schichtspezifische Abstufungen der Armut unterschieden (*Simmel* 1968, 369).

2 Zum Armutsbegriff vgl. *Buhr* 1995, 19ff.; *Hanesch u. a.* 1994, 22ff.; *Iben* 1992, 19ff.

3 Zu den wichtigen Studien über die Armut in den 70er und 80er Jahren gehören: *Klanberg* 1978 über Einkommensarmut; der erste umfassende Bericht über die Armut in Deutschland für die EG-Kommision von *Hauser/Cremer-Schäfer/Nouvertné* 1981; *Hartmann* 1981 zur Sozialhilfebedürftigkeit und Dunkelziffer der Armut; *Strang* 1985 über Strukturen, Ursachen und Wirkungen von Sozialhilfebedürftigkeit sowie der Forschungsüberblick von *Hauser* 1988. Wichtige neuere Ergebnisse der Armutsforschung enthalten: die Sammelbände *Döring/Hanesch/Huster* 1990, *Leibfried/Voges* 1992 und *Zwick* 1994a; die Caritas-Studie von *Hauser/Hübinger* 1993; der Armutsbericht des DGB und des Paritätischen Wohlfahrtsverbandes von *Hanesch u. a.* 1994; die Auswertung von Daten des Sozio-ökonomischen Panels von *Headey/Habich/Krause* 1990, *Krause* 1992, *Habich/Krause* 1994, *Krause* 1994 und *Landua/Habich* 1994; die Langzeitstudie zu Sozialhilfeempfängern in Bremen von *Buhr* 1995, *Ludwig* 1995 und *Leibfried u. a.* 1995. Die Beiträge von *Hauser, Hanesch, Ludwig/ Leisering/Buhr, Andreß/Lipsmeier* und *Dangschat* im Heft B 31-32 (1995) von APUZ vermitteln einen guten knappen Überblick über die verschiedenen Ansätze und wichtigen Ergebnisse der aktuellen Armutsforschung.

4 Ähnlich *Iben* (1992, 20) und *Buhr* (1995, 20), nach der die SH-Grenze „in etwa bei 40 Prozent" liegt. Abweichend die Berechnungen von *Hauser* (1995, 8), der das verfügbare Einkommen der Sozialhilfeempfänger „bei etwa der Hälfte des Durchschnitts" ansiedelt.

5 Die Sozialhilfestatistik enthält noch eine ganze Reihe weiterer Tücken: 1. Sie erfaßt alle Personen, die im Laufe des Berichtjahres mindestens einen Monat lang durchgehend HLU bezogen haben. Fälle von kürzerer Bezugsdauer erfaßt sie nicht; daher registriert sie auch nicht die Wohnungslosen(!), da diese ihre Unterstützung tage- oder wochenweise abholen. 2. In den Medien werden häufig Ergebnisse einer Stichtagserhebung am Jahresende publiziert. Diese liegen stets um ca. ein Drittel niedriger als die Jahreswerte in Abb. 9.1, da alle diejenigen Personen fehlen, deren Unterstützung im laufenden Jahr vor dem Stichtag beendet war. Den Berechnungen in Abb. 9.6 liegen die Werte der Stichtagserhebung zugrunde. 3. Da viele Asylbewerber von Sozialhilfehilfe leben (müssen), ist die Entwicklung der Gesamtzahlen stark vom Wanderungsgeschehen abhängig. 4. Besonders mißverständlich sind Angaben – diese tauchen ab und zu in den Medien auf –, die HLU und die sog. „Hilfe in besonderen Lebenslagen" (HBL – d. h. Hilfe für Pflegebedürftige, Kranke, Behinderte u.a.) zusammenfassen, da die Statistik die „Fälle" von HLU und HBL getrennt zählt, wobei sie nicht unter-

scheidet, ob sich hinter zwei „Fällen“ dieselbe Person verbirgt, die sowohl HLU als auch HBL erhält.

6 Für die 70er Jahre vgl. *Hartmann* 1981, 35ff. und 168f.; *Hauser* u. a. 1981, 70 und 73f.; *Cremer/Schäfer* 1981, 20 für Arbeitslose; für die 80er Jahre vgl. *Semrau* 1990, 118; *Hauser/Hübinger* 1993, 52ff.

7 Zur Situation bis zu Beginn der 80er Jahre vgl. *Semrau* 1990, 114f., 118 und *Hauser/Semrau* 1990, 4; zur Situation heute und im letzten Jahrzehnt vgl. z. B. *Hauser* 1995, 8 (Sozialhilfebezug); *Habich/Krause* 1994, 604f. und *Krause* 1994, 10ff. (beide 50%-Grenze).

8 *Habich/Krause* 1994, 605; *Krause* 1994, 10; vgl. auch *Weick* 1996.

9 Die Öffnung der Armutskluft dürfte etwas gemäßigter ausfallen, wenn man andere Sozialhilfeleistungen – z. B. die Miet- und Heizkosten – bei der Rechnung berücksichtigen könnte. Vgl. auch *Hauser* 1995, 6.

10 Dem Geschäftsführer der Bundesarbeitsgemeinschaft Wohnungslosenhilfe, *Thomas Specht-Kittler*, danke ich vielmals für zahlreiche Informationen zur Wohnungsnot und zum Problem ihrer quantitativen Erfassung.

11 BAG 1995, 22ff.; *Iben* 1992, 24ff.; *Specht-Kittler* 1992, 38; *Vaskovics/Weins* 1979, 46ff.; *Schuler-Wallner* 1988, 33ff.; *Drygala* 1988, 15ff.; *Iben* 1989, 317f.; *Angele* 1989, 31ff; *Könen* 1990, 41ff.

12 *Steinack* 1987, 126, 128; *Rohrmann* 1987, 99f.; *Specht-Kittler* 1992, 40.

13 z. B. bei *Specht-Kittler/Schaub* 1990 und *Hauser/Hübinger* 1993, 53.

14 BAG 1995, 13; *Wenzel/Leibfried* 1986, 305; *Steinack* 1987, 126ff.; *Drude* 1987, 38; *Giesbrecht* 1987, 27.

15 *Deininger* 1990, 426; *Andreß* 1994; *Ludwig/Leisering/Buhr* 1995, 25f.

16 *Buhr* 1995, 106f.; *Ludwig/Leisering/Buhr* 1995, 26f.; vgl. auch *Hartmann* 1981, 112. Zu den theoretischen und methodischen Problemen der Analyse von Armutsdauer vgl. die differenzierte Darstellung bei *Buhr* 1995, 55ff.

17 *Becks* mißverständliches und zum Teil auch irreführendes Konzept von der „Demokratisierung der Risiken“ wird inzwischen auch (unkritisch) von der neueren dynamischen Armutsforschung übernommen (z. B. *Ludwig/Leisering/Buhr* 1995, 33).

18 Vgl. *Habich/Krause* 1994, 604; *Krause* 1992, 12; *Krause* 1994a, 200.

19 Zu den alleinerziehenden Sozialhilfeempfängerinnen vgl. *Drauschke/Mädje/Neusüß/Stolzenburg* 1993; *Mädje/Neusüß* 1994; *Bothin/Wunsch* 1994; *Großmann/Huth* 1996; *Buhr* 1995, 181ff.

20 *Buhr* 1995, 184ff., 189ff., 228f.; *Ludwig/Leisering/Buhr* 1995, 27.

21 „Armut“ in dieser Studie: diejenigen 5% der Stichprobe (N=3328), die auf einem komplexen Index zur Messung der Soziallage der Herkunftsfamilie ganz unten rangieren.

22 Zusammenfassungen der empirischen Forschungsergebnisse bei *Gerstenmaier/Hamburger* 1978, 156ff., 163ff.; *Vaskovics/Weins* 1979, 22; *Bolte/Hradil* 1988, 245ff.; *Angele* 1989, 57ff.; *Iben* 1989, 318f.

23 Nach *Steinkamp/Meyer* 1996, 325ff.; *Schneider* 1989, 300; *Welzer u. a.* 1988, 26; *Hornstein* 1988, 263; *Zenke/Ludwig* 1985, 271; *Brinkmann* 1984, 461f. Zu den psychosozialen Folgen von Arbeitslosigkeit vgl. auch *Silbereisen/Walper* 1989; *Landua* 1990; *Hess/Hartenstein/Smid* 1991.

24 Unberücksichtigt bleiben 5,4 Mio. (= 8% der Bevölkerung) amtlich registrierte Schwerbehinderte (Datenreport 1994, 191), deren Soziallage einer speziellen eingehenden Analyse bedarf. Auch die etwa 2 Mio Spätaussiedler der letzten Jahre (S. 352f.) werden nicht zu den Randschichten gezählt, da ihre Aussichten auf Integration in die Kerngesellschaft langfristig eher als gut einzuschätzen sind.

25 Zum Zustand der Wohnungen vgl. Sozialreport '90, 161f.; *Schröder* 1991, 7. Nach Angaben der Bundesregierung sollten 20-25% des ostdeutschen Wohnungsbestandes von 1990 nach den westlichen Maßstäben „nicht mehr bewohnbar" sein (wib 8/91-XII/8).

26 Im Sozialreport 1992, 155 wird ein weniger dramatisches Bild gezeichnet: danach erzielten in den 80er Jahren 3-5% der erwerbstätigen Haushalte ein Einkommen von weniger als 50% des Durchschnitts.

27 Vgl. *Schneider* 1988, 53, 73.

28 Zahlen nach Angaben der Bundesanstalt für Arbeit in der FAZ vom 6.2.1992 und 6.1.1994; vgl. auch *Grünert/Lutz* 1994, 3ff. Zur hohen Arbeitsmarktmobilität vgl. auch *Bender/Meyer* 1993.

29 Nach einer Studie des DIW waren bis Ende November 1994 knapp eine halbe Million Beschäftigte in den Westen umgezogen (FAZ vom 17.11.1995); dazu kommen noch 400.000 bis 450.000 Pendler (vgl. S. 355).

30 Sozialreport 1992, 22, 28; *Landua* 1993, 41ff.; Sozialreport 1994, 18, 97, 137, 292ff.; *Baumgart/Meyer* 1994; *Hahn/Schön* 1995, 93ff.; *Berger/Bulmahn/Hinrichs* 1995, 26ff.

31 *Brinkmann/Wiedemann* 1994, 22ff.; *Hahn/Schön* 1995, 81f.

32 *Hanesch* u. a. 1994, 235; DJI 1994, 4; vgl. dazu auch *Großmann/Huth* 1996.

33 *Hanesch* u. a. 1994, 237; *Schröder* 1995, 12f.; zur stark verbesserten Einkommensposition vgl. z. B. *Pischner/Wagner* 1996, 166.

34 *Hanesch* u. a. 1994, 255ff. (Sozialhilfedaten); *Hanesch* 1995, 121ff. (SOEP-Daten).

10. Ethnische Minderheiten

10.1 Quantitative Entwicklungen in Westdeutschland

In den sechziger Jahren treten die ethnischen Minderheiten in der Bundesrepublik als neue zahlenmäßig bedeutsame Schichten in Erscheinung. Der erzwungene Stop der Zuwanderung aus der DDR durch die Absperrung der deutsch-deutschen Grenze im Jahre 1961 und der steigende Mangel an niedrig qualifizierten Arbeitskräften veranlaßten die Wirtschaft, verstärkt sogenannte „Gastarbeiter“ aus Südeuropa (insbes. Italien, Spanien, Jugoslawien, Griechenland, Türkei) anzuwerben. 1961 lebten 690.000 AusländerInnen in der Bundesrepublik, 1970 waren es bereits 2,4 Millionen, und im Zuge der Vollbeschäftigung schnellte ihre Zahl bis 1974 nochmals auf 4,1 Millionen hoch (Abb. 10.1). Der 1973 verordnete und bis heute gültige **Anwerbestop** ließ die Zahl der erwerbstätigen Ausländer wieder etwas sinken. Die ausländische Wohnbevölkerung jedoch nahm nur vorübergehend ab. Durch Familiennachzug und hohe Geburtenraten stieg sie zwischen 1978 und 1982 und dann erneut seit 1987 wieder an und erreichte 1994 mit **6,78 Millionen –** das sind **9,9% der westdeutschen Gesamtbevölkerung** – den bisher **höchsten Stand in der Geschichte der Bundesrepublik**.[1] Dazu kommen noch 226.000 Ausländer in den neuen Ländern (=1,7% der Bevölkerung). Mit einem Ausländeranteil von 8,6% nimmt das vereinte Deutschland in Europa einen der vorderen Plätze ein. 1991/92 lagen die Ausländerquoten in Luxemburg (30%) und in der Schweiz (18%) – so wie auch in den nordamerikanischen und zahlreichen außereuropäischen Gesellschaften – erheblich höher; in Belgien (9,1%) lebten, relativ gesehen, etwa genausoviele Ausländer wie in Deutschland, bei anderen europäischen Nachbarn wie Frankreich (6,4%), den Niederlanden (4,6%) oder Großbritannien (4,3%) weist die durchaus problematische Ausländerstatistik niedrigere Werte aus.[2] Die Türken machen Ende 1994 unter den in der BR lebenden AusländerInnen knapp 2 Millionen (28%) aus, und auch die Ex-Jugoslawen mit 1,3 Millionen (18%) sowie die Italiener mit 572.000 (8%) stellen große Gruppen (AiD 2/1995, 8).

Die ethnischen Minderheiten sind nicht gleichmäßig über die Bundesrepublik verteilt, sondern **konzentrieren sich auf Großstädte und industrielle Ballungszentren**: Frankfurt wies Ende 1995 mit 29% den höchsten Auslän-

Abb. 10.1: *AusländerInnen in der Bundesrepublik*[1] *1961 – 1994*

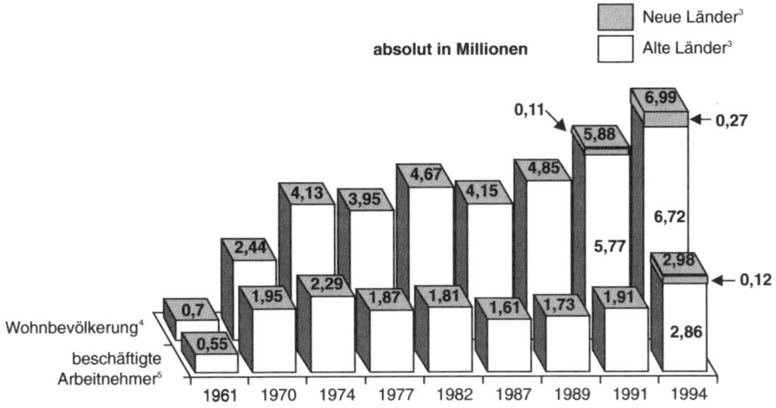

Ausl. Wohnbevölk. (4) in % der Gesamtbevölk.	1,2	4,3	6,7	6,4	7,6	6,8	7,8	7,3	8,6
alte/neue Länder								8,8/0,8	9,9/1,7
Ausl. Arbeitnehmer (5) in % aller Arbeitnehmer	2,5	9,0	10,9	9,4	8,8	7,5	7,9	8,2	8,3
alte/neue Länder									9,7/1,6

1 Angaben bis 1989: frühere BRD; ab 1991: Gesamtdeutschland bzw. alte und neue Länder
2 einschl. Berlin Ost; Werte statistisch unsicher
3 ohne Berlin Ost
4 Die Angaben für 1961, 1970 und 1987 beruhen auf Volkszählungen (Quelle: Datenreport 1994, 37). Die Zahlen für 1974 bis 1982 (Quelle: *Erichsen* 1988, 15) wurden nach dem Ausländerzentralregister ermittelt und sind überhöht (vgl. Anm. 1). 1989 und 1991 nach Datenreport 1994, 37; 1994 nach WiSta 1995, 279 und StBA.
5 Quellen: *Hermann* 1992, 5 (1961 bis 1989 – jeweils September; 31.12.1991); StBA (April 1994).

deranteil auf, gefolgt von Offenbach (28%), Stuttgart (24%), München (23%) und Mannheim (21%) (AiD 1/1996, 11).

Die ersten Anwerbungskampagnen in den 60er Jahren gingen noch von der Vorstellung aus, daß die benötigten Arbeitskräfte nur für kurze Zeit als „Gäste" in der Bundesrepublik arbeiteten. Nach dem „Rotationsprinzip" sollten sie nach einigen Jahren in ihre Heimatländer zurückkehren und – bei Bedarf der Wirtschaft – durch neue „Gastarbeiter" ersetzt werden. Diese „Idee der schnellen Rückkehr" wurde lange Zeit von den zuständigen Stellen in der Bundesrepublik und in den Entsendeländern, nicht zuletzt aber auch von den

Betroffenen selbst gepflegt. Die tatsächliche Entwicklung machte jedoch deutlich, daß das Konzept der „Rotation" den Bedürfnissen der Betroffenen in vielen Fällen nicht entsprach. Das politisch-ökonomische Kalkül hatte den menschlichen Faktor außer acht gelassen: „Man hat Arbeitskräfte gerufen, und es kommen Menschen" (*Max Frisch*). Kurzfristige **„Gastarbeiter"** verwandeln sich immer mehr in **länger verweilende „ausländische Arbeitnehmer"** und ein zunehmender Teil von ihnen auch in bleibewillige **Einwanderer**.

Die große Mehrheit der AusländerInnen ist in ihre Heimat zurückgekehrt: Zwischen 1960 und 1994 zogen knapp 20 Millionen Ausländer in die Bundesrepublik und gut 14 Millionen haben sie wieder verlassen (*Zwick* 1992, 3; AiD 2/1995, 8). Umfragen zeigen jedoch, daß sich immer mehr Ausländer darauf einrichten, auf längere Zeit oder auch auf Dauer in der Bundesrepublik zu leben. 1984 wollten nur 30% der Ausländer für immer in Deutschland bleiben, 1992 waren es bereits 47%, bei der 2. Generation sogar 57% (*Seifert* 1994, 596). 1989 gaben lediglich 11% an, daß sie konkrete Pläne für eine Rückkehr in ihre Heimatländer haben. Dieser Wandel in den Orientierungen führte dazu, daß sich immer mehr Ausländer aus den ehemaligen Anwerbestaaten immer länger in der Bundesrepublik aufhalten. Zwischen 1980 und 1993 hat sich der Anteil unter ihnen, der mindestens 10 Jahre in der Bundesrepublik wohnt, von 30% auf 60% verdoppelt. 34% lebten bereits länger als 20 Jahre im „Gastland". Von den Kindern und Jugendlichen unter 18 Jahren waren 1990 bereits 65% hier geboren.[3]

Die **Ursachen** dieser Entwicklung sind vielfältig. Die Mehrheit der AusländerInnen fühlt sich in der Bundesrepublik wohl. Manche nehmen Rücksicht auf die Schullaufbahn und die Wünsche ihrer Kinder, andere fürchten Reintegrationsprobleme in ihren Heimatländern, wo der Lebensstandard niedriger ist und eine zum Teil hohe Arbeitslosigkeit herrscht. Nicht zuletzt sind auch viele Betriebe daran interessiert, ausländische Arbeitskräfte zu halten, die häufig zur Kernbelegschaft gehören (vgl. dazu *Thränhardt* 1995, 5; *Erichsen* 1988, 22).

Der Wandel vom kurzfristigen Gastarbeiter zum langfristigen Arbeitnehmer bzw. Einwanderer wird begleitet von **Veränderungen in der demographischen Zusammensetzung** der Ausländer. Die „Gastarbeiter" der sechziger Jahre waren überwiegend alleinlebende erwerbstätige Männer im mittleren Alter. Die ausländischen Arbeitnehmer der achtziger Jahre sind inzwischen älter geworden, die meisten haben ihre Ehefrauen und Kinder nachgeholt oder leben in Familien, in denen Kinder geboren werden. Ihre demographische Struktur hat sich der „normalen" Struktur angenähert: der Anteil der Erwerbstätigen ist von 70% in den sechziger Jahren auf 43% im Jahre 1994 gesunken, der Frauenanteil von 31% auf 45% gestiegen; es gibt heute mehr

Jugendliche und Kinder, aber auch mehr ältere Menschen unter ihnen als früher.[4]

10.2 Soziallage[5]

Die Soziallage der ethnischen Minderheiten weist starke Unterschiede nach Nationalitäten auf, es gibt aber auch Gemeinsamkeiten. Gemeinsam ist allen der (abgestuft) **mindere Rechtsstatus**, wobei Angehörige aus Staaten der EU einige wichtige Vorzüge – z. B. Recht auf Aufenthalt und Arbeit ohne besondere Genehmigung – genießen. Das ab 1991 gültige neue Ausländergesetz hat zwar mehr Rechtssicherheit gebracht und die Ermessensspielräume der Bürokratie eingeengt, aber die Angehörigen der Nicht-EU-Staaten leben in Deutschland nach wie vor für einige Jahre nur in „befristeter Sicherheit“. Bis heute sind alle Ausländer von der konventionellen politischen Teilnahme ausgeschlossen, und es ist noch umstritten, ob das aktive und passive Wahlrecht,

Abb. 10.2: *Schichtzugehörigkeit von erwerbstätigen Ausländern 1984-1994*

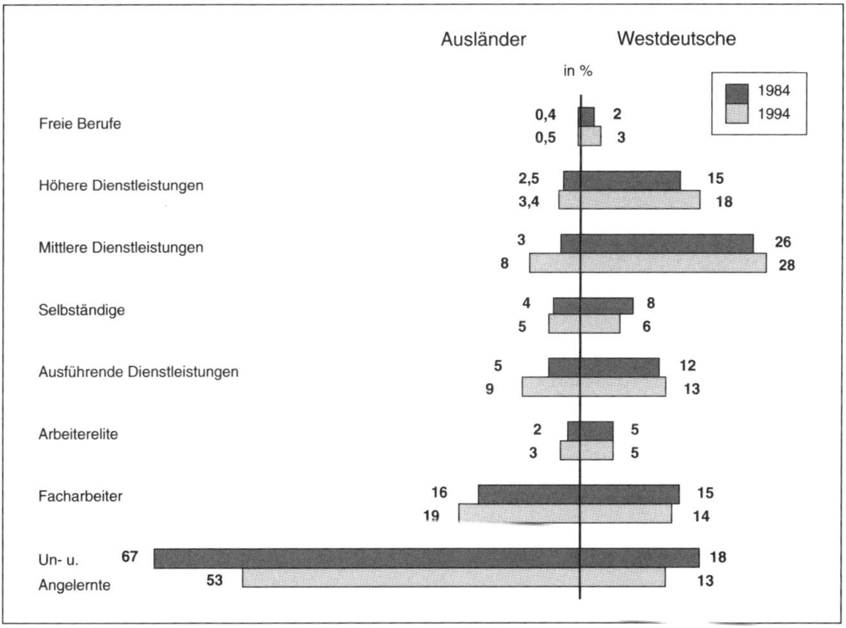

Quelle: SOEP 1994 (eigene Berechnungen).

das der Vertrag von Maastricht (1992) für alle EU-Angehörigen auf kommunaler Ebene vorsieht, auf andere Ausländer ausgedehnt werden soll. Nur wenige Angehörige aus den Anwerbestaaten wurden bisher durch Einbürgerung den Deutschen rechtlich gleichgestellt, denn Deutschland hinkt beim Einbürgerungsrecht erheblich hinter der europäischen Entwicklung her: Von den 33 Staaten des Europarats verweigern neben Deutschland nur noch Österreich und Luxemburg die Gewährung der doppelten Staatsbürgerschaft (*Golz* 1995, 4).

Das Sozioökonomische Panel (Abb. 10.2) – es erfaßt die Angehörigen der fünf wichtigsten Anwerbeländer Türkei, Ex-Jugoslawien, Italien, Griechenland und Spanien – zeigt, daß sich dieser Bevölkerungsteil im letzten Jahrzehnt etwas nach oben umgeschichtet hat; Teile von ihnen sind sozial aufgestiegen. Dennoch ist die Mehrheit der ethnischen Minderheiten weiterhin im **untersten Teil der Schichtungshierarchie** angesiedelt.[6] 1994 waren 53% der Erwerbstätigen als un- oder angelernte Arbeiter tätig, von der 2. Generation 1993 immerhin noch ca. 44% (*Seifert* 1995, 5). Im Gegensatz zu den klassischen Einwanderungsländern USA, Kanada oder Australien, die auch viele Hochqualifizierte ins Land holen, hat die Bundesrepublik Ausländer angeworben, die vorwiegend einfachste Arbeiten verrichten sollen. Aber nicht alle Ausländer entsprechen dem Stereotyp des „unqualifizierten Gastarbeiters“. Die Facharbeiter unter ihnen stellen mit inzwischen 19% die zweitgrößte Schicht. In den Dienstleistungssektor dringen Ausländer nur langsam vor, am ehesten noch die Frauen. 11% aller AusländerInnen arbeiten inzwischen als mittlere oder höhere Angestellte. Der Zugang zur Beamtenschaft ist ihnen aus rechtlichen Gründen verschlossen.

Während die Entwicklung der Selbständigen unter den Deutschen stagniert, beschreiten in den 80er Jahren immer mehr Ausländer den Weg in die wirtschaftliche Selbständigkeit. Die Zahl der ausländischen Selbständigen hat sich zwischen 1988 und 1993 mehr als verdoppelt. Der Mikrozensus weist für 1993 227.000 von Ausländern geführte Betriebe (meist Kleinbetriebe) aus, wobei die Existenzgründer immer häufiger aus der sog. „Nischenökonomie“ (z. B. Lebensmittelgeschäfte, Imbißbuden, Änderungsschneidereien) heraustreten. Gehörten 1970 erst 1,6% der Ausländer zu den Selbständigen, so waren es 1993 bereits 9,3% – ein Prozentwert, der in etwa dem Selbständigenanteil unter der deutschen Erwerbsbevölkerung entspricht.[7]

10.3 Lebenschancen

Die folgende Skizze zu den Ressourcen und Lebenschancen macht deutlich, daß sich die Arbeits- und Lebensverhältnisse der ethnischen Minderheiten in den beiden letzten Jahrzehnten deutlich verbessert haben. Z. T. leben sie heute unter ähnlichen Bedingungen wie strukturell benachteiligte deutsche Schichten, z. T. sind sie aber auch noch durch zusätzliche spezifische „Ausländerprobleme" belastet.

Arbeit. AusländerInnen verrichten überproportional häufig **belastende und gefährliche** Arbeiten und sind stärker von **Arbeitslosigkeit** bedroht. Sie werden besonders oft an Arbeitsplätzen eingesetzt, mit denen hohe körperliche oder nervliche Belastungen, Schmutz, Lärm, Gefahren, monotone Abläufe, starke Kontrollen, wenig Selbstgestaltung und Mitentscheidung sowie ungünstige Arbeitszeiten wie Nacht- oder Schichtarbeit verbunden sind. So mußten z. B. 57% der türkischen Väter und 52% der erwerbstätigen türkischen Mütter Schichtarbeit verrichten, von den deutschen Eltern waren es lediglich 11 bzw. 10% (*Nauck* 1993, 385f.). Die stichwortartig skizzierten Nachteile bei der Arbeit nannten erheblich mehr AusländerInnen als Deutsche, unabhängig von der jeweiligen beruflichen Position.[8] Dennoch sind sie mit ihrer Arbeit **nicht unzufriedener** als Deutsche (*Seifert* 1991, 25); offensichtlich arrangieren sie sich leichter als ihre deutschen Kolleginnen und Kollegen mit Nachteilen am Arbeitsplatz.

Da sie überwiegend als Un- und Angelernte tätig sind (vgl. Abb. 10.2) und dazu noch hauptsächlich in den krisenanfälligen und schrumpfenden Sektoren der Produktion (Industrie und Baugewerbe) arbeiten, sind sie den Risiken des industriekapitalistischen Wirtschaftssystems stärker ausgesetzt als andere. Seit einem Jahrzehnt liegen die **Arbeitslosenquoten** bei Ausländern erheblich höher als bei Deutschen – 1994 z. B. mit 15,5% um fast das Doppelte über der allgemeinen Quote von 8,8% (AiD 4/1994, 2).

Einkommen. AusländerInnen erzielen in etwa die Einkommen wie Deutsche mit ähnlicher Qualifikation. Eine direkte Lohndiskriminierung existiert also nicht. Wegen ihrer durchschnittlich niedrigeren Qualifikation und der größeren Kinderzahl lag 1989 das gewichtete Pro-Kopf-Nettoeinkommen ausländischer Haushalte allerdings nur bei 80% des deutschen Einkommensniveaus (*Seifert* 1991, 33; vgl. auch *Thränhardt* u. a. 1994, 125f.). Relativ niedrige Einkommen und relativ hohe Arbeitsplatzrisiken haben zur Folge, daß viele Ausländer vorübergehend an oder unter die **Armutsgrenze** gedrückt werden. Zwischen 1984 und 1992 lebten immerhin 60% der Ausländer mindestens einmal kurzfristig in relativer Armut (50%-Grenze, vgl. dazu S. 182), von den Deutschen waren es 30% (*Krause* 1994, 191f.).

Wohnen. Die Wohnungsqualität hat sich im letzten Jahrzehnt verbessert. Anfang der 90er Jahre lebte die große Mehrheit in Wohnungen mit den üblichen sanitären Einrichtungen, allerdings mußten 1989 noch 42% ohne Zentralheizung auskommen, von den Deutschen nur 16%. Zudem wohnen Ausländer weiterhin **sehr beengt**; pro Raum sind bei ihnen immerhin fast doppelt soviele Personen untergebracht wie bei den Deutschen; der Anteil überbelegter Wohnungen war unter Ausländern zehnmal so hoch wie unter Deutschen.[9] Ihre Wohnungen liegen häufiger an Straßen oder in Stadtgebieten mit **hohen Umwelt- und Verkehrsbelastungen**, oft in der Nähe von Industrieanlagen. Manchmal besiedeln sie alte Arbeiterviertel, aus denen sich die deutsche Bevölkerung nach und nach zurückzieht.[10] Bemerkenswert ist jedoch auch, daß bleibewillige Ausländer im letzten Jahrzehnt häufiger dazu übergegangen sind, **Haus**- und **Grundbesitz** zu erwerben. Das Zentrum für Türkeistudien schätzt die Zahl der ausländischen Hauseigentümer für 1992 auf 165.000 (FAZ vom 22.10.1992).

Familie. Die Familiensituation der Ausländer hat sich durch die Familienzusammenführung nach dem Anwerbestop im Jahre 1973 ebenfalls deutlich **verbessert**. Nur noch eine kleine Minderheit der Familien ist zerrissen, weil enge Familienangehörige in der Heimat zurückbleiben mußten. 1962 lebten Ehepartner noch durchschnittlich mehr als 10 Jahre getrennt, seit 1980 ist die Trennungsphase auf unter zwei Jahre zusammengeschrumpft (*Nauck* 1993, 381). 89% der Kinder von ausländischen Arbeitnehmern lebten 1989 in der Bundesrepublik. Alleinerziehende waren 1988 unter ausländischen Familien (10%) seltener als unter deutschen (18%) (*Pöschel* 1990, 80, 83; IZA 4/1990, 5).

Gesundheit. Besondere Belastungen am Arbeitsplatz, aber auch spezifische Migrantenprobleme – wie Trennungserfahrungen, Kultur- und Identitätskonflikte oder ungewisse Zukunftsperspektiven – haben zur Folge, daß AusländerInnen **höheren gesundheitlichen Risiken** als vergleichbare deutsche Bevölkerungsgruppen ausgesetzt sind. Sie leiden häufiger unter Tuberkulose, Magenkrankheiten, Kopf- und Rückenschmerzen sowie auch unter psychischen und psychosomatischen Erkrankungen. Von Arbeitsunfällen sind sie häufiger betroffen, und auch der Schweregrad solcher Unfälle ist bei ihnen größer.[11]

Soziale Mobilität. Abb. 10.2 (S. 217) gibt Hinweise auf **berufliche Aufstiegsprozesse** zwischen 1984 und 1994.[6] Der Anteil der un- und angelernten ArbeiterInnen ging um 13 Prozentpunkte zurück, während die Facharbeiter/Meister um 6 Prozentpunkte und die mittleren/höheren Angestellten sowie die Selbständigen um jeweils 3 Prozentpunkte zunahmen.

Bildungs- und Berufschancen der 2. Generation. Mit der steigenden Aufenthaltsdauer haben sich die Chancen der Ausländerkinder im deutschen Bildungssystem **erheblich verbessert**. Während in den 70er Jahren mehr als die Hälfte ohne Schulabschluß blieb, schafften 1993 vier von fünf mindestens den

Abb. 10.3: *Schulabschlüsse 1983 – 1993 (in Prozent)*

	ohne Hauptschul-abschluß	Hauptschul-abschluß	Realschul-abschluß	Fachhoch-schulreife	allg. Hoch-schulreife	alle Abschlüsse
Ausländer 1983	31	44	19	2	4	100
Ausländer 1993	19	39	29	4	9	100
Deutsche 1993	7	22	39	8	24	100

Quelle: berechnet nach BMBWFT 1994, 76f., 86f.

Hauptschulabschluß und ein immer größerer Anteil absolviert erfolgreich die weiterführenden Schulen (Einzelheiten in Abb. 10.3). Angesichts ihrer besonderen Situation (Aufwachsen in zwei Kulturen, enge Wohnverhältnisse, besonders häufig berufstätige Mütter) ist es schon erstaunlich, daß die Kinder von ausländischen Arbeiterfamilien die Bildungsdefizite zu den Kindern aus deutschen Familie mit einer vergleichbaren Qualifikation der Väter zwischen 1976 und 1989 fast beseitigen konnten (*Köhler* 1992, 55ff., 75). Der bessere Schulerfolg spiegelt sich auch in einem zunehmenden Anteil von „Inländern" (Kindern ausländischer Arbeitnehmer) unter den ausländischen Studierenden wider. Eine Vorreiterrolle bei dieser erfolgreichen Anpassung an die Bedingungen im deutschen Schulwesen spielten dabei die spanischen, portugiesischen und griechischen Familien, weniger erfolgreich waren dagegen bisher Italiener und Türken.[12]

Auf große Probleme stößt die 2. Ausländergeneration jedoch nach wie vor beim **Übergang von den Schulen in die Arbeitswelt**. Obwohl sich der Anteil der berufsschulpflichtigen Ausländer, die eine Lehre im dualen System der Berufsausbildung absolvieren, von 19% im Jahr 1980 auf 43% im Jahr 1994 erhöht hat, liegt er noch weit von der Quote der deutschen Jugendlichen (ca. 75%) entfernt. Anfang der 90er Jahre bleiben mindestens 39% der 20-25jährigen Ausländer ohne abgeschlossene berufliche Ausbildung (Deutsche: mindestens 12%) (BMBW 1993, 36). Besonders hoch sind die Hürden beim Einstieg in eine berufliche Ausbildung für die Mädchen, die nur mit etwa einem Drittel unter den ausländischen Auszubildenden vertreten sind. Die Ursachen für die Nachteile bei der Berufsausbildung liegen sowohl in den ausländischen Familien als auch bei den deutschen Ausbildungseinrichtungen. Familiale Fehleinschätzungen über den Wert einer gründlichen Berufsausbildung und der Wunsch nach schnellem Verdienst treffen damit zusammen, daß ausländische Jugendliche bei vielen Betrieben auf Vorbehalte und im öffentlichen Dienst auf große Einstellungshindernisse stoßen.[13]

Die hohen Barrieren beim Einstieg in die Berufsausbildung haben zur Folge, daß die **benachteiligte Soziallage der Eltern bisher überwiegend an die**

2. Generation weitergegeben wurde. Der Anteil der un- und angelernten Arbeiter unter den jungen Ausländern ist zwischen 1984 und 1993 kaum zurückgegangen und liegt mit ca. 44% (1993) nur um etwa ein Viertel unter demjenigen aller Ausländer (*Seifert* 1994, 590 und 1995, 5). Gewisse Aufstiegschancen haben sich im Dienstleistungssektor ergeben, wo die Angehörigen der 2. Generation zu 13% als mittlere oder höhere Angestellte arbeiten (alle Ausländer: 6%).

Vorurteile und soziale Kontakte. Verschiedene Indikatoren belegen, daß sich seit den 80er Jahren die Vorurteile gegenüber ethnischen Minderheiten in der deutschen Bevölkerung abgeschwächt und die sozialen Kontakte zwischen Deutschen und Ausländern zugenommen haben. Mit dem Massenzustrom von Ausländern und mit der steigenden Massenarbeitslosigkeit nahm in den 70er Jahren auch die Ausländerfeindlichkeit in der deutschen Bevölkerung zu. Viele fühlten sich von den Ausländern bedroht, eine Mehrheit (!) der Deutschen schob ihnen die Schuld für die hohe Arbeitslosigkeit zu. Seit den 80er Jahren sind **ausländerfeindliche Einstellungen** wieder **rückläufig**, z. Zt. sind sie noch bei etwa einem Fünftel der Bevölkerung verankert, überdurchschnittlich häufig in den unteren Bildungsschichten und bei älteren Menschen.[14] So waren 1990 20% der Deutschen der Meinung, man solle „die Gastarbeiter" wieder in ihre Heimat zurückschicken, wenn die Arbeitsplätze knapp werden, und 18% stimmten der Ansicht zu, „Gastarbeiter" sollten sich ihren Ehepartner unter ihren eigenen Landsleuten auswählen. Im Jahre 1980 lag die Zustimmung zu diesen Meinungen noch bei 38% bzw. 33%.[15] Die Aufgeschlossenheit gegenüber ethnischen Minderheiten ist insbesondere unter denjenigen Deutschen weit verbreitet, die in ihrer Nachbarschaft persönliche Kontakte zu Ausländern haben (*Zwick* 1993, 3). Die Welle der gewalttätigen Ausschreitungen gegenüber Ausländern zu Beginn der 90er Jahre darf also nicht als Symptom einer sich ausbreitenden Ausländerfeindlichkeit gedeutet werden, sondern sie signalisiert eher ein aggressiv-militantes „Ausfransen" am traditionellen rechten Rand des Einstellungsspektrums, nicht zuletzt gefördert durch einen unglückseligen, mit fremdenfeindlichen Ressentiments durchsetzten öffentlichen Streit um die Asylpolitik (vgl. *Geißler* 1993d). Symptomatisch für die Hauptströmungen im Verhältnis von Einheimischen und ethnischen Minderheiten sind jedoch nicht so sehr die brutalen Ausbrüche von Ausländerhaß, sondern eher die Lichterketten gegen Ausländerfeindlichkeit.

Für große Teile der ethnischen Minderheiten ist Ausländerfeindlichkeit eine psychische Belastung. 46% der südeuropäischen „Gastarbeiter" geben an, daß dieser Punkt zu ihren wichtigen Sorgen und Problemen gehört (*Thränhardt* u. a. 1994, 228). Am Arbeitsplatz ist die Diskriminierung nicht ganz so ausgeprägt (AiD 4/1989, 4). Obwohl mehr als die Hälfte bereits von Deutschen als Ausländer beschimpft wurden – etwa jede/r Dritte mehrmals –, sind 1993 77% mit ihrem Verhältnis zu den Deutschen insgesamt zufrieden (*Schwarz* 1993, 42, 44).

Die Mehrheit der AusländerInnen schätzt ihre deutschen Sprachkenntnisse inzwischen als gut ein – 57% im Jahr 1994 gegenüber 42% im Jahr 1984, von der jüngeren Generation sind es sogar 90%. Die meisten pflegen auch regelmäßige Besuchskontakte zu den Deutschen, nur eine kleine Minderheit von 12% lebt isoliert von den Einheimischen; hier hat die jüngere Generation ebenfalls einen Integrationsvorsprung.[16] Auch jeder vierte Deutsche zählte bereits 1988 „Gastarbeiter" zum Kreis seiner Freunde und Bekannten, 1980 waren es erst 15% (*Reuband* 1989, 273).

Kinder kommen immer häufiger in ethnisch gemischten Ehen zur Welt, unter den Spaniern von Nordrhein-Westfalen (1991) inzwischen häufiger als in rein ausländischen Ehen (*Thränhardt* 1995, 96).

Es gibt nur einen Indikator, der auf eine Gegentendenz zur zunehmenden sozialen Eingliederung hinweist: 1992 nennen nur 41% der Ausländer eine Deutsche oder einen Deutschen, wenn sie nach ihren drei besten Freunden bzw. Freundinnen gefragt werden, 1984 waren es noch 48% (*Seifert* 1994, 596).

Kriminalität. Unter der Bevölkerung (*Liebscher* 1994, 61), in der Öffentlichkeit, aber auch unter Wissenschaftlern (z. B. *Schwind* 1993, 114 und 1993a) ist die Meinung verbreitet, daß die ausländische Wohnbevölkerung, insbes. die jüngere Generation, häufiger kriminell wird als die deutsche. Genauere Analysen entlarven jedoch die angeblich so hohe „Ausländerkriminalität" als ein gefährliches Gerücht, das auf vielfache, kumulierende Verzerrungen und Fehldeutungen der Kriminalstatistiken zu Lasten der ausländischen Wohnbevölkerung zurückzuführen ist. Gefährlich ist dieses Gerücht, weil es ausländerfeindliche Stimmungen schürt. Ein Gerücht ist es, weil die Kriminalitätsraten der ausländischen Arbeitnehmer und ihrer Familien **nicht höher, sondern niedriger** liegen als bei Deutschen in vergleichbarer Soziallage. Ausländer arrangieren sich mit sozialen Benachteiligungen offensichtlich besser als Deutsche (vgl. auch S. 219) und geraten seltener als diese in Versuchung, mit illegitimen Mitteln ihre Situation zu verbessern. Der Zuzug der ausländischen Arbeitnehmer und ihrer Familien hat also den Anstieg der Kriminalitätsrate nicht zusätzlich beschleunigt, wie meist behauptet wird, sondern eher gebremst (*Geißler* 1995).[17]

10.4 Vielgestaltige Unterschichtung

Der Schweizer Soziologe *Hoffmann-Novotny* (1987, 48) hat die Zuwanderung von ethnischen Minderheiten in die hochindustrialisierten Gesellschaften Westeuropas als **„Unterschichtung"** der Aufnahmeländer bezeichnet, d. h. „die Einwanderer treten in die untersten Positionen der Sozialstruktur des Einwanderungslandes ein". Wenn man diesen Begriff etwas relativiert und mit Vorsicht benutzt, trifft er auch auf wesentliche Momente dieses Vorgangs in der Bundesrepublik zu. Die Ausländer schieben sich zwar nicht unter die sozial deklassierten deutschen Randschichten. Von ihrer materiellen Lage her befinden sie sich über diesen; nur eine kleine Minderheit der Ausländer gehört zu den Armen oder Langzeitarbeitslosen. Aber die große Mehrheit der angeworbenen Südeuropäer befindet sich wegen des niedrigen beruflichen Ausbildungsniveaus, wegen der belastenden, wenig angesehenen und qualifizierten Arbeit, wegen des relativ niedrigen Einkommens und der ungünstigen Wohnsituation in den unteren Ebenen der sozialstrukturellen Hierarchie, die gleich über den deutschen Randschichten anzusiedeln sind. Da ihre volle Teilnahme am Leben der Kerngesellschaft zusätzlich durch mindere Rechte, schlechtere Berufschancen sowie Tendenzen zur sozialen Isolation und sozialen Diskriminierung behindert wird, ist auch für die Mehrheit der ethnischen Minderheiten der Begriff Randschicht gerechtfertigt. Ihre Randständigkeit hat z. T. andere Züge und andere Ursachen als die der deutschen Randschichten, aber auch sie leben am Rande der bundesdeutschen Gesellschaft und sind lediglich teilintegriert. Man kann die Zuwanderung der ethnischen Minderheiten als „Unterschichtung" bezeichnen, weil die Lebensbedingungen der ausländischen Randschicht im Vergleich zu den deutschen Arbeiterschichten durch eine ähnliche materiell-ökonomische Situation, aber durch **zusätzliche Defizite in den politischen und sozialen Teilnahmechancen** gekennzeichnet ist. In einem Schichtungsmodell lagern sie daher mehrheitlich über den deutschen Randschichten. Ihre **spezifische Randständigkeit** läßt sich in einem Hausmodell der sozialen Schichtung graphisch am besten verdeutlichen, wenn man sie in einem „Anbau" neben dem „deutschen Haus" plaziert, auf gleicher Höhe mit den entsprechenden deutschen Rand- und Arbeiterschichten (vgl. Abb. 4.5 auf S. 86). Tendenzen zu einer besseren „Integration" oder auch „Teilintegration", die seit den 80er Jahren durchaus nachweisbar sind – der verbesserte Rechtsstatus, bessere Einkommens-, Wohn- und Familienverhältnisse, bessere Bildungs- und Kontaktchancen, der Rückgang von Vorurteilen und Ausländerdistanz bzw. Ausländerfeindlichkeit – haben an dieser Situation bisher nichts Wesentliches verändert.

Unterschichtung bedeutet jedoch nicht – und das muß beachtet werden –, daß sich durch die Zuwanderung eine sozial homogene neue Schicht am Rand der Gesellschaft herausgebildet hat. Im Gegenteil: Die ethnischen Minderheiten sind – trotz aller Gemeinsamkeiten, die ihre Randständigkeit ausmachen – eine **sehr vielgestaltige und facettenreiche** Gruppe. Ich habe bereits darauf hingewiesen, daß sich die Lebensbedingungen der verschiedenen nationalen Minderheiten erheblich voneinander unterscheiden. Die Randschichten der Ausländer sind nicht nur nach Nationalität, sondern auch nach Aufenthaltsdauer, Grad der Integration u. a. sowie den damit verknüpften Mentalitäten und Lebenschancen vielfach fraktioniert.

Eine besondere Problemgruppe stellt die große Minderheit der fast zwei Millionen **Türken** dar. Sie verrichten besonders häufig schwere und belastende Arbeiten und erleben am intensivsten den Kulturkonflikt zwischen der deutschen Kultur und ihrer Heimatkultur, die durch den Islam und z. T. auch durch agrarische und patriarchalische Strukturen geprägt ist. Ihre deutschen Sprachkenntnisse sind überdurchschnittlich schlecht, die Isolationstendenzen besonders hoch. Kinder aus türkischen Familien – sie machen mehr als 50% aller Ausländerkinder aus – sind im deutschen Bildungssystem besonders belastet und benachteiligt, und als z. T. äußerlich auffällige Minderheit ziehen die Türken die Antipathien der ausländerfeindlichen Teile der deutschen Bevölkerung in besonderem Maße auf sich.[18]

Durch die **neuen Migranten der 90er Jahre** aus Osteuropa und Ex-Jugoslawien (Kriegsflüchtlinge) wird die Vielfalt noch zunehmen. Deren Qualifikationsstruktur ist völlig anders als diejenigen der bisherigen Südeuropäer; so ist z. B. der Anteil von Hochschulabsolventen und Abiturienten unter ihnen höher als unter deutschen Erwerbspersonen (*Velling* 1995, 86; vgl. auch S. 354).

Durch die Unterschichtung werden die innergesellschaftlichen Schichtstrukturen **mit den europäischen Strukturen der sozialen Ungleichheit verzahnt:** Der Arbeitskräftebedarf der prosperierenden westdeutschen Wirtschaft zog Menschen aus wirtschaftlich schwächeren süd- und südosteuropäischen Regionen an, und diese tauchen dann als Randschichten im sozialstrukturellen Gefüge der Bundesrepublik auf. Die Ungleichheiten zwischen den europäischen Gesellschaften spiegeln sich also in der westdeutschen Schichtstruktur wider.

10.5 Ethnische Minderheiten in Ostdeutschland

Seit den 50er Jahren studierten an den Universitäten der DDR einige Tausend Gäste aus dem „befreundeten Ausland“, „Gastarbeiter“ gab es jedoch über Jahrzehnte nicht. Erst gegen Ende der 70er und zu Beginn der 80er Jahre wurden aus ökonomischen Gründen größere Gruppen von ausländischen Arbeitskräften ins Land geholt. Ende 1989 lebten in der DDR 191.000 AusländerInnen, darunter 60.000 Vietnamesen, 52.000 Polen sowie 25.000 Kubaner und Afrikaner aus Mosambik und Angola. In ihrer demographischen Struktur ähnelten sie den westdeutschen „Gastarbeitern" der 60er Jahre.[19] Die meisten von ihnen befanden sich im Alter zwischen 20 und 40 Jahren, 70% waren Männer. Sie stellten eine ausgesprochen kleine Minderheit dar; quantitativ war ihr Anteil von 1,2% der Wohnbevölkerung im Vergleich zu dem erheblich höheren Ausländeranteil in der Bundesrepublik unerheblich; qualitativ mußten die meisten von ihnen allerdings in einer **ausgeprägten Randständigkeit** leben. Sie waren keine teilintegrierten oder auf Intergration wartenden Einwanderer, und auch der Begriff „Gastarbeiter" würde ihre Situation über Gebühr beschönigen.[20]

Der größte Teil von ihnen arbeitete auf der Grundlage bilateraler Regierungsabkommen als „Leiharbeiter". Diese waren massiven Reglementierungen unterworfen und lebten z. T. unter **menschenunwürdigen Arbeits- und Aufenthaltsbedingungen**. 87% von ihnen verrichteten Schichtarbeit. Einige Verträge sahen vor, daß zurückkehren mußte, wer durch Krankheit oder Arbeitsunfall arbeitsunfähig wurde. Schwangere Frauen standen vor der Wahl, abzutreiben oder den Aufenthalt vorzeitig abzubrechen. Ein Teil des Lohnes der „Leiharbeiter" wurde einbehalten und an den Heimatstaat abgeführt, bei einigen wurde der verbleibende Rest erst nach der Rückkehr ausgezahlt. Die Ausländer waren ohne Familien in die DDR gekommen und wohnten meist beengt und gettoisiert in Wohnheimen. Die Regierungsabkommen garantierten ihnen lediglich einen Wohnraum von 5 qm pro Person. Mangelhafte Deutschkenntnisse und eingeengte Bewegungsmöglichkeiten isolierten sie zusätzlich von der ostdeutschen Bevölkerung (vgl. *Herrmann* 1992, 6ff.; *Commichau* 1990, 1432ff.).

Nach der Wende mußten die Vertragsarbeitnehmer relativ rasch in ihre Heimatländer zurückkehren, 1993 arbeiteten nur noch ca. 19.000 in den neuen Ländern, davon fast 17.000 Vietnamesen. Statt dessen nahm Ostdeutschland einen Teil der neuen Migranten aus Osteuropa auf. Dennoch wohnen derzeit nur ca. 4% aller in Deutschland lebenden AusländerInnen in den neuen Ländern; im April 1994 waren es etwa 266.000, ihr Anteil an der Bevölkerung war mit 1,7% kaum höher als zu DDR-Zeiten (Abb. 10.1). Sie weichen im Hinblick auf Nationalität, Aufenthaltsdauer und demographisches Profil stark von den westdeutschen Ausländern ab. Fast ein Viertel (47.000) sind Rumänen, weitere starke Kontingente stellen die Vietnamesen (27.000) und die Polen (19.000). Sie halten sich in der Regel erst seit kurzem in Deutschland auf; Männer im erwerbsfähigen Alter sind mit Anteilen von 76-80% stark überrepräsentiert, dies gilt insbesondere für die jüngeren und mittleren Jahrgänge (*Liebscher* 1994, 52ff.; AiD 2/1995, 15).

Der Umgang mit den wenigen Ausländern fällt einem Teil der Ostdeutschen schwer. Vor dem Umbruch wurden die Animositäten der DDR-Bevölkerung gegenüber Fremden – insbesondere eine gewisse Abneigung und auch Feindseligkeit gegenüber den Polen reicht weit zurück – in der Öffentlichkeit tabuisiert. Mit der Ideologie von der sozialistisch-internationalen „Völkerfreundschaft" und „Solidarität" und mit dem offiziell verordneten Antifaschismus wurden Konflikte zwischen Ausländern und DDR-Bürgern zugedeckt und verdrängt. Es gab jedoch bei Teilen der Bevölkerung eine latente **Ausländerfeindlichkeit**. Diese schlug nach der Wende und dem Wegfall der autoritären Kontrollen in offene Abneigung und Aggressionen um und verschärfte sich dann im Zuge der explosionsartigen Arbeitsmarktkrise und der anomischen Erscheinungen, die der radikale Umbruch in nahezu allen Lebensbereichen mit sich brachte (*Geißler* 1995a und b). Viele empirische Analysen stimmen darin überein, daß Distanz, Feindschaft und auch Gewaltbereitschaft gegenüber ethnischen Minderheiten unter Ostdeutschen weiter verbreitet sind als unter Westdeutschen.[21] Zwei Beispiele sollen diesen Sachverhalt illustrieren: Der Meinung „mich stören die vielen Ausländer bei uns" stimmten 42% der ostdeutschen SchülerInnen aus Klasse 9 zu, im Vergleich zu 26% der westdeutschen (*Schubarth* u. a. 1991, 15). „Deutsche sind besser als Türken" – dies bejahen 22% der westdeutschen Jugendlichen, aber 65% der ostdeutschen (*Lederer* u. a. 1991, 592). Obwohl es in den neuen Ländern nur wenige Ausländer und so gut wie keine Türken gibt, sind diesbezügliche Vorbehalte und Vorurteile weit verbreitet. Nach einer Panelstudie haben sie sich zwischen 1992 und 1994 leicht abgeschwächt (*Liebscher* 1994, 55).

Ein wichtiger **Ursachen**komplex für die „Ausländerfeindlichkeit ohne Ausländer" sind zweifellos die vielen sozialen und psychischen Probleme im Gefolge des radikalen Umbruchs – die „neue große Unsicherheit" (*Geißler* 1995, 126ff.) mit ihren vielen Facetten und Orientierungsschwierigkeiten. Viele Ostdeutsche bürden den ethnischen Minderheiten die Lasten eines Sündenbocks für ihre alltäglichen Nöte auf. Nur knapp ein Viertel lehnt die Ansicht „Ausländer verschärfen viele soziale Probleme" ab, ein Drittel stimmt ihr dagegen voll zu (*Liebscher* 1994, 56). Dazu kommt, daß Ostdeutsche bisher nur wenig Erfahrungen im Umgang mit Fremden sammeln konnten. Vermutlich spielt auch die ökonomische, kulturelle, soziale und politische Deklassierung der Ostdeutschen durch die Vereinigung (dazu *Geißler* 1995, S. 133ff.) eine Rolle. Teile der Neubundesbürger versuchen, „ihre relative Deprivation gegenüber dem Westen dadurch zu überspielen, daß sie die gemeinsame Überlegenheit aller Deutschen gegenüber Ausländern als Ordnungsidee mobilisieren" (*Alber* 1994, 339).

Es existieren jedoch auch tieferliegende Wurzeln, die aus der politischen Sozialisationsgeschichte der Ostdeutschen herrühren. Der offiziell propagierte

Internationalismus blieb abstrakt, weil er in eine unliberale und autoritäre Gesamtideologie eingebettet war, die keinen Respekt und kein Verständnis für das Fremde und Andersartige zuließ. Diese Ideologie und die ihr entsprechenden gesellschaftlichen und politischen Strukturen hinterließen nachweislich ihre Spuren in der Psyche der Ostdeutschen: Autoritäre Persönlichkeitsmerkmale und „ethnozentrische" Einstellungen – so bezeichnet die politische Psychologie eine abwertende Haltung gegenüber Fremdgruppen und Andersdenkenden – sind in Ostdeutschland deutlich stärker ausgeprägt als in Westdeutschland,[22] wo Haltungen dieser Art im Laufe der Zeit nach und nach abgeschwächt werden konnten (vgl. dazu *Geißler* 1981, 30ff. und *Lederer* 1983). Die Ausländerfeindlichkeit ist also eingebettet in einen allgemeinen Komplex autoritär-intoleranter Einstellungen, der unter ostdeutschen Jugendlichen und Erwachsenen weiter verbreitet ist als unter westdeutschen.

Der globale Migrationsdruck, Binnenwanderungen in einem Europa mit zunehmend offenen Grenzen sowie ein demographisch-ökonomischer Bedarf an Zuwanderern (vgl. S. 356) erlauben die Prognose, daß der „Ausländeranteil" an der Bevölkerung und die ethnische Vielfalt in der Bundesrepublik auch im nächsten Jahrzehnt weiter zunehmen werden. Die deutsche Gesellschaft steht also auch in Zukunft vor der Herausforderung, mit ihren ethnischen Minderheiten „fairständnisvoll" umzugehen, ihnen gleiche Lebenschancen einzuräumen und sie als Bürger mit ihren Besonderheiten ohne Vorbehalte zu akzeptieren.

Anmerkungen

1 Die Volkszählung von 1987 ergab, daß die durch die Zählung des Ausländerzentralregisters (AZR) ermittelte Zahl um 9,4 Prozent zu hoch liegt, weil sich Ausländer bei Fortzügen z. T. nicht abmelden und weil das Papierbelegverfahren im AZR Verzögerungen und Fehlerquellen zur Folge hat. Die Zahlen bis 1987 sind daher überhöht, ab 1987 wurden sie korrigiert (vgl. *Fleischer* 1989, 594f.).

2 iwd 42/1993, 1 und StatJb Ausland 1995, 239. Beim internationalen Vergleich ist zu beachten, daß in anderen Ländern – z. B. in Frankreich und Großbritannien – erheblich größere Teile der ethnischen Minderheiten eingebürgert sind als in Deutschland und daher statistisch nicht mehr als „Ausländer" geführt werden. Die Anteile der ethnischen Minderheiten sind dort also größer als es die „Ausländer"-Statistik ausweist.

3 AiD 2/1995, 8 und 2/1992, 3; *Seifert* 1994, 596; *Erichsen* 1988, 20 u. 16; *Fleischer* 1988, 326; BMAS 1989, 6; IZA 1/1990, 5; StatJb 1990, 59.

4 WiSta 1995, 279; *Erichsen* 1988, 17; Fleischer 1989, 542.

5 Zu den wichtigen Studien zu Soziallage und Lebenschancen der Ausländer gehören *Thränhardt u. a.* 1994; *Seifert* 1991 und 1994; *Gillmeister/Korthen/Fijalkowski* 1981; *Esser* u. a. 1979

6 Einige Feinheiten der sozialstrukturellen Differenzierung und Entwicklung gibt das SOEP wegen der Besonderheiten seiner Stichprobe nicht genau wieder (so z. B. die Entwicklung

bei den Selbständigen – im Mikrozensus waren 1993 9,3% der ausländischen Erwerbstätigen selbständig, im Sozio-ökonomischen Panel des Jahres 1994 nur 6,0%).

7 Berechnet nach *Spohn* 1995, 75 und iwd 9/1996, 6; Zahl für 1970 nach *Herrmann* 1992, 13. Der Selbständigenanteil liegt im Mikrozensus höher als im SOEP (vgl. Anm. 6).

8 *Seifert* 1991, 22ff.; vgl. auch *Schultze* 1995, 12; *Hradil* 1994, 65; *Biller* 1989, 222, 255f.

9 *Thränhardt* 1995, 95; *Ulbrich* 1993, 25; *Seifert* 1991, 36ff.

10 *Thränhardt* 1995, 97; *Eichener* 1988, 159ff.; *Reimann* 1987, 179ff.

11 *Berg* 1995, 48ff.; *Schulte* 1995, 64; *Thränhardt* 1995, 95f.; *Thränhardt* u. a. 1994, 157ff.; *Nauck* 1993, 388ff.; *Götz* 1986.

12 *Boos-Nünning* 1993, 8; zu den Unterschieden nach Nationalitäten vgl. auch *Merkens* 1991 sowie *Merkens/Nauck* 1993, 454f.; zur Schrittmacherfunktion der Gesamtschule in diesem Prozeß vgl. *Merkens/Nauck* 1993, 455f. Erhebliche Unterschiede im Schulerfolg existieren nicht nur nach Nationalitäten, sondern auch nach Bundesländern.

13 *Delfs* 1994, 5ff.; BMBW 1993, 23; iwd 50/1995, 6.

14 *Kühnel/Terwey* 1994, 76ff.; *Gehring/Böltken* 1987, 499ff.

15 *Wiegand* 1992, 615f. Auch die Trendanalysen von *Noelle-Neumann* 1995, *Zwick* 1993 und *Romotzky/Alt* 1989 zeigen einen Rückgang ausländerfeindlicher Einstellungen.

16 *Seifert* 1994, 596; *Wiegand* 1989, 525; SOEP 1994 – eigene Berechnungen; vgl. auch *Esser* u. a. 1979.

17 Vgl. auch *Geißler/Marißen* 1990; *Mansel* 1989; *Villmow* 1985.

18 *Seifert* 1994 sowie *Esser u. a.* 1979 zu verschiedenen Aspekten; Arbeitssituation – *Schultze* 1995; *Hradil* 1994, 65; *Biller* 1969; Gesundheit – *Berg* 1995; Bildungschancen – *Merkens* 1991; *Merkens/Nauck* 1993; *Boos/Nünning* 1995; Vorurteile, Diskriminierung – *Schwarze* 1993; *Gehring/Böltken* 1987, 504.

19 Die 363.000 bis 380.000 Soldaten und Offiziere der sowjetischen Streitkräfte mit ca. 200.000 Familienangehörigen lebten isoliert und abgeschottet (*Runge* 1993, 356).

20 Zahlen nach Frauenreport '90, 35f. und *Werth* 1990, 4.

21 Belege z. B. bei *BMFSFJ* 1994, 197ff.; *Liebscher* 1994, 61f.; *Deutsches Jugendinstitut* 1993; *Golz* 1993; *ipos* 1993; *Leenen* 1992; *Klinger* 1993; *Sturzbecher/Dietrich* 1993. Zur Ausländerfeindlichkeit in Ostdeutschland kurz nach dem Untergang der DDR Ende 1990 vgl. auch *Institut Sozialforschung und Gesellschaftspolitik* 1991.

22 Vgl. *Fuchs/Klingemann/Schöbel* 1991 und *Dalbert* 1993.

11. Soziale Mobilität

11.1 Begriffe und Methoden der Mobilitätsforschung

Der Begriff Mobilität bezieht sich auf die Bewegung von Personen in der Gesellschaft. In der Regel werden **räumliche Mobilität** (Bewegungen von Ort zu Ort, Wanderungen) und soziale Mobilität unterschieden. Einige Aspekte der räumlichen Mobilität werden in Kapitel 15.5 behandelt. Mit **sozialer Mobilität** ist der Wechsel von Personen zwischen sozialen Positionen gemeint, dazu gehört insbes. der Wechsel zwischen Berufsgruppen oder Schichten. Mobilitätsprozesse verlaufen sehr vielschichtig, daher hat die Soziologie eine ganze Reihe von Begriffen entwickelt, die unterschiedliche, meist miteinander zusammenhängende Aspekte der sozialen Mobilität beleuchten. Bereits *Max Weber* (1976, 177) unterschied zwischen **Generationenmobilität** (oder: Intergenerationenmobilität) – dem Schichtwechsel in der Generationenfolge, von der Elterngeneration auf die Kindergeneration – und **Karrieremobilität** (oder: Intragenerationenmobilität), dem Schichtwechsel im Verlaufe einer individuellen Lebensgeschichte. Von dem russisch-amerikanischen Mobilitätsforscher *Pitirim A. Sorokin* (1927) stammt die Unterscheidung zwischen **horizontaler** und **vertikaler** Mobilität, von horizontalen Bewegungen zwischen Positionen, die von ihrem Rang her auf einer Ebene liegen, und vertikalen Bewegungen zwischen höher oder niedriger gelegenen Positionen, also sozialen **Aufstiegen** bzw. sozialen **Abstiegen.** *Theodor Geiger* (1962, 1962a) trennte zwischen **individueller** Mobilität, dem Übergang von einzelnen Personen von einer Schicht in die andere, und **kollektiver** Mobilität, dem sozialen Aufstieg oder Abstieg einer ganzen Gruppe; kollektive Mobilität ist danach z. B. der soziale Aufstieg der Volksschullehrer durch die Akademisierung ihrer Ausbildung. *Geiger* wies auch mit Nachdruck auf die **doppelte Dynamik** der Mobilitätsvorgänge hin: nicht nur Individuen bewegen sich ständig zwischen den Positionen und Schichten **(Fluktuationen)**, auch das Positionsgefüge selbst, das Berufs- oder Schichtgefüge, befindet sich in permanenter Bewegung; es verändert ständig seine Struktur **(Umschichtungen)**. Der Strukturwandel „zwingt" die Menschen, ihre Positionen zu wechseln. Schrumpfende Gruppen – z. B. die Bauern – verdrängen Menschen, sie üben einen **Abstoßeffekt** aus; expandierende Gruppen – z. B. die Dienstleistungsschichten –

ziehen Menschen an, sie üben einen **Sogeffekt** aus. Der Einblick in die Zusammenhänge von Umschichtungen und Fluktuationen (vgl. S. 87f.) veranlaßte ihn, zwischen „kategorischem" und „individuellem" Positionswechsel zu unterscheiden (*Geiger* 1939, 631). Der Mobilitätsforscher *Yasuda* (1964) nannte diese beiden Aspekte der Dynamik später **Strukturmobilität** und **Zirkulationsmobilität**. Die erstere wird durch Strukturwandel „erzwungen", die andere ist „überschüssige" Mobilität und vollzieht sich unabhängig von den Veränderungen im Positionsgefüge.

Methodische Anmerkung. Soziale Mobilität läßt sich relativ anschaulich mit sog. **Mobilitätsmatritzen** beschreiben, die Abstromquoten oder Zustromquoten enthalten. **Abstromquoten** zur Generationenmobilität geben an, wieviel Prozent der Kinder in den Beruf ihres Vaters bzw. in andere Berufe „abströmen". Sie quantifizieren also die **Chancenstruktur** einer Gesellschaft und verdeutlichen, wie hoch in den jeweiligen Schichten die Chancen für Statuserhalt („Statusvererbung"), sozialen Aufstieg bzw. sozialen Abstieg sind. **Zustromquoten** (oder: Herkunftsquoten) zeigen an, aus welchen Schichten die Angehörigen einer Berufsgruppe stammen, woher sie „zugeströmt" sind. Sie enthalten u. a. die Selbstrekrutierungsquoten (Zuströme aus der eigenen Berufsgruppe) und vermitteln ein Bild von der sozialen **Einheitlichkeit oder Vielgestaltigkeit** der Gruppe, von ihrer **Offenheit** bzw. **Geschlossenheit** gegenüber anderen Gruppen.

Die **Messung** der sozialen Mobilitätsprozesse bringt eine ganze Reihe von Problemen mit sich, weil die ermittelten Zahlen in hohem Maß vom Instrument des Forschers abhängig sind. Es ist z. B. unmittelbar einleuchtend, daß die Zahl der registrierten Schichtübergänge steigt, wenn man mit einem 10-Schichten-Modell statt mit einem 5-Schichten-Modell oder gar nur mit einem 2-Schichten-Modell arbeitet, obwohl die „Realität" der Mobilität dieselbe geblieben ist. Oder: Wer Übergänge zwischen ähnlichen Gruppen mißt, z. B. innerhalb der Arbeiterschaft, wird mehr Mobilität finden als derjenige, der nur relativ geschlossene Gruppen unterscheidet. Mobilitätsraten sind somit weitgehend Produkte des Forschers, sie werden – überspitzt formuliert – am Computer erzeugt. Daher sind Vergleiche zwischen verschiedenen Studien, interkulturelle Vergleiche, aber auch historische Vergleiche mit erheblichen Methodenproblemen verbunden.

Bei der Darstellung der Umschichtungen in den vorangehenden Kapiteln bin ich bereits häufiger auf Mobilitätsprozesse eingegangen: z. B. auf den sozialen Aufstieg in die Eliten, auf die Fluktuation bei den Selbständigen, auf die kollektive Mobilität breiter Kreise der Arbeiterschaft durch Entproletarisierung oder auf die Mobilität über die Randschichtengrenzen hinweg. In diesem Kapitel soll ein Überblick über die Struktur und Entwicklung der **Generationenmobilität** im Mittelpunkt stehen.

11.2 Zunehmende Mobilität in der Bundesrepublik

Die einfach klingende Frage, ob die Generationenmobilität in der Bundesrepublik zugenommen hat, ob die Bundesrepublik eine „offenere" Gesellschaft geworden ist, war unter Mobilitätsforschern lange Zeit umstritten. Angesichts der Erschütterungen der Gesellschaft durch den Zweiten Weltkrieg – Zerstörung, Vertreibung, Flucht, Verluste an Besitz und Vermögen, Lücken in der Bevölkerungsstruktur durch die Kriegsopfer, Neuaufbau von Existenzen, schnelles Wirtschaftswachstum – liegt die Vermutung nahe, daß die Gesellschaft stark in Bewegung geriet und sozial durcheinandergewirbelt wurde. Andererseits lassen sich auch mobilitätshemmende Faktoren ausmachen: Lastenausgleich für verlorenes Vermögen, eine restaurative Wirtschaftsordnung und eine Wirtschaftspolitik, die Besitz sichert und Kapitalvermehrung begünstigt (vgl. *Müller* 1986, 344). Empirische Analysen lieferten widersprüchliche und umstrittene Ergebnisse, so daß im Forschungsüberblick von *Bolte* und *Recker* (1976, 57) aus den 70er Jahren „bewußt darauf verzichtet werden soll, dazu vorliegende Aussagen zu referieren und eventuell den Anschein gesicherten Wissens darüber zu vermitteln".

Die wenigen neueren Studien zur Entwicklung der Generationenmobilität ergeben ein eindeutigeres Bild. Ihre Ergebnisse, die sich überwiegend auf Männer beziehen, lassen sich zu drei Thesen komprimieren:

1. Die Gesellschaft der Bundesrepublik ist in den 60er Jahren mobiler geworden.
2. In den 60er und 70er Jahren sind insbesondere die Aufstiegschancen gestiegen, während die Bedrohung durch sozialen Abstieg zurückgegangen ist.
3. Die zurückgelegten Entfernungen „nach oben" sind in den 70er und 80er Jahren größer geworden.

Zu These 1: **Mobilitätszunahme.** Der Sozialhistoriker *Hartmut Kaelble* (1983, 68f.) unterscheidet drei große Schichten und stellt fest: der Anteil der Söhne, die in der Schicht ihrer Väter verblieben waren, sank von 70% im Jahre 1955 auf 56% im Jahre 1969. Die Entwicklung in den 70er Jahren ist durch eine Kohortenanalyse dokumentiert. Bei dieser Methode werden Mobilitätstrends anhand der Mobilität von verschiedenen Geburtsjahrgängen – der sozialwissenschaftliche Spezialausdruck für Geburtsjahrgang ist „Kohorte" – untersucht. Aus den Daten von *Heinz-Herbert Noll* (1985, 481f.) läßt sich errechnen, daß der Anteil der Söhne, die in einem 8-Schichten-Modell auf- oder abgestiegen sind, zwischen 1970 und 1979 nur noch geringfügig von 64% auf 66% angestiegen ist.

Zu These 2: **Zunahme der Aufstiegschancen und Abnahme der Abstiegsgefahren.** Charakteristisch für die Dynamik der 60er und 70er Jahre ist ein erheblicher Schub an Aufwärtsmobilität bei gleichzeitigem Rückgang der Abwärtsmobilität. 1970 standen einem Abstieg 1,8 Aufstiege gegenüber, 1979 bereits 2,5.[1] In der Kothortenanalyse von *Handl* (1991, 706f.) wird belegt, daß die Töchter und Söhne aus allen Schichten – auch aus Familien von un- und angelernten Arbeitern, Facharbeitern und Bauern – in den 60er Jahren bessere Zugangschancen zur höheren Dienstleistungsschicht erhielten. Und Abb. 11.1

Abb. 11.1: *Auf- und Abstiegsquoten für erwerbstätige Männer, Bundesrepublik 1970 und 1979 (in Prozent)*

	Aufstiege		Abstiege		Aufstieg in nicht benachbarte höhere Berufsgruppen		Zugänge in die höchsten Dienstleistungsgruppen	
Beruf des Vaters	1970	1979	1970	1979	1970	1979	1970	1979
Ungelernte Arbeiter	76	88	–	–	44	57		
Gelernte Arbeiter	55	68	7	3	22	40	5	11
Facharbeiter	37	47	17	12	30	40		
Vorarbeiter, einfache Beamte	40	52	44	30	36	48	12	22
Meister, einfache Angestellte	33	46	48	34	9	23		
Werkmeister, mittlere Beamte und Angestellte	25	38	30	22	13	16	25	38
gehobene Angest. und Beamte	24	25	46	36	–	–	50	55
Leitende Angest., höhere Beamte	–	–	64	50	–	–	52	54

Die Angaben für 1970 beziehen sich auf die Geburtsjahrgänge 1931 bis 1939, die Angaben für 1979 auf die Geburtsjahrgänge 1940 bis 1948. N für 1970=3979, N für 1979=3470 (jeweils einschl. Selbständige, die nicht in diese Tabelle übernommen wurden).

Quelle: Zusammengestellt nach *Noll* 1987, 453f.

zeigt, daß sich in den 70er Jahren in allen Berufsgruppen die Aufstiegschancen verbessert und die Abstiegsrisiken verringert haben. Immer mehr Söhnen aus den unteren und mittleren Schichten gelingt der Aufstieg in die Gruppen der gehobenen bzw. höheren Angestellten und Beamten.

Auch die **Karrieremobilität** hat in den 70er Jahren zugenommen (*Berger* 1986, 208; *Blossfeld* 1989, 148; *Noll* 1987, 455f.). Abstieg findet im individuellen Lebenslauf noch seltener statt als zwischen den Generationen. 1982-84 standen einem Abstieg drei Aufstiege gegenüber (*Kappelhoff/Teckenberg* 1987, 319).

Zu These 3: **Zunahme der Langstreckenmobilität.** Vertikale Mobilität war in der Bundesrepublik bis in die 70er Jahre **Kurzstreckenmobilität** in die benachbarten Schichten. Der traumhafte Aufstieg aus einfachen Verhältnissen in die oberen Schichten gelingt nur wenigen; und noch seltener taucht die extreme soziale Deklassierung auf, der „freie Fall“ aus den oberen Etage der Gesellschaft ins Kellergeschoß. *Kleining* (1975, 286f.) hat die Mobilitätsdistanzen in einem 6-Schichten-Modell für die Geburtsjahrgänge 1930-1949 quantifiziert und festgestellt: jeder 5. steigt in die nächsthöhere Schicht auf, jeder 10. steigt über zwei Schichten auf und nur jedem 50. gelingt ein Aufstieg über drei Schichten. Ein Abstieg über drei Schichten droht nur jedem 100. Aus Abb. 11.1 geht hervor, daß sich mit der zunehmenden Aufstiegsdynamik auch die zurückgelegten Entfernungen vergrößert haben; die Sprünge nach oben sind in den 70er Jahren nicht nur häufiger, sondern auch höher geworden. 1970 schafften nur 5% der Arbeitersöhne den Aufstieg in die Schicht der gehobenen und höheren Dienstleistungsberufe, 1979 waren es bereits 11%. Bei den Söhnen von einfachen Angestellten und Beamten (einschließlich Meister) stieg der entsprechende Anteil von 12% auf 22%. Abb. 11.2 weist darauf hin, daß sich die Aufstiegschancen der Arbeitersöhne auch in den 80er Jahren weiter verbessert haben. Langstreckenabstieg taucht allerdings nach wie vor sehr selten auf.

Hinter der geschilderten zunehmenden Dynamik stecken zwei miteinander zusammenhängende Entwicklungstendenzen der Berufs- und Schichtstruktur; die eine „erzwingt" Aufstiegsmobilität, die andere erleichert sie. Den ersten Abspekt des Strukturwandels kann man als **Umschichtung nach oben** bezeichnen. Mit dem Wandel zur Dienstleistungsgesellschaft, mit der Expansion der Dienstleistungsberufe, mit den höheren Qualifikationsanforderungen in der Berufswelt, mit der Verlagerung des Gewichts von der körperlichen zur geistigen Arbeit (vgl. Kap. 7.1 und 12.2.1) schrumpfen die unteren Schichten der manuell Arbeitenden, gleichzeitig dehnen sich mittlere und obere Schichten im tertiären Sektor aus. Diese Umschichtung nach oben „erzwingt" Aufstiegsmobilität und behindert massenhaften sozialen Abstieg. Zu den schrumpfenden unteren Schichten gehören seit langem die Bauern und die un- und angelernten Arbeiter, seit den 70er Jahren auch zunehmend die Facharbeiter und die ausführende Dienstleistungsschicht (vgl. z. B. Noll 1985, 481); sie „stoßen Menschen ab". Die expandierenden mittleren und höheren Schichten – dazu gehört auch die Arbeiterelite – dagegen „ziehen Menschen an". Die Unterschichtung der Sozialstruktur durch die Ausländer in den 60er und 70er Jahren hat der deutschen Bevölkerung noch zusätzliche Aufstiegsmöglichkeiten gebracht, da die „Gastarbeiter" vorwiegend die unterste Ebene der Schichtungshierarchie besetzten (vgl. Kap. 10).

Erleichert wird der Schichtwechsel durch eine zweite Entwicklung: **durch die zunehmende Dominanz der relativ offenen Bildungsschichten über die relativ geschlossenen Besitzschichten**. Die Zugehörigkeit zu den Besitzschichten des alten Mittelstandes – insbesondere Bauern, aber auch andere Selbständige – ist an die Verfügung über Betriebsmittel, Kapital oder Grund

und Boden gebunden. Daher sind Übergänge „von außen" in diese Schichten relativ schwer. In die Bildungsschichten dagegen – Angestellte, Beamte – wird der Zugang über Ausbildungszertifikate ermöglicht, die leichter zur erwerben sind als Kapital oder Grund und Boden. Daher sind Bildungsschichten nachweislich (vgl. S. 237ff.) vergleichsweise offen. Durch die Ausdehnung der Dienstleistungsmittelschichten auf Kosten des alten Mittelstandes öffnet sich also die Sozialstruktur.

11.3 Mobilitätsmuster in der Bundesrepublik

Methodische Anmerkung. Die Abb. 11.2 und 11.3 erlauben einen genaueren Einblick in die Prozesse der Generationenmobilität bei erwerbstätigen Männern. Der interessierte Leser sollte sich in Ruhe in die Mobilitätsmatritzen vertiefen, um die Fülle der interessanten Einzelinformationen zu studieren, die diese Tabellen enthalten. Ich werde im folgenden Text nur einige grundlegende Aussagen aus den Daten ableiten. Die Schichten bzw. Berufsgruppen sind in eine Reihenfolge gebracht worden, die ihren Aufstiegschancen ins „obere Viertel" der Gesellschaft entspricht.

11.3.1 Aufstiegschancen und Abstiegsgefahren bei Männern

Die stark expandierende höhere Dienstleistungsschicht macht zusammen mit den Freiberuflern und Unternehmern das **„obere Viertel"** der heutigen Gesellschaft aus – 12% der Väter gehören dieser Schicht an und 24% der Söhne. Sie können ihre Angehörigen recht gut gegen sozialen Abstieg in die Mitte und nach unten absichern. Zwischen 63% und 52% der Söhne bleiben in diesen Schichten, nur zwischen 6% und 13% steigen in die „unteren 40%" der Gesellschaft, in die Arbeiterschichten ab. Auch die große Mehrheit der Söhne von kleineren und mittleren **Selbständigen** kann ihren Status erhalten oder verbessern, nur jeder Zehnte muß einen Abstieg in die Arbeiterschichten in Kauf nehmen.

Auf der anderen Seite sind die Aufstiegschancen der **Arbeitersöhne** nach oben begrenzt, wobei eine deutliche Staffelung innerhalb der Arbeiterschichten besteht. Ins obere Viertel gelangen 16% (Facharbeiter) bzw. 10% (Un-, Angelernte). Etwa die Hälfte der Arbeitersöhne – 51% bzw. 53% – wird wieder Arbeiter.

Die Mobilitätsmuster der **Bauernsöhne** ähneln stark denjenigen der Facharbeitersöhne. Da die Bauern eine stark schrumpfende Schicht sind, kann nur knapp jeder Vierte den Hof seines Vaters übernehmen. Zwei Fünftel derjenigen, die durch den Strukturwandel aus der Landwirtschaft vertrieben werden, wechseln in die Arbeiterschichten über, die gute Hälfte davon in die Gruppe der Un- und Angelernten. 17% steigen ins obere Viertel auf.

Abb. 11.2: *Sozialer Auf- und Abstieg bei Männern (Abstromprozente) Westdeutschland*

	Beruf der Söhne													
	1 FB	2 U	3 hD	4 mD	5 S	6 aD	7 AE	8 L	9 FA	10 U/A		N	„oberes Viertel" 1 – 3	„unteres Drittel" 9 – 10
Beruf der Väter														
1 Freie Berufe	***17***	3	43	20	0	6	6	0	0	6	101	35	63	6
2 Unternehmer ab 10 Mitarb.[1]	0	***24***	35	14	17	0	4	0	4	4	102	29	59	8
3 höhere Dienstleistungen[2]	6	1	***45***	23	8	2	2	0	9	4	100	185	52	13
4 mittlere Dienstleistungen[3]	3	1	33	***29***	6	4	4	0	14	5	99	266	37	19
5 Selbständige bis 9 Mitarb.[1]	6	4	16	20	***34***	5	6	0	5	5	101	177	36	10
6 ausführende Dienstleistungen[4]	1	0	20	31	4	***13***	4	0	14	13	100	71	21	27
7 Arbeiterelite[5]	0	1	19	33	3	0	***11***	0	25	9	101	151	20	34
8 Landwirte	1	1	15	15	3	5	8	***23***	14	16	101	160	17	30
9 Facharbeiter	2	0	14	18	4	3	8	0	***35***	16	100	554	16	51
10 un-, angelernte Arbeiter	0	0	10	21	3	4	8	0	30	***23***	99	351	10	53
alle Gruppen	2.5	1.2	20	22	6	4	7	2	22	13	99.7		24	35
N	50	23	402	432	128	74	131	38	442	259		1979		

1 ohne Landwirte, Freie Berufe
2 hochqualifizierte/leitende Angestellte u. gehobene/höhere Beamte
3 qualifizierte Angestellte u. mittlere Beamte
4 einfache Angestellte u. Beamte
5 Vorarbeiter, Meister, Industrie- u. Werkmeister

Datenbasis: SOEP 1986 (eigene Berechnungen)

Die kleine Gruppe der **ausführenden Dienstleistungsschicht** und die **Arbeiterelite** sind typische aufstiegsorientierte „Durchgangsschichten". Ihre Mobilitätsmuster ähneln sich stark. Nur wenige Söhne verbleiben in diesen Schichten, jeder Fünfte steigt ins obere Viertel auf, etwa jeder Dritte in die mittlere Dienstleistungsschicht. 27% bzw. 34% wechseln in die „normalen" Arbeiterschichten über, was zumindest für die Söhne der Arbeiterelite sozialen Abstieg bedeutet.

11.3.2 Offene und geschlossene Schichten

Abb. 11.3 vermittelt einen Einblick in die soziale Herkunft der männlichen Schichtangehörigen.

Die **Bauernschaft**, die innerhalb einer Generation auf ein Viertel zusammenschrumpfte, ist eine nahezu geschlossene Besitzklasse im klassischen Sinne: sie rekrutiert sich zu 95% aus Bauernsöhnen.

Auch die **Unternehmer** (ab 10 Mitarbeitern) haben den Charakter einer relativ geschlossenen Besitzklasse gewahrt. Ca. zwei Drittel rekrutieren sich aus den Selbständigen insgesamt, wobei 30% von Vätern mit kleineren Betrieben stammen; die Söhne sind also innerhalb der Selbständigen aufgestiegen.

Hohe Selbstrekrutierungsraten zeichnen auch die **Arbeiterschichten** im unteren Bereich der Gesellschaft aus – eine Folge der relativ schlechten Aufstiegschancen von Arbeiterkindern und der geringen Abstiegsgefahren „von oben". Zwei Drittel der Arbeiter stammen aus Arbeiterfamilien. Nimmt man noch die Bauernsöhne hinzu, die Arbeiter geworden sind, so haben 72% bzw. 76% der Arbeiter einen Vater aus der Arbeiter- und Bauernschaft, bei Berücksichtigung der Arbeiterelite sind es sogar 80%.

Die stark geschrumpfte Gruppe der kleinen und mittleren **Selbständigen** ist dagegen keine typische Besitzklasse mehr. Ihre Selbstrekrutierungsquote (einschl. Unternehmer) ist mit 38% erstaunlich niedrig. Sie ist – wie auch die bereits erwähnten hohen Fluktuationsraten zeigen (S. 114) – vergleichsweise offen für Zugänge aus allen anderen Schichten. Auffällig sind die relativ hohen Anteile (28%) der Arbeitersöhne.

Das obere Viertel der Gesellschaft ist zur Mitte – und mit Einschränkungen – nach unten hin geöffnet. Die Selbstrekrutierungsquote der quantitativ zunehmenden **höheren Dienstleistungsschicht** ist mit 21% sehr niedrig, die Hälfte dieser Schicht stammt nicht aus dem oberen Viertel. Die noch stärker expandierende **untere Dienstleistungsschicht** – sie hat sich innerhalb einer Generation mehr als verdoppelt – stammt überwiegend aus der gesellschaftlichen Mitte und immerhin noch zu 40% aus den Arbeiterschichten (ohne Arbeiterelite).

Abb. 11.3: *Soziale Herkunft von Männern aus verschiedenen Berufsgruppe (Zustromprozente) Westdeutschland*

	Beruf der Söhne											
	1 FB	2 U	3 hD	4 mD	5 S	6 aD	7 AE	8 L	9 FA	10 U/A	alle Gruppen	N
Beruf der Väter												
1 Freie Berufe	***12***	4	4	2	0	3	2	0	0	1	1,8	35
2 Unternehmer ab 10 Mitarbeiter[1]	0	***30***	2	1	4	0	1	0	0	0	1,5	29
3 höhere Dienstleistungen[2]	22	9	***21***	10	11	5	3	0	4	3	9	185
4 mittlere Dienstleistungen[3]	14	9	22	***18***	13	15	8	3	9	5	13	266
5 Selbständige bis 9 Mitarbeiter[1]	22	30	7	8	***34***	***12***	6	0	5	5	9	177
6 ausführende Dienstleistungen[4]	2	0	3	5	2	12	2	0	2	3	4	71
7 Arbeiterelite[5]	0	4	7	11	4	0	***12***	0	8	5	8	151
8 Landwirte	4	4	6	6	3	11	10	***95***	5	10	8	160
9 Facharbeiter	22	9	19	23	19	23	34	3	***43***	35	28	554
10 un-, angelernte Arbeiter	2	0	9	17	9	19	22	0	24	***31***	18	351
	100	99	100	101	99	100	100	101	100	98	100,3	
N	50	23	402	432	128	74	131	38	442	259		1979
„oberes Viertel“ (1 – 4)[6]	48	52	49	31	28	23	14	3	13	9	25	
„untere Hälfte“ (9 – 10)[6]	24	9	28	40	28	42	56	3	67	66	46	

Anmerkungen 1 – 5 vgl. Abb. 11.2

6 Da es sich in Abb. 11.3 um Zuströme handelt, beziehen sich die Bezeichnungen „oberes Viertel“ und „untere Hälfte“ – anders als in Abb. 11.2 – auf die Proportionen unter den Väterberufen.

Datenbasis: SOEP 1986 (eigene Berechnungen)

Da sich die **ausführende Dienstleistungsschicht** und die **Arbeiterelite** zu großen Teilen aus Arbeiterkindern rekrutieren und gleichzeitig ihren Söhnen gute Aufstiegschancen bieten, kann man sie als Zwischenstufen für Karrieren zwischen den Generationen, sozusagen als Plattformen für den sozialen Aufstieg von unten nach oben ansehen. Sie weisen auch die niedrigsten Selbstrekrutierungsquoten auf.

11.3.3 Generationenmobilität bei Frauen

Die Mobilitätsmuster der Frauen weichen z. T. von denen der Männer ab. Ein wichtiger Unterschied besteht darin, daß Frauen neben dem Statuserwerb über Bildung und Beruf einen zweiten wichtigen traditionellen Weg zur sozialen Plazierung nutzen (müssen): den Weg über den **Heiratsmarkt**.

Die Benachteiligung der Frauen im Bildungssystem und in der Arbeitswelt schlug in den 70er Jahren auch auf die **berufliche** Generationenmobilität durch: Die Aufstiegsbarrieren in die obere Mittelschicht waren für Frauen höher als für Männer, gleichzeitig liefen Frauen größere Gefahr, in die Schicht der Un- und Angelernten abzusteigen, dort zu verbleiben oder ihren Status in der oberen Mittelschicht nicht zu halten. Auch die Möglichkeiten, nach dem Einstieg in eine bestimmte berufliche Laufbahn im Beruf Karriere zu machen und sozial weiter aufzusteigen, sind für Frauen deutlich schlechter als für Männer. Der **Heiratsmarkt** bot ihnen für die schlechteren beruflichen Mobilitätschancen einen gewissen Ausgleich. Über die Wahl des Ehepartners ließ sich der Abstieg in die unterste Bildungsschicht eher vermeiden, und auch sozialer Aufstieg gelang durch Heirat häufiger als über Bildung und Beruf. Aus „emanzipatorischer“ Sicht sind Statuserhalt oder Aufstieg durch Heirat durchaus fragwürdig, weil der Sozialstatus der Frau von dem des Ehemannes „abgeleitet“ wird. Vergleicht man die Mobilitätschancen der Frauen über den Heiratsmarkt mit den Mobilitätschancen der Männer über Bildung und Beruf, so zeigen sich erstaunliche Ähnlichkeiten, und dies, obwohl den Bewegungen der beiden Geschlechter sehr verschiedene Mechanismen zugrundeliegen. Aber auch diese Gegenüberstellung fördert gewisse Nachteile für die Frauen zutage: die Töchter von Beamten und Angestellten können ihren Status über die Heirat nicht so gut halten wie die Söhne dieser Gruppen über Bildung und Beruf.[2]

11.4 Soziale Mobilität in der DDR: Umbruch und Erstarrung[3]

11.4.1 Die revolutionäre Umwälzung der Sozialstruktur

Die Umwälzungen in Politik, Wirtschaft und Gesellschaft beim Aufbau der neuen sozialistischen Ordnung in der Nachkriegszeit waren gleichzeitig eine Phase **hoher sozialer Mobilität**. Ein wichtiges Ziel der revolutionären Gesellschaftspolitik bestand darin, die gehobenen „bürgerlichen" Schichten nach und nach durch eine systemloyale „neue sozialistische Intelligenz" zu ersetzen, die zu möglichst großen Teilen proletarischer Herkunft sein sollte. Im Zuge einer konsequenten Entnazifizierungspolitik mußten mehr als eine halbe Million von ehemaligen NSDAP-Mitgliedern ihre gehobenen oder höheren Positionen verlassen. Betroffen von diesem personellen Austausch waren neben den administrativen und wirtschaftlichen Sektoren insbesondere die politisch sensiblen Bereiche von Justiz, Militär, Erziehung und Kultur. In die frei gewordenen Stellen rückten politisch zuverlässige, häufig in Schnellkursen ausgebildete Menschen nach – „Volksrichter", „Volksstaatsanwälte", ca. 50.000 Neulehrer u. a. (*Fischer* 1992, 33; *Weber* 1985, 108; *Staritz* 1984, 102). Sie stammten zu großen Teilen aus der Arbeiterschaft und aus anderen unteren und mittleren Schichten. Nach den Angaben des DDR-Soziologen *Rudi Weidig* (1988a, 50) übernahmen zwischen 1945 und 1955 150 000 ehemalige Produktionsarbeiter leitende Funktionen in Staat und Wirtschaft. Das Sozialprofil des Wirtschaftsmanagements veränderte sich rapide. Unter den neuen Leitern der volkseigenen Betriebe waren 1947 nur noch 6% ehemals leitende Angestellte übriggeblieben; dafür waren 24% der Leitungspositionen von ehemaligen Arbeitern und 31% von ehemaligen Angestellten besetzt. 1948 stammten schon über 50% der Leiter von volkseigenen Betrieben aus der Arbeiterschaft (*Badstübner u. a.* 1987, 68f.). Mitte der 60er Jahre kamen alle Direktoren der Großbetriebe „eines führenden Industriezweiges", die in der ersten Mobilitätsanalyse der DDR-Soziologie untersucht wurden, aus Arbeiterfamilien, gut zwei Drittel von ihnen hatten ihre berufliche Laufbahn als Arbeiter begonnen (*Steiner* 1965, 23ff.). Zwei Jahrzehnte nach dem Zusammenbruch des NS-Regimes war der Generationenwechsel in der Spitze und der oberen Mitte der Gesellschaft fast vollzogen. 1964 gehörten bereits ca. 80% der Angehörigen der Intelligenz der neuen „sozialistischen" Generation an; sie hatten ihre Ausbildung nach 1951 im neuen Erziehungssystem abgeschlossen (*Erbe* 1982, 90). Abbildung 11.4 macht deutlich, daß die Intelligenz zu ca. Dreivierteln aus sozialen Aufsteigern aus den Schichten der Arbeiter, Bauern und Angestellten bestand; unter Offizieren, StaatsanwältInnen und insbesondere unter LehrerInnen war der Anteil der Söhne und Töchter aus diesen Schichten besonders hoch. 57% der Lehrer und 53% der Lehrerinnen an all-

Abb. 11.4: *Soziale Herkunft von DDR-Führungsschichten*

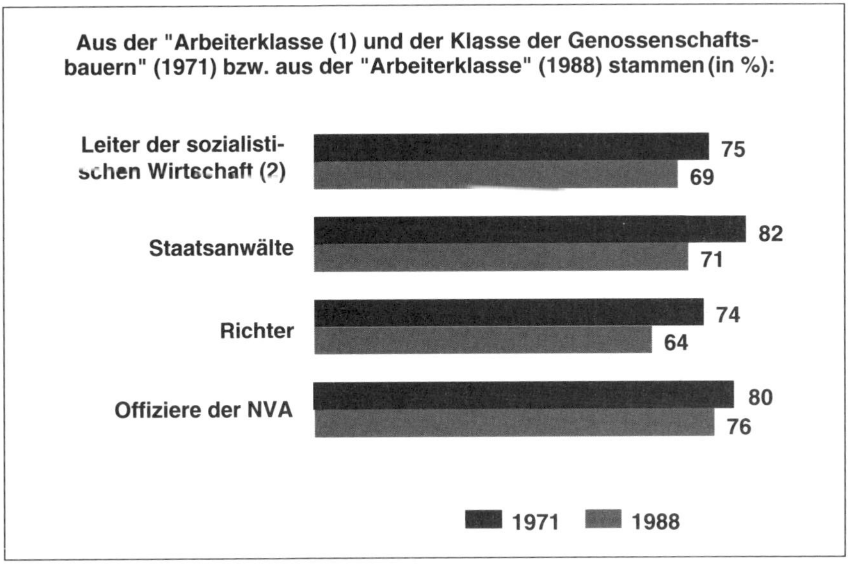

(1) Der Begriff „Arbeiterklasse“ wird in den Quellen, aus denen die Daten stammen, nicht präzisiert; ebensowenig wird angegeben, ob es sich um Generationen- oder Karrieremobilität handelt. Da die Angaben legitimatorischen Absichten dienen – der Anteil von Angehörigen der Arbeiterklasse unter den Führungsschichten soll möglichst hoch sein – dürfte mit dem Konzept der „proletarischen Herkunft“ sehr großzügig umgegangen werden. Vermutlich werden zwei Gruppen damit erfaßt: 1. Kinder aus Schichten, die nicht zur Intelligenz, zu den Selbständigen oder zu den Genossenschaftsbauern zählen; 2. alle Personen, die eine berufliche Qualifikation unterhalb des Fachschulniveaus erworben haben (1981 hatten z. B. 28% der Hochschulabsolventen zusätzlich eine Facharbeiter- oder Meisterqualifikation erworben – nach I. Lötsch 1985, 516).

(2) 1988: Generaldirektoren zentralgeleiteter Kombinate

Quellen: 1971 – *Grundmann u. a.* 1976, 119; 1988 – *Weidig* 1988, 50.

gemeinbildenden Schulen stammten 1968 aus Arbeiterfamilien (*Meier* 1974, 166f.); von den Hochschuldozenten des Jahres 1985 gehörten 42% zu den „Arbeiter- und Bauern-Kadern“, von den Professoren des Jahres 1971 waren es 39% (*Jessen* 1994, 224f.).

11.4.2 Abnehmende Mobilität – zunehmende Blockierung des sozialen Aufstiegs

Die Entwicklung der sozialen Mobilität in den letzten zwei bis drei Jahrzehnten läßt sich auf der Basis der vorliegenden Daten nur unvollkommen nachzeichnen. Dokumentiert sind drei Tendenzen des Strukturwandels, die eng mit den Bewegungen der DDR-Bevölkerung zwischen den Schichten zusammenhängen:

1. Der Anstieg des allgemeinen Ausbildungsniveaus verlief ähnlich wie in der Bundesrepublik (Einzelheiten S. 250ff.). Er kann gleichfalls als „Umschichtung nach oben" gedeutet werden und hatte sozialen Aufstieg großer Bevölkerungsteile zur Folge.
2. Auf dem Weg zur Dienstleistungsgesellschaft hinkt die DDR erheblich hinter der Bundesrepublik her (Einzelheiten S. 136f.), dennoch erzwang der Strukturwandel starke Mobilitätsströme aus dem schrumpfenden Agrarsektor in industrielle Positionen; die Stagnation des Dienstleistungsbereichs verhinderte jedoch strukturell verursachte Übergänge in den tertiären Sektor.
3. Während der Stillstand im Dienstleistungsbereich die Mobilität hemmte, wirkte eine andere Strukturveränderung mobilitätsfördernd: mit der starken Dezimierung der relativ geschlossenen Besitzschichten der selbständigen Bauern, Handwerker und Händler bzw. Kaufleute (Einzelheiten S. 116f.) wurden gleichzeitig Mobilitätsbarrieren beseitigt.

Die wenigen empirischen Daten, die gewisse Rückschlüsse auf die Entwicklung der Mobilitätsraten zulassen, zeigen an, daß die hohe **vertikale Mobilität der revolutionären Umbruchphase** in den folgenden Jahrzehnten **rückläufig** war. Zu Beginn der 80er Jahre „wird erkennbar, daß individuelle Mobilitätsprozesse, wie sie für den Beginn des sozialistischen Aufbaus, als die Klassenschranken überhaupt erst einmal niedergerissen wurden, charakteristisch waren, aufgrund der Stabilisierung der neuen Klassenbeziehungen heute nicht mehr in dem Ausmaß und der seinerzeitigen Vehemenz vor sich gehen" (*Meier* 1981, 121; vgl. auch *Lötsch/Freitag* 1981, 92, 94). Die DDR-Soziologen deuteten die zunehmende Reproduktion der sozialistischen Sozialstruktur als eine „offenbar ... gesetzmäßige Erscheinung" (*Lötsch/Meier* 1988, 198).

Gut dokumentiert ist die **soziale Schließung der Universitäten** seit den 60er Jahren. Arbeiterkinder wurden in den drei letzten Jahrzehnten so stark aus den Universitäten hinausgedrängt, daß ihre Studienchancen vor dem Umbruch schlechter waren als in der Bundesrepublik (Einzelheiten S. 265ff.). Die Aufstiegskanäle für Kinder aus unteren Schichten über das Bildungssystem verstopften also zusehends, die Sozialstruktur der DDR erstarrte immer mehr.

Die neue sozialistische Intelligenz, die mit dem revolutionären Schwung der 50er Jahre zu großen Teilen aus den unteren Schichten in die Führungspositionen vorgerückt war, setzte sich dort langfristig fest. Sie sicherte ihre Kinder über Bildungsprivilegien gegen sozialen Abstieg und schottete sich dadurch – angesichts abnehmender Expansion der höheren Bildungsschichten – gegen den Zugang von unten ab (vgl. *Geißler* 1991b). Die zunehmende Schließung der Aufstiegskanäle verstieß gegen das Proporz-Dogma (vgl. S. 244) und wurde daher von der DDR-Soziologie zunächst – z. T. wider besseres Wissen – verschleiert (z. B. *Lötsch* 1980).

Zur Generationenmobilität in der Berufsstruktur liegen nur spärliche Daten vor. Die **Arbeiterschaft** der DDR rekrutierte sich – ähnlich wie in der Bundesrepublik – in der früheren Phase zu großen Teilen aus der bäuerlichen Bevölkerung und später zunehmend aus sich selbst. 1977 stammten fast 75% der Arbeiter aus einer Familie, wo der Vater ebenfalls Arbeiter war. Innerhalb der Arbeiterschaft verliefen ähnliche Mobilitätsströme wie in der Bundesrepublik: viele Kinder von Un- und Angelernten steigen zum Facharbeiter auf. Nur wenige Facharbeiterkinder laufen Gefahr, in die untere Bildungsschicht der Un- und Angelernten abzusteigen. Die Kehrseite dieses Sachverhalts ist eine ausgesprochen hohe Selbstrekrutierungsquote dieser Unterschicht von 86% (*Lötsch* 1988, 149).

Die traditionelle Besitzschicht der **Bauern** wurde bereits durch die Bodenreform in den Nachkriegsjahren mit ehemaligen Arbeitern aus Landwirtschaft und Industrie durchmischt. 1960 waren nur noch 71% der Mitglieder von landwirtschaftlichen Produktionsgenossenschaften ehemalige Klein-, Mittel- oder Großbauern (*Krambach* 1988, 95f.). Durch die Umformung der selbständigen Bauern zu landwirtschaftlichen Arbeitnehmern im Zuge der Kollektivierung öffnete sich diese Schicht immer weiter für Angehörige anderer Gruppen. 1977 stammte nur noch jeder zweite Genossenschaftsbauer aus einer Bauernfamilie (*Lötsch/Freitag* 1981, 97), und in den 80er Jahren rekrutierte sich der Nachwuchs überwiegend aus der nichtbäuerlichen Bevölkerung, etwa die Hälfte stammte sogar aus der Stadt. Gefördert wurde diese Entwicklung durch die zunehmende Landflucht der jüngeren Generation aus den LPGs, die mit den Arbeits- und Lebensbedingungen auf dem Lande nicht mehr zufrieden war. Für die Agrarpolitiker der DDR wurde die hohe soziale Mobilität zum Problem; denn bei vielen Jugendlichen aus der Stadt war der Wunsch nach einer Beschäftigung in der Landwirtschaft mit illusionären Vorstellungen über ein Leben in der Natur und unter Tieren verbunden, die bei ihnen zu Enttäuschungen in der Praxis und zu einer Verwässerung der „guten bäuerlichen Traditionen“ führten.[4]

Ein besonderes Anliegen der sozialistischen Bildungs- und Gesellschaftspolitik war die soziale Umformierung der Führungsschichten und deren hohe

Zirkulation: die neue sozialistische **Intelligenz** sollte sich ständig aus allen Gruppen der Gesellschaft erneuern. Das Prinzip der **„proportionalen Rekrutierung“** der Intelligenz – oder kürzer: das **Proporz-Dogma** (*Geißler* 1996a) – wurde mit Nachdruck hervorgehoben: „Ihre Rekrutierung aus allen Klassen, Schichten und sozialen Gruppen auf proportionale Weise ist eine bedeutende geschichtliche Errungenschaft, die nicht aufs Spiel gesetzt werden kann“ (*Lötsch* 1980, 100). Die empirischen Daten zur sozialen Herkunft der sozialistischen Intelligenz sind z. T. mit schwierigen Interpretationsproblemen verbunden (vgl. Anm. 1 zu Abb. 11.4). Dennoch lassen die wenigen Materialien erkennen, daß die Führungsgruppen für den Zugang aus unteren Schichten offen waren, auch wenn das (utopische) Modell der proportionalen Rekrutierung nie erreicht wurde. Eine Kohortenanalyse macht allerdings den **Rückgang der Generationenmobilität** und die rückläufigen Aufstiegschancen deutlich, die sich bereits in den 70er Jahren abzeichneten: Von den 35-54jährigen Angehörigen der Intelligenz des Jahres 1977 stammten noch 73% aus Familien, in denen der Vater Arbeiter oder Bauer war; von den Personen unter 35 Jahren waren es nur noch 54% (*Lötsch/Freitag* 1981, 98).

Das Bild, das sich aus den spärlichen Daten der DDR-Soziologie rekonstruieren läßt, wird durch eine neuere Kohortenanalyse bestätigt und präzisiert. Die hervorragenden Aufstiegschancen der „Aufbaugeneration“ (um 1930 herum geboren) verschlechtern sich für die folgenden Generationen in den 60er und 70er Jahren; die um 1960 herum Geborenen stoßen schließlich auf massive Karriereblockaden in den 80er Jahren. Betrachtet man die Periode der deutschen Teilung insgesamt, so waren die Aufstiegschancen von Arbeiterkindern im Durchschnitt in der Bundesrepublik besser als in der DDR (*Mayer/Solga* 1994, *Solga* 1994).

In der DDR existierten ähnliche **geschlechtsspezifische Unterschiede** in den Mobilitätsmustern wie in der Bundesrepublik. Die Chancen von Frauen auf sozialen Aufstieg oder Statuserhalt waren schlechter als diejenigen von Männern, ihre Gefährdung durch sozialen Abstieg größer. Benachteiligungen in der beruflichen Generationenmobilität konnten durch den Heiratsmarkt, der in der DDR ebenfalls schichttypische Strukturen aufwies, nicht ausgeglichen werden. Die gezielte Frauenförderung im Bildungssystem und in der Arbeitswelt hatte jedoch zur Folge, daß Frauen zunehmend auf Grund eigener beruflicher Leistung – und nicht über Heirat bzw. über den Status oder Aufstieg ihrer Ehemänner – ins obere Viertel der Gesellschaft gelangen bzw. sich dort halten konnten (*Solga* 1994, 171ff., 199ff.).

Aus dem Blickwinkel der Generationenmobilität und der Aufstiegschancen für Kinder aus unteren Schichten läßt sich die Entwicklung in 45 Jahren Realsozialismus folgendermaßen zusammenfassen: Einer Phase hoher sozialer Mobilität bei der revolutionären Neuformierung der Sozialstruktur folgt eine

Phase abnehmender sozialer Mobilität, und diese mündet schließlich in den 80er Jahren in eine Phase der Erstarrung ein, in der den Kindern aus unteren Schichten der Zugang in die höchste Bildungsschicht stärker blockiert ist als in der BR. **Nach der revolutionären Öffnung der vertikalen Mobilitätskanäle in der Startphase der DDR etabliert sich die neue Führungsschicht der sozialen Aufsteiger und schottet sich zunehmend gegen den Zugang von unten ab; die sozialen Mobilitätskanäle schließen sich wieder.**

11.4.3 Soziale Mobilität in den neuen Bundesländern: Strukturumbruch und Zirkulation im Zeitraffertempo

Bereits kurz nach der Wende war erkennbar, daß sich der Wandel des Positionsgefüges in den neuen Ländern drastisch beschleunigte (*Berger* 1991; *Geißler* 1991). Der **Strukturumbruch** vollzog sich im **Zeitraffertempo** und zwang die Menschen vorübergehend zu außergewöhnlicher **Intragenerationen-Mobilität**. Zur hohen **Strukturmobilität**, die von den Anpassungsprozessen der Wirtschaft und Berufsstruktur ausgeht (Schließung der Tertiärisierungslücke, Agrar- und Industriekrise, Verschwinden der sozialistischen Dienstklasse, Abbau der Überkapazitäten im öffentlichen Dienstleistungssektor, Umstrukturierung der Arbeitsorganisation in vielen Bereichen, Neuaufbau eines Mittelstandes) kommt zusätzliche **Zirkulationsmobilität**, weil politisch kompromittierte oder fachlich inkompetente Anhänger des alten Systems in höheren oder gehobenen Positionen ausgetauscht werden.

Mobilitätskonturen. Die Konturen dieser Mobilität lassen sich inzwischen durch eine Reihe von Repräsentativerhebungen genauer bestimmen.[5] Die Arbeitsmarktmobilität hatte sich im Jahr nach der Währungsunion stark erhöht. Im Vergleich zur bereits hohen westdeutschen Dynamik mußten von Mitte 1990 bis Mitte 1991 zweieinhalbmal so viele ostdeutsche Erwerbstätige die Stelle wechseln und dreimal so viele aus dem Erwerbsleben ausscheiden (*Holst/Schupp* 1992, 450; vgl. auch *Bender/Meyer* 1993, 123). Bis 1993/94 hatten ca. 60-66% ihren Arbeitsplatz von 1989 verlassen müssen.[6] Nur 47% waren zwischen 1989 und 1994 durchgehend erwerbstätig (*Pischner/Wagner* 1996, 164).

Hinter diesen **Turbulenzen an der „Oberfläche“** des Arbeitsmarktes verbergen sich jedoch auch beachtliche **Kontinuitäten in einigen Kernstrukturen** des Positionsgefüges. Etwa zwei Drittel derjenigen, die sich im Beschäftigungssystem halten konnten, waren ohne Stellenwechsel durchgängig beschäftigt. Zu den Ruhezonen gehörte insbes. der staatliche Dienstleistungsbereich – Erziehungs- und Gesundheitswesen, Kommunalverwaltungen u. a. Die Mobilitätsströme verlaufen zudem **häufiger horizontal** und **seltener verti-**

kal; dies gilt insbes. dann, wenn man nur das zusammengeschrumpfte Beschäftigungssystem betrachtet und Arbeitslose, Vorruheständler etc. ausblendet. Auch diese Erscheinung signalisiert Kontinuität. Bei einem Niveauwechsel **überwiegen** die **sozialen Abstiege**. Rechnet man Arbeitslose, Vorruheständler, ABM-Beschäftigte und Umschüler zum „Unten“, dann waren 83% der vertikal Mobilen bis 1994 soziale Absteiger. Die **Chancen** auf Statuserhalt oder Aufstieg bzw. die Risiken sozialen Abstiegs sind **ungleich verteilt.** Durch die Entpolitisierung der Sozialstruktur verlieren große Teile der alten Führungsschichten – nach den beiden bisher vorliegenden nicht repräsentativen Studien etwa 50-60% – ihre Positionen, inbes. wenn gute fachliche Qualifikation fehlen (vgl. S. 162). Ihr Abstieg eröffnet gut Qualifizierten aus der „oberen Mitte“ – in Konkurrenz mit Westlern – Aufstiegschancen. Fach- und Hochschulabsolventen aus dem Dienstleistungbereich haben darüber hinaus auch gute Chancen auf Statuserhalt. In der Mitte der Gesellschaft sind insbes. Arbeiter und Angestellte aus Industrie und Landwirtschaft vom sozialen Abstieg bedroht; noch stärker allerdings die Un- und Angelernten, die in hohem Maße von der Arbeitsmarktkrise betroffen sind und kaum Aufstiegschancen haben (vgl. auch Abb. 11.5).[7]

Mobilitätsfolgen. Die hohe Beschleunigung des Strukturwandels und der sozialen Zirkulation löst – im Zusammenspiel mit einer extremen Veränderung nahezu aller Lebensumstände – bei vielen Menschen eine **„neue große Unsicherheit“** (*Geißler* 1995a, 126) aus, die viele Facetten aufweist: Herausreißen aus Gewohntem; Entwertung von fachlichen, sozialen, moralischen und politischen Qualifikationen (obwohl – wie die skizzierten Kontinuitäten zeigen – viele in der DDR erworbene Qualifikationen anschlußfähig sind bzw. angepaßt werden können);[8] Identitätskrisen; Zusammenbruch bisheriger sozialer Kontakte, u. a. am Arbeitsplatz; Ausbreitung anomischer Erscheinungen wie Orientierungslosigkeit, Anfälligkeit gegenüber politischen Extremismen, Lähmungserscheinungen in der Privatsphäre, Kriminalität und Kriminalitätsfurcht (vgl. S. 227).[9] Die Lage der Menschen wird noch zusätzlich dadurch erschwert, daß die Dynamik im Zeitraffertempo auf eine Bevölkerung trifft, die darauf nicht vorbereitet war: Gerade soziale Sicherheit und Betreuung waren in der DDR wesentliche Bestandteile ihrer sozialen Situation. **Ein Höchstmaß an sozialer Sicherheit hat sich über Nacht in ein Übermaß an Unsicherheit verkehrt.** Vielen Ostdeutschen wird daher in den Jahren der Umstrukturierung in außergewöhnlicher Weise Umstellungs-, Lern- und Anpassungsfähigkeit, Unsicherheits- und Frustrationstoleranz, Geduld und z. T. auch Leidensfähigkeit abverlangt.

Abb. 11.5: *Vertikale Mobilität in Ostdeutschland 1989 – 1993 (Abstromprozente)*

Berufliche Position 1989	Berufliche Position[1] 1993: Leitungs-position	hochqualif. Ange-stellte[2]	qualif. Ange-stellte[3]	mittlere Ange-stellte	Fachar-beiter	Bauern	Selb-ständige	Un-/Ange-lernte	alle Erwerbs-tätigen	Nichterwerbstätige 1993: arbeits-los	Sonstige Nichter-werbst.	n
Leitungsposition	***37***	17	28	11	2	0	3	3	101	9	5	71
hochqualif. Angestellte[2]	7	***72***	6	6	1	0	9	0	100	5	1	92
qualifizierte Angestellte[3]	8	1	***75***	10	1	0	2	3	100	11	6	164
mittlere Angestellte	1	0	4	***77***	3	0	4	11	100	10	12	135
Facharbeiter	2	0	2	5	***76***	0	6	9	100	12	10	222
Bauern	0	10	0	0	60	0	0	30	100	13	20	15
Selbständige	0	0	5	16	5	0	***68***	5	99	5	10	20
Un-/Angelernte	0	0	3	8	18	0	5	***65***	99	34	12	109
n	44	72	133	124	156	0	41	75	645	111	72	828

1 Prozentuierung bezieht sich nur auf die Erwerbstätigen des Jahres 1993.
2 Hochschulabschluß
3 Fachschulabschluß

Quelle: zusammengestellt nach *Diewald/Sørensen* 1996, 82.

Anmerkungen

1 Berechnet nach *Noll* 1985, 481f.; zum Übergewicht der Aufstiegsmobilität vgl. auch *Müller* 1975, 77; *Kleining* 1975, 286f.; *Herz* 1983, 163; *Kappelhoff/Teckenberg* 1987, 319.
2 Zusammenfassung der Ergebnisse nach *Handl* 1993; *Handl* 1991, 706f.; *Handl* 1988, 94f., 117ff., 165ff.; *Ballerstedt/Glatzer* 1979, 311; *Mayer* 1977, 185ff.
3 Ein Überblick über Ansätze, Konzepte und Ergebnisse der DDR-Mobilitätsforschung bei *Geißler* 1996a.
4 Autorenkollektiv 1985, 76f.; *Krambach* 1986, 241; *Krambach* 1988, 124f.
5 SOEP, Arbeitsmarkt-Monitor, BISS-Surveys, MPI-Lebenslaufstudie, KSPW-Befragung, isda-Umfragen.
6 *Adler/Kretzschmar* 1995, 18 (60% 1994); *Diewald/Sørensen* 1996, 70 (ca. zwei Drittel 1993); vgl. auch *Berger* u. a. 1996, 39 (64% 1991).
7 Die zusammenfassende Skizze der Mobilitätsprozesse basiert im wesentlichen auf *Adler/Kretzschmar* 1995, *Schenk* 1995 und 1996 sowie *Diewald/Sørensen* 1996. Weitere Einzelheiten zu den Mobilitätschancen und -risiken einzelner Schichten sind in den Kap. 5-9 dargestellt.
8 Studien zum Schicksal spezifischer Gruppen im Umbruch – z. B. zu den „neuen Selbständigen" (vgl. S. 119ff.) oder zur höheren sozialistischen Dienstklasse (vgl. S. 162) – zeigen ebenfalls, daß Qualifikationen aus DDR-Zeiten an die neue Situation „anschlußfähig" sein können.
9 Weitere Einzelheiten mit empirischen Belegen bei *Geißler* 1995, 126ff. In welchem Ausmaß die genannten Folgen hoher Dynamik direkt mit sozialer Mobilität zusammenhängen, ist bisher empirisch nicht geklärt.

12. Bildungsexpansion und Wandel der Bildungschancen. Veränderungen im Zusammenhang von Bildungssystem und Sozialstruktur

12.1 Soziale Funktionen des Bildungssystems: soziale Plazierung, soziale Auslese und Chancengleichheit

Entwicklungen in der Sozialstruktur sind auf vielfältige Weise mit Entwicklungen im Bildungssystem verknüpft. Dieses Kapitel konzentriert sich auf einen zentralen Aspekt dieser Zusammenhänge: auf die **soziale Plazierung und Auslese** und deren Verknüpfungen mit der **Bildungsexpansion**, die – aus sozialstruktureller Perspektive – die wichtigste Veränderung im deutschen Bildungswesen der letzten Jahrzehnte darstellt.

Zu den wichtigen Funktionen des Bildungssystems in modernen Leistungsgesellschaften gehört die **Plazierungsfunktion** (synonym: Statuszuweisungs- oder Allokationsfunktion). Der Zugang zu verschiedenen sozialen Positionen mit ihren Privilegien und Benachteiligungen, der Zugang zu verschiedenen Schichten, soziale Aufstiege und Abstiege sind relativ eng an das Bildungsniveau gekoppelt.

Mit der Plazierungsfunktion ist eine weitere wichtige Funktion eng verknüpft: die **Auslese**- oder **Selektionsfunktion.** Bildungssysteme sollen in erster Linie nach **„Leistung“**[1] auslesen. Auslese durch das Bildungssystem ist jedoch nie ausschließlich Auslese nach Leistung, sondern immer auch – gewollt, geduldet oder ungewollt – **soziale Auslese**. Soziale Merkmale der jungen Menschen – ihre soziale Herkunft, ihre Nationalität, ihr Geschlecht, ihre regionale Herkunft – beeinflussen ihre Bildungskarrieren, entweder unabhängig von ihrer Leistung oder auch, weil Leistungen z. T. mit Lebensbedingungen zusammenhängen, die wiederum mit den genannten sozialen Merkmalen verknüpft sind.

Über soziale Selektion und soziale Plazierung beeinflußt das Bildungssystem in hohem Maß die **vertikale soziale Mobilität** einer Gesellschaft.

Die soziale Auslese im Bildungssystem mit ihren nachhaltigen Folgen für die unterschiedlichen späteren Lebenschancen wird dann zum Problem, wenn man Auslese und Plazierung von der Norm der **Chancengleichheit** her betrachtet. Wenn Kinder aus verschiedenen Schichten und Herkunftsländern, wenn Mädchen und Jungen, wenn Stadt- und Landkinder unterschiedliche Bildungschancen und damit auch unterschiedliche Lebenschancen haben, dann können diese Ungleichheiten einen Verstoß gegen die Norm der gleichen Chancen für alle bedeuten. Die vage Leitidee der Chancengleichheit, zu der sich beide Gesellschaften bekannten, taucht in verschiedenen Varianten auf, deren wichtigste die proportionale und die leistungsbezogene Version sind. Nach dem **Proporz-Modell** sollen alle Bevölkerungsgruppen einer Gesellschaft – Mädchen und Jungen, Kinder aus verschiedenen Schichten, Herkunftsländern oder Regionen – entsprechend dem Anteil der Gruppe an der Gesamtbevölkerung in weiterführenden Bildungseinrichtungen vertreten sein. Im Konzept der **leistungsbezogenen** Chancengleichheit sollen gleiche Bildungschancen mit der Auslese nach Leistung in Übereinstimmung gebracht werden; es gilt die Formel „gleiche Chancen nach Fähigkeit und Leistung" (Genaueres bei *Geißler* 1990, 84f.).

12.2 Die Bildungsexpansion

Der Begriff Bildungsexpansion stammt aus der Bildungsforschung und bezeichnet den **Ausbau der sekundären** (Klassen 5-13, berufliche Schulen) **und tertiären Bereiche** (Hoch- und Fachschulen) des Bildungswesens. Aus der Sicht der Betroffenen heißt das: Immer mehr Menschen erwerben mittlere bzw. höhere Bildungsabschlüsse; immer mehr Menschen verweilen immer länger im Bildungssystem. Es ist sinnvoll, diesen engeren bildungswissenschaftlichen Begriff durch ein **weiteres** Konzept aus der Perspektive der Sozialstrukturforschung zu ergänzen. Bildungsexpansion aus sozialstruktreller Sicht bedeutet: die Verbesserung der Qualifikationsstruktur, die **Höherqualifizierung** der Bevölkerung. Oder genauer: immer größere Teile der Bevölkerung verfügen über mittlere oder höhere Bildungsabschlüsse bzw. Qualifikationen.

12.2.1 Die Höherqualifizierung der Bevölkerung

Abbildung 12.1 zeigt, daß das Qualifikationsniveau der erwerbstätigen Bevölkerung in Ost- und Westdeutschland in den letzten Jahrzehnten stetig angestiegen ist. Für beide Gesellschaften gilt: die Gruppe der Un- und Angelernten, die in den 50er Jahren die Mehrheit unter den Berufstätigen ausmachte, ist kontinuierlich zu einer Minderheit geschrumpft. Erwerbstätige mit einer abgeschlossenen Berufsausbildung unterhalb des Fachschul- bzw. Meisterni-

Abb. 12.1: *Entwicklung der Qualifikationsstruktur der Erwerbstätigen 1955 – 1993 (in %)*

	Hochschule[1]		Fachhochschule, Fachschule[2], Meister		Lehre, Berufsfachschule, Anlernberufe		Ungelernte[3]	
	Ost	West	Ost	West	Ost	West	Ost	West
1955	1 – 2*	3[4]	3 – 4*		26		70	
1960	2		5		33		60	
1964/65[5]	3	3	8	5 – 9*	36	19 – 20*	48 – 54*	62 – 63*
1970	4	4 – 5*	10	12 – 16*	42	44	41	41
1975/76[6]	6	5	12	9	51	50	29	35
1980	6	6	15	10	56	55	20	29
1985	8	6	17	11	60	56	15	25
1988/89[7]	8	7	18	12	61	58	13	23
1993	10	7	19	12	57	53	14	28

* Die Angaben variieren in verschiedenen Quellen. Für die BR sind die Daten vor 1976 wegen methodischer Mängel bei der Kategorisierung unzuverlässig.

1 einschl. Lehrerausbildung, ohne Fachhochschule
2 einschl. Technikerausbildung
3 DDR einschl. Teilausbildung
4 1957
5 BR 1964, DDR 1965
6 DDR 1975, BR 1976
7 DDR 1988, BR 1989

Quellen: *Rudolph/Schneider* 1981, 911 (DDR 1955 – 1965); *Lötsch/Freitag* 1981, 96 (DDR 1955 – 1965); Sozialreport '90, 68 (DDR 1970 – 1988); StatJb BRD (BRD 1957 – 1970, 1989); *Tessaring* 1988, 190 (BRD 1976 – 1985); StBA nach IDW 1995, Tab. 16 (1993).

veaus werden zur zahlenmäßig dominierenden Gruppe. Gleichzeitig wachsen auch kontinuierlich die Schichten mit gehobenen oder höheren Qualifikationen, mit Hochschul-, Fachschul- oder Meisterabschluß. Schichtungssoziologisch kann man die Höherqualifizierung der Bevölkerung auch als eine **„Umschichtung nach oben"** ansehen.

Die Gesamttendenzen dieser Entwicklung verlaufen in Ost und West gleich. Die Schübe der Höherqualifizierung erfolgen jedoch in der DDR früher und zahlenmäßig umfangreicher als in der BR.

In der **DDR** wurde der hohe Anteil von **Un- und Angelernten**, der unter den Erwerbstätigen 1955 noch ca. 70% betrug, kontinuierlich abgebaut – u. a. durch ein umfangreiches Weiterbildungsprogramm für Berufstätige unter besonderer Berücksichtigung der wenig qualifizierten Frauen.[2] 1965 lag er bei etwa der Hälfte, 1975 bei einem Drittel, im Jahre 1989 nur noch bei 13%. Der kleine Rest wies ein „deutliches Beharrungsvermögen" (*M. Lötsch* 1985, 36) auf, weil nicht allen Jugendlichen eine vollwertige Berufsausbildung vermittelt werden konnte (s. S. 254) und weil es nicht möglich war, die Zahl der Arbeitsplätze mit geringen Qualifikationsanforderungen weiter zu verringern (vgl. *I. Lötsch* 1984, 54). Auch in der **Bundesrepublik** wurde die Schicht der **Ungelernten** kontinuierlich kleiner. 1964 lag ihr Anteil noch bei ca. 63%, 1978 hatte er sich auf 32% halbiert, bis 1989 ging er weiter auf 23% zurück, stieg dann allerdings bis 1993 wieder auf 28 % an. Ein erheblicher Teil dieser Schicht wird von den ausländischen Arbeitskräften gestellt (s. S. 217f.). Die Entwicklung in der BR widerlegt auf gesamtgesellschaftlicher Ebene die Befürchtungen der Polarisierungstheorie, die eine Aufspaltung der Qualifikationsstruktur durch technischen Fortschritt in niedere und höhere Niveaus voraussagte und mit einer Zunahme der Schicht der Un- und Angelernten rechnete. Deren Beharrungsvermögen war jedoch in der BR deutlich stärker ausgeprägt als in der DDR (zu den Ursachen der Unterschiede *Geißler* 1990, 100f., 110). Allerdings ist bei dem Ost-West-Vergleich zu beachten, daß die Qualifikationsanforderungen am Arbeitsplatz z. T. niedriger sind als das Ausbildungsniveau der Berufstätigen. 1990 setzten in der DDR immerhin 23% der Arbeitsplätze lediglich Einweisung, Einarbeitung oder Kurse bzw. gar keine Ausbildung voraus, in der BR waren es 28% (SOEP nach *Wagner/ Schupp* 1991, 181). Ostdeutsche Berufstätige waren also häufiger unterqualifiziert eingesetzt als Westdeutsche.

In beiden Gesellschaften nimmt der Anteil der **Absolventen von Wissenschaftlichen Hochschulen** langsam, aber stetig zu. Auch hier hatte die DDR wegen der früheren Expansion des tertiären Sektors und dem starken Ausbau des Fernstudiums in den 60er Jahren einen geringfügigen zeitlichen Vorsprung. Mitte der 60er Jahre betrug der Akademikeranteil unter den Erwerbstätigen in beiden Gesellschaften etwa 3%. 1993 hat er in den neuen Ländern 10%, in den alten 7,4% erreicht. Die Führungspositionen wurden in beiden Gesellschaften in den letzten beiden Jahrzehnten zunehmend akademisiert, insbes. im Dienstleistungsbereich (*Tessaring* 1988, 193).

Nach der OECD-Statistik liegt Deutschland mit einem Anteil von 22% (25-64jährige) an Fach- und Hochschulabsolventen international auf einem Spitzenplatz vor der Schweiz und den Niederlanden (je 21%), Großbritannien und Dänemark (je 19%). Deutlich höhere Quoten weisen Kanada (41%) und die USA (31%) auf, Norwegen (25%) und Schweden (24%) rangieren ebenfalls noch vor der BR (iwd 42/1995,1).

12.2.2 Die Expansion im Bildungssystem

Abb. 12.2 macht wichtige Entwicklungen sichtbar, die zur Bildungsexpansion im engeren Sinne gehören. Die Ausdehnungen der sekundären und tertiären Sektoren setzte in der **Bundesrepublik** bereits in den 50er Jahren ein. Ein weiterer kräftiger Schub erfolgte dann im Zusammenhang mit den bildungspolitischen Debatten der 60er Jahre. Die Bildungsökonomen hoben den Nutzen der Bildung für das Wirtschaftswachstum hervor (Bildung als Humankapital) und sozialliberale Bildungsforscher und -politiker die gesellschaftspolitische Bedeutung der Bildung (Bildung als Bürgerrecht). Auch in den 70er, 80er und 90er Jahren hält die Bildungsexpansion an, obwohl der Ruf nach besseren Bildungschancen fast verstummt ist und mit ökonomischen Argumenten seit langem vor sog. „Qualifikationsüberschüssen“ gewarnt wird. Die Bildungsexpansion hat eine Eigendynamik entwickelt, die sich relativ unabhängig von direkten politischen und ökonomischen Impulsen vollzieht[3].

Abb. 12.2: *Bildungsexpansion – relativer Schul- und Hochschulbesuch 1952 – 1993*

	Sekundarstufe I: von 100 Schülern der Klasse 7 besuchen die jeweiligen Schulformen (West)					ohne volle Grundqualifikation: in % der jeweiligen Schülerjahrgänge (West)	ohne volle Grundqualifikation (Ost)		Abiturstufe: Abiturienten in % der Gleichaltrigen[5] (West)	Abiturstufe (Ost)	Hochschulen: Studienanfänger in % der Gleichaltrigen[7] (West)		Hochschulen (Ost)	
	VS/HS	RS	GY	IGS	SoS	ohne HS-Abschluß[1]	kein Überg. in Klasse 9	o. Abschluß in Klasse 10[4]	GY/IGS	EOS/AdB	FHS	Uni	FHS	Uni
1952	79	6	13	–	2									
1960	68	12	17	–	3	17			6	8	2	6		10
1965	65	15	17	–	4	17			8	14	4	10		17
1970	53	20	22	–	5	17	15	19	11	13	4	12		17
1975	43	23	26	3	5	12		15	15	13	6	14		13
1980	38	26	27	4	5	10	6[3]	11	17	11	6	14		11
1985	36	27	27	5	5	8		9	22	13[6]	7	13		12
1989	32	27	31	6	4	9	6	10	24	14[6]	10	20		14
1993	30	27	32	8	3	9		9[2]	26	25	14	24	10	12
1993 Ost[8]	4[9] 31[10]	17[9]	32	11	5									

Abkürzungen: VS-Volksschulen, HS-Hauptschulen, GY-Gymnasien, IGS-Integrierte Gesamtschulen, SoS-Sonderschulen; EOS-Erweiterte allgemeinbildende polytechnische Oberschulen (Klassen 11 und 12), AdB-Abiturklassen der Berufsausbildung (dreijährig), FHS-Fachhochschulen.

1 in % der 15-16jährigen 2 ohne HS-Abschluß 3 1978 4 bis 1989 in % aller Schulabgänger (bis 1985 einschl. Abiturienten, 1989 ohne Abiturienten) 5 BR: 18-20jährige; DDR: 17-20jährige (jeweils Durchschnittsjahrgänge) 6 absolute Zahlen der Absolventen geschätzt 7 19- und 20jährige (Durchschnittsjahrgänge) 8 Sekundarstufe I Ost 9 eigenständige HS bzw. RS 10 teilintegrierte Haupt- und Realschulen (Regel-, Mittel-, Sekundarschulen)

Quellen: *Hansen/Rolff* 1990, 48 (Sekundarstufe I 1952-1989); *Holtappels/Rösner* 1994, 76 (Sekundarstufe I 1993); *Köhler/Schreier* 1990, 34f. (ohne Abschluß Klasse 10 DDR, Abiturienten BR und DDR, Studienanfänger DDR, jeweils 1960-1985); Sozialreport '90, 62 (DDR – kein Übergang in Klasse 9); Studienanfänger BR berechnet nach BMBW 1990, 138; Abiturienten und Studienanfänger 1989 berechnet nach StatJb BR und DDR; ohne HS-Abschluß nach BMBWFT 1995, 80; Abiturienten und Studienanfänger 1993 berechnet nach BMBWFT 1995, 81, 136.

Die wesentlichen Linien der Entwicklung lassen sich wie folgt zusammenfassen: Die Hauptschule, die als „Volksschule" im Jahre 1952 noch fast 80% aller SchülerInnen aufgenommen hatte, schrumpft zur Restschule, die 1993 nicht einmal mehr von jedem(r) Dritten der Klasse 7 besucht wird. Zur „heimlichen Hauptschule" avanciert stattdessen nach und nach das Gymnasium, dessen Bildungsangebote im Jahre 1993 ebenfalls von fast einem Drittel jedes Jahrgangs genutzt werden (Klasse 7). Die Abiturientenquote explodiert von 6% im Jahre 1960 um mehr als das Vierfache auf 26% im Jahre 1993. Ähnlich stark steigen die Anteile der Studienanfänger an den Hochschulen: 1993 nehmen in den alten Ländern bereits 38% (!) eines Jahrgangs ein Studium an einer Fachhochschule oder Universität auf (Einzelheiten in Abb. 12.2). Auf der anderen Seite des Spektrums schrumpft der Anteil von Jugendlichen, die das Bildungssystem ohne Hauptschulabschluß verlassen, von 17% im Jahre 1960 auf den seit den 80er Jahren in Ost und West nahezu konstanten Prozentsatz von etwa 9%. Dabei ist zu beachten, daß der Anteil von jungen Menschen ohne abgeschlossene Berufsausbildung etwas größer ist; Anfang der 90er Jahre lag er unter Deutschen (20-25 Jahre) bei mindestens 12%, unter Ausländern bei mindestens 39%. Dreiviertel der Jugendlichen ohne Hauptschulabschluß bleiben auch ohne berufliche Ausbildung (BMBW 1993, 36).

Die Bildungsexpansion manifestiert sich des weiteren in folgenden Tendenzen (vgl. dazu *Klemm* 1987, 824f.; *Tippelt* 1990, 27ff.):
- Einführung eines 9. (Vollzeit-)Pflichtschuljahres, in einigen Ländern auch eines 10. Wahl- oder Pflichtschuljahres in Vollzeitschulen;
- Einrichtung von Fachoberschulen als Brücke zwischen Realschulen und Fachschulen;
- Zunahme der Ausbildung an Vollzeitberufsschulen;
- Erhöhung der wöchentlichen Unterrichtszeit an Teilzeitberufsschulen;
- zunehmende Teilnahme an Weiterbildungskursen.

In der **SBZ/DDR** war die gesellschaftliche und ökonomische Bedeutung der Bildung eher erkannt worden als in der BR. Die Bemühungen um möglichst gute Bildungschancen für alle und um die Ankurbelung der „wissenschaftlich-technischen Revolution" hatten zur Folge, daß sich die sekundären und tertiären Bildungssektoren früher ausdehnten. In den 60er Jahren schlugen in der DDR deutlich mehr Jugendliche die Bildungswege zum Abitur und an die Hochschulen ein als in der BR (vgl. Abb. 12.2). Die Diskussion um eine ökonomisch unerwünschte „Überproduktion" von Akademikern führte jedoch zu Beginn der 70er Jahre zu einer Drosselung des Zugangs in die Abiturstufe und an die Universitäten und zu einem vorübergehenden Rückgang der Abiturienten- und Studentenquoten. Die **Bildungsexpansion** wurde **politisch blokkiert**. Da die westdeutschen Bildungspolitiker an der Öffnung der höheren Bildungseinrichtungen für die steigende Nachfrage festhielten – ungeachtet aller Diskussionen um die sog. „Qualifikationsüberschüsse" –, wurde die DDR Mitte der 70er Jahre von der Bundesrepublik „quantitativ überholt". In den 80er Jahren wurde der Rückstand der DDR dann immer größer; 1989 lagen ihre Abiturienten- und Studentenquoten mit jeweils 14% erheblich unter den westdeutschen von 25% (Abiturienten) bzw. 20% (Universitätsstudenten). Der Anteil junger Menschen ohne volle Grundqualifikation hatte 1989 mit 6% (höchstens Abschluß der Klasse 8) bzw. 10% (ohne Abschluß der Klasse 10) einen ähnlichen Umfang wie in Westdeutschland.

Ein bemerkenswertes Charakteristikum der ostdeutschen Bevölkerung ist die **Mehrfachqualifikation**: 24% der Erwerbstätigen hatten einen zweiten Beruf erlernt (Sozialreport 1994, 145), und 42% der ostdeutschen Studienanfänger im Herbst 1990 gingen mit einer abgeschlossenen Berufsausbildung ins Studium – die meisten über den DDR-Bildungsweg BmA (Berufsausbildung mit Abitur) –, unter den westdeutschen waren es nur 24% (*Lewin* u. a. 1991, 9).

12.2.3 Ursachen der Bildungsexpansion

Zunehmender struktureller Bedarf an Bildung. Der strukturelle Motor der Bildungsexpansion liegt in Ost und West in einer Entwicklung, die *Helmut Schlesky* (1979a, 465) als die Entfaltung der **„wissenschaftlich-technischen Zivilisation"** bezeichnet hat. Wissenschaftlicher und technischer Fortschritt, die zunehmende Durchdringung der Arbeitswelt, aber auch aller anderen Lebensbereiche mit Technik und technischen Neuerungen, der zunehmende Einsatz von Sozialtechnologien, um den sozioökonomischen Wandel in einer komplexen Gesellschaft zu kontrollieren und – zumindest teilweise – zu planen und zu steuern, erhöhen kontinuierlich den Bedarf an besseren Qualifikationen. Der Qualifikationsbedarf steigt des weiteren dadurch an, daß die Verwissenschaftlichung und Technisierung mit einer **wachsenden Komplexität** der Gesellschaft einhergeht – mit zunehmenden Differenzierungen und Spezialisierungen in Wirtschaft, Sozialstruktur und Politik sowie mit zunehmenden internationalen Verflechtungen. Wissen – und dabei wiederum insbes. das theoretische Wissen – gewinnt eminent an Bedeutung für das wirtschaftliche und gesellschaftliche Leben und den sozialen Wandel; es wird zunehmend zur Triebkraft für die ökonomische und soziale Entwicklung. Der amerikanische Soziologe *Daniel Bell* hat diesen Aspekt der gesellschaftlichen Modernisierung mit seinem Konzept der „nachindustriellen **Wissensgesellschaft**" auf den Begriff gebracht, zu deren wesentlichen Gestaltungsprinzipien die „Zentralität des theoretischen Wissens" gehört (*Bell* 1989, 3; vgl. auch *Lyotard* 1986, 24f.). Die Bildungsexpansion macht offenbar, daß sich die Deutschen in Ost und West auf dem Weg in die „wissenschaftlich-technische Zivilisation" bzw. in die „Wissensgesellschaft" befinden.

Eigendynamik durch Statuskonkurrenz. Die Bildungsexpansion ist jedoch nicht nur die Antwort auf einen steigenden Bildungsbedarf, sondern sie unterliegt auch einer nur schwer kontrollierbaren Eigendynamik, die „Qualifikationsüberschüsse“ hervorbringen kann. Ihre Triebfeder ist die Konkurrenz der Menschen um Statussicherung und sozialen Aufstieg. Mit der Vermehrung der höheren Bildungsabschlüsse ist – wie ich noch zeigen werde (S. 257ff.) – das Paradox der gleichzeitigen Auf- und Abwertung der Bildungszertifikate für den zukünftigen Sozialstatus verbunden. Dieser Effekt erzeugt bei statusambitionierten Menschen einen immer größeren Druck zu höherer Bildung. Man möchte individuellen Nutzen für den eigenen Sozialstatus aus einem Bildungsvorsprung vor anderen erzielen und nimmt große Mühe auf sich, diesen Vorsprung zu halten oder durch weitere Bildungsanstrengungen wiederherzustellen, wenn andere ihr Bildungsniveau verbessern. Diese Dynamik ist einer „Bildungsspirale“ (*Bornschier/Aebi* 1992, 555) vergleichbar, die ähnlich funktioniert wie die „Spirale des Wettrüstens“ oder die „Reklamespirale“ (*Geiger* 1943, 189). Der amerikanische Sozialwissenschaftler *Fred Hirsch* (1977, 5) hat bereits vor zwei Jahrzehnten die Problematik derartiger Bemühungen in einem anschaulichen Bild verdeutlicht: „If everyone stands on tiptoe, no one sees better.“

12.2.4 Gesellschaftliche Folgen der Bildungsexpansion

Folgen für die Sozialstruktur: Demokratisierung – Pluralisierung – „Emanzipation“

Die Folgen der Bildungsexpansion für die Sozialstruktur sind bisher relativ unerforscht, obwohl die Höherqualifizierung das soziale Leben der Menschen in hohem Maße beeinflußt und verändert. In den folgenden Bereichen sind Auswirkungen zu vermuten und z. T. auch empirisch nachzuweisen.

- Wenn die Theorie *Hondrichs* (1972, 11f., 91ff.) über den Zusammenhang von Qualifikationsniveau und Demokratisierung stimmt, dann dürfte von der Bildungsexpansion ein **Demokratisierungsdruck** auf die Macht- und Herrschaftsstrukturen in allen gesellschaftlichen Bereichen ausgehen.
- Es ist wahrscheinlich (wenn auch im Detail nicht empirisch überprüft), daß ein hohes Bildungsniveau für den einzelnen ein Mehr an Reflexion, Selbstfindung, Selbststeuerung oder **Individualisierung** (*Beck* 1986, 205ff.) zur Folge hat und daß Individualisierungstendenzen wiederum Auslöser sind für eine Erosion traditioneller Normen und Werte und für ein Mehr an **Pluralismus** im Wertebereich und in den Lebensformen und Lebensstilen.[4]

- Plausibel und teilweise auch empirisch abgesichert sind die Zusammenhänge zwischen der Bildungsexpansion, von der Mädchen und Frauen in besonderem Maße profitierten, und der **Verringerung der sozialen Ungleichheit zwischen den Geschlechtern** (Einzelheiten dazu in Kap. 13).
- Empirische Hinweise liegen auch dafür vor, daß die Bildungsexpansion zur **Differenzierung der Formen des privaten Zusammenlebens** bzw. zum „Monopolverlust" der bürgerlichen Familie beiträgt. Mit dem Anstieg des Bildungsniveaus hängen nachweislich folgende Entwicklungen zusammen: spätere Heirat bei Frauen und späterer Zeitpunkt für die Geburt von Kindern (*Blossfeld/Jaenichen* 1990; *Diekmann* 1990); steigende Kinderlosigkeit (*Klein* 1989a); neue Formen des Privatlebens wie nichteheliche Lebensgemeinschaften, Wohngemeinschaften, Alleinleben in der jüngeren Generation (*Meyer* 1992, 64, 72, 86; vgl. dazu auch Kap. 14).
- Schließlich beeinflußt der Ausbau des tertiären Sektors die altersspezifische Differenzierung der Sozialstruktur. Da immer mehr junge Menschen im Alter zwischen 18 und 30 Jahren im Bildungssystem verweilen und erst relativ spät ins Berufsleben eintreten – *Zinnecker* (1991) spricht hier treffend von einem „Bildungsmoratorium" –, schiebt sich zwischen die Statusgruppen der Jugendlichen und Erwachsenen eine weitere Phase im Lebenslauf, für die häufig der Begriff **„Postadoleszenz"** verwendet wird (vgl. dazu z. B. *Meyer* 1992, 133ff.). Oder in den Worten der Biographieforschung: Die Bildungsexpansion leistet einen Beitrag zur **Entstandardisierung des Lebenslaufs.**

Bildungsexpansion und soziale Plazierung: Aufwertung und Entwertung von Bildungszertifikaten – das erste Paradox der Bildungsexpansion

Die Zusammenhänge von Bildungsexpansion und **sozialer Plazierung durch das Bildungssystem** sollen etwas ausführlicher betrachtet werden. *Schelsky* hatte bereits in den 50er Jahren die Bedeutung der Schulbildung für den zukünftigen Sozialstatus und die Lebenschancen eines Menschen hervorgehoben. Seine Formulierung, die Schule sei zur „ersten und damit entscheidenden, zentralen sozialen Dirigierungsstelle für die zukünftige soziale Sicherheit, für den zukünftigen sozialen Rang und für das Ausmaß zukünftiger Konsummöglichkeiten" geworden (*Schelsky* 1957, 17), wird häufig zitiert. Die zunehmende Bürokratisierung und Verwissenschaftlichung der Berufswelt haben dazu geführt, daß berufliche Werdegänge immer stärker an bestimmte Laufbahnvorschriften gebunden und der Einstieg in bestimmte Laufbahnen wiederum immer enger an bestimmte Schulabschlüsse gekoppelt wurden. Die These

Schelskys trifft auch heute im Kern noch zu, sie bedarf jedoch einiger Verfeinerungen und Relativierungen.

Der Ausbau der sekundären und tertiären Sektoren des Bildungssystems hat sich in einer Art und Weise auf die Bedeutung der Bildungsabschlüsse für den zukünftigen Sozialstatus ausgewirkt, die auf den ersten Blick widersprüchlich anmutet: mittlere und höhere Abschlüsse gewannen und verloren gleichzeitig an Wert. Der Effekt auf die Plazierungsfunktion läßt sich als das **erste Paradox der Bildungsexpansion** bezeichnen: Die **Aufwertung** der mittleren und höheren Abschlüsse ist im gleichen Atemzug verbunden mit ihrer **Entwertung**.

Der **Aufwertungseffekt** besteht darin, daß mittlere und höhere Bildungsabschlüsse immer wichtiger für den Einstieg in viele Berufslaufbahnen werden. Wo früher niedrige Schulabschlüsse genügten, werden heute mittlere oder höhere gefordert. Die Folge davon ist die sog. „vertikale Substitution“: besser Qualifizierte verdrängen schlechter Qualifizierte beim Wettbewerb um begehrte Arbeitsplätze und damit verbundene Lebenschancen.[5] So zeigt z. B. die Akademisierung von Leitungspositionen – in der Politik (*Geißler* 1987c, 65ff.), in der Wirtschaft (*Hadler/Domsch* 1994, 15f.) – an, daß Hochschulabschlüsse zunehmend eine Voraussetzung für den Aufstieg in die höheren Ebenen der Herrschaftsstruktur und der beruflichen Hierarchie werden.

Als **Entwertung** läßt sich der folgende Prozeß deuten: Mit einem Bildungszertifikat desselben Niveaus können nur noch Berufspositionen mit durchschnittlich weniger Statuschancen (Einkommen, Einfluß, Arbeitsqualität, Prestige u.ä.) erworben werden. Der ab und zu verwendete Begriff **„Bildungsinflation“** charakterisiert diesen Sachverhalt durchaus zutreffend: mittlere und höhere Abschlußzertifikate werden erheblich vermehrt und verlieren damit an Wert für zukünftige Lebenschancen. Zwei Beispiele sollen diesen Entwertungsvorgang verdeutlichen:

- Der Einkommensvorsprung der Akademiker wird kleiner; 1970 erzielten Universitätsabsolventen noch das 1,93fache des monatlichen Nettoeinkommens eines Durchschnittsverdieners, 1989 nur noch das 1,82fache (MatAB 7/1984, 4; *Bellmann* u. a. 1993, Tab. 2).
- Der Vorsprung der Universitätsabsolventen bezüglich Arbeitsplatzsicherheit ist ebenfalls geschrumpft, da die Akademikerarbeitslosigkeit überproportional angestiegen ist. 1975 lag die durchschnittliche Arbeitslosigkeit mit 4,6% noch um das Dreifache über der Akademikerarbeitslosigkeit von 1,5%. 1994 betrug der Abstand mit 9,1% gegenüber 5,0% nur noch das 1,8-fache (iwd 32/1995, 6).

Mit der Entwertung ist ein weiterer Vorgang verkoppelt: die höheren Bildungsabschlüsse büßen etwas von ihrer Bedeutung für die soziale Plazierung ein. Was viele besitzen, kann nicht das allein ausschlaggebende Kriterium für die Verteilung von Privilegien an wenige sein. **Die Entscheidungen über die soziale Plazierung verlagern sich stärker vom Bildungssystem in die Ar-**

beitswelt, wo aus einer Vielzahl von formal ähnlich qualifizierten Personen beim Eintritt in höhere Berufslaufbahnen und beim Aufstieg in höhere Positionen ausgewählt werden kann.

Die Bildungsexpansion hat also dazu geführt, daß höhere Bildungsabschlüsse **immer mehr Voraussetzung, aber immer weniger Garantie** für einen höheren Sozialstatus geworden sind; sie sind heute ein notwendiges, aber kein hinreichendes Statuskriterium. Ein bestimmter Bildungsabschluß reicht immer weniger aus, um in den Genuß bestimmter Vorteile zu kommen; gleichzeitig wird er aber immer notwendiger, um die Chancen auf diese Vorteile zu wahren. Daher ist die Frage nach der sozialen Auslese durch das Bildungssystem weiterhin von erheblicher gesellschaftspolitischer Bedeutung.

12.3 Soziale Schichtung und Bildungschancen[6]

12.3.1 Entwicklung in Westdeutschland: mehr Bildungschancen, aber nicht mehr Chancengleichheit – das zweite Paradox der Bildungsexpansion

Bildungspolitische Passivität und mangelndes Problembewußtsein hatten zur Folge, daß sich in den beiden ersten Nachkriegsjahrzehnten an der starken Benachteiligung der Unterschichtenkinder im Bildungssystem der BR nur wenig änderte. Mit 5% lag der Anteil der Arbeiterkinder unter den Studierenden im Jahre 1959/60 nur wenig über den Prozentsätzen in der ersten Hälfte dieses Jahrhunderts, die zwischen 2% und 4% schwankten (*Kaelble* 1983, 130). Erst in den 60er Jahren kam Bewegung in die Bildungspolitik. Die gesellschaftspolitische Forderung nach einer Verbesserung der Bildungschancen für bisher benachteiligte Gruppen wies bildungspolitisch in dieselbe Richtung wie der Ruf der Wirtschaft nach mehr Absolventen mit höheren Qualifikationen.

Wie hat sich die Bildungsexpansion auf die schichtspezifische Ungleichheit der Bildungschancen ausgewirkt? Zunächst ist festzuhalten, daß sie den Kindern aus nahezu allen Bevölkerungsgruppen zugute gekommen ist. Soziologisch interessant ist jedoch die Frage, ob dabei gleichzeitig eine Umverteilung der Bildungschancen zugunsten der benachteiligten unteren Schichten stattgefunden hat.

Leider waren und sind die Bildungsstatistiken des Bundes und der Länder in einem derartig lamentablen Zustand, daß sie auf diese zentrale Frage der Bildungs- und Gesellschaftspolitik keine präzise und differenzierte Antwort geben. Da sich die Bildungsexpansion auf den verschiedenen Ebenen des Bildungssystems unterschiedlich auf die schichtspezifische Chancenstruktur ausgewirkt hat, ist es sinnvoll, die Verschiebungen auf den drei Niveaus Realschule, Gymnasium und Hochschule getrennt zu betrachten.

Den bislang besten Einblick in die Veränderung der schichtspezifischen Chancenstrukturen im **Schulwesen** vermittelt die Spezialauswertung der Mikrozensusdaten von *Köhler* (1992). Sie bestätigt die skeptische Einschätzung der Effekte in bisherigen zusammenfassenden Bilanzen – z. B. bei *Trommer-Krug* (1980), *Geißler* (1987b, 1990, 1992), *Rodax* (1989), *Böttcher/Klemm* (1990), *Ditton* (1992), *Meulemann* (1992) – und verfeinert den Kenntnisstand durch die vergleichsweise differenzierte Gliederung der Soziallagen.

Vom Ausbau der **Realschulen** profitierten zwischen 1970 und 1989 insbes. die Kinder von Bauern und Facharbeitern (so gut wie nicht allerdings die Kinder von Ungelernten). Auf der Ebene des mittleren Bildungsniveaus sind also die **Chancen zugunsten der benachteiligten Schichten umverteilt** worden.

Anders sieht es an den **Gymnasien** aus. Hauptgewinner der gymnasialen Expansion sind die Kinder aus mittleren Schichten, die in der Regel auch bereits 1970 gute oder zumindest mittlere Bildungschancen hatten: Der bürgerliche Mittelstand der Selbständigen (gymnasialer Chancenzuwachs 13 Prozentpunkte[7]), die mittleren Dienstleistungsschichten (9 – 12 Prozentpunkte), aber auch die vorher benachteiligten Kinder der Landwirte (11 Prozentpunkte) konnten ihren Abstand zur Spitzengruppe (Beamte und Angestellte mit Abitur, freie Berufe) verringern. Die Arbeiterkinder insgesamt haben trotz einer Chancenverbesserung um 8 Prozentpunkte gegenüber der Mitte weiter an Boden verloren. Und an den Kindern der ungelernten Arbeiter ist neben der Ausdehnung der Realschulen auch die der Gymnasien vorbeigegangen[8]. **Beim Wettlauf um die höheren Schulabschlüsse haben also insbes. die Kinder der gesellschaftlichen Mitte aufgeholt, die Arbeiterkinder, insbes. die der Ungelernten, haben weiter an Boden verloren.**

Noch krasser wirkt der soziale Filter beim zunehmenden Run auf die **Universitäten**. Den Ausbau der Hochschulen nutzten insbes. junge Menschen aus Gruppen, deren Studienchancen bereits 1969 vergleichsweise gut waren (Abb. 12.3) – Söhne und in noch stärkerem Maße Töchter von Beamten (Zuwachs unter den Studienanfängern bis 1993 um 20 Prozentpunkte), von Selbständigen (16 Prozentpunkte) und von Angestellten (12 Prozentpunkte). Trendanalysen mit einem feineren Schichtmodell liegen nicht vor, aber es dürfte sich bei den Gewinnern der Hochschulexpansion um dieselben mittleren Schichten handeln, die auch in bes. Maße von der Ausdehnung der Gymnasien profitierten. Der Chancenzuwachs der Arbeiterkinder von 4 Prozentpunkten nimmt sich dagegen sehr bescheiden aus. 1990 kletterte ihre Studierquote erstmals in der Geschichte der Bundesrepublik über die Fünfprozentmarke auf 7%. Das Jahrhundertniveau der Arbeiterkinder liegt allerdings nur halb so hoch wie allein der Chancen**zuwachs** der Beamtenkinder zwischen 1986 und 1991 (15

Abb. 12.3: *StudienanfängerInnen an Universitäten nach dem Beruf des Familienvorstandes (West 1969 – 1993)*

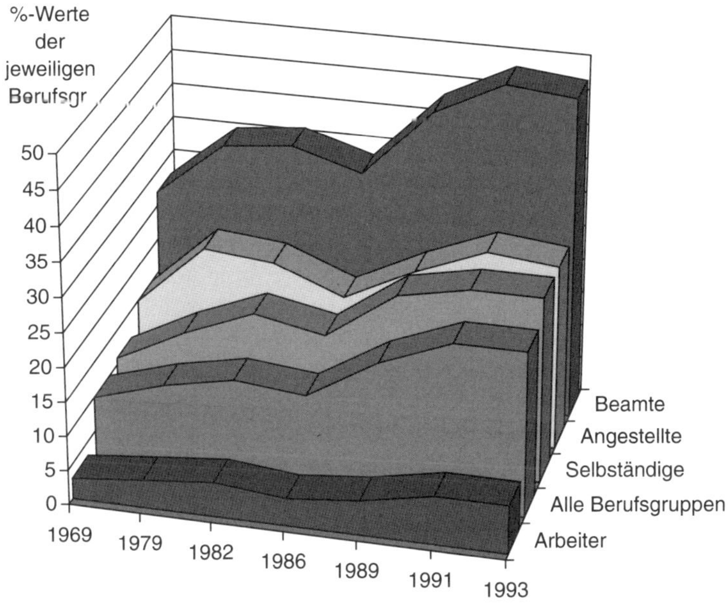

	1969	1979	1982	1986	1989	1991	1993
Arbeiter	3	4	5	4	5	7	7
Selbständige	11	16	20	18	25	27	27
Angestellte	15	24	23	19	24	28	27
Beamte	27	35	36	33	43	48	47
Alle Berufsgruppen	10	13	15	14	20	24	24

Quellen: *Ballerstedt/Glatzer* 1979, 299 (1969); BMBW 1986, 103 (1979, 1982); BMBW 1992, 57ff. (1986, 1989); BMBWFT 1995a, 3 (1991, 1993); BMBWFT 1994, 136 (danach „alle Berufsgruppen“ 1989–1993 berechnet).

Prozentpunkte). Dieser Vergleich macht die schichtspezifischen Effekte drastisch sichtbar, die mit der Expansion der Universitäten verbunden sind. Da Arbeiterkinder eine „instrumentellere“ Grundhaltung zu einer Universitätsausbildung haben als Kinder aus traditionell universitätsnahen Schichten – die Aussicht auf einen sicheren Arbeitsplatz mit gutem Einkommen spielt bei ih-

Abb. 12.4: *Schichtspezifische Schulbesuchs- und Studierquoten*[1] *(in Prozent)*

Chancen	Beruf und Bildung des Familienvorstands[2]	Sonderschule[3] (9. Klasse) 1976	Hauptschule (13-14-jährige) 1989	Realschule (13-14-jährige) 1989	Gymnasium (17-18-jährige) 1989	Studienanfänger		
						insgesamt	Wiss. Hochschulen 1987/88	Fachhochschulen 1987/88
stark begünstigt	selbständige Akademiker	–	(2)	(10)	76	93	82	11
	Beamte mit Abitur	–	(7)	12	77	81	67	14
	Angestellte mit Abitur	–	(8)	20	73	73	58	15
begünstigt	Beamte mit mittlerem Abschluß	–	(13)	32	47	33	21	11
	Angestellte mit mittlerem Abschluß	–	16	31	46	29	20	9
ausgeglichen	nichtakad. Selbständige (o. Landwirte)	–	33	29	34	24[4]	16[4]	8[4]
	Beamte ohne mittleren Abschluß	–	16	31	28	25	15	10
	Angestellte ohne mittleren Abschluß	–	28	37	24	21	13	8
benachteiligt	selbständige Landwirte	–	47	36	17	–[5]	–[5]	–[5]
	deutsche Arbeiter mit Lehre	3	52	30	14	11	6	5
stark benachteiligt	deutsche Arbeiter ohne Lehre	8	65	21	7	4	2	2

( ) Prozentzahlen, die aus weniger als 50 Fällen berechnet sind.

1 Anteil an den Gleichaltrigen der jeweiligen Schicht, die einen bestimmten Schul- oder Hochschultyp besuchen (Lesebeispiel: 76% der 17-18jährigen Kinder von selbständigen Akademikern besuchten 1989 ein Gymnasium).
2 Die Rangordnung der Schichten orientiert sich an den Studienchancen an Wissenschaftlichen Hochschulen.
3 Die oberen und mittleren Schichten waren in dieser alten Studie (neuere Daten liegen nicht vor) anders gegliedert. Die Sonderschulbesuchsquoten lagen in den 6 Berufsgruppen außerhalb der Arbeiterschaft bei maximal 1% (vgl. *Geißler* 1987b, 91).
4 Die Studierquoten beziehen sich auf Selbständige ohne Hochschulabschluß einschließlich Landwirte.
5 nicht erhoben, vgl. Anm. 4.

Quelle: zusammengestellt nach *Köhler* 1992, 55, 57, 111, 114 und BMBW 1981, 18 (Sonderschulen).

rer Studienmotivation eine zentrale Rolle, während in höheren Schichten der Studienwunsch stärker mit Familientraditionen, Fachinteressen und Streben nach Selbstverwirklichung verknüpft ist –, lassen sie sich durch Beschäftigungsrisiken von Hochschulabsolventen eher vom Studieren abschrecken.[9] Dazu kommt, daß Arbeiterkinder vom Rückgang der BAföG-Empfänger und von der Umstellung der Studienförderung auf Darlehen sowie den daraus resultierenden Schwierigkeiten bei der Studienfinanzierung besonders betroffen sind.[10]

Abb. 12.4 enthält eine differenzierte Momentaufnahme der schichtspezifischen Chancenstrukturen, deren Feinheiten die interessierten LeserInnen einmal in Ruhe studieren sollten (vgl. die Interpretation bei *Geißler* 1994b, 125ff.). Ich greife hier nur einen Gesichtspunkt heraus, der die krassen Ungleichheiten drastisch verdeutlicht: Die universitären Studienchancen der Kinder von selbständigen Akademikern liegen mit 82% um das 41-fache(!) höher als diejenigen der Kindern von Ungelernten, die häufiger eine Sonderschule (8%) besuchen als ein Gymnasium (7%) oder gar eine Universität (2%).

Zusammenfassend läßt sich festhalten: Die Bildungsexpansion hat zwar die Bildungschancen aus fast allen Schichten erheblich erhöht, aber zu einer Umverteilung der Chancen, zu einem Abbau der Chancenunterschiede zwischen den Schichten ist es nur bei den mittleren Abschlüssen gekommen. Die Chancen auf eine höhere Ausbildung an Gymnasien und Universitäten sind dagegen noch ungleicher geworden. Die Kinder der mittleren Dienstleistungsschichten und des alten Mittelstandes der Selbständigen können als die Hauptgewinner der Expansion der Gymnasien und vermutlich auch der Universitäten angesehen werden: Sie waren in der Lage, ihren Abstand zu den Arbeiterkinder zu vergrößern und gleichzeitig gegenüber den Kindern der höchsten Statusgruppen etwas aufzuholen; denn diese können und konnten ihre hohe Chancenausnutzung nur noch in Grenzen steigern („Deckeneffekt" bzw. „ceiling effect"). Beim Wettlauf um zusätzliche höhere Bildungschancen konnten die mittleren Schichten ihre besseren Ressourcen (vgl. S. 267ff.) ausspielen. Die Hauptverlierer sind die Kinder von un- und angelernten Arbeitern, die vom Bildungsboom kaum erfaßt wurden (vgl. auch *Meulemann* 1985, 69ff.). Es gibt also ein **zweites Paradox der Bildungsexpansion: sie verbessert die Bildungschancen, verstärkt aber gleichzeitig die soziale Ungleichheit auf dem Weg zu den höheren Bildungsniveaus.**

In drei neueren Kohortenanalysen wird die Entwicklung des Zusammenhangs von sozialer Herkunft und Bildungschancen mit abstrakten, stark mathematisierten Modellen berechnet. Nach *Blossfeld* (1993) sind die Herkunftseffekte bei den jüngeren Kohorten noch genauso hoch wie bei den älteren, das Ausmaß der Chancenungleichheit ist also nach wie vor unverändert stark. Die Ergebnisse der beiden anderen Studien ähneln mehr meiner Interpretation der anschaulichen Prozentwerte: Der Einfluß der Schichtzugehörigkeit auf die Wahl einer weiterführenden Schule im allgemeinen ist rückläufig, aber die sozialen Unterschiede beim Besuch des Gymnasiums bleiben erhalten (*Henz/Maas* 1995) bzw. sie nehmen in den jüngeren Kohorten zu (*Müller/Haun* 1994).

12.3.2 Entwicklung in der DDR: soziale Öffnung und erneute Schließung des Bildungssystems

Zu den revolutionären Umwälzungen in der Startphase der DDR gehörte auch die „Brechung des bürgerlichen Bildungsmonopols". Ziel war die Heranbildung einer neuen, einer sozialistischen Führungsschicht, die sich später aus allen Klassen und Schichten nach dem Prinzip der proportionalen Chancengleichheit rekrutieren sollte (vgl. S. 244). Mit einem ganzen Bündel bildungspolitischer Maßnahmen – Einheitsschule, Landschulreform, in Schnellkursen ausgebildete Neulehrer aus den unteren Schichten, intensive Bildungswerbung, Zurückdrängen des Familieneinflusses zugunsten staatlicher Einrichtungen – wurde das Bildungssystem umgewälzt. Durch die besondere Förderung (Arbeiter-und-Bauern-Fakultäten), aber auch durch eine gezielte Bevorzugung von systemloyalen Arbeiter- und Bauernkindern, die Verstöße gegen das Leistungsprinzip bewußt in Kauf nahm („Arbeiter-und-Bauern-Bonus") und die mit einer Behinderung der Kinder aus bürgerlichen Schichten einherging, wurden die **Universitäten für Arbeiterkinder in dramatischer Weise geöffnet** (Abb. 12.5). Ende der 50er Jahre hatte sich die DDR dem Ziel der proportionalen Chancengleichheit in beachtlichem Maße angenähert.

Methodischer Hinweis. Neben den **Studienanfängerquoten**, die Abb. 12.3 enthält, liefert auch die Entwicklung der **Sozialprofile** der Studienanfänger bzw. der Studierenden Informationen zur Entwicklung der Chancengleichheit. Sozialprofile geben die soziale Zusammensetzung der Studierenden wieder, z. B. die Anteile der Arbeiterkinder, Beamtenkinder etc. an allen Studierenden. In der Öffentlichkeit werden schichtspezifische Studienchancen meist anhand von Daten dieser Art diskutiert, obwohl ihre Interpretation mit zwei Schwierigkeiten verbunden ist. Zum einen läßt sich die Entwicklung der Sozialprofile nur vor dem Hintergrund der Sozialstruktur der Gesamtbevölkerung deuten – oder genauer: vor dem Hintergrund der Entwicklung des Sozialprofils der jeweiligen Elterngeneration. Und zweitens hängt das Sozialprofil der Studierenden von der Gesamtzahl der Studierenden ab und verändert sich, wenn ihre Gesamtzahl steigt oder zurückgeht (Genaueres bei *Geißler* 1990, 90). Trotz dieser Interpretationsprobleme werde ich hier Sozialprofile zur Darstellung heranziehen, da nur in dieser Form Daten für die DDR vorliegen. Sie bieten daher die beste empirische Basis eines Vergleichs der Entwicklung der schichtspezifischen Bildungschancen in beiden deutschen Gesellschaften.

Der sozialen Öffnung im ersten Jahrzehnt folgte jedoch seit Ende der 50er Jahre eine Phase **zunehmender sozialer Schließung**, die bis zum Untergang der DDR anhielt. Die Zugangswege zu den Universitäten verstopften für Arbeiterkinder immer mehr, das bürgerliche Bildungsprivileg wurde allmählich durch ein **Bildungsprivileg der sozialistischen Intelligenz** ersetzt (Abb.

Abb. 12.5: *Sozialprofil der Studierenden an Wissenschaftlichen Hochschulen, DDR 1945 – 1989 (in%)*

	DDR[1]					BR	
						Arbeiter	
	Intelligenz[2]	Arbeiter	Angestellte	Mitgl. von LPG/PGH[3]	Selbständige Sonstige	Studierende	Studienanfänger[4]
1945/46		ca. 4				ca. 4	
1954[1]	12	48	24	6	11	5	
1958[1]	14	53	19	6	9	5 (1959)	
1960	19	39	30	3	8	5	
1967	30	30	26	6	7	7 (1966)	7 (1966)
1976						13	16
1979	59	max 11 – 19[5]				15	15
1982	69	max 10 – 15[5]				16	14
1985						15	12
1989	78	max 7 – 10[5]				15 (1988)	9

1 nur Direktstudium, ohne Fernstudium. Im Direktstudium liegt der Anteil der Arbeiterkinder höher und der Anteil der Intelligenzkinder niedriger als unter allen Studierenden.
2 Fach- oder Hochschulabschluß
3 LPG = Landwirtschaftliche Produktionsgenossenschaften, PGH = Produktionsgenossenschaften Handwerk
4 Da der Anteil der Studienanfänger, deren Herkunft nicht klassifizierbar ist, von 3% (1982) auf 20% (1989) gestiegen ist, dürfte die rückläufige Tendenz bei den Arbeiterkindern etwas weniger stark sein, als es die Prozentwerte ausweisen.
5 Schätzungen auf der Basis der Direktstudenten des Jahres 1967 (1967 waren 47,5% aller Studierenden, deren Eltern nicht der Intelligenz angehörten, Arbeiterkinder). Die Studentenuntersuchungen unterscheiden unterhalb der Fach- und Hochschulabschlüsse (= Intelligenz) drei weitere Qualifikationsstufen: „Meister" – „Facharbeiter" (der „Lehre" u.ä. im bundesdeutschen Sinne vergleichbar) – „Teilfacharbeiter/ohne Abschluß". Die höhere Schätzzahl resultiert aus einer Schätzung, die alle Eltern mit Qualifiktionen unterhalb des Fachschulniveaus berücksichtigt. Die niedrigere Schätzzahl klammert die Eltern mit Meisterabschluß aus der Schätzung aus. Der tatsächliche Anteil der Arbeiterkinder im engeren (bundesdeutschen) Sinne dürfte in der Nähe der niedrigen Schätzzahl liegen, eventuell auch noch darunter.

Quellen: DDR – 1954 – 1967: StatJb 1958 – 1968. 1979 – 1989 eigene Berechnungen nach *Bathke* 1984, 74; *Starke* 1984, 19; *Friedrich/Gerth* 1984, 90; *Bathke* 1990, 121. BRD – Studienanfänger: BMBW 1981, 142 (1966 – 1979); BMBW 1990 (1982 – 1989); Studierende: *Lundgreen* 1981, 153 (1954, 1959, 1966); *Kaelble* 1983, 130 (1960); BMBW 1986, 101 (1979); BMBW 1989a, 441 (1982 – 1988)

12.5). Die Folge dieser Dynamik war: in der Schlußphase der DDR vollzog sich die **soziale Auslese** auf dem Weg in die Universitäten noch **schärfer als in der Bundesrepublik**; die Anteile der Arbeiterkinder unter den Studierenden waren kleiner als in Westdeutschland, die Anteile der Akademikerkinder dagegen etwa doppelt so groß.

Um die soziale Schließung des Bildungssystems, die in krassem Widerspruch zur offiziellen Propaganda von der verwirklichten Chancengleichheit stand, zu vertuschen, wurden in der DDR nach 1967 keine genauen Daten mehr über die Bildungschancen erhoben. Die Angaben für 1979 und 1988 in Abb. 12.5 beruhen daher auf Schätzungen. Mehrere Ost-West-Vergleiche nach der Wende, bei der die soziale Herkunft am Bildungsstand von Vätern und Müttern gemessen wurde, bestätigen meine schon vor der Wende formulierte These von der höheren sozialen Selektivität in Ostdeutschland (*Geißler* 1983 und 1990[11], 95f.; vgl. auch *Geißler* 1991b). So zeigte bereits die erste gemeinsame deutsch-deutsche Studentenuntersuchung, die Sozialwissenschaftler aus Leipzig, Marburg und Siegen im Jahr 1990 durchführten, daß 47% der ostdeutschen, aber nur 23% der westdeutschen Studierenden einen akademisch ausgebildeten Vater hatten; auf der anderen Seite stammten nur 20% der ostdeutschen Studierenden, aber 43% der westdeutschen aus Familien, in denen die Väter einen Bildungsabschluß unterhalb des Meister- bzw. Fachschulniveaus aufwiesen (Einzelheiten bei *Geißler* 1992, 228f.). Auch die gymnasialen Chancen der unteren Bildungsschichten sind nach den ersten vergleichenden Analysen in den neuen Ländern erheblich schlechter als in den alten, und die schichtspezifischen Chancenunterschiede eher größer (*Apel* 1992; *Lischka* 1992, 239).

Aus dem komplexen **Ursachen**bündel, auf das die soziale Schließung des DDR-Bildungssystems zurückzuführen ist, sollen hier einige genannt werden, die in den 70er und 80er Jahren von besonderer Bedeutung gewesen sein dürften: 1. Die **Drosselung des Zugangs zum Abitur und zu den Hochschulen** verschärfte den Wettbewerb um die knappen Plätze; dabei konnte die Intelligenz ihre besseren Ressourcen im Hinblick auf Sozialisation und Bildungsorientierungen (vgl. S. 267ff.) ausspielen. 2. Da Mütter mit guter Ausbildung die Bildungskarriere ihrer Kinder nachweislich noch besser fördern können als gut ausgebildete Väter (vgl. *Böttcher* u. a. 1988a, 115f.; *Kahle/Schaeper* 1991, 109), ging vom **Vorrücken der gut ausgebildeten Frauenjahrgänge ins Alter von Studenteneltern** ein erneuter Impuls zur Verschärfung der sozialen Auslese aus (vgl. dazu *Bathke* 1985, 30f. und *Geißler* 1990 Tab. 7 und 8). Die Herstellung geschlechtsspezifischer Chancengleichheit wirkt sich somit gegen den Abbau schichtspezifischer Ungleichheiten aus. 3. Die egalitäre sozialistische Gesellschaftspolitik **nivellierte die sozialen Unterschiede**, u. a. die Einkommensunterschiede (vgl. S. 62f.); dadurch wurden die materiellen Anreize verringert, die als Stimulans für Bildungsanstrengungen in den bildungsfernen Unterschichten größere Bedeutung haben als in der bildungsfreundlichen Intelligenz (vgl. *Bathke* 1990, 125f.). 4. Die **politischen Auslesekriterien** der Systemloyalität und der „herausragenden Leistungen von Eltern beim Aufbau des Sozialismus“ – so die Aufnahmeordnung für die Abiturstufe (*Minister für*

Volksbildung 1988, 186) – begünstigten die Kinder der überdurchschnittlich systemtreuen und gesellschaftlich aktiven Intelligenz. 5. Desweiteren wurde die soziale Auslese durch die Einrichtung von **Spezialklassen** und **Spezialschulen** zur besonderen Förderung begabter Kinder (vgl. *Schreier* 1990) verschärft. Diese Bildungswege eröffneten gute Karrierechancen und wurden vorwiegend von Kindern der neuen sozialistischen Intelligenz genutzt (*Meier/ Reimann* 1977, 38ff.). 6. Durch die erfolgreich verbreitete **Illusion**, die **Chancengleichheit** im Bildungssystem der DDR sei in den 60er Jahren endgültig verwirklicht worden, wurden Anstrengungen zur Förderung der Benachteiligten vernachlässigt; stattdessen rückte die Förderung der Besten ins Zentrum der bildungspolitischen Diskussion (vgl. *Schreier* 1990).

12.3.3 Ursachen der schichtspezifischen Bildungschancen

Bei den Ursachen für die weiterhin bestehenden ungleichen Bildungschancen gibt es Ähnlichkeiten zwischen den beiden Gesellschaften aber auch Unterschiede.

Ähnliche Ursachen in beiden Gesellschaften

Bildungssoziologische Studien haben gezeigt, daß die schichtspezifische Ungleichheit der Bildungschancen in der BR auf einen vielschichtigen Komplex von Ursachen zurückgeführt werden muß. **Sozialstruktur, Sozialisation und Bildungsorientierungen in den Familien** und **Auslesemechanismen im Bildungssystem** wirken in einer Art und Weise zusammen, daß Kinder aus den oberen Schichten die Bildungsangebote weitaus besser nutzen können als Kinder aus den unteren Schichten. Die wenigen empirischen Daten aus der DDR weisen darauf hin, daß dort ähnliche Zusammenhänge wirksam waren.

In Ost und West gab/gibt es **schichtspezifische Sozialisationsprozesse**, d.h. schichtspezifische Unterschiede in der Persönlichkeitsentwicklung der Kinder. Sie entstehen insbesondere durch Familieneinflüsse, die mit den unterschiedlichen Soziallagen der Familien verknüpft sind. Der höhere materielle und kulturelle Anregungsgehalt des Familienmilieus in den oberen Schichten der BR fördert die Entwicklung von Fähigkeiten und Motivationen, die den Schul- und Studienerfolg der Kinder begünstigen. Dazu gehören kognitive und sprachliche Fähigkeiten genauso wie Leistungsmotivation oder der Glaube an den Erfolg individueller Anstrengungen. Die Sozialisationsvorteile der Kinder aus den oberen Schichten hängen mit der privilegierten finanziellen Situation dieser Familien zusammen, aber auch mit der höheren Bildung und der höheren Arbeitsqualität zumindest eines Elternteils, die wiederum das kommunikative und erzieherische Klima der Familie positiv beeinflussen (Überblicke dazu bei *Geißler* 1994b, 134ff. und *Steinkamp* 1991, 252ff.).

Auch in der DDR wiesen Arbeiterkinder, insbesondere Kinder von Un- und Angelernten, Defizite in der kognitiven und sprachlichen Entwicklung und in der Leistungsmotivation auf. Kinder der Intelligenz zeigten innerhalb und außerhalb von Schule und Universität vielseitigere Interessen und Aktivitäten, sie nutzen die kulturellen Angebote und auch die Angebote zur gesellschaftlichen und politischen Aktivität ausgiebiger.[12] In beiden deutschen Gesellschaften bringen die Kinder aus den verschiedenen Schichten **unterschiedliche Voraussetzungen** mit, um den **Leistungserwartungen** im Bildungssystem zu genügen. In der BR und in der DDR zeigen sich ähnliche Folgen: Kinder aus unteren Schichten erhalten bis hin zum Abitur häufiger schlechtere Noten, müssen häufiger eine Klasse wiederholen und scheiden häufiger vorzeitig aus den Pflichtschulen oder aus der Abiturstufe aus, ohne den entsprechenden Abschluß erreicht zu haben.[13] Die Bildungssysteme in beiden Gesellschaften verlangen den Kindern aus den unteren Schichten **besondere Anpassungsleistungen** ab. Das gilt auch noch für das Studium: An den Hochschulen haben Studierende aus Arbeiterfamilien mit spezifischen Problemen zu kämpfen – in beiden Gesellschaften mit Orientierungs- und Motivationsschwierigkeiten, in der Bundesrepublik zusätzlich mit Problemen der Studienfinanzierung.[14]

In beiden Gesellschaften wird das **Leistungspotential der Kinder aus den unteren Schichten nicht voll ausgeschöpft**. Unsicherheiten über die möglichen Bildungswege und eine gewisse Distanz der unteren Schichten zur höheren Bildung verhindern, daß ihre Kinder gute Schulleistungen in gleichem Maße in höhere Ausbildungsabschlüsse umsetzen wie die Kinder aus mittleren und oberen Schichten.

In den folgenden Beispielen wird das Ausmaß des **leistungsunabhängigen sozialen Filters** auf verschiedenen Ebenen des Bildungssystems in Prozentzahlen anschaulich faßbar:

- Auch bei ähnlichen Leistungen in der **Grundschule** planen Eltern aus verschiedenen Schichten sehr unterschiedliche Bildungskarrieren für ihre Kinder. Bei guten Schulnoten (Durchschnitt bis 2,3) ist für 94% der Oberschichtkinder (Drei-Schichten-Modell), für 69% der Mittelschichtkinder, aber nur für 38% der Unterschichtkinder der Besuch eines Gymnasiums vorgesehen. Noch krasser fallen die schichtspezifischen Unterschiede bei Kinder mit mittlerer Schulleistung (Notendurchschnitt von 2,3 – 3,1) aus: Immerhin sollen noch 73% der mittelmäßigen Oberschichtkinder die gymnasiale Laufbahn einschlagen, aber nur 30% der Mittelschichtkinder und lediglich 11% der Unterschichtkinder (*Ditton* 1992, 130 für Bayern).[15]

- Entsprechend unterschiedlich fallen auch die Reaktionen auf die Empfehlungen der Lehrer am Ende der Grundschulzeit aus: Fast alle Beamtenkinder (92%) folgen der Grundschulempfehlung für das Gymnasium, aber nur 63% der Facharbeiterkinder und weniger als die Hälfte

(48%) der Kinder von Un- und Angelernten (*Fauser/Schreiber* 1987, 52 für Baden-Württemberg und Westberlin; ähnlich *Hansen/Rolff* 1990, 67 für Dortmund).

- Der leistungsunabhängige soziale Filter ist auch beim **Übergang in die Universitäten** erneut wirksam. OberstufenschülerInnen der mittleren Leistungsstufe aus Familien von Beamten (50%), Angestellten (44%) und Selbständigen (55%) wollen häufiger studieren als Arbeiterkinder (43%) aus der oberen Leistungsstufe (*Böttcher* u. a. 1988a, 114ff. für Dortmund).

- Erst **an den Hochschulen selbst** ist der **soziale Filter außer Kraft gesetzt**. Studierende aus Arbeiterfamilien haben zwar überdurchschnittlich häufig mit Finanzierungsproblemen sowie mit Orientierungs- und Motivationsschwierigkeiten zu kämpfen;[16] aber die Neigung, daß Studium abzubrechen, ist nicht mehr von der sozialen Herkunft abhängig (*Meulemann* 1990, 103).

Die einzige Untersuchung aus der DDR, die zu dieser Problematik veröffentlicht wurde, weist auf einen ähnlichen Auslesemechanismus hin (Meier 1974, 306f.).

Die folgenden Zusammenhänge zwischen **Sozialstruktur und Bildungsorientierungen** sind sowohl für die Bundesrepublik als auch für die DDR empirisch belegt:[17] Eltern aus oberen Schichten verfügen über ein ausgeprägteres pädagogisches Selbstbewußtsein. Bildung ist für sie ein höherer Wert. Sie motivieren ihre Kinder stärker zur Aneignung einer guten Ausbildung und visieren von vornherein höhere Bildungsabschlüsse für ihre Kinder – in der BR insbesondere für ihre Söhne – an und lassen sich auch durch widrige Umstände wie mäßige Schulleistungen – in der BR auch Lehrerempfehlungen, die den Bildungswünschen widersprechen, oder schlechte Berufschancen für Akademiker – nicht so leicht von den hochgesteckten Bildungszielen abbringen. Sie kümmern sich intensiver um die Schulprobleme ihrer Kinder und machen ausgiebiger von den Möglichkeiten Gebrauch, über Kontakte zur Schule und über die Mitarbeit in Elternvertretungen die Schulchancen ihrer Kinder zu verbessern.

Für beide Gesellschaften gilt: **Der Widerstand der oberen Schichten gegen den sozialen Abstieg ihrer Kinder ist stärker ausgeprägt als der Wille der unteren Schichten zum sozialen Aufstieg.**

In der Bundesrepublik werden die Nachteile, die durch schichtspezifische Sozialisation und durch schichtspezifischen Bildungswillen entstehen, im Schulsystem selbst nicht kompensiert, sondern eher noch verstärkt. Lehrer versuchen, die Leistungen der Schüler „objektiv" zu bewerten, aber Studien zur Notengebung und zu den Schulempfehlungen zeigen, daß sich in das Lehrerurteil Kriterien einschleichen, die sich unabhängig vom tatsächlichen Leistungsvermögen zu Lasten der Kinder aus unteren Schichten auswirken (ein Überblick dazu bei *Geißler* 1994b, 144ff.; vgl. auch *Grimm* 1987, 73ff.).

So erhalten z. B. in den 80er Jahren 40% der Oberschichtenkinder mit mittleren Schulleistungen (Notendurchschnitt zwischen 2,2 und 2,9) eine Grundschulempfehlung für das Gymnasium, aber nur 11% der Unterschichtenkinder mit den entsprechenden Schulleistungen (*Ditton* 1992, 132).

Besondere Ursachen in der Bundesrepublik Deutschland

Schichtspezifische Auswirkungen haben in der BR auch die Curricula und die Organisationsstrukturen der Bildungseinrichtungen.

Historische und sprachliche Lerninhalte stellen wegen ihrer Ferne zum kulturellen und sprachlichen Milieu der Unterschichten eine zusätzliche Barriere für Kinder dieser Herkunft dar. Mathematische, naturwissenschaftliche und technische Lerninhalte kommen dagegen den Bildungsvoraussetzungen von Unterschichten besser entgegen (vgl. z. B. *Rodax/Spitz* 1982, 90f.). Durch das stärkere Festhalten der Gymnasien an historischen und sprachlichen Elementen der Curricula und durch die stärkere Abschottung der weiterführenden Bildung gegenüber der Arbeitswelt[18] lagen die curricularen Barrieren für Unterschichtenkinder in der Bundesrepublik höher als in der DDR.

Ähnliche schichtspezifische Effekte hat auch das weitgehende Festhalten an den **äußeren Differenzierungen des dreigliedrigen Schulsystems** in der Bundesrepublik. Die Bildungsreformen haben gezeigt, daß Bildungseinrichtungen, die eine frühzeitige Festlegung der individuellen Bildungswege vermeiden, spätere Korrekturen zulassen und Leistungsschwache besonders fördern, dem Bildungsverhalten der unteren Schichten besser entgegenkommen und deren Bildungschancen verbessern. Dazu gehören die Orientierungsstufe, die Fachoberschulen, die Übergänge von Realschulen in die Abiturstufe genauso wie die Gesamtschulen und die Gesamthochschulen (vgl. *Geißler* 1994b, 147f.). Da das Bildungssystem der DDR stärker vereinheitlicht und entdifferenziert wurde – Veränderungen, die in anderer Hinsicht Nachteile (Leistungseinbußen) mit sich gebracht haben –, muß auch die dreigliedrige Gesamtstruktur des Bildungswesens der Bundesrepublik als ein besonderer Faktor angesehen werden, der den Unterschichtenkindern den Weg zur höheren Bildung erschwert.

Auf die besonderen Ursachen für die Chancenungleichheit in der DDR wurde bereits auf S. 266f. eingegangen.

12.4 Entwicklungsperspektiven in den neuen Ländern

12.4.1 Nachholende Bildungsexpansion

Während die Höherqualifikation der Bevölkerung in der DDR etwas weiter vorangetrieben worden war als in der Bundesrepublik, hinkte die Expansion der sekundären und tertiären Sektoren des Bildungssystems seit den 70er Jahren hinter der westdeutschen Entwicklung her. Mit der Abschaffung der staatlichen Zulassungsbeschränkungen zur Abiturstufe und zu den Hochschulen im Zuge der Vereinigung wurde der institutionelle Startschuß dafür gegeben, die seit zwei Jahrzehnten blockierte Bildungsexpansion nachzuholen und eine Bildungsdynamik nach westdeutschem Muster in Gang zu setzen. Der Run auf die neugeschaffenen Gymnasien setzte quasi über Nacht ein, und diese Bildungswelle wird in Kürze die Hochschulen erreichen.

1990 wollten nur 17% der sächsischen SchülerInnen der Klassen 9 und 10 mit dem Abitur abschließen, im Frühjahr 1991 waren es von den Leipziger Achtklässlern bereits 42%, und 1995 wünschen 44% der Schülereltern, daß ihre Kinder das Abitur bzw. die Hochschulreife erwerben (West: 51%) (*Palentien* u. a. 1993, 3;ISF-Umfrage 1995). Aus Abb. 12.2 (S. 253) ist zu entnehmen, daß der Gymnasiastenanteil von 32% unter den SchülerInnen der Klasse 7 im Jahre 1993 genau dem westdeutschen Niveau entspricht. Der Westimport **„Gymnasium“** ist in den neuen Ländern als wichtiger gesellschaftlich angesehener Bildungsweg, der gute Sozialchancen eröffnet, auf breite Anerkennung gestoßen.

Auf der unteren Ebene des Bildungssystems gehen die neuen Länder z. T. eigene Wege. Nur Mecklenburg-Vorpommern hat das dreigliedrige Schulsystem nach westdeutschen Muster übernommen, drei andere Länder haben Reste der sozialistischen Einheitsschule erhalten, diese aber nach westdeutschen Reformkonzepten der 80er Jahre umgebaut und ein zweigliedriges Schulsystem mit integrierten Haupt- und Realschulen entwickelt. Um in den unübersichtlichen Bildungsföderalismus auch noch sprachliche Verwirrung zu bringen, werden diese „kleinen Gesamtschulen“ in Sachsen „Mittelschule“, in Sachsen-Anhalt „Sekundarschule“ und in Thüringen „Regelschule“ genannt. Brandenburg hat „normale“ Gesamtschulen westlichen Typs eingeführt. In diesen teilintegrierten Systemen werden die **Hauptschulen** stärker marginalisiert als in den alten Ländern. So besuchten in Sachsen 1993/94 nur noch 17% der Mittelschüler der Klasse 7 den Hauptschulzweig (*Hörner* 1995, 154); Der Anteil der Hauptschüler insgesamt ist also auf ca. 10% eines Jahrgangs zusammengeschrumpft (alte Länder: 30%).

Auch im **Hochschulbereich** ist die nachholende Bildungsexpansion in bisher abgeschwächter Form spürbar. Der Anteil der Studienanfänger unter den

19- bis 20jährigen Ostdeutschen ist (fast) kontinuierlich vom DDR-Niveau 14% (1989) auf 24% (1994) angestiegen, liegt jedoch noch deutlich vom rückläufigen westdeutschen Anteil (1994: 29,4%) entfernt. Gut angenommen wurden die 1991/92 neu eingerichteten **Fachhochschulen**, die es in der DDR nicht gab. 1994 entschieden sich 42% der StudienanfängerInnen für diese Hochschulform, in den alten Ländern waren es nur 35% (BMBW 1994, 13, 15, 19; BMBWFT 1995, 140f.).

12.4.2 Ungleiche Bildungschancen – erneute soziale Öffnung der höheren Bildungswege?

Die weitere Entwicklung der sozialen Auslese in den neuen Ländern läßt sich nur schwer abschätzen. Wird sich der sozialistische Trend zur sozialen Schließung der Wege zum Abitur und zu den Hochschulen brechen und umkehren lassen? Neuere Ost-West-Vergleiche fördern eine weiterhin bestehende, ausgesprochen hohe soziale Selektivität des ostdeutschen Bildungssystems zutage. 1993 besuchten in Sachsen-Anhalt von den 10-15jährigen Kindern aus niedrigen Statusgruppen nur 2,5%(!) ein Gymnasium (Hessen: 14%) und von den Kindern aus mittleren Statusgruppen nur 20% (Hessen: 40%) (*Büchner/ Krüger* 1996, 24). Auch die neueren Analysen von *Bathke* auf der Datenbasis des Hannoveraner Hochschul-Informationssystems (HIS) zur sozialen Herkunft der Studienanfänger an den Universitäten bestätigen erneut die fortbestehende schärfere soziale Auslese in Ostdeutschland: Die Selbstrekrutierungsquote der Akademiker ist in den neuen Ländern erheblich höher als in den alten, und die Studienchancen von Kindern aus Familien mit niederem oder durchschnittlichem Qualifikationsniveau der Eltern sind deutlich schlechter als in Westdeutschland. Die soziale Auslese hat sich nach der Wende bis zum Wintersemester 1992/93 nicht – wie zu DDR-Zeiten – weiter verschärft, sie wurde aber auch nicht abgeschwächt. Im Wintersemester 1990/91 kamen 52% der ostdeutschen Studienanfänger aus Akademikerfamilien (West: 31%) und nur 19% aus Familien, in denen beide Eltern weder eine Fach- noch eine Hochschule absolviert hatten (West: 48%), im Wintersemester 1992/93 betrugen die entsprechenden Anteile 53% bzw. 18% (West: 33% bzw. 43%).[19]

Aus der Ursachenanalyse zur schichtspezifischen Ungleichheit der Bildungschancen und zur sozialen Schließung des DDR-Bildungssystems lassen sich einige Überlegungen zur wahrscheinlichen weiteren Entwicklung in den neuen Ländern ableiten. Es ist abzusehen, daß die Veränderungen in Ostdeutschland widersprüchliche Effekte auf die schichtspezifische Ungleichheit der Bildungschancen ausüben werden. Zwei Entwicklungen dürften die soziale Auslese zuungunsten der Unterschichtenkinder verschärfen. So ist das äußerlich differenziertere Schulwesen, das mit der Einführung von Gymnasien bzw. von zwei- oder dreigliedrigen Schulsystemen entsteht, nachweislich sozial selektiver als integrierte Schulsysteme (wie z. B. die integrierten Gesamtschulen in den alten Ländern). Auch der Ersatz der staatlichen Studienfinanzierung durch ein Studiendarlehen für sozial Bedürftige, das z. T. zurückgezahlt werden muß, dürfte einige Kinder aus den unteren Schichten vom Studium abhalten. Andererseits gibt es auch sehr deutliche Veränderungen zugunsten von mehr Chancengleichheit. So ist die SED-Loyalität als Auslesekriterium verschwunden, von dem die Kinder der Intelligenz profitierten. Des weiteren wird die starke Expansion der Abiturstufe und der Hochschulen den Verdrängungswettbewerb entschärfen. Und schließlich werden durch die stärkeren Einkommensunterschiede und durch die Zunahme sozialer Ungleichheit verstärkte Anreize zu höherer Bildung auf die Kinder aus den stärker „materialistisch" orientierten unteren Schichten ausgehen; eine bessere Ausbildung „lohnt sich wieder". Von den ungleichheitsmindernden Faktoren dürften die stärkeren Effekte ausgehen, so daß mit einer Abschwächung der sozialen Auslese im Zuge der nachholenden Bildungsexpansion zu rechnen ist.

Die weitere Entwicklung wird auch davon abhängen, ob den Bildungspolitikern und der Öffentlichkeit in den neuen Ländern die Chancengleichheit zum Problem wird – ob ein politischer Wille entsteht, der sozialen Schließung der Wege zur höheren Bildung entgegenzuwirken; ob Maßnahmen ergriffen werden, die untere Schichten ermutigen, das Leistungspotential ihrer Kinder besser als bisher zu entwickeln und in entsprechende Ausbildungsabschlüsse umzusetzen.

Anmerkungen

1 Auf die Probleme, was „Leistung" ist, wer „Leistung" definiert, wie man „Leistung" messen kann, welche Bedeutung bestimmte „Leistungen" für eine Gesellschaft haben und ob bestimmte „Leistungen" mit Recht als „Leistungen" bewertet und belohnt werden, kann hier nicht näher eingegangen werden.

2 Auch die folgende Praxis trug zur Reduktion der Un- u. Angelernten bei: ca. 40% der Un- und Angelernten war „überqualifiziert" auf „Facharbeiterpositionen" eingesetzt. Einem Teil von ihnen wurde dann nach jahrelanger Tätigkeit der Facharbeitertitel zuerkannt.

3 Zu den Zusammenhängen von Entwicklungen im Bildungswesen, Wirtschaft und Politik vgl. *Hüfner/Naumann/Köhler/Pfeffer* 1986; *Weishaupt/Weiß/v.Recum/Haug* 1988; *Klinger* 1990a.

4 Vgl. dazu *Hradil* 1990, 130ff.; *Tippelt* 1990, 280ff.; *Meulemann* 1990a, 110f. und 1992, 146f.; *Meyer* 1992, 140f.; *Zapf, K.* 1994, 372ff.

5 Empirische Belege dazu z. B. bei *Blossfeld* 1982; vgl. auch *Koch* 1994, 137ff.

6 Neuere Überblicke zum Forschungsstand bei *Rodax* 1995 (ohne Hochschulen) und *Geißler* 1994b.

7 D. h. hier: der Anteil von Gymnasiasten unter den 17- bis 18jährigen dieser Schicht stieg um 13 Prozentpunkte an – in dieser Gruppe von 21% auf 34%.

8 Prozentwerte nach *Köhler* 1992, 55ff., 75; vgl. auch die Auswertungen des Mikrozensus 1972 – 1989 nach groben Berufsgruppen durch das Institut für Schulentwicklung Dortmund – zusammengestellt bei *Geißler* 1994b, 120. Vgl. auch *Rodax* 1995.

9 Vgl. dazu *Kahle/Schaeper* 1991, 108ff.; *Bargel/Höpfinger* 1986, 136, 158; *Dippelhofer-Stiem* 1986, 194; *Walter* 1986, 209f.; *Bargel* u. a. 1987, 196f., 203; *Böttcher/Holtappels/Rösner* 1988, 162ff.

10 BMBWFT 1995a, 12f.; *Kahle/Schaeper* 1991, 108; *Bargel* u. a. 1987, 196f.; *Bargel* u. a. 1987, 196f.

11 Als Gutachten für die Materialien zum ursprünglich 1989 geplanten „Bericht der Bundesregierung zur Lage der Nation im geteilten Deutschland" vor der Wende verfaßt.

12 Einzelheiten und Belege bei *Geißler* 1983, 765; weiterhin *Bathke* 1985, 92ff., 151f.; *Bathke* 1986, 247; *Friedrich* 1986, 6; *Bathke* 1988, 67.

13 Ein Überblick dazu für die BR bei *Geißler* 1994b, 131ff.; vgl. auch *Stegmann* 1986, 95; *Hansen/Rolff* 1990, 67; Belege für die DDR zusammengefaßt bei *Geißler* 1983, 765; weiterhin *Starke/Hoffmann* 1984, 122f.; *Bathke* 1986, 249.

14 Zur BR vgl. z. B. *Kahle/Schaeper* 1991, 108f.; *Böttcher/Holtappels/Rösner* 1988, 226ff.; *Bargel u. a.* 1987; *Funke* 1987; *Lewin* 1986. Zur DDR vgl. *Starke/Hoffmann* 1984, 104; *Bathke* 1985, 92ff., 133ff.; *Bathke* 1988, 68. Nach einer ersten Auswertung der Leipzig-Marburg-Siegener Studentenstudie, die *Bathke* und ich vorgenommen haben, haben es die wenigen ostdeutschen Studierenden aus Arbeiterfamilien schwerer, neben den Akademikerkindern an den Universitäten zu bestehen als die zahlreicheren westdeutschen.

15 Auch *Meulemann* 1985, 98f. weist einen Einfluß des Vaterberufs bei Kontrolle der Schulleistung auf die Bildungswünsche von Eltern und SchülerInnen sowie auf die Übergangsentscheidung nach.

16 *Böttcher* u. a. 1988, 226ff.; *Bargel* u. a. 1987; *Funke* 1987; *Levin* 1986.

17 Ein Überblick für die BR bei *Geißler* 1994b, 141ff.; weitere Einzelbelege bei *Stegmann* 1986 und bei *Fauser/Schreiber* 1987, 51ff.; Belege für die DDR zusammengefaßt bei *Geißler* 1983, 765; vgl. auch *Bathke* 1985, 141ff. und 1988, 71f. sowie *Kretzschmar* 1985, 86ff.

18 Vgl. dazu *Zimmermann* 1990, *Baske* 1990, *Hörner* 1990.

19 *Lewin/Bathke* u. a. 1991, 10; *Bathke* 1993, 7. Nach *Lewin/Bathke* u. a. 1991, 9 und *Bathke* 1993, 3 liegt der Anteil der Arbeiterkinder unter den ostdeutschen Studienanfängern höher als unter westdeutschen. Dieses Ergebnis dürfte jedoch eher ein methodisches Kunstprodukt sein und die Wirklichkeit nicht richtig widerspiegeln. Die Zugehörigkeit zur Arbeiterschaft beruht in diesen Studien auf der Selbstzuordnung der Befragten, und in der Ex-DDR ordnen sich nachweislich (*Noll/Schuster* 1992, 214f.; *Noll* 1995, 4) andere und erheblich mehr Menschen der Arbeiterschaft zu als im Westen – eine Nachwirkung der sozialistischen „Arbeiterideologie" (vgl. S. 178). Die Kategorien „Arbeiterkinder" in Ost und West sind also nicht vergleichbar. Zu den unterschiedlichen Begriffen des „Arbeiters" und den daraus resultierenden Problemen beim Ost-West-Vergleich s. *Geißler* 1990, 90f. und 1992, 148ff.; *Geißler* 1996a).

13. Die Entwicklung der sozialen Ungleichheit zwischen Frauen und Männern

Neben den schichtspezifischen Differenzierungen gehören die sozialen Ungleichheiten zwischen den Geschlechtern zu den wesentlichen Charakteristika der Sozialstruktur moderner Gesellschaften. In der industriellen Gesellschaft hat sich eine besondere Form der geschlechtsspezifischen Arbeitsteilung in der Privatspähre, in der Arbeitswelt und im öffentlichen Leben herausgebildet (vgl. dazu auch S. 42). Zwischen Männern und Frauen existieren typische Unterschiede in den Soziallagen und gesellschaftlichen Rollenanforderungen, die sich über geschlechtsspezifische Sozialisationsprozesse auch auf die Persönlichkeit, auf Einstellungen, Motivationen und Verhaltensweisen niederschlagen. Für die Ungleichheitsanalyse sind insbesondere diejenigen geschlechtstypischen Differenzen von Interesse, die sich hierarchisch deuten lassen, d. h. als Muster, die Frauen strukturell benachteiligen.

In der DDR und in der Bundesrepublik sind Differenzierungen dieser Art in den letzten Jahrzehnten abgeschwächt worden. Offenbar gehört die Tendenz zur Minderung der sozialen Ungleichheiten zwischen Männern und Frauen zu den allgemeineren „emanzipatorischen Trends" der modernen Gesellschaft (vgl. *Elias* 1989, 36f.). Gleichzeitig breitet sich das Bewußtsein aus, daß viele der weiterhin bestehenden sozialen Unterschiede zwischen den Geschlechtern sozial ungerecht sind; die soziale Ungleichheit zwischen Frauen und Männern wird zunehmend „entlegitimiert" – eine interessante Illustration des sog. **‚Tocqueville-Paradox'**: Der scharfsinnige französische Gesellschaftsanalytiker *Alexis de Tocqueville* (1963, 291f. – zuerst 1835) hatte bereits vor mehr als 150 Jahren beobachtet, daß sich mit dem Abbau sozialer Ungleichheiten gleichzeitig die Sensibilität gegenüber den verbliebenen Ungleichheiten erhöht.

Die Entwicklungen in den beiden deutschen Gesellschaften weisen Ähnlichkeiten, aber auch Unterschiede auf. In der **DDR** gehörte die Gleichstellung der Frau von Anbeginn zu den offiziellen Zielen der sozialistischen Gesellschaftspolitik. Diese **„Emanzipation von oben"** vollzog sich **paternalistisch-autoritär**: Sie wurde von Männern gesteuert und war dem öffentlichen Diskurs entzogen. Motiviert war sie dreifach: ideologisch, politisch und ökonomisch. Ideologisch war die Gleichheit von Männern und Frauen ein Element der egalitären Utopie von der kommunistischen Gesellschaft. Politisch sollten die Frauen durch den Abbau von Nachteilen für das neue sozialistische System gewonnen werden. Und ökonomisch stellten die Frauen ein dringend benötigtes Arbeitskräftepotential für die Wirtschaft dar.

In der **Bundesrepublik** hatten die Benachteiligung der Frauen oder gar das Ziel „Gleichstellung der Frau" – trotz des grundgesetzlichen Gleichberechtigungsgebots – nie einen vergleichbaren Stellenwert in der politischen Auseinandersetzung und in den Überlegungen der politischen Elite. Impulse für Veränderungen in der sozialen Stellung der Geschlechter gingen eher „von unten" aus, von den Frauen selbst, in den letzten zwei Jahrzehnten zunehmend von Frauengruppen, Frauenbewegungen und Frauenorganisationen in den verschiedenen Bereichen der Gesellschaft, bevor diese Thematik zögerlich von der offiziellen Politik auf die Tagesordnung gesetzt wurde. Überspitzt kann man sagen: Im Gegensatz zur paternalistisch-autoritären „Emanzipation von oben" in der DDR gab es in der Bundesrepublik Ansätze einer **demokratisch-öffentlichen „Emanzipation von unten"**.

In diesem Kapitel soll auf der Basis empirischer Daten zunächst untersucht werden, wie sich geschlechtsspezifische Ungleichheiten in den Sozialstrukturen der beiden Gesellschaften gewandelt haben. Ich werde die Veränderungen in den vier folgenden, z. T. miteinander verzahnten Bereichen vergleichend gegenüberstellen: im Bildungswesen, in der Arbeitswelt, in der Politik und in der Familie. Im Zentrum werden die Fragen stehen: Wie und warum haben sich die Lebenschancen der Frauen – ihre Bildungschancen, ihre Berufschancen, ihre Chancen auf politische Teilnahme sowie die Arbeitsteilung in der Familie – in den beiden deutschen Gesellschaften verändert? Gibt es unterschiedliche Entwicklungen in Ost und West? Wo liegen in beiden Gesellschaften die Hindernisse für den weiteren Abbau geschlechtsspezifischer Ungleichheiten? Im letzten Teil werden schließlich die Auswirkungen der deutschen Vereinigung, insbes. auf die Lage der ostdeutschen Frauen, dargestellt.

13.1 Ungleichheiten im Bildungssystem

13.1.1 Chancengleichheit als bildungspolitisches Ziel

Die Entwicklung in den ersten Nachkriegsjahrzehnten zeigt, daß der **Bildungsbereich** derjenige gesellschaftliche Sektor ist, in dem sich **geschlechtsspezifische Unterschiede am schnellsten und am besten abbauen lassen**. In den 50er, 60er und 70er Jahren wurden den Mädchen und Frauen die Tore in die höheren Bildungseinrichtungen, die seit Beginn dieses Jahrhunderts einen Spalt weit geöffnet waren, endgültig aufgestoßen – in der DDR eher und z. T. auch weiter als in der Bundesrepublik.[1]

Gleiche Bildungschancen für Mädchen und Jungen, für Frauen und Männer gehörten von Anfang an zu den Zielen sozialistischer Bildungspolitik, die an die Tradition der marxistischen Frauenbewegung anknüpfen konnte. Für *Clara Zetkin* – um eine bedeutende Repräsentantin dieser Bewegung zu nennen – war die Erwerbstätigkeit und Gleichstellung der Frau im Beruf Voraussetzung für die Selbständigkeit der Frau und für ihre gesellschaftliche Emanzipation. Aus dieser Maxime leitete sie folgerichtig ab, daß die Voraussetzung für die Gleichstellung im Berufsleben wiederum die Gleichstellung im Bildungswesen ist. Die Frauenförderung im Bildungswesen erhielt in der **DDR** sogar Verfassungsrang (Artikel 20 der Verfassung von 1968/74). In der **Bundesrepublik** wurde erst in der bildungspolitischen Reformdiskussion der 60er Jahre die Forderung nach besseren und gleichen Bildungschancen für Mädchen erhoben (vgl. *Pross* 1969).

13.1.2 Allgemeinbildende Schulen

Am schnellsten und dauerhaftesten zogen die Mädchen mit den Jungen im **allgemeinbildenden Schulwesen** gleich. Mädchen erzielten im Durchschnitt schon immer bessere Schulnoten und mußten seltener Klassen wegen unzureichender Leistungen wiederholen.[2] Die besseren Schulleistungen waren die Basis dafür, daß sich das erhebliche **Bildungsdefizit** der Mädchen allmählich in einen **leichten Bildungsvorsprung** verwandelte.

In der **DDR** ist die Gleichstellung an der Erweiterten Polytechnischen Oberschule (EOS) – dieser Schultyp entspricht der gymnasialen Oberstufe in der Bundesrepublik – bereits in den 60er Jahren erreicht. 1963/64 betrug der Mädchenanteil in den 12. Klassen der EOS bereits 48%, im Schuljahr 1975/76 dann schon 53%. 1994 waren in den neuen Ländern 60% der SchulabgängerInnen mit Hochschulreife weiblichen Geschlechts (BMBWFT 1995, 87).

In der **Bundesrepublik** holten die Mädchen den gymnasialen Vorsprung der Jungen etwa 15 Jahre später auf als in der DDR. Das Defizit an Abiturientinnen ist Anfang der 80er Jahre verschwunden, und inzwischen sind Mädchen bei den höheren und mittleren Abschlüssen mit jeweils 52% etwas überrepräsentiert und unter den Absolventen mit bzw. ohne Hauptschulabschluß dagegen deutlich unterrepräsentiert (1994: 43% bzw. 37%) (BMBWFT 1995, 86f.).

13.1.3 Hochschulen

Die Hindernisse, die den Weg für junge Frauen in die **Hochschulen** erschwerten, waren höher und nur schwerer aus dem Weg zu räumen. Noch 1965 waren in beiden Gesellschaften fast drei Viertel der Studierenden Männer.

In der **DDR** wurden die Studienchancen der Frauen dann relativ schnell innerhalb eines Jahrzehnts denen der Männer angeglichen (vgl. Abb. 13.1). Die **Gleichstellung der Frauen an den Hochschulen** der DDR ist vermutlich z. T. auf die **stärkere Reglementierung** bei der Zulassung zum Studium zurückzuführen, aber sie dürfte auch mit einer **frauenfreundlichen Gestaltung der Studienbedingungen** zu tun haben. Da Heirat und Kinder die häufigsten Ursachen für den Studienabbruch bei Studentinnen waren, wurden studierende Mütter ab 1972 besonders gefördert: Sie erhielten besondere Unterkünfte, einen „Kinderzuschlag" auf ihre Stipendien sowie Sonderregelungen und besondere Förderungen beim Studienablauf, und ein kostenloses System von Kinderkrippen und -gärten an den Hochschulen entlastete sie bei der Betreuung ihrer Kinder.

Abb. 13.1: *Frauenanteil (in %) unter Studierenden an Universitäten (1908 – 1994)*

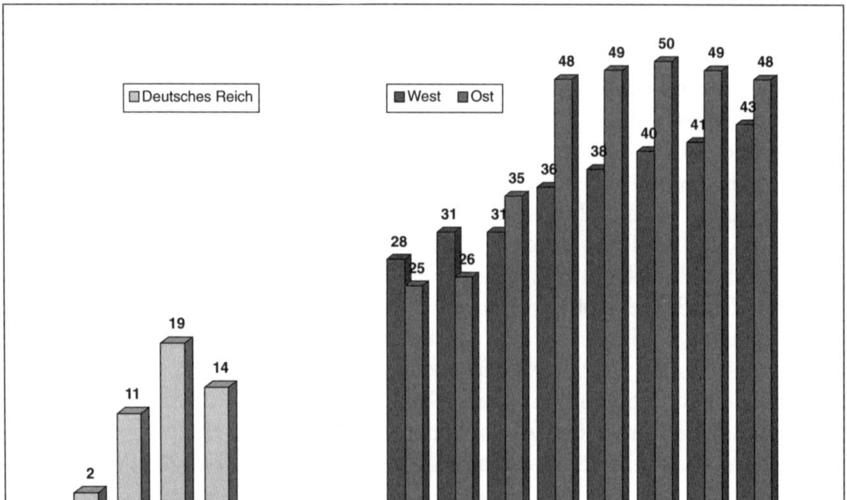

Quellen: DR: *Hervé* 1973, 14f., 18; DDR: nach StatJb DDR 1990, 342; BRD und neue Länder: nach BMBWFT 1995, 145.

Auch in der **Westdeutschland** stieg der Frauenanteil bei den Studierenden im Zuge der Chancengleichheitsdebatte innerhalb eines Jahrzehnts von 27% auf 36% im Jahre 1975 an. Seit Mitte der 70er Jahre flacht dann die Wachstumskurve ab, der **Frauenanteil stagnierte** in den 80er Jahren bei ca. 41% und ist erst in den 90er Jahren wieder leicht auf 43% (1994) angewachsen (vgl. Abb. 13.1).

An der Leistungsfähigkeit kann das Hochschuldefizit der Frauen in der BR, wie erwähnt, nicht liegen. Zwei andere **Ursachenkomplexe** lassen sich stattdessen benennen: 1. Die **traditionelle Familienorientierung:** Frauen stellen andere Kosten-Nutzen-Kalkulationen für ihre Lebensplanung an. Die Folgen davon sind häufig Studienverzicht und Studienabbrüche (BMBWFT 1995a, 62). 2. Eine **verengte Studien- und Berufsperspektive:** Frauen tendieren nach wie vor dazu, bestimmte Studienrichtungen zu meiden. Abb. 13.2 macht deutlich, daß in der DDR „männertypische" Studiengänge stärker für Frauen geöffnet werden konnten als in der BR. Nach der Vereinigung haben sich die Ost-West-Unterschiede verringert, weil sich im Westen die Geschlechtstypik der Studienwahl kontinuierlich abschwächt, während sie sich in den neuen Ländern wieder etwas verschärft hat, weil die zu DDR-Zeiten üblichen Zulassungsreglementierungen und „Umlenkungen" in eigentlich unerwünschte Fä-

Abb. 13.2: *Frauenanteil in ausgewählten Studienrichtungen 1989 in %*

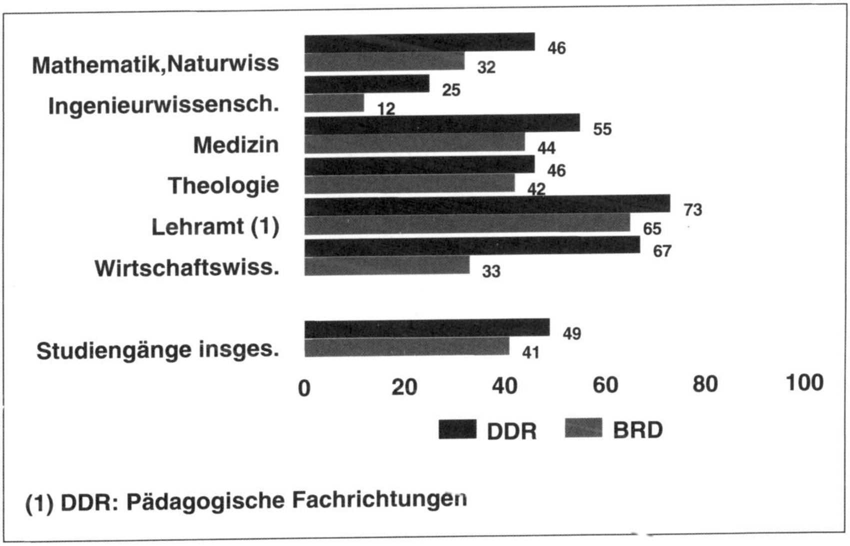

Quellen: StatJb BRD 1990, 367; Frauenreport '90, 47.

cher verschwunden sind. Dennoch existieren weiterhin charakteristische Unterschiede zwischen alten und neuen Ländern unter den StudienanfängerInnen des Jahres 1993 in den Ingenieurwissenschaften (West 16% Frauen vs. Ost 21%), den Rechts- Wirtschafts- und Sozialwissenschaften (West 44% vs. Ost 56%) und in der Humanmedizin (West 45% vs. Ost 54%) (BMBW 1994, 23ff.). Die Öffnung bestimmter Studiengänge für Frauen in der DDR wirkt also auch heute noch nach („moderner Sozialisationseffekt").

13.1.4 Berufsausbildung

Nicht nur im Hochschulbereich, sondern auch in der **Berufsausbildung** stößt die Gleichstellung der Mädchen und Frauen auf Probleme.

Trotz besserer Schulnoten und z. T. höheren Ausbildungsniveaus sind die jungen Frauen in der **Bundesrepublik** die Verliererinnen im Wettbewerb um qualifizierte Ausbildungs- und Arbeitsplätze. Ihr Übergang von der Schule in die Arbeitswelt ist mit größeren Schwierigkeiten verbunden: Sie erhalten nicht nur **schwerer eine Lehrstelle** als junge Männer, sondern werden nach Abschluß der Lehre auch **schwerer in den Beruf übernommen** oder müssen ihre berufliche Laufbahn auf einem niedrigeren Statusniveau beginnen[3].

Beim Übergang vom Bildungssystem in den Beruf werden bereits wichtige Weichen für die Nachteile der Frauen in der Arbeitswelt gestellt, auf die ich im nächsten Abschnitt genauer eingehen werde. Mädchen sind – ähnlich wie die Studentinnen in den Hochschulstudiengängen – **in wenigen Ausbildungsberufen zusammengedrängt.** 1993 waren in Westdeutschland 55% der weiblichen Auszubildenden auf die zehn häufigsten Berufe konzentriert, von den männlichen Auszubildenden waren es lediglich 40%. Mädchen sind – wie schon vor 20 Jahren – hauptsächlich in Dienstleistungsberufen mit Tätigkeitsprofilen wie Pflegen, Helfen, Verkaufen, Assistieren, Betreuen zu finden und nur selten in der Produktion oder in technischen Berufen (BMBWFT 1995, 118f.).

In der **DDR** konnten die geschlechtstypischen Vor- und Nachteile beim Eintritt ins Berufsleben gemildert, aber auch nicht völlig beseitigt werden. 1987 **konzentrierten sich** mehr als 60% der Schulabgängerinnen auf 16 von 355 Lehrberufen, die ebenfalls vorwiegend im **Dienstleistungsbereich** angesiedelt waren. Ihre Tätigkeitsprofile ähneln denen der bundesdeutschen Frauenberufe oder sind mit ihnen identisch (Frauenreport '90, 43ff.).

Die Konzentration der Mädchen auf typische Frauenberufe hängt nicht nur mit deren Berufsinteressen zusammen, sondern auch mit der Rekrutierungspraxis der Betriebe, die in beiden Gesellschaften Männer für Männerberufe bevorzugen.[4] In der DDR kam noch hinzu, daß die staatliche Berufslenkung durch Lehrstellenplanung „Frauen aus Männerberufen wie Männer aus Frauenberufen ausgrenzt“ (*Nickel* 1990, 12; vgl. auch *Nickel* 1993, 240).

13.2 Ungleichheiten in der Arbeitswelt

„Erfolgreich in der Schule – diskriminiert im Beruf“ – dieser plakative Titel eines Aufsatzes (*Faulstich-Wieland u. a.* 1984) weist mit Nachdruck darauf hin, daß sich bessere Bildungschancen der Frauen nicht analog in bessere Berufschancen umsetzen lassen. **In der Arbeitswelt sind die Männerprivilegien resistenter als im Bildungssystem.**

13.2.1 Erwerbstätigkeit

Frauen sind in den letzten Jahrzehnten in den beiden Gesellschaften verstärkt in den Arbeitsmarkt vorgedrungen. In der **DDR** waren die **Erwerbsquoten** der Frauen seit den 50er Jahren permanent angestiegen und bewegten sich auf einem internationalen **Spitzenniveau**. Die Berufstätigkeit der Frau im erwerbsfähigen Alter war zur Selbstverständlichkeit geworden. 92% der 25-60jährigen Frauen (ohne Studentinnen) gingen 1990 einer Erwerbstätigkeit nach, nur 8% nutzten nicht ihr Recht auf Arbeit, das gleichzeitig auch eine Pflicht zur Arbeit war, oder konnten es nicht nutzen (*Kirner u. a.* 1990, 575). Die forcierte Berufstätigkeit der Frau in der DDR hatte einerseits **ideologische** Hintergründe: So lautet der programmatische Titel eines Aufsatzes aus der Feder von *Ingeburg Lange* (1969), der ZK-Sekretärin für Frauenfragen: „Die Rolle der Frau im Produktionsprozeß bestimmt ihre Stellung in der Gesellschaft“. Andererseits befanden sich ideologische Motive in schönem Einklang mit **ökonomischen** Notwendigkeiten: Die Frauen wurden dringend als Arbeitskräfte in einer Wirtschaft benötigt, die wegen ihrer mangelhaften Produktivität und des Abwanderungsdrucks unter chronischem Arbeitskräftemangel litt. Zudem wurde in den meisten Familien das Einkommen der Ehefrau zur Sicherung des erwünschten Lebensstandards gebraucht. Die Frauen trugen zu etwa 40% zum Haushaltseinkommen von Paaren bei (*Kirner u. a.* 1990, 576). 1989 verrichteten 27% der erwerbstätigen Frauen **Teilzeitarbeit**, obwohl diese ideologisch und ökonomisch unerwünscht war (Frauenreport ‘90, 83).

Auch in **Westdeutschland** hat sich die Erwerbsneigung der Frauen kontinuierlich ausgebreitet – ein Trend, der in den 90er Jahren anhielt. Die Erwerbsquote der 25- bis 60jährigen stieg von 45% im Jahre 1969 auf 67% im Jahre 1994 an (berechnet nach StBA 1995e, 138). Insbesondere die jüngeren Jahrgänge – Frauen zwischen 25 und 45 Jahren – nehmen verstärkt am Erwerbsleben teil, darunter auch zunehmend verheiratete Frauen und Mütter mit Kindern. 1988 waren 47% der westdeutschen Ehefrauen mit einem minderjährigen Kind berufstätig (DDR: 94%) und 35% mit 3 und mehr Kindern (DDR: 83%) (*Kirner u. a.* 1990, 576 ff.). Bis 1995 sind die Erwerbsquoten der Ehefrauen mit Kindern (einschl. Arbeitssuchende) in den alten Ländern weiter auf 57% gestiegen, in Ostdeutschland sind sie mit 95% unvermindert hoch (Angaben des StBA). 1993 waren in den alten Ländern mindestens 35% der Frauen **teilzeit**beschäftigt, in den neuen Ländern 15-16% (*Kreckel* 1995, 492).

Im Vergleich zur Frauenerwerbstätigkeit in anderen entwickelten Gesellschaften gehört Westdeutschland allerdings weiterhin zu den Schlußlichtern, die Quoten in Nordamerika, Skandinavien oder auch Großbritannien liegen z. T. erheblich höher (*Holst/Schupp* 1992, 42; vgl. auch *Ostner* 1995, 12).

Frauen werden zwar zunehmend in die bezahlten Arbeitsprozesse einbezogen, dennoch haben sich in der Arbeitswelt der beiden Gesellschaften **markante Ungleichheiten** zu ihrem Nachteil erhalten. Zum einen existieren geschlechtsspezifisch geteilte Arbeitsmärkte, die für Frauen schlechtere Arbeitsbedingungen, niedrigere Einkommen, ein niedrigeres Sozialprestige sowie höhere Armuts- und Arbeitsplatzrisiken mit sich bringen. Zum anderen stoßen Frauen auf erhebliche Hindernisse beim Aufstieg in die höheren Etagen der Berufshierarchien. Beide Komplexe der Benachteiligung von Frauen im Beruf sollen durch einige ausgewählte empirische Daten dokumentiert werden.

13.2.2 Geschlechtsspezifische Arbeitsmärkte

Elisabeth Beck-Gernsheim (1984, 26) faßt ihre Analyse zum geschlechtsspezifischen Arbeitsmarkt der **Bundesrepublik** folgendermaßen zusammen:

> „Es gibt viele Industriezweige und Berufsfelder, die ganz oder überwiegend mit Männern besetzt sind, und andere, wo vor allem Frauen arbeiten. Zwischen ihnen besteht ein erhebliches Hierarchie- und Einkommensgefälle: Vergleicht man Frauen- und Männerberufe der gleichen Qualifikationsstufe, so sind Frauenberufe typischerweise schlechter ausgestattet in bezug auf Einkommen, Arbeitsplatzsicherheit, Arbeitsbedingungen und Aufstiegschancen".

So arbeiteten z. B. 1994 ca. 84% aller Arbeiterinnen als Un- oder Angelernte (Abb. 4.1, S. 80).

In der **DDR** sah die Situation der berufstätigen Frauen ähnlich aus.

> „Frauen haben in der Industrie die unattraktiven Arbeitsplätze und sind – auch wenn sie an den modernsten Produktionsanlagen beschäftigt sind – häufiger dort zu finden, wo eine technologische Bindung wenig Kommunikation zuläßt, und sie arbeiten darüber hinaus unter den ungünstigeren arbeitshygienischen Bedingungen. Ihre Tätigkeiten setzen geringe Qualifikationen voraus" (*Nickel* 1990, 12). Arbeit von Un- und Angelernten ist in der Industrie zu 60% Frauenarbeit (Frauenreport '90, 68).

In beiden deutschen Gesellschaften werden Frauen häufiger als Männer **unter ihrem Ausbildungsniveau eingesetzt.**[5]

Die **Einkommensdifferenz** zwischen vollbeschäftigten Männern und Frauen konnte in der **Bundesrepublik** seit den 60er Jahren etwas abgebaut werden; aber auch heute verdienen Männer noch erheblich mehr Geld (Abb. 13.3). Frauen als vollbeschäftigte Angestellte erzielten 1995 nur 68%, Industriearbeiterinnen nur 71% der Bruttoverdienste ihrer männlichen Kollegen. In der **DDR** sieht es für die Frauen nur geringfügig besser aus; vollbeschäftigte Frauen kamen 1989 lediglich auf 76% der Männerverdienste. Diesen kleinen Vorsprung konnten die ostdeutschen Frauen im Umbruch halten.

Abb. 13.3: *Einkommen von Männern und Frauen (Vollbeschäftigte)*

	West						Ost		
	durchschnittl. Bruttowochenverdienst von Arbeitern und Arbeiterinnen in der Industrie			durchschnittl. Bruttomonatsverdienst von Angestellten in Industrie und Handel			Nettomonatslöhne		
	M	**F**		**M**	**F**		**M**	**F**	
	DM	**DM**	%[1]	**DM**	**DM**	%[1]	**Mark**	**Mark**	%[1]
1960	134	80	60	723	404	56			
1970	293	182	62	1531	917	60			
1980	596	408	68	3421	2202	64	819	585	71
1988[2]	783	551	70	4654	2989	64	1009	762	76
1995[3]	1033	733	71	6134	4145	68			
	Ost								
1995[2]	735	554	75	4554	3437	75			

1 in Prozent der Männerverdienste
2 Ost 1989 3 April 1995; sonst Jahresdurchschnitte

Quellen: BMJFFG 1989, 35f. (West 1960-1988); *Nickel* 1993, 238 (Ost 1980, 1989); StBA 1995c, 10, 12 (ArbeiterInnen 1995); StBA 1995d, 8, 10 (Angestellte 1995).

Die Lohnungleichheit hat in beiden Gesellschaften die gleichen **Ursachen**. Diese sind weniger in „direkter Lohndiskriminierung“ zu suchen, sondern überwiegend in der Struktur der geschlechtsspezifischen Arbeitsteilung. Ein Teil der Differenz ist zurückzuführen auf weniger Überstunden, kürzere Wochenarbeitszeiten, weniger übertarifliche Zulagen (z. B. für Schichtarbeit oder andere Arbeitserschwernisse), in der Bundesrepublik auch auf weniger Berufsjahre und kürzere Betriebszugehörigkeiten. Wichtiger ist jedoch ein anderer Ursachenkomplex: Frauen sind häufiger in schlechter bezahlten Berufspositionen, Lohngruppen und -branchen tätig.[6]

Die niedrigen Einkommen haben für bestimmte Gruppen von Frauen ein höheres **Armutsrisiko** zur Folge. In der DDR waren insbesondere ältere Frauen von Armut betroffen, in der BR – und neuerdings auch in den neuen Ländern – sind es vor allem alleinerziehende Mütter (Einzelheiten auf S. 187, 208).

Zu den Nachteilen der Frauen im Arbeitsmarkt der Bundesrepublik gehörte bis 1994 auch das größere **Arbeitsplatzrisiko**. Ihre Arbeitslosenquote lag in den 70er und 80er Jahren stets um 20-30% höher als bei den Männern. Seit 1991 ist dieser geschlechtstypische Unterschied allerdings in den alten Ländern rückläufig, und 1994 sind Frauen nicht mehr häufiger als Arbeitslose registriert als Männer (IDW 1995, Tab. 19).

13.2.3 Karrierechancen

In beiden Gesellschaften hat sich in der Arbeitswelt ein weiteres wesentliches Element der geschlechtsspezifischen Ungleichheit erhalten: Frauen haben es erheblich schwerer als Männer, beruflich Karriere zu machen. Zwar rücken inzwischen Frauen zunehmend auch in die höheren Ebenen der Berufswelt vor, dennoch vollzieht sich beim Vordringen in die höheren und leitenden Positionen weiterhin eine deutliche Auslese nach Geschlecht. Dabei gilt sowohl für West- als auch für Ostdeutschland das **„Gesetz“ der hierarchisch zunehmenden Männerdominanz: Je höher die Ebene der beruflichen Hierarchie, um so kleiner der Anteil der Frauen und um so ausgeprägter die Dominanz der Männer.** In den Chefetagen der Berufswelt – in Wirtschaft, Verwaltung und Wissenschaft, in Medien und Justiz – sind die Männer nahezu unter sich. Dies gilt etwas abgeschwächt selbst für Bereiche wie Gesundheits- und Bildungswesen, wo mehrheitlich Frauen arbeiten.

Die Daten lassen nur bedingt einen Vergleich zwischen den beiden deutschen Gesellschaften zu; es gibt jedoch Anhaltspunkte für den Schluß, daß die Frauen im sozialistischen Deutschland etwas besser in die höheren Ebenen der beruflichen Hierarchie vordringen konnten: In akademischen Berufen, an Gerichten, in den Schulleitungen, bei Promotionen, Habilitationen, im akademischen Mittelbau der Universitäten und offensichtlich auch in wirtschaftlichen Leitungspositionen unterhalb der Spitze sind sie besser vertreten als in Westdeutschland (Einzelheiten in Abb. 13.4).

Die folgenden ausgewählten Beispiele sollen die allgemeinen Aussagen zum Gesetz der hierarchisch zunehmenden Männerdominanz etwas konkreter und anschaulicher machen.

1988 war rund ein Drittel aller Leitungsfunktionen in der **sozialistischen Wirtschaft** mit Frauen besetzt. Allerdings waren Frauen hauptsächlich nur in die unteren und – etwas seltener – in die mittleren Leitungspositionen aufgestiegen, bis in die obere Leitungsebene konnten sie nur in Ausnahmefällen vordringen (Frauenreport ‘90, 93ff.). Genaueren Einblick vermitteln die Da-

Abb. 13.4: *Frauenanteil in akademischen Berufen und Spitzenpositionen (in Prozent)*

West	80er Jahre	90er Jahre	Ost	80er Jahre	90er Jahre
1 Verschiedene akademische Berufe[1]					
Ingenieurinnen (1987 bzw. 1993)[2]	4	7	Ingenieurinnen (1993)		21
Ärztinnen/Apothekerinnen (1987 bzw. 1993)	46	36	Ärztinnen (1982 bzw. 1993)	52	58[3]
Richterinnen/Staatsanwältinnen (1989 bzw. 1993)	18	25	Apothekerinnen (1982 bzw. 1993)	68	58[3]
			Richterinnen (1989)	50	
2 Lehrer/Schulleiter an allgemeinbildenden Schulen					
Lehrerinnen insgesamt (1989 bzw. 1994)[4]	55	59	Lehrerinnen an POS (1982)[6]	70	
			Lehrerinnen insgesamt (1994)[4]		78
an Grund- und Hauptschulen	66	69	an Grund- und Hauptschulen		88
an Realschulen	52	59	an Realschulen		70
an Gymnasien	37	39	an Gymnasien		67
Schulleiterinnen (1988)[5]	20		Schuldirektorinnen (1982)[6]	32	
3 Universitäten[7]					
Studentinnen (1988 bzw. 1994)	38	42	Studentinnen (1989 bzw. 1994)	51	48
Promotionen (1988 bzw. 1992)	26	29	Promotionen (1988 bzw. 1992)	38	31
Habilitationen (1988 bzw. 1994)	9	14	Habilitationen (1988 bzw. 1994)	15	15
Wiss. Mitarbeiterinnen (1988)	22		Assistentinnen (1989)	38-40	
Hochschulassistentinnen (1988)	14		Oberassistentinnen (1989)	17	
Akad./Wiss. Direktorinnen (1988)	8		Dozentinnen (1989)	12	
Wiss./künstl. Mitarbeiterinnen (1993)		25	Wiss./künstl. Mitarbeiterinnen (1993)		30
Dozentinnen/Assistentinnen (1993)		19	Dozentinnen/Assistentinnen (1993)		38
Professorinnen (1988 bzw. 1993)	5	6	Professorinnen (1988/1993)	5	10
C4-Professorinnen (1988/1993)	2,6	3,7	C4-Professorinnen (1993)		7,3
4 Wirtschaft					
Führungspositionen i. d. Wirtschaft (1986/87)[8]	4		Industrie (1979)[11]		
Management in Privatunternehmen (1990/91)[9]			leitende Kader 3. Ebene	20	
3. Ebene		7	stellv. Direktoren/Fachdirektoren	12	
2. Ebene		3,3	Betriebsleiter	2	
1. Ebene		2,7			

Fortsetzung Abb. 13.4

West	80er Jahre	90er Jahre	Ost	80er Jahre	90er Jahre
Führungspositionen in Versicherungen (Ende der 80er Jahre)[10]			(80er Jahre)[10]		
untere Ebene	16			ca. 70	
mittlere Ebene	4				
obere Ebene	1,5			höherer Anteil als in der BR	
alle Beschäftigten in Versicherungen (1988)	51			ca. 90	

1 berechnet nach StatJb 1990, 104 und 336 (West 1987, 1989); StatJb 1995, 112 sowie StBA 1995e, 136, 141 (1993); *Meyer* 1986a, 306 (Ost 1982); StatJb DDR 1990, 448 (Richterinnen Ost 1989).
2 einschließlich Fachschul- und Fachhochschulingenieure.
3 Ärztinnen und Apothekerinnen.
4 berechnet nach BMBW 1990, 92, 94 (West 1988) und BMBWFT 1995, 104ff. (1994).
5 berechnet nach zwd Frauen und Politik 27 (1988), 7. Für die Bundesländer Bremen, Niedersachsen und Hessen bezieht sich der Frauenanteil nicht nur auf die SchulleiterInnen, sondern gleichzeitig auch auf deren StellvertreterInnen.
6 nach *Meyer* 1986a, 306.
7 BMBW 1990, 143, 212f., 221 (West 1988, ohne Promotionen); StatJb 1990, 371 (Promotionen West 1988); BMBWFT 1995, 144, 246ff., 270 (1993/94 ohne Promotionen); StatJb 1995, 403 (Promotionen 1992); *Hildebrandt* 1990, 380 (Wissenschaftliches Personal Ost 1989); *Leszczensky/Filaretow* 1990, 78 (Promotionen und Habilitationen Ost 1988).
8 nach iwd 4/1986, 8 und Allensbacher Berichte 4/1987, 3.
9 nach *Hadler/Domsch* 1994, 14.
10 nach *Hüning/Thielecke* 1994, 217f.
11 nach *Pfister* 1987, 219.

ten zur Führungsstruktur in der **Industrie**, wo Frauen 1985 42% der Beschäftigten stellten. Unter den „Leitungskadern der 3. Ebene" ist ihr Anteil mit 20% mehr als halbiert; und die Kommandostellen der Industrie befinden sich fast ausschließlich in Männerhand: Unter den Betriebsleitern waren die Frauen nur mit 2,3% vertreten, unter den stellvertretenden Direktoren und Fachdirektoren nur mit 12% (vgl. Abb. 13.4). Auch in den Chefetagen der **bundesdeutschen Wirtschaftsunternehmen** gelten Frauen nach wie vor als exotisch anmutende Erscheinungen. Die Wirtschaft wird nahezu ausschließlich von Männern gelenkt. Anfang der 90er Jahre sind Frauen unter den Topmanagern der Großunternehmen mit 0,6% ausgesprochene Raritäten (*Abele* 1994, 13), ebenso unter den Vorstandsmitgliedern (Frauenanteil 0,5%) der 626 umsatzstärksten Aktiengesellschaften. Etwas häufiger tauchen sie in den Aufsichtsräten dieser AGs auf (5%) oder auf der 3. Führungsebene (7%) von 981 Privatunternehmen unterschiedlicher Größe (*Hadler/Domsch* 1994, 13f.).

In der **westdeutschen Justiz** ist der Anteil der Richterinnen und Staatsanwältinnen im letzten Jahrzehnt angestiegen – von 11% bzw. 10% im Jahre 1977 auf 25% im Jahre 1993 (StatJb 1990, 422; StBA). In den 90er Jahren sind zwar eine ganze Reihe von Frauen in die höchsten Gerichte eingerückt, und das Bundesverfassungsgericht wird seit 1994 von einer Frau präsidiert. Dennoch werden die richterlichen Grundsatzentscheidungen, die die Weichen für die Rechtsprechung stellen, weiterhin von überwältigenden Männermehrheiten getroffen. Am Bundesverfassungsgericht stellen Frauen Ende 1994 nur 5 von 16 Richtern, an allen Verfassunsgerichten lediglich 5% (1993), und am Bundesgerichtshof ist ihr Anteil mit 10% Anfang 1995 ebenfalls sehr niedrig. In der Richterschaft der **DDR** waren die Frauen in den 80er Jahren mit 50% angemessen proportional vertreten, aber unter den Direktoren der Bezirksgerichte war ihr Anteil auf 13% geschrumpft (*Pfister* 1987, 219), und im Präsidium des Obersten Gerichts und in der Generalstaatsanwaltschaft waren die Männer bis zur Auflösung der DDR unter sich geblieben (Gesamtdeutsches Institut 1989, 33).

Das Bild wiederholt sich in den **Hochschulen**: In beiden Gesellschaften wird der Frauenanteil drastisch reduziert, je anspruchsvoller die akademischen Prüfungen werden und je höher die Positionen in der feingestaffelten Hierarchie angesiedelt sind. Die deutsche Professorenschaft ist sowohl in der Bundesrepublik als auch in der DDR eine Männergesellschaft geblieben mit einer kleinen Frauenminderheit von jeweils 5% in den Jahren 1988/89, die nur ganz allmählich größer wird. Abb 13.4 macht deutlich, daß die geschlechtstypischen Ungleichheiten langsam kleiner werden und daß die ostdeutschen Frauen ihren Gleichstellungsvorsprung (dazu S. 298f.) ins vereinte Deutschland hinüberretten konnten.

Männerdominanz herrscht auch in den „weiblichen Berufsfeldern" des **Bildungs- und Gesundheitswesens**. An den **Schulen** in West und Ost unterrichten mehr Lehrerinnen als Lehrer, wobei die westdeutschen Gymnasien eine bezeichnende Ausnahme bilden. Dennoch wurden in der DDR 68% der Schulen von Männern geleitet, in der Bundesrepublik sogar 80% (vgl. Abb. 13.4).

Noch krasser zeichnet sich die männlich dominierte Führungsstruktur in den **Krankenhäusern** ab. In der Bundesrepublik stellten die Frauen 1988 75% des Krankenhauspersonals, aber nur 4% von ihnen arbeiteten als Ärztinnen und 0,1% in leitender Position. Von den in den Krankenhäusern beschäftigten Männern dagegen war fast ein Drittel als Ärzte tätig, und 4,6% von ihnen hatten leitende Positionen inne (*Brückner* 1990, 357).

In den Redaktionen der **öffentlich-rechtlichen Rundfunkanstalten** der Bundesrepublik waren Frauen 1987 mit 20% vertreten, aber nur vier von 120 leitenden Stellen der Rundfunkanstalten (3,3%) waren mit Frauen besetzt (BMJFFG 1989, 87; *Holtz-Bacha* 1990, 498). Die Intendantenposten blieben bisher den Männern reserviert.

Die vielschichtigen **Ursachen für die Aufstiegsbarrieren** für Frauen können hier nur grob skizziert werden. Sie lassen sich zu drei Komplexen bündeln: 1. patriarchalische Familienstrukturen; 2. patriarchalische Strukturen der Arbeitswelt; 3. damit zusammenhängend: geschlechtsspezifische Sozialisationsprozesse. Das wichtigste Hindernis stellt die geschlechtsspezifische Arbeitsteilung in der Familie dar, auf die ich in Kap. 13.4 näher eingehe. Im folgenden sollen die Ursachenkomplexe zwei und drei kurz erläutert werden.

Geschlechtsspezifische Sozialisationsprozesse erzeugen typische Einstellungs- und Verhaltensunterschiede zwischen Männern und Frauen, die sich in den gegenwärtig existierenden Strukturen der Arbeitswelt als Vorteile für Männer und als Nachteile für Frauen erweisen. Obwohl bei einer idealtypisch übersteigerten Gegenüberstellung von **weiblichen und männlichen Persönlichkeitsmerkmalen** die Gefahr besteht, daß das „Typische" der Eigenschaften klischeehaft mißverstanden wird, seien dazu einige Stichworte genannt. Die ausgeprägte Berufs- und Karriereorientierung der Männer, ihr durchschnittliches Mehr an Selbstbewußtsein, Dominanzstreben, Durchsetzungsvermögen und Härte begünstigen sie in der Konkurrenz um begehrte Positionen. Umgekehrt sind weibliche Tendenzen zur Zurückhaltung, ein durchschnittlich geringeres Zutrauen in eigene Fähigkeiten und Erfolgschancen, die größere Bedeutung emotionaler, sozialer und menschlicher Dimensionen ein Hemmnis für berufliche Spitzenkarrieren.[7]

Zu den **patriarchalischen Strukturen der Berufswelt** mit ihren „frauenfeindlichen“ bzw. „männerfreundlichen“ Wirkungen existieren nur vereinzelt systematisch-empirische Analysen (z. B. *Engelbrech/Kraft* 1992). Sie lassen sich jedoch qualitativ aus vielen Erfahrungsberichten aus beiden deutschen Gesellschaften erschließen.

In Veröffentlichungen der DDR wurde in den 80er Jahren wiederholt Klage darüber geführt, daß gutqualifizierte Frauen nur zögernd für Führungspositionen vorgesehen wurden. Als potentielle Mütter, die zeitweise ausfallen können, galten sie „als Risikofaktor für abrechenbare Leistung und Planerfüllung“ (zit. nach *Belwe* 1988, 26). Vorbehalte dieser Art gegenüber Frauen lassen sich noch ökonomisch begründen, andere dagegen haben auch mit der Effizienz eines Betriebes nichts mehr zu tun: Frauen klagen häufig darüber, sie müßten mehr leisten als Männer, um dieselbe Anerkennung zu erreichen.[8]

Männer beobachten die aufstiegsmotivierte Frau offenbar häufig mit einem besonders kritischen Blick und zweifeln an ihrer Kompetenz, Belastbarkeit und Führungsfähigkeit. Dazu können noch geschlechtstypische Vorbehalte nach dem Muster kommen: Wenn der Chef mit der Faust auf den Tisch haut, ist er dynamisch; wenn die Chefin mit der Faust auf den Tisch haut, ist sie hysterisch. Da die wichtigen formellen und informellen Netzwerke in den höheren Bereichen der Berufswelt von Männern beherrscht werden und da Männer in der Regel über den beruflichen Aufstieg von Frauen entscheiden, können die geschilderten Vorbehalte und Vorurteile gegenüber Frauen reale Wirkung entfalten.

13.3 Ungleichheiten in der Politik

Nach und nach fassen die Frauen auch im politischen Bereich Fuß; dennoch sind die Folgen der jahrhundertelangen Aussperrung der Frauen von der Politik in beiden Gesellschaften auch heute noch deutlich spürbar. In der DDR wurde die politische Mobilisierung der Frauen aus politischen und ideologischen Gründen früher und entschiedener angepackt und auf den unteren und mittleren – aber nicht auf den höchsten – Ebenen des politischen Systems erfolgreicher realisiert als in der Bundesrepublik.

13.3.1 Politische Basisaktivitäten

In **Westdeutschland** hat das politische Interesse der Frauen in den letzten Jahrzehnten deutlich zugenommen, und auch der gesellschaftliche Widerstand gegen das politische Engagement von Frauen hat nachgelassen – 1988 hielten 31% der Männer und 24% der Frauen Politik für Männersache, 1965 waren es noch jeweils mehr als zwei Drittel. Dennoch ist die Bereitschaft, sich politisch über die Wahlteilnahme hinaus zu betätigen, bei Frauen auch heute noch erheblich schwächer als bei Männern, es existieren weiterhin eine Reihe von „weiblichen Politikdefiziten" (*Greiffenhagen* 1993, 130).[9] So sind Frauen z. B. vermehrt in die politischen **Parteien** eingetreten, aber sie bilden unter Parteimitgliedern Ende 1994 weiterhin nur eine Minderheit – 43% bei der PDS, 33% bei den Bündnisgrünen, 28% bei der SPD, 26% bei der FDP, 25% bei der CDU und 16% bei der CSU (*Hoecker* 1995, 77).

Ähnliches gilt für die **Gewerkschaften**: Nur ein Viertel der Mitglieder waren im Jahre 1989 weiblichen Geschlechts (*Geißler* 1992, 251). Auch im vereinten Deutschland stellten die Frauen – einschließlich der vielen ostdeutschen Arbeitnehmerinnen – 1994 nur 31% der DGB-Mitglieder, unter den Betriebsräten nur 23% (Quelle: DGB).

Anders stellt sich die Lage in der **DDR** dar. Die politische und gesellschaftliche Aktivität gehörte von Beginn an zum neuen Frauenleitbild. Frauen sollten einen wichtigen Beitrag zum Aufbau des Sozialismus leisten und sich entsprechend im politischen und sozialen Leben engagieren. In einigen Bereichen der politischen und gesellschaftlichen Basisaktivitäten waren die Unterschiede zwischen den Geschlechtern verschwunden. In den beiden wichtigsten **Massenorganisationen** in der DDR – im FDGB für die Erwerbstätigen und in der FDJ für die jungen Menschen – waren mehr als die Hälfte der Mitglieder Frauen. **Ehrenamtliche Tätigkeiten** in der FDJ, in den Betriebsgewerkschaftsleitungen, in den Schöffengerichten und Schiedskommissionen wurden von Frauen ebenso häufig, z. T. sogar häufiger übernommen als von Männern. (*Geißler* 1990c, 188; vgl. auch *Holst/Priller* 1991, 251, 255 f.).

Die Mobilisierung der Frauen für die **Parteien** verlief nicht so erfolgreich wie für die politisch unbedeutenderen Gewerkschaften. 30-40% der Mitglieder der vier Blockparteien CDU, LDPD, NDPD und DBD waren in den 80er Jahren weiblichen Geschlechts, von den SED-Mitgliedern des Jahres 1988 stellten die Frauen 36%. Beim Vergleich dieser Zahlen mit der Bundesrepublik muß beachtet werden, daß der politische Mobilisierungsgrad der Bevölkerung insgesamt in der DDR erheblich höher lag als in der Bundesrepublik. So waren 1989 fast 22% der Erwachsenen Mitglieder einer Partei, in der Bundesrepublik lediglich ca. 4% (*Geißler* 1994a, 80f.).

Das stärkere politische Engagement der Frauen dürfte u. a. mit dem spezifischen Anreiz – bzw. Belohnungssystem in der DDR zusammenhängen: Politische Betätigung war die Voraussetzung für den beruflichen und gesellschaftlichen Aufstieg; politische Abstinenz war in vielen Fällen gleichbedeutend mit einem Verzicht auf berufliche Karriere. Es gibt auch einige empirische Hinweise darauf, daß die Parität der Geschlechter bei den erwähnten Basisaktivitäten z. T. unter **gesellschaftlichem Druck** zustande kam (dazu *Geißler* 1990c, 189).

13.3.2 Mittlere Machtpositionen

In beiden Gesellschaften hatten es die Frauen schwer, in einflußreichere Positionen des Machtgefüges vorzudringen. Auch in der Politik zeigt sich das aus der Arbeitswelt bekannte Phänomen: **Je höher die Position, um so stärker die Dominanz der Männer.** Auf den mittleren Ebenen der Machtpyramide ist es den Frauen in der DDR z. T. besser gelungen, Fuß zu fassen als den Frauen in der Bundesrepublik.

Am konsequentesten wurde die Gleichstellung der Frau im **FDGB** verwirklicht. Sieht man einmal von den Vorsitzen ab, die vor der Wende stets in Männerhand geblieben waren, dann sind die Frauen in der internen Führungsstruktur der Gewerkschaft in etwa gleichberechtigt repräsentiert. Im **DGB** dagegen sind die üblichen Filter wirksam: Je wichtiger das Amt, um so zahlreicher die Männer (Belege bei *Geißler* 1992, 251).

Abb. 13.5: *Frauen in Volksvertretungen (in %)*

	Ost				West			
	1960	1988		1994	1960	1973	1989	1994
Volkskammer	25	32	Bundestag	32[1]	9		15	25[2]
Bezirkstage	25	41	Landtage	30	7		18	24
Kreistage	19	44						
Stadtbezirksvers.	24	43	Gemeinde-, Stadträte			8	14[3]	(22)[4]
Gemeindevertret.	16	39						

1 Abgeordnete aus neuen Ländern (ohne Berlin)
2 Abgeordnete aus alten Ländern (ohne Berlin)
3 1985
4 1993, alte und neue Länder

Quellen: *Kuhrig* 1988, 326 (DDR 1960); Stat. Taschenbuch der DDR 1989, 18f. (DDR 1988); BRD 1960 – 1989: berechnet nach *Hoecker* 1987, 60ff., DER SPIEGEL 46/1988, 108 und *Herzog u. a.* 1990; *Hoecker* 1995, 111, 116 (Gemeinde-, Stadträte 1973 und 1993, Landtage 1994); Bundestag 1994 berechnet nach Angaben des Bundestages.

Auch in die **Volksvertretungen** der DDR konnten die Frauen stärker vordringen. Auf allen Ebenen – von den Gemeindevertretungen bis zur Volkskammer – waren die Frauenanteile mit 32-44% mehr als doppelt so hoch wie in den bundesdeutschen Kommunalparlamenten, Landtagen oder im Bundestag der 80er Jahre mit 14-18%. Erst in den 90er Jahren stieg der Anteil der weiblichen Abgeordneten in Westdeutschland auf 24 bzw. 25% (Abb. 13.5).

Gern wurde in der DDR auch das Beispiel der **Bürgermeister** für den politischen Einfluß der Frauen angeführt. 1988 waren 30% der Bürgermeister weiblichen Geschlechts (*Belwe* 1988, 3). Verschwiegen wird dabei jedoch, daß Frauen in der Regel kleinere Gemeinden „regierten"; von den 28 wichtigsten DDR-Städten befanden sich dagegen im Jahre 1988 fast 90% in Männerhand (Gesamtdeutsches Institut 1989, 34ff.).

13.3.3 Politische Eliten

In die **politischen Eliten** der beiden Gesellschaften sind nur wenige Frauen vorgedrungen. Der Vergleich führt in diesem Fall zu einem abweichenden Ergebnis: Nicht in der DDR, sondern in der **Bundesrepublik** sind Politikerinnen besser in den Spitzenpositionen vertreten. Die Diskussion um die Frauenquoten in den letzten Jahren zeigt allmählich Wirkung. In den **Bundesvorständen** von Bündnis 90/Die Grünen (55%), der SPD (38%) und der FDP (32%) sind Frauen in den 90er Jahren inzwischen relativ häufiger zu finden als an der Parteibasis. In den **Landesregierungen** erhöhte sich der Anteil der Ministerinnen auf 27% (Abb. 13.6). Auf Bundesebene regierten seit 1961 immer ein oder zwei „Alibi-Frauen" mit; sie waren vor 1988 – von einer Ausnahme abgesehen – stets für die „frauentypischen" Bereiche Gesundheit, Familie, Jugend oder Bildung zuständig. 1988 berief *Helmut Kohl* erstmals eine dritte Frau in sein Kabinett, die 1996 wieder verschwunden ist; unter seinen 52 Staatssekretären befinden sich allerdings lediglich drei Frauen. Auch zwei der vier höchsten Staatsämter – die Präsidien von Bundestag und Bundesverfassungsgericht – wurden 1988 bzw. 1994 erstmals von Frauen erobert.

In der **DDR** war das Zentrum der Macht trotz aller Gleichstellungsbeteuerungen bis zum Schluß für Frauen nahezu hermetisch abgeriegelt. In den engsten Führungszirkel des **Politbüros** der SED wurde nie eine Frau als stimmberechtigtes Mitglied aufgenommen. Die LPG-Vorsitzende *Margarete Müller* und die ZK-Sekretärin für Frauenfragen *Ingeburg Lange* – beide ohne Hausmacht in der Partei – warteten als Kandidatinnen des Politbüros 26 Jahre bzw. 16 Jahre vergeblich darauf, von den Männern zu Vollmitgliedern kooptiert zu werden. An der Spitze der Herrschaftspyramide blieb das Machtmonopol der Männer völlig intakt. Im elfköpfigen einflußreichen **Sekretariat des ZK** war

Abb. 13.6: *Frauen in politischen Spitzenpositionen*

	Ost 1989			West 1989		BRD 1996	
	Mitgl.	Frauen		Mitgl.	Frauen	Mitgl.	Frauen
1. SED							
Politbüro Vollmitglieder	21	– (0%)	Bundesregierung	16	3 (19%)	18	2 (11%)
einschl. Kandidaten	26	2 (8%)	Staatssekretäre der	45	2 (4%)	52	3 (6%)
ZK-Sekretariat	11	1 (9%)	Bundesregierung				
Abteilungsleiter im ZK-Apparat	37[1]	2 (5%)					
Erste Bezirkssekretäre	15	1 (7%)	Ministerpräs./Reg. Bürgermeister	11	– (0%)	16	1 (6%)
hauptamtl. Bezirkssekretäre[2]	98	6 (6%)	Landesregierungen	122	22 (18%)	172	46 (27%)
ZK der SED Vollmitglieder	163	17 (10%)					
2. Staat							
Ministerrat/stellv. Ministerrat	44	1 (2%)	Bundesvorstände der Parteien				
Staatssekretäre	229	3 (1%)	(1988/1990-94)		(10-55%)[3]		(11-55%)[4]
Staatsrat	30	6 (20%)	Bundesparteitagsdelegierte				
Vorsitzende der Räte des Bezirks	15	1 (7%)	(1988-89/1992-94)		(10-44%)[5]		(21-44%)[6]

1 37 von 40 Abteilungsleitern waren namentlich bekannt.
2 Zahlen von 1986 nach Meyer 1986b, 1297.
3 Grüne (1988) 55%, SPD (1988) 34%, CDU (1988) 27%, FDP (1988) 11%, CSU (1988) 10%.
4 Grüne (1993) 55%, SPD (1993) 38%, FDP (1992) 32%, CDU (1994) 19%, CSU (1990) 11%.
5 Grüne (Durchschnitt 1987-1991) 44%, SPD (1988) 37%, CDU (1989) 18%, FDP (1988) 10%, CSU keine Angaben.
6 Grüne (Durchschnitt 1987-91) 44%, SPD (1993) 42%, CDU (1994) 24%, FDP (1992) 21%, CSU und PDS keine Angaben.

Quellen: DDR – Gesamtdeutsches Institut 1989.
BRD – *Oeckl* 1990 und 1995; BMJFFG 1989, 80; iwd 4/1990; *Hoecker* 1995, 79ff.; Deutscher Bundestag.

lediglich die für Frauenprobleme zuständige Position mit einer Frau – mit *Ingeburg Lange* – besetzt. (Immerhin gab es in diesem kleinen, wichtigen, ressortähnlich gegliederten Gremium von Beginn an eine Position, die ausschließlich für Frauenfragen zuständig war; die Bundesrepublik kannte dagegen bis 1980 kein Frauenministerium, und auch heute noch sind Frauenfragen zusammen mit weiteren Politikbereichen in einem Ressort untergebracht.) In anderen wichtigen Funktionen von Partei und Staat waren Frauen seltene Ausnahmeerscheinungen (Abb. 13.6). *Margot Honecker*, als „Minister" (nicht: Ministerin) für Volksbildung die wohl mächtigste Frau in der Ära Honecker, nahm sich im Kreis der 43 Männer des Ministerrats noch einsamer aus als die Ministerinnen der Bundeskabinette.

13.4 Ungleichheiten in der Familie

Die Rollentrennung in der bürgerlichen Gesellschaft hatte dem Mann die bezahlte Erwerbsarbeit außer Haus und der Frau die unbezahlte Haus- und Erziehungsarbeit in der Familie zugewiesen. Veränderungen an dieser traditionellen Arbeitsteilung außerhalb der Familie sind notwendigerweise gekoppelt an Veränderungen in der Familie. Wer die Frau mit zusätzlichen Verpflichtungen außer Haus – im Beruf, in der Politik – belastet, muß sie in der Familie entlasten, um sie nicht zu überlasten. **Veränderungen in der Verteilung der Familienarbeit sind daher eine entscheidende Voraussetzung für die Gleichstellung in Beruf und Politik.**

Entlastungen der Frau in der Familie sind auf zwei Wegen möglich: 1. durch die Veränderungen der geschlechtsspezifischen Arbeitsteilung in der Familie, oder mit anderen Worten: durch die Einbeziehung des Mannes in Hausarbeit und Kindererziehung; 2. durch Ausgliederung oder Rationalisierung der Familienarbeit, d. h. durch teilweise Delegation von Hausarbeit und Erziehung an Einrichtungen außerhalb der Familie bzw. durch Arbeitsersparnis über den Einsatz von Technik. Wie sind diese beiden Möglichkeiten in den deutschen Gesellschaften genutzt worden?

13.4.1 Ausgliederung und Rationalisierung der Familienarbeit

Der Ausbau von **Kinderkrippen**, **Kindergärten** und **Schulhorten** wurde in der **DDR** stark forciert, konnte man doch damit nicht nur die berufstätigen Frauen entlasten, sondern auch den Einfluß des Staates oder besser: der SED auf die Sozialisation der Kinder verstärken. Während in der DDR praktisch alle Kinder während der Arbeitszeiten der Eltern außerhalb der Familie betreut werden konnten, bestehen in der **Bundesrepublik** diesbezüglich erhebliche Defizite. Nur für knapp 2% der Kinder unter drei Jahren existieren Kinderkrippen; das verbesserte, aber noch nicht flächendeckende Netz der Kindergärten bietet in der Regel nur eine Halbtagsbetreuung an, und nur für 4% der Schulkinder unter 10 Jahren ist eine ganztägige Betreuung in Ganztagsschulen oder Schulhorten möglich (vgl. *Geißler* 1992, 254). Auf die Problematik, daß manche Kinder die Opfer der Berufstätigkeit beider Eltern geworden sind, weil (über-)lange Betreuungszeiten in Krippen und Kindergärten schädliche Folgen für die Persönlichkeitsentwicklung haben können, kann hier nur am Rande verwiesen werden (vgl. z. B. *Schmidt* 1992).

Auch die **Dienstleistungseinrichtungen** zur Entlastung von Hausarbeit wurden in der **DDR** ausgebaut (Wäschereien, Betriebskantinen, für 80% der Kinder warmes Mittagessen in den Schulen u. a.). Dennoch hat die sozialistische Mangelwirtschaft mit ihren Versorgungslücken, Warteschlangen und ihrem niedrigen Technisierungsniveau der Haushalte das Zeitbudget zur Versorgung der Familie stärker strapaziert als in der BR (*Priller* 1992, 167).

13.4.2 Arbeitsteilung in der Familie

Erhebliche Widerstände tauchten in beiden Gesellschaften bei dem Versuch auf, den wichtigen ersten Weg, sozusagen den Hauptweg zur Entlastung der Frau von Familienarbeit zu beschreiten: **Die eingefahrene traditionelle Arbeitsteilung zwischen Männern und Frauen in der Familie konnte nur geringfügig aufgelockert werden, in der DDR etwas mehr als in der Bundesrepublik.**

Auf dem Papier war die Familienarbeit zwischen den Ehepartnern in der **DDR** schon seit längerem auf beide verteilt. Das **Familiengesetzbuch** aus dem Jahre 1966 legt in § 10 fest:

> „Beide Ehegatten tragen ihren Anteil bei der Erziehung und Pflege der Kinder und der Führung des Haushalts. Die Beziehungen der Ehegatten zueinander sind so zu gestalten, daß die Frau ihre berufliche und gesellschaftliche Tätigkeit mit der Mutterschaft vereinbaren kann.“

Der Gesetzgeber der **Bundesrepublik** hat bei der Neufassung des **Familienrechts** im Jahre 1976, mit der das bis dahin gültige patriarchalische Modell der „Hausfrauenehe“ abgelöst wurde, eine unverbindlichere Regelung gewählt: Das Recht auf Erwerbstätigkeit wird zwar beiden Ehepartnern zugebilligt; aber es wird eine Formulierung vermieden, die den Ehemann ausdrücklich zu einer Teilnahme an Erziehung und Haushaltsführung verpflichtet, wie sie das DDR-Familienrecht fordert.

Die feinen Unterschiede in den Rechtsnormen der beiden Gesellschaften spiegeln sich auch in der Wirklichkeit wider, auch wenn in beiden Gesellschaften Rechtsnormen und Praxis weit auseinanderklaffen.

Am ehesten lassen sich die Männer noch dazu erwärmen, die Vaterrolle zu spielen. An der **Betreuung der Kinder** beteiligen sie sich stärker als an der Haushaltsführung. Trotz dieser „neuen Väterlichkeit" wendeten die Mütter in **Westdeutschland** doppelt so viel Zeit dafür auf wie die Männer.[10] In der **DDR** beteiligten sich die meisten Väter an der Erziehung und Betreuung der Kinder, die Pflege im engeren Sinne war jedoch auch hier noch zu großen Teilen Frauensache geblieben; so wurde z. B. die Betreuung kranker Kinder, die zur Kollision mit Verpflichtungen im Beruf führt, in 78% der Familien überwiegend von der Mutter übernommen (Einzelheiten in Abb. 13.7).[11]

Zur Beteiligung an den traditionellen **Hausfrauenarbeiten** sind die Männer schwerer zu bewegen. Es existiert weiterhin ein harter Kern von typisch weiblichen Aufgaben, denen sich die Ehemänner verweigern bzw. die die Ehefrauen als ihre Domäne behaupten: Waschen, Bügeln, Kochen und Saubermachen werden überwiegend von den Frauen erledigt. Im interkulturellen Vergleich stellen die deutschen Männer in Ost und West keine Ausnahme dar; sie reihen sich vielmehr ein in „eine große Internationale: die Internationale

Abb. 13.7: *Arbeitsteilung in der Familie*

Es werden überwiegend[1] von der Frau erledigt (in Prozent der Befragten)

	West		Ost		
	1983	1994	1988	1991	1994
Wäsche waschen	90	89	79	90	90
Mahlzeiten zubereiten	88		52	73	
entscheiden, was es zum Essen gibt		55			35
Saubermachen	80		59	72	
Geschirrspülen	71		36	55	
kranke Familienmitglieder betreuen		56			45
kranke Kinder pflegen			78		
sich mit Kindern beschäftigen[2]	58		7		
mit den Kindern lernen			29		
Einkaufen[3]	75	48	36	49	34
kleine Reparaturen		5 (81)[4]	2 (88)[4]		

1 Die Antworten der vier Studien variieren leicht (1983 „in der Regel"; 1988 „überwiegend"; 1991 „allein"; 1994 „stets/meistens").
2 1983 „Beaufsichtigung der Kinder"
3 1994 „Lebensmittel einkaufen"
4 Prozentzahlen in Klammern: erledigt stets / meistens der Mann

Quellen: *Hartenstein u. a.* 1988, 47 (West 1983); Sozialreport '90, 270 (Ost 1988); *Gysi/Meyer* 1993, 159ff. (Ost 1991); *Braun* 1995, 8 (Ost und West 1994).

der Ehemänner, die sich einig sind, Hausarbeit sei Frauensache" (*Pross* 1976, 144). Den Hausfrauenarbeiten steht ein harter Kern von Aktivitäten gegenüber, für den überwiegend Männer verantwortlich sind: Reparaturen in Haus oder Wohnung, Arbeiten im Garten, die Pflege und Wartung des Familienfahrzeugs. Ein dritter Komplex von Familienarbeit – Einkaufen, Geschirrspülen, Behördengänge – wird zunehmend gemeinsam oder im Wechsel zwischen Mann und Frau erledigt.

Abb. 13.7 macht deutlich, daß die traditionelle Arbeitsteilung in den ostdeutschen Familien stärker aufgelockert wurde als in Westdeutschland. Der westdeutsche Ehemann läßt sich auch durch die Berufstätigkeit seiner Frau kaum zu einer verstärkten Mithilfe im Haushalt bewegen. Männer mit einer berufstätigen Partnerin leisten in der Woche nur eine halbe Stunde, am Wochenende ganze 6 Minuten mehr Hausarbeit als andere.[12] Die Folge davon ist: Berufstätigen Müttern (mit Kindern unter 16 Jahren) steht an Werktagen praktisch keine **freie Zeit** mehr zur Verfügung. Vollerwerbstätige Mütter mußten 1988 14,4 Stunden täglich für Beruf und Familie arbeiten, teilzeitbeschäftigte Mütter 14 Stunden (*Holst/Schupp* 1990, 407). In der DDR war das Freizeitbudget der Männer ebenfalls fast um die Hälfte größer, obwohl sie häufiger längere (Erwerbs-)Arbeitszeiten hatten als Frauen (*Nickel* 1993, 245).[13]

In West und Ost sind die **höheren Schichten** und die **jüngere Generation** eher zu einer Abkehr von der herkömmlichen Arbeitsteilung bereit als andere. Beides deutet auf einen allmählichen Wandel der traditionellen Rollentrennung hin.[14]

13.4.3 Die harten Grenzen auf dem Weg zur Gleichstellung

Die Belastung der Frau durch neue Rollenverpflichtungen in Beruf und Politik hatte weder in der DDR noch in der Bundesrepublik zu einer entsprechenden Entlastung bei alten Rollenverpflichtungen in der Familie geführt. **Diese Starrheit der herkömmlichen Arbeitsteilung in den Familien war in Ost- und Westdeutschland das Haupthindernis für die Gleichstellung der Frauen in Arbeitswelt und Politik.** Ich möchte dieses Argument an vier von vielen möglichen Punkten konkretisieren.

1. Viele Mütter mildern die Kollision von Familien- und Berufspflichten durch den **vorübergehenden Ausstieg aus dem Beruf** oder durch **Teilzeitarbeit**. Die Entscheidung für eine dieser Varianten ist gleichbedeutend mit Verzicht auf beruflichen Aufstieg, in vielen Fällen bedeutet sie auch beruflichen Abstieg.[15]

2. Die traditionelle Arbeitsteilung in der Familie hat in beiden Gesellschaften geschlechtstypische Wirkungen für die Aufstiegschancen in berufliche Spitzenpositionen; sie fördert die Berufskarrieren der Männer und hemmt diejenigen der Frauen. Es lassen sich drei **Hindernisse für den beruflichen Aufstieg** der Frauen benennen, die mit den traditionellen Rollenorientierungen zusammenhängen:

   a. Spitzenberufe sind meist **„Anderthalb-Personen-Berufe"** (*Beck/Beck-Gernsheim* 1990, 128), d. h. sie setzen voraus, daß andere den Berufstätigen „den Rücken freihalten" für den ungehinderten Einsatz am Arbeitsplatz. Sie sind auf einen helfenden Partner zugeschnitten, der den Berufstätigen im privaten Bereich von zusätzlichen Sorgen und Verpflichtungen entlastet. Die Rolle der Helfenden fällt nach dem traditionellen Rollenverständnis der Frau zu und bedeutet für sie Abstriche an ihren beruflichen Ambitionen. Andererseits können Frauen kaum darauf bauen, daß ihnen ein Mann private Hilfestellung leistet, damit sie das „Anderthalb-Personen-Pensum" der Spitzenpositionen bewältigen.

   b. Weitere wichtige Voraussetzungen für Spitzenkarrieren sind der **Einstieg im richtigen Alter und das ständige „Am-Ball-Bleiben"**. Frauen können diese Bedingung häufig nicht erfüllen, weil wichtige Fundamente für den beruflichen Aufstieg in einer Lebensphase gelegt werden, in der sie durch Heirat und Kinder besonders stark in Anspruch genommen sind. Ein Einstieg in den Beruf mit voller Kraft kann – wenn überhaupt – häufig erst später erfolgen; und wer später startet, gelangt nicht mehr bis zur Spitze, sondern eventuell noch bis zur Mitte.

   c. Viele Berufskarrieren sind zudem vom Wechsel des Wohnorts abhängig. In der Regel ist es die Frau, die sich der Mobilität des Partners anpaßt und dadurch nicht selten berufliche Wünsche zurückstellen muß.

3. Wenn die **beruflichen Ambitionen der Frauen niedriger** sind als die der Männer, so liegt es u. a. daran, daß sie eher bereit sind, Konflikte zwischen Beruf und Familie zugunsten der Kinder und des Partners zu lösen und Abstriche an ihren Karrierewünschen vorzunehmen.[16]

4. Welchen **Verzicht im familiären Bereich** diejenigen Frauen leisten müssen, die auf beruflichen Aufstieg setzen, wird in einer Studie über die kleine Minderheit der bundesdeutschen Professorinnen deutlich. Der Anteil von Unverheirateten ist unter den Professorinnen um das 10fache(!) höher als unter ihren männlichen Kollegen; 57% der Professorinnnen, die geheiratet hatten, sind geschieden, aber nur 18% der Professoren; und mehr als die Hälfte von ihnen gibt an, keine Kinder gewollt zu haben (*Nave-Herz* nach BMBW 1990a, 108).[17]

Die traditionelle Arbeitsteilung war in den Familien der DDR, wie erwähnt, etwas stärker aufgelockert worden als in der Bundesrepublik; die „Entfamilia-risierung der Frau" (*v. Trotha* 1990, 459) wurde in der DDR etwas weiter vorangetrieben. Aber der Unterschied zwischen den beiden Gesellschaften war ein **gradueller** geblieben und **nicht prinzipiell** geworden: Die eigentliche Zuständigkeit für die häuslichen Pflichten lag in der DDR wie in der Bundesrepublik weiterhin bei der Frau. **Die Kollision von Verpflichtungen in und außerhalb der Familie wurde in beiden Gesellschaften als Frauenproblem und nicht als Männerproblem definiert**. Wenn der Konflikt von Familie und Beruf angesprochen wird, geht es um die Vereinbarkeit von Mutterschaft und Beruf, aber nicht um die Vereinbarkeit von Vaterschaft und Beruf.[18] In Ost und West ist es nahezu für alle Männer – aber auch für nahezu alle Frauen – selbstverständlich, daß sich Männer in ihren beruflichen Ambitionen nicht durch häusliche Pflichten behindern lassen. So würden z. B. nur 2% der bundesdeutschen Väter die Kinderbetreuung übernehmen, wenn dabei der Beruf zurückgestellt werden müßte (*Metz-Göckel/Müller* 1986, 551). „Nur-Hausmänner" und Männer, die freiwillig Teilzeitarbeit leisten, sind eine kleine Minderheit geblieben; ihre Zahl dürfte nach großzügigen Schätzungen kaum mehr als 100 000 (=0,6% der erwerbstätigen Männer) betragen (*Prenzel/Strümpel* 1990, 41). In der DDR waren 1988 ebenfalls nur 3% der Frauen und 1% der Männer der Ansicht, daß der Mann zeitweise beruflich zurückstecken sollte, wenn Kinder da sind; aber 62% der Frauen und 69% der Männer muteten dies der Frau zu (Sozialreport '90, 274).

Auch in der DDR war die Utopie von der Gleichheit der Geschlechter konzeptionell auf halbem Wege steckengeblieben: Dem neuen Frauenleitbild war kein neues Männerleitbild an die Seite gestellt worden (vgl. *Enders* 1986, 26; *Belwe* 1988, 5ff.). Die Leidtragenden dieser Situation waren die Frauen selbst: sie hatten die tägliche Last, vielfach auch die tägliche Überlast zu ertragen, die die ihnen offiziell zugewiesene Mehrfachrolle mit sich brachte.

13.5 Bilanz: Gleichstellungsvorsprung der ostdeutschen Frauen

Die „Emanzipation von oben" hatte den Frauen in der DDR also keine Gleichstellung gebracht, aber sie konnte die sozialen Ungleichheiten zwischen den Geschlechtern in allen vier untersuchten Bereichen stärker abbauen als die „Emanzipation von unten" in der Bundesrepublik. Auch in der DDR wurden die Gesellschaft, die Arbeitswelt und die Machtstruktur in wichtigen Bereichen weiterhin von Männern dominiert, das Verhältnis der Geschlechter hatte auch im Realsozialismus weiterhin deutlich ausgeprägte patriarchalische Züge bewahrt; dennoch hat der Sozialismus den Frauen einen **Gleichstellungsvorsprung** gebracht: **Die Unterschiede zwischen den Geschlechtern in den Qualifikationschancen, Berufschancen, Aufstiegschancen, Einkommenschancen und politischen Teilnahmechancen waren stärker verringert worden als in der Bundesrepublik, und auch die traditionelle Arbeitsteilung in den Familien war weiter aufgelockert.**

Wo liegen die **Gründe für das Mehr an Gleichstellung**? Das Ziel Gleichstellung der Frau hatte in der DDR stärkere ideologische, politische und ökonomische Schubkräfte. Offiziell wurde ein **neues Frauenleitbild** proklamiert, nach dem die Frau nicht nur Mutter und Hausfrau, sondern auch gutqualifiziert, berufstätig sowie gesellschaftlich und politisch aktiv sein sollte. Das neue Frauenleitbild – man kann es als **kompatibles Drei-Rollen-Modell** (Mutter und Hausfrau + Erwerbstätige + gesellschaftlich-politisch Aktive) bezeichnen – fand Eingang in die Rechtsnormen; einige diesbezügliche Beispiele habe ich bereits erwähnt: den Verfassungsauftrag zur Förderung der Frau insbesondere in der beruflichen Qualifizierung, die Verpflichtung beider Ehepartner zur Führung des Haushalts und Erziehung der Kinder. Obwohl in den Sozialisationsinstanzen – in den Massenmedien, in den Krippen, Kindergärten und Schulen sowie insbesondere in den Familien – Elemente der traditionellen Rollentrennung überlebt haben, wurde das neue Bild der Frau in der Bevölkerung stärker akzeptiert als entsprechende Vorstellungen in der Bundesrepublik.[19]

Die **Gleichstellungspraxis** in der DDR hob sich durch vier Elemente von der bundesdeutschen ab:

1. Durch ein **Mehr an Einrichtungen** in Politik und Gesellschaft, die sich um die besonderen Interessen von Frauen kümmerten. Im politischen Bereich existierten auf allen Ebenen des **SED-Apparates** besondere **Abteilungen bzw. Kommissionen für Frauenfragen,** die durch eine ZK-Sekretärin an der Parteispitze angeleitet wurden. Im gesellschaftlichen Bereich waren die **Frauenkommissionen der Gewerkschaften** die bedeutendsten Einrichtungen. Sie existierten in allen Betrieben, Behörden und Bildungseinrichtungen und sollten sich um die speziellen Belange der berufstätigen Frauen kümmern, u. a. durch die regelmäßige Aufstellung von Frauenförderungsplänen.

2. Durch ein **Mehr an Lenkung und Verpflichtungen**. Durch die strikte Reglementierung des Zugangs zur höheren Bildung, durch die strengere Lenkung der Berufs- und Studienwahl, durch die Pflicht zur Arbeit auch für Frauen, durch den Druck zur politischen und gesellschaftlichen Aktivität und durch die zentral gelenkte Kaderpolitik bei der Auslese des Personals für Leitungspositionen konnte die Teilnahme der Frauen in Bildung, Beruf und Politik z. T. gesteuert werden. Lediglich die Privatsphäre der Familie war den direkten Eingriffen von oben und außen entzogen.

3. Durch ein **Mehr an Hilfen** für die berufstätigen und studierenden Mütter. Seit den 60er Jahren existiert ein ganzes Bündel von z. T. vorübergehenden, z. T. sukzessive ausgebauten Hilfen im bildungspolitischen, sozialpo-

litischen, familienpolitischen und frauenpolitischen Sektor, um Frauen zu fördern oder um den Konflikt zwischen traditionellen Familienpflichten und neuen Anforderungen in Bildung, Beruf und Politik zu mildern. Die folgenden stichwortartig aufgelisteten Unterstützungen waren bis zur Vereinigung in Kraft:

- die Vollversorgung mit Krippen, Kindergärten, Schulhorten und Schulspeisung;

- kürzere Wochenarbeitszeiten bzw. Wochenpensen für Mütter (nicht für Väter) mit mehr als einem Kind ohne Lohn- bzw. Gehaltseinbußen (z. B. 3 3/4 Std. pro Woche weniger für Vollzeitarbeiterinnen und -angestellte; 2 Unterrichtsstunden pro Woche weniger für Lehrerinnen);

- längere Jahresurlaubszeiten für Mütter (nicht für Väter) mit mehr als einem Kind (2-5 Tage, je nach Kinderzahl);

- das sog. „Babyjahr": 1 Jahr bezahlter Urlaub (6 Monate voll bezahlt, 6 Monate Krankengeld) mit Arbeitsplatzgarantie bei der Geburt eines Kindes; unter bestimmten Bedingungen auch längere Beurlaubungszeiten;

- Pflegeurlaub zur Betreuung kranker Kinder bis 14 Jahren für Mütter oder Väter im Umfang von 4-13 Wochen; für Alleinerziehende und für Eltern mit mehr als einem Kind Zahlung von 70-90% des Nettoverdienstes;

- Anspruch auf soziale Betreuung durch den Betrieb während der Beurlaubungszeiten (Einladungen zu Veranstaltungen des Betriebes, Information über die Entwicklung des Betriebes, Hausbesuche von Kolleginnen oder Kollegen);

- ein bezahlter Hausarbeitstag pro Monat für alle Mütter, verheiratete Frauen und Frauen über 40 Jahre (und alleinerziehende Väter);

- besondere Förderung der studierenden Mütter durch Kinderzuschläge auf Stipendien, Krippen und Kindergärten an Hochschulen und Sonderregelungen für den Studien- und Prüfungsablauf.

Die Maßnahmen zur Unterstützung berufstätiger Mütter wurden in der DDR nicht nur begrüßt, sondern – mit Recht – vereinzelt wegen ihrer ambivalenten Wirkung auch als „Mutti-Politik" kritisiert: Sie milderten zwar den Konflikt von familiären und beruflichen Pflichten, gleichzeitig verfestigten sie jedoch die traditionelle Rollentrennung in der Familie und mit ihr die erwähnten Benachteiligungen der Frau in der Arbeitswelt und in der Politik.

4. Durch ein **Mehr an Geld** zur Finanzierung der Hilfen und der politischen Kommissionsarbeit.

Zusammenfassend kann man sagen, daß **das sozialistische Kommandosystem der DDR durch seine Lenkungsmechanismen, aber auch durch seine Bereitschaft, zur Förderung der Frau höhere finanzielle Ressourcen einzusetzen, einen Gleichstellungsvorsprung erzielt hat.** Der Sozialismus hat die Gleichstellung der Frau nicht nur ideologisch und politisch stärker gesteuert, sondern er hat sie sich auch mehr kosten lassen.

Um den Stand der Frauenemanzipation im Realsozialismus nicht allzusehr durch quantitative Strukturdaten zu glorifizieren, sollte man allerdings – neben dem Hinweis auf die starke Belastung vieler Frauen – auch erwähnen, daß die westdeutsche Frauenbewegung Diskussionen und „emanzipatorische" Bewußtseinsveränderungen in Gang gesetzt hat – z. B. durch kritische Hinweise auf sprachliche Sexismen oder auf das „Sexualobjekt Frau" –, die in der DDR in dieser Form nicht stattfanden (vgl. *Geißler* 1992, 259). Rückstände der ostdeutschen Bevölkerung in einigen Bereichen des Gleichstellungsbewußtseins hat auch eine Repräsentativumfrage nach der Wende ans Licht gebracht: Danach sind Vorbehalte gegenüber Frauen in Männerberufen und in Führungspositionen unter Ostdeutschen – sowohl unter Männern als auch unter Frauen – weiter verbreitet als unter Westdeutschen; und auch die Ansicht, für die Betreuung der kleinen Kinder sollte in erster Linie die Mutter zuständig sein, ist unter ostdeutschen Frauen häufiger anzutreffen (BMFJ 1992, 30ff., 71ff., 87). Offenbar hat der von oben gesteuerte, paternalistische Abbau geschlechtstypischer sozialer Ungleichheiten in einigen Bereichen des Habitus von Teilen der ostdeutschen Bevölkerung keine Spuren hinterlassen. Der Einstellungswandel hat nicht überall mit den sozialstrukturellen Veränderungen Schritt gehalten. Die traditionelle Rollenteilung wurde zwar in einigen zentralen Bereichen der DDR-Lebenswelt weiter abgebaut als in der alten Bundesrepublik, aber in den Einstellungen der Ostdeutschen sind einige traditionelle Rollenklischees fester verankert und weiter verbreitet als in Westdeutschland.

13.6 Perspektiven im vereinten Deutschland: Fortschritte im Westen – Rückschritte im Osten

Mit der deutschen Vereinigung hat sich das historische Rad der zunehmenden Gleichheit in den neuen Ländern zumindest vorübergehend wieder ein Stück zurückgedreht. Während sich in Westdeutschland die „emanzipatorischen Trends" in den letzten Jahren fortgesetzt haben, treten in den neuen Ländern die **Konturen der geschlechtstypischen Ungleichheiten wieder schärfer** hervor. **Demodernisierungsprozesse** dieser Art tauchen insbes. in der Berufswelt auf, aber auch im Familienleben und im Bildungssystem. Der Faktor

Geschlecht als Determinante sozialer Ungleichheit gewinnt – entgegen dem allgemeinen historischen Trend – wieder an Gewicht.

Mit dem Zusammenbruch der DDR sind auch die skizzierten systemischen Besonderheiten, die den Gleichstellungsvorsprung hervorgebracht haben, verschwunden. Die Rechtsnormen zugunsten der Frauen haben in der alten Form genausowenig überlebt (vgl. *Berghahn* 1993) wie die Frauenkommissionen in der Machtstruktur und in der Arbeitswelt oder die Frauenförderungspläne der Betriebe. Da der marktwirtschaftlich orientierte Sozialstaat des vereinten Deutschlands nicht bereit ist, dieselben Finanzmittel zur Unterstützung der Frauen aufzuwenden, wurden die sozialpolitischen Hilfen für erwerbstätige Frauen und Mütter abgeschafft oder auf westdeutsches Niveau abgeschmolzen.

Von den Problemen des Umbruchs sind Frauen häufig härter betroffen als Männer. Insbesondere in der **Arbeitsmarktkrise** geraten viele Frauen in besondere Bedrängnis. Die Geschlechter unterscheiden sich dabei nicht so sehr durch das Entlassungsrisiko, sondern vor allem durch ungleiche Wiederbeschäftigungschancen, die bei Frauen um fast zwei Drittel niedriger liegen als bei Männern. Dadurch war ihre Arbeitslosenquote, die durchschnittliche Dauer ihrer Arbeitslosigkeit und der Anteil von Langzeitarbeitslosen unter ihnen 1994 um das 1,7- bis 2-fache höher als bei Männern.[20] Von den Beschäftigten des Jahres 1989 waren im November 1994 drei Viertel der Männer noch oder erneut erwerbstätig, aber nur zwei Drittel der Frauen. Frauen, die zur Zeit der Wende 55 Jahre oder älter waren, hatten so gut wie keine Chance, sich im Beschäftigungssystem zu halten (*Pischner/Wagner* 1996, 164f.).

Nicht nur die Schwierigkeiten in den Turbulenzen des Arbeitsmarktes, auch der Abbau der Kinderbetreuungseinrichtungen und der sozialpolitischen Stützmaßnahmen zur Vereinbarkeit von Familie und Beruf haben die Soziallage der ostdeutschen Frauen erschwert. Dabei taucht auch eine neue Gruppe von Frauen mit besonderen Schwierigkeiten auf, die es in der DDR als Problemgruppe nicht gab: die alleinerziehenden Mütter – eine Gruppe, deren relativer Umfang in den neuen Ländern erheblich größer ist als in den alten. Sie geraten besonders in Bedrängnis und sind besonders häufig von Arbeitslosigkeit und Armut betroffen (vgl. S. 187, 208).

Trotz der vielen neuen Probleme zeigen jedoch alle Umfragen, daß die hohe Erwerbsneigung der ostdeutschen Frauen und auch ihr Streben nach beruflichem Erfolg nicht nur ungebrochen fortlebt, sondern eher noch verstärkt wurde. Der „doppelte weibliche Lebensentwurf", der von dem Wunsch und der Überzeugung getragen wird, Familienverpflichtungen und Berufstätigkeit miteinander zu vereinbaren, ist in der Psyche der ostdeutschen Bevölkerung fest verwurzelt – und zwar sowohl bei Frauen als auch bei Männern.[21]

Mehrfach belegt ist auch die folgende Tendenz: Im Zuge des Umbruchs **verschärft sich erneut die geschlechtsspezifische Hierarchie in der Arbeitswelt**, das Prinzip der hierarchisch zunehmenden Männerdominanz gewinnt – entgegen dem historischen Trend – an Geltung.

Im Kampf um die Arbeitsplätze in den Jahren 1990 und 1991 ziehen Frauen im Vergleich zu Männern häufiger in mittleren Positionen und am häufigsten in höheren Positionen den kürzeren.[22] Einen ähnlichen Verdrängungsprozeß beobachten auch *Nickel/Schenk* (1994, 274) in ihrer Studie zum Finanzdienstleistungssektor: „Männer ... verdrängen Ost-Frauen aus der oberen und mittleren Leitungsebene." Drei Analysen zur vertikalen Mobilität kommen schließlich zu dem übereinstimmenden Ergebnis, daß Männer bis 1994 – je nach Studie – zwei- bis fünfmal so häufig wie Frauen die Chance hatten, beruflich aufzusteigen, während Frauen mindestens doppelt so häufig wie Männer absteigen mußten.[23]

Die Probleme der Frauen in der umbrechenden Arbeitswelt wirken auf die **häusliche Arbeitsteilung** zurück: Die **geschlechtstypische Rollentrennung innerhalb der Familie differenziert sich offensichtlich wieder stärker aus**, insbesondere in Familien mit arbeitslosen Partnerinnen oder Müttern. Auch die Daten in Abb. 13.7 auf S. 295 liefern Hinweise auf diesen Prozeß.[24]

Gewisse Demodernisierungsvorgänge sind auch bei der Gleichstellung im **Bildungssystem** zu beobachten: Mädchen gehören häufiger zu den VerliererInnen beim Kampf um die knappen Lehrstellen (*B. Bertram* 1993, 203). Sie verzichten auch häufiger auf die Aufnahme eines Studiums als junge Männer (BMBW 1994, 107) mit der Folge, daß der Frauenanteil unter Studierenden leicht rückläufig ist (Abb. 13.1 auf S. 278). Durch den Wegfall der „Umlenkungsmaßnahmen" tritt auch die Geschlechtstypik bei der Wahl der Studienrichtungen (vgl. S. 279f.) – vermutlich auch bei der Berufswahl (*B. Bertram* 1993, 203) – wieder stärker hervor, allerdings nicht so stark, wie in den alten Ländern. Die bessere Heranführung junger Frauen an Ökonomie, Naturwissenschaften und Technik bleibt – so wie der „doppelte Lebensentwurf" – als „modernes Sozialisationserbe" des Realsozialismus erhalten.

Es sieht so aus, als sei der **politische Bereich** derjenige Sektor, in dem ostdeutsche Frauen den Gleichstellungsvorsprung am besten bewahren können. Die geschlechtstypischen Unterschiede im Politisierungsgrad (politisches Interesse, politisches Engagement, politische Gespräche) sind in den neuen Ländern deutlich geringer als in den alten,[25] und auch ihren Repräsentationsvorsprung in den Parlamenten haben die ostdeutschen Politikerinnen nicht eingebüßt, obwohl die westdeutschen Frauen in den letzten Jahren im Bundestag und in den Landtagen Boden gut machen konnten (Abb. 13.5 auf S. 290).

Resümierend läßt sich festhalten: Durch den Systemwechsel ist das real sozialistische Arrangement der Geschlechter in Bewegung geraten. Einige Teile des Gleichstellungsvorsprungs sind mit dem Verschwinden der Lenkungsmechanismen, dem Abbau frauenpolitischer Stützmaßnahmen und unter dem Einfluß der Arbeitsmarktkrise weggeschmolzen, andere sind als Pfeiler eines moderneren Geschlechterverhältnisses offensichtlich so fest im Habitus der Ostdeutschen verankert, daß sie bisher – teilweise auch den Widrigkeiten der neuen Situation trotzend – Bestand hatten. In der Regel unterliegt die ostdeutsche Sozialstruktur einem massiven Anpassungsdruck an westdeutsche Verhältnisse. Bei der geschlechtstypischen Ungleichheitsstruktur lassen sich jedoch auch umgekehrte Einflüsse von Ost nach West ausmachen: Hinter der öffentlichen Diskussion um den Ausbau der Kinderbetreuungsstätten, um Pflegeurlaub, Erziehungsgeld, Erziehungsurlaub mit Beschäftigungsgarantie, um die besondere Unterstützung studierender Mütter oder um die bessere Vereinbarkeit von Erwerbstätigkeit und häuslichen Pflichten im allgemeinen stehen – meist unausgesprochen – auch Regelungen, Einstellungen und Selbstverständlichkeiten, die in der DDR bereits einmal in anderen Gesamtzusammenhängen Realität waren.

Anmerkungen

1 Eine ausführlichere Darstellung der Entwicklung der geschlechtsspezifischen Bildungschancen in beiden deutschen Gesellschaften bei *Geißler* 1990c.
2 *Rodax/Hurrelmann* 1986, 138f. für die BRD; *Hille* 1990, 591 für die DDR.
3 *Osterloh/Oberholzer* 1994, 4, 7ff.; *Engelbrech/Kraft* 1992, 17f.; BMJFFG 1989, 16f.; *Engelbrech* 1987, 69.
4 Für die BR *Engelbrech* 1987, *Krüger* 1988 und iwd 49/1989, 8; für die DDR Frauenreport '90, 43.
5 *B. Bertram* 1993, 209; *Helwig* 1987, 50f.; *Enders* 1984, 47; Frauenreport '90, 81.
6 *Winkel* 1995, 29 sowie *Weiler* 1992, 31 und BMJFFG 1989, 37 für Westdeutschland; Sozialreport '90, 122 und Frauenreport '90, 91f. sowie *Leciejewski* 1987, 601 für die DDR.
7 Allgemeine Literaturberichte zur geschlechtsspezifischen Sozialisation bei *Hagemann-White* 1984 und *Bilden* 1991; Übersichten zur geschlechtsspezifischen Sozialisation in der DDR bei *Hille* 1985, 134ff., *B. Bertram* 1989 und *Nickel* 1990a; zur geschlechtstypischen Berufs- und Karriereorientierung vgl. *Abele* 1994, 24ff., 59ff.
8 Beispiele bei *G. Meyer* 1986b, 1306 und *Belwe* 1988, 30; vgl. auch Frauenreport '90, 96.
9 Zahlen nach *Zinnecker* 1985, 381; EMNID nach DER SPIEGEL 46/1988, 106ff.; Informationen für die Frau 4/1989. Vgl. auch *Hoecker* 1995, 30ff.; *Cornelissen* 1993, 321ff.; IfD 1993, 139f.
10 *Berger-Schmitt* 1986, 119; vgl. auch *Griebel* 1991, 36; *H. Bertram/Borrmann-Müller* 1988, 262.
11 Vgl. *Priller* 1992, 162f.; *Meier* 1988, 16.
12 *Metz-Göckel/Müller* 1986, 534; vgl. auch *Geißler* 1992, 256 sowie *Meyer/Schulze* 1993, 183.
13 Auch Daten über junge Ehepaare bestätigen, daß der Abbau der geschlechtsspezifischen Rollentrennung in der DDR (*B. Bertram u. a.* 1988) weiter fortgeschritten war als in der BR (*Meyer/Schulze* 1988, 350). Weitere Daten zur Arbeitsteilung in der Familie für Westdeutschland bei *Meyer/Schulze* 1993, 179ff.; *Gershuny* 1996; *Künzler* 1995; *Griebel* 1991; *Keddi/Seidenspinner* 1990, 5; *H. Bertram/Borrmann-Müller* 1988, 260ff.; *Berger-Schmitt* 1986, 141ff.; *Metz-Göckel/Müller* 1986, 554. Für Ostdeutschland bei *Gysi/Meyer* 1993,

157ff.; *Priller* 1992; Frauenreport '90, 127ff.; *Belwe* 1988, 18; *Meier* 1988, 9ff.; *B. Bertram u. a.* 1988, 114; *Helwig* 1987, 104ff.; *Enders* 1986, 35. Zum Ost-West-Vergleich s. IfD 1993, 51; *Priller* 1992, 165ff.; *Holst/Priller* 1991.

14 *Meier* 1988, 10ff. und Frauenreport '90, 128 für die DDR; *Frerichs/Steinrücke* 1995, 20f., *Berger-Schmitt* 1986, 121ff., *S. Meyer/Schulze* 1988, 352f. und *Griebel* 1991, 38f. für die BRD.

15 *Quack* 1994; *H. Bertram/Borrmann-Müller* 1988, 259; iwd 25/1987, 8; *Holst/Schupp* 1990, 408.

16 *Helwig* 1987a, 899; vgl. *G. Meyer* 1986b, 1304 und *Pfister* 1987a, 38.

17 Zur Abweichung von der „weiblichen Normalbiographie" bei weiblichen Bundestagsabgeordneten vgl. *Cornelissen* 1993, 342.

18 Vgl. z. B. den auf S. 294 zitierten § 10 des Familiengesetzbuches.

19 Dies ist durch Ost-West-Vergleiche nach 1989 wiederholt empirisch belegt worden, z. B. bei *Braun/Nowossadeck* 1992, BMFJ 1992, IfD 1993, *Braun* 1995.

20 Berechnet nach IDW 1995, Tab. 19; *Schenk* 1995, 475f.; *Nickel* 1995, 27. Vgl. auch *Nikkel/Schenk* 1994, 267.

21 Belege z. B. bei Ifd 1993; *Gysi/Meyer* 1993; *B. Bertram* 1993; *Böckmann-Schewe u. a.* 1995; *Schenk* 1995; *Holst/Schupp* 1995 und 1996.

22 Dies läßt sich aus den Daten des SOEP, die *Holst/Schupp* (1992, 465) präsentieren, errechnen.

23 *Adler/Kretzschmar* 1995, 21ff. und 1995a, 22; *Holst/Schupp* 1995a, 739f. Zu einem abweichenden Ergebnis im Hinblick auf gehobene und höhere Positionen im Dienstleistungbereich kommen *Diewald/Sørensen* 1996, 69f.

24 Weitere Belege bei *Gysi/Meyer* 1993, 159f.; Sozialreport 1994, 294f.

25 Ifd 1993, 139ff.; *Zinnecker/Fischer* 1992, 221; *Holst/Priller* 1991, 251, 255f.

14. Familienformen im Wandel

Thomas Meyer

14.1 Zum Begriff der Familie

Ein Definitionsversuch des Begriffs Familie steht vor der Schwierigkeit, die große historische und kulturelle Vielfältigkeit der Familienformen berücksichtigen zu müssen. Im weitesten Sinn ist die **Familie** eine nach Geschlecht und Generationen differenzierte Kleingruppe mit einem spezifischen Kooperations- und wechselseitigem Solidaritätsverhältnis, dessen Begründung in allen Gesellschaften zeremoniell begangen wird. An vorderster Stelle wird der Familie die **biologische** und **soziale Reproduktionsfunktion** zugewiesen (vgl. *Nave-Herz* 1989, 193). Im Rahmen der institutionellen Vorgaben kommen der Familie in der Regel also die Zeugung und Pflege des Nachwuchses sowie dessen primäre Sozialisation, die grundlegende Einführung in die Sprache, Normen und Werte der Gesellschaft, als Aufgaben zu. In einheitlicher, systemübergreifender Sichtweise gilt der Typus der **Kern- bzw. Kleinfamilie** als die in der modernen Industriegesellschaft vorherrschende und ihr adäquate Organisationsform (vgl. etwa *Parsons* 1955; *Neidhardt* 1975; *Gysi* 1988). Diese wird gebildet aus der auf der Ehe gründenden und auf zwei Generationen beschränkten **Gefühlsgemeinschaft** der Eltern mit ihren Kindern; allerdings entspricht eine primär auf die sogenannte „Normalfamilie" gerichtete Sichtweise nicht mehr der gegenwärtigen Situation. Denn seit geraumer Zeit signalisiert das demographische Geschehen – ein zentraler Indikator familialer Veränderungen – unzweideutig, daß der Stellenwert und die Strukturen von Ehe und Familie in Wandlung begriffen sind. Die Hinweise mehren sich, daß sich die Privatheit in einen wachsenden Nicht-Familiensektor (kinderlose Paare, Singles) und einen schrumpfenden Familiensektor polarisiert und daß sich diese Dualität zu einem markanten Merkmal der Sozialstruktur und ihrer Ungleichheitsordnung entwickelt (*Strohmeier/Schulze* 1995).[1] Eine an Wandlungsprozessen orientierte Sichtweise hat sich deshalb verstärkt dem **Monopolverlust der Familie** zuzuwenden, der zumeist als **Pluralisierung privater Lebensformen** begriffen wird (*Hettlage* 1992; *Meyer* 1992; *Peuckert* 1996). Der Monopolverlust der „Normalfamilie" soll hier – mehr noch als die Verschiebung der quantitativen Größenordnungen zwischen den Privatheitsformen – den normativen Geltungsverlust der Familie und das Ende ihrer unumstrittenen kulturellen Vorherrschaft anzeigen. Das überragende Merkmal des Wandlungsgeschehens stellen nach dieser Sicht die Legitimitätsgewinne der „neuen“ Privatheitsformen – kinderlose Ehen, nichteheliche Lebensgemeinschaften (NELG), Singles und Wohngemeinschaften – und die kulturelle Verunsicherung der traditionellen Familienleitbilder dar. Legitimitätsgewinne lassen sich selbst, allen fortbestehenden Diskriminierungen zum Trotz, für die gleichgeschlechtlichen, schwulen und lesbischen Lebensformen nachweisen, die sich im Zuge kultureller Liberalisierungsprozesse in den Nischen der gesellschaftsoffiziösen Privatheitskultur etabliert haben.

14.2 Strukturwandel der Familie

Wie bereits näher skizziert (S. 40ff.), bilden die fundamentalen gesellschaftlichen Umschichtungen im Kontext der Industrialisierung die Grundlage für die Herausbildung der bürgerlichen Familie. In deren Gefolge ist es zu einem charakteristischen Gestaltwandel der Familie gekommen:

- Die **Trennung von Berufs- und Wohnstätte** bewirkte die Herauslösung der Erwerbsarbeit aus der Familie sowie die – oft als **Funktionsverlust** beschriebene – zunehmende Abgabe wichtiger, ehemals im Familienverband geleisteter Aufgaben. Das gilt insbesondere für die Kranken- und Altersversorgung, die Rechtsprechung, die Ausbildung sowie einen Teil der Erziehung.
- Durch die Abgabe von Funktionen hat sich eine **Privatisierung** der Familie vollzogen. Mit dieser ist eine historisch neu- und einzigartige **Emotionalisierung** wie **Intimisierung** der Familienverhältnisse einhergegangen. Dem entspricht das Ideal der **„romantischen Liebesehe“** und ein evolutionärer Bedeutungszuwachs der Rolle des Kindes wie der Erziehung („Entstehung der Kindheit“).
- Die grundlegende Aufspaltung der bürgerlichen Gesellschaft in Privatheit und Öffentlichkeit hat zu einer **Neudefinition der Geschlechtsrollen** geführt: Durch die polare soziale Zuordnung des Mannes zur außerhäuslichen und der Frau zur innerhäuslichen Welt bildet sich das überaus folgenreiche hierarchisch-patriarchalische Geschlechterverhältnis heraus.

Insgesamt kommt es mit der Entwicklung des Industriekapitalismus zu einer zunehmenden Orientierung am Ideal und Leitbild des bürgerlichen Familienmodells, die alle Schichten umgreift. Die unter wohlfahrtsgesellschaftlichen Vorzeichen vor sich gehenden Umwälzungen im 20. Jahrhundert wiederum bildeten die Voraussetzung für die weitere Ausbreitung der Kleinfamilie, die an das bürgerliche Familienmodell anknüpft (*Meyer* 1992, 52ff.). Sie wurde in den beiden deutschen Staaten jedoch erst in den 60er Jahren zur empirisch dominanten, massenhaft gelebten und „normalen“ Lebensform. In beiden Teilen Deutschlands hatten sich in der Nachkriegsgeschichte – wenngleich auf deutlich unterschiedlichem Niveau – die materiellen Voraussetzungen des Familienlebens sowohl hinsichtlich des Einkommens als auch in bezug auf den Besitz langlebiger Konsumgüter rapide verbessert (vgl. S. 45ff.). Der allgemeine Fortschritt der Lebensverhältnisse für alle Einkommensschichten (*Lepsius* 1974, 272ff.; vgl. auch Kap. 3.1) war eine wichtige Vorbedingung für den weitgehenden Abbau der bislang nach sozialen Gruppen und Schichten stark divergierenden Familienformen und die Entwicklung eines kollektiv einheitlichen, bürgerlich eingefärbten Familienstils (*Schwartau/Vortmann* 1989, 293; *Gysi* 1989, 143; vgl. *Speigner* 1987, 124ff.). In der DDR war es gerade in den letzten Jahren zu einer Verbesserung der Lebensbedingungen für die meisten Familiengruppen gekommen (Frauenreport ‘90, 117ff.). Die beispiellose Anhebung des Lebensstandards und der sozialpolitischen Sicherungssysteme, der sog. „Abschied von der Proletarität“ (*Mooser* 1984, 224; vgl. auch Kap. 8.1) befreite die Familie der unteren Schichten zunehmend aus unmittelbar ökonomischen Zwängen und bildete eine strukturelle Voraussetzung für die **Verallgemeinerung des bürgerlichen Familientyps**.

14.3 Bedeutung und Funktion der Familie in der Bundesrepublik Deutschland und der DDR

Allen in der DDR offiziös propagierten „Wesensunterschieden“ zwischen der „sozialistischen“ und der „kapitalistischen“ Familie zum Trotz fallen **„zahlreiche Ähnlichkeiten“** (*Hille* 1985, 40, Hervorh. T.M.) zuerst ins Auge. In beiden Gesellschaften wurde der Ehe und Familie als Institution eine grundlegende Bedeutung zugesprochen. Dies unterstreicht nachhaltig der verfassungsmäßig verankerte Schutz von Familie und Ehe in Art. 9 des Grundgesetzes der Bundesrepublik und in Art. 38 der DDR-Verfassung. Weiterhin findet die Institutionalisierung in einer Vielzahl von familienpolitischen Maßnahmen, Ritualen und Sitten ihren Ausdruck. Nach beiderseitigem Verständnis galt die Familie als Grundform, als „kleinste Zelle“ (so etwa in der Präambel des Familiengesetzbuchs der DDR) von Staat und Gesellschaft. Die **Sozialisations**- und **Erziehungsfunktion** bzw. **sozio-kulturelle Funktion** wird heute gemeinhin als die herausragende und zentrale Leistung der Familie für die Gesellschaft angesehen. In der DDR galt diese als **„Hauptfunktion“** (*Kabat vel Job/Pinther* 1981, 14); in der Bundesrepublik wird sie als die der Familie „eigenste“ (*König* 1974, 70) Aufgabe angesehen. Neben den strukturellen Analogien gibt es jedoch wichtige Differenzen:

- Hier ist zuvorderst die längerfristige und konsequentere Durchsetzung des Gleichberechtigungsgrundsatzes in der DDR zu nennen (vgl. auch S. 296, 298ff.).

- In diesem Zusammenhang ist weiterhin die herausgehobene Bedeutung der außerhäuslichen Erziehungsinstitutionen wie Kinderkrippe, Kindergruppe und Schulhort und der damit reduzierte Einfluß der elterlichen Erziehung in der DDR zu erwähnen (*Hille* 1985, 113). Aber auch in der DDR standen jedoch die Kinder meist im Mittelpunkt des Familienlebens (vgl. *Gysi u. a.* 1990, 35).

- Die DDR-Familie war grundsätzlich stärker in die Gesellschaft und ihre politisch-ideologischen Zielsetzungen eingebunden. So formulierte der § 42 des Familiengesetzbuches der DDR etwa den erzieherischen Auftrag zur Entwicklung der „sozialistischen Persönlichkeit". Hieraus folgte, daß im Gegensatz zur „bürgerlich-isolierten" Familie die größere Offenheit der „sozialistischen" Familie reklamiert wurde.

a) DDR

Kann noch bis in die 50er Jahre von einer „gewissen Vernachlässigung" der Familie (*Helwig* 1984, 8) gesprochen werden, so wurde spätestens mit dem Familiengesetzbuch (FGB) von 1966 der Stellenwert der Familie in Form eines umfassenden Leitbildes definiert und gesetzlich verankert. Die Aufwertung der Familie fand ihren Niederschlag in einem Leitbild der Frau, welche eine engagierte Berufstätigkeit mit den Aufgaben in der Familie verbindet. Folgerichtig begünstigte und „prämierte" die DDR-Familienpolitik in vielfältiger Weise das eheliche und familiale Zusammenleben. Auch die offizielle Ablehnung alternativer Formen des Zusammenlebens in der DDR signalisierte die **allgemeine und verbindliche Leitbildfunktion von Ehe und Familie**:

„Familienrechtlichen Schutz genießt nur die auf gesetzlicher Grundlage geschlossene Ehe. Der sozialistische Staat begünstigt nicht andere Formen des Zusammmenlebens familienähnlicher Art, weil diese nicht den moralischen und familienpolitischen Vorstellungen der sozialistischen Gesellschaft entsprechen" (*Ansorg* 1967, zit. nach *Hille* 1985, 37).

Die in den letzten zwei Jahrzehnten systematisch ausgebauten Förderungsmaßnahmen für die Familie fanden insbesondere in einer prononcierten **Bevölkerungspolitik** ihren Ausdruck (u. a. in Geburtsbeihilfen, Kindergeld, Familiengründungsdarlehen, Arbeitswochenstundenverkürzung und besonderen Freistellungen für Mütter). Die Erhöhung der Geburtenrate war ein maßgebliches Ziel der Familienpolitik seit den 70er Jahren. Deshalb wurde der Mutterschutz 1976 auf 26 Wochen verlängert und seit 1986 das einjährige Elternjahr bereits vom ersten Kind an und seit 1984 das eineinhalbjährige ab dem 3.Kind gewährt. Erwähnenswert ist auch das in allen öffentlichen Bildungseinrichtungen verankerte Ziel der **Familienerziehung**. Diese strebte neben dem Abbau geschlechtsspezifischer Verhaltensformen und der Förderung der Gleichberechtigung von Mann und Frau die Vorbereitung junger Menschen auf Ehe und Familie an. Zugleich sollte vermittelt werden, daß eine befriedigende dauerhafte Sexualität nur in der Ehe Bestand haben kann. Im DDR-Verständnis gehörte die sogenannte „Familienfähigkeit“ (*Kabat vel Job/Pinther* 1981, 81) zu den „Wesenszügen“ der „allseitig entwickelten sozialistischen Persönlichkeit.“ Die kulturelle Bedeutsamkeit der Familie lag nicht zuletzt in deren absoluter „Normalität“ und Fraglosigkeit im alltäglichen Leben (*Runge* 1985, 6). Eine empirische Untersuchung über Wertorientierungen weist ein sinnerfülltes und glückliches Familienleben als wichtigstes Lebensziel bei 92% der Frauen und 82,5% der Männer aus (*Gysi* 1989, 74; vgl. auch *Landua* u. a. 1991, 8). Weit über 90% der DDR-Jugendlichen maßen Liebe und Familie einen sehr großen Stellenwert für ihre künftige Lebensgestaltung zu (*Bertram* u. a. 1988, 168). Ungefähr 75% der DDR-Jugendlichen (*Gysi* 1988, 512) wollten später heiraten. In Deutschland – und im östlichen Teil mehr noch als in der alten BR – galt und gilt die Familie als der zentrale Lebenswert.[3] Allen sozialistischen Propagierungen zum Trotz offenbarte sich nicht zuletzt im Familienleben die „kleinbürgerlich nivellierte Nischengesellschaft“ (*Günter Gaus*) der DDR. Die Familie bildete in der DDR geradezu das Synonym für Privatheit und bildete eine Gegenwelt zur Gesellschaft. In der Familie wurden Defizite kompensiert. Dies hatte „ein ausgesprochen familienzentriertes Verhalten ..., einen Rückzug ins Private (und) eine auffällige Tendenz zur Abkapselung und Verhäuslichung der Freizeit“ zur Folge (Frauenreport ‘90, 115).

Auch nach der Vereinigung kann ungeachtet aller demographischen Einbrüche nicht von einem Verlust familialer Werte in den neuen Ländern gesprochen werden. Der außerordentliche Rang von Ehe und Familie in der gesellschaftlichen Wertehierarchie besteht fort. Familie und besonders Kinder werden in den neuen Ländern, wie schon zu Zeiten der DDR, noch höher als in den alten Ländern bewertet. Nach der repräsentativen ALLBUS-Basisumfrage 1991 erklärten über 75% der Befragten zwischen 18 und 30 Jahren „eigene Familie und Kinder“ für sehr wichtig *(Kopp/Diefenbach* 1994, 59; *Köcher* 1994). Und auch eine Umfrage in Brandenburg kann lediglich eine potentielle „Eheabkehrpopulation“ von maximal 16% errechnen (*Gysi u. a.* 1994).

b) Bundesrepublik

Art. 6 und 13 des Grundgesetzes gewährleisten die staatlich geschützte Autonomie und den Schutz der Familie in der BR und unterstreichen, anders als in der DDR, den spezifisch **privaten** Charakter der Familie. Die Einrichtung eines Familienministeriums (1953) und eine Vielzahl von **familienpolitischen**

Maßnahmen (etwa Kindergeld, Steuerpolitik, Wohnungspolitik) dienen der Stützung und Stabilisierung der Familie und zeigen deren exponierte gesellschaftliche Bedeutung. Bei der großen Bevölkerungsmehrheit gelten Ehe und Familie als **kulturelle Selbstverständlichkeit** und zumeist als Merkmal der Vollendung des Erwachsenwerdens. Insbesondere in den 60er Jahren, dem „golden age of marriage", ist den Statistiken eine „überwältigende **Ehefreudigkeit"** (*Pross* 1971, 502, Hervorh. T.M.) zu entnehmen. Ihnen zufolge haben 95% der Bevölkerung wenigstens einmal im Leben geheiratet und wurden ca. 94% aller Kinder ehelich geboren (*Kaufmann* 1975). Die Familie ist ein millionenfach selbstverständlich gelebtes Grundmuster, und bis weit in die 60er hinein erscheint sie als die einzig normale, gesellschaftlich „richtige" und rechtlich legitimierte private Lebensform (*Tyrell* 1979).

14.4 Familialer Strukturwandel im Spiegel der Demographie

Die Entwicklung einiger demographischer Kennziffern kann das Ausmaß und die Form des familialen Strukturwandels der letzten Jahrzehnte veranschaulichen.

14.4.1 Geburtenentwicklung

a) Westdeutschland

Zu den am meisten diskutierten demographischen Entwicklungen gehören die schon länger zu beobachtenden rückläufigen Geburtenquoten (vgl. S. 336ff.). Gegenwärtig wird davon ausgegangen, daß nahezu jede vierte Frau des Jahrganges 1960 – beim Geburtsjahrgang 1940 war es nur jede zehnte – keine Kinder bekommen wird (*Dorbritz* 1993/94, 422). Während die durchschnittliche Geburtenzahl in der „familienbetonten Phase" der 50er und frühen 60er Jahre ebenso wie die Zahl der Familien mit mehr als drei Kindern anstieg, dominieren heute die Familien mit zwei Kindern. Nur noch 19,5% der Frauen des Geburtsjahrgangs 1950 und 17,8% des Jahrganges 1960 haben ein drittes oder weiteres Kind geboren. Dagegen wurden in 35% der 1922 bis 1925 geschlossenen Ehen drei und mehr Kinder gezeugt. Der Geburtenrückgang der letzten Jahrzehnte hat also insbesondere im **Rückgang der Mehrkinderfamilien** (mehr als zwei Kinder) aber auch in der **Zunahme der „Null-Kind-Familien"** ihren Ausdruck gefunden (*Klein* 1989, 11), dagegen ist der Anteil der Ein-Kind-Familien nicht nennenswert gestiegen. Hinter dem Rückgang der durchschnittlichen Kinderzahl verbirgt sich also einerseits der Anstieg kinderloser Ehen und andererseits die Vorherrschaft der Familien mit zwei Kindern. Die rückläufige Geburtenentwicklung korrespondiert mit einer Zunahme der sogenannten **„späten Mutterschaft“**. Seit 1970 ist das Alter der Mutter bei der Geburt des ersten Kindes von 24,3 auf 27,3 Jahre gestiegen (*Dorbritz* 1993/94, 417). Mit dem Geburtenrückgang geht ein drastischer **Bedeutungsverlust der Mehrgenerationenfamilie** und die säkulare Herausbildung der auf zwei Generationen beschränkten Kleinfamilie einher. In der alten BR lebten 1988 nur noch in 2% der Mehrpersonenhaushalte mehr als zwei Generationen zusammen (*Pöschl* 1989, 631). Diese Entwicklung darf man allerdings nicht mit dem Abbau des intergenerationellen Bandes verwechseln. Ganz im Gegenteil: der vielzitierte Topos **„Nähe auf Distanz“** bringt treffend zum Ausdruck, daß ein normativ institutionalisierter Zusammenhalt zwischen den Generationen – trotz getrennter Haushalte – in Ost und West zumeist fortbesteht. Immer noch bilden die Großeltern, zusammen mit den Geschwistern, die zentrale Netzwerkbeziehung der meisten Familien (*Woll-Schumacher* 1995). Allerdings werden sich in Anbetracht zunehmender Kinderlosigkeit und geringer Geschwisterzahlen die Zahl der Personen des engeren verwandschaftlichen Netzwerks drastisch reduzieren.

b) DDR/neue Länder

Der Geburtenrückgang und die damit einhergehende kontinuierliche Abnahme der Bevölkerung hatte in den 70er Jahren in der DDR – nach erfolglosen Appellen an die „sozialistische Familienmoral“ – zu einer erheblichen Ausweitung **bevölkerungs- und familienpolitischer Maßnahmen** geführt. Von den 1944 bis 1953 geborenen Frauen hatten – ähnlich wie in der BR – über 70% lediglich ein und zwei Kinder und nur 22,7% drei und mehr.

Der DDR-Familienrechtlerin *Grandtke* zufolge war der „Verzicht auf Kinder, (wie) auch die gewollte Beschränkung auf ein Kind ... moralisch in der Regel nicht gerechtfertigt und ... Ausdruck einer kleinbürgerlichen Haltung“ (zit. nach *Helwig* 1984, 792). Sozialpolitische Maßnahmen versuchten, die Beziehung von Erwerbstätigkeit und Mutterschaft zu harmonisieren (vgl. *Koch/Knöbel 1986*). Gezielte Unterstützungen sollten die Bereitschaft zur Mehrkinderfamilie erhöhen. Anfang der 80er Jahre zeigte sich auch ein – durch die geburtenstarken Jahrgänge noch unterstütztes – gehobenes Geburtenniveau, welches nach einer Stagnationsphase gegen Ausgang der 80er Jahre wieder abflachte. Eine Zunahme kinderreicher Familien konnte nicht erreicht werden. Im Gegenteil: Zwischen 1971 und 1981 sank der Anteil von Familien mit drei und mehr Kindern an allen Mehrpersonen-Haushalten von 10 auf 4% (Sozialreport ‘90, 45). Erst durch finanzielle Förderungen, die seit

1986 kinderreichen Familien gewährt wurden, wurde ein Anstieg der Drittgeburten erreicht.[2] Dies stoppte allerdings nicht den seit 1980 in der DDR wieder rückläufigen Geburtentrend. Die realen Kinderwünsche stagnierten im Durchschnitt bei knapp zwei Kindern (vgl. *Speigner* 1987, 83ff.). Und auch in den Zukunftsplänen der Jugendlichen verfestigte sich das Ideal der **Zwei-Kind-Familie**. Auffallend ist das bis heute andauernde, im Vergleich zu Westdeutschland um fast zwei Jahre jüngere Alter der Ost-Mütter bei ihrer Erstgeburt. Da sich in der DDR die Geburten auf eine vergleichsweise kurze Zeitspanne zwischen dem 20. und 28. Lebensjahr konzentrierten, lag das mittlere Gebäralter um ca. 7 Jahre niedriger als im Westen, wo sich die Geburten relativ gleichmäßig auf die Lebensphase zwischen 20 und 36 verteilen (*Dorbritz* 1993/94, 481). Bemerkenswert ist ferner, daß sich der Geburtenrückgang, im Unterschied zum Westen, nicht durch die Zunahme kinderloser Ehen, sondern hauptsächlich durch die durchschnittlich reduzierte Anzahl der Kinder erklärt. So wird für den Geburtsjahrgang 1960 auch lediglich ein Kinderlosenanteil von 10% erwartet; ein Wert, der dem Geburtsjahrgang 1940 in den alten Ländern entspricht (*Dorbritz* 1992, 189; ders. 1993/94, 422). Auch nach der Vereinigung scheint sich also der Trend der seltenen Kinderlosigkeit fortzusetzen und wird dem Leben ohne Kinder eine geringere Attraktivität beigemessen als in den alten Ländern. Dementsprechend lag der Anteil der Haushalte mit Kindern im Osten bei 64% und im Westen nur bei 52% (*Bertram* 1992).

14.4.2 Eheschließungen und -scheidungen

a) Westdeutschland

Bei Männern und Frauen ist die **Heiratsneigung** in wenigen Jahren drastisch **gesunken**. Ein Blick auf die zusammengefaßten Heiratsziffern[4] kann dies belegen: Während 1970 von 100 ledigen Männern ca. 90% eine Ehe eingingen (Frauen: 97%), waren es 1994 nur noch 53% (Frauen: 60%), die zumindest einmal in ihrem Leben heiraten (*Dorbritz/Gärtner* 1995, 345). Insofern kann das Nicht-heiraten als zunehmend selbstverständliches Verhaltensmuster angesehen werden.

Im Unterschied zur beinahe vollständigen Verheiratung einer Generation im „golden age of marriage" liegt der Anteil der Nicht-Heiratenden in Deutschland mittlerweile bei über 40%. Trotz der absoluten Zunahme von Mehrfachehen aufgrund massiv angestiegener Scheidungsquoten sinkt bei Geschiedenen und Verwitweten insgesamt die Bereitschaft, sich wieder zu verheiraten. Der Anteil derjenigen, die nach einer Scheidung wieder heiraten liegt bei ca. 30%. Desweiteren ist im Kontext der wachsenden Zahl von NELG

Abb. 14.1: *Zusammengefaßte Erstheiratsziffern*

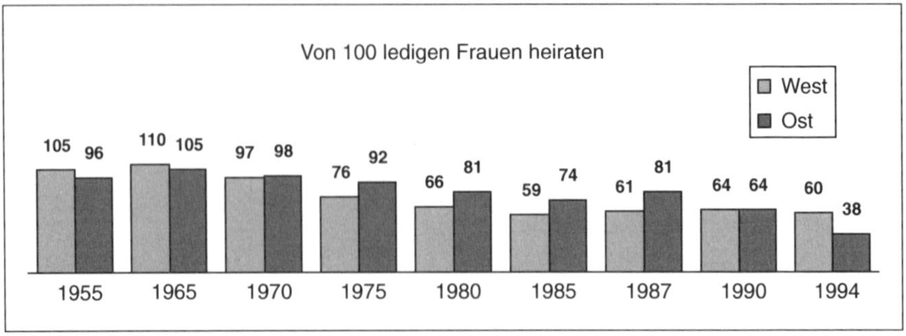

Zu den auf den ersten Blick unlogischen Werten (> 100) vgl. Anm. 4.

Quelle: *Dorbritz/Gärtner* 1995, 345.

und Alleinlebenden sowie einer späteren Lösung vom Elternhaus – 64% der Jugendlichen haben bis zum 25. Lebensjahr noch nicht das Elternhaus verlassen (*Dorbritz/Gärtner* 1995, 401) – ein durchschnittlich **gestiegenes Heiratsalter** festzustellen. Bei den Frauen beträgt es 1960 durchschnittlich 23,7 Jahre und 1994 26,9 Jahre; bei den Männern 1960 25,9 Jahre und 1994 29,3 Jahre.

Zu den hervorstechenden Merkmalen der Ehe- und Familienentwicklung in beiden Teilen Deutschlands gehört der in vielen Industriegesellschaften zu verzeichnende Anstieg der **Scheidungen** – ein säkularer Trend, bei dem allerdings zu berücksichtigen ist, daß sich die Ehedauer wegen des zunehmenden Lebensalters von ca. 20 auf 40 bis 50 Jahre in den letzten hundert Jahren deutlich erhöht hat.

Seit 1960 – unterbrochen lediglich von einer „rechtstechnisch bedingten Stauung" (*Kappe* 1986, 175) nach dem neuen Scheidungsrecht von 1976 – steigen die Scheidungszahlen beinahe kontinuierlich an. In Deutschland hat sich die Wahrscheinlichkeit einer Eheauflösung von den Heiratsjahrgängen 1950 bis heute fast verdreifacht. Die relativ niedrige durchschnittliche Kinderzahl der Scheidungsehen (0,75) zeigt, daß Kinder die Scheidungswahrscheinlichkeit reduzieren. Dennoch läßt sich seit einigen Jahren ein Trend zu steigenden Kinderzahlen in Scheidungsehen beobachten. 1992 waren bei ungefähr der Hälfte der geschiedenen Ehen minderjährige Kinder vorhanden. Während es 1960 45.000 Zugänge an „Scheidungswaisen" gab, hat sich deren Zahl mittlerweile rasant erhöht: 1993 waren bereits über 100.000 Kinder von Scheidungen betroffen. Bemerkenswert ist weiterhin der steigende Anteil an Spätscheidungen; so wurden 1992 über 20% aller geschiedenen Ehen nach dem

Abb. 14.2: *Zusammengefaßte Scheidungsziffern*

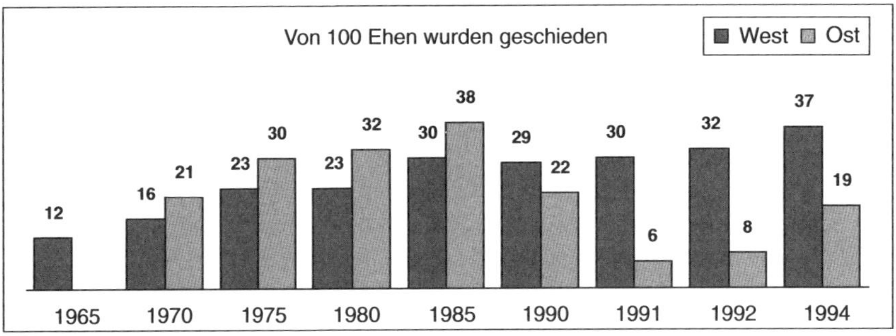

Quelle: *Dorbritz/Gärtner* 1995, 355.

20. Ehejahr getrennt. Der größte Anteil der Scheidungen findet jedoch bereits nach 4 oder 5 Ehejahren statt (*Dorbritz* 1993/94, 408ff.). Auffallend ist hierbei, daß gegenwärtig über 65% aller Scheidungen von Frauen beantragt werden und daß sie diese deutlich positiver beurteilen als Männer (*Höllinger* 1992; *Peuckert* 1996, 144). Folgerichtig flüchten Männer nach einer Scheidung dann auch erheblich schneller als Frauen in eine erneute Beziehung.

b) DDR/neue Länder

Auch die DDR charakterisierte eine nachlassende Heiratsneigung, wobei deren Bürger insgesamt aber heiratsfreudiger waren als ihre Nachbarn und zudem auch früher heirateten. So waren 1990/91 zu Beginn des Vereinigungsprozesses im Westen 64% und im Osten 70% der 18-55jährigen Männer verheiratet (Bertram 1992). Trotz erkennbarer Aufholtendenzen wurde auch noch 1992 in den neuen Bundesländern bei den Frauen um 1,4 und bei den Männern um 1,9 Jahre früher geheiratet als in den alten. Insgesamt läßt sich aber ein anhaltender Trend zum **biographischen Aufschub der Heirat**, d. h. zur späteren Eheschließung in beiden Teilen Deutschlands beobachten.

Während die zusammengefaßte Heiratsziffer 1970 bei Männern wie Frauen in der DDR noch bei ca. 100% lag, sank sie bis 1985 bei den Männern auf 70 und den Frauen auf 74% ab (StBA 1995f, 96). Zwischen 1960 und 1988 erhöhte sich das durchschnittliche Heiratsalter lediger Männer von 23,9 auf 25,0 Jahre, das der Frauen von 22,5 auf 23,4. In den 70er Jahren stiegen infolge der sozialpolitischen Maßnahmen zwar bis 1977 die Heiratszahlen, der Ehebestand insgesamt wird aber in zunehmendem Maße durch Scheidungen reduziert. Neben dem wachsenden Anteil dauerhaft Lediger verzichten Geschiedene in zunehmendem Maße auf eine erneute Ehe. Die **Wiederverheiratungsbereitschaft** war gegenüber 1970 deutlich **rückläufig**. Im Zuge der zurückgehenden Eheschließungshäufigkeit und der zunehmenden Scheidungen hatte sich die verheiratete Bevölkerung zugunsten der ledigen und geschiedenen verringert. Der Anteil der unverheirateten Wohnbevölkerung stieg von 1970 bis 1988 von 14 auf über 18% (Sozialreport '90, 190, 32f.). In nur wenigen Jahren hatten sich also signifikante Veränderungen des Heiratsverhaltens durchgesetzt. In der DDR wurde aber nicht nur zunehmend weniger und später geheiratet, sondern es wurden seit Mitte der 60er und forciert seit Beginn der 70er Jahre auch immer mehr Ehen geschieden. Die DDR bewegte sich auf einem, auch im internationalen Vergleich, sehr hohen Scheidungsniveau mit deutlichem Vorsprung vor der BR. Das Schuldprinzip war bereits seit Mitte der 50er Jahre abgeschafft. Von 1960 bis 1985 hatte sich die Anzahl der **Scheidungen mehr als verdoppelt** (*Gysi* 1989, 260), jährlich mehr als 50.000 Ehen wurden geschieden. 1965 waren 2,5% und 1989 bereits 6% der Bevölkerung geschieden (Frauenreport '90, 104). Grundsätzlich galt auch in der DDR: Je jünger die Eheschließenden waren, desto scheidungsanfälliger war ihre Beziehung. Aber bemerkenswert ist, daß 1985 auch ca. 17% der Scheidungen nach mehr als 20jähriger Ehe ausgesprochen wurden, also zu einem Zeitpunkt, als die Kinder die Familie bereits verlassen hatten (*Gysi* 1988, 514). Hervorzuheben ist auch, daß ähnlich wie in der BR und mit steigender Tendenz – 1960: 55,1%; 1975: 65,5%; 1989: 69% – die Frauen die Scheidung beantragten (Frauenreport '90, 111).

Neben den wirtschaftlichen und sozialen Problemen in den neuen Bundesländern gehören die **massiven demographischen Einbrüche** zu den herausragenden Chiffren des Vereinigungsprozesses. Seit 1989 ist ein drastischer Rückgang der Heirats- und Scheidungsziffern – gepaart mit einem außergewöhnlichen Geburtentief – zu verzeichnen. Während 1989 eine zusammengefaßte Scheidungsziffer von 36,9% ermittelt wurde, lag diese 1991, ein Jahr nach der Vereinigung, nur noch bei 6,4%. Im gleichen Zeitraum sank die Zahl der Eheschließungen von 131.000 auf 50.000, bevor sie 1992 mit 49.000 ihren Tiefstand erreichte.

Seit 1992 bzw. 1993 ist ein Anstieg der Eheschließungen und der Scheidungen – die immer noch durch die Umstellung der Rechtslage und die Last verwaltungstechnischer Faktoren gehemmt sind – festzustellen; beide Kennziffern bewegen sich allerdings immer noch auf einem auffallend niedrigen Niveau.

Insgesamt müssen die demographischen Einbrüche als Folge des „Transformationsschocks" betrachtet werden, in dem die Zurückstellung von außerordentlichen Ereignissen als Bewältigungsmuster der vereinigungsbedingten

Umstellungsprobleme fungiert (*Zapf/Mau* 1993). Es steht zu vermuten, daß die Schutzfunktion der Ehe gerade in den krisenhaften Umbruchzeiten nicht leichtfertig aufs Spiel gesetzt wird.

Die Entwicklung der Scheidungen hin zum „massenstatistischen" Phänomen – 1994 wurden in Deutschland über 166.000 Ehen getrennt – kann als ein wichtiger Indikator für den kulturellen Geltungsverlust des herkömmlichen Ehemodells in beiden Teilen Deutschlands gelten. Auch wenn die Ehe ihre zwanghafte Kohäsion verloren hat, sollte man allerdings vor vorschnellen Verfallsdiagnosen warnen, denn alles deutet darauf hin, daß die Trennungsbereitschaft vornehmlich die rasant gestiegenen Ansprüche an die Beziehungsqualität widerspiegeln und keinesfalls einen Bedeutungsverlust der Partnerschaft anzeigen (*Nave-Herz* u.a 1990). Die enorm gesteigerten Erwartungen an die Partnerschaftsqualität haben die Folge, daß sich zunehmend Probleme der Leistungsüberforderung und Anspruchsüberlastung stellen.

Indem das gültige Eheverständnis in der BR wie in der DDR die Möglichkeit der Scheidung nicht nur rechtlich, sondern auch kulturell akzeptierte und in seine Definition einschloß, sah die Gesellschaft den Partnerwechsel im Lauf eines Erwachsenenlebens mehr und mehr als durchaus „normal" und als die legitime Form ehelicher Konfliktlösung an. Scheidungen haben hierbei nicht nur ihren Charakter als moralische Verfehlung verloren, sondern werden immer häufiger als Schritt einer Befreiung und Ausweis für Unabhängigkeit prämiert. Insofern gehören sogenannte **Zweit- und Drittfamilien** sowie das mit diesen verknüpfte Problem der „sozialen Elternschaft" zum alltäglichen Familienbild in Deutschland.

Die Wahrnehmung steigender Scheidungsrisiken hat die Folge „einer sich selbst erfüllenden Prognose", da sie die Zweifel an der Dauerhaftigkeit der Ehen kulturell institutionalisiert. Dies schlägt sich wiederum in einer Verringerung der „ehespezifischen Investitionen" nieder und läßt so das Scheidungsrisiko wachsen. Mittlerweile kann man von einem sich selbst tragenden Prozeß der Scheidungsdynamik ausgehen. Die „soziale Vererbung" des Scheidungsrisikos ist empirisch belegt: Scheidungskinder unterliegen einem erhöhten Risiko, selbst wieder geschieden zu werden. Bezogen auf eine Zeitspanne von 20 Jahren ab Eheschließung ist in Westdeutschland die Chance, daß die Ehe aufgelöst wird, bei Scheidungswaisen doppelt so hoch wie bei Personen, die mit beiden Eltern aufgewachsen sind, so daß von einer sich selbst verstärkenden **„Scheidungsspirale"** gesprochen werden kann (*Diekmann/Engelhardt* 1995).

14.5 Der Monopolverlust der Familie: Pluralisierung privater Lebensformen

Wenn auch der sozialistische „einheitliche Familientyp“ (*Kabat vel Job/Pinther* 1981) bzw. die bürgerliche Normalfamilie den vorherrschenden Privatheitstyp darstellte, erweist sich eine auf diese Organisationsform beschränkte Perspektive als familiensoziologisch unzureichend (ausführlich *Meyer* 1992). Denn jenseits der Veränderungen innerhalb der hergebrachten Kleinfamilie haben sich in den letzten Jahren in beiden Teilen Deutschlands verstärkt anders strukturierte Variationen des privaten Zusammenlebens durchgesetzt. Das relativ einheitliche Muster, auf das sich der säkulare Entwicklungsprozeß der Familie hinbewegte, hat sich binnen weniger Jahre aufgelöst und einer bislang unbekannten **Pluralität von Privatheitsmustern** Raum geschaffen. Eine Entwicklung, für die sich auch in der DDR, wenngleich in einer abgemilderten und systemspezfischen Form, Parallelen finden; denn auch dort galt die Existenz verschiedener nebeneinander bestehender Privatheitsmuster ungeachtet aller sozialistischen Homogenitätsideale schon seit geraumer Zeit als „selbstverständliche“ Wirklichkeit (vgl. *Gysi* 1988, 508).

14.5.1 Nichteheliche Lebensgemeinschaften

a) Westdeutschland

Ein Beleg für den sozialen Geltungsverlust des traditionellen Ehemodells ist die seit einigen Jahren nicht mehr zu übersehende Zunahme der nichtehelichen Lebensgemeinschaften (NELG). Hier finden die rückläufigen Heiratsziffern eine zumindest teilweise Kompensation. Neben der kulturellen Umdefinition der Scheidung kann die Fraglosigkeit unverheirateten Zusammenlebens sowohl ohne als auch zunehmend mit Kindern wohl als nachhaltigster Ausdruck für den Zerfall der bürgerlich-christlichen Ehevorstellung und Sexualmoral gelten. Die voreheliche Partnerschaft ist mittlerweile fast schon zu einer Norm geworden. Von 1972 bis 1993 ist in Westdeutschland ein Anstieg von 137.000 auf 1.220.000 NELG mit gemeinsamem Haushalt festzustellen. Altersspezifische Differenzierungen präzisieren die Strukturverschiebungen in den letzten Jahren. Noch 1972 waren die über 56jährigen mit ca. 118.000 (1988: 174.000) die zahlenmäßig größte Gruppe (sog. „Onkelehen“). 1992 waren es dann die 18-35jährigen, deren Anzahl sich im gleichen Zeitraum von ca. 82.000 Personen auf ca. 1.376.000 erhöhte. Der Anstieg von 72.000 auf 634.000 in NELG lebenden Männern und Frauen im mittleren Alter (35-55 Jahre) im gleichen Zeitraum sollte allerdings davor warnen, die Zunahme unverheirateter Paare ausschließlich als Phänomen der sog. Postadoleszens, d. h. des dritten Lebensjahrzehnts zu betrachten. Im Westen haben ca. 22% und im Osten über 30% der Partner bereits in einer Ehe gelebt; deren neue Partnerschaften können insofern auch als „nacheheliche“ Lebensgemeinschaft bezeichnet werden (StBA 1995f, 27).

Die hohe Relevanz der NELG wird besonders deutlich, wenn man die große Anzahl derjenigen berücksichtigt, die die NELG gleichsam als befristete biographische „Durchgangspassage“ erleben. Vom Heiratsjahrgang 1980 haben 85% (!) der Partner vor der Eheschließung als NELG zusammengewohnt, 1970 waren es erst 10% und 1950 gar nur 4% (*Nave-Herz* 1984, 51). Nach einer Berechnung von *Schwarz* (1989, 47) hat sich der Anteil der Mittzwanziger, die nichtehelich zusammenleben, von 1972 bis 1987 etwa verzehnfacht. Insofern wird es künftig wohl als leichtsinnig gelten, eine Person zu heiraten, mit der man nicht vorher eine Zeitlang zusammengelebt hat. Die gegenwärtige Normalität vorehelichen Zusammenlebens wird hier unmittelbar augenfällig. Folgt man *Allerbeck/Hoag* (1985, 100), wollten schon Mitte der 80er Jahre nur 15% der weiblichen und 10% der männlichen Jugend mit Heiratsabsichten erst nach der Eheschließung, 80% dagegen bereits vor der Heirat zusammenleben. Auch wenn in der überwiegenden Mehrheit der NELG keine Kinder leben[5], hat sich mit einem Anstieg von 11 auf beinahe 20% der Anteil unverheirateter Paare mit Kindern zwischen 1990 und 1993 auffallend erhöht.

Zu beachten ist aber, daß das unverheiratete Zusammenleben junger Leute keinesfalls vergleichbar unmißverständlich wie die Verlobung den Übergang in die Ehe ankündigt. Wenn die hochgespannten Ansprüche an eine Partnerschaft nicht erfüllt werden, erscheint die Trennung zusehends als selbstverständliche Form der Konfliktlösung. Im Vergleich mit der Ehe sticht das deutlich „reibungslosere“ und kürzere Trennungsgeschehen bei den NELG ins Auge (*Schneider* 1990). Dem entspricht die deutlich gewachsene Partnerfluktuation, so daß man auch von einem Übergang von der lebenslangen zur sequentiellen – allerdings durch wachsende „Seitensprungerfahrungen“ (*Peukkert* 1996, 232) relativierten – Monogamie sprechen könnte: während ca. 12% aus der Alterskohorte 1935 bis zum dreißigsten Lebensjahr zwei und mehr Partnerschaften hatten, betrug dieser Wert bei der Kohorte von 1960 fast 40% (*Tölke* 1991, 122). Die Entwicklungen können als Ausdruck individualistisch eingefärbter Flexibilitätserwartungen verstanden werden, in denen der Partnerwechsel als Lernschritt stilisiert wird. Insofern reflektiert sich in dem Trennungsgeschehen ein „neuer Individualismus“, es macht sich regelrecht eine Pflicht zur Entwicklung der eigenen Möglichkeiten breit.

Nach Berechnungen von *Meyer/Schulze* (1989, 14) hat sich die bisher typische Dominanz höherer Bildungsschichten in dieser Lebensform in den letzten Jahren nivelliert, wenngleich die Frauen in NELG im Vergleich mit den

Ehefrauen über eine bessere Ausbildung verfügen. Mit nur relativ geringen Verteilungsunterschieden streuen die NELG über alle Soziallagen und Regionen der Bundesrepublik hinweg. Begleitet wird die Entwicklung von einer – nach Stadt-Land-Gefälle zu differenzierenden – insgesamt relativ erstaunlichen **sozialen Akzeptanz und Toleranz** dieser neuen Form des Zusammenlebens. Die noch vor wenigen Jahrzehnten als abweichend begriffene „wilde Ehe“ gilt heute nicht mehr verbreitet als „Hort der Sittenlosigkeit“, sondern als zunehmend selbstverständliche und alltäglich gewordene Praxis. Die rasche Popularisierung des nichtehelichen Zusammenlebens und die zunehmende Aufweichung von dessen Unterschieden zur Ehe ist insbesondere für jüngere Erwachsene charakteristisch.

Neben den „objektiven“ demographischen Entwicklungsdaten verweisen zahlreiche Einstellungserhebungen der Umfrageforschung auf die deutlich erkennbaren Plausibilitätsverluste und **Akzeptanzeinbußen der Institution Ehe** während der letzten Jahrzehnte, die sich trotz der hohen Wertschätzung der Familie nachweisen lassen (*Köcher* 1985, 134; *Schmidtchen* 1984, 23; *Pohl* 1985). Zumal Frauen äußern eine zunehmende Skepsis gegenüber den traditionellen, an Familie und Ehe geknüpften Rollen und erhoffen sich häufig in den alternativen Lebensformen erweiterte Handlungsspielräume (*Meyer/ Schulze* 1989); folgt man der repräsentativen SINUS-Jugendstudie (1983, 71), so halten, mehr oder minder ausgeprägt, 40% der jungen Männer und 34% der jungen Frauen „vom Heiraten nicht viel“. Besonders eindrücklich wird die nachlassende Attraktivität von Ehe und Familie durch die Ergebnisse einer empirischen Vergleichsstudie zur bundesdeutschen Studentenschaft der 60er und 80er Jahre belegt: „Nur etwa die Hälfte der (ledigen) Studenten will heiraten, weniger als die Hälfte (verheiratete eingeschlossen) möchte eine traditionelle Familie mit Kindern haben.“ Ein Viertel der Studenten äußert darüber hinaus den **Wunsch nach Kindern ohne Heiratsabsicht** (*Clement* 1986, 73).

b) DDR/neue Länder

Auch in der DDR war die rasche Zunahme der NELG in den letzten Jahrzehnten ein bedeutsamer Ausdruck des veränderten Stellenwerts von Ehe und Familie. 1987 lebten 28,7% der Frauen und 26,5% der Männer unverheiratet zusammen (Frauenreport ‘90, 112). Die NELG lösten mehr und mehr die traditionelle Vorform der Ehe, die Verlobung, als Probephase ab. Ungefähr 50% der DDR-Jugendlichen votierten bei einer Befragung für diese Variante der Partnerprüfung. Neben den Jüngeren waren es insbesondere die Geschiedenen, welche die NELG der Ehe vorzogen. Zu beachten ist allerdings, daß zwar durch die besonderen staatlichen Zuwendungen für unverheiratete Mütter in der DDR die Zurückstellung einer Heirat begünstigt wurde, die legale Ehe aber die einzige Form des Zusammenlebens war, welche qua Gesetz privilegiert wurde. Finanzielle Anreize und die Chance, eine Wohnung zu bekommen, legten es grundsätzlich nahe, möglichst rasch eine Ehe einzugehen. Gleichwohl zogen es immer mehr junge Menschen vor, zunächst in einer NELG zu leben. Einstellungsuntersuchungen zu Ehe und Familie zeigen weitere interessante Entwicklungen. Zwar richteten sich die Wünsche nach Partnerschaft und Familie weiterhin überwiegend auf die Ehe. Für eine Mehrheit von 66% aller 1990 befragten Männer und Frauen war die Ehe weiterhin die beste Form des Zusammenlebens. In anderen Untersuchungen zeigte sich jedoch eine Relativierung der Heiratsabsichten. Den Ergebnissen des Zentralinstituts für Jugendforschung zufolge waren 1983 lediglich 66% der Schüler und Lehrlinge – 1973: 95% der Jugendlichen – ganz sicher, daß sie einmal heiraten würden (*Schmidt* 1989, 241). Eine Befragung von jungen Arbeiter/innen zeigte, daß, nachdem 1985 noch ca. Dreiviertel auf jeden Fall heiraten wollten, 1988 nur noch ca. 40% davon fest überzeugt waren. 63% der Befragten hielten die NELG für genauso gut wie die Ehe, lediglich 9% lehnten sie prinzipiell ab (Sozialreport '90, 35f. u. 276). Hervorzuheben ist noch der im Vergleich zur BR deutlich höhere Anteil von NELG mit Kindern. Mehr als der Hälfte aller „Alleinerziehenden", d. h. mindestens 9% aller Familien lebten de facto in einer NELG (*Bertram* u. a. 1988, 160). Seit der Wende ist ein Anstieg der NELG in den neuen Bundesländern zu registrieren. Laut Mikrozensus 1991 hat dort der Anteil der in NELG lebenden Personen (Männer: 5,7%; Frauen: 5%) die alten Bundesländer (Männer: 4,3%; Frauen: 3,9%) mittlerweile überholt. Im Unterschied zum Westen sind dort allerdings, wie schon zu DDR-Zeiten, bei mehr als 55% der 338.000 Gemeinschaften Kinder vorhanden (*Störtzbach* 1993/94, 155).

14.5.2 Kinderlose Ehen

Der Anstieg kinderloser Ehen, der in allen westlichen Industrieländern, besonders drastisch aber in Westdeutschland zu beobachten ist, wurde bereits als maßgeblicher Erklärungsfaktor des Geburtenrückgangs erwähnt. Bis vor wenigen Jahrzehnten war die eheliche Kinderlosigkeit ein vornehmlich medizinisch bedingtes Problem. Als bewußt geplante Lebensform stellt sie dagegen ein Novum der jüngeren Zeit dar. Von den Frauen im Alter von 35-39 Jahren waren in Westdeutschland 1988 21% und 1994 24% kinderlos geblieben (*Schwarz* 1995, 332). Für die jüngeren Heiratskohorten wird mit noch höheren Werten gerechnet. Man geht davon aus, daß mittlerweile ca. ein Drittel der Frauen in der Bundesrepublik keine Kinder haben will (*Susteck* 1995, 18). Obwohl hinter der Kinderlosigkeit oftmals ein aufgeschobener Kinderwunsch steht, der später nicht mehr realisiert wird[6], scheint sich hier doch eine neue, individualisierte Lebensform zu etablieren, für die jeder historische Vergleich fehlt.

Mit den kinderlosen Ehen wird ein Zusammenhang aufgelöst, der ehemals als untrennbar gedacht wurde: die Verknüpfung von Partnerschaft und Elternschaft. Diese Entflechtung muß als ein Kernelement des aktuellen Familienwandels angesehen werden (*Herlth/Tyrell* 1994). Eine Ehe einzugehen und dann Kinder zu bekommen, steht in zunehmendem Maße zur individuellen Disposition. Damit gehört ein bislang unstrittig zusammengehörendes Handlungsmuster nicht mehr zum fraglosen Bestandteil des familialen „Normalzyklus". Zwar ist der hohe Stellenwert von Elternschaft in den biographischen Entwürfen von Jugendlichen belegt; die gleichen Untersuchungen zeigen aber auch, daß Kinder nicht als die unabdingbare Voraussetzung eines glücklichen Lebens gelten. So sind 77% der Männer und Frauen der Meinung, ‚Leute ohne Kinder' hätten es heutzutage besser als ‚Leute mit Kindern' (*Erler u. a.* 1987, 19).

Anders gelagert sind die Entwicklungen in Ostdeutschland. Die DDR-Bürger waren auf „Zweisamkeit und Kinder 'programmiert'" (Frauenreport '90, 114) und lehnten das Single-Dasein ebenso wie die kinderlose Ehe mehrheitlich ab. Wohl nicht zuletzt als Resultat einer gezielten Bevölkerungspolitik gab es keinen Trend zur kinderlosen Ehe, vielmehr war eine recht hohe Mütterrate charakteristisch. In der DDR waren Ende der 80er Jahre nur in 8% aller Ehen keine Kinder vorhanden. Die leichtere Vereinbarkeit von Familie und Beruf, aber auch die geringere Konkurrenz zwischen Kind und Konsum in der DDR dürfte eine entscheidende Rolle dabei gespielt haben, daß die kinderlosen Ehen über einen marginalen Status nicht hinausgelangten (*Schneider* 1994, 139) – ein Muster, das erst durch den außerordentlichen Geburtenrückgang im Gefolge der Vereinigung gebrochen wurde.

14.5.3 Einelternfamilie

a) Westdeutschland

Die Einelternfamilien, welche lange Zeit in Kontrastierung zum gesellschaftlichen „Normalfall" bezeichnenderweise als defizitäre, **unvollständige** Familien etikettiert wurden, nehmen seit Jahren kontinuierlich zu. Im früheren Bundesgebiet gibt es 1992 mehr als eine Million Einelternfamilien mit Kindern unter 18 Jahren. Ihre Zahl hat sich seit 1972 um 315.000 oder 45% erhöht. 1976 sind 9% und 1992 bereits 14% aller Familien Einelternfamilien. Auffällig ist die deutliche Zunahme alleinerziehender Väter, deren Zahl sich von 87.000 im Jahr 1972 auf 137.000 im Jahr 1992 erhöht hat. 1993 hatten über 17% aller Einelternfamilien einen männlichen Haushaltsvorstand (*Dorbritz/Gärtner* 1995, 419). Der Zuwachs an Einelternfamilien ist zuallererst Resultat der Ehescheidungen, aber auch der steigenden Zahl lediger Frauen mit Kindern, die mittlerweile mehr als ein Viertel aller Alleinerziehenden ausmachen (1971: 17%). Insofern ist das Alleinerziehen immer weniger eine Lebensform der Verwitweten, denn der Geschiedenen und Ledigen. Einiges spricht dafür, daß es sich bei der ledigen Mutterschaft zunehmend um eine mehr oder weniger individualisierte Lebensform mit eigenständigem Charakter handelt und nicht ausschließlich um eine Lebenslage, in die man ungewollt hineingedrängt wird – ein drastischer Wandel, wenn man bedenkt, daß noch in der Nachkriegszeit die Ächtung alleinstehender Frauen und Mütter objektiv einem Zwang zur Familie und Mutterschaft im traditionellen Sinn gleichkam (*Vogel* 1983). Für die überwiegende Mehrheit handelt es sich wohl aber weiterhin um keine freiwillige, bewußt gewählte Lebensform, sondern um ein temporäres Durchgangsstadium, in dem der Wunsch nach Veränderung dominiert. Zudem ist zu beachten, daß ein Teil der Alleinerziehenden – Schätzungen auf der Basis des Mikrozensus gehen von 15-20% aus – faktisch mit einem Partner zusammenlebt. Ein wichtiges Kennzeichen der Einelternfamilien ist die im Vergleich zu den „Normalfamilien" niedrigere Kinderzahl. Mit 71% gegenüber 47% dominieren bei den Alleinerziehenden entschieden die **Einkindfamilien** (StBA 1995f, 31). (Die durchschnittliche Kinderzahl beträgt 1,4.)

Nicht zuletzt muß erwähnt werden, daß ledige Mütter oft zu den sozial und ökonomisch unterpriviligierten Gruppen der Gesellschaft zählen, die durch einen steigenden Anteil an Sozialhilfeempfängerinnen und ein wachsendes Armutsrisiko gekennzeichnet sind (vgl. S. 187). So hat sich der Anteil der Kinder von Alleinerziehenden, die unter der Armutsgrenze leben, von 25% im Jahr 1990 auf 36% im Jahr 1993 erhöht (*Nauck* u. a. 1996, 17).

b) DDR/neue Länder

Die Einelternfamilien erlebten in der DDR einen noch deutlicheren Anstieg als in der BR. 1981 waren laut Volkszählung 18% aller Familien Einelternfamilien, davon bestanden 96% aus Müttern, die zu ca. einem Drittel ledig waren. 1982 wird die Zahl der Alleinerziehenden auf 358.000 beziffert (StBA 1995f, 36). Bedenkt man die seitdem weiter gestiegenen Scheidungsraten und insbesondere die gewachsene Zahl unverheirateter Mütter, so ist – auch wenn keine gesicherten Angaben vorliegen – davon auszugehen, daß diese Lebensform in den 80er Jahren weiter zugenommen hat (Sozialreport '90, 264f.). Nach der Vereinigung läßt sich auf jeden Fall der Trend eines steigenden Anteils der Alleinerziehenden an allen Familien nachweisen. 1992 lebten rund 493.000 Einelternfamilien (davon 177.000 in NELG) in den neuen Bundesländern.

Anders als in der BR waren die Alleinerziehenden praktisch immer berufstätig. Der Anteil unehelich geborener Kinder hatte sich zwischen 1970 und 1986 von 13% auf 34% rasant erhöht (*Gysi* 1989, 47) und übertraf damit deutlich die ebenfalls steigende und sich gegenwärtig bei ca. 10% bewegende Quote in der BR. Im Unterschied zur BR waren die Alleinerziehenden kaum sozialen Diskriminierungen ausgesetzt. In offizieller Lesart galten unverheiratete Mütter als Ausdruck der sozialen und wirtschaftlichen Unabhängigkeit der Frau, und die Abkehr von der Muß-Ehe galt als „großer ideologisch-moralischer Erfolg" (*Schlegel/Kabat vel Job* 1986, 82). Einelternfamilien kamen zumeist in den Genuß aller familienpolitischen Leistungen. Anders als in der BR mangelte es in der DDR auch nicht an öffentlichen Möglichkeiten der Kinderbetreuung (vgl. S. 293f.). Zudem wurde ihnen – wie auch bei den Wohnungen – ein Vorrang bei der Zuteilung von Krippen- und Kindergartenplätzen eingeräumt. Beim Anspruch auf Pflegeurlaub waren sie den Müttern mit mindestens zwei Kindern gleichgestellt (vgl. S. 300). Diese Sonderleistungen führten allerdings dazu, daß faktisch bestehende Partnerschaften – man geht davon aus, daß mindestens 50% der Alleinerziehenden mit einem Partner zusammenlebten – häufig nicht legalisiert wurden. Insgesamt zeigte sich jedoch, daß die materielle Lebenssituation vieler Alleinerziehender im Vergleich mit vollständigen Familien weniger günstig ist.

In der überwiegenden Mehrheit der Fälle wurde die Einelternfamilie, ähnlich wie in der BR, als befristete Phase und weniger als eine eigenständige Lebensform angesehen. Zumeist wurde nicht aus Überzeugung, sondern aus der Diskrepanz zwischen Erwartungen und gegebenen Realisierungschancen ohne Partner gelebt (*Enders* 1986, 15). Obwohl nach der Vereinigung 1993 fast zwei Drittel weniger Kinder in den neuen Ländern geboren wurden, scheint die Gruppe der Alleinerziehenden zahlenmäßig stabil zu bleiben. Auffallend ist hierbei die mit über 45% (1992) ausgesprochen hohe Rate der ledigen alleinerziehenden Mütter (West: 29%) (Sozialreport 1994, 273).

14.5.4 Alleinlebende und „Singles"

In dem deutschen Kaiserreich, das hinsichtlich der Bevölkerungszahl mit der alten Bundesrepublik vergleichbar ist, gab es um die Jahrhundertwende rund 1 Million alleinwohnende Menschen, 1992 waren es dagegen rund 10,2 Millionen. Besonders nach 1945 nahm der Anteil der **Einpersonenhaushalte** an der Gesamtzahl aller Haushalte rapide zu (1925: 7% – 1957: 18% – 1975: 28% – 1994: 35%). Auch im Osten Deutschlands war ein, allerdings etwas leichterer, Anstieg der Einpersonenhaushalte festzustellen (1964: 27,2%; 1981: 26,6%; und 1994: 30%) (Sozialreport '90, 44; *Dorbritz/Gärtner* 1995, 405)). Die wichtigste Ursache dieser Entwicklung ist die gestiegene Lebenserwartung und die veränderte gesellschaftliche Altersstruktur, d. h. der wachsenden Anteil der älteren Bevölkerung. In den Einpersonenhaushalten Ostdeutschlands waren 1992 über 63% und in Westdeutschland über 50% der Alleinlebenden 55 Jahre und älter.

In den alten Ländern ist der Anstieg der Einpersonenhaushalte auch auf die wachsende Zahl der Ledigen zurückzuführen, die seit Mitte der 80er Jahre die verwitwet Alleinlebenden übertrifft (44% zu 38%). Hier geht es insbesondere um die jüngeren Bevölkerungsgruppen (bis 35 Jahre), die sich oftmals durch einen individualistischen Lebensstil auszeichnen und mittlerweile einen Anteil von 30% ausmachen. Diese Altersgruppe umfaßt in den neuen Ländern nur 19%. Der kleinere Umfang läßt sich zumindest teilweise durch die oftmals angespannte Finanz- und Wohnsituation erklären, die die frühere Ablösung vom Elternhaus behindert (StBA 1995f, 16f.). Der Anteil der alleinlebenden Personen betrug in der BR 1972 bei den bis zu 35jährigen knapp 10% und erhöhte sich 1992 auf über 24% (StBA 1995f, 17f.). Von den Geburtsjahrgängen 1942/46 lebten im Alter von 25 bis 29 Jahren nur 10% der Männer, von den Jahrgängen 1952-1956 dagegen – im Kontext einer verspäteten und insgesamt nachlassenden Heiratsbereitschaft – 21% allein.

Die sich ausbreitende Tendenz zum Alleinleben ist vor allem ein Resultat der längeren Ausbildungszeiten, der generell gesunkenen Heiratsbereitschaft und der hohen Scheidungsziffern. Im Zuge der wachsenden Hochschätzung individualistischer Wertorientierungen werden die Alleinlebenden in der BR – häufig pauschal und undifferenziert – als **„Singles"** bezeichnet. Das früher zumeist eher negativ etikettierte Single-Dasein hat in den letzten Jahren einen enormen Prestigezuwachs erfahren. Der unmittelbare Bedeutungsgehalt des Begriffs charakterisiert aber eigentlich nur die sehr begrenzte Zahl mehr oder weniger bewußt Alleinlebender. Es kann jedoch davon auszugegangen werden, daß sich hinter dem viel diskutierten Phänomen der Single-Haushalte häufig nicht alleinlebende Personen, sondern Beziehungen ohne gemeinsamen Haushalt (**'living apart together'**) verbergen. Die Ergebnisse empirischer Erhebungen bestätigen, daß ungefähr ein Viertel der 18-55jährigen Alleinlebenden de facto in einer Partnerschaft leben (StBAa 1995, 14).

Festzuhalten bleibt, daß die jüngeren Alleinlebenden bislang ein signifikant höheres Bildungsniveau aufweisen als Verheiratete und sich insbesondere in größeren Städten, gleichsam als urbane Lebensform, etabliert haben. Während in Großstädten über 500.000 Einwohner 23% Alleinlebende zu verzeichnen sind, liegt die entsprechende Vergleichszahl in Gemeinden mit 5.000-20.000 Einwohner lediglich bei 12% (StBA 1995f, 17). Insgesamt deuten alle Befunde darauf hin, daß das Single-Dasein überwiegend eine **biographische Übergangsphase** darstellt, die aber als solche zweifellos an gesellschaftlicher Bedeutung gewonnen hat. Die Mehrheit der Singles ist jedoch prinzipiell positiv gegenüber einer Partnerschaft eingestellt, und lediglich eine Minderheit will definitiv auf eine feste Partnerschaft verzichten (*Bachmann* 1992). Wenig spricht dafür, daß der Wunsch nach Intimität, Nähe und Partnerschaft an Attraktivität verloren hat. Ganz im Gegenteil: es mehren sich die Hinweise, daß mit fortschreitender Modernisierung der Wunsch nach Zweisamkeit und Geborgenheit noch an Bedeutung gewonnen hat (*Peuckert* 1996, 269).

In der DDR spielte eine Lebensform bewußt alleinlebenwollender, an Selbstverwirklichung, Eigenständigkeit und Mobilität orientierter „Singles", wie sie sich in der BR schwach abzeichnet, so gut wie überhaupt keine Rolle. Nicht zuletzt die Wohnungspolitik stand dieser unerwünschten „kapitalistischen" Entwicklung entgegen. Sie verhinderte die stärkere Ausbreitung von anderen alternativen Lebensformen, wie z. B. Wohngemeinschaften, die in der BR zwar lediglich einen marginalen, mittlerweile aber selbstverständlichen Bestandteil der Privatheitskultur bilden.

Auch nach der Vereinigung lebt der unterschiedliche Stellenwert des Alleinlebens in Ost und West fort: während in den neuen Ländern nur 16,7% der 25- bis 55jährigen allein lebten, waren es in den alten Ländern über 30% (Sozialreport 1994, 270).

14.6 Binnenfamiliale Veränderungen

Weniger Beachtung als die Pluralisierung der Privatheitsformen finden die tiefgreifenden **Veränderungsprozesse innerhalb des Familienlebens**, die seit geraumer Zeit in beiden Teilen Deutschlands zu beobachten sind. Stichwortartig sei mit Blick auf die BR hier zumindest auf die folgenden Entwicklungen verwiesen: An erster Stelle ist der **Wandel der Frauenrolle** zu nennen (vgl. Kap. 13). Nach dem drastischen Prestigeverlust der Hausfrauenrolle tritt nunmehr die gleichzeitige Orientierung an Beruf und Familie in den Vordergrund – eine Entwicklung, die sich in der deutlich **gestiegenen Müttererwerbstätigkeit** bzw. Teilzeitbeschäftigung (Ehefrauen unter 35 Jahren mit Kindern 1972: 37% – 1992: 54%) widerspiegelt (StBA 1995f, 51). Aber auch die **gewandelte Rolle der Väter**, wie sie sich etwa in deren verstärkter Teilhabe an der Erziehung äußert, ist zu erwähnen.

Zu den gravierenden Veränderungen des Familienalltags gehören die mit der Verkleinerung der Familien verbundenen, enorm intensivierten Ansprüche an die Erziehung. Diese signalisieren, daß die Elternrolle nachhaltig an Bedeutung gewonnen hat. Der durch die zahlreiche populärwissenschaftliche Ratgeberliteratur stimulierte elterliche Verantwortungszuwachs („Pädagogisierung der Gesellschaft“) findet in der auffallenden **Kindzentrierung** und emotionalen Aufladung des Familienklimas einen Niederschlag (*Beck-Gernsheim* 1990). Kinder werden zusehends für Autoritäten in eigener Sache gehalten, und man weist ihnen legitime Mitbestimmungsrechte in nahezu allen familialen Belangen zu. In diesem Zusammenhang spricht *von Trotha* (1990, 461) von der **„Emanzipation des Kindes“**, was besagt, daß sich die Eltern-Kind-Beziehung immer weniger als primär herrschaftsförmiges Verhältnis beschreiben läßt. So ist die Anwendung von Gewalt, etwa in Form der Prügelstrafe, sozial verpönt, und ein auf Gehorsam setzender Erziehungsbegriff verliert in der modernen „Verhandlungsfamilie“ (*du Bois-Reymond* 1994) zusehends an Legitimität – eine Entwicklung, die sich in dem auffallenden Wandel der Erziehungsleitbilder von autoritären zu partnerschaftlichen Orientierungen widerspiegelt (*Fend* 1988; *Feldkircher* 1994).

Von Gewicht ist ferner die gestiegene psychische **Bedeutung von Ehe und Partnerschaft**, die mit idealisierten Leitbildern und Erwartungen hinsichtlich Glück, Geborgenheit und Sexualität einhergehen, so daß Konflikte – wie sie sich in den hohen Scheidungs- und Trennungsquoten spiegeln – oftmals vorprogrammiert erscheinen.

Als historisch neue gesellschaftliche Funktion der Familie läßt sich das gemeinsame **Verbringen von Freizeit** erwähnen (*Nave-Herz* 1994, 84ff.). Zu beobachten ist, daß der in den letzten Jahrzehnten erzielte Freizeitzuwachs vornehmlich im privaten Kontext – nicht zuletzt auch infolge des Fernsehens – als gemeinsame Freizeit der Familie verbracht wird.

Für Ostdeutschland ist als zentrales Wandlungsmerkmal die seit den 60er Jahren durch die SED forcierte **Integration der Frauen in den Beruf** zu erwähnen, die, anders als bei der älteren Müttergeneration der Jahrgänge 1930-1940, zu einer Generalisierung der Erwerbsorientierung der verheirateten Frauen und Mütter führte (vgl. Kap. 13.2). Charakteristisch wurde so die lebenslängliche – lediglich durch eine einjährige Babypause unterbrochene – ganztägige Berufsarbeit der Mütter. Auch wenn diese Entwicklung durch ein flächendeckendes System von Kinderkrippen, -gärten und -horten flankiert wurde, zählte die Koordination von Kindererziehung und Berufsarbeit zu den herausragenden Problemfeldern der Alltagsorganisation (*Meyer/Schulze* 1992, 47ff.).

In der DDR wurden die Ansprüche an das eigene **Lebensglück** immer stärker **an die Ehe, Partnerschaft und Familie**, gleichsam als Gegenwelt zur

Gesellschaft, geknüpft. Das Ergebnis war eine familiale Verhäuslichung, aber auch eine – an den hohen Trennungsziffern abzulesende – häufige Überforderung der Partnerschaft. Ähnlich wie in der BR erfolgte auch in den DDR-Familien eine **„Mittelpunktstellung“ des Kindes**, die oftmals zu einer elterlichen „Überkonzentration“ auf den Nachwuchs führte (*Gysi u. a.* 1990, 34f.). Hiermit zusammenhängend wurde die Freizeit mehrheitlich in der Familie verbracht – eine Tendenz, die sich nach der Wende fortsetzte (Sozialreport 1994, 297).

Im Zuge der Vereinigung stieg die **elterliche und zumal mütterliche Erziehungsverantwortung** nachhaltig an (*Meyer/Schulze* 1992, 120f.). Ausgelöst wurde diese Entwicklung durch die Rückverlagerung der bislang vergesellschafteten Sozialisation in die Familie sowie durch die Arbeitslosigkeit, von der Frauen besonders betroffen sind. Eine repräsentative Befragung in Brandenburg bestätigt den neuen Verantwortungsdruck für die Eltern und spricht von einer Komplizierung der Eltern-Kind Beziehungen (*Gysi u. a.* 1994). Der Bedeutungszuwachs der Erziehung bildet hiernach den Kern bei der **Ausweitung familialer Funktionen** im Zuge des Abbaus von Kinderbetreuungseinrichtungen, Kantinen, Alters- und Pflegeheimen („Feierabendheimen“). Desweiteren wird von einer auffälligen **Verhäuslichung** des Alltags und der Freizeit gesprochen (*Gysi u. a.* 1994) – eine Entwicklung, die durch den Wegfall der für die DDR charakteristischen zeitaufwendigen familialen Erledigungs- und Beschaffungsaufgaben begünstigt wurde. Insgesamt scheinen die neuen gesellschaftlichen Verhältnisse ein „engeres Zusammenrücken“ der Familien und einen **verstärkten Privatismus** bewirkt zu haben (Sozialreport 1994, 271).

14.7 Theoretische Erklärungsversuche der Privatheitsdynamik

Der skizzierte Strukturwandel der Familie ist als das Resultat komplexer gesellschaftlicher Veränderungssprozesse zu begreifen und läßt sich kaum einer schlüssigen theoretischen Erklärung zuführen, auch wenn unumstritten zu sein scheint, daß die Loslösung von religiösen Normen (Säkularisierung), die veränderte Rolle der Frau, die Bildungsexpansion, die gestiegenen gesellschaftlichen Mobilitätserwartungen und die verstärkt individualistischen Werthaltungen als zentrale Ursachenkomplexe anzusehen sind.

Die größte Aufmerksamkeit zur theoretischen Erklärung des Wandels der privaten Lebensformen kommt der **Individualisierungstheorie** zu.[7] Im Zusammenhang mit den einschneidenden gesellschaftlichen Modernisierungsschüben der letzten Jahrzehnte – u. a. Steigerung von Wohlstand und Konsummöglichkeiten, Ausbau des Sozialstaats und Bildungsexpansion – repräsentiert nach dieser Sicht die Privatheitsentwicklung eine Optionserweiterung, d. h. eine **Ausdehnung der Spielräume privat-familialen Wahlhandelns**. Der Bedeutungsverlust von Ehe und Elternschaft hat zur Folge, daß diese nicht mehr als selbstverständliche Bestandteile eines verbindlichen Lebenslaufs betrachtet werden können. Der Entscheidungs- und Begründungsdruck für ehemals fraglose Handlungsmaximen steigt, und die Familie ist ihrer Rolle als biographische Mustervorlage beraubt. Der einzelne wird zunehmend zum Bastler und Konstrukteur seiner Privatheitsbiographie, ohne auf den stabilisierenden Rückhalt fraglos institutionalisierter Vorgaben setzen zu können. Nicht vergessen werden darf hierbei aber, daß diese Entwicklung nicht überall gleichmäßig, sondern in unterschiedlichen Schichten und Milieus mit unterschiedlicher Geschwindigkeit abläuft (*Burkart/Kohli* 1992).

Die **Theorie sozialer Differenzierung** geht davon aus, daß auch innerhalb des Teilsystems Familie der Differenzierungsprozeß voranschreitet. Der Monopolverlust der Familie stellt sich hiernach als Ausdifferenzierung in einen **familien- und kindzentrierten** (Normalfamilien, Einelternfamilien, NELG mit Kindern), **einen partnerschaftszentrierten** (kinderlose Ehen und NELG) und einen **individualistischen Privatheitstypus** (Singles, living apart together) dar (*Meyer* 1992; 1993). Dieser wird als eine Steigerung der Anpassungsfähigkeit an die moderne Gesellschaft interpretiert. Das heißt: ein zentraler Grund für die Privatheitsdynamik wird darin gesehen, daß die flexibleren, zukunftsoffeneren und zeitlich elastischeren Privatheitsformen mit den Mobilitätserfordernissen, Ausbildungszwängen und individualistischen Wertmustern der Gesellschaft besser fertig werden als die starre, auf Dauer angelegte Normalfamilie mit ihrem traditionellen Rollengefüge. Insofern erscheint hier die Privatheitsdymanik als „ein Stück ganz normaler Modernität".

14.8 Bilanz und Ausblick

Der Wandel der Familie der letzten Jahrzehnte in den hochentwickelten beiden deutschen Industriegesellschaften ergab strukturell **ähnlich gelagerte Entwicklungen,** wenngleich mit systemspezifisch deutlich differierenden Ausprägungen. Es kam nicht nur zur analogen Durchsetzung und zur **Vorherrschaft der Kleinfamilie,** sondern gemeinsam war ihnen auch in der weiteren Entwicklung eine verstärkte **Pluralisierung der Privatheitsformen,** d. h. ein **Monopolverlust der bürgerlichen Normalfamilie** (*Meyer* 1992, 111ff.).

Der „gänzlich veränderte" (*Runge* 1985, 110), „historisch neue Grundtyp" der sozialistischen Familie war von seinem bundesdeutschen Pendant nicht so unterschieden, wie es die offizielle Propaganda behauptete. Vielmehr gibt es zentrale Punkte, die die Konvergenzthese, welche die Ausbildung struktureller Analogien behauptet, stützen. In beiden Gesellschaften hat die Mehrkindfamilie deutlich an Bedeutung verloren. Dagegen hat sich zunehmend – das häufig nicht mehr realisierte – Ideal der Zweikindfamilie etabliert. Weiterhin charakterisiert beide Teile der deutschen Gesellschaft eine Relativierung der vormals als endgültig gedachten Partnerwahl. An die Stelle der Vorstellung lebenslanger Ehe tritt zunehmend die Selbstverständlichkeit des Partnerwechsels, und die vermehrte Auseinandersetzung mit Trennungen wird so zum alltäglichen Problem.

Obwohl sich grundlegend andere „DDR-Familienverhältnisse" nicht konstatieren lassen, gibt es wichtige Unterschiede im Vergleich von DDR und BR, die noch einmal hervorgehoben werden sollen: An erster Stelle sind hier die umfassende Berufstätigkeit der Mütter, die häufigeren Heiraten, das niedrigere Heiratsalter, die höheren Geburtenquoten sowie nicht zuletzt die deutlich höheren Scheidungszahlen in der DDR zu erwähnen. Weiterhin gab es im Vergleich zur BR durchschnittlich zahlreichere, aber auch weniger stark diskriminierte Einelternfamilien. Alleinerziehende Väter waren allerdings von untergeordneter Bedeutung. Insbesondere aber die alternativen privaten Lebensformen, die in der BR schon länger das Monopol der „Normalfamilie" in Frage stellten, spielten eine geringere Rolle. Es gab weniger kinderlose Ehen und Paare, Singles und WG's; diese „bürgerlich-kapitalistischen Lebensformen" widersprachen dem sozialistischen Ideal und wurden sozial diskriminiert. Einiges spricht aber dafür, daß gerade die sogenannten „alternativen" – und hier insbesondere die kinderlosen – Lebensformen den Mobilitätserfordernissen und Werthaltungen der modernen und dynamischen Industriegesellschaft entsprechen und sich insofern auch in den neuen Ländern rasch etablieren werden.

Insgesamt bedeutet der als **Pluralisierung familialer Lebensformen** zu begreifende Wandel der deutschen Familienverhältnisse aber keineswegs den Niedergang der Familie. Insbesondere die die Konturen des deutschen Familienbildes zunehmend kennzeichnenden Alleinerziehenden, Singles und kinderlosen Ehen werden nur von einer kleinen Minderheit als idealer und dauerhafter Privatheitsstatus angesehen. **Das Kleinfamilienmodell ist in seinem Monopolanspruch zwar relativiert, bleibt aber für die Mehrheit der deutschen Bevölkerung Fixpunkt und Leitbild familialer Orientierungen.**

Abschließend seien nochmals die wichtigsten Entwicklungen hervorgehoben:

- die Ausbreitung und soziale Akzeptanz alternativer und besonders nichtfamilialer Privatheitsformen;
- die Zunahme diskontinuierlicher, durch Brüche gekennzeichneter Privatheitsbiographien;

- eine rückläufige Heiratsbereitschaft und ein sich erhöhendes Heiratsalter;
- das hohe Scheidungs- und Trennungsniveau in Ehen und Partnerschaften
- die Ausdehnung von Zweit- und Drittfamilien, d. h. eine häufigere Fluktuation des ‚Familienpersonals' als Folge von Scheidungen und Wiederverheiratungen;
- eine mit der geringen Kinderzahl verbundene Verkleinerung der Familien;
- der gewachsene familiale Stellenwert der Kinder und ihrer Erziehung.

Trotz der Unwägbarkeiten künftiger gesellschaftlicher Entwicklungen lassen sich mit Blick auf die kommenden Jahre folgende Aussagen formulieren:

- Die Familie bleibt ungeachtet all ihrer Legitimationseinbußen das vorherrschende Lebensmodell und gilt der großen Mehrheit als wichtigster Lebensbereich.
- Die vereinigungs- und übergangsbedingte Heirats-, Geburten- und Scheidungsflaute in den neuen Ländern wird durch Nachholeffekte kompensiert werden; die Zahlen werden sich vermutlich langfristig auf westdeutschem Niveau einpendeln.
- Mittelfristig ist eine Anpassung Ostdeutschlands an das westdeutsche Privatheitsgeschehen zu erwarten (etwa: steigendes Heirats- und Geburtsalter, Zunahme von Singles, kinderloser Ehen und WG's).
- Die Zahl erwerbstätiger und -williger Frauen, insbesondere Mütter, wird in den alten Ländern weiterhin zunehmen.

Anmerkungen

1 Das sozialstrukturelle Ungleichheitsgefüge wird dadurch beeinflußt, daß die Lebensformzugehörigkeit (etwa: kinderreiche Familie versus kinderlose Paare und Singles) zu einem der zentralen ungleicheitsrelevanten Faktoren avanciert. Laut *Strohmeier/Schulze* (1995) entwikkeln sich die sozialen Unterschichten zur Trägerschaft herkömmlicher Privatheitsformen, während sich die alternativen, kinderlosen Privatheitsformen durch einen gehobenen Schicht- und Bildungsstatus auszeichnen.

2 Ähnlich wie in der BR befanden sich auch in der DDR kinderreiche Familien gehäuft in wirtschaftlich randständigen Soziallagen. Obwohl für diese Unterstützungsleistungen gesetzlich vorgeschrieben wurden, bildeten sie ein auf fast allen Parteitagen der SED diskutiertes Problem, und die Notwendigkeit der Verbesserung der Lebens- und insbesondere der Wohnbedingungen kinderreicher Familien wurde immer wieder betont (*Gysi* 1984, 105; *Meyer/Speigner* 1982, 143).

3 So kann es nicht überraschen, daß die als Ost-West-Vergleich angelegte Untersuchung STUDENT '90 bei den DDR-Studenten einen signifikant höheren Stellenwert der Familienorientierung in den Wertpräferenzen feststellt: Während 76% der DDR-Studenten einer Familie mit

Kindern einen wichtigen bzw. sehr wichtigen Stellenwert einräumten, waren dies nur 55% auf westlicher Seite (*Brämer/Heublein* 1990, 16 u. 9).

4 Die Ersteiratsziffer besagt, daß unter den Bedingungen des Beobachtungsjahres von 100 Ledigen so und so viel Prozent heiraten würden. Die eigentlich unlogischen Periodenwerte über 100, welche eine hohe Heiratsintensität anzeigen, gehen auf kriegsbedingte Nachholeffekte des Heiratsverhaltens in der Nachkriegszeit zurück.

5 *Nave-Herz* (1988) spricht demgemäß zu Recht von der primär „kindorientierten Ehegründung“ und hebt hervor, daß in der Regel ein erwartetes Kind bzw. der Wunsch nach einem Kind zur endgültigen Heirat führt. So waren 1989 nur bei 5,5% aller Eheschließungen bereits gemeinsame Kinder vorhanden. Anders in der DDR: dort hatten 27 % der Eheschließenden schon vor der Heirat Kinder (*Sommer* 1991, 30, Tab. 5).

6 Neuere Untersuchungen gehen jedoch davon aus, daß das Ausmaß ungewollter Kinderlosigkeit bislang überschätzt wurde. Der Anteil unfruchtbarer Paare soll nur bei ca. 6% liegen (Wandtner 1995).

7 Als verwandte, gleichsam komplementäre Interpretation hierzu vgl. den Deinstitutionalisierungsansatz von *Tyrell* 1988.

15. Struktur und Entwicklung der Bevölkerung

Rainer Geißler und Thomas Meyer

Unter **Bevölkerung** versteht man die Gesamtzahl der Einwohner innerhalb eines politisch abgrenzbaren Gebietes. Sie ist ein Grundelement jeder Gesellschaft, und ihre Struktur und Entwicklung stehen in einer engen Wechselbeziehung zu anderen Teilen der Sozialstruktur. Einerseits wird die Bevölkerungsbewegung – die Geburtenziffern und die Lebenserwartungen sowie die Wanderungen – wesentlich durch soziale Faktoren mitbestimmt. Andererseits haben die quantitativen Veränderungen vielfältige Rückwirkungen auf die Gesellschaft, auf die sozialen Institutionen und die Lebenschancen der Menschen – z. B. auf das wirtschaftliche Leben und die Erwerbs- und Einkommenschancen, auf die Familien- und Haushaltsformen, auf das Bildungswesen und die Bildungschancen, auf das System der sozialen Sicherung und die verschiedenen Lebensrisiken.

15.1 Bevölkerungsentwicklung im Überblick

Hinter den Veränderungen der Bevölkerungszahl (vgl. Abb. 15.1) verbergen sich zwei analytisch zu trennende Komplexe von Bedingungsfaktoren: die **Wanderungen** und die sog. **„natürliche Bevölkerungsbewegung“**. Mit letzterem Etikett versieht die Bevölkerungswissenschaft die Veränderungen in den **Geburtenzahlen (generatives Verhalten)** und im **Lebensalter (Sterblichkeit).**

15.1.1 Westdeutschland

Die Bevölkerungsentwicklung in der BR läßt sich in drei Phasen gliedern: Einer Wachstumsphase von ca. drei Jahrzehnten (1945-1974) folgt ein Jahrzehnt der Stagnation mit z. T. rückläufigen Entwicklungen (1975-1984/86); seit 1986, verstärkt seit 1988, nimmt die Bevölkerung wieder zu (Einzelheiten in Abb. 15.1).

Abb. 15.1: *Bevölkerungsentwicklung 1939 – 1994 (in Millionen)*

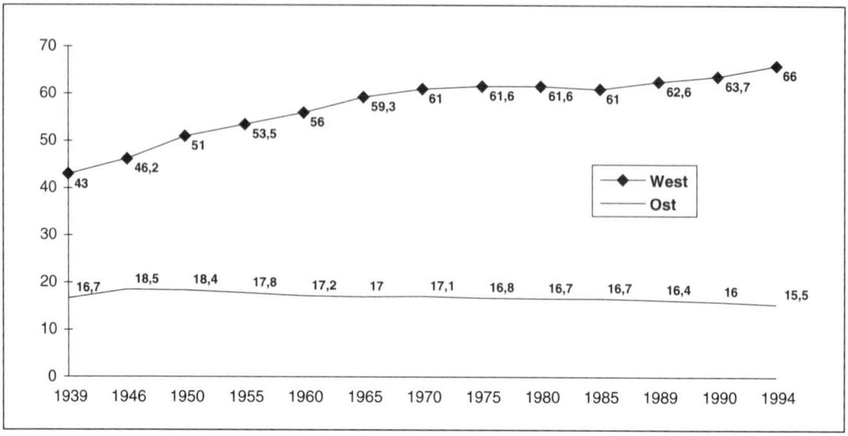

Die Zahlen vor 1949 beziehen sich auf die Gebiete der späteren DDR bzw. BR.

Quelle: erstellt nach Statistische Jahrbücher.

Wachstumsphase. Das seit ca. 150 Jahren in Deutschland zu beobachtende Bevölkerungswachstum setzt sich bis Mitte der 70er Jahre fort. Die Einwohnerzahl steigt von 46 Millionen im Jahr 1946 auf über 62 Millionen im Jahr 1974. Eine Ursache dieser Entwicklung sind die vergleichsweise hohen und bis 1964 **ansteigenden Geburtenzahlen** („Babyboom“) und die daraus resultierenden Geburtenüberschüsse („Geburtenberg“) bis 1972. Noch stärker schlagen die **drei Einwanderungswellen** der Vertriebenen, DDR-Flüchtlinge und Ausländer zu Buche. 1944 – 1950 strömten ca. 8 Millionen Vertriebene aus den ehemaligen deutschen Ostgebieten in die Westzonen bzw. in die BR, 1950-1961 ca. 2,5 Millionen Bürger aus der DDR, und zwischen 1961 und 1974 erhöhte sich die westdeutsche Bevölkerung um ca. 3,5 Millionen Ausländer (Einzelheiten auf S. 214ff.).

Stagnationsphase. Der **Geburtenrückgang** nach 1964 („Pillenknick“), der seit 1972 für längere Zeit Geburtendefizite zur Folge hatte, sowie das **Abebben der Einwanderungen** durch den Mauerbau (1961) und durch den Anwerbestop für Ausländer (1973) brechen in der Mitte der 70er Jahre den säkularen Trend des Bevölkerungswachstums. Zwischen 1975 und 1985 schwankt die Einwohnerzahl – teils leicht sinkend, teils leicht steigend – zwischen 61 und 62 Millionen.

Erneutes Wachstum. Die Krise des Sozialismus löst im Jahre 1988 eine **vierte Einwanderungswelle** aus. Spätaussiedler aus Osteuropa und Übersiedler aus der DDR lassen die Einwohnerzahl wieder deutlich ansteigen. Mit 62,6 Millionen erreicht sie 1989 den höchsten Stand in der Geschichte der alten BR. 1989 leben in Westdeutschland 252 Einwohner pro qkm, 1950 waren es nur 201 und 1939 auf dem Gebiet der alten Bundesländer erst 160.

15.1.2 DDR

Die Bevölkerungsentwicklung in der DDR weicht von anderen Industriegesellschaften ab und stellt einen **„Sonderfall"** (*Dorbritz/Speigner* 1990, 68) dar. Nur in den ersten drei Nachkriegsjahren wuchs die Bevölkerung analog zum Westen, bedingt durch die Aufnahme von Vertriebenen. Danach war die DDR das einzige Land der Welt, dessen Geschichte **durchgängig durch Bevölkerungsverluste gekennzeichnet** ist. Im Gegensatz zum Einwanderungsland Bundesrepublik stellt sich die DDR von Anbeginn an als **Auswanderungsland** dar. Als Folge davon ist die Bevölkerungszahl zwischen 1948 und 1989 von 19,1 auf 16,4 Millionen Einwohner gesunken. Die **Bevölkerungsdichte** verringerte sich im gleichen Zeitraum von 171 auf 154 Einwohner pro qkm. Insbesondere bis zum Bau der Mauer 1961 war eine stetige Bevölkerungsabnahme zu verzeichnen, die sich aber auch danach, wenngleich deutlich verlangsamt, fortsetzte. Neben der negativen Wanderungsbilanz machte sich hierbei der **Geburtenrückgang**, der in den frühen 70er Jahren seinen Höhepunkt erreichte, bemerkbar. Auch das kurze „Geburtenhoch" Ende der 70er Jahre konnte den insgesamt rückläufigen Bevölkerungstrend nicht aufhalten.

15.1.3 Das vereinigte Deutschland

Seit der Vereinigung setzt sich das Muster einer gegenläufigen Bevölkerungsentwicklung in Ost- und Westdeutschland fort. Während die Bevölkerung in den alten Ländern weiter stark zunimmt – von 62,6 Millionen 1989 auf 66 Millionen 1994 –, hatten die neuen Länder zunächst drastische und seit jüngerer Zeit leichte Verluste hinzunehmen – von 16,4 auf 15,5 Million in demselben Zeitraum. 1994 leben im vereinten Deutschland ca. 81,5 Millionen Menschen auf rund 357.000 qkm. Durch die dünnere Besiedlung und den stärker agrarisch geprägten Charakter des Ostens hat sich dabei die Bevölkerungsdichte insgesamt von 252 auf 225 Einwohner pro qkm verringert.

Wir werden im folgenden die Prozesse, die hinter der Bevölkerungsentwicklung in Ost- und Westdeutschland stecken – zunächst die natürliche Bevölkerungsbewegung und danach die Wanderungen – etwas genauer darstellen.

15.2 Veränderungen im generativen Verhalten: Babyboom und Geburtenrückgang

Methodische Anmerkung. Die Geburtenentwicklung läßt sich mit verschiedenen statistischen Meßziffern beschreiben. Die **absoluten Geburtenziffern** geben die jeweilige Zahl der Lebendgeborenen an. Da sie u. a. davon abhängen, wie groß die Zahl der Frauen ist, die sich in einem für eine Geburt günstigen Alter befinden, zeigen sie Veränderungen im generativen Verhalten nur ungenau an. Diese werden erheblich besser erfaßt durch die sog. **„Fruchtbarkeitsraten“.** Diese Größen geben an, wieviele Kinder im statistischen Durchschnitt von einer bzw. 100 Frauen geboren werden.[1]

Abb. 15.2: *Geburten je 100 Frauen (zusammengefaßte Geburtenziffer, 15 – 45 Jahre)*

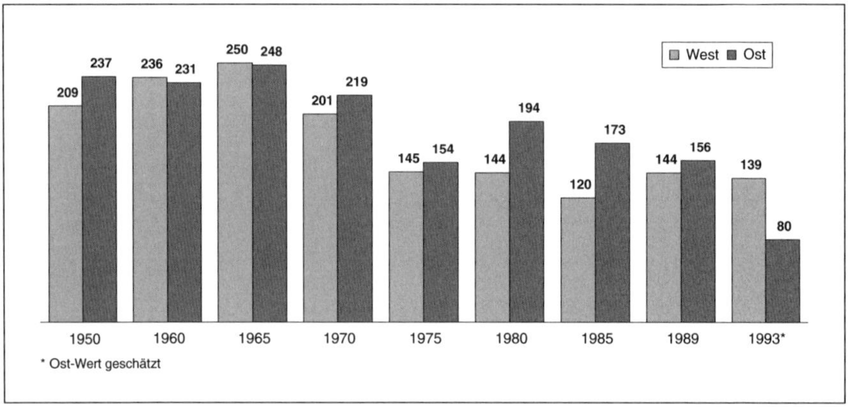

Quelle: erstellt nach Statistische Jahrbücher und *Dorbritz* 1993/94.

15.2.1 Geburtenentwicklung

Die Grundlinie der Geburtenentwicklung – gemessen an den Fruchtbarkeitsraten – verläuft in den beiden deutschen Gesellschaften in den drei ersten Nachkriegsjahrzehnten ähnlich und weist die Form einer großen Welle auf: Ein Geburtenanstieg, der sog. **Babyboom**, in den späten 50er und frühen 60er Jahren erreicht den Gipfel Mitte der 60er Jahre; ihm folgt nach dem sog. „Pillenknick“ (eine mißverständliche Bezeichnung, da sie das komplexe Ursachenbündel ausblendet) ein Jahrzehnt eines dramatischen Geburtenrückgangs, wobei die Talsohle der rasanten Abwärtsbewegung Mitte der 70er Jahre erreicht wird (Einzelheiten in Abb. 15.2 und 15.3). Der vorherige Babyboom lief der allgemeinen industriegesellschaftlichen Tendenz zu rückläufigen Geburtenraten (vgl. S. 36f.) entgegen und ist als Spätwirkung des Zweiten Weltkrieges zu deuten. Er wurde v. a. ausgelöst durch nachgeholte Eheschließungen, die der Krieg verhindert hatte, durch das Absinken des Heiratsalters sowie durch die wirtschaftliche und soziale Stabilisierung nach den Wirren der Kriegs- und Nachkriegsjahre. Nach dem Babyboom der 60er Jahre werden die beiden deutschen Gesellschaften von dem säkularen Trend des Geburtenrückgangs, der den Strukturwandel zur modernen Gesellschaft begleitet, wieder eingeholt.

Bei genauerem Hinsehen ergeben sich interessante Unterschiede zwischen der BR und der DDR. In der **Bundesrepublik** hatte der Babyboom einen sog. **„Geburtenberg“** zur Folge. Die Geburtenzahlen steigen von 820.000 im Jahr 1955 auf 1.065.000 im Jahre 1964, das den Gipfel des Berges markiert. Bis 1978 geht dann die Zahl der Lebendgeborenen drastisch auf 576.000 zurück, sie wird also nahezu halbiert (vgl. Abb. 15.3).
Die geburtenstarken Jahrgänge der 60er Jahre werden manchmal mit Recht als **benachteiligte Generation** bezeichnet. Im Laufe ihrer Lebensgeschichte

Abb. 15.3: *Lebendgeborene 1950 – 1994 (in 1000)*

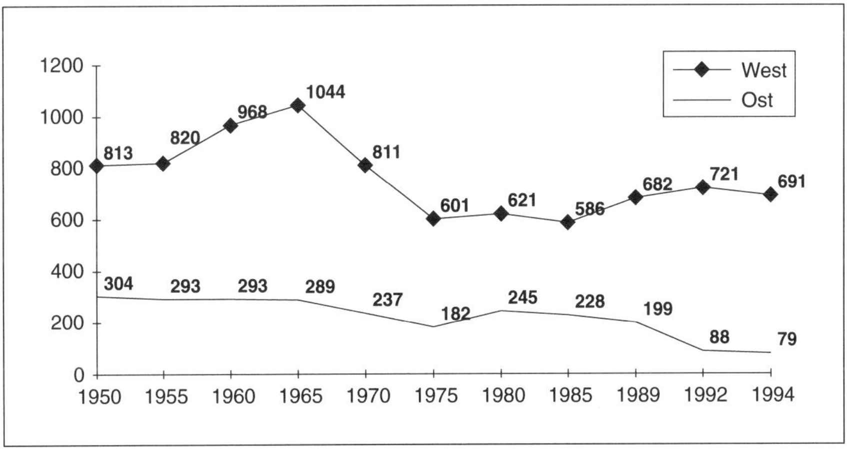

Quelle: erstellt nach Statistische Jahrbücher.

schieben sie sich durch das Gefüge der gesellschaftlichen Institutionen – aus dem „Geburtenberg“ wurde zunächst ein „Schülerberg“, dann ein „Lehrlingsberg“ und „Studentenberg“; z. Zt. bildet er einen „Berg von Arbeits- und Wohnungssuchenden“, und später wird er einmal ein „Rentnerberg“. Bei ihrem Marsch durch die Gesellschaft lösen die geburtenstarken Jahrgänge Anpassungsprobleme in den Bildungseinrichtungen, auf dem Arbeits- und Wohnungsmarkt und im System der sozialen Sicherung aus, die ihre Lebenschancen beeinträchtigen: Wo sie auftauchen, wird es eng und knapp.

Der **drastische Geburtenrückgang** nach 1964 wird aus den folgenden Zahlen deutlich: 1965 brachten 100 westdeutsche Frauen im statistischen Durchschnitt noch 250 Kinder zur Welt, 1985 nur noch 120; bis 1989 hat sich diese Zahl wieder leicht auf 144 erhöht, ist jedoch seitdem wieder leicht rückläufig (vgl. Abb. 15.2). Die rasante Talfahrt der Geburtenzahlen führte dazu, daß seit 1972 in der BR mehr Menschen starben als geboren wurden. **Geburtendefizite** waren vorher nur aus Krisenzeiten – z. B. durch Kriegseinwirkungen – bekannt. In den 70er Jahren war die Bundesrepublik daher auch die einzige Industriegesellschaft mit dieser Erscheinung, 1982 folgte Ungarn, 1984 Dänemark.

Die folgenden Zahlen verdeutlichen, daß der Geburtenrückgang in der BR einen säkularen Trend fortsetzt: Um die Jahrhundertwende wurden in Deutschland 36 Kinder auf 1000 Einwohner geboren, 1960 nur noch 17, 1993 noch 9,8. Der Tiefpunkt dieser Entwicklung wurde 1984 mit 9,5 erreicht. Mitte der 70er Jahre hatten die Westdeutschen die niedrigste Geburtenrate pro 1000 Einwohner der Welt (1975: 9,9), sie waren sozusagen zum „Weltmeister im Kinderverhüten“ avanciert. 1993 lag die Rate in Westeuropa nur in Italien (9,4) niedriger, bei anderen Nachbarn wie Frankreich (12,3) oder Großbritannien (13,1) dagegen deutlich höher (StatJb Ausland 1995, 39).

Die Entwicklung in der **DDR** zeigt einige charakteristische Abweichungen von der Bundesrepublik. Es gibt keine benachteiligte Generation, weil der Babyboom der frühen 60er Jahre keinen Geburtenberg zur Folge hatte. Der anschließende Geburtenrückgang verlief etwas weniger dramatisch als in der BR. Durch bevölkerungs- und familienpolitische Maßnahmen (vgl. S. 312f.) wurde die rückläufige Entwicklung gestoppt und in einen vorübergehenden zweiten Babyboom in den späten 70er Jahren umgebogen, der schwächer ausgeprägt war als der erste in den frühen 60er Jahren. Die Geburtenzahlen stiegen bis 1980 wieder auf 245.000 an, seitdem sinken sie erneut nahezu kontinuierlich; 1989 waren sie auf 199.000 zurückgegangen. Die Fruchtbarkeitsraten lagen 1989 in der DDR noch geringfügig höher als in der BR; 100 Frauen brachten im statistischen Durchschnitt 156 Kinder zur Welt (BR: 144) (vgl. Abb. 15.2).

Die Wende verursachte in den neuen Ländern einen enormen Einbruch in der Geburtenentwicklung. Die Zahl der Geburten sank um mehr als 60% (!) von 199.000 (1989) über 178.000 (1990), 108.000 (1991), 88.000 (1992) und 80.000 (1993) auf 79.000 (1994). Innerhalb von zwei Jahren – zwischen 1990 und 1992 – halbierte sie sich sprunghaft. Auf 100 Frauen entfielen 1994 nur noch 80 Geburten. Solide Schätzungen gehen davon aus, daß in manchen Regionen die Bevölkerung im Kindes- und Jugendalter künftig um bis zu 70% zurückgehen wird (*Münz/Ulrich* 1993/94, 475). Dieser Prozeß wird begleitet von einem ebenso dramatischen Rückgang der Eheschließungen und einem noch sprunghafteren Absinken der Scheidungen (vgl. S. 316f.). Auch in anderen postsozialistischen Gesellschaften – etwa in Rußland und Bulgarien – lassen sich, etwas abgemildert, demographische Einbrüche dieser Art beobachten.

Diesen plötzlichen, historisch einmaligen Sprüngen liegen zwei Ursachenkomplexe zugrunde: Sie sind einerseits Reaktionen auf die vielfältigen, z. T. krisenhaften Umbrüche nach der Wende. Der plötzliche Verzicht vieler Frauen und Familien auf Kinder signalisiert „Lähmungserscheinungen in der privaten Lebensplanung“ (*Geißler* 1995a, 129) – ausgelöst durch Schockerlebnisse und Unsicherheiten in der Umbruchkrise, von der gerade die Mütter (bes. Arbeitsplatzrisiken, Wegfall von Kinderbetreuungseinrichtungen, vgl. S. 302) besonders betroffen sind. Viele Ostdeutsche sind durch den radikalen Wandel außerhalb der Familie so in Anspruch genommen, daß sie davor zurückschrecken, auch noch wichtige und langfristig folgenreiche Veränderungen in ihrem Privatleben vorzunehmen. Die Privatsphäre soll einen ruhenden Pol im Wirbel der dramatischen Umbrüche in anderen gesellschaftlichen Bereichen bilden. Es wäre jedoch einseitig, die demographischen Einbrüche ausschließlich als Krisenreaktionen zu deuten. Vermutlich verbergen sich dahinter z. T. auch Anpassungsprozesse an westdeutsche Verhaltensmuster und an neue Elemente der ostdeutschen Sozialstruktur, die sich langfristig herausbilden: Heirat und Geburt in einem etwas späteren Abschnitt der Biographie, niedrigere Kinderzahlen, gestiegene Alternativen und Wahlchancen in einer stärker individualisierten Gesellschaft mit einer größeren Vielfalt privater Lebensformen (vgl. Kap. 14.4 –14.8). Entgegen früheren Prognosen dürfte das Geburtentief in den neuen Ländern noch einige Zeit andauern, bevor eine allmähliche Anpassung an das sehr niedrige Geburtenniveau der alten Länder erfolgt.

Seit etwa zweieinhalb Jahrzehnten – in Westdeutschland seit 1969, in Ostdeutschland seit 1971 – werden nicht mehr genug Kinder geboren, um die Bevölkerung – bei Nichtbeachtung der Wanderungsbewegungen – in ihrem Bestand zu erhalten. Um die „Reproduktion“ der Bevölkerung zu gewährleisten, müßte jede Frau im statistischen Durchschnitt knapp 2,2 Kinder zur Welt bringen. In den alten Ländern wurden 1993 nur ca. 67%, in den neuen Ländern nur noch ca. 40% (in der DDR 1989 74%) der Kinder geboren, die nötig sind, um den derzeitigen Umfang der Bevölkerung ohne Zuwanderung langfristig zu sichern (*Dorbritz* 1993/94, 417; Sozialreport '90, 24).

15.2.2 Ursachen des Geburtenrückgangs

Die Ursachen des säkularen Geburtenrückgangs waren bisher in ihrem komplizierten Bedingungsgefüge nicht genau empirisch-theoretisch aufzuhellen. Es lassen sich mindestens acht Ursachenkomplexe ausmachen, wobei unklar bleibt, welches Gewicht den verschiedenen Faktoren zukommt:[2]

1. **Funktions- und Strukturwandel der Familie.** Die Mithilfe der Kinder in der Familienwirtschaft und die Fürsorge der Kinder bei Krankheit und im Alter waren früher Motive für hohe Kinderzahlen. Der kontinuierliche Rückgang der Familienbetriebe und die stärkere Übernahme der Fürsorgeleistungen durch gesellschaftliche und staatliche Einrichtungen verminderte die „ökonomische" Bedeutung der Kinder für die Eltern. Empirische Hinweise auf diesen Ursachenkomplex liefern z. B. die hohen Kinderzahlen in den Bauernfamilien, die von dem erwähnten Strukturwandel nur am Rande erfaßt wurden (vgl. S. 125). Heute dominiert das Ideal der 2-Kind-Familie, die Statistiken verzeichnen 1,6 Kinder pro Familie (1,7 in vollständigen Familien – 1,4 bei Alleinerziehenden) (*Dorbritz* 1993/94, 394).
2. **„Emanzipation" und „Enthäuslichung" der Frau.** Kinder binden – angesichts der derzeitigen geschlechtstypischen Arbeitsteilung in der Familie – insbes. die Mütter ans Haus. Sie kollidieren daher z. T. mit dem sich ausbreitenden Wunsch der Frauen, einer Berufstätigkeit nachzugehen und sich auch anderweitig aus den engen Bindungen an den häuslichen Bereich zu lösen (vgl. *v. Trotha* 1990, 459; vgl. auch S. 281f.). So ist es z. B. empirisch belegt, daß Frauen mit höherem Bildungsniveau häufiger auf Kinder verzichten (*Klein* 1989). Die stärkere Bildungs- und Berufsorientierung der Frauen kann zur Folge haben, daß die Realisierung bestehender Kinderwünsche so weit hinausgeschoben wird, daß nur noch ein Kind geboren werden kann oder auch auf das Kind gänzlich verzichtet wird (vgl. *Peukkert* 1996, 112).
3. **Konsumdenken und anspruchsvoller Lebensstil.** Kinder bedeuten für die Familien einen erheblichen Kosten- und Erziehungsaufwand, der die Bewegungsfreiheit der Eltern, insbes. der Mütter, räumlich und zeitlich einschränkt. Sie kollidieren daher bei vielen mit den gestiegenen materiellen und individualistischen Ansprüchen, mit den intensiveren Bedürfnissen nach hohem Lebensstandard und persönlicher Ungebundenheit. Hier liegt

eine wichtige Ursache für den Rückgang der Mehr-Kind-Familie, einem zentralen Faktor der Geburtenentwicklung.

4. **Scheu vor langfristigen Festlegungen.** Individualisierung und Pluralisierung haben die Handlungsoptionen stark erweitert und die Bereitschaft gemindert, sich langfristig und unumkehrbar festzulegen. Kinder kollidieren mit diesen Tendenzen, weil sie die Eltern für längere Zeit in ihren Wahlmöglichkeiten und in ihrer Flexibilität einengen (vgl. *Birg/Koch* 1987).
5. **Emotionalisierte und verengte Paarbeziehungen.** Der Strukturwandel der Familie und der Formen privaten Zusammenlebens hat eine Emotionalisierung der Paarbeziehungen zur Folge. Zweierbindungen können sich zu „Zwecken in sich" verengen, wobei dann Kinder als Last, Konkurrenz oder Störung erlebt werden (*Hettlage* 1992, 152).
6. **Zunehmende gesellschaftliche Akzeptanz von Kinderlosigkeit.** Im Zuge der Pluralisierung und Differenzierung der Privatheit gewinnen Lebensformen ohne Kinder zunehmend an gesellschaftlicher Akzeptanz und treten in legitime Konkurrenz zur „Normalfamilie" (*Meyer* 1992, 67ff.). Die Ausdehnung des Nichtfamilien-Sektors ist nicht zuletzt auch von rentenpolitischer Brisanz; denn Kinderlosigkeit beeinträchtigt den Generationenvertrag (vgl. dazu S. 345) in der Alterssicherung: Wer kinderlos bleibt, muß im Alter von den Kindern anderer versorgt werden („rentenpolitische Trittbrettfahrer").
7. **Gestiegene Ansprüche an die Elternrolle.** Durch die Pädagogisierung der Gesellschaft haben sich die Ansprüche an die Eltern als Erzieher erheblich erhöht. Die stärkere Ausrichtung des Familienlebens auf die Kinder kann gerade bei pädagogisch engagierten Eltern zu Erziehungsunsicherheiten und psychischen Belastungen führen (vgl. *Hettlage* 1992, 153).
8. **Rationalisierung und Familienplanung.** Die Geburt eines Kindes wird durch Aufklärung und bessere Methoden der Empfängnisverhütung (z. B. durch die Pille) planbarer. Die heiße Diskussion um den Schwangerschaftsabbruch weist allerdings darauf hin, daß nicht jede Elternschaft bewußt und geplant entstand. Auch das generative Verhalten unterliegt zwar dem allgemeinen Rationalisierungs- und Säkularisierungsprozeß, aber „Irrationalitäten" sind weiterhin im Spiel.

Beim Vergleich der beiden deutschen Gesellschaften ist die Beobachtung interessant, daß es in der DDR in den späten 70er Jahren einen zweiten Babyboom gab und daß die Fruchtbarkeitsraten bis 1989 höher lagen,

- obwohl der Lebensstandard niedriger und die Wohnverhältnisse beengter waren;
- obwohl fast alle Frauen erwerbstätig und zu weiteren gesellschaftlichen Aktivitäten verpflichtet waren;

– obwohl 1972 die Schwangerschaftsunterbrechung legalisiert wurde. (Die Legalisierung führte nur kurzfristig und vorübergehend zu einem Anstieg der Schwangerschaftsabbrüche – vgl. *Helwig* 1982, 75).

Offenbar konnten die familien- und frauenpolitischen Maßnahmen der 70er Jahre dem säkularen Trend des Geburtenrückgangs eine Zeitlang durchaus erfolgreich entgegenwirken.

15.3 Lebenserwartung und Sterblichkeit

Die durchschnittliche Lebenserwartung stellt nicht nur einen Bestimmungsfaktor der Bevölkerungsentwicklung dar, sondern auch einen wichtigen sozialen Indikator für Lebensqualität.

Fortschritte in Medizin, Gesundheitsvorsorge, Hygiene und Unfallverhütung sowie die allgemeine Wohlstandssteigerung hatten zur Folge, daß sich in beiden Teilen Deutschlands im Verlauf der letzten Jahrzehnte die **Säuglingssterblichkeit** verringerte und die **Lebenserwartung anstieg**. Während die Lebenserwartung männlicher Neugeborener im Kaiserreich nur 34 Jahre betrug, hat sie sich heute mit über 72 Jahren mehr als verdoppelt.

In der BR konnten Männer 1986/88 mit einem durchschnittlichen **Lebensalter** von gut 72 Jahren rechnen, das waren 7,5 Jahre mehr als 1949/51. Frauen leben länger; sie konnten ihre Lebensdauer in diesem Zeitraum um gut 10 Jahre auf fast 79 Jahre steigern. In der **DDR** war die Lebensdauer – als wichtiger Indikator gesellschaftlicher Modernität – **hinter der Entwicklung in der Bundesrepublik zurückgeblieben**; 1988 lag sie bei Männern um 2,4 Jahre und bei Frauen um 2,7 Jahre niedriger als in Westdeutschland (StatJb BRD 1990, 68 und DDR 1990, 428). Die Ost-West-Unterschiede sind schwer erklärbar. Bislang mangelt es an eindeutigen Erkenntnissen. Eine Ursache stellt die deutlich höhere Selbstmordrate in der DDR dar. Diese lag bei durchschnittlich 2,8 und in der BR bei 2,0 pro 10.000 Einwohnern (eigene Berechnung nach *Höhn u. a.* 1990, 160, Tab. 8). Dagegen ließ sich in Westdeutschland seit Jahren eine erstaunliche und immer noch andauernde rückläufige Selbstmordquote registrieren. Während sie sich 1988 bei 2,0 bewegte, liegt sie mittlerweile nur noch bei knapp über 1,5 (*Vasold* 1995). (Auffallend ist, daß in beiden Teilen Deutschlands mehr als doppelt so viele Männer wie Frauen freiwillig aus dem Leben scheiden (*Böhm* 1991, 51).) Grundsätzlich wird den unterschiedlichen sozioökonomischen Verhältnissen – und hier insbesondere dem Lebensstandardgefälle – ein großer Stellenwert zugeschrieben. Diskutiert werden auch die Unterschiede in der medizinischen Versorgung, in den Ernährungsgewohnheiten sowie die schlechteren Arbeits- und Umweltbedingungen in der DDR. Seit neuerem geraten die Wanderungsströme ebenfalls

Abb. 15.4: *Altersaufbau der Bevölkerung 1992*

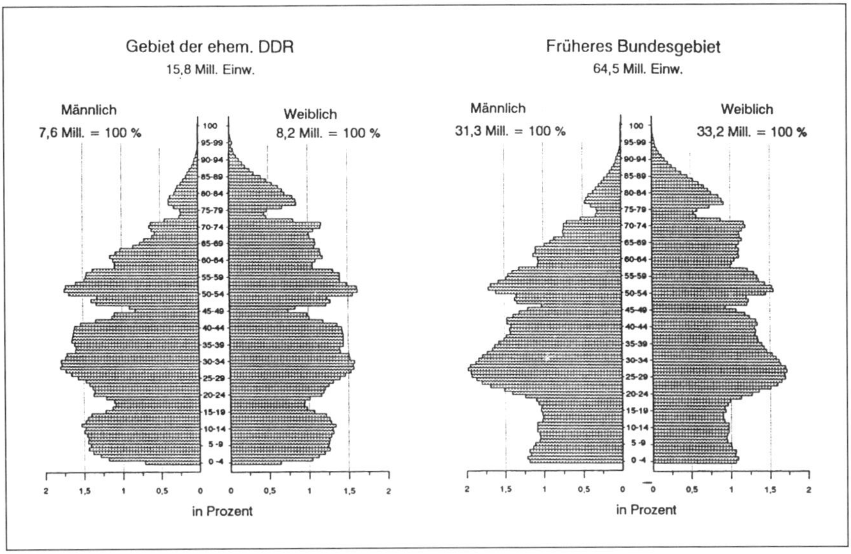

Quelle: Enquête-Kommission 1994, 78.

Abb. 15.5: *Altersstruktur im Wandel*

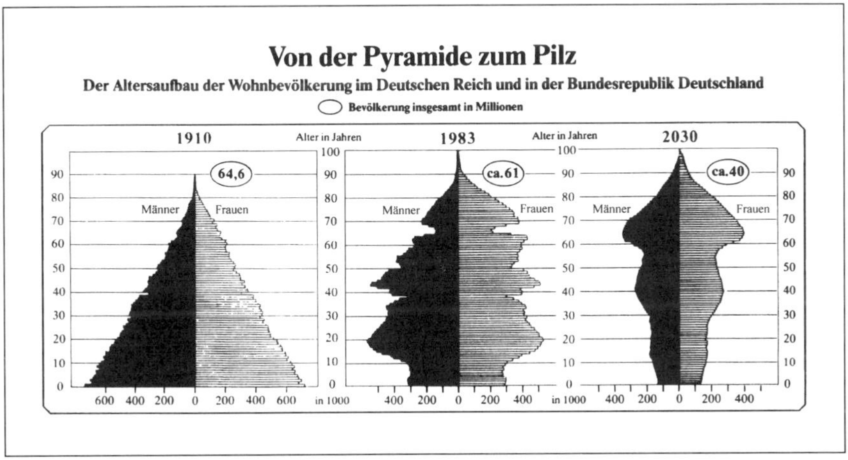

Modellrechnung für das Jahr 2030 unter der Annahme einer konstanten Nettoreproduktionsrate von 0,627

Quelle: iwd 14/1987, 5.

ins Blickfeld. Es wird vermutet, daß die Gesunden und Robusten an den Auswanderungen überproportional beteiligt waren (*Stein* 1990; Sozialreport 1994, 79ff.).

15.4 Altersstruktur und Alterung

15.4.1 Altersstruktur im Wandel: von der Pyramide zum Pilz

Die Altersstruktur einer Bevölkerung läßt sich graphisch gut als „Altersbaum" darstellen (Abb. 15.4 und 15.5).

Die Grafiken veranschaulichen nicht nur den Altersaufbau der deutschen Gesellschaften, sondern spiegeln auch die einschneidenden Ereignisse der Bevölkerungsgeschichte wider. Vor dem Ersten Weltkrieg wies der Altersbaum noch die für vorindustrielle und agrarische Bevölkerungen typische Form einer „störungsfreien" **Pyramide** auf. Seit 1914 entwickelt sich die Pyramide zur **„zerzausten Wettertanne"**. Die beiden Weltkriege verursachten deutliche Einschnitte und Ausbuchtungen in den Altersbäumen Ost und West bei den ca. 75jährigen und bei den 45-50jährigen. Unter den Männern waren mehr Kriegsopfer zu beklagen als unter den Frauen, wobei der Frauenüberschuß in den älteren Jahrgängen noch durch deren höhere Lebenserwartung verstärkt wird. Andererseits kam es auch zu **Geburtenausfällen in den Kriegs- und unmittelbaren Nachkriegsjahren.** Wegen des Geburtenrückgangs in den letzten Jahrzehnten nimmt der Umfang des Baumes im unteren Teil ab – in Westdeutschland deutlich stärker als in Ostdeutschland. Die Wettertanne verwandelt sich allmählich in einen **„Pilz"** mit breiter Haube und schmalerem Stiel (Abb. 15.5).

15.4.2 Alterung der Bevölkerung

Geburtenrückgang und steigende Lebenserwartungen haben eine **demographische Alterung** der Bevölkerung zur Folge; d. h. die Anteile der jüngeren Jahrgänge an der Gesamtbevölkerung gehen zurück, die Anteile der älteren Jahrgänge nehmen zu. Abb. 15.6 zeigt, daß auch der Alterungsprozeß ein säkularer Vorgang ist, der sich bereits seit mehr als einem Jahrhundert vollzieht. Seit dem Beginn des Jahrhunderts ist in Deutschland die Zahl der über 60jährigen von 4,4 auf rund 13 Millionen im Jahr 1989 gestiegen.

In der **Bundesrepublik** sank der Anteil der Jüngeren (bis 15 Jahre) zwischen 1950 und 1988 von 28% auf 18%, der Anteil der Älteren (über 65 Jahre) dagegen stieg in demselben Zeitraum von 9% auf 15%.

Abb. 15.6: *Demographische Alterung 1871 – 1993 (in Prozent)*

	Jüngere bis 18 J.	18-65jährige	Ältere ab 65 J.	Jüngere bis 18 J.	18-65jährige	Ältere ab 65 J.
		Deutsches Reich				
1871	40	56	5			
		West			Ost	
1950	28	63	9			
1960/61[1]	25	64	11	25	61	14
1981	23	64	13	24	57	19
1988/89[2]	18	67	15	23	64	13
1993	19	66	15	22	64	14

1 BR 1961, DDR 1960
2 BR 1988, DDR 1989

Quellen: StatJb 1995, 62; StatJb DDR 1990, 392; Gesellschaftliche Daten 1982, 13ff.

In der **DDR** vollzog sich wegen der höheren Geburtenraten und wegen der Ost-West-Wanderung eine abweichende Entwicklung. Vor der Absperrung der Grenze (1961) verließen insbesondere jüngere Menschen die DDR, so daß die Bevölkerung drei Jahrzehnte lang „überaltert“ war. Diese ungünstige Altersstruktur erschwerte eine angemessene Versorgung der älteren Menschen. Das Vorrücken wanderungsgeschwächter Jahrgänge ins Rentenalter und die Ausreisegenehmigungen für Rentner in der Ära Honecker dagegen hatten zur Folge, daß der Anteil der älteren Menschen in den 80er Jahren stark zurückging; er lag etwas unter dem westdeutschen Niveau. Diese Entwicklung kehrte sich nach der Wende wieder um. Durch die Abwanderung zumal jüngerer Menschen und den starken Geburtenrückgang ist seit einigen Jahren ein forcierter Alterungsprozeß in Ostdeutschland zu verzeichnen.

Die Verschiebungen in den Altersgruppen werden bei der **Alterssicherung**, die auf dem sog. **Generationenvertrag** aufbaut, zum Problem. Als Generationenvertrag wird der Sachverhalt bezeichnet, daß die erwerbstätige Generation die Renten der älteren, aus dem Erwerbsleben ausgeschiedenen Generation finanziert. Die Alterung führt nun dazu, daß immer weniger Erwerbstätige immer mehr Rentner zu versorgen haben – eine Entwicklung, die durch längere Ausbildungszeiten und eine frühere Beendigung des Arbeitslebens und insbesondere durch Arbeitslosigkeit noch zusätzlich verschärft wird. Die Erfüllung des Generationenvertrages setzt nicht nur eine ausreichende Anzahl von Menschen im erwerbsfähigen Alter, sondern auch eine ausreichende Anzahl von Arbeitsplätzen voraus, über die die Renten finanziert werden können (vgl. dazu Anm. 6).

15.5 Wanderungen

Wanderungen sind in Deutschland ein wesentlicher Bestimmungsfaktor der Bevölkerungsentwicklung; sie beeinflussen maßgeblich die Einwohnerzahl und wichtige Aspekte der Sozialstruktur wie etwa die Alters-, Geschlechts- und Schichtstrukturen. Die Migration innerhalb Deutschlands ist in ihrem Ausmaß und in ihrer Größenordnung nahezu einzigartig unter den Industriegesellschaften. Berechnungen ergeben, daß die BR ohne Vertriebene und Flüchtlinge im Jahr 1989 nur ca. 41 statt 62 Millionen Einwohner gezählt hätte, und in der DDR hätten ohne Ost-West-Wanderungen 1987 ca. 20 statt lediglich 17 Millionen Menschen gelebt (*Dinkel/Lebok* 1994, 31). Während die „natürliche Bevölkerungsbewegung" in den beiden deutschen Gesellschaften ähnlich verlief, vollzogen sich in der Bundesrepublik und in der DDR völlig gegensätzliche Wanderungsprozesse mit erheblichen unterschiedlichen Folgen für das Bevölkerungswachstum und für die damit zusammenhängenden sozioökonomischen und auch politischen Entwicklungen. **Die BR zählt seit ihrer Gründung zu den wichtigsten Zuwanderungsländern der Welt. Hier lösten Zuwanderungen ein starkes Bevölkerungswachstum aus und stimulierten die wirtschaftliche und soziale Entwicklung; in der DDR dagegen verursachten Abwanderungen ein Schrumpfen der Bevölkerung und waren Ursache für wirtschaftliche, soziale und politische Krisen.** Der Auswanderungsdruck und die Massenflucht am Ende der 80er Jahre waren schließlich ein wichtiger Grund für den Zusammenbruch der DDR.

15.5.1 Die Wanderungen im Überblick

In Deutschland kann man sechs sich teilweise überlagernde, bedeutende Wanderungsströme unterscheiden:

1. 1944 – 1950: Die letzten Kriegs- und die ersten Nachkriegsjahre beider Gesellschaften sind durch die Aufnahme von **Vertriebenen und Flüchtlingen aus dem ehemaligen deutschen Osten** gekennzeichnet. Die Bundesrepublik nimmt bis 1950 knapp 8 und die DDR etwa 4 Millionen Flüchtlinge auf.
2. 1945 – 1961: Bis zum Mauerbau ziehen mindestens 3,1 Millionen **Flüchtlinge und Übersiedler aus der DDR** in die Bundesrepublik, dem stehen ca. 470.000 Abwanderungen aus der BR in die DDR gegenüber. Zur gleichen Zeit wandern aus der BR über 2 Millionen Menschen nach Übersee aus, überwiegend in die USA, nach Kanada und Australien (*Cromm/Jürgens* 1989, 17; *Wendt* 1991, 388).

3. Seit 1961 (insbes. bis 1974): Nach der Absperrung der deutsch-deutschen Grenze (1961) wurden über ein Jahrzehnt lang ausländische Arbeitskräfte angeworben. Dadurch stieg die Zahl der **Ausländer** in der BR zwischen 1961 und 1974 um ca. 3,5 Millionen und seit 1974 um weitere 700.000 auf 4,85 Millionen im Jahr 1989 an. Ein Teil der Ausländer sind Menschen, die in der BR Asyl suchten und z. T. auch erhielten.
4. Kriege, Unterdrückung und wirtschaftliche Not in zahlreichen Regionen der Welt lösen Fluchtbewegungen und Wanderungen aus, von denen auch Deutschland zunehmend berührt wird. Die Zahl der **Asylbewerber** und **Flüchtlinge** stieg in der zweiten Hälfte der 80er Jahre stark an – nicht zuletzt wegen der Umbrüche und Krisen in Osteuropa sowie des Bürgerkrieges in Ex-Jugoslawien. Von 1989 bis 1994 kamen insgesamt über 1,4 Mill. Asylbewerber nach Deutschland,[3] dazu Kriegsflüchtlinge (1993: ca. 200.000) und eine unbekannte Zahl illegaler Einwanderer (*Ronge* 1993). Die Zahl der Asylbewerber unterliegt größeren Schwankungen – in den 80er Jahren z. B. zwischen 108.000 (1980), 20.000 (1983) und 121.000 (1989) (StatJb 1990, 60). Die Jahre 1990 und 1991 bildeten mit 193.000 bzw. 256.000 Asylanträgen den bisherigen Höhepunkt. Wie viele Asylbewerber langfristig in der BR bleiben, ist nicht bekannt.
5. Seit 1987 wandern wieder verstärkt **Spätaussiedler** in die BR. Nach 1950 wurden 5,4 Millionen deutschstämmige Migranten aus Ost- und Südosteuropa aufgenommen, davon etwa 1,9 Millionen zwischen 1988 und 1994.
6. Seit 1988: Die Krise und der Zusammenbruch des sozialistischen Systems lösten eine erneute **Ausreisewelle aus der DDR** aus, die dann nach der deutschen Vereinigung in eine **Binnenwanderung** überging. Zwischen 1989 und 1994 zogen fast 1,6 Millionen Ostdeutsche nach Westdeutschland, und nur knapp 500.000 siedelten aus den alten in die neuen Bundesländer über.

Der Zuwanderungsdruck der letzten Jahre hat Westdeutschland eine internationale Spitzenposition als Einwanderungsland eingebracht. Die Zuwanderungsrate pro 1000 Einwohner, die unter den Nicht-Flüchtlingsländern derzeit nur noch von Israel übertroffen wird, lag in den Jahren 1989 und 1990 fast doppelt so hoch wie zur Zeit der Masseneinwanderungen in die USA in den 20er Jahren (iwd 31/1991, 4). 1988 bis 1994 kamen jeweils mehr als doppelt so viele Aussiedler und Asylbewerber in die Bundesrepublik wie in der gesamten Nachkriegszeit zwischen 1950 und 1987.

Wir wollen im folgenden die einzelnen Wanderungsbewegungen noch etwas genauer betrachten (mit Ausnahme der Ausländermigration, die in Kap. 10 behandelt wird).

15.5.2 Flüchtlinge und Vertriebene aus den Ostgebieten

In der Folge des Zweiten Weltkrieges wurden ca. 12 Millionen Deutsche durch Flucht und Vertreibung gezwungen, aus Ostmitteleuropa in die vier Besatzungszonen umzusiedeln. Nach der ersten Volkszählung 1946 waren 3,6 Millionen Ostdeutsche in die SBZ und weitere 5,9 Millionen in die Westzonen geflüchtet bzw. vertrieben worden. In der BR stieg diese Zahl bis 1950 nochmals um 2 Millionen auf 16,5% der Gesamtbevölkerung. Viele von ihnen kamen aus der SBZ/DDR, wo sie sich zunächst vorübergehend niedergelassen hatten; daher erhöhte sich ihre Zahl in der DDR bis 1950 nach Schätzungen westlicher Experten nur noch geringfügig von 3,6 auf 3,8 Millionen. Die größten Kontingente der Vertriebenen stellten neben anderen Volksgruppen die Schlesier mit knapp 3,2 Milionen, die Sudetendeutschen mit 2,9 Millionen und die Ostpreußen mit 1,9 Millionen (Der Große Brockhaus 1983, Bd. 23, 114).

Die erzwungene Ost-West-Wanderung war von **herausragender Bedeutung für die ost- wie westdeutsche Nachkriegsentwicklung**. Einerseits stellte die Integration der Flüchtlinge in die sich gerade erst etablierenden zwei neuen deutschen Gesellschaften eine große Herausforderung und Belastung dar (*Waldmann* 1979; für die DDR vgl. *Meinicke* 1988). Nach anfänglichen erheblichen **Integrationsproblemen** – 1950 war z. B. jeder dritte Arbeitslose in der BR ein Vertriebener – gelang die rasche wirtschaftliche und gesellschaftliche Eingliederung. Sie war bereits Anfang der 60er Jahre vollzogen und wird häufig als „Nachkriegswunder" bezeichnet. Heute weiß man, daß die Zuwanderer für den wirtschaftlichen Wiederaufbau der BR von erheblicher Bedeutung waren und daß deren Arbeitskräftepotential zu einem **„strukturellen Wachstumsfaktor"** für die westdeutsche Wirtschaft wurde (*Bauer* 1987, 32; *Mackensen* 1979). Aufgrund des Verlustes ihrer Vermögen und wegen ihres Flüchtlingsstatus entwickelten sich die Vertriebenen zu einer besonders motivierten und aufstiegsorientierten Gruppe. Die politischen Reaktionen der BR waren trotz des Notaufnahmegesetzes von 1950 recht zögerlich und wenig planvoll. Man fürchtete Eingliederungsprobleme und eine „Entleerung" der DDR und überlegte daher, wie die Zuwanderungen gedrosselt werden könnten. Obwohl eine aktive und gradlinige Flüchtlingspolitik fehlte, hat die westdeutsche Gesellschaft – so die Bewertung aus heutiger Sicht – die Vertriebenen erfolgreich integriert (*Heidemeyer* 1994). Erwähnenswert ist noch ein Effekt, der einen neuen religionsgeschichtlichen Abschnitt einleitet: Die Aufnahme der Flüchtlinge bricht die bis dahin charakteristischen konfessionell homogenen Milieus auf und verwandelt sie in Mischzonen.

Für die **DDR** kann ebenfalls begründet angenommen werden – auch wenn hier keine gesicherten Erkenntnisse über die wirtschaftliche Bedeutung vorliegen –, daß die Vertriebenen die ab 1947 stark rückläufige Bevölkerungsentwicklung relativierten und, nach Überwindung anfänglicher Eingliederungsprobleme – ähnlich wie im Westen – ein qualifiziertes Arbeitspotential und einen wichtigen **ökonomischen Faktor** darstellten (vgl. *Meinicke* 1988, 873ff.). So wirkte sich etwa der Kinderüberschuß der Vertriebenen im Vergleich zur einheimischen Bevölkerung für die weitere Entwicklung positiv aus.

15.5.3 Deutsch-deutsche Flüchtlinge und Übersiedler

Seit der Gründung der beiden deutschen Teilstaaten ist deren Bevölkerungsgeschichte durch deutsch-deutsche Migrationen gekennzeichnet. Umfangreiche Fluchtbewegungen stellten sich in erster Linie von **Ost nach West** ein. Diesen kam im deutschen Wanderungsgeschehen herausragende Bedeutung zu. Die Bevölkerungszahl der DDR sank zwischen 1947 und 1961 kontinuierlich – insbesondere deshalb, weil der revolutionäre Umbau von Politik, Wirtschaft und Gesellschaft viele Menschen veranlaßte, der DDR den Rücken zu kehren. Die SED-Beschlüsse zur Verstaatlichung und Kollektivierung im Jahre 1952 ließen die Flüchtlingszahlen sprunghaft ansteigen. Im Jahr des Aufstands 1953 erreichten sie mit 331.000 den höchsten Stand in der Geschichte der DDR. Danach ebbte der Übersiedlerstrom etwas ab, u. a. wegen verschärfter Kontroll- und Strafmaßnahmen; 1957 wurde die Auswanderung als „Republikflucht" kriminalisiert. Die Zwangskollektivierung der Bauern im Jahr 1960 und andere Sozialisierungs- und Kollektivierungsmaßnahmen sowie die sich ankündigende Absperrung der Grenze ließen die Flüchtlingszahlen wieder dramatisch ansteigen – im Jahr 1961 auf über 200.000 bis zum 13. August. Zwischen 1950 und 1961 verließen 2,4 bis 2,6 Millionen Menschen die DDR.[4] Durch den Bau der Berliner Mauer und die gleichzeitige Absperrung der deutsch-deutschen Grenze versiegte der Flüchtlingsstrom für 17 Jahre zu einem kleinen Rinnsal. Zwischen 1962 und 1988 wurden noch 625.000 Zuzüge aus der DDR in die BR gezählt, davon 565.000 Flüchtlinge und Übersiedler in Notaufnahmeverfahren (*Höhn u. a.* 1990, 162; Einzelheiten in Abb. 15.7).

Die deutsch-deutsche Grenze wurde nicht nur von Ost nach West, sondern auch umgekehrt von **West nach Ost** überquert. Zwischen 1950 und 1961 zogen ca. 400.000 Bundesbürger in die DDR, eine vergleichsweise niedrige, aber gleichwohl beachtenswerte Zahl. Die Auswanderungen aus der BR erreichten bereits 1950 mit 57.000 Fortzügen ihren Höhepunkt; nach 1963 pendelten sie sich dann auf Werte zwischen 1.500 und 3.000 pro Jahr ein (Stat. Jahrbücher). Ein Teil dieser Menschen waren Rückkehrer; man schätzt, daß

Abb. 15.7: *Deutsch-deutsche Flüchtlinge und Übersiedler (1949 – 1994)*

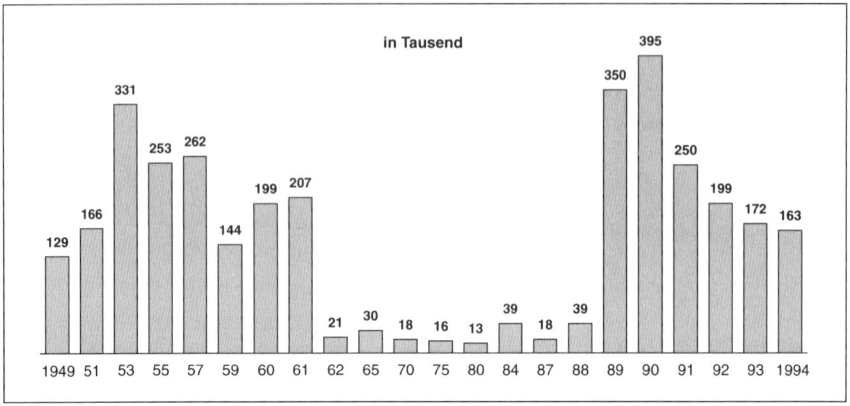

Quellen: zusammengestellt nach *Ammer* 1989 und Tagespresse.

ca. 10% der DDR-Flüchtlinge die BR wieder verlassen haben (DDR Handbuch 1985, 419).

Obgleich zuverlässige und detaillierte Befunde über die **Motive und Gründe der Massenabwanderung aus der DDR** bislang fehlen, lassen sich vier Ursachenbündel ausmachen (vgl. u. a. *Voigt u. a.* 1987, 45; *Thomas* 1988, 31):

- Die **unzureichende Unterstützung der Vertriebenen**: Unter den von *Koch* (1986, 39) registrierten 2,4 Millionen Migranten, die zwischen 1950 und 1961 in die BR kamen, waren ca. 700.000 Vertriebene aus den ehemaligen deutschen Ostgebieten. Diese erhielten in der DDR nach 1950 keine staatlichen Hilfen zur Integration mehr (vgl. auch DDR Handbuch 1985, 213f.).
- Die **revolutionären Umwälzungen** in Wirtschaft und Gesellschaft: Zahlreiche geflüchtete Bürger rekrutierten sich aus den Bevölkerungsgruppen, die von Enteignungen, Kollektivierungsdruck und Privilegienverlusten direkt betroffen waren oder sich bzw. ihre Kinder in ihren zukünftigen Lebenschancen beeinträchtigt sahen (Bauern, Handwerker, Unternehmer, andere Selbständige, Akademiker).
- Der **Mangel an Freiheit und Demokratie:** Politische Restriktionen und die Eindämmung jeglicher politischer Opposition ließen viele abwandern.
- Das **Wohlstandsgefälle:** Der westdeutsche Wirtschaftsaufschwung und die vergleichsweise stockende Entwicklung in der DDR führten vermehrt zu ökonomisch motivierten Fluchtbewegungen.

Sozioökonomische Folgen. Die Massenwanderungen wirkten sich in den beiden Gesellschaften sehr unterschiedlich aus. Die Wirtschaft der **DDR** geriet durch die anhaltende Flucht von hochqualifizierten Arbeitskräften mit Hoch- und Fachschulabschluß sowie vieler Unternehmer, Handwerker, Facharbeiter und Bauern zunehmend in Schwierigkeiten. In den 50er Jahren verlor die DDR ungefähr ein Drittel ihrer Akademiker (*Lüttinger* 1986, 30). Zudem waren ungefähr die Hälfte der Auswanderer bis zum Mauerbau jünger als 25 Jahre, was sich auf die ohnehin ungünstige Altersstruktur der DDR zusätzlich negativ auswirkte (vgl. *Sontheimer/Bleek* 1979, 140). Die Auswanderungswellen verschärften die bereits durch Binnenwanderungen und territorial differenzierte Geburtenentwicklung ausgelösten Bevölkerungsverluste in den industriellen Ballungszentren der DDR (*Dorbritz/Speigner* 1990, 80). Innenpolitisch hatte die Massenauswanderung durchaus auch Vorteile für die Machtelite (*Storbeck* 1963), wurde doch die DDR dadurch von systemkritischem Potential teilweise entlastet. Insgesamt erwies sich jedoch der Verlust von qualifizierten Arbeitskräften als eine einschneidende wirtschaftliche Belastung, so daß sich die SED-Führung entschloß, die Auswanderung im August 1961 gewaltsam durch die Abriegelung der Grenze zu stoppen. Erst mit diesen repressiven Maßnahmen erzwang sie eine gewisse ökonomische, gesellschaftliche und politische Stabilisierung und Konsolidierung.

Zu den Auswirkungen der deutsch-deutschen Wanderung auf die **Bundesrepublik** liegen nur wenige Studien vor. Dennoch kann man davon ausgehen, daß diese von den Zuwanderungen erheblich profitierte. Während Anfang der 50er Jahre zunächst über eine mögliche Eindämmung des Zustroms aus der DDR diskutiert wurde, waren die Flüchtlinge und Übersiedler schon bald hochwillkommen. Ihre häufig hohen Qualifikationen wurden auf dem Arbeitsmarkt für den beginnenden wirtschaftlichen Aufschwung benötigt (*Bethlehem* 1982). Zudem sparte die BR durch den „Humankapitaltransfer" aus der DDR Ausbildungskosten, so daß die Ausgaben für den Bildungsbereich vorübergehend unter die Standards der Weimarer Republik absanken (*Lüttinger* 1986, 30). Da die Übersiedler zumeist nicht nur gut qualifiziert, sondern auch sehr leistungsorientiert und einsatzfreudig waren, brachte ihre wirtschaftliche Integration kaum Probleme mit sich; allerdings waren ihre beruflichen und schulischen Chancen nicht so gut wie die der einheimischen Bevölkerung (*Lüttinger* 1986, 20). Auf die Altersstruktur der BR wirkte sich die Zuwanderung positiv aus, weil jüngere und mittlere Jahrgänge und Familien mit größerer Kinderzahl überproportional vertreten waren. Auch den späteren Übersiedlern, die im Zuge der 1984er-Welle auswanderten, gelang zumeist die rasche ökonomische Eingliederung, obwohl in der BR Massenarbeitslosigkeit herrschte. Intergrationsdefizite waren in erster Linie im sozialen Bereich auszumachen (*Ronge* 1990, 45ff.).

15.5.4 (Spät-)Aussiedler aus Ost- und Südosteuropa

Auch nach dem Ende der Vertreibungen ist der Strom deutscher Aussiedler aus Osteuropa in die BR nie versiegt. Als isolierte und häufig rechtlich diskriminierte Minderheiten mit nur geringen Möglichkeiten, ihre kulturelle Identität zu erhalten, zog es Deutsche ungebrochen über mehr als vier Jahrzehnte hinweg in ihre „alte Heimat". Von 1950 bis 1994 wurden über **5,4 Millionen Aussiedler** aufgenommen, davon fast 2 Millionen allein zwischen 1988 und 1994. Sie verhinderten in den 70er Jahren nicht zuletzt auch durch ihre Geburtenüberschüsse einen noch deutlicheren Bevölkerungsrückgang. 1990 wurde mit 397.000 Aussiedlern der Höhepunkt erreicht. Durch das Inkrafttreten des Aussiedleraufnahmegesetzes im Juli 1990, das den Zuzug an die Zustimmung zu einem Aufnahmeantrag band, sind die Zuwanderungen praktisch – auf gut 200.000 – kontingentiert worden (1991: 220.000; 1992: 231.000; 1993: 219.000 und 1994: 223.000).

Abb. 15.8: *Aussiedler nach Herkunftsgebieten 1950 – 1994*

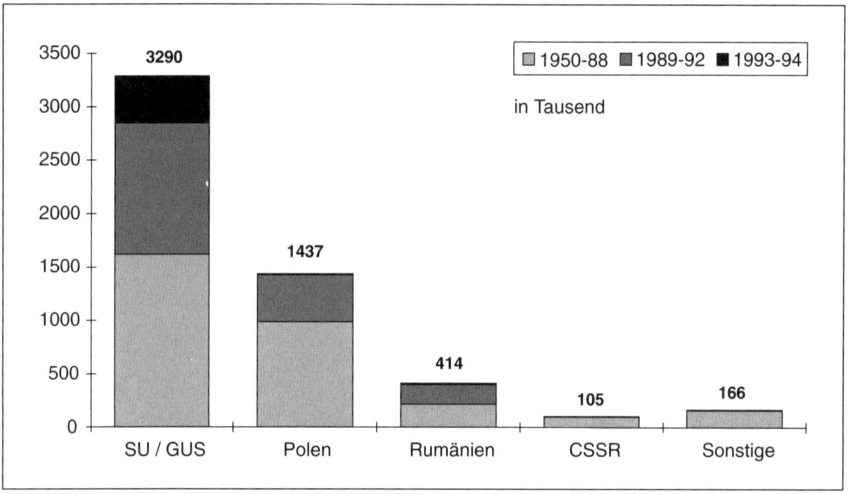

Quelle: erstellt nach Angaben des Bundesverwaltungsamts Köln.

Der Zustrom der Aussiedler war in den 60er und 70er Jahren sehr erwünscht. Diese Zuwanderer waren hochmobile und motivierte Erwerbspersonen und halfen, die regionalen Engpässe auf dem Arbeitsmarkt zu mindern (iwd 15/ 1989, 4). Erst gegen Ende der 80er Jahre ergab sich eine veränderte Situation. Neben dem Umfang des Aussiedlerstroms hat sich in den letzten Jahren auch dessen Zusammensetzung gewandelt. In den 80er Jahren bildeten Polendeutsche die stärkste Gruppe, 80% aller Aussiedler kamen aus Polen oder Rumänien. Seit Beginn der 90er Jahre dominieren die Aussiedler aus der ehemaligen Sowjetunion; seit 1991 stammen zwei Drittel aus diesen Regionen, mittlerweile stellen sie fast das gesamte Kontingent (1993: 95%) (Datenreport 1994, 21). Wenngleich die Eingliederung der Spätaussiedler nicht unproblematisch ist (Wohnungssituation, Sprachförderung, Umschulungsmaßnahmen), werden langfristig – wie schon bei ihren Vorgängern – insbesondere auch **arbeitsmarktpolitische Vorteile** von ihnen erwartet. Ausgeprägter noch als ihre Vorgängergeneration waren die in den letzten Jahren zugewanderten Aussiedler, die vorwiegend im Familienverband (1990 zu 80%) einreisen, durchschnittlich erheblich jünger als die einheimische Bevölkerung. In den Jahre 1987/88 waren bei den Einheimischen 19% (1978: 25%) jünger als 18 Jahre, bei den Aussiedlern dagegen 32% (1978: 28%). 15% der Einheimischen waren älter als 65 Jahre, aber nur 4% der Aussiedler (1978: 8%) (*Wahl* 1989, 2, Tab. 3; *Wendt* 1993/94, 523). Auch die jüngste Aussiedlergeneration hat also eine wesentlich günstigere Altersstruktur als die einheimische Bevölkerung, so daß von ihr **demographische Entlastungseffekte** zu erwarten sind. Dies und die im Schnitt höhere Kinderzahl dürften mittelfristig das System der sozialen Sicherung positiv beeinflussen. Von ihrem Bildungsstand und ihren beruflichen Qualifikationen sind allerdings ambivalente Auswirkungen zu erwarten. Ein zentrales Problem war und ist, daß ca. 70-80% der Zugewanderten die deutsche Sprache gar nicht oder kaum beherrschen, und nach *Wahl* (1989, 2) ähnelt deren „Alters-, Bildungs- und Berufsstruktur stark den Strukturen, die die bundesdeutsche Bevölkerung Mitte dieses Jahrhunderts aufwies". Andererseits üben viele der Aussiedler handwerkliche Mangelberufe aus (z. B. Schlosser, Mechaniker, Elektriker, Baufacharbeiter), und ohnehin erwiesen sich Aussiedler bislang als eine regional und beruflich flexible, aufstiegsorientierte Bevölkerungsgruppe. Insgesamt gilt, daß – anders als in den ersten Nachkriegsjahrzehnten – die Aussiedler in neuerer Zeit auf eine hochentwikkelte Dienstleistungs- und Wohlfahrtsgesellschaft treffen, die sich nicht nur in ihrem wirtschaftlich-technischen Entwicklungsniveau, sondern auch in ihrem Normen- und Wertsystem von ihren Herkunftsländern deutlich unterscheidet und ihre soziale Integration erschwert.

15.5.5 Asylbewerber und Kriegsflüchtlinge

Der Immigrationsdruck durch Flüchtlinge ist als Teil globaler Migrationsströme zu verstehen, der in politischen, wirtschaftlichen und kriegsbedingten Problemen wurzelt. Seit dem Fall des „Eisernen Vorhangs" hat dieser eine nachhaltige Verstärkung erfahren und richtet sich vornehmlich auf Westeuropa und hier wiederum aufgrund seiner geographischen Lage und seines Wohlstandsniveaus besonders auf die Bundesrepublik. Laut Schätzungen des UNO-Flüchtlingskommissariats haben ca. 80% der Asylbewerber, die die EG erreichen, Deutschland als Ziel (*Ronge* 1993, 16). Hier ist seit Mitte der 80er Jahre bis zum Höhepunkt im Jahr 1992 mit 438.000 Bewerbern ein kontinuierlicher Anstieg (Ausnahme: 1987) zu registrieren. Diese Entwicklung wurde mit Inkrafttreten des umstrittenen neuen Asylrechts am 1. Juli 1993 umgekehrt. Die Grenzabweisungen von Flüchtlingen aus sog. sicheren Drittstaaten oder Herkunftsländern sowie Verfahrenskürzungen hatten zu Folge, daß sich die Zahl des Asylbewerber im 2. Halbjahr 1993 gegenüber der gleichen Zeit im Vorjahr halbierte. 1994 reduzierte sich deren Zahl nochmals auf 127.000, 1995 lag sie bei 128.000. Seit dem Ende der 80er Jahre zeigen sich erhebliche Strukturveränderungen hinsichtlich der Herkunftsländer. Weiterhin dominieren die Flüchtlinge aus europäischen (1993: 72%) deutlich die aus außereuropäischen Ländern der Dritten Welt; während aber 1980 noch mehr als die Hälfte der Asylbewerber aus der Türkei kam, bildeten nach dem Ende des kalten Krieges die Bewerber aus Ost- und Südosteuropa die Mehrheit, vorwiegend aus Polen, Jugoslawien, Rumänien und Bulgarien. Seit dem Bürgerkrieg und dem Zerfall Jugoslawiens stellen die Asylbewerber aus dieser Region die umfangreichste Zuwanderungsgruppe. Hinzu kommen noch größere Kontingente von Kriegsflüchtlingen, die außerhalb des Asylverfahrens in Deutschland aufgenommen werden (1993: rund 200.000). Auffallend ist die gute Schul- und Berufsausbildung der **„neuen Migranten“ der 90er Jahre**. Von den 1990/91 zugewanderten Ausländern waren nur 20% ohne Berufsausbildung oder höheren Schulabschluß, genauso viele hatten ein Hochschulstudium absolviert und weitere 16% das Abitur gemacht – wobei zu beachten ist, daß Qualität und Standard dieser Abschlüsse häufig nicht den deutschen gleichgesetzt werden dürfen (*Velling* 1995, 86f.).

15.5.6 Von der Aus- zur Binnenwanderung

Die Krise und der Zusammenbruch der DDR lösten die letzte große Auswanderungswelle aus. 1988 erhöhte sich der Zahl der Flüchtlinge von ca. 6.000 im Vorjahr auf ca. 9.000, und die Zahl der legalen Übersiedler stieg von 11.500 auf 29.000. 1989, im Jahr der Grenzöffnung, schnellten dann die Auswanderungen – bis zum 9. November zumeist ohne Ausreiseantrag über die Drittländer Ungarn und Tschechoslowakei – auf rund 350.000 hoch, selbst 1990 siedelten noch bis zum Beitritt der DDR zur Bundesrepublik am 3. Oktober fast 350.000 Menschen in die alten Länder über.

Im vereinten Deutschland setzt sich infolge des Wohlstandsgefälles der Zug gen Westen nunmehr als **Binnenwanderung** fort. Ostdeutschland hat auch nach der Wende permanente Migrationsverluste zu beklagen, die sich zwischen 1989 und 1994 auf fast 1,1 Millionen Bürger aufsummieren. Nach den umfangreichen Ausreisewellen der Jahre 1989 bis 1991 ist die Zahl der Fortzüge aus den neuen Ländern rückläufig, während gleichzeitig die Zuzüge aus den alten Ländern ansteigen. 1991 kamen auf 250.000 Fortzüge erst 80.000 Zuzüge, 1994 standen 163.000 Fortzügen bereits 135.000 Zuzüge gegenüber. In den Westen wandern insbes. Jüngere (bis 35 Jahre) und gutqualifizierte Männer, zunehmend jedoch auch entsprechende Frauen; die größten Wanderungsverluste verzeichnen die strukturschwachen Regionen von Mecklenburg-Vorpommern und Brandenburg (Sozialreport 1994, 79ff.). Immerhin ein Viertel der Ostdeutschen konnte sich 1993 vorstellen, in die alten Länder umzuziehen (SOEP nach DIW-Wochenbericht 9/1994, 132). Die Zuzügler in die neuen Länder sind z. T. Rückwanderer und z. T. Westdeutsche – meist leitendes Personal in verschiedenen Dienstleistungsbereichen und in der Industrie sowie Selbständige (vgl. S. 163). Auch wenn die jüngste Wanderungsbilanz die Entwicklung entdramatisiert, ist – angesichts der weiterhin bestehenden Ost-West-Ungleichheiten – die Gefahr nicht gebannt, daß dynamische, anpassungsfähige und leistungswillige Menschen Ostdeutschland verlassen und den betroffenen Regionen Verluste zufügen, die in absehbarer Zeit kaum reparabel sein dürften. Neben den Ost-West-Wanderungen sind die im Verlauf des Jahres 1990 sprunghaft angestiegenen **Pendlerströme** zu erwähnen. Seit 1991 arbeiten zwischen 400.000 und 450.000 Arbeitnehmer aus den neuen Ländern in Westdeutschland, ohne dort dauerhaft zu wohnen.[5]

15.6 Perspektiven der demographischen Entwicklung im vereinten Deutschland

Aussagen über künftige Entwicklungen sind eine Rechnung mit vielen Unbekannten und lassen sich nur mit großer Vorsicht formulieren. Gleichwohl sind einige langfristige Verlaufsmuster erkennbar:

- Der allgemeine Trend zu **niedrigen Kinderzahlen** dürfte in den alten Ländern genauso fortbestehen wie in den neuen, wo damit zu rechnen ist, daß dort das derzeitige außergewöhnliche Geburtentief mittelfristig überwunden wird.
- Auch der **Alterungsprozeß**, der in Deutschland im weltweiten Vergleich ausgesprochen fortgeschritten ist, wird sich fortsetzen. Nach einer Prognose des Statistischen Bundesamtes wird der Anteil älterer Menschen über 60

Jahre von 20% auf fast 34% im Jahr 2040 ansteigen (*Schröder* 1995, 11). Dabei wird der Ausländeranteil unter den über 60jährigen von knapp 2% (1991) auf über 24% (2030) zunehmen, unter den Kindern und Jugendlichen wird er dagegen von 30% auf 22% absinken (*Leerch* 1995). Noch stärker wird – wegen der immer längeren Lebenserwartungen – der Anteil der sog. Hochbetagten (über 80 Jahre) steigen (Enquête-Kommission 1994, 69).

- In **Ostdeutschland** ist mit **gravierenden Verwerfungen in der zukünftigen Alterspyramide** zu rechnen – wegen der extrem niedrigen Geburtenrate und der Abwanderung vieler jüngerer Menschen. Kurzfristig werden dadurch zwar Wohnungsmarkt, Arbeitsmarkt und kommunale Finanzen entlastet, langfristig sind jedoch die prekären Folgen demographischer Alterung absehbar: u. a. ein bereits vorprogrammiertes erneutes Geburtentief, ein Mangel an Arbeitskräften, eine finanziell belastende hohe Altersquote. Das zukünftige demographische Gesicht Ostdeutschlands wird allen Prognosen zufolge von zwei markanten Zügen gekennzeichnet sein: neben der erwähnten Überalterung eine **rückläufige Bevölkerungsentwicklung** – man schätzt die Einbußen zwischen 1990 und 2010 auf ca. 20% (*Münz/Ulrich* 1993/94, 508).
- Über das zukünftige Wanderungsgeschehen lassen sich nur sehr vage Aussagen machen. Das **Aussiedler**potential aus Polen und Rumänien ist wegen der liberalisierten Reisebestimmungen weitgehend erschöpft. Anders sieht es in der ehemaligen Sowjetunion aus. Die Zahl potentieller Auswanderer wird auf 2 bis 5 Millionen geschätzt (*Wendt* 1993/94, 522). Deren Zuwanderung dürfte jedoch aufgrund der inzwischen ergriffenen administrativen Maßnahmen quantitativ kontrolliert vonstatten gehen.
- Im Zuge der **weltweit** zunehmenden Wanderungen – Schätzungen sprechen von 2 Milliarden Migrationswilligen – wird das wohlhabende Deutschland auch in Zukunft einem starken **Zuwanderungsdruck**, insbes. aus dem postsozialistischen **Osteuropa**, ausgesetzt sein. Schätzungen gehen – auch nach der Verschärfung des Asylrechts – von jährlich ca. 200.000 Asylbewerbern aus (*Wendt* 1993/94, 522). Die Flüchtlingszuwanderung berührt einerseits elementare humanitäre Gesichtspunkte, andererseits besteht aber auch ein ökonomisch begründeter **Zuwanderungsbedarf**, dessen Umfang unterschiedlich berechnet wird. *Bernd Hof* (1996) vom Institut der deutschen Wirtschaft schätzt ihn z. B. auf 300.000 Personen jährlich bis zum Jahr 2020.[6]

Die skizzierten Probleme lassen sich ohne ein klares Bekenntnis zur Bundesrepublik als einem **Einwanderungsland** mit einer durchdachten **Einwanderungspolitik**, die sowohl humanitäre als auch ökonomische Aspekte beachtet, kaum bewältigen (vgl. z. B. Forschungsinstitut 1995). Insgesamt skizzieren die meisten Prognosen das folgende Szenario: **Deutschland wird in der nächsten Zeit eine „Zuwanderungsgesellschaft“ bleiben – mit einem leichten Bevölkerungswachstum und einer zunehmenden Vielfalt ethnischer Minderheiten, deren Anteile an der Gesamtbevölkerung weiter ansteigen.**

Anmerkungen

1 Die genaue statistische Definition dieser errechneten Größe ist erheblich komplizierter.
2 *Birg/Koch* 1987; *Beck-Gernsheim* 1988; *Peuckert* 1996, 110ff.; eine gute Übersicht bei *Hettlage* 1992, 143-155.
3 Die – seit Jahren übliche – niedrige Anerkennungsquote (1993: 3,2% – 1995: 9%) von Flüchtlingen als politisch Verfolgte ist wenig aussagekräftig, da sie keine Auskunft über die Zahl der Abschiebungen und der faktisch gewährten Aufhaltensrechte gibt. Wieviel Asylbewerber langfristig in der Bundesrepublik bleiben, ist nicht bekannt.
4 Nach *Koch* 1986, 39; *Höhn u. a.* 1990, 163; *Wendt* 1991, 388. Eine wissenschaftlich gesicherte Migrationsstatistik fehlt bislang. Zur Problematik der verschiedenen Datengrundlagen vgl. *Koch* 1986.
5 DIW Wochenbericht 29/1993; Bundesanstalt für Arbeit nach FAZ v. 22.6.1993.
6 Vgl. zu dieser Problematik auch *Schumacher* 1995, 59ff. und *Hof* 1995. Bei derartigen Prognosen muß beachtet werden, daß sich wichtige Eckdaten der Vorhersage – die angenommene Zahl der finanzierbaren Arbeitsplätze – nur mit großen Schwierigkeiten schätzen lassen. Sollten die Wachstumsskeptiker Recht behalten, dann liegt der ökonomisch begründete Zuwanderungsbedarf unter den angegebenen Zahlen. Diese Situation würde zur Folge haben, daß die finanzielle Last des Generationenvertrages für die schrumpfende Zahl der Erwerbstätigen nicht mehr zu tragen ist und daß das System der Alterssicherung auf eine andere Grundlage gestellt werden müßte.

16. Grundlinien der Entwicklung zu einer modernen Sozialstruktur

16.1 Moderne Gesellschaft und Modernisierung

In der folgenden Bilanz werde ich die Grundlinien der sozialstrukturellen Entwicklung in der alten Bundesrepublik, in der DDR und im vereinten Deutschland, die in den vorangehenden Kapiteln im Detail dargestellt wurden, stark komprimiert zusammenfassen. Gleichzeitig interpretiere ich sie im Rahmen der neueren Varianten der Modernisierungstheorie. Die Konzepte „moderne Gesellschaft“ und „Modernisierung“ sind weder eindeutig noch unumstritten. Dennoch sind sie besser als andere Begriffe und Theorien in der Lage, wichtige Entwicklungstendenzen der Sozialstruktur im geteilten Deutschland zu bündeln und zu vergleichen sowie den sozialstrukturellen Wandel im vereinten Deutschland – die relative Kontinuität im Westen und die starken Umbrüche im Osten – zu beschreiben, zu verstehen und zu erklären. Die Renaissance der Modernisierungskonzepte seit den 80er Jahren – insbesondere nach dem Zusammenbruch der sozialistischen Systeme – kommt nicht von ungefähr.[1] Ein kurzer Rückblick in die Geschichte der Modernisierungstheorien soll dazu beitragen, die Einseitigkeiten und Gefahren, die mit ihrer Verwendung einhergehen können, zu minimieren.

Die sozialwissenschaftliche Modernisierungstheorie im engeren Sinne ist „eine amerikanische Erfindung der 50er Jahre“ (*Zapf* 1991b, 32) unter dem starken Einfluß des Strukturfunktionalismus von *Talcott Parsons*.[2] Man hat sie u. a. dazu benutzt, sog. „unterentwickelte Länder“ mit der modernen nordamerikanischen „Erfolgs- und Führungsgesellschaft“ wertend zu vergleichen. In der kritischen Modernisierungsdiskussion der 60er Jahre wurde ihr eine ethnozentrische, evolutionistische und harmonistische Verengung der Perspektive vorgeworfen: Sie idealisiere unreflektiert die Zustände in den westlichen Gesellschaften und stilisiere diese zum einzigen Maßstab einer sinnvollen, wünschenswerten Entwicklung hoch („westernization“); sie unterstelle einen gradlinigen, bruchlosen und zwangsläufigen Ablauf des sozialen Wandels, und sie vernachlässige oder übersehe dessen Widersprüche, Probleme und Konflikte. Aus den neueren Konzepten der Modernisierung – ihr prominentester Vertreter in der deutschen Soziologie ist *Wolfgang Zapf* (1991b, 1994, 1996) – ist dieser naive, evulotionistische Optimismus verschwunden. Sie sind theoretisch differenzierter angelegt und gegenüber den Schattenseiten, „Mißerfolgen" und Krisen der Moderne sensibler, einige auch explizit kritisch wie z. B. der ökologisch orientierte Begriff der „reflexiven Modernisierung" (*Beck* 1986, 1991). Der Ablauf des Modernisierungsprozesses ähnelt in den neueren Konzepten dem des Zivilisationsprozesses in den Analysen von *Norbert Elias* (1976): er wird verwickelter und facettenreicher erfaßt; Modernisierung ist „ein variantenreicher und keineswegs linearer Vorgang, gekennzeichnet von ungleichzeitigen Abläufen, Rückschritten und widersprüchlichen Teilentwicklungen" (*Rucht* 1994, 60). Auf der Basis konvergierender Grundrichtungen des sozialen Wandels werden durchaus eine begrenzte Anzahl „unterschiedlicher Entwicklungspfade" (*Zapf* 1996, 63) in Rechnung gestellt; das grundlegende „Modell der modernen Gesellschaft" kann also in verschiedenen Varianten – z. B. in der skandinavischen, westeuropäischen und nordamerikanischen Variante – verwirklicht werden.

Auch in meiner Analyse treten neben typischen Trends ebenfalls verschlungene Pfade der sozialstrukturellen Entwicklung hervor. Wenn ich in der folgenden Bilanz den Strukturwandel in Westdeutschland als „Modernisierung", wichtige Abweichungen in der DDR als „Modernisierungdefizite" oder „Modernisierungsrückstände" und die Hauptrichtung des Umbruchs in den neuen Ländern als „nachholende Modernisierung" interpretiere, so dürften damit die **wesentlichen Züge** des sozialen Wandels im Westen, der Ost-West-Strukturdifferenz und der derzeitigen Transformation der ostdeutschen Sozialstruktur zutreffend gekennzeichnet sein. So glatt, wie es diese Etiketten suggerieren könnten, verlaufen jedoch die Entwicklungen nicht. Die Modernisierung Westdeutschlands ist natürlich keineswegs gleichbedeutend mit der Lösung aller sozialen Probleme und Konflikte; der Vergleich mit Ostdeutschland fördert nicht nur östliche Modernisierungsdefizite, sondern auch einige Modernisierungvorsprünge zutage; und der soziale Umbruch in den neuen Ländern bedeutet nicht nur nachholende Modernisierung, sondern auch Demodernisierung und Modernisierungswidersprüche in einigen Teilbereichen. Obwohl Ostdeutschland im Vergleich zu anderen postsozialistischen Gesellschaften ein relativ „einfacher Sonderfall" zu sein scheint (Übernahme eines funktionierenden Institutionensystems sowie enorme Transfers von ökonomischem und kulturellem Kapital aus Westdeutschland), gestaltet sich der Strukturwandel schwieriger und langwieriger, als ursprünglich von vielen vermutet; er wird von einer Fülle von Krisen, Verwerfungen, Konflikten und Problemen begleitet.

Zapf (1995, 393) sieht den systematischen Kern der Modernisierung als „Steigerung der gesamtgesellschaftlichen Anpassungs- und Selbststeuerungskapizitäten, d. h. als positive Bilanz von steigenden Ressourcen und steigenden Belastungen". Mir scheint es sinnvoll, diese systemische Perspektive durch die Akteursperspektive sozialpsychologisch zu ergänzen und auf die Bedürfnisstruktur der Menschen zu beziehen: Die treibende Kraft der Modernisierung ist die Steigerung der Fähigkeit einer Gesellschaft, die Bedürfnisbefriedigung möglichst vieler Menschen durch ein bestimmtes Arrangement ihrer sozialen Wirkungszusammenhänge zu optimieren, d. h. einer immer größeren Mehrheit eine positive Bilanz von Befriedigungen (Gratifikationen) und Versagungen zu ermöglichen. Gratifikationsdefizite, „Leistungsdefizite" in diesem Sinne, führten zum Zusammenbruch des sozialistischen Systems, und um den Abbau genau dieser Defizite geht es im wesentlichen beim sozialen Umbruch in den neuen Ländern.

Modernisierungstheorien versuchen in der Regel, die gesellschaftliche Entwicklung möglichst umfassend in ihrer „Totalität" zu analysieren, sie sind daher auch häufig disziplinübergreifend angelegt. Es versteht sich von selbst, daß eine Sozialstrukturanalyse mit einer starken Orientierung am Gefüge der sozialen Ungleichheit nur einen kleinen Ausschnitt dieser Veränderungen erfassen kann. Es wird also nicht der Anspruch erhoben, mit den im folgenden skizzierten Elementen des Modernisierungsprozesses das Konzept einer „modernen Sozialstruktur" (oder gar **„der** modernen Gesellschaft") erschöpfend zu bestimmen.

16.2 Modernisierung in Westdeutschland

Die Haupttrends der sozialstrukturellen Modernisierung bzw. ihre Ergebnisse, die hier im Mittelpunkt standen, lassen sich zu zwölf Punkten verdichten:

1. **Leistungs- und Wohlstandsgesellschaft:** Die ökonomischen Triebkräfte der kapitalistischen Marktwirtschaft lösen in Kombination mit einer pluralistischen Demokratie einen historisch einzigartigen, sich später abschwächenden und auch vorübergehend auf sehr hohem Niveau stagnierenden Anstieg von Lebensstandard und Massenkonsum aus, der mit hoher sozialer Sicherheit für eine große Bevölkerungsmehrheit verbunden ist. Er kommt – u. a. wegen sozialstaatlicher Umverteilungen – fast allen Schichten zugute und hat die Entproletarisierung der Arbeiterschaft zur Folge.
2. **Wissens- und Bildungsgesellschaft:** Verwissenschaftlichung, Technisierung und wachsende Komplexität der Gesellschaft sind die strukturellen Ursachen einer kontinuierlichen Höherqualifizierung der Bevölkerung mit

nachhaltigen Auswirkungen auf viele Bereiche des gesellschaftlichen Lebens.

3. **Industrielle Dienstleistungsgesellschaft:** Steigende Produktivität und Wirtschaftswachstum sowie andere Faktoren des soziokulturellen Wandels verlagern das Schwergewicht von Beschäftigung und Wertschöpfung zunehmend vom primären und sekundären auf den tertiären Produktionssektor, wobei ein großer Teil der Dienstleistungen direkt oder indirekt auf die Güterproduktion bezogen ist. Diese Verschiebungen werden von den folgenden **Umschichtungen** begleitet:
   - Zusammenschmelzen der ehemals strukturprägenden Bauernschaft zu einer immer kleiner werdenden Minderheit mit z. T. randständigen Zügen;
   - Schrumpfen des alten bürgerlichen Mittelstandes auf einen derzeit zahlenmäßig stabilen, sozial heterogenen, leistungsmotivierten Kern mit wichtigen Funktionen und sozialen Privilegien;
   - Anwachsen der stark differenzierten und vertikal abgestuften Dienstleistungsschichten zu den quantitativ dominierenden Gruppen, wobei insbes. die Dienstleistungsmittelschichten zunehmen (Umschichtung nach oben), die sich typischerweise durch Individualismus, Leistungs- und Aufstiegsorientierung sowie relativ hohe Identifikation mit der Arbeit auszeichnen; eine deutsche Besonderheit ist die überdurchschnittlich qualifizierte und privilegierte, politisch besonders aktive Beamtenschaft;
   - Schrumpfen und Entproletarisierung der Arbeiterschaft, die in sich stark differenziert ist – in die wachsende Arbeiterelite mit Mittelschichtzügen, in die Facharbeiterschaft und in die Un- und Angelernten. Letztere sind zu einer Minderheit zusammengeschmolzen, bei der sich soziale Benachteiligungen häufen und die von sozialer Ausgrenzung bedroht ist.
4. **Umschichtung nach oben und höhere Aufwärtsmobilität, aber fortbestehende Mobilitätsbarrieren.** Bildungsexpansion und Tertiärisierung gehen einher mit einer Umschichtung nach oben: die Zahl der mittleren und höheren Positionen nimmt zu, die der unteren Positionen nimmt ab. Die Expansion in den mittleren und oberen Bereiche des Positionsgefüges übt eine Sogwirkung auf Teile der mittleren und unteren Schichten aus und erhöht deren Aufstiegschancen sowie die Aufwärtsmobilität und vergrößert die dabei zurückgelegten Mobilitätsdistanzen, ohne daß auch gleichzeitig die Abstiegsgefahren für höhere Schichten zunehmen (keine höhere Zirkulationsmobilität). Schichtspezifische Mobilitätsbarrieren bestehen jedoch in erheblichem Umfang fort.

5. **Lockerung und Pluralisierung, aber keine Auflösung des Schichtgefüges:** Vielfältige soziokulturelle Veränderungen (inbes. Pluralisierung, Individualisierung, steigende Mobilität) lockern die Zusammenhänge von Soziallagen und Subkulturen/Lebenschancen, lösen jedoch die Schichten nicht auf.
6. **Pluralistische Funktionseliten mit eingeschränkter Macht:** Der „strukturierte Pluralismus" von Teileliten mit pluralistisch und teilweise auch demokratisch beschränkter Macht in verschiedenen gesellschaftlichen Funktionsbereichen ist Ausdruck der funktionalen Differenzierung und relativen Autonomie der verschiedenen gesellschaftlichen Teilbereiche.
7. **Vertikale soziale Ungleichheiten:** Schichtspezifisch ungleiche Lebenschancen, u. a. im Hinblick auf Einkommen, Vermögen und Bildungschancen, bleiben erhalten – teils verkleinert, teils unverändert, teils aber auch vergrößert. Da gleichzeitig das durchschnittliche Niveau des Lebensstandards und der Qualifikation erheblich ansteigt, verlieren sie an gesellschaftspolitischer Brisanz. Ein gewisses, nicht präzise bestimmbares Ausmaß sozialer Ungleichheit ist eine Voraussetzung für die sozioökonomische Leistungskraft und Wohlstandsdynamik der Gesellschaft.
8. **Fluktuierende, sozial zersplitterte Randschichten bzw. 80-90%-Gesellschaft:** Der steigende Wohlstand konnte die Randschicht derjenigen, die an oder unter der relativen Armutsgrenze leben müssen und nicht angemessen am Leben der Kerngesellschaft teilnehmen können, verringern, aber nicht beseitigen. Als Risikofaktor für das Abgleiten in die Armut gewinnt insbes. die strukturelle Arbeitmarktkrise an Bedeutung, die den marktwirtschaftlichen Weg in die Moderne begleitet. „Moderne Armut" wird durch eine wachsende Armutskluft erschwert und durch eine bescheidene Teilhabe am Wohlstandsanstieg sowie durch hohe Fluktuation über die Armutsgrenze hinweg (Randschichtendasein auf Zeit) erleichtert. Eine zweite, stark fragmentierte Randschicht von ethnischen Minderheiten, die sich immer mehr von „Gastarbeitern" in „Einwanderer" verwandeln und vor erheblichen Integrationsproblemen stehen, entstand in den 60er Jahren. Durch starke Zersplitterung, hohe Fluktuation sowie Tendenzen zur Isolation und Apathie entwickeln die Randschichten keine eigenständige politische Kraft.
9. **Verringerung der sozialen Ungleichheiten zwischen den Geschlechtern:** Während vertikale Ungleichheiten Bestand haben, verringern sich geschlechtsspezifische Ungleichheiten zunehmend – insbes. im Bildungswesen, aber auch in Arbeitswelt und Politik, am wenigsten in der Familie. Die reduzierten Ungleichheiten zwischen Frauen und Männern rücken allerdings stärker ins Bewußtsein einer dafür sensibilisierten Öffentlichkeit.

10. **Durchsetzung und Verlust des Monopols der bürgerlichen Familie sowie Lockerung und Differenzierung der Formen des privaten Zusammenlebens:** Die Wohlstandsgesellschaft schuf die materiellen Voraussetzungen zur endgültigen Ausbreitung der bürgerlichen Familie in allen Schichten. Diese erhält seit den 60er Jahren zunehmend Konkurrenz durch andere Varianten des privaten Zusammenlebens, bleibt jedoch weiterhin Leitbild für die Mehrheit der Bevölkerung – allerdings in einer „verkleinerten" und „gelockerten" Form: die Zahl der Kinder nimmt ab, Kinder erlangen eine größere Selbständigkeit gegenüber den Eltern, die Fixierung der Frau auf die Familie lockert sich, starre Formen des familialen Zusammenhalts verwandeln sich in „ein bewegliches Gehäuse mit kündigungsbereiten Mitgliedern" (*von Trotha* 1990, 470).
11. **Höhere Lebenserwartungen, Alterung** und **Geburtenrückrang bzw. niedrige Geburtenziffern** sind die charakteristischen Kennzeichen der natürlichen Bevölkerungsentwicklung im Zuge der Modernisierung.
12. **Einwanderungsdruck.** Das hohe Wohlstands- und Gratifikationsniveau übt eine Sogwirkung auf die Menschen in Gesellschaften mit schlechteren Lebensbedingungen aus. Dadurch eröffnet sich die Möglichkeit, die negativen Folgen der natürlichen Bevölkerungsbewegung durch Einwanderungen zu mildern.

16.3 Modernisierung und Modernisierungsdefizite in der DDR

Modernisierung. Auch die DDR hat ein gutes Stück auf dem Weg in die moderne Gesellschaft zurückgelegt. Wohlstandssteigerung, Höherqualifizierung, Umschichtung nach oben, Verschiebungen innerhalb der drei Produktionssektoren, Lockerung des Schichtgefüges, Verringerung der Unterschiede zwischen den Geschlechtern, Lockerung der Familienbindungen und Differenzierung der privaten Lebensformen, Alterung und Geburtenrückgang sind Indikatoren ihrer Modernisierung.

Modernisierungsvorsprünge. In einigen Bereichen war die ostdeutsche Gesellschaft moderner als die westdeutsche. An erster Stelle ist hier der **Gleichstellungsvorsprung der Frauen** zu nennen: Die „Emanzipation von oben" hat die Gleichstellung in der DDR – zumindest auf der sozialstrukturellen Ebene, auf der Bewußtseinsebene existieren auch partielle „Rückständigkeiten" – ein Stück weiter vorangetrieben. Damit hängen einige **moderne** Besonderheiten der ostdeutschen **Familienstruktur** zusammen: höhere Scheidungsraten, mehr Ein-Eltern-Familien, frühere und höhere Legitimität unehelicher Kinder und alleinerziehender Mütter. Das **Mehr an sozialer Sicherheit** – keine Arbeitslosigkeit, keine manifeste Obdachlosigkeit, keine Wohnungslosigkeit, keine Armut unter der „Normalbevölkerung" – läßt sich ebenfalls als Modernisierungsvorsprung interpretieren. Auch in ihrer Qualifikationsstruktur, die im Vergleich zu anderen Teilstrukturen der DDR-Gesellschaft relativ moderne Züge aufwies, war sie der Bundesrepublik ein Stück voraus: durch die intensive berufliche Weiterbildung von Erwachsenen schrumpfte der **Bevölkerungsanteil ohne berufliche Ausbildung** schneller und stärker zusammen als in der Bundesrepublik.

Modernisierungsdefizite. In wichtigen Sektoren blieb jedoch die Entwicklung in der DDR hinter dem westdeutschen Modernisierungstempo zurück, oder sie wich vom Pfad der Modernisierung ab. In elf Bereichen der ostdeutschen Sozialstruktur lassen sich Modernisierungsdefizite ausmachen, die fast alle zum Symptom- oder Ursachenkomplex der **Gratifikations- bzw. Leistungsschwäche** des sozialistischen Systems gehören:

1. **West-Ost-Wohlstandsgefälle.** Die wachsenden Rückstände bei Lebensstandard und Konsumchancen waren diejenigen Defizite, die der einzelne wohl am schmerzlichsten spürte und die das Mehr an sozialer Sicherheit nicht ausgleichen konnte.
2. **Übermäßige Nivellierung vertikaler Ungleichheiten.** Die egalitäre Politik der „Annäherung aller Klassen und Schichten" sowie die allgemeinen Versorgungsmängel und Freiheitsbeschränkungen haben Einkommensunterschiede und andere Unterschiede in den Lebenschancen so stark nivelliert, daß die Leistungsbereitschaft und damit das sozioökonomische Wachstum gebremst wurden. Relative Nutznießer der Einebnungen waren Arbeiterschaft und Genossenschaftsbauern, Leidtragende waren wichtige Leistungsträger wie Hochqualifizierte und Selbständige. *Lötsch* (1991, 191) macht „in den dieser Struktur wesenseigenen Nivellierungseffekten ... die causa finalis für sein (des Sozialismus, R. G.) letztliches Scheitern dingfest". Es läßt sich jedoch eine weitere sozialstrukturelle causa finalis ausmachen, nämlich die
3. **Übermäßige Machtkonzentration.** In der DDR waren vertikale Ungleichheiten übermäßig nivelliert, Macht dagegen war übermäßig konzentriert. Macht blieb ohne wirksame Kontrolle von unten in hohem Maße zusammengeballt und verhinderte wichtige Differenzierungsprozesse – die Ausbildung ausreichender relativer Autonomie und funktionaler Eigendynamik bei den gesellschaftlichen Subsystemen, die für die Effizienz komplexer Systeme erforderlich sind (vgl. auch *Pollack* 1990). Sie beeinträchtigte auch erheblich das sog. „Bedürfnisberücksichtigungspotential" des Herrschaftssystems, d. h. seine Fähigkeit, die Interessen und Bedürfnisse der Bevölkerung angemessen wahrzunehmen und bei wichtigen Ent-

scheidungen zu berücksichtigen. Eine politisch-ideologisch relativ homogene, später überalterte und z. T. vergreiste Machtelite, bei der Macht hochgradig konzentriert und dadurch auch paralysiert war, stützte ihre Herrschaft auf eine personell aufgeblähte sozialistische Dienstklasse und absorbierte dadurch viele Kräfte zur Herrschaftssicherung, die dann in anderen gesellschaftlichen Bereichen fehlten. Auch die sozial nivellierte sozialistische Intelligenz war in diese autoritäre Struktur eingebunden; die geforderte SED-Loyalität ließ – im Zusammenspiel mit fehlenden Leistungsanreizen – ihre Kritikfähigkeit, Kreativität und Innovationkraft verkümmern.

Zur Sicherung der zentralistisch-autoritären Herrschaft war eine vierte unmoderne Besonderheit der Sozialstruktur erforderlich, die

4. **Politisierung des sozialen Ungleichheitsgefüges.** Politische Loyalität, insbes. SED-Loyalität, war in der Regel Bedingung für sozialen Aufstieg und häufig wichtiger als die fachliche Qualifikation. Dieser politisierte Mechanismus der Statuszuweisung behinderte die optimale Zuordnung und Nutzung der sachlich-funktionalen Qualifikationen und schwächte damit ebenfalls die sozioökonomische Leistungskraft des Systems.
5. **Tertiärisierungsrückstand und deformierter Dienstleistungssektor.** Der westdeutsche Tertiärisierungsschub in den beiden letzten Jahrzehnten blieb in der DDR aus. Dadurch wurde die Produktions- und Schichtstruktur „deformiert“; Kennzeichen dafür waren überdimensionierte Arbeiter- und Bauernschaften sowie unterentwickelte Dienstleistungsschichten, insbes. im privaten Bereich, wobei der leistungshemmende Effekt noch dadurch verstärkt wurde, daß die unterentwickelten Dienstleistungssegmente in den Betrieben und im öffentlichen Dienst personell überbesetzt waren.
6. **Quasi-Vernichtung des alten Mittelstands.** Der Mittelstand der Selbständigen – ein wichtiger Leistungsträger in einer effizienten modernen Sozialstruktur – wurde durch die Sozialisierungs- und Kollektivierungspolitik zahlenmäßig stark zusammengedrückt und sein kleiner Rest zu einem Kümmerdasein verurteilt; seinem sozioökonomischen Leistungspotential wurde durch planwirtschaftliche und gesellschaftspolitische Vorgaben Fesseln angelegt.
7. **Defizitäre Arbeitsgesellschaft.** Die Entwicklung von der Arbeitsgesellschaft zur Freizeit- und Konsumgesellschaft war weniger weit fortgeschritten: Die Erwerbstätigenquote war höher, die Arbeitswoche länger, die Bindungen an den Arbeitsplatz durch Arbeitskollektive und betriebliche Sozialpolitik stärker; Arbeit hatte im Leben der Ostdeutschen einen höheren Stellungswert; dennoch war ihre Leistungsbereitschaft gebremst und ihre Arbeitsdisziplin locker.

8. **Erstarrungstendenzen durch die soziale Schließung des Bildungssystems.** Die soziale Schließung der höheren Bildungswege und die damit verbundenen Einbußen an vertikaler Mobilität bedeuten einen Verstoß gegen das Prinzip der leistungsbezogenen Chancengleichheit und damit ebenfalls eine Abweichung vom Weg der Modernisierung.
9. **Familismus.** In den Formen des privaten Zusammenlebens schlagen sich die Widersprüche des Modernisierungsprozesses augenfällig nieder. Neben den bereits erwähnten modernen Elementen der ostdeutschen Familienstrukturen existieren auch Rückständigkeiten: Ostdeutsche waren familistischer geblieben – sie heirateten häufiger und früher, hatten mehr Kinder, lebten seltener in alternativen Privatheitsformen (nicht-eheliche Lebensgemeinschaften ohne Kinder, Singles, kinderlose Ehen und Paare, Wohngemeinschaften) und maßen der Familie – u. a. wegen deren Nischenfunktion – einen höheren Stellenwert in ihrem Leben zu.
10. **Niedrigere Lebenserwartung und höhere Geburtenziffern.** Der Anstieg der Lebenserwartungen war in der DDR wegen der schlechteren Lebensbedingungen hinter der westdeutschen Entwicklung zurückgeblieben. Auf der anderen Seite wurde – u. a. infolge familienpolitischer Maßnahmen – verhindert, daß der Rückgang der Geburtenziffern die dramatischen westdeutschen Ausmaße annahm.
11. **Abwanderungsdruck.** Das West-Ost-Wohlstands-, Freiheits- und Demokratiegefälle setzte die ostdeutsche Sozialstruktur unter einen kontinuierlichen Abwanderungsdruck. Negative Folgen der natürlichen Bevölkerungsentwicklung wurden daher nicht durch Einwanderungen gemildert, sondern durch Auswanderungen verschärft (Störungen der Arbeitsabläufe und der Versorgung mit Diensten; Verlust überdurchschnittlich qualifizierter, motivierter und flexibler Bevölkerungsteile).

16.4 Folgen der Vereinigung: Kontinuität im Westen – nachholende Modernisierung im Osten – neue Ost-West-Kluft

Welche Folgen hatte die Vereinigung für die Sozialstrukturen in den beiden deutschen Teilgesellschaften? Politiker benutzen für die Entwicklungen im vereinten Deutschland gern das Bild des „Zusammenwachsens“. Hinter dieser euphemistischen Metapher verbirgt sich jedoch faktisch eine **Verwestlichung**, d. h. die überwiegende Anpassung der defizitären ostdeutschen Sozialstruktur an das modernere westdeutsche Muster. Das „Modell DDR“ (*Thomas* 1982) ist dabei, weitgehend im „Modell Bundesrepublik“ mit seinen Vor- und Nachteilen aufzugehen.

16.4.1 Alte Länder: weitgehende Kontinuität

Die westdeutsche Sozialstruktur wurde von der Vereinigung nur am Rande berührt. Erwähnenswert sind drei Auswirkungen:

- Am augenfälligsten ist der Übergang einer über Jahrzehnte nahezu kontinuierlichen Wohlstandssteigerung in eine Phase der Wohlstandsstagnation mit vorübergehenden Rückgängen auf insgesamt hohem Wohlstandsniveau. Das vorläufige Ende des Wohlstandsanstiegs ist u. a. eine Folge davon, daß langfristig Leistungstransfers in die neuen Länder erforderlich waren und sind, um das West-Ost-Wohlstandsgefälle aus Gründen nationaler Solidarität rascher abzubauen, als es die Produktivitätsfortschritte in den neuen Ländern zulassen.
- Für die große Mehrheit der Westdeutschen bringt die Vereinigung materielle Einschränkungen mit sich, einer kleinen Minderheit gewährt sie jedoch zusätzliche soziale Chancen: durch die partielle westdeutsche Überschichtung Ostdeutschlands sowie durch die Rückgewinnung verlorengegangenen Eigentums (bis Anfang 1993 wurden in den alten und neuen Ländern insgesamt über 2,5 Millionen Anträge auf Rückübertragung von Unternehmen, Immobilien und anderen Vermögenswerten gestellt). Die Gewinner der partiellen Überschichtung gehören insbes. den höheren Schichten an, der Machtelite, den Kapitalbesitzern, der höheren Dienstleistungsschicht und den Selbständigen.
- Einige schwache Impulse gehen auch auf den weiteren Abbau der sozialen Unterschiede zwischen Frauen und Männern aus.

16.4.2 Neue Länder: nachholende Modernisierung im Zeitraffertempo und Demodernisierung

Im Gegensatz zum kontinuierlichen Verlauf der westdeutschen Entwicklung hat die Vereinigung in der ostdeutschen Sozialstruktur einen radikalen sozialen Umbruch ausgelöst. Der Austausch des politischen Institutionensystems, des Rechtssystems und der offiziellen Ideologie sowie die schnelle Transformation des ökonomischen Systems haben Umbrüche in der Sozialstruktur verursacht, die in verschiedenen Bereichen in unterschiedlichem Tempo ablaufen. Die groben Linien der Umwälzungen deuteten sich bereits 1990 an (vgl. *Geißler* 1991), sechs Jahre später sind sie recht gut erkennbar. Die wesentlichen Tendenzen des Umbruchs lassen sich mit dem Konzept der **nachholenden Modernisierung im Zeitraffertempo** zusammenfassen. Der Kernbereich der sozialstrukturellen Modernisierung ist derselbe, der im sozialistischen System wegen der diesbezüglichen Defizite eine zerstörerische Kraft entfaltete: Es geht in erster Linie um den Abbau des Wohlstandsgefälles und seiner Ursache, des Leistungsdefizits. Die möglichst schnelle Anhebung des Lebensstandards auf westdeutsches Niveau entspricht dem Grundbedürfnis einer großen Mehrheit der ostdeutschen Bevölkerung; dieser Wunsch wurde von den Machteliten in West und Ost aufgenommen und zum vorrangigen Ziel der Vereinigungspolitik erhoben. Wenn die Angleichung nicht auf Dauer über Leistungstransfers von West nach Ost hergestellt werden soll, müssen die leistungshemmenden Besonderheiten des sozialistischen Erbes so schnell wie möglich beseitigt werden. Die ostdeutsche Sozialstruktur steht also unter **Modernisierungsdruck**.

Im sozialstrukturellen Wirkungsgefüge lassen sich die folgenden neun Elemente des Umbruchs erkennen, die sich als Tendenzen einer nachholenden Modernisierung interpretieren lassen:

1. **Schneller Wohlstandsschub:** Das West-Ost-Wohlstandsgefälle wurde durch den raschen Anstieg der ostdeutschen Löhne und Gehälter mit seinen Begleiterscheinungen (Motorisierungs- und Reiseboom, Ausstattungsschub der Haushalte, Verbesserung der Wohnqualität), durch den Qualitätssprung im Konsum- und Dienstleistungsangebot, durch die Verbesserung der (übriggebliebenen) Arbeitsplätze, der Infrastruktur und der Umweltbedingungen in kurzer Zeit ein erhebliches Stück verringert.
2. **Dezentralisierung der Macht.** Mit dem Austausch des politischen Institutionensystems wurde die Machtstruktur dezentralisiert und demokratisiert. Damit wurden leistungsfördernde Differenzierungsprozesse nachgeholt sowie das „Bedürfnisberücksichtigungspotential" erheblich gesteigert. Die beiden tragenden Klassen des alten Herrschaftssystems wandelten sich radikal bzw. gingen unter. Die monopolistische Machtelite wurde personell ausgetauscht und veränderte ihre Struktur grundlegend: sie wurde durch neue, pluralere, mit westdeutschem Personal durchmischte Funktionseliten mit einer größeren Teilung der Macht ersetzt. Im gleichen Atemzug ist auch die sozialistische Dienstklasse der vertriebenen Führungskaste verschwunden.
3. **Entpolitisierung.** Der politische Systemwechsel wird begleitet von der Entpolitisierung der Statuszuweisung, oder allgemeiner: von der Entpolitisierung des sozialen Ungleichheitsgefüges – ein Vorgang, der sich systemtheoretisch ebenfalls als Prozeß zunehmender, effizienzsteigernder Differenzierung begreifen läßt. Die Politik zieht sich aus anderen Funktionsbereichen stärker zurück. Die Bedeutung politischer Loyalitäten für Privilegien und Benachteiligungen wird auf westliches „Normalmaß" reduziert und gleichzeitig „pluralisiert". Beruflicher und sozialer Erfolg orientieren sich stärker an sachlich-funktionalen Leistungskriterien. Die Politisierung

aus sozialistischen Zeiten wirkt vorübergehend noch nach, z. T. jedoch in umgekehrter Richtung: hohe SED-Loyalität hatte nach der Wende manchmal (meist sanften) sozialen Abstieg zur Folge, insbes. dann, wenn sie von fachlicher Kompetenz abgekoppelt war.

4. **Vertikale Differenzierung nach oben.** Leistungshemmende soziale Nivellierung nach unten hat sich in zunehmende vertikale Differenzierung nach oben umgekehrt. Mit dem Wohlstandsschub vergrößern sich die sozialen Abstände zwischen Oben und Unten – im Hinblick auf Einkommen, Besitz, Arbeitsqualität sowie damit verknüpften Lebensbedingungen und Lebenschancen – auf einem insgesamt höheren Niveau. Der Hinweis auf den tendenziellen Zusammenhang von stärkerer vertikaler Differenzierung und höherer Effizienz besagt nicht, daß alle neu entstehenden sozialen Ungleichheiten auch wirklich als Leistungsanreize erforderlich sind.
5. **Abrupter Tertiärisierungsschub und Umschichtung von einer nivellierten Arbeiter- und Bauerngesellschaft zu einer sozial abgestuften Mittelschichten- und Dienstleistungsgesellschaft.** Mit der Industriekrise und dem Strukturwandel der Landwirtschaft hat sich die Tertiärisierungslücke ruckartig geschlossen. Der abrupt nachgeholte Tertiärisierungsschub wird von einer Reihe von Umschichtungsprozessen begleitet: alte Schichten verändern ihren Umfang, ihre Struktur und ihre relative Position im Ungleichheitsgefüge. Die überdimensionierten Arbeiter- und Bauernschichten sind stark geschrumpft. Gleichzeitig büßen die Arbeiter ihre im Vergleich zu anderen Schichten der Mitte günstige Position im Ungleichheitsgefüge ein. Insbes. die Un- und Angelernten, die bereits von der DDR-Soziologie als spezifische Problemgruppe erkannt worden waren, sind von den neuen Unsicherheiten und Orientierungsproblemen in besonderem Maße betroffen. Neben, vor allem aber über den Arbeitern entwickeln sich umfangreiche, schnell expandierende Dienstleistungsmittelschichten. Darin finden sich auch Teile der alten Dienstklasse wieder, die in ihren jeweiligen Sektoren auf „westliche Normalgröße“ zurechtgestutzt wurden oder werden sollen. Innerhalb der tertiären Schichten entwickeln sich deutliche vertikale Differenzierungen, die Mehrheit setzt sich im Hinblick auf ihre Lebensbedingungen stärker als vorher von den Arbeiterschichten ab. Die nach unten nivellierte Arbeiter- und Bauerngesellschaft, die „Gesellschaft der kleinen Leute“, verwandelt sich nach und nach in eine differenzierte Mittelschichten- und Dienstleistungsgesellschaft mit stärkeren sozialen Abstufungen.
6. **Neuaufbau des Mittelstandes.** Der fast vernichtete „alte“ Mittelstand durchläuft eine schwierige Phase des Neuaufbaus als wichtiger Leistungsträger, weist allerdings derzeit noch einige quantitative und qualitative Abweichungen vom westdeutschen Muster auf: einen kleineren relativen Um-

fang mit einer Lücke im privaten Dienstleistungssektor; eine größere Heterogenität im Hinblick auf Herkunft und Soziallagen; mehr Klein- und Kleinstbetriebe; mehr Notgründungen aus der Arbeitslosigkeit heraus. Einen wirklichen ostdeutschen Sonderweg beschreitet die stark zusammengeschrumpfte Bauernschaft. Wenige neu entstandene große Einzelhöfe und arbeitsteilige Großbetriebe als „angepaßte" Relikte der sozialistischen Agrarrevolution ergeben eine große Vielfalt von Produktionsformen und damit zusammenhängenden Soziallagen, Interessen und Lebensbedigungen. Derzeit ist es noch offen, ob sich in Ostdeutschland die im Vergleich zum Westen moderneren, konkurrenzfähigeren Agrarstrukturen herausbilden werden.

7. **Rückgang der Eheschließungen und Geburtenziffern.** Die massiven, sprunghaften Einbrüche bei den Eheschließungen und Geburtenziffern sind in erster Linie Krisensymptome der außergewöhnlichen Umbruchsituation. Dahinter dürften sich jedoch auch – so wie beim weiteren Anstieg des Heiratsalters – Anpassungstendenzen an die moderneren westdeutschen Verhaltensmuster verbergen.
8. **Milderung des Abwanderungsdrucks.** Die bereits erfolgte bzw. in Aussicht gestellte Reduzierung des West-Ost-Wohlstandsgefälles hat – zusammen mit anderen Veränderungen – den Abwanderungsdruck gemildert; gleichzeitig entfaltet Ostdeutschland eine gewisse Sogwirkung auf westdeutsche Chancensucher inbes. aus den gehobenen und höheren Schichten; die West-Ost-Wanderungen nehmen zu – mit dem Effekt einer durchaus nützlichen (Transfer modernen kulturellen Kapitals), aber auch konfliktträchtigen partiellen westdeutschen Überschichtung Ostdeutschlands.
9. **Nachholende Pluralisierung und Individualisierung.** Die Sozialstruktur der DDR war nicht nur sozio-ökonomisch, sondern auch sozio-kulturell homogener. Daher vollzieht sich auch bei den ostdeutschen Lebensformen und Lebensstilen eine nachholende Pluralisierung und Individualisierung. Sie hängt mit dem Anstieg des Lebensstandards, der Zunahme sozialer Differenzierungen und Ungleichheiten, der Vermehrung der Freizeit und der allgemeinen Erweiterung der Freiraüme individuellen Verhaltens zusammen. Diese Entwicklung ist allerdings bisher empirisch nur in Ansätzen greifbar.[3] Gut sichtbar wird sie im Wandel der Familienformen: Die schnelle Ausbreitung der alternativen privaten Lebensformen gehört zu den Indikatoren dieses Nachholprozesses.

Demodernisierung und Modernisierungswidersprüche. Die ambivalenten und verschlungenen Pfade der Modernisierung werden in den beiden folgenden Aspekten des Umbruchs deutlich:

1. **Demodernisierung: Verschärfung der geschlechtstypischen sozialen Ungleichheiten.** Der Faktor Geschlecht als Determinante sozialer Ungleichheit hat in den neuen Ländern – entgegen dem historischen Trend – (vorübergehend?) wieder an Bedeutung gewonnen. Ostdeutsche Frauen sind auf dem krisengeschüttelten Arbeitsmarkt stärker in Bedrängnis geraten als Männer, dabei nimmt auch die geschlechtstypische Hierarchisierung der Arbeitswelt wieder schärfere Konturen an. Der Abbau von Kinderbetreuungseinrichtungen und staatlichen Hilfen für erwerbstätige Frauen erschwert ihre Situation noch zusätzlich. Die Probleme auf dem Arbeitsmarkt wirken auf die häusliche Arbeitsteilung zurück und akzentuieren deren Geschlechtstypik. Auch im Bildungssystem sind junge Frauen wieder stärker in die Defensive geraten. Ein Teil des sozialstrukturellen Gleichstellungsvorsprungs ist im Zuge der Vereinigung weggeschmolzen, ein Teil hat jedoch allen Widrigkeiten der Umbruchssituation getrotzt und wirkt auch nach Westdeutschland hinein: Das Geschlechterverhältnis ist einer der wenigen Bereiche, in denen Regelungen aus DDR-Zeiten zum Gegenstand ernsthafter politischer Auseinandersetzungen im vereinten Deutschland geworden sind.
2. **Modernisierungswidersprüche: neue soziale Unsicherheiten und Problemgruppen.** Wer eine hohe soziale Sicherheit als Errungenschaft der Moderne ansieht, muß die neuen sozialen Unsicherheiten (Arbeitslosigkeit, manifeste Obdachlosigkeit, Wohnungslosigkeit, Armutsrisiken für neue Bevölkerungsgruppen) zumindest als Modernisierungwidersprüche interpretieren, die aus dem Spannungsverhältnis zwischen sozioökonomischer Effizienz bzw. Massenwohlstand einerseits und sozialer Sicherheitsgarantie andererseits herrühren. Die neuen sozialen Risiken strukturieren den gesellschaftlichen Rand nach dem westdeutschen Muster um. Die große Mehrheit der alten Menschen, die durch die produktionsorientierte sozialistische Sozialpolitik in die gesellschaftliche Randzone gedrückt worden waren, ist mit der Einführung der westdeutschen Sicherungssysteme aus dieser Lage befreit worden. Statt dessen wurden jedoch zunehmend Gruppen, die es in der DDR gar nicht oder nicht als soziale Randgruppen gab, den Armutsrisiken ausgesetzt: Langzeitarbeitslose (darunter wieder viele Un- und Angelernte), Alleinerziehende und Kinderreiche. Die postsozialistische Armut ist jedoch insofern „moderner", als sie nicht – wie die sozialistische Altersarmut – Armut auf Dauer, sondern in der Regel Armut auf kurze Zeit ist. Eine Besonderheit der ostdeutschen Sozialstruktur, die im Westen kein Pendant hat, ist die verlorene Generation des späten Mittelalters. Deren Lebenschancen wurden durch das historisch einmalige Ereignis der System-Implosion, von der diese Gruppe im Alter von etwa 45 bis 55/60 Jahren überrascht wurde, auf Dauer beeinträchtigt.

Es ist deutlich geworden, daß die abrupte und tiefgreifende Veränderung vieler Lebensumstände von widersprüchlichen Tendenzen durchzogen ist und daß verschiedene Segmente der ostdeutschen Bevölkerung davon unterschiedlich betroffen wurden. Es gibt viele Modernisierungsgewinner und einige Modernisierungsverlierer, die Karten der sozialen Ungleichheit wurden z. T. neu gemischt. Wie reagieren nun die Ostdeutschen „unter dem Strich" auf den Umbruch mit seinen positiven und negativen Folgen für ihre persönliche Situation? 1995 gaben 50% an, daß es ihnen heute im Vergleich zur Zeit der DDR aufs Ganze gesehen besser geht, 23% geht es schlechter und 27% sahen keine großen Unterschiede.[4] Diese Ergebnisse bestätigen die These von der nachholenden Modernisierung auch aus der subjektiven Gratifikationsperspektive: Die Gesamtbilanz von Befriedigungen und Versagungen hat sich verbessert – und das, obwohl schnelle und radikale Umbrüche vorübergehend mit besonderen Belastungen, mit besonderen Krisen- und „Schock"-Phänomenen verbunden sind.

16.4.3 Die neue Ost-West-Kluft

Aus gesamtdeutscher Sicht ist durch die Vereinigung eine **neue regionale Dimension** im Ungleichheitsgefüge aufgetaucht, die im Vergleich zu bisherigen regionalen Ungleichheiten – z. B. dem Nord-Süd-Gefälle – von **erheblich höherer Relevanz, Zentralität und Brisanz** ist. Die sozialen Ungleichheiten zwischen zwei konkurrierenden Gesellschaftsmodellen haben sich über Nacht in Ungleichheiten zwischen Menschen verwandelt, die derselben Gesellschaft, derselben Solidargemeinschaft angehören. Sie entwickeln daher eine völlig neue sozialpsychologische und politische Dynamik. Durch nachholende Modernisierung konnte bisher nur ein Teil der krassen sozialen Ost-West-Unterschiede in den Lebensbedingungen, die sich in 45 Jahren deutscher Teilung herausgebildet hatten, abgebaut werden. Gleichzeitig entstand im Zuge des ruckartigen Umbruchs ein neues Ost-West-Gefälle an sozialen Unsicherheiten, das die paternalistisch versorgten, sicherheitsgewohnten Ostdeutschen mit besonderer Härte traf und trifft und ihr Lebensgefühl stark beeinträchtigt.

Die Verwandlung der Ost-West-Ungleichheit von einer zwischengesellschaftlichen zu einer innergesellschaftlichen Kluft hat neue komplexe Konfliktlinien entstehen lassen. Gegensätze, die aus unterschiedlichen sozioökonomischen Interessenlagen herrühren, vermischen sich dabei mit Spannungen mentaler und psychischer Art, die bei dem Versuch auftauchen, zwei Bevölkerungen mit ungleichen ökonomischen, sozialen und kulturellen Ausgangsbedingungen sowie grundlegend unterschiedlichen Biographien und lebensweltlichen Erfahrungen zu einer Gesellschaft zu „integrieren".

Der klassische Verteilungskonflikt zwischen Oben und Unten wird mit der Vereinigung ergänzt durch einen zusätzlichen regionalen Verteilungskonflikt zwischen Ost und West, dessen Linien „quer" zu den traditionellen, vertikalen Konfliktlinien verlaufen. Seine zentrale Ursache liegt darin, daß sich die Ost-West-Wohlstandsschere aus Solidaritätsgründen schneller schließt als die Ost-West-Produktivitätsschere, so daß über längere Zeit umfangreiche Leistungstransfers von West nach Ost notwendig sind. Dieser ökonomisch-politische Gegensatz, der Züge eines klassischen Interessenkonflikts im *Marxschen* Sinne aufweist, wird ergänzt und verschärft durch ein zusätzliches sozialpsychologisches Spannungsfeld, durch die Dialektik von westdeutscher Dominanz und ostdeutscher Deklassierung. Die teils modernisierungsbedingte und daher unvermeidliche, teils aber auch überzogene westdeutsche Dominanz in vielen Lebensbereichen hat zur Folge, daß eine große Mehrheit der Ostdeutschen die Vereinigung als allgemeine Abwertung und Ausgrenzung empfindet, als ökonomische, soziale, kulturelle und politische Deklassierung. Auch 1995 ist das schlimme Gefühl der Zweitrangigkeit, „Bürger zweiter Klasse" zu sein, noch bei 72% der Ostdeutschen vorhanden (Emnid nach DER SPIEGEL 27/1995, 49).

Man könnte versucht sein, das vereinte Deutschland als Zwei-Klassen-Gesellschaft, die Ost-West-Kluft als einen **regional verankerten Klassengegensatz** zwischen einer dominanten „Westklasse" und eine subordinierten „Ostklasse" zu begreifen. Allerdings existieren auch **innerhalb** dieser neuen **Regionalklassen** krasse soziale Ungleichheiten sowie die traditionellen vertikalen Konfliktlinien; und auch weitere Besonderheiten der gesamtdeutschen Situation – die vielfältigen institutionellen Brechungen des Ost-West-Konflikts (er wird im wesentlichen nicht **zwischen**, sondern **innerhalb** der Parteien, Gewerkschaften und Verbände ausgetragen) sowie Gefühle der ost-west-übergreifenden nationalen Zusammengehörigkeit und Solidarität – warnen davor, die Analogie zum Klassengegensatz zu weit zu treiben.

In den 50er und 60er Jahren gingen die Konvergenztheoretiker noch davon aus, daß sich sozialistische und kapitalistische Systeme durch die Strukturdynamik der Industriegesellschaft aufeinander zubewegen und schließlich miteinander verschmelzen würden (z. B. *Aron* 1962, 214f.). Ihr Irrtum lag aus heutiger Sicht darin, daß sie das Leistungs- und Modernisierungspotential der sozialistischen Systeme überschätzt haben. Die Modernisierungsdefizite der ostdeutschen Sozialstruktur nahmen zu, wurden von der Bevölkerung immer deutlicher als Beeinträchtigung ihrer Lebenschancen empfunden, brachten das System schließlich zum Einsturz und werden derzeit so schnell wie möglich beseitigt. Der radikale soziale Umbruch ist im wesentlichen eine problembeladene, konflikthaltige, teils widersprüchliche und z. T. auch schmerzhafte Anpassung der ostdeutschen Sozialstruktur an die westdeutsche Variante einer modernen, pluralen Leistungsgesellschaft mit ihren Vor- und Nachteilen. Die ostdeutsche Gesellschaft legt im Schnellschritt das letzte Stück eines langen, entbehrungsreichen sozialistischen Umweges in die moderne Gesellschaft zurück.

Anmerkungen

1 Vgl. die Sammelbände zur Modernisierung von *Berger* 1986 und *Zapf* 1991 sowie die Überblicke und Beiträge zur neueren Modernisierungsdiskussion von *Zapf* 1996 und *J. Berger* 1996.
2 Vgl. insbes. *Parsons* 1972.
3 Vgl. dazu *Wittich* 1994, 150ff. sowie die allgemeinen Überlegungen zu dieser Problematik von *Hradil* 1992.
4 Emnid nach DER SPIEGEL 27/1995, 46. Vgl. auch *Noll* 1994, 2 für das Jahr 1993.

Bibliographie

Abkürzungen

AiD	Ausländer in Deutschland
APUZ	Aus Politik und Zeitgeschichte
BJS	Berliner Journal für Soziologie
DA	Deutschland Archiv
DZPH	Deutsche Zeitschrift für Philosophie
IBW	Informationen Bildung Wissenschaft (hrsg. v. Bundesminister für Bildung und Wissenschaft)
ISI	Informationsdienst Soziale Indikatoren
iwd	Informationsdienst des Instituts der deutschen Wirtschaft
JSS	Jahrbuch für Soziologie und Sozialpolitik
KZfSS	Kölner Zeitschrift für Soziologie und Sozialpsychologie
MatAB	Materialien aus der Arbeitsmarkt- und Berufsforschung
MittAB	Mitteilungen aus der Arbeitsmarkt- und Berufsforschung
SID	Informationen zur soziologischen Forschung in der Deutschen Demokratischen Republik
Sowi	Sozialwissenschaftliche Informationen
StatJb	Statistisches Jahrbuch
wib	woche im bundestag. Parlamentskorrespondenz
WiSta	Wirtschaft und Statistik
ZfB	Zeitschrift für Bevölkerungswissenschaft
ZfF	Zeitschrift für Familienforschung
ZfS	Zeitschrif für Soziologie
ZSE	Zeitschrift für Sozialisationsforschung und Erziehungssoziologie

Abele, A. 1994: Karriereorientierung angehender Akademikerinnen. Bielefeld.

Adam, H. 1977: Probleme der Vermögensbildung aus der Sicht der Gewerkschaften. In: APUZ B 36, S. 3-30.

Adler, F. 1991: Einige Grundzüge der Sozialstruktur der DDR. In: Projektgruppe SOEP (Hrsg.), S. 152-177.

Adler, F. 1991a: Soziale Umbrüche. In: R. Reißig/G.-J. Glaeßner (Hrsg.), S. 174-218.

Adler, F./A. Kretzschmar 1995: Vertikale Mobilität im ostdeutschen Transformationsprozeß. In: H.-J. Andreß (Hrsg.), S. 11-39.

Adler, F./A. Kretzschmar 1995a: Ungleiche Ungleichheitskarrieren – Pfade und Wahrnehmungsmuster. Eine Fallstudie zur Mobilität der DDR-Dienstklasse im Transformationsprozeß. Vervielf. Manuskript. Berlin.

Agrarberichte 1988-1996 (des Bundesministers für Ernährung, Landwirtschaft und Forsten). Bonn.
AiD (Ausländer in Deutschland). Informationsdienst zu aktuellen Fragen der Ausländerarbeit.
Alber, J. 1994: Zur Erklärung von Ausländerfeindlichkeit in Deutschland. In: H. Peisert/W. Zapf (Hrsg.), S. 331-351.
Albrecht, G./G. Goergen/H. Großkopf/Th. Specht 1990: Lebensläufe. Von der Armut zur „Nichtseßhaftigkeit" oder wie man Nichtseßhafte macht. Bielefeld.
Allerbeck, K./W. Hoag, 1985: Jugend ohne Zukunft? München 1985.
Ammer, T. 1989: Flucht aus der DDR. In: DA 22, S. 1206-1208.
Andreß, H.-J. 1994: Steigende Sozialhilfezahlen. Wer bleibt, wer geht und wie sollte die Sozialverwaltung darauf reagieren? In: M. Zwick (Hrsg.): Einmal arm, immer arm? Frankfurt a. M., S. 75-105.
Andreß, H.-J. (Hrsg.) 1995: Fünf Jahre danach. Zur Entwicklung von Arbeitsmarkt und Sozialstruktur in Ostdeutschland. Berlin.
Andreß, H.-J./G. Lipsmeier 1995: Was gehört zum notwendigen Lebensstandard und wer kann ihn sich leisten? Ein neues Konzept zur Armutsmessung. In: APUZ B 31-32, S. 35-49.
Angele, G. 1988: Obdachlosigkeit in der Kleinstadt. In: K.A. Chassé u. a. (Hrsg.), S. 71-109.
Angele, G. 1989: Obdachlosigkeit. Weinheim.
Angele, J. 1995: Insolvenzen 1994. In: WiSta, S. 225-230.
Anweiler, O. u. a. (Hrsg.) 1990: Vergleich von Bildung und Erziehung in der Bundesrepublik Deutschland und in der Deutschen Demokratischen Republik. Köln.
Apel, H. 1992: Intergenerative Bildungsmobilität in den alten und neuen Bundesländern. In: J. Zinnecker (Red.): Jugend '92. Bd. 2. Opladen, S. 353-370.
Arbeitsmarktanalyse 1988. Sonderdruck aus: Amtliche Nachrichten der Bundesanstalt für Arbeit 1989, Nr. 3 und 5.
Aron, R. 1962: Die industrielle Gesellschaft. Frankfurt a. M.
Aßmann, G. u. a. 1977: Wörterbuch der marxistisch-leninistischen Soziologie. Berlin (Ost).
Aubin, H./W. Zorn (Hrsg.) 1976: Handbuch der deutschen Wirtschafts- und Sozialgeschichte. Band 2. Stuttgart.
Augustin, W. 1994: Die Umwandlung von LPGs und die Folgen für Leben und Arbeit im Dorf. In: R. Hoffmann u. a. (Hrsg.), S. 331-354.
Ausländerbeauftragte 1994 (Die Beauftragte der Bundesregierung für die Belange der Ausländer, Hrsg.): Ausländerinnen und Ausländer in europäischen Staaten. Bonn.
Autorenkollektiv 1985 (Leitung: K. Krambach): Wie lebt man auf dem Dorf? Berlin (Ost).
Autorenkollektiv 1988 (Leitung: M. Lötsch): Ingenieure in der DDR. Berlin (Ost).

Bachmann, R. 1992: Singles. Frankfurt a. M. u.a.
Badstübner, R. u. a. 1987: Geschichte der Deutschen Demokratischen Republik. Berlin (Ost).
Baethge, M./H. Oberbeck 1986: Die Gleichzeitigkeit von Entwertung und Aufwertung der Fachqualifikation. Zur Entwicklung von Tätigkeitsprofilen im Büro. In: Sozialwissenschaftliche Informationen 15, S. 18-24.
BAG (Bundesarbeitsgemeinschaft Wohnunglosenhilfe e. V., Hrsg.) 1995: Statistikbericht 1992/93. Bielefeld.
BAG (Bundesarbeitgemeinschaft Wohnungslosenhilfe e. V., Hrsg.) 1995a: BAG-Informationen. Zahl der Wohnungslosen. Bielefeld.
Bahrdt, H.-P. 1966: Wege zur Soziologie. München.
Bahrdt, H. P. 1973: Gibt es noch ein Proletariat? Frankfurt a. M.
Bahro, R. 1977: Die Alternative. Köln/Frankfurt a. M.
Ballerstedt, E./W. Glatzer 1979: Soziologischer Almanach. Frankfurt/New York, 3. völlig neu bearb. Aufl.

Bargel, T./B. Dippelhofer-Stiem/J.-V. Sandberger, H.-G. Walter 1987: Arbeiterkinder nach dem Abitur. In: A. Bolder/K. Rodax (Hrsg.), S. 181-206.
Bargel, T./N. Höpfinger 1986: Schwierigkeiten und Belastungen von Studierenden aus Arbeiterfamilien. In: A. Funke (Hrsg.), S. 136-172.
Baske, S. 1990: Die Erweiterte Oberschule in der DDR. In: O. Anweiler u. a. (Hrsg.), S. 210-217.
Bathke, G.-W. 1984: Herkunfstbedingungen von Studienanfängern. In: U. Starke/U. Bruhn-Schlegel (Hrsg.): Leistungsstreben von Studienanfängern. Leipzig, S. 72-77.
Bathke, G.-W. 1985: Sozialstrukturelle Herkunftsbedingungen und Persönlichkeitsentwicklung von Hochschulstudenten. Diss. B Leipzig.
Bathke, G.-W. 1986: Soziale Herkunft. In: W. Friedrich/A. Hoffmann (Hrsg.): Persönlichkeit und Leistung. Berlin (Ost), S. 243-251.
Bathke, G.-W. 1988: Sozialstruktur – Soziale Herkunft – Persönlichkeitsentwicklung. In: H. Timmermann (Hrsg.), S. 55-76.
Bathke, G.-W. 1990: Soziale Reproduktion und Sozialisation von Hochschulstudenten in der DDR. In: G. Burkart (Hrsg.): Sozialisation im Sozialismus. Pfaffenhofen, S. 114-128.
Bathke, G.-W. 1993: Soziale Herkunft von deutschen Studienanfängern aus den alten und neuen Ländern an den Hochschulen im Wintersemester 1992/93. In: HIS-Kurzinformation A 11/93, S. 1-13.
Bauer, F. J. 1987: Zwischen „Wunder" und Strukturzwang. Zur Integration der Flüchtlinge und Vertriebenen in der Bundesrepublik Deutschland. In: APUZ B 32, S. 21-33.
Baumgart, I./A. Meyer 1994: Fallstudie „Ich fürchte mich, alt und arm zu sein." Thüringer Arbeitslosenverband e. V.
Beck, U. 1983: Jenseits von Klasse und Stand? In: R. Kreckel (Hrsg.), S. 35-74.
Beck, U. 1986: Risikogesellschaft. Frankfurt a. M.
Beck, U. 1991: Der Konflikt zweier Modernen. In: W. Zapf (Hrsg.), S. 40-53.
Beck, U./E. Beck-Gernsheim 1990: Das ganz normale Chaos der Liebe. Frankfurt a. M.
Beck-Gernsheim, E. 1984: Frauen zurück in die Familie? In: WSI-Mitteilungen 37, S. 23-32.
Beck-Gernsheim, E. 1988: Die Kinderfrage. München.
Beck-Gernsheim, E. 1990: Alles aus Liebe zum Kind. In: U. Beck/E. Beck-Gernsheim: Das ganz normale Chaos der Liebe. Frankfurt a. M., S. 135-167.
Becker, B. 1995: Die Entwicklung des Zweiten Arbeitsmarktes. In: Das Parlament Nr. 35 (25. August 1995), S. 6.
Becker, H. B. 1988: Die funktionelle und berufsethische Abgrenzung von Beamten und Arbeitnehmern im öffentlichen Dienst. Münster.
Becker, U./H. Becker/W. Ruhland 1992: Zwischen Angst und Aufbruch. Das Lebensgefühl der Deutschen in Ost und West nach der Wiedervereinigung. Düsseldorf u. a.
Bedau, K.-D. 1990: Die Entwicklung der Einkommensverteilung in der Bundesrepublik Deutschland (ohne neue Bundesländer) seit 1970 nach Einkommensarten und nach Haushaltsgruppen. In: DIW-Viertelsjahresheft, S. 295-309.
Bedau, K.-D. 1990a: Das Einkommen sozialer Haushaltsgruppen in der Bundesrepublik Deutschland 1988. In: DIW Wochenbericht 57, Nr. 22, S. 304-313.
Bedau, K.-D./H. Vortmann 1990: Die Einkommensverteilung nach Haushaltsgruppen in der ehemaligen DDR. In: DIW Wochenbericht 57, Nr. 47, S. 655-660.
Bell, D. 1973: The Coming of Post-Industrial Society. New York. (dt.: Die nachindustrielle Gesellschaft. Frankfurt/New York 1989).
Bellebaum, A. 1978: Soziologie der modernen Gesellschaft. Hamburg, 2. Aufl.
Bellmann, L. u. a. 1993: Bildungsexpansion, Qualifikationsstruktur und Einkommensverteilung. Manuskript. Nürnberg.
Belwe, K. 1988: Emanzipation der Frauen versus Konservatismus der Männer. Analysen und Berichte des Gesamtdeutschen Instituts, Nr. 10/88. Bonn.

Belwe, K. 1989: Sozialstruktur und gesellschaftlicher Wandel in der DDR. In: W. Weidenfeld/H. Zimmermann (Hrsg.), S. 125-143.
Belwe, K. 1990: 40 Jahre Gleichberechtigung der Frauen in der DDR. In: deutsche studien 28, S. 143-160.
Belwe, K. 1990a: Entwicklung der Intelligenz innerhalb der Sozialstruktur der DDR in den Jahren 1978 bis 1989. Vervielf. Manuskript. Bonn (Analysen und Berichte des Gesamtdeutschen Instituts Nr. 1/1990).
Belwe, K. 1991: Arbeitslosigkeit in der DDR bzw. in den fünf neuen Bundesländern im Jahr 1990. In: DA 24, S. 121-130.
Belwe, K. 1991a: Psycho-soziale Befindlichkeit der Menschen in den neuen Bundesländern nach der Wende im Herbst 1989. Pressespiegel. Vervielf. Manuskript. Bonn.
Belwe, K. 1991b: Zur Beschäftigungssituation in den neuen Bundesländern, in: Aus Politik und Zeitgeschichte B 29, S. 27-39.
Belwe, K./F. Klinger 1986: Der Wert der Arbeit. In: Tradition und Fortschritt in der DDR. Köln, S. 61-86.
Bender, S./W. Meyer 1993: Individuelle Arbeitsmarktchancen und berufliche Anforderungen im Transformationsprozeß. In: R. Geißler (Hrsg.), S. 119-136.
Berg, F. 1994: Kommunale Verwaltungseliten. In: Landeszentrale für politische Bildung Brandenburg (Hrsg.), S. 277-283.
Berg, F. 1994a: Transformation der kommunalen Verwaltungsinstitutionen in Stadt und Kreis Straußberg. In: H. Naßmacher/O. Niedermayer/H. Wollmann (Hrsg.): Politische Strukturen im Umbruch. Berlin, S. 181-238.
Berg, G. 1995: Ausländische Frauen und Gesundheit. Migration und Gesundheit. In: Bundesgesundheitsblatt 38, S. 46-51.
Berger, H./T. Bulmahn/W. Hinrichs 1996: Erwerbsverläufe in Ostdeutschland und ihre Auswirkung auf das Wohlbefinden. In: M. Diewald/K. U. Mayer (Hrsg.), S. 33-62.
Berger, J. 1996: Was behauptet die Modernisierungstheorie wirklich – und was wird ihr bloß unterstellt? In: Leviathan 24, S. 45-62.
Berger, J./C. Offe 1984: Die Entwicklungsdynamik des Dienstleistungssektors. In: C. Offe: Arbeitsgesellschaft. Frankfurt a. M./New York, S. 229-271.
Berger, P. A. 1986: Entstrukturierte Klassengesellschaft? Opladen.
Berger, P. A. 1987: Klassen und Klassifikationen. In: KZfSS 39, S. 59-86.
Berger, P. A. 1990: Ungleichheitsphasen. In: P. A. Berger/S. Hradil (Hrsg.), S. 319-343.
Berger, P. A. 1991: Von Bewegungen in zur Beweglichkeit von Strukturen. In: Soziale Welt 42, S. 68-92.
Berger, P. A./S. Hradil (Hrsg.) 1990: Lebenslagen – Lebensläufe – Lebensstile. Göttingen.
Berger, U./C. Offe 1984: Das Rationalisierungsdilemma der Angestelltenarbeit. In: C. Offe: Arbeitsgesellschaft. Frankfurt a. M./New York, S. 271-290.
Berger-Schmitt, R. 1986: Arbeitsteilung und subjektives Wohlbefinden von Ehepartnern. In: W. Glatzer/R. Berger-Schmitt (Hrsg.): Haushaltsproduktion und Netzwerkhilfe. Frankfurt a. M.
Berghahn, S. 1993: Frauen, Recht und langer Atem – Bilanz nach über 40 Jahren Gleichstellungsgebot in Deutschland. In: G. Helwig/H. M. Nickel (Hrsg.), S. 71-138.
Bergmann, J./G. Brandt/K. Körber/E. Mohl/C. Offe 1969: Herrschaft, Klassenverhältnis und Schichtung. In: T. W. Adorno (Hrsg.): Spätkapitalismus oder Industriegesellschaft? Stuttgart, S. 69-87.
Berking, H./S. Neckel 1992: Die gestörte Gemeinschaft. Machtprozesse und Konfliktpotentiale in einer ostdeutschen Gemeinde. In: S. Hradil (Hrsg.), S. 151-172.
Bertl, W./R. Rudat/R. Schneider 1989: Arbeitnehmerbewußtsein im Wandel. Frankfurt/New York.

Bertram, B. 1989 (Ltg. d. Autorenkollektivs): Typisch weiblich – Typisch männlich? Berlin (Ost).
Bertram, B. 1993: Nicht zurück an den Kochtopf – Aus- und Weiterbildung in Ostdeutschland. In: G. Helwig/H. M. Nickel (Hrsg.), S. 191-214.
Bertram, B./W. Friedrich/O. Kabat vel Job 1988: Adam und Eva heute. Leipzig.
Bertram, H. (Hrsg.) 1995: Ostdeutschland im Wandel. Lebensverhältnisse – politische Einstellungen. Opladen.
Bertram, H. 1992: Familienstand, Partnerschaft, Kinder und Haushalt. In: Ders. (Hrsg.): Die Familie in den neuen Bundesländern. Opladen, S. 41-78.
Bertram, H./R. Borrmann-Müller 1988: Von der Hausfrau zur Berufsfrau? In: U. Gerhardt/Y. Schütze (Hrsg.): Frauensituation. Frankfurt a. M., S. 251-272.
Bertram, H./S. Hradil/G. Kleinhenz (Hrsg.) 1996: Sozialer und demographischer Wandel in den neuen Bundesländern. Opladen.
Bethlehem, S. 1982: Heimatvertreibung, DDR-Flucht, Gastarbeiterzuwanderung. Stuttgart.
BfA 1990 (Bundesanstalt für Arbeit, Hrsg.): Presseinformationen Nr. 7.
BfA 1995 (Bundesanstalt für Arbeit, Hrsg.): Arbeitsmarkt 1994. Nürnberg.
Bilden, H. 1991: Geschlechtsspezifische Sozialisation. In: K. Hurrelmann/D. Ulich (Hrsg.): Neues Handbuch der Sozialisationsforschung. Weinheim und Basel, S. 279-301.
Biller, M. 1989: Arbeitsmarktsegmentation und Ausländerbeschäftigung. Frankfurt/New York.
Birg, H./H. Koch 1987: Der Bevölkerungsrückgang in der Bundesrepublik Deutschland. Frankfurt a. M.
Blossfeld, H.-P. 1982: Höherqualifizierung und Verdrängung. (VASMA-Projekt, Arbeitspapier Nr. 28) Mannheim.
Blossfeld, H.-P. 1989: Kohortendifferenzierung und Karriereprozeß. Frankfurt/New York.
Blossfeld, H.-P. 1993: Change in Educational Opportunities in the Federal Republic of Germany. In: Y. Sharit/H.-P. Blossfeld (Hrsg.): Persistent Inequality. Boulder, Col., S. 51-74.
Blossfeld, H.-P./V. Jaenichen 1990: Bildungsexpansion und Familienbildung. In: Soziale Welt 41, S. 454-476.
Blumberg, C. u. a. 1995: Zur aktuellen Stimmungslage der Landbevölkerung in Mecklenburg-Vorpommern. In: H. J. Andreß (Hrsg.), S. 230-265.
BMAS 1989 (Der Bundesminister für Arbeit und Sozialordnung, Hrsg.): Ausländerdaten. Bonn. Dezember 1989.
BMAS 1990 (Der Bundesminister für Arbeit und Sozialordnung, Hrsg.): Statistisches Taschenbuch. Bonn.
BMAS 1995 (Das Bundesministerium für Arbeit und Sozialordnung, Hrsg.): Statistisches Taschenbuch. Bonn.
BMBW 1981 (Der Bundesminister für Bildung und Wissenschaft, Hrsg.): Grund- und Strukturdaten 1981/82. München.
BMBW 1986 (Der Bundesminister für Bildung und Wissenschaft, Hrsg.): Das soziale Bild der Studentenschaft in der Bundesrepublik Deutschland. 11. Sozialerhebung des Deutschen Studentenwerks. Bad Honnef.
BMBW 1989 (Der Bundesminister für Bildung und Wissenschaft, Hrsg.): Grund- und Strukturdaten 1989/90. Bad Honnef.
BMBW 1989a (Der Bundesminister für Bildung und Wissenschaft, Hrsg.): Das soziale Bild der Studentenschaft in der Bundesrepublik Deutschland. 12. Sozialerhebung des Deutschen Studentenwerks. Bad Honnef.
BMBW 1990 (Der Bundesminister für Bildung und Wissenschaft, Hrsg.): Grund- und Strukturdaten 1990/91. Bad Honnef.
BMBW 1990a (Der Bundesminister für Bildung und Wissenschaft, Hrsg.): Informationen Bildung Wissenschaft, 9.

BMBW 1992 (Der Bundesminister für Bildung und Wissenschaft, Hrsg.): Das soziale Bild der Studentenschaft in der Bundesrepublik Deutschland. 13. Sozialerhebung des Deutschen Studentenwerks. Bad Honnef.
BMBW 1993 (Der Bundesminister für Bildung und Wissenschaft, Hrsg.): Zugang zu Bildung (Aktuell – Bildung – Wissenschaft 4/93). Bonn.
BMBW 1994 (Bundesministerium für Bildung und Wissenschaft, Hrsg.): Studenten an Hochschulen 1975 bis 1993 (Aktuell – Bildung – Wissenschaft 8/94). Bonn.
BMBWFT 1994 (Bundesministerium für Bildung, Wissenschaft, Forschung und Technologie, Hrsg.): Grund- und Strukturdaten 1994/95. Bad Honnef.
BMBWFT 1995 (Bundesministerium für Bildung, Wissenschaft, Forschung und Technologie, Hrsg.): Grund- und Strukturdaten 1995/96. Magdeburg.
BMBWFT 1995a (Bundesministerium für Bildung, Wissenschaft, Forschung und Technologie, Hrsg.): Das soziale Bild der Studentenschaft in der Bundesrepublik Deutschland. 14. Sozialerhebung des Deutschen Studentenwerks. Bad Honnef.
BMFJ 1992 (Bundesministerium für Frauen und Jugend): Gleichberechtigung von Frauen und Männern. Wirklichkeit und Einstellungen in der Bevölkerung. Bonn.
BMFSFJ 1994 (Bundesministerium für Familie, Senioren, Frauen und Jugend, Hrsg.): Neunter Jugendbericht. Bonn.
BMIB 1984 (Bundesministerium für innerdeutsche Beziehungen, Hrsg.): Informationen, Nr. 16.
BMIB 1985 (Bundesministerium für innerdeutsche Beziehungen, Hrsg.): DDR Handbuch. 2 Bde. Köln.
BMIB 1987 (Bundesministerium für innerdeutsche Beziehungen, Hrsg.): Materialien zum Bericht zur Lage der Nation im geteilten Deutschland. 1987. Bonn.
BMJF 1991 (Bundesministerium für Jugend und Familie, Hrsg.): Die Lebenssituation alleinstehender Frauen. Stuttgart u.a. .
BMJFFG 1989 (Bundesministerium für Jugend, Familie, Frauen und Gesundheit): Frauen in der Bundesrepublik Deutschland. Köln.
Böckmann-Schewe, L./C. Kulke/A. Röhrig 1995: „Es war immer so, den goldenen Mittelweg zu finden zwischen Familie und Beruf war eigentlich das Entscheidende." Kontinuitäten und Veränderungen im Leben von Frauen in den neuen Bundesländern. In: BJS 5, S. 207-222.
Bofinger, J. 1990: Neuere Entwicklungen des Schullaufbahnverhaltens in Bayern. München.
Bögenhold, D. 1985: Die Selbständigen. Frankfurt a. M./New York.
Bögenhold, D. 1987: Der Gründerboom. Realität und Mythos der neuen Selbständigkeit. Frankfurt a. M./New York.
Bögenhold, D. 1987a: Selbständige im Beschäftigungssystem. In: A. Weymann (Hrsg.): Bildung und Beschäftigung. Göttingen, S. 317-334.
Bögenhold, D. 1988: Niedergang und Renaissance der Selbständigen. In: ZfS 17, S. 390-395.
Böhm, K. 1991: Sterbefälle 1989 nach Todesursachen. In: WiStA, S. 49-53.
Bolder, A./K. Rodax (Hrsg.) 1987: Das Prinzip der aufge(sc)hobenen Belohnung. Bonn.
Bolte, K. M. 1970: Entwicklungen und Probleme der Berufsstruktur. In: K. M. Bolte/F. Neidhardt/H. Holzer: Deutsche Gesellschaft im Wandel. Band 2. Opladen, S. 279-448.
Bolte, K. M. 1990: Soziale Ungleichheit in der Bundesrepublik Deutschland im historischen Vergleich. In: P. A. Berger/S. Hradil (Hrsg.), S. 27-50.
Bolte, K. M./D. Kappe/F. Neidhardt 1967: Soziale Schichtung der Bundesrepublik Deutschland. In: K. M. Bolte (Hrsg.): Deutsche Gesellschaft im Wandel. Opladen, S. 233-351.
Bolte, K. M./D. Kappe/F. Neidhardt 1975: Soziale Ungleichheit. Opladen.
Bolte, K. M./H. Recker 1976: Vertikale Mobilität. In: R. König (Hrsg.): Handbuch empirischer Sozialforschung. Band 5. 2. völlig neu bearb. Aufl. Stuttgart, S. 40-103.
Bolte, K. M./S. Hradil 1988: Soziale Ungleichheit in der Bundesrepublik Deutschland. Opladen, 6. Aufl.

Boos-Nünning, U. 1993: Chancengleichheit für ausländische Schüler an deutschen Schulen? In: Das Parlament vom 8./15. Januar 1993, S. 8.
Boos-Nünning, U. 1995: Wie Mädchen türkischer Herkunft zu Außenseiterinnen gemacht werden. In: W. Seifert (Hrsg.), S. 54-60.
Borchardt, K. 1972: Die Industrielle Revolution in Deutschland. München.
Bornschier, V./D. Aebi 1992: Rolle und Expansion der Bildung in der modernen Gesellschaft – von der Pflichtschule bis zur Weiterbildung. In: Schweizerische Zeitschrift für Soziologie 18, S. 539-567.
Bös, M./W. Glatzer 1991: Trends subjektiven Wohlbefindens. Vortrag auf der DGS-Tagung „Lebensbedingungen und Lebensformen in Deutschland" in Bamberg.
Bothin, G./R. Wunsch 1994: Sozialhilfebezug in Brandenburg. Sozioökonomische und -psychologische Aspekte. Vervielf. Manuskript. Berlin.
Böttcher, W. 1991: Soziale Auslese im Bildungswesen. In: Die Deutsche Schule 83, S. 151-161.
Böttcher, W./H. G. Holtappels/E. Rösner 1988: Wer kann sich Studieren noch leisten? Weinheim und München.
Böttcher, W./H. G. Holtappels/E. Rösner 1988a: Zwischen Studium und Beruf – Soziale Selektion beim Übergang zur Hochschule. In: Jahrbuch der Schulentwicklung 5, S. 103-156.
Böttcher, W./K. Klemm 1990: Argumente für die Stärkung von Bildung, Bildungspotential und Bildungsplanung. In: K. Klemm u. a.: Bildungsgesamtplan '90. Weinheim/München, S. 268-271.
Bourdieu, P. 1983: Ökonomisches Kapital, kulturelles Kapital, soziales Kapital. In: R. Kreckel (Hrsg.), S. 183-198.
Bourdieu, P. 1987: Die feinen Unterschiede. Frankfurt a. M.
Bourdieu, P. 1989: La Noblesse d'Etat. Paris.
Brämer, R./U. Heublein 1990: Studenten in der Wende? In: APUZ B 44, S. 3-16.
Braun, M. 1995: Einstellung zur Berufstätigkeit der Frau. Steigende Zustimmung im Osten, Stagnation im Westen. In: ISI Nr. 13, S. 6-9.
Braun, M./P. P. Mohler (Hrsg.) 1994: Blickpunkt Gesellschaft 3. Einstellungen und Verhalten der Bundesbürger. Opladen.
Braun, M./S. Nowossadeck 1992: Einstellungen zur Familie und zur Rolle der Frau. In: P. Ph. Mohler/W. Bandilla (Hrsg.), S. 127-140.
Braun, M./R. Uher 1990: Einstellungen zur sozialen Ungleichheit in Ungarn, der Bundesrepublik Deutschland und den Vereinigten Staaten. In: W. Müller u. a. (Hrsg.): Blickpunkt Gesellschaft. Opladen, S. 191-210.
Braun, S. 1964: Zur Soziologie der Angestellten. Frankfurt a. M.
Braun, S./J. Fuhrmann 1970: Angestelltenmentalität. Neuwied/Berlin.
Brinkmann, C. 1984: Die individuellen Folgen langfristiger Arbeitslosigkeit. In: MittAB 17, S. 454-470.
Brinkmann, C. 1988: Die Langzeitarbeitslosen und ihre Familien. In: Beiträge zur Konfliktforschung 18, S. 63-82.
Brinkmann, C. 1989: Langzeitarbeitslosigkeit in der Bundesrepublik Deutschland und Möglichkeiten zu ihrem Abbau. In: Caritas 90, S. 340-355.
Brinkmann, C./E. Wiedemann 1994: Zu den psycho-sozialen Folgen der Arbeitslosigkeit in den neuen Bundesländern. In: APUZ B 16, S. 16-28.
Brückner, G. 1990: Krankenhausstatistik vom 1958 bis 1988. In: WiSta, S. 352-357.
Buch, G. 1987: Namen und Daten wichtiger Personen der DDR. Berlin/Bonn, 4. überarb. u. erw. Aufl.
Büchel, F./M. Pannenberg 1992: „Neue Selbständige" in Ostdeutschland. Statusentscheidung, Realisierungschancen und materielle Zufriedenheit. In: MittAB 25, S. 544-552.

Büchner, P./H.-H. Krüger 1996: Soziale Ungleichheiten beim Bildungserwerb innerhalb und außerhalb der Schule. In: APUZ B 11, S. 21-30.
Buhr, P. 1995: Dynamik von Armut. Dauer und biographische Bedeutung von Sozialhilfebezug. Opladen.
Buhr, P./M. Ludwig/S. Leibfried 1990: Armutspolitik im Blindflug. In: D. Döhring u. a. (Hrsg.), S. 79-107.
Bundesinstitut für Bevölkerungsforschung 1984: Demographische Fakten und Trends in der Bundesrepublik Deutschland. In: ZfB 3, S. 295-397.
Bundesministerium für Jugend, Familie und Gesundheit (Hrsg.) 1985: Nichteheliche Lebensgemeinschaften in der Bundesrepublik Deutschland. Schriftenreihe Bd. 170. Stuttgart.
Bundeszentrale für politische Bildung (Hrsg.) 1990: Umbrüche in der Industriegesellschaft. Bonn.
Burkart, G./M. Kohli 1992: Ehe, Liebe, Elternschaft. München/Zürich.
Bürkner, H.-J. 1987: Die soziale und sozialräumliche Situation türkischer Migranten in Göttingen. Saarbrücken/Fort Lauderdale.
Busch, B. u. a. 1990: DDR. Schritte aus der Krise. 1. Teil. Königswinter.

Chassé, K. A. 1988: Nach dem Wirtschaftswunder: Armut in den 80er Jahren. In: K. A. Chassé u. a. (Hrsg.), S. 31-60.
Chassé, K. A./N. Preußer/W. Wittich (Hrsg.) 1988: Wohnhaft. München.
Clark, C. 1940: The Conditions of Economic Progress. London/New York.
Claus, T. 1996: Existenzgründungen in Ostdeutschland. In: APUZ B 15, S. 3-19.
Clement, U. 1986: Sexualität im sozialen Wandel. Stuttgart.
Commichau, I. 1990: Ausländer in der DDR – die ungeliebte Minderheit. In: DA 22, S. 1432-1439.
Conze, W. 1976: Sozialgeschichte 1800-1850. In: H. Aubin/W. Zorn (Hrsg.), S. 426-494.
Conze, W. 1976a: Sozialgeschichte 1850-1918, In: H. Aubin/W. Zorn (Hrsg.), S. 602-684.
Conze, W. 1981: Vom „Pöbel“ zum „Proletariat“. In: H.-U. Wehler (Hrsg.): Moderne deutsche Sozialgeschichte. Königstein i. Ts./Düsseldorf, S. 111-136.
Cornelissen, W. 1993: Politische Partizipation von Frauen in der alten Bundesrepublik und im vereinten Deutschland. In: G. Helwig/H. M. Nickel (Hrsg.), S. 321-350.
Cornelius, I. 1988: Von der Pyramide zum Pilz. Die Bevölkerungsentwicklung in der Bundesrepublik Deutschland. In: I. Cornelius u. a.: Bevölkerungsentwicklung und Bevölkerungspolitik in der Bundesrepublik. Stuttgart, S. 11-37.
Cornelsen, C. 1993: Ergebnisse des Mikrozensus Mai 1992. In: WiSta, S. 723-731.
Crome, E. 1994: Die Eliten des neuen Parteiensystems: Aufsteiger und Altsassen. In: Landeszentrale für politische Bildung Brandenburg (Hrsg.), S. 254-261.
Cromm, J./H. W. Jürgens 1989: Die Bevölkerungsentwicklung. Bonn.
Croner, F. 1962: Soziologie der Angestellten. Köln/Opladen.

Dahrendorf, R. 1965: Gesellschaft und Demokratie in Deutschland. München.
Dalbert, C. 1993: Psychisches Wohlbefinden und Persönlichkeit in Ost und West. In: ZSE 13, S. 82-94.
Dangschat, J. S. 1995: Klassentheorie und postfordistische Gesellschaft. Vervielf. Manuskript. Hamburg.
Dangschat, J. S. 1995a: „Stadt“ als Ort und als Ursache von Armut und sozialer Ausgrenzung. In: APUZ B 31-32, S. 50-62.
Datenreport 1987. Hrsg.: Statistisches Bundesamt. Bonn 1987.
Datenreport 1989. Hrsg.: Statistisches Bundesamt. Bonn 1989.
Datenreport 1992. Hrsg.: Statistisches Bundesamt. Bonn 1992.

Datenreport 1994. Hrsg.: Statistisches Bundesamt. Bonn 1994.
DDR Handbuch 1985. Hrsg.: Bundesministerium für innerdeutsche Beziehungen. 2 Bde. Köln, 3. Aufl.
Deininger, D. 1990: Sozialhilfeempfänger 1988. In: WiSta, S. 421-429.
Delfs, S. 1994: Schweres Marschgepäck auf dem Weg in die berufliche Zukunft. Schul- und Ausbildungssituation ausländischer Jugendlicher. In: AiD 10, 3/94, S. 5-7.
Derlien, H.-U. 1991: Regierungswechsel, Regimewechsel und Zusammensetzung der politisch-administrativen Elite. In: B. Blanke u. a. (Hrsg.): Die alte Bundesrepublik. Opladen, S. 253-270.
Derlien, H.-U./S. Lock 1994: Eine neue politische Elite? Rekrutierung und Karrieren der Abgeordneten in den fünf neuen Landtagen. In: Zeitschrift für Parlamentsfragen 25, S. 61-94.
Derlien, H.-U./G. Pippig 1990: Die administrative Elite. In: Der Bürger im Staat 40, H. 1, S. 32-35.
Deutscher Bundestag 1991: Fortschreibung des Berichts der Bundesregierung über die Lage der Freien Berufe in der Bundesrepublik Deutschland (Drucksache 12/21). Bonn.
Deutsches Jugendinstitut (Hrsg.) 1993: Gewalt gegen Fremde. München.
Diekmann, A. 1990: Der Einfluß schulischer Bildung und die Auswirkungen der Bildungsexpansion auf das Heiratsverhalten. In: ZfS 19, S. 265-277.
Diekmann, A./H. Engelhardt 1995: Wird das Scheidungsrisiko vererbt? In: ISI Nr. 14, S. 1-5.
Dietrich, H. 1993: Selbständige in den neuen Bundesländern. In: R. Geißler (Hrsg.), S. 197-220.
Diewald, M. 1989: Der Wandel von Lebensformen und seine Folgen für die soziale Integration. Berlin (WZB-Paper P 89-105).
Diewald, M./K. U. Mayer (Hrsg.) 1996: Zwischenbilanz der Wiedervereinigung. Strukturwandel und Mobilität im Transformationsprozeß. Opladen.
Diewald, M./A. Sørensen 1996: Erwerbsverläufe und soziale Mobilität von Frauen und Männern in Ostdeutschland. In: M. Diewald/K. U. Mayer 1996, S. 63-88.
Dinkel, R. H./U. Lebok 1994: Demographische Aspekte der vergangenen und zukünftigen Zuwanderung nach Deutschland. In: APUZ B 48, S. 27-36.
Dippelhofer-Stiem, B. 1986: Arbeiterkinder an der Universität. In: A. Funke (Hrsg.), S. 173-198.
Dippmann, W. 1983: Auswirkungen des wissenschaftlich-technischen Fortschritts im Sozialismus. In: SID 19, S. 47-51.
Ditton, H. 1992: Ungleichheit und Mobilität durch Bildung. Weinheim und München.
DIW 1985 (Deutsches Institut für Wirtschaftsforschung, Hrsg.): Handbuch DDR-Wirtschaft. Reinbek bei Hamburg.
DJI (Deutsches Jungendinstitut, Hrsg.) 1994: DJI-Bulletin Nr. 29.
Dorbritz, J. 1992: Nuptialität, Fertilität und familiale Lebensformen in der sozialen Transformation. Übergang zu einer neuen Bevölkerungsweise in Ostdeutschland. In: ZfB 18, S. 167-196.
Dorbritz, J. 1993/94: Bericht 1994 über die demographische Lage in Deutschland. In: ZfB 19, S. 393-473.
Dorbritz, J./K. Gärtner 1995: Bericht 1995 über die demographische Lage in Deutschland. In: ZfB 20, S. 339-448.
Dorbritz, J./W. Speigner 1990: Die Deutsche Demokratische Republik – ein Ein- und Auswanderungsland? In: ZfB 16, S. 67-85.
Döring, W./W. Hanesch/E.-U. Huster (Hrsg.) 1990: Armut im Wohlstand. Frankfurt a. M.
Dornheim, A. 1990: Adel. In: Der Bürger im Staat 40, H. 1, S. 47-53.
Drauschke u. a. 1993: Alleinerziehende Frauen in Berlin. In: H. Meulemann/A. Elting-Camus (Hrsg.): 26. Deutscher Soziologentag Düsseldorf 28.9.-2.10.1992, Tagungsband II. Opladen, S. 304-307.
Drewe, P. 1974: Methoden zur Identifizierung von Eliten. In: J. van Koolwijk/M. Wieken-Mayser (Hrsg.): Techniken der empirischen Sozialforschung. Band 4. München, S. 162-179.

Drude, H. 1987: Wohnungslose in der Bundesrepublik Deutschland 1987. In: Soziale Arbeit 36, S. 38-43.
Drygala, A. 1988: Sozialpolitik in den 80er Jahren. In: K. A. Chassé u. a. (Hrsg.), S. 13-30.
du Bois-Reymond, M. 1994: Die moderne Familie als Verhandlungshaushalt. In: Dies. u.a.: Kinderleben. Opladen, S. 137-219.
Durkheim, E. 1893: De la division du travail social. Paris.

Eder, K. 1989: Jenseits der nivellierten Mittelstandsgesellschaft. Das Kleinbürgertum als Schlüssel einer Klassenanalyse in fortgeschrittenen Industriegesellschaften. In: Ders. (Hrsg.): Klassenlage, Lebensstil und kulturelle Praxis. Frankfurt am Main, S. 341-394.
Edinger, L. J. 1960: Post-Totalitarian Leadership. Elites in the German Federal Republic. In: American Political Science Review 54, S. 58-83.
Ehmann, C. 1986: Besondere Zugangswege zur Hochschule für Arbeiterkinder. In: A. Funke (Hrsg.), S. 67-112.
Eichener, V. 1988: Ausländer im Wohnbereich. Regensburg.
Elias, N. 1976: Über den Prozeß der Zivilisation. 2 Bde. Frankfurt a. M.
Elias, N. 1989: Studien über die Deutschen. Frankfurt a. M.
Ellwein, T. 1992: Der öffentliche Dienst und das Allgemeine. In: Gewerkschaftliche Monatshefte 43, S. 321-330.
Ellwein, T./R. Zoll 1973: Berufsbeamtentum – Anspruch und Wirklichkeit. Düsseldorf.
EMNID 1986: Jugend zwischen 13 und 24. Tabellenband I und II, Trendkommentar Band III. Bielefeld.
EMNID 1991: Das Image von Berufen. Bielefeld.
Enders, U. 1984: „... damit sie ihre Pflichten als Berufstätige, Ehefrau und Mutter immer besser vereinbaren kann.“ In: I. Spittmann-Rühle/G. Helwig (Hrsg.): Lebensbedingungen in der DDR. Köln, S. 37-48.
Enders, U. 1986: Kinder, Küche, Kobinat – Frauen in der DDR. In: APUZ B 6-7, S. 26-37.
Enders, U./S. Weigandt 1986: Von der Frauenarbeitspolitik zur Familien- und Bevölkerungspolitik der DDR. In: Sozialistisches Osteuropakommitee (Hrsg.): Frauen – Alltag und Emanzipation, Osteuropa-Info Nr. 67, S. 8-21.
Endruweit, G. 1979: Elitebegriffe in den Sozialwissenschaften. In: Zeitschrift für Politik 28, S. 30-46.
Engelbrech, G. 1987: Zukunftsperspektiven für Mädchen und Frauen im Erwerbsleben. In: Soziale Welt 38, S. 57-73.
Engelbrech, G./H. Kraft 1992: Sind Frauen das zukünftige Innovationspotential? In: MittAB 25, S. 13-26.
Engels, H. 1983: Bedürfnisse und sozialistische Lebensweise. In: JSS, S. 35-50.
Engelsing, R. 1978: Zur Sozialgeschichte deutscher Mittel- und Unterschichten. Göttingen, 2. Aufl.
Enke, E. 1974: Oberschicht und politisches System der Bundesrepublik Deutschland. Frankfurt a. M.
Enquête-Kommission 1994: Zwischenbericht der Enquête-Kommission „Demographischer Wandel“ – Herausforderung unserer älter werdenden Gesellschaft an den einzelnen und die Politik. Bonn.
Erbe, G. 1982: Arbeiterklasse und Intelligenz in der DDR. Opladen.
Erbslöh, B./T. Hagelstange/D. Holtmann/J. Singelmann/H. Strasser 1990: Ende der Klassengesellschaft? Regensburg.
Erd, R./O. Jacobi/W. Schumm (Hrsg.) 1986: Strukturwandel in der Industriegesellschaft. Frankfurt a. M./New York.

Erichsen, R. 1988: Zurückkehren oder bleiben? Zur wirtschaftlichen Situation von Ausländern in der Bundesrepublik Deutschland. In: Aus Politik und Zeitgeschichte B 24, S. 14-25.
Erler, G. u. a. 1987: Kind? Beruf? oder Beides? Brigitte/DJI, Hamburg/München.
Esser, H. u. a. 1979: Forschungsverbund „Probleme der Ausländerbeschäftigung". Integrierter Endbericht. Bochum.
Euler, M. 1985: Geldvermögen privater Haushalte Ende 1983. In: WiSta, S. 408-418.
Euler, M. 1986: Private Haushalte mit Eigentum oder Beteiligung an gewerblichen Unternehmen 1973-1983. In: WiSta, S. 836-840.
Euler, M. 1988: Ausstattung privater Haushalte mit ausgewählten langlebigen Gebrauchsgütern im Januar 1988. In: WiSta, S. 307-315.
Euler, M. 1991: Die Geldvermögen privater Haushalte in der Bundesrepublik im Jahre 1988. In: Sparkasse 108, S. 150-158.
EVS – Einkommens- und Verbrauchsstichprobe

Fälker, M. 1991: Demokratische Grundhaltungen und Stabilität des politischen Systems. Ein Einstellungsvergleich von Bevölkerung und politisch-administrativer Elite in der Bundesrepublik Deutschland. In: Politische Vierteljahresschrift 32, S. 71-91.
Faulstich-Wieland, H. u. a. 1984: Erfolgreich in der Schule, diskriminiert im Beruf. In: H.-G. Rolff u. a. (Hrsg.): Jahrbuch der Schulentwicklung. Bd. 3. Weinheim, S. 117-143.
Fauser, R./N. Schreiber 1987: Schulwünsche und Schulwahlentscheidungen in Arbeiterfamilien. In: A. Bolder/K. Rodax (Hrsg.), S. 31-58.
Feist, U. u. a. 1989: Wandel der Industriegesellschaft und Arbeitnehmerbewußtsein. Frankfurt a. M./New York.
Felber, W. 1986: Eliteforschung in der Bundesrepublik Deutschland. Stuttgart.
Feldkircher, M. 1994: Erziehungsziele in West- und Ostdeutschland. In: M. Braun/P. P. Mohler (Hrsg.), S. 175-208.
Fels, G. 1995: Nach einem Jahrfünft. In: iwd 38/1995, S. 2-3.
Fend, H. 1988: Sozialgeschichte des Aufwachsens. Frankfurt.
FES 1991 (Friedrich-Ebert-Stiftung): Hochschulen im Umbruch. Forum Deutsche Einheit. Aktuelle Kurzinformation Nr. 3.
Fischer, A. 1992: Das Bildungswesen der DDR. Darmstadt.
Fleischer, H. 1988: Ausländer im Bundesgebiet 1987. In: Wirtschaft und Statistik, S. 323-327.
Fleischer, H. 1989: Entwicklung der Ausländerzahl seit 1987. In: Wirtschaft und Statistik, S. 594-599.
Fleischer, H. 1990: Ausländer 1989. In: Wirtschaft und Statistik, S. 540-544.
Forschungsinstitut der Friedrich-Ebert-Stiftung (Hrsg.) 1995: Einwanderungskonzeption für die Bundesrepublik Deutschland. Bonn.
Fourastié, J. 1949: Le Grand Espoir du xxe Siècle. Paris.
Franz, H.-W./W. Kruse/H.-G. Rolff (Hrsg.) 1986: Neue alte Ungleichheiten. Opladen.
Frauenreport '90. Hrsg. v. G. Winkler. Berlin 1990.
Frenzel, H. 1995: Bildung und Partnerwahl. In: ZUMA-Nachrichten Nr. 36, S. 61-88.
Frerichs, P./M. Steinrücke (Hrsg.) 1993: Soziale Ungleichheit und Geschlechterverhältnis. Opladen.
Frerichs, P./M. Steinrücke 1995: Klasse und Geschlecht. In: APUZ B 36-37, S. 13-22.
Frick, J./P. Krause/J. Schwarze 1991: Haushalts- und Erwerbseinkommen in der DDR. In: KZfSS 43, S. 334-343.
Frick, J./P. Krause/H. Vortmann 1990: Die ökonomische Situation von Alleinerziehenden in der DDR und der Bundesrepublik in den 80er Jahren. In: DIW Wochenbericht 57, S. 598-603.
Fricke, K. W. 1989: Kaderpolitik in Ost-Berlin. In: DA 22, S. 7-10.

Fricke, K. W. 1990: Macht und Entmachtung des Staatssicherheitsapparates in der DDR. In: Die DDR auf dem Weg zur deutschen Einheit. Köln, S. 116-127.
Friedrich, H. 1988: „Neue Armut" in der Bundesrepublik Deutschland. In: Gegenwartskunde 37, S. 365-375.
Friedrich, W. 1986: Jugend und Jugendforschung 1986. Thesen zum 6. Leipziger Kolloquium der Jugendforscher 1986. Leipzig.
Friedrich, W. 1990: Mentalitätswandlungen der Jugend in der DDR. In: Aus Politik und Zeitgeschichte B 16-17, S. 25-37.
Friedrich, W./W. Gerth (Hrsg.) 1984: Jugend konkret. Berlin (Ost).
Friedrich-Ebert-Stiftung (Hrsg.) 1987: Frauen in der DDR. Bonn.
Fuchs, D./H.-D. Klingemann/C. Schöbel 1991: Perspektiven der politischen Kultur im vereinigten Deutschland. In: Aus Politik und Zeitgeschichte B 32, S. 35-46.
Funke, A. (Hrsg.) 1986: Hochschulzugang und Probleme beim Studium von Arbeiterkindern. Düsseldorf.
Funke, A. 1987: Vom Betrieb in die Hochschule. In: A. Bolder/K. Rodax (Hrsg.), S. 232-245.
Fürstenberg, F. 1966: Sozialstruktur als Schlüsselbegriff der Gesellschaftsanalyse. In: KZfSS 18, S. 439-453.
Fürstenberg, F. 1995: Soziale Handlungsfelder. Strukturen und Orientierungen. Opladen.

Galbraith, J. K. 1968: Die moderne Industriegesellschaft. München/Zürich.
Gehring, A./F. Böltken 1987: Einstellungen zu Gastarbeitern. In: Datenreport 1987, S. 496-504.
Geiger, T. 1932: Die soziale Schichtung des deutschen Volkes. Stuttgart (Nachdruck: Darmstadt 1972).
Geiger, T. 1939: Sociologi. Kopenhagen.
Geiger, T. 1943: Kritik af Reklamen. Kopenhagen (zitiert nach einer deutschen Übersetzung, hrsg. v. R. Geißler/H. Pöttker, Siegen 1986).
Geiger, T. 1949: Die Klassengesellschaft im Schmelztiegel. Köln/Hagen.
Geiger, T. 1949a: Aufgaben und Stellung der Intelligenz in der Gesellschaft. Stuttgart.
Geiger, T. 1955: „Schichtung". In: W. Bernsdorf/F. Bülow (Hrsg.): Wörterbuch der Soziologie. Stuttgart (abgedruckt in: Arbeiten zur Soziologie, hrsg. von P. Trappe. Neuwied/Berlin 1962, S. 186-205).
Geiger, T. 1962: Eine dynamische Analyse der sozialen Mobilität. In: Ders.: Arbeiten zur Soziologie, hrsg. v. P. Trappe. Neuwied am Rhein/Berlin, S. 100-113 (zuerst engl. 1954).
Geiger, T. 1962a: Typologie und Mechanik der gesellschaftlichen Fluktuation. In: Ders. Arbeiten zur Soziologie, hrsg. v. P. Trappe. Neuwied am Rhein/Berlin, S. 114-150 (zuerst 1955).
Geiger, T. 1962b: Befreiung aus dem Ideologiebann. In: Ders.: Arbeiten zur Soziologie, hrsg. v. P. Trappe. Neuwied am Rhein/Berlin, S. 431-459.
Geiger, T. o. J.: Demokratie ohne Dogma. München.
Geißler, R. 1981: Junge Deutsche und Hitler. Eine empirische Studie zur historisch-politischen Sozialisation. Stuttgart.
Geißler, R. 1983: Bildungschancen und Statusvererbung in der DDR. In: KZfSS 35, S. 755-770.
Geißler, R. 1985: Die Schichtungssoziologie von Theodor Geiger. Zur Aktualität eines fast vergessenen Klassikers. In: KZfSS 37, S. 387-410.
Geißler, R. (Hrsg.) 1987: Soziale Schichtung und Lebenschancen in der Bundesrepublik Deutschland. Stuttgart.
Geißler, R. 1987a: Zur Problematik des Begriffs der sozialen Schicht. In: R. Geißler (Hrsg.), S. 5-24.
Geißler, R. 1987b: Soziale Schichtung und Bildungschancen. In: R. Geißler (Hrsg.), S. 78-110.
Geißler, R. 1990: Entwicklung der Sozialstruktur und Bildungswesen in der Bundesrepublik Deutschland und in der DDR. In: O. Anweiler u. a. (Hrsg.), S. 83-111.

Geißler, R. 1990a: Schichten in der postindustriellen Gesellschaft. In: P. A. Berger/S. Hradil (Hrsg.), S. 81-102.

Geißler, R. 1990c: Soziale Ungleichheiten zwischen Männern und Frauen – Erfolge und Hindernisse auf dem Weg zur Gleichstellung in den beiden deutschen Gesellschaften. In: Sowi 19, S. 181-196.

Geißler, R. 1990d: Agitation als Selbsttäuschung. In: P. Ludes (Hrsg.): DDR-Fernsehen intern. Berlin, S. 297-306.

Geißler, R. 1991: Transformationsprozesse in der Sozialstruktur der neuen Bundesländer. In: Berliner Journal für Soziologie 1, S. 177-194.

Geißler, R. 1991a: Soziale Ungleichheit zwischen Frauen und Männern im geteilten und vereinten Deutschland. In: Aus Politik und Zeitgeschichte B 14-15, S. 13-24.

Geißler, R. 1991b: Umbruch und Erstarrung in der Sozialstruktur der DDR. In: W. Glatzer (Hrsg.): „Die Modernisierung moderner Gesellschaften“. Opladen, S. 520-524.

Geißler, R. 1992: Die Sozialstruktur Deutschlands. Ein Studienbuch zur Entwicklung im geteilten und vereinten Deutschland. Opladen.

Geißler, R. 1992a: Die ostdeutsche Sozialstruktur unter Modernisierungsdruck. In: APUZ B 29-30, S. 15-28.

Geißler, R. (Hrsg.) 1993: Sozialer Umbruch in Ostdeutschland. Opladen.

Geißler, R. 1993a: Sozialer Umbruch in Ostdeutschland. Einleitende Bemerkungen. In: R. Geißler (Hrsg.), S. 7-29.

Geißler, R. 1993b: Sozialer Wandel. In: W. Weidenfeld/K.-R. Korte (Hrsg.): Handbuch zur deutschen Einheit. Frankfurt/New York, S. 581-593.

Geißler, R. 1993c: Die Hinterlassenschaft der realsozialistischen Sozialisation: Mitgift und Erblast zugleich. In: J. Mayer (Hrsg.): Die unsichtbaren Hände. Loccum, S. 45-50.

Geißler, R. 1993d: Fremdenhaß – Warum es in Deutschland brennt und was wir dagegen tun können. In: Siegener Hochschulzeitung, H. 1, S. 25-31.

Geißler, R. (Hrsg.) 1994: Soziale Schichtung und Lebenschancen in der Bundesrepublik Deutschland. 2. völlig überarb. Aufl. Stuttgart.

Geißler, R. 1994a: Politische Ungleichheit: Soziale Schichtung und Teilnahme an Herrschaft. In: R. Geißler (Hrsg.), S. 74-110.

Geißler, R. 1994b: Soziale Schichtung und Bildungschancen. In: R. Geißler (Hrsg.), S. 111-159.

Geißler, R. 1994c: Soziale Schichtung und Kriminalität. In: R. Geißler (Hrsg.), S. 160-194.

Geißler, R. 1994d: Die pluralisierte Schichtstruktur der modernen Gesellschaft. Zur aktuellen Bedeutung des Schichtbegriffs. In: R. Geißler (Hrsg.), S. 6-36.

Geißler, R. 1995: Das gefährliche Gerücht von der hohen Ausländerkriminalität. In: APUZ B 35, S. 30-39.

Geißler, R. 1995a: Neue Strukturen der sozialen Ungleichheit im vereinten Deutschland. In: R. Hettlage/K. Lenz (Hrsg.), S. 119-141.

Geißler, R. 1995b: Die Bedeutung Theodor Geigers für die Sozialstrukturanalyse der modernen Gesellschaft. In: S. Bachmann (Hrsg.): Theodor Geiger. Soziologe in einer Zeit „zwischen Pathos und Nüchternheit“. Berlin, S. 273-297.

Geißler, R. 1996: Kein Abschied von Klasse und Schicht. Ideologische Gefahren der deutschen Sozialstrukturanalyse. In: KZfSS 48, S. 319-338.

Geißler, R. 1996a: Sozialstrukturforschung in der DDR – Erträge und Dilemmata. Eine kritische Bilanz zur Triebkraft-Debatte und Mobilitätsanalyse. In: BJS 6.

Geißler, R./N. Marißen 1990: Kriminalität und Kriminalisierung junger Ausländer. In: KZfSS 42, S. 663-687.

Gemeinsames Statistisches Amt (der neuen Länder) 1991: Monatszahlen 5/91.

Georg, W. 1995: Soziale Lage und Lebensstil. Eine Typologie auf der Grundlage repräsentativer Daten. In: Angewandte Sozialforschung 19, S. 107-118.

Georg, W. 1995a: Soziale Lage und Lebensstil. Manuskript. Siegen.
Gerhard, U. 1989 und 1990: Lebenslagen, Armut und Unterversorgung von Frauen. In: Informationen für die Frau 11-12, S. 13-16 und 1, S. 7-9.
Gershuny, J. 1978: After Industrial Society. London.
Gershuny, J. 1996: Veränderungen bei der Arbeitsteilung im Haushalt. In: W. Zapf u. a. (Hrsg.), S. 97-124.
Gerstenmaier, J./F. Hamburger 1978: Erziehungssoziologie. Opladen.
Gesamtdeutsches Institut 1989: Staats- und Parteiapparat der DDR. Bonn.
Gesellschaftliche Daten 1982. Bundesrepublik Deutschland. Hrsg: Presse- und Informationsamt der Bundesregierung. 4. Auflage Bonn.
Giddens, A. 1985: Das Ender der Arbeiterklasse. Oder: die Gefahren der Gelehrsamkeit. In: H. Strasser/J. H. Goldthorpe (Hrsg.), S. 112-129.
Giesbrecht, A. 1987: Wohnungslos-Arbeitslos-Mittellos. Leverkusen.
Giesen, B./C. Leggewie, (Hrsg.) 1991: Experiment Vereinigung. Berlin.
Gillmeister, H./H. Kurthen/J. Fijalkowski 1981: Ausländerbeschäftigung in der Krise? Berlin.
Gillwald, K. 1992: Hoffnungsträger Ost. Berlin (WZB-Paper P 92-103).
Glaeßner, G.-J. 1977: Herrschaft durch Kader. Opladen.
Glaeßner, G.-J. 1983: Partei und Staat in der DDR. In: H.-G. Wehling (Red.): DDR. Stuttgart u. a., S. 72-91.
Glaeßner, G.-J. 1989: Die andere deutsche Republik. Opladen.
Glatzer, W. 1989: Die materiellen Lebensbedingungen in der Bundesrepublik Deutschland. In: W. Weidenfeld/H. Zimmermann (Hrsg.), S. 276-291.
Glatzer, W. (Hrsg.) 1992: Entwicklungstendenzen der Sozialstruktur. Frankfurt/New York.
Glatzer, W./H.-H. Noll (Hrsg.) 1992: Lebensverhältnisse in Deutschland – Ungleichheit und Angleichung. Frankfurt/New York.
Glatzer, W./H.-H. Noll (Hrsg.) 1995: Getrennt vereint. Lebensverhältnisse in Deutschland seit der Wiedervereinigung. Frankfurt/New York.
Goldthorpe, J. 1980: Social Mobility and Class Structure in Modern Britain. Oxford.
Golter, F. 1986: Aufgaben der Landwirtschaft in der modernen Industriegesellschaft. In: Aus Politik und Zeitgeschichte B 42, S. 30-41.
Golz, H.-G. 1993: Jugend und Gewalt in Ostdeutschland. Ein Literaturbericht. In: DA 26, S. 584-596.
Gornig, M./J. Schwarze 1990: Hohe pauschale Lohnsteigerungen in der DDR gefährden die Wettbewerbsfähigkeit. In: DA 22, S. 1619-1624.
Gorz, A. 1980: Abschied vom Proletariat. Frankfurt a. M.
Götz, V. 1986: Physische und psychische Erkrankungen bei Arbeitsmigranten in der BRD. Gelsenkirchen.
Greiffenhagen, M. und S. 1993: Ein schwieriges Vaterland. Zur politischen Kultur im vereinigten Deutschland. München/Leipzig.
Griebel, W. 1991: Aufgabenteilung in der Familie. In: ZfF 3, S. 21-62.
Grimm, S. 1987: Soziologie der Bildung und Erziehung. München.
Groschoff, K. (Leiter des Autorenkollektivs) 1984: Stadt und Land in der DDR. Berlin (Ost).
Groß, H./C. Thoben/F. Bauer 1989: Arbeitszeit '89. Köln.
Gross, P. 1983: Die Verheißungen der Dienstleistungsgesellschaft. Opladen.
Großmann, H./S. Huth 1996: Sozialhilfeabhängigkeit Alleinerziehender als Folge des gesellschaftlichen Umbruchs. In: H. Bertram/S. Hradil/G. Kleinhenz (Hrsg.), S. 159-187.
Grundmann, S. 1994: Zur Akzeptanz und Integration von Beamten aus den alten in die neuen Bundesländer. In: DA 27, S. 31-41.
Grundmann, S./M. Lötsch/R. Weidig 1976: Zur Entwicklung der Arbeiterklasse und ihrer Struktur in der DDR. Berlin (Ost).

Grünert, H./B. Lutz 1994: Transformationsprozeß und Arbeitsmarktsegmentierung. In: H. M. Nickel u. a. (Hrsg.), S. 3-28.
Gutschmidt, G. 1989: Armut in Einelternfamilien. In: Blätter der Wohlfahrtspflege 136, S. 335-338.
Guttmann, E. 1995: Geldvermögen und Schulden privater Haushalte Ende 1993. In: WiSta, S. 391-399.
Gysi, J. 1984: Frauen- und Familienentwicklung als Gegenstand sozialistischer Politik. In: JSS, S. 95-109.
Gysi, J. 1988: Familienformen in der DDR. In: JSS, S. 508-524.
Gysi, J. (Leiterin des Autorenkollektivs) 1989: Familienleben in der DDR. Zum Alltag von Familien mit Kindern. Berlin (Ost).
Gysi, J./U. Meier 1982: Zu theoretischen Problemen einer soziologischen Analyse der familialen Lebensweise. In: JSS, S. 121-130.
Gysi, J./D. Meyer 1993: Leitbild: berufstätige Mutter – DDR-Frauen in Familie, Partnerschaft und Ehe. In: G. Helwig/H. M. Nickel (Hrsg.), S. 139-165.
Gysi, J. u.a. 1990: Die Zukunft von Familie und Ehe, Familienpolitik und Familienforschung in der DDR. In: G. Burkart (Hrsg.): Sozialisation im Sozialismus. Pfaffenhofen, S. 33-41.
Gysi, J. u.a. 1994: Ostfamilien nach der Wende. Ergebnisse einer Studie im Land Brandenburg. Unveröffentlichtes Manuskript.

Habermas, J. 1985: Die neue Unübersichtlichkeit. Frankfurt a. M.
Habich, R. 1994: Problemlagen und Problemgruppen. In: Datenreport 1994, S. 582-588.
Habich, R./M. Häder/P. Krause/E. Priller 1991: Die Entwicklung des subjektiven Wohlbefindens vom Januar bis zum Herbst 1990 in der DDR und Ostdeutschland. In: Projektgruppe SOEP (Hrsg.), S. 332-356.
Habich, R./B. Headey/P. Krause 1991: Armut in der Bundesrepublik mehrheitlich kurzfristiger Natur. In: ISI Nr. 5, S. 5-7.
Habich, R./P. Krause 1994: Armut. In: Datenreport 1994, S. 598-607.
Habich, R./P. Krause/E. Priller 1991: Subjektives Wohlbefinden. In: G. Wagner u. a. (Hrsg.), S. 37-41.
Habich, R./H.-H. Noll/W. Zapf 1994: Soziale Schichtung und soziale Lagen. In: Datenreport 1994, S. 574-581.
Hadler, A./M. E. Domsch 1994: Frauen auf dem Weg in die Spitzenpositionen? In: APUZ B 6, S. 11-21.
Hagemann-White, C. 1984: Sozialisation: Weiblich – männlich? Opladen.
Hahn, T./G. Schön 1995: Besonderheiten ostdeutscher Langzeitarbeitslosigkeit. In: H.-J. Andreß (Hrsg.), S. 78-117.
Haller, M. 1986: Sozialstruktur und Schichtungshierarchie im Wohlfahrtsstaat. In: ZfS 15, S. 167-187.
Hamm, B./D. Holtmann/H. Kerbo/H. Strasser 1993: Soziale Ungleichheit und gesellschaftliche Integration. Ein Vergleich von USA, Japan und Deutschland. In: BJS 3, S. 215-226.
Handl, J. 1988: Berufschancen und Heiratsmuster von Frauen. Frankfurt/New York.
Handl, J. 1991: Zum Wandel der Mobilitätschancen junger Frauen und Männer zwischen 1950 und 1971. Eine Kohortenanalyse. In: KZfSS 43, S. 697-719.
Handl, J. 1993: Zur Berücksichtigung von Frauen in der empirisch arbeitenden Mobilitäts- und Schichtungsforschung. In: P. Frerichs/M. Steinrücke (Hrsg.), S. 13-32.
Hanesch, W. 1990: Unterversorgung im Bildungssystem. In: D. Döring u. a. (Hrsg.), S. 185-205.
Hanesch, W. 1995: Armut im vereinten Deutschland. In: W. Glatzer/H.-H. Noll (Hrsg.), S. 109-132.

Hanesch, W. 1995a: Sozialpolitik und arbeitsmarktbedingte Armut. Strukturmängel und Reformbedarf in der sozialen Sicherung bei Arbeitslosigkeit. In: APUZ B 31-32, S. 14-23.
Hanesch, W. u. a. 1994: Armut in Deutschland. Der Armutsbericht des DGB und des Paritätischen Wohlfahrtsverbands. Reinbek bei Hamburg.
Hansen, R./H.-G. Rolff 1990: Abgeschwächte Auslese und verschärfter Wettbewerb. In: Jahrbuch der Schulentwicklung 6, S. 45-79.
Hartenstein, W. u. a. 1988: Geschlechtsrollen im Wandel. Stuttgart u. a.
Hartmann, H. 1981: Sozialhilfebedürftigkeit und „Dunkelziffer der Armut". Stuttgart.
Hartmann, M. 1991: Wenn die Wirklichkeit sich dem theoretischen Ansatz nicht beugen will. Kritische Anmerkungen zu Thieme: Die Konservierung des Juristenmonopols in bundesdeutschen Teileliten. In: Soziale Welt 42, S. 395-397.
Hauser, R. 1988: Ergebnisse der Armutsforschung in der Bundesrepublik Deutschland. In: Akademie der Arbeit in der Universität Frankfurt. Mitteilungen. Neue Folge 38.
Hauser, R. 1995: Das empirische Bild der Armut in der Bundesrepublik Deutschland – ein Überblick. In: APUZ B 31-32, S. 3-13.
Hauser, R. 1996: Die Entwicklung der Einkommensverteilung in den neuen Bundesländern seit der Wende. In: M. Diewald/K. U. Mayer (Hrsg.), S. 165-188.
Hauser, R./H. Cremer-Schäfer/U. Nouvertné 1981: Armut, Niedrigeinkommen und Unterversorgung in der BRD. Frankfurt/New York.
Hauser, R./W. Hübinger 1993: Arme unter uns. Teil 1: Ergebnisse und Konsequenzen der Caritas-Armutsuntersuchung. Freiburg i. Br.
Hauser, R./H.-J. Kinstler 1993: Zur Lebenslage alleinstehender Wohnungsloser (Nichtseßhafter). In: Nachrichtendienst des Deutschen Vereins für öffentliche und private Fürsorge 73, S. 412-422.
Hauser, R./P. Semrau 1990: Polarisierungstendenzen in der Einkommensverteilung? In: ISI Nr. 3, S. 1-4.
Häußermann, H. 1984: Wandel der Wohnverhältnisse von Arbeitern. In: R. Ebbinghausen/F. Tiemann (Hrsg.): Das Ende der Arbeiterbewegung in Deutschland. Opladen, S. 646-660.
Headey, B./R. Habich/P. Krause 1990: The Duration and Extent of Poverty – Is Germany a Two-Thirds-Society? Berlin (WZB-Paper P 90-103).
Heidemeyer, H. 1994: Flucht und Zuwanderung aus der SBZ/DDR 1945/49 bis 1961. Düsseldorf.
Helwig, G. 1979: Zum Stellenwert der Familienerziehung in der DDR. In: DA 12, S. 1311-1315.
Helwig, G. 1982: Frau und Familie in beiden deutschen Staaten. Köln.
Helwig, G. 1984: Jugend und Familie in der DDR. Köln.
Helwig, G. 1987: Frau und Familie: Bundesrepublik Deutschland – DDR. Köln, 2. Aufl.
Helwig, G. 1987a: Emanzipation und Familienpolitik. In: DA 20, S. 897-900.
Helwig, G./H. M. Nickel (Hrsg.) 1993: Frauen in Deutschland 1945-1993. Berlin.
Henning, F.-W. 1989: Die Industrialisierung in Deutschland 1800 bis 1914. Paderborn u. a., 7. Aufl.
Henrich, R. 1989: Der vormundschaftliche Staat. Reinbek bei Hamburg.
Henz, U./I. Maas 1995: Chancengleichheit durch die Bildungsexpansion? In: KZfSS 47, S. 603-633.
Herbert, W. 1991: Die Wertorientierungen der Deutschen vor der Vereinigung. In: BISS Public, Heft 2, S. 119-132.
Herkommer, S. 1983: Sozialstaat und Klassengesellschaft. In: R. Kreckel (Hrsg.), S. 75-92.
Herlth, A./H. Tyrell 1994: Partnerschaft versus Elternschaft. In: Dies. (Hrsg.): Abschied von der Normalfamilie? Berlin, S. 1-15.
Herlyn, U./G. Scheller/W. Tessin 1994: Neue Lebensstile in der Arbeiterschaft? Opladen.
Herrmann, H. 1992: Ausländer. Informationen zur politischen Bildung Nr. 237. München.

Hervé, F. 1973: Studentinnen in der BRD. Köln.
Herz, T. A. 1983: Klassen, Schichten, Mobilität. Stuttgart.
Herz, T. A. 1990: Die Dienstklasse. In: P.A. Berger/S. Hradil (Hrsg.), S. 231-252.
Herzog. D. 1990: Der moderne Berufspolitiker. In: Der Bürger im Staat 40, H. 1, S. 9-16.
Herzog, D./H. Rebenstorf/C. Werner/B. Weßels 1990: Abgeordnete und Bürger. Opladen.
Hess, D./H. Hartenstein/M. Smid 1991: Auswirkungen von Arbeitslosigkeit auf die Familie. In: MittAB 24, S. 193-250.
Hettlage, R. (Hrsg.) 1990: Die Bundesrepublik. München.
Hettlage, R. 1992: Familienreport. Eine Lebensform im Umbruch. München.
Hettlage, R./K. Lenz (Hrsg.) 1995: Deutschland nach der Wende. Eine Bilanz. München.
Heuberger, F. W./D. Tänzler 1996: Existenzgründer in Ostdeutschland. In: APUZ B 15, S. 33-46.
Hildebrandt, K. 1990: Frauen in DDR-Hochschulen. In: Das Argument 32, S. 379-388.
Hille, B. 1985: Familie und Sozialisation in der DDR. Opladen.
Hille, B. 1990: Mädchen- und Frauenbildung. In: O. Anweiler u. a. (Hrsg.), S. 581-596.
Hillenbrand, O. 1993: Umweltpolitik. In: W. Weidenfeld/K.-R. Korte (Hrsg.): Handbuch zur deutschen Einheit. Frankfurt/New York, S. 656-667.
Hinz, T. 1996: Existenzgründungen in Ostdeutschland – Ein erfolgreicher Weg aus der Arbeitslosigkeit? In: M. Diewald/K. U. Mayer (Hrsg.), S. 111-134.
Hinz, T./P. Preisendörfer/R. Ziegler 1995: Die Rolle von Kleinbetrieben bei der Schaffung von Arbeitsplätzen in den neuen Bundesländern. In: H.-J. Andreß (Hrsg.), S. 277-302.
Hirsch, F. 1977: Social Limits to Growth. London.
Hoecker, B. 1987: Frauen in der Politik. Opladen.
Hoecker, B. 1995: Politische Partizipation von Frauen. Opladen.
Hof, B. 1995: Zuwanderungsbedarf der Bundesrepublik Deutschland. In: Forschungsinstitut der Friedrich-Ebert-Stiftung (Hrsg.), S. 17-62.
Hof, B. 1996: Szenarien künftiger Zuwanderungen und ihre Auswirkungen auf Bevölkerungsstruktur, Arbeitsmarkt und soziale Sicherung. Köln.
Hoffmann, R. u. a. (Hrsg.) 1994: Problemstart: Politischer und sozialer Wandel in den neuen Bundesländern. Köln.
Hoffmann-Lange, U. 1983: Eliteforschung in der Bundesrepublik Deutschland. In: Aus Politik und Zeitgeschichte B 47, S. 11-25.
Hoffmann-Lange, U. 1985: Structural Prerequisites of Elite Integration in the Federal Republic of Germany. In: Research in Politics and Society 1, S. 45-96.
Hoffmann-Lange, U. 1989: Positional power and political influence in the Federal Republic of Germany. In: European Journal of Political Research 17, S. 51-76.
Hoffmann-Lange, U. 1990: Eliten in der modernen Demokratie. In: Der Bürger im Staat 40, H. 1, S. 3-8.
Hoffmann-Lange, U. 1990a: Wer gehört zur Machtelite der Bundesrepublik? In: Der Bürger im Staat 40, H. 1, S. 54-58.
Hoffmann-Lange, U. 1992: Eliten, Macht und Konflikt in der Bundesrepublik. Opladen.
Hoffmann-Lange, U./A. Kutteroff/G. Wolf 1982: Projektbericht. Die Befragung von Eliten in der Bundesrepublik Deutschland. In: ZUMA-Nachrichten 10, S. 35-53.
Hoffmann-Lange, U./H. Neumann/B. Steinkemper 1980: Konsens und Konflikt zwischen Führungsgruppen in der Bundesrepublik Deutschland. Frankfurt.
Hoffmann-Novotny, H.-J. 1987: Gastarbeiterwanderungen und soziale Spannungen. In: H. Reimann/H. Reimann (Hrsg.): Gastarbeiter. Opladen, 2. völlig neu bearb. Aufl., S. 46-66.
Hofmann, M./D. Rink 1993: Die Kohlearbeiter von Espenhain. In: R. Geißler (Hrsg.), S. 163-178.

Hofmeier, K. 1988: Die Nase vorn. Die wachsende Bedeutung des Dienstleistungssektors. In: Das Parlament 38, S. 16.
Hohmann, K. 1985: Agrarpolitik. In: BMIB 1985, S. 13-21.
Höhn, C. u. a. 1990: Bericht 1990 zur demographischen Lage. In: ZfB 16, S. 135-205.
Hohorst, G./J. Kocka/G.A. Ritter 1975: Sozialgeschichtliches Arbeitsbuch. Materialien zur Statistik des Kaiserreichs 1870-1914. München.
Höllinger, F. 1992: Verfall der christlich-bürgerlichen Ehemoral. In: ZfF 4, S. 197-220.
Holst, E./E. Priller 1991: Zeitverwendung in der DDR am Vorabend der Marktwirtschaft. In: Projektgruppe SOEP (Hrsg.), S. 237-259.
Holst, E./J. Schupp 1990: Frauen in Familie und Beruf. In: DIW Wochenbericht 57, Nr. 29, S. 400-409.
Holst, E./J. Schupp 1992: Stabilität und Mobilität auf dem Arbeitsmarkt. In: Datenreport 1992, S. 450-462.
Holst, E./J. Schupp 1992a: Frauenerwerbstätigkeit in den neuen und alten Bundesländern. In: W. Glatzer/H.-H. Noll (Hrsg.), S. 29-50.
Holst, E./J. Schupp 1995: Erwerbsbeteiligung von Frauen in West- und Ostdeutschland. In: W. Glatzer/H.-H. Noll (Hrsg.), S. 49-70.
Holst, E./J. Schupp 1995a: Aspekte der Arbeitsmarktentwicklung in Ostdeutschland. In: DA 28, S. 734-742.
Holst, E./J. Schupp 1996: Wandel der Erwerbsorientierung von Frauen. In: W. Zapf/J. Schupp/R. Habich (Hrsg.), S. 162-192.
Holtappels, H.-G./E. Rösner 1994: Schulen im Verbund. In: Jahrbuch für Schulentwicklung. Band 8. Weinheim und München.
Holtmann, D. 1990: Die Erklärungskraft verschiedener Berufsstruktur- und Klassenmodelle für die Bundesrepublik Deutschland. In: ZfS 19, S. 26-45.
Holtmann, D. 1992: Ausdifferenzierung von Handlungsressourcen im internationalen Vergleich. In: W. Glatzer (Hrsg.), S. 217-241.
Holtmann, D./H. Strasser 1990: Klassen in der Bundesrepublik heute. In: Schweizerische Zeitschrift für Soziologie 16, S. 79-106.
Holtz-Bacha, C. 1990: Wenn Frauen den Journalismus erorbern oder: Was bringt die Quotierung? In: Media-Perspektiven 8/1990, S. 497-503.
Holzweißig, G. 1985: Militärwesen in der DDR. Berlin (West).
Hondrich, K. O. 1972: Demokratisierung und Leistungsgesellschaft. Stuttgart u. a.
Hönekopp, E./H. Ullmann 1980: Auf dem Weg zur Dienstleistungsökonomie? In: MittAB 13, S. 255-271.
Höpflinger,F. 1989: Nichteheliche Lebensgemeinschaften in der Agglomeration Zürich. In: Schweizerische Zeitschrift für Soziologie 15, S. 39-55.
Hörner, W. 1990: Polytechnischer Unterricht in der DDR und Arbeitslehre in der Bundesrepublik Deutschland. In: O. Anweiler u. a. (Hrsg.), S. 218-232.
Hörner, W. 1995: Bildungseinheit: Anpassung oder Reform? In: R. Hettlage/K. Lenz (Hrsg.), S. 142-170.
Hradil, S. 1983: Die Ungleichheit der ‚Sozialen Lage'. In: R. Kreckel (Hrsg.), S. 101-118.
Hradil, S. 1985: Die ‚neuen' sozialen Ungleichheiten. In: Ders. (Hrsg.): Sozialstruktur im Umbruch. Opladen, S. 51-68.
Hradil, S. 1987: Sozialstrukturanalyse in einer fortgeschrittenen Gesellschaft. Opladen.
Hradil, S. 1987a: Soziale Schichtung und Arbeitssituation. In: R. Geißler (Hrsg.), S. 25-49.
Hradil, S. 1990: Individualisierung, Pluralisierung, Polarisierung: Was ist von den Schichten und Klassen geblieben? In: R. Hettlage (Hrsg.): Die Bundesrepublik. München, S. 111-138.
Hradil, S. (Hrsg.) 1992: Zwischen Sein und Bewußtsein. Opladen.

Hradil, S. 1992a: Alte Begriffe und neue Strukturen. Die Milieu-, Subkultur- und Lebensstilforschung der 80er Jahre. In: S. Hradil (Hrsg.), S. 15-55.

Hradil, S. 1992b: Die „objektive" und die „subjektive" Modernisierung. In: APUZ B 29-30, S. 3-14.

Hradil, S. 1994: Soziale Schichtung und Arbeitssituation. In: R. Geißler (Hrsg.), S. 37-73.

Hubatsch, K./K. Krambach 1991: Genossenschaftsbauern 1990/91: Existenzformen und Lebensweise im Umbruch. Forschungsbericht. Berlin.

Hüfner, K./J. Naumann/H. Köhler/G. Pfeffer 1986: Hochkonjunktur und Flaute. Bildungspolitik in der Bundesrepublik Deutschland 1967-1980. Stuttgart.

Hümmler, H. 1988: Die Schicht der Handwerker und Gewerbetreibenden. In: R. Weidig, S. 160-175.

Hüning, H./F. Thielecke 1994: Von der Staatlichen Versicherung der DDR zur Allianz. In: H. M. Nickel/J. Kühl/S. Schenk (Hrsg.), S. 207-238.

Huster, E.-U. (Hrsg.) 1993: Reichtum in Deutschland. Frankfurt am Main/New York.

IAB (Institut für Arbeitsmarkt- und Berufsforschung der Bundesanstalt für Arbeit, Hrsg.) 1990: Zahlen-Fibel. Ausgabe 1989/90. Bayreuth.

IAB (Institut für Arbeitsmarkt- und Berufsforschung der Bundesanstalt für Arbeit, Hrsg.) 1992: Zahlen-Fibel. Bayreuth.

Iben, G. 1989: Zur Definition von Armut. In: Blätter der Wohlfahrtspflege 139, S. 276-279.

Iben, G. 1992: Armut und Wohnungsnot in der Bundesrepublik Deutschland. In: APUZ B 49, S. 19-29.

IDW 1989 (Institut der deutschen Wirtschaft, Hrsg.): Zahlen zur wirtschaftlichen Entwicklung der Bundesrepublik Deutschland. Ausgabe 1989. Köln.

IDW 1990 (Institut der deutschen Wirtschaft): Zahlen zur wirtschaftlichen Entwicklung der Bundesrepublik Deutschland 1990. Köln.

IDW 1990a (Institut der deutschen Wirtschaft): Informationen zu deutsch-deutschen Fragen. Köln.

IDW 1995 (Institut der deutschen Wirtschaft): Zahlen zur wirtschaftlichen Entwicklung der Bundesrepublik Deutschland 1995. Köln.

IfD 1987 (Institut für Demoskopie Allensbach): Ein Querschnitt über den Querschnitt. Allensbach.

IfD 1993 (Institut für Demoskopie Allensbach, Hrsg.): Frauen in Deutschland. Die Schering-Frauenstudie '93. Köln.

IMSF 1972-1974 (Institut für Marxistische Studien und Forschungen): Klassen- und Sozialstruktur der BRD 1950-1970. Teil I-III. Frankfurt/M.

Institut für Bevölkerungsforschung und Sozialpolitik der Universität Bielefeld 1987: Partnerbeziehungen und Familienentwicklung in Nordrhein-Westfalen. Düsseldorf.

Institut Sozialforschung und Gesellschaftpolitik 1991: Ausländerfeindlichkeit auf dem Gebiet der ehemaligen DDR. Vervielf. Manuskript. Köln.

ipos 1993: Jugendliche und junge Erwachsene in Deutschland. Mannheim.

Ipsen, D. 1984: „Wohnen". In: G. Auernheimer (Hrsg.): Handwörterbuch Ausländerarbeit. Weinheim/Basel, S. 347-353.

Isensee, J. 1985: Beamte. In: Görres-Gesellschaft (Hrsg.): Staatslexikon in 5 Bänden. Basel/Wien, 7. Aufl., S. 584-600.

Isensee, J. 1988: Beamtentum – Sonderstatus in der Gleichheitsgesellschaft. Verantwortung und Leistung, Heft 18.

ISF-Umfrage 1994: Die Schule im Spiegel der öffentlichen Meinung. In: Jahrbuch der Schulentwicklung. Bd. 8. Weinheim/München, S. 14-27.

IZA (Informationsdienst zur Ausländerarbeit).

Jaeger, H. 1988: Geschichte der Wirtschaftsordnung in Deutschland. Frankfurt a. M.
Jaeggi, U./H. Wiedemann 1966: Der Angestellte im automatisierten Büro. Stuttgart.
Jahoda, M./P. F. Lazarsfeld/H. Zeisel 1975: Die Arbeitslosen von Marienthal. Ein soziographischer Versuch über die Wirkungen langandauernder Arbeitslosigkeit. Frankfurt a. M. (zuerst 1933).
Jansen, Rolf 1995: Arbeitsbedingungen und Arbeitsbelastungen. In: W. Glatzer/H.-H. Noll (Hrsg.), S. 25-48.
Jessen, R. 1994: Professoren im Sozialismus. In: H. Kaelble u. a. (Hrsg.), S. 217-253.
Jetzschmann, H. 1988: Die Rolle des Arbeitskollektivs bei der Entwicklung der sozialen Struktur. In: R. Weidig, S. 239-258.
Joas, H./M. Kohli (Hrsg.) 1993: Der Zusammenbruch der DDR. Soziologische Analysen. Frankfurt a. M.
Joest, H.-J. 1987: Das Capital-Führungskräfte-Panel. In: Capital 7/87, S. 113-120 und 8/87, S. 109-112.
Jühe, R. 1977: Soziale Herkunft und Aufstieg von Gewerkschaftsfunktionären. Köln.
Jung, M. 1990: Die Bundeswehrelite. In: Der Bürger im Staat 40, H. 1, S. 41-46.

Kabat vel Job O./A. Pinther 1981: Jugend und Familie. Berlin (Ost).
Kadritzke, U. 1982: Angestellte als Lohnarbeiter. In: Materialien zur Industriesoziologie. Sonderheft 24 der KZfSS, S. 219-249.
Kaelble, H. 1975: Chancenungleichheit und akademische Ausbildung in Deutschland 1910-1960. In: Geschichte und Gesellschaft 1, S. 121-149.
Kaelble, H. 1983: Soziale Mobilität und Chancengleichheit im 19. und 20. Jahrhundert. Göttingen.
Kaelble, H. 1983a: Industrialisierung und soziale Ungleichheit. Göttingen.
Kaelble, H./J. Kocka/H. Zwahr (Hrsg.) 1994: Sozialgeschichte der DDR. Stuttgart.
Kahle, I./H. Schaeper 1991: Bildungswege von Frauen. Hannover.
Kappe, D. 1986: Zur Ambivalenz von Ehescheidungen. In: Gegenwartskunde 35, S. 169-182.
Kappelhoff, P./W. Teckenberg 1987: Intergenerationen- und Karrieremobilität in der Bundesrepublik Deutschland und in den Vereinigten Staaten. In: KZfSS 39, S. 302-329.
Karlsch, R. 1993: Allein bezahlt? Die Reparationsleistungen der SBZ/DDR 1945-53. Berlin.
Karstedt, S. 1975: Soziale Randgruppen und soziologische Theorie. In: M. Brusten/J. Hohmeier (Hrsg.): Stigmatisierung 1. Neuwied/Darmstadt, S. 169-196.
Karsten, M.-E. 1989: Armut und Kinderreichtum. In: Blätter der Wohlfahrtspflege 136, S. 330-334.
Kaufmann, F.-X. 1975: Familiäre Konflikte und gesellschaftliche Spannungsfelder. In: Landeszentrale für politische Bildung des Landes Nordrhein-Westfalen (Hrsg.): Der Mensch in den Konfliktfeldern der Gegenwart. Köln, S. 165-188.
Kaufmann, F.-X. 1995: Zukunft der Familie im vereinten Deutschland. Gesellschaftliche und politische Bedingungen. München.
Keddi, B./G. Seidenspinner 1990: Im Haushalt nichts Neues. In: DJI-Bulletin, H. 16, S. 5.
Kiefl, W./J. Schmid 1985: Empirische Studien zum generativen Verhalten. Boppard am Rhein.
Kirner, E./E. Schulz/J. Roloff 1990: Vereintes Deutschland – geteilte Frauengesellschaft? In: DIW Wochenbericht 57, Nr. 41, S. 575-582.
Klages, H.1991: Der Wertewandel in den westlichen Bundesländern. In: BISS Public, Heft 2, S. 99-118.
Klages, H. 1991a: Es fehlt die Bereitschaft zum bedingungslosen Ärmelaufkrempeln. In: FAZ vom 16. 2. 1991, S. 7.
Klanberg, F. 1978: Armut und ökonomische Ungleichheit in der Bundesrepublik Deutschland. Frankfurt a. M./New York.

Klein, T. 1989: Divergierende Familiengrößen und „Neue Kinderlosigkeit". In: Zeitschrift für Familienforschung 1, S. 5-26.
Klein, T. 1989a: Bildungsexpansion und Geburtenrückgang. In: KZfSS 41, S. 465-482.
Kleining, G. 1975: Soziale Mobilität in der Bundesrepublik Deutschland. In: KZfSS 27, S. 273-292.
Klemm, K. 1987: Bildungsexpansion und ökonomische Krise. In: Zeitschrift für Pädagogik 33, S. 823-839.
Klemm, K. u. a. 1990: Bildungsgesamtplan '90. Weinheim/München.
Klingemann, H.-D. 1984: Soziale Lagerung, Schichtbewußtsein und politisches Verhalten. In: R. Ebbinghausen/F. Tiemann (Hrsg.): Das Ende der Arbeiterbewegung in Deutschland. Opladen, S. 593-621.
Klinger, F. 1984: Soziale Auswirkungen und lebensweltliche Zusammenhänge der sozialistischen Rationalisierung. In: Lebensbedingungen in der DDR. Köln, S. 23-26.
Klinger, F. 1988: Zur Entwicklung des Verhältnisses von Produktions- und Dienstleistungssektor in der DDR. In: H. Timmermann (Hrsg.), S. 155-174.
Klinger, F. 1990: Soziale Probleme des wirtschaftlichen Umbruchs in der DDR. In: Die DDR auf dem Weg zur deutschen Einheit. Köln, S. 71-81.
Klinger, F. 1990a: Wirtschaftsentwicklung, Beschäftigungssystem und Bildungswesen. In: O. Anweiler u. a. (Hrsg.), S. 57-82.
Klinger, F. 1993: Soziale Konflikte und offene Gewalt. In: DA 26, S. 147-161.
Klocke, A./K. Hurrelmann 1995: Armut und Gesundheit. In: Zeitschrift für Gesundheitswissenschaften. 2. Beiheft, S. 138-151.
Koch, H.R. 1986: Die Massen-Migration aus der SBZ und der DDR. In: ZfS 15, S. 37-40
Koch, M. 1994: Vom Strukturwandel einer Klassengesellschaft. Münster.
Koch, P./H. G. Knöbel 1986: Familienpolitik der DDR im Spannungsfeld zwischen Familie und Berufstätigkeit von Frauen. Pfaffenweiler.
Koch, R. 1982: Berufsethos und Rollenausführung öffentlich Bediensteter. In: Verwaltungsführung. Berlin/New York, S. 355-374.
Koch, T. 1991: Statusunsicherheit und Identitätssuche im Spannungsfeld zwischen „schöpferischer Zerstörung" und nationaler Re-Integration. In: BISS Public, Heft 2, S. 79-98.
Koch, T. 1992: „Selbst-Unternehmertum" und „Aufschwung Ost". In: APUZ B 24, S. 37-45.
Koch, T./M. Thomas 1996: Soziale Strukturen und Handlungsmuster neuer Selbständiger als endogene Potentiale im Transformationsprozeß. In: R. Kollmorgen u. a. (Hrsg.), S. 217-241.
Köcher, R. 1979: Sind Ehe und Familie noch zeitgemäß? In: Lebendige Seelsorge 30, S. 87-91.
Köcher, R. 1985: Einstellungen zu Ehe und Familie im Wandel der Zeit. Stuttgart.
Köcher, R. 1994: Streitpunkt Familienförderung. In: FAZ vom 21. 12. 1994.
Kocka, J. 1981: Die Angestellten in der deutschen Geschichte 1850-1980. Göttingen.
Kocka, J./G. Ritter 1978-82: Statistische Arbeitsbücher zur neueren deutschen Geschichte. 3 Bde. München.
Kocka, J./M. Prinz 1983: Vom „neuen Mittelstand" zum angestellten Arbeitnehmer. In: W. Conze/M. R. Lepsius (Hrsg.): Sozialgeschichte der Bundesrepublik Deutschland. Stuttgart, S. 210-255.
Köhler, H. 1992: Bildungsbeteiligung und Sozialstruktur in der Bundesrepublik. Berlin.
Köhler, H./G. Schreier 1990: Statistische Grunddaten zum Bildungswesen. In: O. Anweiler u. a. (Hrsg.), S. 112-156.
Kohli, M. 1994: Die DDR als Arbeitsgesellschaft? In: H. Kaelble u. a. (Hrsg.), S. 31-61.
Köllmann, W. 1976: Bevölkerungsgeschichte 1800-1970. In: H. Aubin/W. Zorn (Hrsg.), S. 9-50.
Kollmorgen, R./R. Reißig/J. Weiß (Hrsg.) 1996: Sozialer Wandel und soziale Akteure in Ostdeutschland. Opladen.
Könen, R. 1990: Wohnungsnot und Obdachlosigkeit im Sozialstaat. Frankfurt a. M./New York.

König, R. 1974: Materialien zur Soziologie der Familie. Köln, 2. erw. Aufl.
Kopp, J./H. Diefenbach 1994: Demographische Revolution. Transformation oder rationale Anpassung. In: Zeitschrift für Familienforschung 6, S.45-63.
Kracauer, S. 1930: Die Angestellten. Frankfurt a. M. (Nachdruck: Leipzig und Weimar 1981).
Krais, B./L. Trommer 1988: Studentenberg, Akademikerschwemme und Schweinezyklus. In: WSI-Mitteilungen 41, S. 721-730.
Krambach, K. 1986: Arbeitsgruppe: Genossenschaftsbauern und Dorf – ökonomisches Wachstum und sozialer Fortschritt auf dem Lande. In: Wissenschaftlicher Rat für Soziologische Forschung in der DDR (Hrsg.): Soziale Triebkräfte ökonomischen Wachstums. Berlin, S. 233-254.
Krambach, K. 1988: Die Klasse der Genossenschaftsbauern. In: R. Weidig, S. 93-125.
Krambach, K./J. Müller 1993: Situation und Befindlichkeit ehemaliger Genossenschaftsbauern in den neuen Bundesländern. In: Kultursoziologie 2, S. 51-62.
Krämer, R./W. Wallraf 1993: Diplomat oder Parteiarbeiter? Zum Selbstbild einer Funktionselite in der DDR. In: DA 26, S. 326-334.
Krause, K.-P. 1990: Agrarfabrik und Dorfidyll. In: FAZ vom 19. Mai, S. 15.
Krause, P. 1992: Einkommensarmut in der Bundesrepublik Deutschland. In: APUZ B 49, S. 3-17.
Krause, P. 1994: Armut im Wohlstand. Betroffenheit und Folgen. Deutsches Institut für Wirtschaftsforschung. Diskussionspapier Nr. 88. Berlin.
Krause, P. 1994a: Zur zeitlichen Dimension von Einkommensarmut. In: W. Hanesch u. a., S. 189-205.
Kreckel, R. (Hrsg.) 1983: Soziale Ungleichheiten. Göttingen.
Kreckel, R. 1983a: Theorie sozialer Ungleichheiten im Übergang. In: Ders. (Hrsg.), S. 3-12.
Kreckel, R. 1987: Neue Ungleichheiten und alte Deutungsmuster. In: B. Giesen/H. Haferkamp (Hrsg.): Soziologie der sozialen Ungleichheit. Opladen, S. 93-114.
Kreckel, R. 1990: Klassenbegriff und Ungleichheitsforschung. In: P.A. Berger/S. Hradil (Hrsg.), S. 51-80.
Kreckel, R. 1995: Makrosoziologische Überlegungen zum Kampf um Normal- und Teilzeitarbeit im Geschlechterverhältnis. In: BJS 5, S. 489-496.
Kreckel, R. 1995a: Soziologie an den ostdeutschen Universitäten. Abbau und Neubeginn. In: B. Schäfers (Hrsg.): Soziologie in Deutschland. Opladen, S. 231-248.
Krelle, W. 1993: Wirtschaftswachstum und Vermögensverteilung. In: Kirchenamt der Evangelischen Kirche in Deutschland/Sekretariat der Deutschen Bischofskonferenz (Hrsg.): Beteiligung am Produktiveigentum. Hannover/Bonn, S. 33-56.
Krelle, W./J. Schunck/J. Siebke 1968: Überbetriebliche Ertragsbeteiligung der Arbeitnehmer. 2 Bde. Tübingen.
Kretzschmar, A. 1985: Soziale Unterschiede – unterschiedliche Persönlichkeiten? Berlin (Ost).
Kretzschmar, A./D. Lindig 1991: Lebenslagen und soziale Strukturen im Umbruch. In: Projektgruppe ‚Das Sozio-ökonomische Panel' (Hrsg.), S. 72-80.
Kroh, P./J. Schmollack/K.-H. Thieme 1983: Wie steht es um die Arbeitsdisziplin? Berlin (Ost).
Krüger, H. 1988: Qualifizierungsoffensive – Chance für Frauen? In: Das Argument 30, S. 65-75.
Krysmanski, H.-J. 1989: Entwicklung und Stand der klassentheoretischen Diskussion. In: KZfSS 41, S. 149-169.
Kudera, W./K. Ruff/R. Schmidt 1983: Blue collar – white collar: grey collar? In: Soziale Welt 34, S. 201-227.
Kühl, J. 1988: 15 Jahre Massenarbeitslosigkeit. In: Aus Politik und Zeitgeschichte B 38, S. 3-15.
Kühnel, S./M. Terwey 1994: Die Einstellung der Deutschen zu Ausländern in der Bundesrepublik. In: M. Braun/P. P. Mohler (Hrsg.), S. 71-106.
Kuhnert, J. 1983: Überqualifikation oder Bildungsvorlauf in der DDR? In: DA 16, S. 497-520.

Kuhrig, H. 1988: Die soziale Gruppe der berufstätigen Frauen. In: R. Weidig, S. 296-327.
Künzler, J. 1995: Geschlechtsspezifische Arbeitsteilung: Die Beteiligung von Männern im Haushalt im internationalen Vergleich. In: Zeitschrift für Frauenforschung 13, S. 115-132.

Lahner, M./E. Ulrich 1969: Analyse von Entwicklungsphasen technischer Neuerungen. In: MittAB, S. 417-446.
Land, R./R. Possekiel 1992: Intellektuelle aus der DDR. In: Berliner Debatte Initial, S. 86-95.
Landeszentrale für politische Bildung Brandenburg (Hrsg.) 1994: Die real-existierende postsozialistische Gesellschaft. Berlin.
Landua, D. 1990: Verläufe von Arbeitslosigkeit und ihre Folgen für die Wohlfahrt von Haushalten und Familien. In: ZfS 19, S. 203-211.
Landua, D. 1993: Stabilisierung trotz Differenzierung? Sozialstrukturelle Entwicklungen und wahrgenommene Lebensqualität in Ostdeutschland 1990-1992. Berlin (WZB-Paper P 93-107).
Landua, D. u. a. 1993: „... im Westen noch beständig, im Osten etwas freundlicher". Lebensbedingungen und subjektives Wohlbefinden drei Jahre nach der Wiedervereinigung. Berlin (WZB-Paper P 93-108).
Landua, D./R. Habich 1994: Problemgruppen der Sozialpolitik im vereinten Deutschland. In: APUZ B 3, S. 3-14.
Landua, D./A. Spellerberg/R. Habich 1991: Der lange Weg zur Einheit. Unterschiedliche Lebensqualität in den „alten" und „neuen" Bundesländern. Berlin (WZB-Paper P 91-101).
Landua, D./W. Zapf 1991: Deutschland nach der Wiedervereinigung: Zwei Gesellschaften, eine Nation. In: ISI, Nr. 6, S. 10-13.
Lange, I. 1969: Die Rolle der Frau im Produktionsprozeß bestimmt ihre Stellung in der sozialistischen Gesellschaft. In: Einheit 24, S. 339-347.
Langewiesche, D./K. Schönhoven 1981: Zur Lebensweise von Arbeitern im Zeitalter der Industrialisierung. In: Dies. (Hrsg.): Arbeiter in Deutschland. Paderborn, S. 7-33.
Lapp, P. J. 1992: Integrationsprobleme bei der Bundeswehr. In: Das Parlament, Nr. 9, S. 11.
Leciejewski, K. 1987: Frauen außerhalb der Elite. In: DA 20, S. 601.
Lederer, E. 1912: Die Privatangestellten in der modernen Wirtschaftsentwicklung. Tübingen.
Lederer, E./J. Marschak 1926: Der neue Mittelstand. In: Grundriß der Sozialökonomik, Band IX, Teil I. Tübingen, S. 120-141.
Lederer, G. 1983: Jugend und Autorität. Opladen.
Lederer, G. u. a. 1991: Autoritarismus unter Jugendlichen der ehemaligen DDR. In: DA 24, S. 587-596.
Leenen, W. R. 1992: Ausländerfeindlichkeit in Deutschland. In: DA 25, S. 1039-1054.
Leerch, H.-J. 1995: Bevölkerungsentwicklung der Deutschen. In: Das Parlament Nr. 31-32.
Leibfried, St. u. a. 1995: Zeit der Armut. Lebensläufe im Sozialstaat. Frankfurt a. M.
Leibfried, St./W. Voges (Hrsg.) 1992: Armut im modernen Wohlfahrtsstaat. Opladen.
Leisewitz, A. 1977: Klassen in der Bundesrepublik Deutschland. Frankfurt/M.
Lempert, W./W. Thomssen 1974: Berufliche Erfahrung und gesellschaftliches Bewußtsein. Stuttgart.
Lengsfeld, W./W. Linke 1988: Die demographische Lage in der Bundesrepublik Deutschland. In: ZfB 14, S. 341-433.
Lepsius, M.R. 1974: Sozialstruktur und soziale Schichtung in der Bundesrepublik Deutschland. In: R. Löwenthal/H. P. Schwarz (Hrsg.): Die zweite Republik. Stuttgart, S. 263-288.
Lerner, D. 1951: The Nazi-Elite. Stanford.
Leszczensky, M./B. Filaretow 1990: Hochschulstudium in der DDR. HIS Hochschul-Informations-System. Hannover.

Lewin, K. 1986: Arbeiterkinder mit Studienberechtigung: Studienneigung, Studienverlaufsdaten, Studienziel. In: A. Funke (Hrsg.), S. 113-119.

Lewin, K./G.-W. Bathke/M. Schacher/D. Sommer 1991: Deutsche Studienanfänger in West und Ost im Wintersemester 1990/91. Hannover (HIS-Kurzinformation A 9/91).

Lewis, O. 1966: The Culture of Poverty. In: Scientific American Nr. 215, S. 19-25.

Liebernickel W./D. Lindig/A. Schwarz 1993: Die neuen Selbständigen – Promotoren marktwirtschaftlicher Modernisierung in Ostdeutschland? In: R. Reißig (Hrsg.): Rückweg in die Zukunft. Frankfurt/New York, S. 127-158.

Liebscher, R. 1994: Bevölkerungsstrukturen und Bevölkerungsentwicklung. In: Sozialreport 1994, S. 47-87.

Lieser, J. 1995: Umstrukturierung der ostdeutschen Landwirtschaft. Erfahrungen eines Experten. In: DA 28, S. 831-835.

Lindig, D./G. Valerius 1993: Neue Selbständige in Ostdeutschland. In: R. Geißler (Hrsg.), S. 179-196.

Lischka, I. 1992: Reflexionen des wirtschaftlich-sozialen Wandels in den Bildungsabsichten von Gymnasialschülern der neuen Bundesländer. In: ZSE 12, S. 233-249.

Lompe, K./B. Pollmann/K.-B. Roy 1988: Langzeitarbeitslosigkeit und Armut. In: Sozialer Fortschritt 37, S. 97-101.

Lötsch, I. 1984: Die Entwicklung der Qualifikationsstruktur als sozialpolitische Aufgabe. In: JSS, S. 52-56.

Lötsch, I. 1985: Zur Entwicklung des Bildungs- und Qualifikationsniveaus in der DDR. In: JSS, S. 511-526.

Lötsch, I. 1987: Zu einigen Problemen der Entwicklung der Sozialstruktur. In: SID 23, 29-32.

Lötsch, I. 1990: Begriff und Rolle der Intelligenz in der DDR. Vortragsmanuskript.

Lötsch, I./M. Lötsch 1985: Arbeiterklasse und intensiv-erweiterte Reproduktion. Protokolle und Informationen des Wissenschaftlichen Rats für Sozialpolitik und Demografie 4/85. Berlin (Ost).

Lötsch, I./M. Lötsch 1985a: Soziale Strukturen und Triebkräfte. In: JSS, S. 159-177.

Lötsch, I./M. Lötsch 1989: Kontinuität und Wandel in der Sozialstrukturforschung der DDR. In: JSS, S. 231-248.

Lötsch, M. 1980: Zur Entwicklung der Intelligenz in der Deutschen Demokratischen Republik. In: Autorenkollektiv: Die Intelligenz in der sozialistischen Gesellschaft. Berlin (Ost), S. 89-119.

Lötsch, M. 1980a: Probleme der Reduzierung wesentlicher Unterschiede zwischen körperlicher und geistiger Arbeit. In: DZPH 28, S. 26-37.

Lötsch, M. 1981: Zur Triebkraftfunktion sozialer Unterschiede. In: SID 17, S. 14-19.

Lötsch, M. 1981a: Sozialstruktur und Wirtschaftswachstum. In: Wirtschaftswissenschaft 29, S. 56-69.

Lötsch, M. 1982: Soziale Strukturen als Wachstumsfaktoren und als Triebkräfte des wissenschaftlich-technischen Fortschritts. In: DZPH 30, S. 721-731.

Lötsch, M. 1984: Sozialstruktur und Triebkräfte. In: SID 20, S. 3-16.

Lötsch, M. 1985: Arbeiterklasse und Intelligenz in der Dialektik von wissenschaftlich-technischem, ökonomischem und sozialem Fortschritt. In: DZPH 33, S. 31-41.

Lötsch, M. 1986: Sozialstruktur und wissenschaftlich-technische Revolution. In: SID 22, S. 3-15.

Lötsch, M. 1988: Die soziale Schicht der Intelligenz. In: R. Weidig, S. 125-159.

Lötsch, M. 1988a: Sozialstruktur der DDR – Kontinuität und Wandel. In: H. Timmermann (Hrsg.), S. 13-26.

Lötsch, M. 1990: Die Hofierung der Arbeiterklasse war nicht wirklungslos. In: Frankfurter Rundschau vom 14. Jan., S. 28.

Lötsch, M. 1990a: Stand und Perspektiven der DDR-Soziologie. In: DA 23, S. 552-555.

Lötsch, M. 1991: Konturen einer Theorie der Sozialstruktur. In: BJS 1, S. 195-202.
Lötsch, M. 1993: Sozialstruktur und Systemtransformation. In: R. Geißler (Hrsg.), S. 31-40.
Lötsch, M./A. Meier 1988: Die Entwicklung von Bildung und Qualifikation. In: R. Weidig, S. 186-201.
Lötsch, M./J. Freitag 1981: Sozialstruktur und soziale Mobilität. In: JSS, S. 84-101.
Lüdtke, H. 1973: „Struktur". In: W. Fuchs u. a. (Hrsg.): Lexikon zur Soziologie. Opladen, S. 662.
Lüdtke, H. 1989: Expressive Ungleichheit. Zur Soziologie der Lebensstile. Opladen.
Lüdtke, H. 1992: Der Wandel von Lebensstilen. In: W. Glatzer (Hrsg.), S. 36-59.
Ludwig, M. 1995: Armutskarrieren zwischen sozialem Abstieg und Aufstieg. Lebensverläufe und soziales Handeln von Sozialhilfeempfängern. Opladen.
Ludwig, M./L. Leisering/P. Buhr 1995: Armut verstehen. Betrachtungen vor dem Hintergrund der Bremer Langzeitstudie. In: APUZ B 31-32, S. 24-34.
Ludz, P.C. 1968: Parteielite im Wandel. Opladen.
Luhmann, N./R. Mayntz 1973: Personal im öffentlichen Dienst. Baden-Baden.
Lundgreen, P. 1973: Bildung und Wirtschaftswachstum im Industrialisierungsprozeß des 19. Jahrhunderts. Berlin.
Lundgreen, P. 1981: Sozialgeschichte der deutschen Schule im Überblick. Teil 2: 1918-1980. Göttingen.
Lüttinger, P. 1986: Der Mythos der schnellen Integration. In: ZfS 15, S. 20-36.
Lutz, B. 1983: Bildungsexpansion und soziale Ungleichheit. In: R. Kreckel (Hrsg.), S. 221-248.
Lyotard, J.-F. 1986: Das postmoderne Wissen. Wien.

Mackenroth, G.: Bevölkerungslehre 1955. In: A. Gehlen/H. Schelsky (Hrsg.): Soziologie. Düsseldorf/Köln, S. 46-92.
Mackensen, R. 1975: Das generative Verhalten im Bevölkerungsrückgang. In: F.-X. Kaufmann (Hrsg.): Bevölkerungsbewegung zwischen Quantität und Qualität. Stuttgart, S. 82-105.
Mackensen, R. 1979: Bevölkerung und Gesellschaft in Deutschland – Die Entwicklung 1945-1978. In: J. Matthes (Hrsg.): Sozialer Wandel in Westeuropa. Frankfurt, S. 443-464.
Mädje, E./C. Neusüß 1994: Frauen im Sozialstaat: Subjektive Deutungen, Orientierungen und staatliches Handeln am Beispiel alleinerziehender Sozialhilfeempfängerinnen. Diss. FU Berlin.
Mansel, J. 1989: Die Selektion innerhalb der Organe der Strafrechtspflege am Beispiel von jungen Deutschen, Türken und Italienern. Frankfurt a. M. u. a.
Manz, G. 1992: Armut in der „DDR"-Bevölkerung. Augsburg.
Markefka, M. 1982: Vorurteile – Minderheiten – Diskriminierung. 4. veränd. u. erw. Aufl. Neuwied/Darmstadt.
Markl, H. 1989: Wer nicht hören will, muß führen. Anmerkungen eines Biologen zur Elite. In: Frankfurter Allgemeine Zeitung vom 21.1.1989.
Marx, K. 1973: Das Kapital. Dritter Band. Berlin.
Marx, K./F. Engels 1953: Manifest der Kommunistischen Partei. In: K. Marx: Die Frühschriften. Stuttgart, S. 525-560 (zuerst 1848).
Marz, L. 1992: Dispositionskosten des Transformationsprozesses. In: APUZ B 24, S. 3-14.
Mayer, K. U. 1977: Statushierarchie und Heiratsmarkt. In: J. Handl/K. U. Mayer/W. Müller: Klassenlagen und Sozialstruktur. Frankfurt 1977, S. 155-232.
Mayer, K. U. 1980: Struktur und Wandel der politischen Eliten in der Bundesrepublik. In: R. Lasserre u. a. (Hrsg.): Deutschland-Frankreich. Stuttgart, S. 165-195.
Mayer, K. U. 1989: Empirische Sozialstrukturanalyse und Theorien der gesellschaftlichen Entwicklung. In: Soziale Welt 40, S. 297-308.

Mayer, K. U./H.-P. Blossfeld 1990: Die gesellschaftliche Konstruktion sozialer Ungleichheit im Lebenslauf. In: P.A. Berger/S. Hradil (Hrsg.), S. 297-318.
Mayer, K. U./H. Solga 1994: Mobilität und Legitimität. Zum Vergleich der Chancenstrukturen in der alten DDR und der alten BRD. In: KZfSS 46, S. 697-719.
Mayntz, R. 1966: „Sozialstruktur". In: Evangelisches Staatslexikon. Stuttgart/Berlin.
Mayntz, R. 1985: Soziologie der öffentlichen Verwaltung. Heidelberg/Karlsruhe, 3. Aufl.
Meier, A. 1974: Soziologie des Bildungswesens. Berlin (Ost).
Meier, A. 1981: Bildung im Prozeß der sozialen Annäherung und Reproduktion der Klassen und Schichten. In: JSS, S. 116-134.
Meier, A. 1990: Abschied von der sozialistischen Ständegesellschaft. In: Aus Politik und Zeitgeschichte B 16-17, S. 3-14.
Meier, A./A. Reimann 1977: Überblick über die Ergebnisse bildungssoziologischer Forschung in der DDR. In: SID 13, S. 1-57.
Meier, U. 1988: Gleichheit ohne Grenzen? – Frauenarbeit in der sozialistischen Gesellschaft der DDR. Vortragsmanuskript.
Meinicke, W. 1988: Zur Integration der Umsiedler in der Gesellschaft 1945-1952. In: Zeitschrift für Geschichtswissenschaft 36, S. 867-878.
Melbeck, C. 1992: Familien- und Haushaltsstruktur in Ost- und Westdeutschland. In: P. P. Mohler/W. Bandilla (Hrsg.), S.109-140.
Melder, H.-J. 1996: Fünf Jahre Armee der Einheit. In: Das Parlament Nr. 1-2, S. 18.
Merkel, W./S. Wahl 1991: Das geplünderte Deutschland. Bonn.
Merkens, H. 1991: Chancen von Schülern aus Minderheiten im deutschen Schulsystem und die Forderung nach allgemeiner Bildung unter besonderer Berücksichtigung von türkischen und Aussiedlerkindern. In: P. Bott/H. Merkens/F. Schmidt (Hrsg.): Türkische Jugendliche und Aussiedlerkinder in Familie und Schule. Hohengehren, S. 139-156.
Merkens, H./B. Nauck 1993: Ausländerkinder. In: M. Markefka/B. Nauck (Hrsg.): Handbuch der Kindheitsforschung. Neuwied, S. 447-457.
Metz-Göckel, S./U. Müller 1986: Die Partnerschaft der Männer ist (noch) nicht die Partnerschaft der Frauen. In: WSI-Mitteilungen 8, S. 549-558.
Meulemann, H. 1985: Bildung und Lebensplanung. Frankfurt a. M./New York.
Meulemann, H. 1990: Studium, Beruf und der Lohn von Ausbildungszeiten. In: ZfS 19, S. 248-264.
Meulemann, H. 1990a: Schullaufbahnen, Ausbildungskarrieren und die Folgen im Lebenslauf. In: K. U. Mayer (Hrsg.): Lebensverläufe und sozialer Wandel. Opladen, S. 89-117.
Meulemann, H. 1992: Expansion ohne Folgen? In: W. Glatzer (Hrsg.), S. 123-156.
Meyer, D./W. Speigner 1982: Bedürfnisse und Lebensbedingungen in der Entscheidung der Frau über ein Drittes Kind. In: JSS, S. 131-143.
Meyer, G. 1984: Parteielite im Wandel? In: Lebensbedingungen in der DDR. Köln, S. 13-22.
Meyer, G. 1985: Zur Soziologie der DDR-Machtelite. In: DA 18, S. 506-528.
Meyer, G. 1986a: Frauen in den Machthierarchien der DDR. In: DA 19, S. 294-311.
Meyer, G. 1986b: Frauen und Parteielite nach dem XI. Parteitag der SED. In: DA 19, S. 1296-1321.
Meyer, G. 1991: Die DDR-Machtelite in der Ära Honecker. Tübingen.
Meyer, S./E. Schulze 1988: Nichteheliche Lebensgemeinschaften. In: KZfSS 40, S. 337-356.
Meyer, S./E. Schulze 1989: Balance des Glücks. Neue Lebensformen: Paare ohne Trauschein, Alleinerziehende und Singles. München.
Meyer, S./E. Schulze 1992: Familie im Umbruch. Zur Lage der Familien in der ehemaligen DDR. Bonn.

Meyer, S./E. Schulze 1993: Frauen in der Modernisierungsfalle – Wandel von Ehe, Familie und Partnerschaft in der Bundesrepublik Deutschland. In: G. Helwig/H. M. Nickel (Hrsg.), S. 166-190.
Meyer, T. 1989: Wandlungsaspekte im familialen Geschlechterverhältnis. In: Sowi 18, S. 260-265.
Meyer, T. 1992: Modernisierung der Privatheit. Differenzierungs- und Individualisierungsprozesse des familialen Zusammenlebens. Opladen.
Meyer, T. 1993: Der Monopolverlust der Familie. In: KZfSS 45, S. 23-40.
Meyer, T./P. Uttitz 1993: Nachholende Modernisierung – oder der Wandel der agrarischen Sozialstruktur in der ehemaligen DDR. Ergebnisse der Befragung der Mitglieder einer Produktionsgenossenschaft. In: R. Geißler (Hrsg.), S. 221-250.
Miegel, M. 1983: Die verkannte Revolution (1). Stuttgart.
Mierheim, H./L. Wicke 1978: Die personelle Vermögensverteilung. Tübingen.
Mills, Ch. W. 1962: Die amerikanische Elite. Hamburg (zuerst amerik.: The Power Elite, 1956).
Minister für Volksbildung (Hrsg.) 1988: Sozialistisches Bildungsrecht. Berlin (Ost).
Mittelbach, H. 1995: Zur Lage der Landwirtschaft in den neuen Bundesländern. In: APUZ B 33-34, S. 14-24.
Mitter, A./S. Wolle 1993: Untergang auf Raten. Unbekannte Kapitel der DDR-Geschichte. München.
Mitterauer, M. 1977: Der Mythos von der vorindustriellen Großfamilie. In: M. Mitterauer/R. Sieder (Hrsg.): Vom Patriarchat zur Partnerschaft. München, S. 38-65.
Mitterauer, M. 1979: Faktoren des Wandels historischer Familienformen. In: H. Pross (Hrsg.): Familie – wohin? Reinbek bei Hamburg, S. 83-131.
Mitterauer, M./R. Sieder (Hrsg.) 1977: Vom Patriarchat zur Partnerschaft. München.
Mohler, P. P./W. Bandilla (Hrsg.) 1992: Blickpunkt Gesellschaft 2. Einstellungen und Verhalten der Bundesbürger in Ost und West. Opladen.
Mooser, J. 1984: Arbeiterleben in Deutschland 1900-1970. Frankfurt a. M.
Mrohs, E. 1983: Landwirte in der Gesellschaft. Soziale Schichten im Vergleich. Bonn.
Müller, B. 1995: Soziale Unterschiede in Ostdeutschland. Eine empirische Studie zur Problematik der sozialen Schichtung. Magisterarbeit Siegen.
Müller, E.-P. 1992: Die Berufsstruktur des 12. Bundestages. In: Das Parlament Nr. 22-23, S. 13.
Müller, K. 1991: Nachholende Modernisierung? Die Konjunkturen der Modernisierungstheorie und ihre Anwendung auf die Transformation der osteuropäischen Gesellschaften. In: Leviathan 19, S. 261-291.
Müller, K./J. Frick/R. Hauser 1995: Arbeitslosigkeit in den neuen Bundesländern und ihre Verteilungswirkungen. In: H.-J. Andreß (Hrsg.), S. 209-229.
Müller, W. 1975: Familie – Schule – Beruf. Analysen zur sozialen Mobilität und Statuszuweisung in der BRD. Opladen.
Müller, W. 1983: Wege und Grenzen der Tertiärisierung. In: J. Matthes (Hrsg.): Krise der Arbeitsgesellschaft? Frankfurt/New York, S. 142-160.
Müller, W. 1986: Soziale Mobilität. In: M. Kaase (Hrsg.): Politische Wissenschaft und politische Ordnung. Opladen, S. 339-354.
Müller, W./D. Haun 1994: Bildungsungleichheit im sozialen Wandel. In: KZfSS 46, S. 1-42.
Müller-Jentsch, W. 1989: Basisdaten der industriellen Beziehungen. Frankfurt/New York.
Müller-Schneider, T. 1994: Schichten und Erlebnismilieus. Der Wandel der Milieustruktur in der Bundesrepublik Deutschland. Wiesbaden.
Münz, R./R. Ulrich 1993/94: Demographische Entwicklung in Ostdeutschland und in ausgewählten Regionen. Analyse und Prognose bis 2010. In: ZfB 19, 475-515.
Myritz, R. 1992: Manager in Ostdeutschland. Köln.

Nadel, S. F. 1957: The Theory of Social Structure. London.
Nauck, B./W. Meyer/M. Joos 1996: Sozialberichterstattung über Kinder in der Bundesrepublik. In: APUZ B 11, S. 11-30.
Naumann, A./R. Welskopf 1983: Wissenschaftlich-technischer Fortschritt und sozialistische Lebensweise. In: JSS, S. 51-67.
Nave-Herz, R. 1984: Familiale Veränderungen in der Bundesrepublik Deutschland seit 1950. In: Zeitschrift für Sozialisationsforschung und Erziehungssoziologie 4, S. 45-63.
Nave-Herz, R. 1988: Kinderlose Ehen. Weinheim/München.
Nave-Herz, R. 1989: Familiensoziologie. In: G. Endruweit/G. Trommsdorf (Hrsg): Wörterbuch der Soziologie. Bd. 1. Stuttgart, S. 192-201.
Nave-Herz, R. 1994: Familie heute. Wandel der Familienstrukturen und Folgen für die Erziehung. Darmstadt.
Nave-Herz, R./M. Daum-Jaballah/S. Hauser 1990: Scheidungsursachen im Wandel. Bielefeld.
Neidhardt, F. 1975: Die Familie in Deutschland. Gesellschaftliche Stellung, Struktur und Funktion. Opladen.
Neubauer, E. 1988: Alleinerziehende Mütter und Väter. Stuttgart.
Nickel, H. M. 1990: Geschlechtertrennung durch Arbeitsteilung. In: Feministische Studien 8, S. 10-21.
Nickel, H. M. 1990a: Geschlechtersozialisation in der DDR. In: G. Burkart (Hrsg.): Sozialisation im Sozialismus. Pfaffenhofen, S. 17-32.
Nickel, H. M. 1993:„Mitgestalterinnen des Sozialismus“ – Frauenarbeit in der DDR. In: G. Helwig/H. M. Nickel (Hrsg.), S. 233-256.
Nickel, H. M. 1995: Frauen im Umbruch der Gesellschaft. In: APUZ B 36-37, S. 23-33.
Nickel, H. M./J. Kühl/S. Schenk (Hrsg.) 1994: Erwerbsarbeit und Beschäftigung im Umbruch. Berlin.
Nickel, H. M./S. Schenk 1994: Prozesse geschlechtsspezifischer Differenzierung im Erwerbssystem. In: H. M. Nickel/J. Kühl/S. Schenk (Hrsg.), S. 259-282.
Nickel, H. M./I. Steiner 1981: Schüler und Familie – Ergebnisse bildungssoziologischer Untersuchungen. In: JSS, S. 135-147.
Noelle-Neumann, E. 1995: Deutsche Migrationsproblematik im Spiegel der Meinungsforschung. In: Das Parlament Nr. 31-32, S. 6.
Noll, H.-H. 1984: Erwerbstätigkeit und Qualität des Arbeitslebens. In: W. Glatzer/W. Zapf (Hrsg.): Lebensqualität in der Bundesrepublik. Darmstadt, S. 97-123.
Noll, H.-H. 1985: Schichtung und Mobilität. In: Datenreport 1985. Stuttgart, S. 477-486.
Noll, H.-H. 1987: Schichtung und Mobilität. In: Datenreport 1987. Stuttgart, S. 449-457.
Noll, H.-H. 1990: Beschäftigungsstruktur im Wandel. Vortrag auf dem 25. Deutschen Soziologentag. Manuskript.
Noll, H.-H. 1994: Steigende Zufriedenheit in Ostdeutschland, sinkende Zufriedenheit in Westdeutschland. In: ISI Nr. 11, S. 1-7.
Noll, H.-H. 1995: Ungleichheit der Lebenslagen und ihre Legitimation im Transformationsprozeß. Vortragsmanuskript zum 27. Kongreß der Deutschen Gesellschaft für Soziologie in Halle.
Noll, H.-H./R. Habich 1989: Soziale Schichtung und individuelle Wohlfahrt. Manuskript.
Noll, H.-H./R. Habich 1990: Individuelle Wohlfahrt: Vertikale Ungleichheit oder horizontale Disparitäten? In: P. A. Berger/S. Hradil (Hrsg.), S. 153-188.
Noll, H.-H./F. Schuster 1992: Soziale Schichtung und Wahrnehmung sozialer Ungleichheit im Ost-West-Vergleich. In: W. Glatzer/H.-H. Noll (Hrsg.), S. 209-230.
Nowak, H./U. Becker 1985: „Es kommt der neue Konsument“. Werte im Wandel. In: Form Nr. 111, S. 13-17.

Oeckl, A. (Hrsg.) 1990: Taschenbuch des öffentlichen Lebens. Bonn.
Oeckl, A. (Hrsg.). 1995: Taschenbuch des öffentlichen Lebens. Bonn.
Offe C. 1984: Das Wachstum der Dienstleistungsarbeit: Vier soziologische Erklärungsansätze. In. C. Offe: Arbeitsgesellschaft. Frankfurt a. M./New York, S. 291-319.
Offermann, V. 1994: Die Entwicklung der Einkommen und Vermögen in den neuen Bundesländern seit 1990. In: J. Zerche (Hrsg.): Vom sozialistischen Versorgungsstaat zum Sozialstaat Bundesrepublik. Regensburg, S. 96-116.
Onur, L./A. Orth 1995: Die Politik der Europäischen Union zur Bekämpfung der Armut und sozialen Ausgrenzung. In: M. Perik u. a. (Hrsg.), S. 99-112.
Osterland, M. u. a. 1973: Materialien zur Lebens- und Arbeitssituation der Industriearbeiter in der BRD. Frankfurt a. M.
Osterloh, M./K. Oberholzer 1994: Der geschlechtsspezifische Arbeitsmarkt. In: APUZ B 6, S. 3-10.
Ostner, I. 1995: Arm ohne Ehemann? In: APUZ B 36-37, S. 3-12.

Palentier, Ch./K. Pollmer/K. Hurrelmann 1993: Ausbildungs- und Zukunftsperspektiven ostdeutscher Jugendlicher nach der politischen Vereinigung Deutschlands. In: APUZ B 24, S. 3-13.
Paraskewopoulos, S. 1990: Die Bedingungen für einen funktionsfähigen Arbeitsmarkt in der DDR. In: Jakob-Kaiser-Stiftung e.V. (Hrsg.): DDR. Schritte aus der Krise. 2. Teil. Königswinter, S. 1-23.
Pareto, V. 1968: The Rise and the Fall of Elites. Bedminster.
Parsons, T. 1955: The American Family. In: Ders./R.F.Bales: Family, Socialization and Interaction Process. New York/London, S. 3-33.
Parsons, T. 1972: Das System der modernen Gesellschaften. München.
Parzinski, H. 1994: Mentalitätsunterschiede zwischen Ost- und Westdeutschen. Magisterarbeit Siegen.
Pege, W. 1985: Das Jahr der Frau. Die Entwicklung der gewerkschaftlichen Mitgliederzahlen im Jahr 1984. In: Gewerkschaftsreport 19, S. 8-17.
Peisert, H./W. Zapf (Hrsg.) 1994: Gesellschaft, Demokratie und Lebenschancen. Festschrift für Ralf Dahrendorf. Stuttgart.
Perik, M./W. Schmidt/P.-U. Wendt (Hrsg.) 1995: Arm dran. Armut – sozialer Wandel – Sozialpolitik. Marburg 1995.
Peuckert, R. 1996: Familienformen im sozialen Wandel. 2. Aufl. Opladen.
Pfister, G. 1987: Die Grenzen der Emanzipation – Aufstiegsbarrieren für Frauen in der DDR. In: D. Voigt (Hrsg.): Elite in Wissenschaft und Politik. Berlin, S. 211-238.
Pfister, G. 1987a: Über den Zusammenhang von beruflicher Karriere und Macht in der DDR. In: M. Deters/S. Weigandt (Hrsg.): Fremdbestimmt – selbstbestimmt? Berlin, S. 33-43.
Pischner, R./G. Wagner 1996: Bilanz der Erwerbschancen fünf Jahre nach der Wende in Ostdeutschland. In: DA 29, S. 163-168.
Pohl, H. 1979: Wirtschafts- und sozialgeschichtliche Grundzüge der Epoche 1870-1914. In: H. Pohl (Hrsg.): Sozialgeschichtliche Probleme in der Zeit der Hochindustrialisierung (1870-1914). Paderborn u. a., S. 13-55.
Pohl, K. 1985: Wende oder Einstellungswandel? Heiratsabsichten und Kinderwunsch 18-28jähriger deutscher Frauen 1978 und 1983. In: ZfB 11, S. 89-110.
Pollack, D. 1990: Das Ende einer Organisationsgesellschaft. In: ZfS 19, S. 292-307.
Pongratz, H. J. 1987: Bauern – am Rande der Gesellschaft? In: Soziale Welt 38, S. 522-544.

Pongratz, H. J. 1996: Ländliche Lebenswelt und agrarpolitische Krise in ihren Auswirkungen auf das gesellschaftlich-politische Bewußtsein in der bäuerlichen Bevölkerung. In: B. Claußen/R. Geißler (Hrsg.): Die Politisierung des Menschen. Instanzen der politischen Sozialisation. Opladen, S. 339-352.
Pöschl, H. 1989: Formen des Zusammenlebens 1988. In: WiSta, S. 627-634.
Pöschl, H. 1990: Ausländerfamilien 1988. In: WiSta, S. 80-84.
Prenz, M. 1989: Risiko und Risikobereitschaft der Leiter in Forschung und Entwicklung. In: Wissenschaftliche Zeitschrift der Karl-Marx-Universität Leipzig. Gesellschaftswissenschaftliche Reihe 38, S. 422-425.
Prenzel, W./B. Strümpel 1990: Männlicher Rollenwandel zwischen Partnerschaft und Beruf. In: Zeitschrift für Arbeits- und Organisationspsychologie 34, S. 37-45.
Priebe, H. 1986: Die Landwirtschaft im Spannungsfeld. In: APUZ B 42, S. 42-53.
Priewe, J. 1994: Die Folgen der schnellen Privatisierung der Treuhandanstalt. In: APUZ B 43-44, S. 21-30.
Priller, E. 1992: Zeitverwendung im Wandel der DDR. In: W. Glatzer/H.-H. Noll (Hrsg.), S. 157-178.
Priller, E. 1994: Einkommensverteilung und Lebensstandard. In: Datenreport 1994, S. 450-463.
Projekt Klassenanalyse 1973-1974: Materialien zur Klassenstruktur der BRD. Teil I und II. Westberlin.
Projektgruppe „Das Sozio-ökonomische Panel" (Hrsg.) 1991: Lebenslagen im Wandel. Basisdaten und -analysen zur Entwicklung in den Neuen Bundesländern. Frankfurt/New York.
Pross, H. 1965: Manager und Aktionäre in Deutschland. Frankfurt a. M.
Pross, H. 1969: Über die Bildungschancen von Mädchen in der Bundesrepublik. Frankfurt/Main.
Pross, H. 1971: Die Ehe ist stabiler als ihr Ruf. In: Evangelische Kommentare, S. 501-504.
Pross, H. 1976: Die Wirklichkeit der Hausfrau. Reinbek bei Hamburg.
Pust, C. u. a. 1983: Frauen in der BRD. Hamburg.

Quack, S. 1994: Soziale Risiken der Teilzeitbeschäftigung. In: WZB-Mitteilungen Nr. 63, S. 33-36.
Quinting, R. 1994: Unbekannter Mittelstand. In: Vista 12, S. 7-10.

Reimann, H. 1987: Die Wohnsituation der Gastarbeiter. In: H. Reimann/H. Reimann (Hrsg.): Gastarbeiter. Opladen, 2. völlig neu bearb. Aufl., S. 175-197.
Reißig, R./G.-J. Glaeßner (Hrsg.) 1991: Das Ende eines Experiments. Umbruch in der DDR und deutsche Einheit. Berlin.
Renner, K. 1953: Wandlungen der modernen Gesellschaft. Wien.
Reuband, K.-H. 1989: Wächst in der Bundesrepublik die Ausländerfeindlichkeit? In: Neue Praxis 19, S. 270-274.
Reulecke, J. 1985: Geschichte der Urbanisierung in Deutschland. Frankfurt a. M.
Riesman, D. u. a. 1958: Die einsame Masse. Hamburg (zuerst amerik. 1950).
Ritter, G. A./J. Kocka (Hrsg.) 1974: Deutsche Sozialgeschichte. Band II: 1870-1914. München.
Rodax, K. 1989 (Hrsg.): Strukturwandel der Bildungsbeteiligung 1950-1985. Darmstadt.
Rodax, K. 1995: Soziale Ungleichheit und Mobilität durch Bildung in der BRD. In: Österreichische Zeitschrift für Soziologie 20, S. 3-27.
Rodax, K./K. Hurrelmann: 1986: Die Bildungsbeteiligung der Mädchen und Frauen – ein Indikator für wachsende Chancengleichheit? In: ZSE 6, S. 137-147.
Rodax, K./N. Spitz 1982: Soziale Determinanten des Schulerfolgs von Viertklässlern. In: KZfSS 34, S. 69-93.
Rohrmann, E. 1987: Ohne Arbeit – ohne Wohnung. Heidelberg.

Romotzky, R./A. Alt 1989: Ausländerintegration in Köln im Bundes- und Großstadtvergleich. In: ZA-Informationen 24, S. 65-71.
Ronge, V. 1990: Die soziale Integration von DDR-Übersiedlern in der Bundesrepublik Deutschland. In: APUZ B 1-2, S. 39-47.
Ronge, V. 1993: Ost-Westwanderung nach Deutschland. In: APUZ B 7, S. 16-28.
Rosenbaum, H. (Hrsg.) 1978: Seminar: Familie und Gesellschaftsstruktur. Frankfurt a. M.
Rosenbaum, H. 1982: Formen der Familie. Frankfurt a. M.
Rösler, J. 1994: Die Produktionsbrigaden in der Industrie der DDR. In: H. Kaelble u. a. (Hrsg.), S. 144-170.
Rothenbacher, F. 1989: Soziale Ungleichheiten im Modernisierungsprozeß des 19. und 20. Jahrhunderts. Frankfurt/New York.
Rottleutner-Lutter, M. 1989: Ehescheidung. In: R. Nave-Herz/M. Markefka (Hrsg.): Handbuch der Familien- und Jugendforschung. Bd. 1. Neuwied/Frankfurt, S. 607-623.
Rucht, D. 1994: Modernisierung und neue soziale Bewegung. Frankfurt a. M.
Rudolf W./G. Schneider 1981: Das Bildungspotential der Facharbeiter effektiver nutzen und planmäßig erweitern. In: Einheit 36, S. 911-917.
Rudolph, H. 1993: Struktur und Dynamik der Langzeitarbeitslosigkeit in der Bundesrepublik Deutschland. 1980-1990. In: C. Brinkmann/C. Schober (Hrsg.): Erwerbsarbeit und Arbeitslosigkeit im Zeichen des Strukturwandels. Nürnberg, S. 147-188.
Runge, I. 1985: Ganz in Familie, Berlin (Ost).
Runge, I. 1990: Ausland DDR – Fremdenhaß. Berlin (Ost).
Runge, I. 1993: „Auf einmal war ich Ausländerin“ – Erinnerungen an die DDR. In: G. Helwig/H. M. Nickel (Hrsg.), S. 351-363.
Rürup, R. 1984: Deutschland im 19. Jahrhundert 1815-1871. Göttingen.

Sahner, H. 1994: Der Dienstleistungssektor in der DDR und in den neuen Bundesländern. In: Gegenwartskunde 43, S. 527-554.
Salowsky, H. 1991: Fehlzeiten. Köln.
Saurien, D. 1979: Technische Angestellte im Unterweser-Streik 1974. Diss. Bremen.
Schäfer, C. 1990: Die Früchte in einem reichen Land werden immer ungleicher verteilt. In: WSI-Mitteilungen 43, S. 563-581.
Schäfer, H. 1979: Die Industriearbeiter. In: H. Pohl (Hrsg.): Sozialgeschichtliche Probleme in der Zeit der Hochindustrialisierung (1870-1914). Paderborn u. a., S. 143-216.
Schäfer, H. 1989: Armut unter Ausländern. In: Blätter der Wohlfahrtspflege 136, S. 301-305.
Schäfers, B. 1990: Die Gesellschaft der Bundesrepublik: auch ein Fall der Modernisierung? In: R. Hettlage (Hrsg.), S. 280-296.
Schäfers, B. 1995: Gesellschaftlicher Wandel in Deutschland. Stuttgart, 6. völlig neu bearb. Auflage.
Schäfers, B. 1995a: „Sozialstruktur“. In: Ders. (Hrsg.): Grundbegriffe der Soziologie. Opladen, 4. Aufl., S. 302-305.
Scharpf, F. W. 1986: Strukturen der post-industriellen Gesellschaft. In: Soziale Welt 37, S. 3-24.
Schedl, H./K. Vogler-Ludwig 1987: Strukturverlagerungen zwischen sekundärem und tertiärem Sektor. München.
Schelsky, H. 1957: Schule und Erziehung in der industriellen Gesellschaft. Würzburg.
Schelsky, H. 1979: Auf der Suche nach Wirklichkeit. München (zit. Aufsätze zuerst 1953 und 1956).
Schelsky, H. 1979a: Der Mensch in der wissenschaftlichen Zivilisation. In: Ders.: Auf der Suche nach Wirklichkeit. München, S. 449-499 (zuerst 1961).
Schenk, S. 1995: Erwerbsverläufe im Transformationsprozeß. In: H. Bertram (Hrsg.), S. 69-98.

Schenk, S. 1995a: Neu- oder Restrukturierung des Geschlechterverhältnisses in Ostdeutschland? In: BJS 5, S. 475-488.
Schenk, S. 1996: Von der geschlossenen zur offenen Gesellschaft? Ostdeutsche Erwerbsverläufe im Spiegel von Umfrageergebnissen. In: M. Diewald/K. U. Mayer (Hrsg.), S. 303-316.
Schildt, A./U. Sywottek 1989: „Wiederaufbau“ und „Modernisierung“. In: Aus Politik und Zeitgeschichte B 6-7, S. 18-32.
Schlegel, U./O. Kabat vel Job 1986: Junge Frauen heute. Leipzig, 3. überarb. Aufl.
Schlomann, H. 1993: Die Entwicklung der Vermögensverteilung in Westdeutschland. In: E.-U. Huster (Hrsg.), S. 54-83.
Schluchter, W. 1994: Die Hochschulen in Ostdeutschland vor und nach der Einigung. In: APUZ B 25, S. 12-22.
Schmid, J. 1980: Der Kinderwunsch in der modernen Industriegesellschaft. Stuttgart.
Schmid, J. 1989: Die Bevölkerungsentwicklung in der Bundesrepublik Deutschland. In: Aus Politik und Zeitgeschichte B 18/19, S. 3-15.
Schmid, J./H. Tiemann 1992: Elite in Wartestellung. Zum Profil der Hauptamtlichen in der IG Metall. In: T. Leif/H.-J. Legrand/A. Klein (Hrsg.): Die politische Klasse in Deutschland. Bonn/Berlin, S. 331-338.
Schmid, K.-P. 1987: Die Kluft wird kleiner. In: Die Zeit Nr. 10.
Schmid, K.-P. 1990: Wachsender Wohlstand. In: Die Zeit Nr. 46.
Schmidt, H.-D. 1992: Frühe Kindheit in der ehemaligen DDR im Spannungsfeld Familie/Krippe. In: Psychologie in Erziehung und Unterricht 39, S. 149-155.
Schmidt, L. 1989: Zu einigen Aspekten der Gestaltung sozialer Beziehungen Jugendlicher der DDR in ihren Herkunftsfamilien sowie beim Ausbau ehelicher Partnerschaft. In: H. Bertram (Hrsg.): Blickpunkt Jugend und Familie. München.
Schmidt, R. 1988: Die Leistungsorientierung als Konkurrenzstrategie von Angestellten. In: F. Steinkühler/S. Bleicher (Hrsg.): Zwischen Aufstieg und Rationalisierung. Die Angestellten. Hamburg, S. 159-182.
Schmidt, R. 1995: Die Bedeutung der sozialen Beziehungen für die ostdeutsche Produktionsmodernisierung. In: BJS 5, S. 455-462.
Schmidtchen, G. 1984: Die Situation der Frau. Berlin.
Schmoller, G. 1918: Die soziale Frage. München/Leipzig.
Schneider, E. 1991: Die politische Elite der ehemaligen DDR. Köln.
Schneider, E. 1994: Die politische Funktionselite der DDR. Opladen.
Schneider, G. 1988: Die Altersrentner im Schatten der Sozialpolitik der SED-Führung? In: Die Wirtschaftspolitik der Ära Honnecker – ökonomische und soziale Auswirkungen. Vervielf. Manuskript. Berlin, S. 41-74.
Schneider, N. F. 1990: Woran scheitern Partnerschaften? In: ZfS 19, S. 458-470.
Schneider, N. F. 1994: Familie und private Lebensführung in West- und Ostdeutschland. Stuttgart.
Schneider, U. 1989: Armut in der Bundesrepublik Deutschland. In: Blätter der Wohlfahrtspflege 136, S. 271-275.
Schneider, U. 1989a: Armut unter Arbeitslosen. In: Blätter der Wohlfahrtspflege 136, S. 292-300.
Schnibben, C. 1990: Wie Erich Honecker und sein Politbüro die Konterrevolution erlebten. In: Der Spiegel Nr.16, S. 72-90; Nr.17, S. 78-98; Nr.18, S. 196-209.
Schreier, G. 1990: Begabungsförderung in der DDR. In: O. Anweiler u. a. (Hrsg.), S. 551-560.
Schröder, C. 1991: Wohnungspolitik in Deutschland. Köln.
Schröder, H. 1994: Wohnqualität in Ostdeutschland noch weit unter westdeutschem Niveau. In: ISI Nr. 11, S. 13-19.
Schröder, H. 1995: Materiell gesichert, aber häufig isoliert. In: ISI Nr. 13, S. 11-15.

Schröder, K. T./U. Eckert/P. Georgieff/D.-M. Harmsen 1989: Die Bundesrepublik Deutschland auf dem Weg zur Informationsgesellschaft. In: Aus Politik und Zeitgeschichte B 15, S. 17-24.
Schröter, E. 1994: Verwaltungsführungskräfte in Ostdeutschland. In: Landeszentrale für politische Bildung Brandenburg (Hrsg.), S. 262-276.
Schubarth, W./R. Pschierer/T. Schmidt 1991: Verordneter Antifaschismus und die Folgen. In: Aus Politik und Zeitgeschichte B 9, S. 3-16.
Schueler, H. 1987: Nun die Beamten? Die Mauern zwischen den Klassen wanken. In: Die Zeit vom 24.7.1987, S. 1.
Schüler, K. 1990: Verfügbares Einkommen nach Haushaltsgruppen in erweiterter Haushaltsgliederung 1972 bis 1988. In: Wirtschaft und Statistik, S. 182-194.
Schuler-Wallner, G. 1986: Obdachlosigkeit in der Bundesrepublik Deutschland. Darmstadt.
Schulte, A. 1995: Zur Lebenssituation und Integration von älteren Migranten in der Bundesrepublik Deutschland. In: W. Seifert (Hrsg.), S. 61-73.
Schultze, G. 1995: Arbeitsmarktintegration von türkischen Migranten der ersten und zweiten Generation. In: W. Seifert (Hrsg.), S. 10-16.
Schulz, J. 1989: Armut und Sozialhilfe. Stuttgart u. a.
Schulze, G. 1993: Erlebnisgesellschaft. Kultursoziologie der Gegenwart. Frankfurt/New York.
Schumacher, H. 1995: Einwanderungsland BRD. Düsseldorf, 3. Auflage.
Schunter-Kleemann, S. 1995: „Bei der Bäuerin wird gespart." Aspekte der Lebenssituation von Landfrauen in vier europäischen Ländern. In: BJS 5, S. 191-207.
Schupp, J./G. Wagner 1991: Basisdaten für die Beschreibung und Analyse des sozio-ökonomischen Wandels der DDR. In: KZfSS 43, S. 322-333.
Schürer, G. u. a. 1992: Analyse der ökonomischen Lage der DDR mit Schlußfolgerungen. Vorlage für das Politbüro des Zentralkomitees der SED. Berlin, 30. Oktober 1989. In: DA 25, S. 1112-1120.
Schwartau, C./H. Vortmann 1989: Die materiellen Lebensbedingungen in der DDR. In: W. Weidenfeld/H. Zimmermann (Hrsg.), S. 292-307.
Schwarz, E. G. 1993: Am wohlsten fühlen sich die Älteren. FOCUS-Umfrage unter Türken, Italienern und Ex-Jugoslawen. In: FOCUS 51/1993, S. 40-44.
Schwarz, K. 1988: Demographische und ökonomische Überlegungen zur kinderlosen Ehe. In: ZfB 14, S. 101-103.
Schwarz, K. 1989: In welchen Familien wachsen unsere Kinder auf? In: ZfF 1, S. 27-48.
Schwarz, K. 1989a: Wann verlassen die Kinder das Elternhaus? In: ZfB 15, S. 39-58.
Schwarz, K. 1995: Zur aktuellen Geburtenentwicklung in den alten und neuen Bundesländern. In: ZfB 4, S. 331-334.
Schwarze, J./B. Parakenings 1991: Entwicklung der Haushaltseinkommen in Ostdeutschland 1989/90. In: DIW Wochenbericht Nr. 17, S. 215-220.
Schwarze, J./G. Wagner 1992: Zur Entwicklung der Effektivlohnstruktur in den neuen Bundesländern. In: DIW Wochenbericht, S. 291-295.
Schwenn, K. 1992: Endlich einmal sein eigener Herr sein. Freie Berufe in Ostdeutschland. In: FAZ vom 11. Januar 1992, S. 11.
Schwind, H. D. 1993: Kriminologie. Heidelberg, 5. Auflage.
Schwind, H. D. 1993a: Sind wir ein Volk von Ausländerfeinden? In: FAZ vom 24. Juni 1993, S. 8.
Schwitzer, K.-P./G. Winkler 1990: Soziale Sicherung in der DDR. In: Sozialmagazin 15, Heft 3, S. 36-42.
Seifert, W. 1991: Ausländer in der Bundesrepublik – Soziale und ökonomische Mobilität. Berlin (WZB-Paper P 91-105).
Seifert, W. 1994: Berufliche und soziale Mobilität von Ausländern. In: Datenreport 1994, S. 589-597.

Seifert, W. (Hrsg.) 1995: Wie Migranten leben. Lebensbedingungen und soziale Lage der ausländischen Bevölkerung in der Bundesrepublik. Berlin (WZB-Paper FS III 95-401).
Seltz, R. 1983: Soziale Lage und Bewußtsein von Angestellten. In: W. Littek/W. Rammert/G. Wachtler (Hrsg.): Einführung in die Arbeits- und Industriesoziologie. Frankfurt a. M./New York, 2. Aufl., S. 284-299.
Semrau, P. 1990: Entwicklung der Einkommensarmut. In: D. Döring u. a. (Hrsg.), S. 111-128.
Seyfarth, B. 1993: Frauen in Arbeitslosigkeit und Vorruhestand in ländlichen Gebieten Ostdeutschlands. In: Kultursoziologie 2, S. 45-50.
Sieder, R. 1987: Sozialgeschichte der Familie. Frankfurt. a. M.
Silbereisen, R. K./S. Walper 1989: Arbeitslosigkeit und Familie. In: R. Nave-Herz/M. Markefka (Hrsg.): Handbuch der Familien- und Jugendforschung. Bd. 1. Neuwied/Frankfurt, S. 535-558.
Simmel, G. 1890: Über sociale Differenzierung. Leipzig.
Simmel, G. 1968: Soziologie. 5. Aufl., Berlin.
Sinkwitz, P. 1991: Genossenschaftsbauern – vom Schwinden einer Bevölkerungsgruppe. Vortrag auf der XXIV. DDR-Forschertagung in Bonn-Röttgen.
Sinus-Institut 1983: Die verunsicherte Generation. Jugend und Wertwandel. Opladen.
SOEP – Sozio-ökonomisches Panel
Solga, H. 1994: Auf dem Weg in eine klassenlose Gesellschaft? Klassenlagen und Mobilität zwischen Generationen in der DDR. Diss. Berlin.
Solga, H. 1996: Der Elitenimport nach Ostdeutschland. In: M. Diewald/K. U. Mayer (Hrsg.), S. 89-110.
Sommer, B. 1991: Eheschließungen, Geburten und Sterbefälle 1989. In: WiSta, S. 28-32.
Sontheimer, K./W. Bleek 1979: Die DDR. Hamburg, 5. Aufl.
Sorokin, P. A. 1927: Social Mobility. New York.
Sozialreport '90. Daten und Fakten zur sozialen Lage in der DDR (hrsg. v. G. Winkler). Berlin 1990.
Sozialreport 1992. Daten und Fakten zur sozialen Lage in den neuen Bundesländern (Redaktion G. Winkler). Berlin 1993.
Sozialreport 1994. Daten und Fakten zur sozialen Lage in den neuen Bundesländern (hrsg. v. I. Kurz-Scherf/G. Winkler). Berlin.
Specht-Kittler, T. 1992: Obdachlosigkeit in der Bundesrepublik Deutschland. In: APUZ B 49, S. 31-41.
Speigner, W. (Leiter des Autorenkollektivs) 1987: Kind und Gesellschaft. Berlin (Ost).
Spellerberg, A. 1995: Lebensstil und Lebensqualität – West- und Ostdeutschland im Vergleich. Diss. Berlin.
Spiegel, E. 1983: Neue Haushaltstypen – Alternativen zu Ehe und Familie? In: M. Baethge/W. Eßbach (Hrsg.): Soziologie: Entdeckungen im Alltäglichen. Frankfurt, S. 65-87.
Spohn, M. 1995: Wirtschaftliche Integration der ausländischen Minderheiten in der Bundesrepublik Deutschland am Beispiel ausländischer Selbständiger. In: W. Seifert (Hrsg.), S. 74-79.
Spree, R. 1981: Angestellte als Modernisierungsagenten. In: J. Kocka (Hrsg.): Angestellte im europäischen Vergleich. Göttingen, S. 279-308.
Staritz, D. 1984: Die Gründung der DDR. München.
Staritz, D. 1985: Geschichte der DDR 1949-1985, Frankfurt a. M.
Starke, K. 1984: Einige Ergebnisse von SIL A. In: U. Starke/U. Bruhm-Schlegel (Hrsg.): Leistungsstreben von Studienanfängern. Leipzig, S. 17-30.
Starke, K./A. Hoffmann 1984: Studentische Jugend. In: W. Friedrich/W. Gerth (Hrsg.): Jugend konkret. Berlin (Ost), S. 87-129.
Statistisches Amt der DDR 1990: Die Frau in der Deutschen Demokratischen Republik. Kennziffernsammlung.

Statistisches Taschenbuch der Deutschen Demokratischen Republik 1989. Hrsg. v. der Staatlichen Zentralverwaltung für Statistik. Berlin (Ost).
StBA 1972 (Statistisches Bundesamt, Hrsg.): Fachserie 13. Reihe 2. Sozialhilfe 1970. Stuttgart.
StBA 1987a (Statistisches Bundesamt, Hrsg.): Von den zwanziger zu den achtziger Jahren. Stuttgart u. a.
StBA 1990 (Statistisches Bundesamt, Hrsg.): Fachserie 1. Bevölkerung und Erwerbstätigkeit. Reihe 4.2.1. Struktur der Arbeitnehmer. Stuttgart.
StBA 1990a (Statistisches Bundesamt, Hrsg.): Fachserie 13. Reihe 2. Sozialhilfe 1988. Stuttgart.
StBA 1990b (Statistisches Bundesamt, Hrsg.): Fachserie 14. Finanzen und Steuern. Reihe 6. Personal des öffentlichen Dienstes 1988. Stuttgart.
StBA 1993 (Statistisches Bundesamt, Hrsg.): Fachserie 13. Reihe 2. Sozialhilfe 1991. Stuttgart.
StBA 1993a (Statistisches Bundesamt, Hrsg.): Fachserie 14. Reihe 7.4. Vermögenssteuer. Stuttgart.
StBA 1993b (Statistisches Bundesamt, Hrsg.): Fachserie 15. Einkommens- und Verbrauchsstichprobe 1993. Heft 1. Langlebige Gebrauchsgüter privater Haushalte. Stuttgart.
StBA 1994 (Statistisches Bundesamt, Hrsg.): Fachserie 1. Reihe 4.1.1. Stand und Entwicklung der Erwerbstätigkeit 1994 (Ergebnisse des Mikrozensus). Stuttgart.
StBA 1995 (Statistisches Bundesamt, Hrsg.): Fachserie 13. Reihe 2. Sozialhilfe 1993. Stuttgart.
StBA 1995a (Statistisches Bundesamt, Hrsg.): Fachserie 14. Reihe 7.1. Einkommensteuer. Stuttgart.
StBA 1995b (Statistisches Bundesamt, Hrsg.): Fachserie 14. Reihe 6. Personal des öffentlichen Dienstes 1993. Stuttgart.
StBA 1995c (Statistisches Bundesamt, Hrsg.): Fachserie 16. Reihe 2.1. Arbeiterverdienste in der Industrie. Stuttgart.
StBA 1995d (Statistisches Bundesamt, Hrsg.): Fachserie 16. Reihe 2.2. Angestelltenverdienste in Industrie und Handel. Stuttgart.
StBA 1995e (Statistisches Bundesamt, Hrsg.): Fachserie 1. Reihe 4.1.2. Beruf, Ausbildung und Arbeitsbedingungen der Erwerbstätigen 1993. Stuttgart.
StBA 1995f (Statistisches Bundesamt, Hrsg.): Familien heute. Stuttgart.
Stegmann, H. 1986: Hochschulzugang und soziale Herkunft. In: A. Funke (Hrsg.), S. 88-112.
Stein, R. 1990: Der realexistierende Sozialismus als Risikofaktor. In: FAZ vom 22.11.1990.
Steinack, R. 1987: Abgeschoben und vergessen: Zur Situation obdachloser und nichtseßhafter Älterer. In: Caritas 88, S. 122-130.
Steiner, H. 1965: Aufstiegschancen in der DDR. In: Marxistische Blätter 3, S. 22-27.
Steiner, H. 1967: Soziale Strukturveränderungen im Kapitalismus. Zur Klassenanalyse der Angestellten in Westdeutschland. Berlin.
Steinitz, K. 1988: Zur Entwicklung des Verhältnisses von Produktions- und Dienstleistungssektor in der DDR. In: H. Timmermann (Hrsg.), S. 175-196.
Steinkamp, G. 1991: Sozialstruktur und Sozialisation. In: K. Hurrelmann/D. Ulich (Hrsg.): Neues Handbuch der Sozialisationsforschung. Weinheim/Basel, S. 251-277.
Steinkamp, G./T. Meyer 1996: Politische Sozialisation durch Arbeitslosigkeit. In: B. Claußen/R. Geißler (Hrsg.): Die Politisierung des Menschen. Die Instanzen der politischen Sozialisation. Opladen, S. 321-338.
Stephan, H./E. Wiedemann 1990: Ergebnisse der Lohndatenerfassung vom September 1988. In: MittAB 23, S. 550-562.
Storbeck, D. 1963: Flucht oder Wanderung? In: Soziale Welt 14, S. 153-171.
Störtzbach, B. 1993/94: Deutschland nach der Vereinigung – Meinungen und Einstellungen zu Familie, Kindern und zur Familienpolitik in Ost und West. In: ZfB 19, S. 151-167.
Strang, H. 1985: Sozialhilfebedürftigkeit. Forschungsbericht. Hildesheim.

Strasser, H. 1987: Diesseits von Stand und Klasse. In: B. Giesen/H. Haferkamp (Hrsg.): Soziologie der sozialen Ungleichheit. Opladen, S. 50-92.

Strasser, H./J.H. Goldthorpe (Hrsg.) 1985: Die Analyse sozialer Ungleichheit. Opladen.

Strohmeier, K. P./H. J. Schulze 1995: Die Familienentwicklung der achtziger Jahre in Ost- und Westdeutschland im europäischen Kontext. In: B. Nauck (Hrsg.): Familie und Lebenslauf im gesellschaftlichen Umbruch. Stuttgart, S. 26-38.

Strzelewicz, W. 1988: Das 19. Jahrhundert 2: Industrialisierung – soziale Frage. Bonn.

Stück, H. 1988: Angestellte und Gewerkschaften. In: F. Steinkühler/S. Bleicher (Hrsg.): Zwischen Aufstieg und Rationalisierung. Die Angestellten. Hamburg, S. 34-63.

Sturzbecher, D./P. Dietrich 1993: Jugendliche in Brandenburg – Signale einer unverstandenen Generation. In: APUZ B 2-3, S. 33-43.

Susteck, H. 1995: Das gesellschaftliche Verständnis der Familie in der Bundesrepublik Deutschland. In: APUZ B 52-53, S. 16-26.

Szyperski, N./K. Nathusius 1977: Gründungsmotive und Gründungsvorbehalte. In: Die Betriebswirtschaft 37, S. 299-309.

Terwey, M. 1989: Der ALLBUS 1988: Die neue „Allgemeine Bevölkerungsumfrage der Sozialwissenschaften", vorgestellt am Analysebeispiel zum Einstellungswandel gegenüber Gastarbeitern. In: ZA-Information 24, S. 65-71.

Tessaring, M. 1987: Einkommenschancen und Ausbildung. In: Bundesanstalt für Arbeit (Hrsg.): Handbuch zur Berufsvorbereitung. Mannheim, S. 285-292.

Tessaring, M. 1988: Arbeitslosigkeit, Beschäftigung und Qualifikation. In: MittAB 21, S. 177-193.

Tessaring, M. 1988a: Arbeitsmarkt für Akademiker. MatAB 5.

Thien, H. G./H. Wienhold (Hrsg.) 1986: Herrschaft, Krise, Überleben. Gesellschaft der BRD in den 80er Jahren. Münster.

Thomas, M. 1993: Private Selbständigkeit in Ostdeutschland – Erste Schritte in einem neuen Forschungsfeld. In: Soziale Welt 44, S. 223-242.

Thomas, M. 1996: „..., daß man noch da ist!" Schwierigkeiten bei der Suche nach einem ostdeutschen Mittelstand. In: APUZ B 15, S. 23-31.

Thomas, R. 1982: Modell DDR. München/Wien, 8. Aufl.

Thomas, R. 1988: Aspekte des sozialen Wandels in der DDR. In: H. Timmermann (Hrsg.), S. 27-53.

Thränhardt, D. 1988: Die Bundesrepublik Deutschland – ein unerklärtes Einwanderungsland. In: Aus Politik und Zeitgeschichte B 24, S. 3-13.

Thränhardt, D. 1995: Keine Unterschichtung, aber politische Herausforderungen. Bericht über die Lebenslage der Einwanderer aus Anwerbeländern in Nordrhein-Westfalen. In: W. Seifert (Hrsg.), S. 93-102.

Thränhardt, D./R. Dieregsweiler/B. Santel 1994: Ausländerinnen und Ausländer in Nordrhein-Westfalen. Neuss.

Timmermann, H. (Hrsg.) 1988: Sozialstruktur und sozialer Wandel in der DDR. Saarbrücken-Scheidt.

Tippelt, R. 1990: Bildung und sozialer Wandel. Weinheim.

Tjaden-Steinhauer, M./K. H. Tjaden 1973: Klassenverhältnisse im Spätkapitalismus. Stuttgart.

Tocqueville, A. de 1963: De la démocratie en Amérique. Paris (zuerst 1835).

Tölke, A. 1991: Partnerschaften und Eheschließung. In: H. Bertram (Hrsg.): Die Familie in Westdeutschland. Opladen, S. 113-157.

Touraine, A. 1972: Die postindustrielle Gesellschaft. Frankfurt a. M. (zuerst französisch: La société post-industrielle, Paris 1969).

Trommer-Krug, L. 1980: Soziale Herkunft und Schulbesuch. In: Max-Planck-Institut für Bildungsforschung (Hrsg.): Bildung in der Bundesrepublik Deutschland. Band 1. Stuttgart, S. 217-282.
Trost, J. 1989: Nichteheliche Lebensgemeinschaften. In: R. Nave-Herz /M. Markefka (Hrsg.): Handbuch der Familien- und Jugendforschung. Bd.1. Neuwied/Frankfurt, S. 363-373.
Tyrell, H. 1979: Familie und gesellschaftliche Differenzierung. In: H. Pross (Hrsg.): Familie – wohin? Reinbek bei Hamburg, S. 13-67.
Tyrell, H. 1988: Ehe und Familie. In: K. Lüscher u. a. (Hrsg.): Die „postmoderne Familie". Konstanz, S. 145-156.

Ueltzhöffer, J./B. Flaig 1992: Spuren der Gemeinsamkeit? Soziale Milieus in Ost- und Westdeutschland. In: W. Weidenfeld (Hrsg.): Deutschland. Eine Nation – doppelte Geschichte. Köln, S. 61-81.
Ulbrich, R. 1993: Wohnungsversorgung in der Bundesrepublik Deutschland. In: APUZ B 8-9, S. 16-31.
Urdze, A./M. S. Rerrich 1981: Frauenalltag und Kinderwunsch. Frankfurt.
Uttitz, P. 1987: Parteipräferenz und Wahlabsicht der Landwirte in der Bundesrepublik Deutschland. In: Zeitschrift für Parlamentsfragen 18, S. 243-252.

Valerius, G. 1994: Auf- und Abstiege in die Selbständigkeit. In: Landeszentrale für politische Bildung Brandenburg (Hrsg.), S. 154-160.
Vaskovics, L./W. Weins 1979: Stand der Forschung über Obdachlose und Hilfen für Obdachlose. Stuttgart.
Vaskovics, L./W. Weins 1983: Randgruppenbildung im ländlichen Raum, Armut und Obdachlosigkeit. Stuttgart u. a.
Vasold, M. 1995: Immer mehr Menschen leben weiter. In: FAZ vom 10.5.1995.
Velling, J. 1995: Die Migranten der 90er Jahre und ihre Integration in den deutschen Arbeitsmarkt. In: W. Seifert (Hrsg.), S. 80-92.
Vester, M. 1995: Milieuwandel und regionaler Strukturwandel in Ostdeutschland. In: M. Vester/M. Hofmann/I. Zierke (Hrsg.), S. 7-50.
Vester, M. u. a. 1993: Soziale Milieus im gesellschaftlichen Strukturwandel. Köln.
Vester, M./M. Hofmann/I. Zierke (Hrsg.) 1995: Soziale Milieus in Ostdeutschland. Köln.
Villmow, B. 1985: Gastarbeiterkriminalität. In: G. Kaiser u. a. (Hrsg.): Kleines kriminologisches Wörterbuch. Heidelberg, 2. Aufl.
Vogel, A. 1983: Familie. In: W. Benz (Hrsg.): Die Bundesrepublik Deutschland. Bd.2: Gesellschaft. Frankfurt, S. 98-124.
Voigt, D. 1973: Montagearbeiter in der DDR. Darmstadt/Neuwied.
Voigt, D./H. Belitz-Demiriz/S. Meck 1990: Die innerdeutsche Wanderung und der Vereinigungsprozeß. In: DA 23, S. 732-739.
Voigt, D./W. Voss/S. Meck 1987: Sozialstruktur der DDR. Darmstadt.
von Bredow, W. 1995: Die Zukunft der Bundeswehr. Opladen.
von Trotha, T. 1990: Zum Wandel der Familie. In: KZfSS 42, S. 452-473.
Vortmann, H. 1975: Einkommensverteilung als Instrument der Sozialpolitik in der DDR. In: DA, Sonderheft, S. 58-68.
Voslensky, M. S. 1980: Nomenklatura. Die herrschende Klasse in der Sowjetunion. Wien u. a., 3. Aufl.

Wagner, G./B. von Rosenbladt/D. Blaschke (Hrsg.) 1991: An der Schwelle zur Sozialen Marktwirtschaft. Bayreuth.

Wagner, G./J. Schupp 1991: Die Sozial- und Arbeitsmarktstruktur in der DDR und in Ostdeutschland. In: Projektgruppe SOEP (Hrsg.), S. 178-197.

Wahl, K./J. Stich/G. Seidenspinner 1989: Das Innenleben der modernen Familien. In: Deutsches Jugendinstitut (Hrsg.): Familienalltag. Hamburg, S. 24-53.

Wahl, S. 1989: Wer sind die Neuankömmlinge? Alter, Bildung und Berufe der Aussiedler. In: Das Parlament Nr. 35, S. 2.

Waldmann, P. 1979: Die Eingliederung der ostdeutschen Vertriebenen in die westdeutsche Gesellschaft. In: J. Becker/T. Stammen/P. Waldmann (Hrsg.): Vorgeschichte der Bundesrepublik Deutschland. München, S. 163-192.

Walter, G. 1990: Der Kollaps der zentralen Machtstrukturen in der DDR. In: Sowi 19, S. 158-169.

Walter, H.-G. 1986: Zwischen Schule und Hochschule – das Ausbildungsverhalten von Arbeiterkindern. In: A. Funke (Hrsg.), S. 199-221.

Wandtner R. 1995: Unfruchtbarkeit oft überschätzt. In: FAZ vom 9.8. 1995.

Waterkamp, D. 1987: Handbuch zum Bildungswesen der DDR. Berlin (West).

Weber, H. 1985: Geschichte der DDR. München.

Weber, I. 1994: Soziale Schichtung und Gesundheit. In: R. Geißler (Hrsg.), S. 195-219.

Weber, L. 1991: Wie man einen Staats-Rundfunk liquidiert. In: FAZ vom 31.12.1991, S. 4.

Weber, M. 1976: Stände und Klassen. In: Ders.: Wirtschaft und Gesellschaft. Tübingen, S. 177-182.

Weber-Kellermann, I. 1981: Die deutsche Familie. Frankfurt am Main, 6. Aufl.

Weick, S. 1995: Unerwartet geringe Zunahme der Einkommensungleichheit in Ostdeutschland. In: ISI Nr. 14, S. 6-9.

Weick, S. 1996: Zunehmende Kinderarmut in Deutschland? In: ISI Nr. 15, S. 1-3.

Weidenfeld, W./H. Zimmermann (Hrsg.) 1989: Deutschland-Handbuch. Bonn.

Weidig, R. 1981: Sozialstruktur und Lebensweise bei der Gestaltung der entwickelten sozialistischen Gesellschaft in der DDR. In: Wissenschaftlicher Rat für soziologische Forschung in der DDR (Hrsg.): Lebensweise und Sozialstruktur. Berlin (Ost), S. 10-56.

Weidig, R. 1985: Soziale Triebkräfte ökonomischen Wachstums. In: Sozialistische Arbeitswissenschaft 29, S. 167-175.

Weidig, R. (Ltg. d. Autorenkoll.) 1988: Sozialstruktur der DDR. Berlin (Ost).

Weidig, R. 1988a: Die Arbeiterklasse der DDR. In: Ders., S. 41-93.

Weiler, A. 1992: Frauenlöhne – Männerlöhne. Frankfurt/New York.

Weishaupt, H./M. Weiß/H. v. Recum/R. Haug 1988: Perspektiven des Bildungswesens der Bundesrepublik Deutschland. Baden-Baden.

Welzer, H./A. Wacker/H. Heinelt 1988: Leben mit der Arbeitslosigkeit. In: Aus Politik und Zeitgeschichte B 38, S. 16-28.

Wendt, H. 1991: Die deutsch-deutschen Wanderungen. In: DA 24, S. 386-395.

Wendt, H. 1993/94: Wanderungen nach und innerhalb von Deutschland unter besonderer Berücksichtigung der Ost-West-Wanderungen. In: ZFB 19, S. 517-540.

Wenzel, F./S. Leibfried 1986: Armut und Sozialhilfe. Weinheim/Basel.

Werth, M. 1990: Ausländer in der ehemaligen DDR. In: AiD 6, Nr. 4, S. 3-5.

Wiegand, E. 1987: Assimilation von Ausländern. In: Datenreport 1987, S. 505-512.

Wiegand, E. 1989: Assimilation von Ausländern. In: Datenreport 1989, S. 524-533.

Wiegand, E. 1990: Ausländer in Deutschland – Ein langwieriger Integrationsprozeß. In: ISI Nr. 3, S. 5-9.

Wildenmann, R. 1982: Unsere Oberen Dreitausend (I, II). In: Die Zeit Nr. 10 und 11.

Wildenmann, R. u. a. 1982: Führungsschicht in der Bundesrepublik Deutschland. Mannheim.

Windolf, P. 1990: Die Expansion der Universitäten 1870-1985. Stuttgart.

Winkel, R. 1995: Aufgeholt, aber nicht gleichgezogen. Ergebnisse einer empirischen Untersuchung zur beruflichen Situation und Existenzsicherung von Frauen in Nordrhein-Westfalen. In: APUZ B 36-37, S. 35-44.
Winters, P. J. 1990: Nicht nur „Kreisbauernführer“ haben ihren Besitz verloren. In: FAZ vom 28. März 1990, S. 5.
Wittich, D. (Hrsg.) 1994: Momente des Umbruchs. Sozialstruktur und Lebensqualität in Ostdeutschland. Berlin.
Woll, A. 1989: Auf den Irrwegen der Ausbeutungstheorie. In: FAZ vom 11. Febr. 1989, S. 13.
Woll-Schumacher, I. 1994: Soziale Schichtung im Alter. In: R. Geißler (Hrsg.), S. 220-256.
Woll-Schumacher, I. 1995: Familie und Intergenerationenbeziehungen älterer Menschen. In: I. Fooken (Hrsg.): Alter(n) – Umbruch und Kontinuität. Essen, S. 13-39.
Wrong, D. H. 1976: Sceptical Sociology. New York.

Yasuda, S. 1964: A Methodological Inquiry into Social Mobility. In: American Sociological Review 29, S. 16-23.

Zahlenspiegel 1988. Bundesrepublik Deutschland/Deutsche Demokratische Republik. Hrsg.: Bundesministerium für innerdeutsche Beziehungen. Bonn.
Zapf, K. 1994: Veränderte Lebensweisen und die neue Wohnungsfrage in Deutschland. In: H. Peisert/W. Zapf (Hrsg.), S. 369-382.
Zapf, W. 1965: Wandlungen der deutschen Elite 1919-1961. München.
Zapf, W. 1983: Die Wohlfahrtsentwicklung in Deutschland seit der Mitte des 19. Jahrhunderts. In: W. Conze/M. R. Lepsius (Hrsg.): Sozialgeschichte der Bundesrepublik Deutschland. Stuttgart, S. 46-65.
Zapf, W. 1989: Sozialstruktur und gesellschaftlicher Wandel in der Bundesrepublik Deutschland. In: W. Weidenfeld/H. Zimmermann (Hrsg.), S. 99-124.
Zapf, W. (Hrsg.) 1991: Die Modernisierung moderner Gesellschaften. Frankfurt/New York.
Zapf, W. 1991a: Der Untergang der DDR und die soziologische Theorie der Modernisierung. In: B. Giesen/C. Leggewie (Hrsg.), S. 38-51.
Zapf, W. 1991b: Modernisierung und Modernisierungstheorien. In: W. Zapf (Hrsg.), S. 23-39.
Zapf, W. 1994: Die Transformation in der ehemaligen DDR und die soziologische Theorie der Modernisierung. In: BJS 4, S. 295-309.
Zapf, W. 1995: Wandel, sozialer. In: B. Schäfers (Hrsg.): Grundbegriffe der Soziologie. 4. Auflage Opladen, S. 389-394.
Zapf, W. 1996: Die Modernisierungstheorie und unterschiedliche Pfade der gesellschaftlichen Entwicklung. In: Leviathan 24, S. 63-77.
Zapf, W./S. Mau 1993: Eine demographische Revolution in Ostdeutschland? In: ISI Nr. 10, S. 1-5.
Zapf, W./J. Schupp/R. Habich (Hrsg.) 1996: Lebenslagen im Wandel. Sozialberichterstattung im Längsschnitt. Frankfurt/New York.
Zeddies, J. 1995: Die Situation der Landwirtschaft in der Bundesrepublik Deutschland. In: APUZ B 33-34, S. 3-13.
Zenke, K./G. Ludwig 1985: Kinder arbeitsloser Eltern. In: MittAB 18, S. 265-278.
Ziche, J./F. Kromka 1982: Gesellschaftliche Veränderungen – Wird die Landwirtschaft zum Sündenbock? In: E. Böckenhoff/H. Steinhauser/W. von Urtt (Hrsg.): Landwirtschaft unter veränderten Rahmenbedingungen. Münster-Hiltrup, S. 103 121.
Ziegler, R. 1985: Bildungsexpansion und Partnerwahl. In: S. Hradil (Hrsg.): Sozialstruktur im Umbruch. Opladen, S. 85-106.
Zimmermann, G. E. 1993: Armut: Konzepte, Definitionen und Operationalisierungskonzepte in der Bundesrepublik Deutschland. In: Soziale Probleme 4, S. 193-228.

Zimmermann, G. E. 1995: Neue Armut und neuer Reichtum. Zunehmende Polarisierung der materiellen Lebensbedingungen im vereinten Deutschland. In: Gegenwartskunde 44, S. 5-18.
Zimmermann, H. 1994: Überlegungen zur Geschichte der Kader und der Kaderpolitik in der SBZ/DDR. In: H. Kaelble u. a. (Hrsg.), S. 322-358.
Zimmermann, W. 1990: Die gymnasiale Oberstufe in der Bundesrepublik Deutschland. In: O. Anweiler u. a. (Hrsg.), S. 201-209.
Zinn, K. G. 1993: Dienstleistungsgesellschaft oder Krise des tertiären Sektors? In: WSI-Mitteilungen 46, S. 1-10.
Zinnecker, J. 1985: Politik, Parteien, Nationalsozialismus. In: A. Fischer u. a.: Jugendliche und Erwachsene '85. Bd. 3. Opladen, S. 321-408.
Zinnecker, J. 1991: Jugend als Bildungsmoratorium. In: W. Melzer u. a. (Hrsg.): Osteuropäische Jugend im Wandel. Weinheim/München, S. 9-25.
Zinnecker, J./A. Fischer 1992: Jugendstudie '92. Die wichtigsten Ergebnisse im Überblick. In: J. Zinnecker (Red.): Jugend '92. Band 1. Opladen, S. 213-227.
Zwahr, H. 1978: Zur Konstituierung des Proletariats als Klasse. Berlin (Ost).
Zwick, M. 1992: Zuwanderung von Ausländern nach Deutschland. In: AiD 8, 1/92, S. 3.
Zwick, M. 1994: Die Integrationsbereitschaft der Deutschen gegenüber Ausländern nimmt zu. In: AiD 10, 3/94, S. 3.
Zwick, M. (Hrsg.) 1994a: Einmal arm, immer arm? Neue Befunde zur Armut in Deutschland. Frankfurt/New York.

Sachregister